Forschungsstelle für den Handel Berlin (FfH) e.V.
Trommsdorff (Hrsg.)
Handelsforschung 1995/96 – Informationsmanagement im Handel

Forschungsstelle für den Handel Berlin (FfH) e.V.
Volker Trommsdorff
(Herausgeber)

Handelsforschung 1995/96

Informationsmanagement im Handel

Jahrbuch der
Forschungsstelle für den Handel (FfH) e.V.

GABLER

Herausgeber:

Forschungsstelle für den Handel Berlin (FfH) e.V.
Fehrbelliner Platz 3, 10707 Berlin, Tel. 030 / 86 30 94 – 0
Wissenschaftlicher Direktor: Prof. Dr. Volker Trommsdorff
Geschäftsführer: Dr. Helmut Bunge

Schriftleitung:

Dipl.-Kauffrau Andrea Bookhagen

Die Deutsche Bibliothek – CIP-Einheitsaufnahme

Handelsforschung... : Jahrbuch der Forschungsstelle
für den Handel Berlin (FfH) e.V. - Wiesbaden : Gabler.
Erscheint jährl. - Früher im Physica-Verl., Heidelberg.
- Aufnahme nach 1993/94 (1993)
Forts. von: Forschungsstelle für den Handel
<Berlin, West>: FfH-Mitteilungen
ISSN 0931-5926
1995/96. Informationsmanagement im Handel. - 1995

Informationsmanagement im Handel / Forschungsstelle
für den Handel Berlin (FfH) e.V. Volker Trommsdorff (Hrsg.). -
Wiesbaden : Gabler, 1995
(Handelsforschung ... ; 1995/96)
ISBN 3-409-13563-4
NE: Trommsdorff, Volker [Hrsg.]; Forschungsstelle für den
Handel <Berlin>

Der Gabler Verlag ist ein Unternehmen der Bertelsmann Fachinformation.

Lektorat: Dr. Reinold Roski / Annegret Heckmann

Textverarbeitung und Layout: Weidler & Partner, Berlin
Druck und Bindung: Lengericher Handelsdruckerei, Lengerich / Westf.
Printed in Germany

ISBN 3-409-13563-4

Vorwort des Herausgebers

INFORMATIONSMANAGEMENT IM HANDEL

Dieses zehnte Jahrbuch der Forschungsstelle für den Handel Berlin (FfH) e.V. ist einem besonders aktuellen Schwerpunktthema gewidmet. Das zunehmend elektronisch gestützte Management des Faktors Information gehört zu den bedeutendsten wettbewerbsstrategischen Faktoren auch im Handel. Damit wird Informationsmanagement zur wichtigsten Quelle des Wandels im Handel (siehe z.B. den Beitrag von Scholz über das virtuelle Unternehmen).

Die herkömmlichen Methoden, z.B. in der Handelslogistik, in der Warenwirtschaft, in der Werbung, im Merchandising, in der Marktforschung und im Rechnungswesen, reichen nicht mehr aus, um Wettbewerbsvorteile zu realisieren. Die Anforderungen an Aktualität, Geschwindigkeit und Komplexitätsbewältigung im Informationsdickicht sind mit den informationstechnischen Möglichkeiten mitgewachsen, der Druck auf das Informationsmanagement im Handel ist eher größer als kleiner geworden.

Der Erfolg im Wettbewerb hängt zunehmend davon ab, wie effektiv das strategische und wie effizient das operative Management auf gültige, spezifische und aktuelle Informationen gestützt werden kann. Fast alle Beiträge zum Schwerpunktthema der ,,Handelsforschung 1995/96" fokussieren explizit diese Aufgaben und Chancen im Spannungsfeld zwischen Informationsüberflutung einerseits und Mangel an wirklich entscheidungsrelevanter Information andererseits.

Informationsmanagement im Handel erfordert zunehmend intelligente und informationstechnisch gestützte Erhebungs- und Selektions-, Aufbereitungs-, Speicherungs- und Verarbeitungssysteme, angepaßt an die Ressourcen der schnellen Rechner, der großen Speicher und der dichten Netze. Mehrere Beiträge beschreiben konkrete elektronisch gestützte Systeme dieser Art (Barth & Stoffl, Froböse, Hildebrandt & Kamlage, Marschner, Tietz und Töpfer).

14 von 19 Beiträgen dieses Bandes sind dem Schwerpunktthema zuzurechnen und in vier Rubriken zu gliedern:

1. Informationsmanagementsysteme und Handel
2. Innovationen im Handel durch Informationsmanagement
3. Informationssysteme für einzelne Funktionen im Handelsunternehmen
4. Informationsmanagement als Erfolgsfaktor in einzelnen Handelsbranchen

In der fünften Rubrik sind die Beiträge außerhalb des Schwerpunktthemas zusammengefaßt (Standortcontrolling, Warenhaus-Erfolgsfaktoren, Erlebnishandel, Kopplungseffekte zwischen Händlern am gleichen Standort, Betriebsvergleichs-Innovation).

INFORMATIONSMANAGEMENTSYSTEME UND HANDEL

HILDEBRANDT & KAMLAGE gehen von der großen internationalen Wettbewerbsbedeutung des *elektronischen Datenaustauschs zwischen Unternehmen* aus. EDIFACT ist ein Standard für die elektronische Übermittlung typischer Geschäftsvorfälle, der sich breit durchzusetzen scheint. Nutzerunternehmen realisieren Wettbewerbsvorteile über Kosten-, Zeit- und Fehlersenkung sowie über Marketing- (Kundennähe) und Controlling-Vorteile. Das System, seine Konkurrenz und seine Verbreitung werden beschrieben, auch Nachteile werden diskutiert.

MARSCHNER thematisiert mögliche Wettbewerbsvorteile internationaler Handelshäuser durch ein spezifisches *Logistik-Informationssystem.* ICILIST (International Computer Integrated Logistic Information System for Trading houses) ist ein solches vom Autor entworfenes System. Es wird in seiner modularen Struktur und allen erforderlichen Wissenskomponenten (Datengruppen) beschrieben. Ferner wird skizziert, wie ICILIST in ein internationales Warenwirtschaftssystem IIWWS integriert werden kann und sollte.

OLBRICH interessiert, wer im Marktmacht-Verteilungskampf zwischen Handel und Industrie künftig Informationsführer sein wird und welche Rolle dabei die Institutsmarktforschung spielen wird. Nach dem informationstechnischen Pioniervorteil der Industrie und der folgenden Informationsführerschaft des Handels durch geschlossene Warenwirtschaftssysteme entsteht durch die *scannergestützten elektronischen Panelsysteme* der Institute ein ausgeprägter Informationsmarkt, von dem die Industrie profitiert und dafür den Handel kompensiert.

HALLIER legt die Verbreitung, die unterschiedliche Nutzung und den technologischen Stand der *Scannerforschung* dar und belegt ihn mit aktuellen Zahlen. Die Machtverschiebung zwischen Hersteller und Handel wird mit Blick auf die Partizipationsmöglichkeiten der Scannermarktforschung und der Logistik behandelt. Der Beitrag schließt mit Thesen zu den Anforderungen an eine zukunfts- und erfolgsorientierte Nutzung der EDV allgemein und der Scannerdatenverarbeitung im besonderen.

FROBÖSE thematisiert als Konsequenz aus der Forderung nach standortspezifischerem Handelsmarketing den Einsatz *mikrogeographischer Informationssysteme.* Deren Struktur und Arten werden beschrieben, dann die Möglichkeiten der mikrogeographisch-kundenverhaltensspezifischen Segregation. Es wird erörtert, wie solche Daten in Standortanalysen, in standortspezifische Sortimentsdifferenzierungen und in den regional differenzierten Werbeträgereinsatz einfließen können.

INNOVATIONEN IM HANDEL DURCH INFORMATIONSMANAGEMENT

BÖHLER ist an der Erklärung und Prognose des *Betriebsformenwandels* im Einzelhandel interessiert. Die dazu notwendigen reichlich, aber diffus vorhandenen Informationen über das Verhalten der Wettbewerber und Gesetzmäßigkeiten (Erfolgsfaktoren) sollen theoriegeleitet integriert werden, strukturiert nach den zentralen Determinanten Angebot und Nachfrage, Wachstum und Wettbewerb (Aggressivität). So entsteht ein *Bezugsrahmen für ein strategisches Informationssystem*, der allerdings noch zu formalisieren und auszufüllen ist.

MÖHLENBRUCH & NICKEL untersuchen, wie der Handel *Innovationspotentiale durch Informationsmanagement* realisieren und damit Wettbewerbsvorteile erlangen kann. Zunächst wird die Bedeutung des Faktors Information für Innovationsprozesse herausgestellt. Die relevanten Informationsquellen und ihre Nutzungsmöglichkeiten sowie die strategischen Innovationspotentiale werden systematisiert. Schließlich wird auf Risiken und Implementierungsprobleme innovativer Handelsstrategien hingewiesen.

SCHOLZ thematisiert unter „*virtuelles Unternehmen*" einen fundamentalen Einfluß der Informations- und Kommunikationstechnik auf den Handel. Die computertechnische Realisierung der virtuellen Realität und der externen Informationsvernetzung könnten eine Lücke schließen, die sich durch zwei Trends weit geöffnet hat: Konzentration der Anbieter auf Kernkompetenzen und Streben der Nachfrager nach Komplettlösungen. Der Handel ist herausgefordert, sich mit dem virtuellen Unternehmen auseinanderzusetzen. Scholz entwickelt dafür Strategiealternativen.

INFORMATIONSSYSTEME FÜR EINZELNE FUNKTIONEN IM HANDELS-UNTERNEHMEN

BARTH & STOFFL zeigen die Bedeutung von *Personalinformationssystemen* im Handel. Zunächst systematisieren sie die Informationsaufgaben, u.a. nach den Objekten Mitarbeiter und Arbeitsplatz. Dann beschreiben sie ein EDV-gestütztes Personalinformationssystem. Schließlich arbeiten die Autoren heraus, wie ein solches System die Wirtschaftlichkeit im Handel verbessern kann, nämlich durch mehr Differenzierung und besseres Controlling der Personalarbeit, aber auch durch mehr Kundenorientierung.

WORATSCHEK greift aus der Kritik an der mikroökonomischen Preistheorie das Target Costing auf, das auch für die *Handelspreisbildung* relevant ist. Marktreaktions- und Kostenfunktionen werden als Informationsgrundlage wegen der Meßbarkeits- und Zurechnungsprobleme zurückgewiesen. Stattdessen wird die empirisch mit Conjoint Measurement bzw. mit dem probabilistischen Responsemodell zu bestimmende Preisreaktion der Konsumenten herangezogen. Es wird verdeutlicht, daß viele weitere Informationen berücksichtigt werden müssen.

INFORMATIONSMANAGEMENT ALS ERFOLGSFAKTOR IN EINZELNEN HANDELSBRANCHEN

TIETZ beschreibt ein in den USA entwickeltes Kooperationssystem zwischen *Lebensmittelhandel und -herstellern (Efficient Consumer Response* ECR), das an den Wünschen der Konsumenten orientiert ist und die Wirtschaftlichkeit der beteiligten Hersteller und Händler verbessert. Im Mittelpunkt steht ein integriertes Informationsmanagementsystem (Efficient Information Response EIR). Es ermöglicht z.B. die Aufdeckung und Nutzung von Verbundkaufeffekten. Die Systemdetails werden erläutert, exemplarische Erfolgszahlen werden mitgeteilt.

Auch TÖPFER widmet sich dem *Efficient Consumer Response* (ECR). Der Beitrag zeigt die Wertschöpfungskette mit und ohne ECR und konzentriert sich auf wesentliche Gestaltungsfelder (Logistikkette und kooperatives Marketing zwischen Hersteller und Handel im Sinne einer kundenorientierten Sortimentsgestaltung), auf die informationstechnischen Voraussetzungen (Scanning und Electronic Data Interchange EDI) und auf die Umsetzungsprobleme. Die Chancen für ECR in Deutschland sieht Töpfer optimistisch, wenn die vertikale Kooperation klappt.

ENGELHARDT & GERSCH analysieren das Marketing deutscher *Pharmagroßhändler* gegenüber Apothekenkunden unter dem Gesichtspunkt des Geschäftsbeziehungs- und Informationsmanagement. Wichtigste Grundlage ist das „Database- und Individual Memory“. Die Aufgaben des Informationsmanagement für erfolgreiches Geschäftsbeziehungsmanagement werden als System beschrieben, wobei das Electronic Data Interchange (EDI) eine wesentliche Rolle spielt.

TER HASEBORG legt für den *technischen Großhandel* mit seinen strukturellen und wettbewerblichen Besonderheiten die Bedeutung für die Wettbewerbsfähigkeit und die Potentiale eines modernen Informationsmanagement dar. Aus eigenen Projekterfahrungen kommt der Autor zum Ergebnis, daß das Management der Marktinformationen im Vergleich zu dem der internen Informationen noch stark entwicklungsfähig ist. Organisatorische und mentale Implementierungskonsequenzen werden aufgezeigt.

ARBEITEN AUSSERHALB DES THEMENSCHWERPUNKTES

BIENERT propagiert den Schritt von der klassischen Standortanalyse im Gründungsfall zum systematischen wiederkehrenden *Standortcontrolling*. Der strategische Stellenwert von Handels-Standortentscheidungen ist eminent, aber analytisch unterbelichtet. Die Standortforschung in der Wissenschaft weist noch mehr Defizite auf als in der Praxis. Bienerts Verfahrensvorschlag zum Standortcontrolling basiert auf Ergebnissen der Handels-Erfolgsfaktorenforschung und auf Portfoliokonzepten. Er wird theoretisch und an einem Fallbeispiel erläutert.

BURMANN untersucht Erfolgsfaktoren der vom Wettbewerb stark bedrängten *Warenhausunternehmen*. Er entwirft einen theoretisch begründeten Bezugsrahmen und prüft kausalanalytisch (LISREL) an einer umfangreichen Stichprobe daraus abgeleitete *Erfolgs-*

hypothesen. Image, Kompetenz und Stammkundenanteil erklären nur 2 % der Produktivitätsvarianz. Entscheidend sind Personalintensität, Verkaufsfläche, Standortqualität, Werbung, Verkäuferqualität und Personalmotivation. Die qualitätsorientierte Filialpositionierung entscheidet den Wettbewerb!

ESCH & MEYER gehen einem in den letzten Jahren als wettbewerbsentscheidend erkannten Erfolgsfaktor auf den Grund: Der Erfolg einer *erlebnisbetonten Ladengestaltung* als alleinstellendes Positionierungsmerkmal ist abhängig von der erfolgreichen und zielgruppenspezifischen Ansprache entsprechender Schemata, die im Gedächtnis der Konsumenten gespeichert sind. Der Beitrag liefert konkrete Ladengestaltungsempfehlungen auf der Basis einer praxisorientierten und theoretisch begründeten Differenzierung der einsetzbaren Schemaarten.

HEINRITZ & THEISS untersuchen unter dem Begriff *Kopplungspotential* Effekte auf den Umsatz eines Einzelhändlers, die nicht auf seine eigene Angebotspolitik zurückzuführen sind, sondern auf den mikrogeographischen Standortfaktor einer Agglomeration anderer Händler. Der Effekt wird zeitökonomisch erklärt und differenziert. Anhand einer ausführlichen empirischen Fallstudie aus dem Bekleidungseinzelhandel wird die globale und segmentspezifische Messung des Kopplungspotentials demonstriert.

MÜLLER-HAGEDORN legt das Konzept eines *modernisierten Betriebsvergleichs* für eine umfassendere Planung und Kontrolle des Handelsbetriebes vor. Eine informativere Datenbasis und Vergleichsdarstellung sowie Elemente des Benchmarking führen zu einer Informationsbasis des einzelnen Teilnehmerunternehmens, die als Tool des Betriebscontrolling einen höheren Stellenwert für Managemententscheidungen bekommt als beim herkömmlichen Betriebsvergleich. Beispiele belegen den Nutzen des neuen Konzepts.

LITERATURDIENST

Den Abschluß bildet traditionell ein umfangreicher Literaturservice, den der Lehrstuhl Marketing I der Technischen Universität Berlin zusammen mit dem Herausgeber für das Jahrbuch erarbeitet hat. Von Jahr zu Jahr hat die Flut der Veröffentlichungen zur Handelsforschung weiter zugenommen. Der gestiegenen Input-Menge wollten wir aber bei der Output-Menge nicht folgen, sondern im Interesse der Leser stattdessen schärfer selektieren. Ich danke meinen Mitarbeitern Margit Binsack, Andrea Bookhagen, Marc Drüner, Ulrich Koppelt, Harald Rüggeberg, Günter Weber und Claudia Zellerhoff (ihr besonders auch für die gesamte Organisation des Literaturdienstes) für diese „dienstliche Aufgabe“, die sie neben ihren Hauptaufgaben in Lehre und Forschung bereitwillig und engagiert übernommen haben.

WEITERE DANKSAGUNGEN

Mein Dank gilt besonders Frau Andrea Bookhagen, die aufgrund des Ausscheidens von Herrn Michael Bienert die Schriftleitung des Jahrbuchs übernommen und mit großer Kompetenz und Sorgfalt bewältigt hat. Nach bereits jahrelanger sehr guter Zusammenarbeit möchte ich auch einmal Frau Eber von der Firma Weidler und Partner für die teilweise umfangreichen Formatierungs- und Korrekturarbeiten danken, die sie stets kompetent und terminlich flexibel für das FfH-Jahrbuch geleistet hat.

Die Stiftung Bayritex hat die Entstehung des Jahrbuchs wieder finanziell großzügig unterstützt. Persönlich möchte ich dafür Herrn Sand herzlich danken. Einem Spender, der nicht namentlich genannt werden möchte, danke ich für den Druckkostenzuschuß, ohne welchen der Verlag den Ladenpreis noch weiter hätte erhöhen müssen.

Durch die Nennung am Schluß dieses „Dankeschön" möchte ich die Autoren besonders hervorheben. Die große Resonanz auf die Themenausschreibung „Informationsmanagement im Handel" und die hohe Qualität der Beiträge zeigen mir nicht nur die Verbundenheit mit dem Fach, sondern auch mit der FfH und dem Herausgeber.

Einem herausragenden und besonders treuen Autor des Jahrbuchs sage ich den letzten Dank, und in dieser Form erreicht ihn das nicht mehr: Bruno Tietz ist vor wenigen Tagen tödlich verunglückt; die europäische Handelsforschung hat ihren seit Jahrzehnten führenden Kopf verloren. Die FfH und besonders der Herausgeber, der ihm 25 Jahre lang persönlich und fachlich verbunden war, wird Bruno Tietz nicht vergessen.

Berlin, im Juli 1995 Volker Trommsdorff

Call for Papers „Handelsforschung 1996/97"

Das 11. Jahrbuch der FfH Berlin ist dem Schwerpunktthema gewidmet:

Positionierung des Handels

Geschäftlicher Erfolg in der Marktwirtschaft und der Dienstleistungsgesellschaft hängt mehr denn je von der Wahrnehmung, dem Image und den Einstellungen ab, welche die Zielkunden und die Öffentlichkeit von dem Handelsunternehmen haben. Die Angebotsleistungen und die Kommunikation des Unternehmens prägen seine Position im Wettbewerb und im vertikalen Wertschöpfungssystem. Die Veränderungstendenzen im Handel und in seinem technologischen, wirtschaftlichen, gesellschaftlichen, ökologischen und rechtlich-politischen Umfeld fordern strategische Überlegungen zur langfristigen Sicherung der Wettbewerbsfähigkeit heraus. Einige dieser Herausforderungen bzw. Teilaufgaben der Positionierung sind international zum Management-Tagesgespräch geworden, unter faszinierenden Stichworten wie Total Quality Management, Business Reengineering, Benchmarking oder Customer Orientation. Andere Konzepte und Teilaufgaben sind zum Beispiel die wettbewerbsorientierte Imagepositionierung, die Erlebnisorientierung, der Imagetransfer im Handel.

Alle Themen mit betriebswirtschaftlichen, marktforschungsmethodischen, kommunikations- und verhaltenswissenschaftlichen, volkswirtschaftlichen, regionalpolitischen, technologischen, logistischen, verkehrswissenschaftlichen, ökologischen, anderen ethischen und juristischen Bezügen zur Analyse und Strategie der Positionierung von Handelsunternehmen und des Handelssektors insgesamt sind innerhalb des Schwerpunktthemas des Jahrbuchs Handelsforschung 1996/97 willkommen. Wie immer können auch andere aktuelle Themen aus der betriebswirtschaftlichen und volkswirtschaftlichen Handelsforschung veröffentlicht werden.

Die Beiträge sollen einschließlich Literaturverzeichnis und Abbildungen 15, höchstens aber 20 WinWord-Normseiten lang sein (Schrift Times New Roman 12 Punkt, 1,5-zeilig). Erbeten werden ein Ausdruck und eine Diskette, Texte möglichst in Word for Windows, Tabellen in Excel, Grafiken in Corel Draw, Harvard Grafics for Windows oder Power Point. Ein Autorenmerkblatt mit genauen Angaben wird gerne zugeschickt.

Redaktionsschluß ist der 30.4.1996

Kontaktadresse:

Dipl.-Kffr. Andrea Bookhagen oder Professor Dr. Volker Trommsdorff
E-Mail: TROM1431@MAILSZRZ.ZRZ.TU-BERLIN.DE
Technische Universität Berlin, Lehrstuhl Marketing I
Wilmersdorfer Straße 148, D 10585 Berlin
Tel. 030-314-22266, -25734, Fax -22664

Inhaltsverzeichnis

Informationssysteme für einzelne Funktionen im Handelsunternehmen

Informationsmanagement als Erfolgsfaktor in einzelnen Handelsbranchen

Arbeiten außerhalb des Themenschwerpunktes

Literaturdienst

Informationsmanagementsysteme und Handel

EDIFACT: Die Normung des elektronischen Datenaustauschs

Lutz Hildebrandt und Kerstin Kamlage, Berlin

Der Beitrag behandelt Formen und Entwicklungen des elektronischen Datenaustauschs (EDI) im Business-to-Business-Bereich. Erörtert wird die Anwendung des internationalen Standards EDIFACT. Dabei wird auf Implementierungsfragen, Potentiale zur Entwicklung von Wettbewerbsvorteilen und Einzelprobleme aus der Sicht des Konsumgüterbereichs eingegangen. Auf der Grundlage einer Dokumentanalyse folgt eine Statusbeurteilung über die Akzeptanz und die Verbreitung des Systems.

1 EINFÜHRUNG

Als eine der wesentlichen Voraussetzungen für die wachsende internationale Betätigung von Unternehmen werden die Einsatzmöglichkeiten der Informations- und Kommunikationstechnologie angesehen. International integrierte Warenwirtschaftssysteme, Warenverteilzentren und integrierte Logistiklösungen, globales (internationales) Beschaffungsmanagement und Just-In-Time-Planung wären ohne Informationstechnologien nicht denkbar. In den meisten Industriezweigen und im Handel wird daher dem Informationsmanagement eine überragende Bedeutung beigemessen. Einerseits entstehen mit der internationalen Ausweitung der Geschäftstätigkeit von Unternehmen immer umfassendere Daten- und Informationsflüsse und somit ständig wachsende Anforderungen an das Informationsmanagement, andererseits bietet das Informationsmanagement Potentiale für die Entwicklung von Wettbewerbsvorteilen.

Betrachtet man den absatzwirtschaftlichen Bereich, so können drei Ebenen für das Entstehen von Wettbewerbsvorteilen durch Informationsmanagement unterschieden werden:

1) Die mit der Standardisierung der Artikelbezeichnung und dem Einsatz der Scanner-Technologie geschaffenen Potentiale, z.B. Warenbewirtschaftung, Category Management, Marketing-Mix-Management.

2) Elektronische Datenaustauschsysteme und deren internationale Standardisierung für die Kommunikation von Geschäftsabläufen (Business-to-Business) innerhalb einzelner Branchen und branchenübergreifend.

3) Die Globalisierung und freie Nutzung von Kommunikationsnetzwerken (wie Internet) mit den daraus entstehenden neuen Formen der Marktbearbeitung, Marktentstehung und des Leistungsaustauschs (z.B. in Form von virtuellen Märkten, virtuellen Unternehmen).

Während die Potentiale internationaler Netzwerke für den Businessbereich noch weitgehend unerschlossen sind (Hansen 1995), ist der Einsatz der Scannertechnologie zur Warenbewirtschaftung in Handelsunternehmen und in der industriellen Zulieferindustrie heute Standard (Zentes 1991). Der Status des elektronischen Datenaustauschs auf der Business-to-Business Ebene befindet sich dagegen in einer Situation des Übergangs von bilateralen und multilateralen Einzellösungen des Datenaustauschs zur Akzeptanz eines internationalen branchenübergreifenden Standards. Die dabei entstehenden Chancen und Probleme werden im folgenden untersucht und beurteilt.

2 DAS PROBLEM DES DATENAUSTAUSCHS IN GESCHÄFTSBEZIEHUNGEN

Auch wenn die Aufgabe des elektronischen Datenaustauschs so alt ist wie die Existenz von Computersystemen, steckt die vernetzte Kommunikation zur Abwicklung von Geschäftsvorfällen in vielen Branchen noch in ihren Anfängen. Häufig liegen keine kompatiblen Datenverarbeitungsstandards der Geschäftspartner vor oder es existieren nur bilaterale oder geschäftsspezifische Lösungen, die keinen offenen Datenaustausch ermöglichen.

Der Datenaustausch mit sog. EDI-Lösungen verlangt Standards. Man spricht von EDI im Geschäftsverkehr, wenn standardisierte Datenstrukturen, normierte Übertragungsverfahren und einheitliche Schnittstellen zur Anwendung realisiert werden (Reichwein 1992). Bei einer mit EDI versandten Nachricht handelt es sich um strukturierte Informationen, die vom Geschäftspartner nicht nur gelesen und als Dokument verarbeitet werden können, sondern automatisch inhaltlich interpretiert werden können. Bedeutsam ist, daß in einer EDI-Nachricht jedes Informationselement semantisch genormt ist und an einer fest definierten Stelle steht. Infolge dieser genormten Struktur sind Informationselemente auch für die Weiterverarbeitung in anderen Anwendungssystemen verfügbar (Strohmeyer 1992).

Je nach Art der transportierten Information zwischen den Unternehmen haben sich verschiedene EDI-Standards herausgebildet, die branchenspezifisch oder auch international akzeptiert werden. Für strukturierte Daten haben sich z.B. national die EDI-Normen ANSI X.12 (in den USA) und TRADACOM (in Großbritannien) durchgesetzt. Neben SWIFT (Society of Worldwide Interbank Financial Telecommunication) wurden weitere international akzeptierte Standards für die Kommunikation im Bankenbereich entwickelt. Der Verband der deutschen Automobil-Industrie begann 1975 ein einheitliches Datenaustauschsystem zu konzipieren (VDA-Standard), später entstand die europäische Norm ODETTE (Organisation for Data Exchange by Teletransmission in Europe).

Durch die von Industrie und Handel im Konsumgüterbereich getragene Centrale für Coorganisation (CCG) wurden ab 1977 die Vereinbarungen des SEDAS-Systems (Standardregelungen einheitlicher Datenaustauschsysteme) mit der Möglichkeit des Rechnungsaustauschs per Datenträger und später dann die Nutzung der Datenfernübertragung unter Verwendung der Europäischen Artikelnummern (EAN) und der bundeseinheitlichen Betriebs- und Betriebsstellennummer (bbn/bbs) getroffen. Ab 1985 entstand ein Konzept, mit dem es möglich wurde, Bestelldaten direkt, d.h. über ein Netz (mit Clearingstelle), zu verschicken. Den Vereinbarungen zu Bestelldaten folgten drei weitere EDI-Standards: SEDAS-Rechnungsdaten, SINFOS (Stammdateninformationssatz) und MADAKOM (Marktdatenkommunikation).

Problem der Branchenlösungen für den Datenaustausch bleibt jedoch, daß sie ein branchenspezifisches Anforderungsprofil erfüllen, aber branchenfremde Kommunikation, z. B. mit Banken (vgl. *Abbildung 1*) nicht zulassen. Hinzu kommt, daß die Kommunikation durch eine Vielfalt nationaler Einzellösungen, betrachtet man z.B. den europäischen Markt, weiter eingeschränkt wird (Simmet 1992/93).

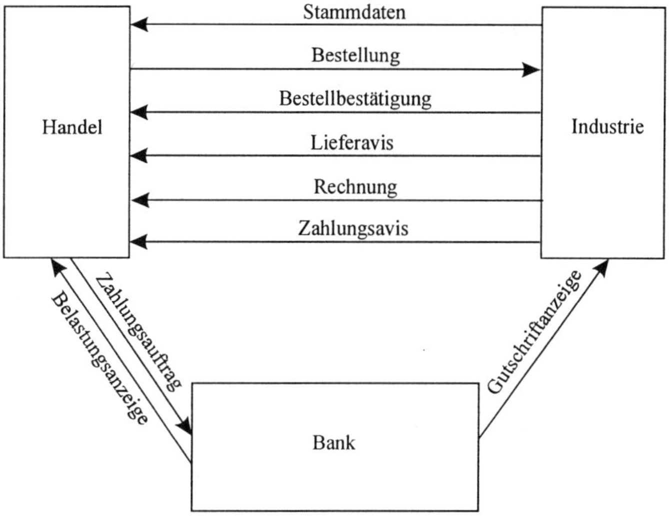

Abbildung 1: Informationsflüsse bei einer einfachen Warenbeschaffung

Selbst innerhalb von Branchen ist die Bereitschaft unterschiedlich, sich auf einen gemeinsamen Standard zu einigen, wie die Existenz zweier Standards (VDA und ODETTE) in der Automobilbranche zeigt. Einige nationale Automobilhersteller halten noch an den VDA-Normen fest, während Hersteller aus den europäischen Nachbarländern den Datentransfer mittels ODETTE vornehmen. Die Zulieferindustrie wird dadurch gezwungen, beide Standards parallel bereitzuhalten, was zwangsläufig einen erheblichen Mehraufwand an Datenverarbeitung und -pflege mit sich bringt. Die mit dem neuen Standard EDIFACT verbundene Standardisierungsinitiative soll deshalb mit dem Anspruch der Universalität und Globalität die durch Einzellösungen bestehenden Beschränkungen auflösen (Rösch 1991).

3 DAS EDIFACT-SYSTEM

3.1 Intention und Struktur des Systems

EDIFACT steht als Abkürzung für „Electronic Data Interchange for Administration, Commerce and Transport“ und ist ein von der UN-Wirtschaftskommission (UN/ECE WP4) entwickelter internationaler, branchen-, sprach- und funktionsunabhängiger Standard, der Unternehmen eine Basis für den Aufbau elektronischer Datenaustauschsysteme bietet. EDIFACT entstand 1987 als Synthese der GTDI (Guidelines of Trade Data Interchange), einer bereits 1981 veröffentlichten Syntax, und der ANSI X.12 Norm (American National Standards Institute) und wurde 1988 als internationaler Standard (ISO 9735) für den elektronischen Datenaustausch eingeführt. Eine Arbeitsgruppe der UN hatte die Aufgabe, EDIFACT als ein Verfahren zur Erleichterung des internationalen Handels zu entwickeln. Die weitere Entwicklungsarbeit findet weltweit statt. In der BRD wird dies von der DEUPRO (Deutscher Ausschuß für die Vereinfachung internationaler Handelsverfahren) unter der Leitung des Deutschen Industrie- und Handelstages durchgeführt. Die DEDIG (Deutsche EDI-Gesellschaft e. V.) sorgt für die Durchsetzung und Verbreitung von EDIFACT.

Bei EDIFACT handelt es sich um einen Standard für die elektronische Übermittlung spezifischer Geschäftsvorfälle (z.B. Rechnung, Bestellung, Bestelländerung), wobei die Papierformulare als Orientierungsrahmen für die Strukturierung dienten (Schade 1991). Ziel der Entwicklung ist es, sämtliche Standarddokumente in geschäftlichen Interaktionen als Nachrichtentypen zur Verfügung zu stellen. Dazu wurde ein einheitlicher, hierarchischer Nutzdatenrahmen entwickelt, der das Format jeder elektronischen Datenübertragung mit EDIFACT bestimmt, d.h. die Syntax vorgibt (*Abbildung 2*). Das bedeutet, daß unabhängig von ihrer Art EDIFACT-Nachrichten immer derselben Aufbaulogik folgen (Rösch 1991).

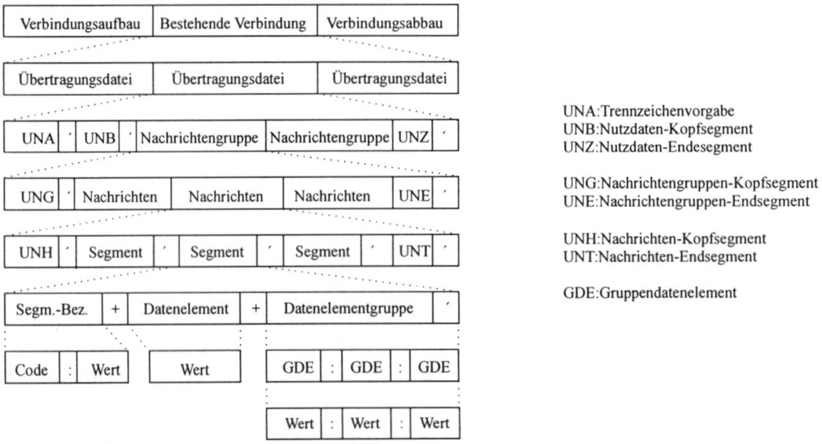

Abbildung 2: Aufbau einer EDIFACT-Übertragung

Quelle: Scheer 1995, S. 477

Der Nutzdatenrahmen enthält die Grundbausteine *Nachricht, Segment, Datenelementgruppe* und *Datenelement*. Die Datenelemente sind die kleinste Einheit in EDIFACT. Sie enthalten einzelne, spezielle Informationen, z.B. Preis oder Name. Die Darstellungsart für diese Daten kann entweder numerisch oder alphanumerisch sein. Ein Code gibt an, ob die Länge des Elementes fest oder variabel ist, was zur Folge hat, daß eine Maximallänge vorgegeben wird. Elemente, die inhaltlich zusammengehören, werden zu Datenelementgruppen zusammengefaßt z.B. Name, Straße usw. zu einer Adresse. Mehrere Datenelementgruppen oder einzelne

Datenelemente bilden ein Segment. Die einzelnen Segmente, die die Träger des Datensatzes sind, stehen innerhalb einer Nachricht an einer fest definierten Position. Die Nachricht selbst repräsentiert einen speziellen Geschäftsprozeß, z.B. eine Bestellung. Für eine elektronische Datenübertragung bilden mehrere, gleiche Nachrichtentypen eine Nachrichtengruppe und verschiedene Nachrichtengruppen eine Übertragungsdatei. Jeder Baustein im Nutzdatenrahmen hat eine Kennung, einen Namen und eine Funktion. Die Kennung identifiziert jeden Baustein eindeutig. Der Hauptunterschied zwischen den drei Kennungen ist, daß nur die Kennung des Segments Teil der Übertragungsdatei ist; die Kennung von Datenelementgruppen und Datenelementen dient nur der Kennzeichnung in der EDIFACT Dokumentation (Tornqvist 1994, als Übersicht).

Zur Syntax gehören neben den dargestellten Nutzdaten, die die relevanten Informationen enthalten, noch Service-Segmente, die Steuerinformationen über den Anfang oder das Ende einer Nachricht oder Nachrichtengruppe enthalten bzw. Delimiter, die einzelne Elemente voneinander trennen (Rösch 1991). Durch die Kopf- und Endsegmente ist es möglich, nur die tatsächlich benötigten Datensegmente und -elemente zu übertragen (Schade 1991). Dadurch werden die Übertragungszeiten und somit die Kosten minimiert.

Alle zur Verfügung stehenden Elemente, Segmente und Nachrichtentypen werden in Verzeichnissen zusammengefaßt, die z.B. folgende Kennung besitzen:

EDED	= EDIFACT Data Element Directory	= Verzeichnis der Datenelemente
EDSD	= EDIFACT Data Segment Directory	= Verzeichnis der Datensegmente
EMMD	= EDIFACT Data Message Directory	= Verzeichnis der Nachrichtentypen

Jeder Nachrichtentyp wird durch den Nutzdatenrahmen und die entsprechenden Datenelemente und -segmente definiert.

Entsprechend der Komplexität von geschäftlichen Kommunikationsvorgängen ist die Zahl der Nachrichtentypen in EDIFACT außerordentlich groß. Die unterschiedlichen Nachrichtentypen sind für die besonderen Anforderungen in verschiedenen Wirtschaftsbereiche (z.B. Handel, Zoll, Transport) entwickelt worden. 1987 entstand als erster Nachrichtentyp die „Rechnung". Im März 1995 gab es 172 Nachrichtentypen, von denen 42 den Status einer EDIFACT-Norm besitzen, andere noch im Beurteilungsverfahren der EDI-Organisationen als Arbeitspapiere geführt werden.

3.2 Bedarfsorientierte Normung durch Subsets

Um branchen- und länderneutral zu sein, sollte EDIFACT für sämtliche Anwendungen die benötigten Nachrichtentypen und Datenelemente zur Verfügung stellen. Dadurch steigt der Umfang der vorzuhaltenden Datenelemente ständig. Daher geht man in einzelnen Wirtschaftszweigen dazu über, sog. Subsets zu entwickeln, die an die Bedürfnisse einzelner Branchen angepaßt sind. Bei einem Subset handelt es sich um eine exakt definierte Untermenge nutzbarer Nachrichten, die aus einem EDIFACT-Nachrichtentyp abgeleitet ist und hinsichtlich Syntax und Aufbau (Datenelemente, Gruppen, Segmente etc.) vorgegebenen Anforderungen ursprünglicher UN/EDIFACT Nachrichtentypen genügen (z.B. Schade 1991, o.V. 1994). So wurde etwa für die Konsumgüterbranche, die sich auf die

Verwendung des EAN-Codes als Artikelidentifikation und die bbn (Bundeseinheitliche Betriebsnummer) als Firmenidentifikation geeinigt hat, das Subset EANCOM entwickelt. Die Daten für die Anwendung dieses EDIFACT-Subsets können mit Hilfe eines Konverters problemlos aus dem Standard SEDAS übertragen werden.

Vorgeschlagene Subsets in Deutschland unterliegen einem Prüfverfahren der DEDIG, um als EDIFACT-Standard akzeptiert zu werden, sie führt auch ein Verzeichnis registrierter Subsets. *Übersicht 1* gibt eine Übersicht zu EDIFACT-Nachrichtentypen in der Konsumgüterwirtschaft.

Übersicht 1: EDIFACT-Standards im Konsumgüterbereich

Anwendergruppe oder Verband	**Branche, Firma oder Wirtschaftszweig**	**Nachrichtentypen (NT) bzw. Subsets**
BHB	Bau- und Heimwerkermärkte	Verwendung von EANCOM-NT
EANCOM	Konsumgüterwirtschaft unter CCG	ORDERS, ORDCHG, ORDRSP, INVOIC, DESADV, PRICAT
EDIBDB von BDB	Baustoffe	an EANCOM, INVOIC
EDIFASHION	Mode, Textilwirtschaft	Verwendung von EANCOM-NT
EDIFURN	Möbelindustrie und -handel	ORDERS, INVOIC
EDIoffice	Bürowirtschaft	Verwendung von EANCOM-NT
EDITEX	Deutsche Textilbranche über DZE	1 abweichendes Segment gegenüber Europa-NT
EDIWHITE	Weiße Ware, Haushaltsgeräte	zu Lief.: DELFOR, INVOIC, DESADV zu Kunde: INVOIC, REMADV
Einkaufsverbände	NB, EK Großeinkauf, HDE, ...	Verwendung von EANCOM-NT
PhonoNet	Tonträger und Phonoindustrie	EANCOM-ähnlich

Quelle: (o.V. 1994, S. 23)

Subsets, deren Nachrichtenaufbau ebenso wie die verwendeten Systemelemente den UN-Vorgaben entsprechen, können dann als offizielle EDIFACT-Subsets anerkannt werden. Das Prüf- und Registrierungsverfahren dient dazu, die Bildung der Subsets überschaubar und widerspruchsfrei zu halten, die Anzahl der Subsets zu kontrollieren und gegebenenfalls durch internationalen Vergleich ähnliche Subsets wieder zusammenzuführen (o.V. 1994).

3.3 Die Geschäftskommunikation in EDIFACT

Durch den EDIFACT-Standard werden Unternehmen in die Lage versetzt, ohne bilaterale Absprachen über den Datentransfer Daten aus beliebigen Branchen auszutauschen und mit Hilfe von Konvertern in den jeweiligen Inhouse-Standard umzuwandeln. Allerdings sind auf Seiten jeder Unternehmung Entscheidungen zu treffen, die die Kommunikationsmöglichkeiten beeinflussen: Die Entscheidung über den Datentransport und die Wahl des Konverters für die Anpassung der Informationen an das jeweils vorhandene System.

Bei der Entscheidung über den Übertragungsweg stehen z.B. das Telefon, Datex-P und Datenfernübertragungsnetzwerke unterschiedlicher Anbieter als Alternativen zur Verfügung, die wiederum verschiedene Kommunikationsprotokolle (z.B. Telebox 400) unterstützen. Das Entscheidungskriterium wird hier in erster Linie die Technik beim Partner und der Preis sein, der sich grundsätzlich aus einer Grundgebühr und einer verwendungsabhängigen Gebühr zusammensetzt. Je nach Nutzung des Netzes ist dann zu entscheiden, ob für die Unternehmen eine Punkt-zu-Punkt-Verbindung oder ein Mailbox-System geeigneter ist. Punkt-zu-Punkt-Verbindung bietet sich an, wenn automatisch große Mengen von Daten verschickt werden, während das teurere Mailbox-System, bei dem keine Partnerabsprachen erforderlich sind, besser für den manuellen Betrieb geeignet ist (Seeburger 1994). Da sich bisher keines der beiden Systeme voll durchgesetzt hat, wird es häufig notwendig sein, beide Systeme zu unterstützen. Die Entscheidung, ob das Unternehmen ein EDI-Server-Konzept oder einen HOST-Rechner verwendet, ist in erster Linie eine Kostenfrage und abhängig von dem Umfang und der Häufigkeit, mit der der Datenaustausch in Zukunft eingesetzt wird.

Da betriebliche Datenverarbeitungssysteme nur mittelfristig veränderbar sind, werden häufig Kompatibilitätsprobleme auftreten. Das Problem ist es dann, den Konverter zu finden, der in der Lage ist, die speziellen Bedürfnisse einer Unternehmung an den Datentransfer zu erfüllen. Häufig sind spezifische Änderungen im Inhouse-System notwendig (z.B. in Bezug auf die Feldlänge) bis sämtliche Datensätze fehlerfrei zwischen dem EDIFACT-System und der internen Anlage konvertiert werden können.

Schwieriger gestaltet sich das Problem des Datenaustausches mit Unternehmen, die mit einer Norm arbeiten, die nicht der EDIFACT-Syntax entspricht. Hier ist eine Kommunikation nicht möglich. Aus diesem Grund haben die meisten anderen Standards bereits auf EDIFACT-konforme Nachrichten umgestellt. Viele Firmen, die bisher über einen eigenen Standard verfügten (wie z.B. Siemens) haben diesen zugunsten von EDIFACT aufgegeben und ihr System auf den internationalen Standard umgestellt (Schmeiser 1994). Einige Branchen haben ihr bestehendes System (z.B. ODETTE in der Automobilbranche) so an die EDIFACT-Syntax angepaßt, daß diese weitergeführt werden kann.

4 DIE POTENTIALE UND SCHWACHSTELLEN DES SYSTEMS

4.1 Potentiale von EDIFACT

Das Hauptpotential von EDIFACT ist wie bei der allgemeinen EDI die erhöhte Effizienz der Kommunikationsprozesse zwischen den Unternehmen. Durch die Nutzung von EDIFACT ist die Kommunikation auch mit branchenfremden Unternehmen, z.B. Banken, Versicherungen, Spediteuren und anderen Dienstleistern möglich. Durch den elektronischen Datenaustausch entfallen manuelle Arbeitsschritte wie z.B. das Öffnen, Sortieren und Stempeln der Post oder die laufende Eingabe der Daten in die interne Datenverarbeitung. Durch die Reduzierung der Verwaltungsarbeit entsteht ein enormes Kostensenkungspotential, so daß die Einführung von EDIFACT in eine Reengineering-Aufgabe mündet. Es werden nicht nur die direkten Kosten der Kommunikationsprozesse gesenkt, es verändern sich auch die organisationellen Abläufe und die Anforderungen an Umfang und Qualifikation des Personals. Die Zahl der Personen, die mit der Verwaltung und Bearbeitung von Informationen beschäftigt sind, sinkt.

Dateneingabetätigkeiten, die häufig zu Fehlern führen, finden bei jedem Geschäftsvorfall nur einmal statt. Danach erfolgt eine automatische Übertragung. Die Information geht direkt dem relevanten Entscheider bzw. Bearbeiter zu. Die resultierenden Steuerungsprozesse werden ohne Zeitverlust ausgelöst, so daß der physikalische Warenfluß (die Transportzeit) die Dauer des Geschäftsvorganges bestimmt. Die mit dem Ablauf des Geschäftsvorganges einherlaufenden, üblicherweise physischen Dokumentationsvorgänge finden in der jeweiligen Datenverarbeitung statt.

Die Nutzung von Mailboxen läßt zu, daß sich die Bearbeiter eines Geschäftsvorfalls alle relevanten Daten direkt abrufen können und es nicht mehr nötig ist, Mitarbeitern Informationen in Papierformat zur Verfügung zu stellen. Vertrauliche Daten wiederum können besser geschützt werden.

Neben den Einsparungen von direkten Kommunikationskosten und den erhöhten Effizienzvorteilen bei Verwaltungsabläufen entstehen besonders für die Konsumgüterunternehmen drei Potentiale zur Schaffung von Wettbewerbsvorteilen:

- im Zeitmanagement, durch die Verkürzung des Informationsflusses über die Warenverteilung und Wertschöpfungsprozesse,

- in der Warenlogistik durch die Möglichkeiten der unmittelbaren Kommunikation zwischen allen beteiligten Akteuren der Warenbeschaffung und Warenverteilprozesse,

- im Marketing durch die zielgruppengerechtere und kundennähere Warenbereitstellung und Marken- sowie Sortimentspflege.

Im Zeitmanagement liegende Potentiale ergeben sich in der Automatisierung wiederkehrender Geschäftsvorgänge, deren Auslösung durch ein Signal auf Seiten eines der Geschäftspartner erfolgt. Besonders bei Waren mit starken Nachfrageschwankungen oder Saisongeschäften können unmittelbar Beschaffungs- und Lieferungsvorgänge eingeleitet und ausgeführt werden. Durch die Zeitersparnis auf allen Ebenen der Wertschöpfungskette lassen sich insbesondere in modeabhängigen Branchen Planungs- und Steuerungsvorgänge verkürzen (z.B. ist im Bekleidungsgeschäft durch EDI der Planungszeitraum halbiert worden).

In der Warenlogistik liegen die Einsparpotentiale in der vermehrten Kommunikation zwischen den Warenwirtschafts- und Regalbewirtschaftungssystemen im Einzelhandel, den existierenden zentralen Lagerhaltungs- und Warenverteilzentren und den Zulieferern (Liebmann 1991). Der problemlose Datenaustausch über EDIFACT kann praktisch dazu führen, daß bei Vernetzung der Kette zwischen Verkaufsstätte und Herstellung durch Just-In-Time-Logistik die Mengen- und Zeitausgleichsfunktion von Zwischenlägern reduziert bzw. gänzlich aufgehoben wird. Es vermindert sich das in Beständen gebundene Kapital. Die Vereinheitlichung der Datenkommunikation schafft die Möglichkeit, Logistikaufgaben extern durch einen Dienstleister durchführen zu lassen gänzlich auszulagern. Die Zugriffsmöglichkeiten aller Beteiligten auf die Daten des Warenflusses lassen Absatzanalysen zu und erhöhen die Leistungsfähigkeit des Controlling.

Für das Marketing ergeben sich durch die Verkürzung der Informationsflüsse Möglichkeiten der schnelleren und gezielteren Reaktion auf Nachfrageänderungen. Die Steuerung des Marketing-Mix, insbesondere der Werbung und Promotion, auf der Basis der Verkaufsinformationen des Handels kann zu größerer Effizienz und Wirksamkeit führen. Die über Scanner-Systeme vorhandene Information zur Umschlagsgeschwindigkeit erlaubt die Durchführung einer kundennäheren Sortimentspolitik und die Unterstützung des Handels durch die Hersteller am Point of Sale.

Besondere Vorteile ergeben sich durch EDIFACT im internationalen Geschäft. Hier können wiederum drei wesentliche Potentiale genannt werden:

- Unbeschränktheit der Marktbearbeitung und des Markteintritts durch Kommunikation über die grenzüberschreitenden globalen Netze,

- Informations- und Kommunikationsmöglichkeiten sowie Geschäftsabwicklungen losgelöst von Zeiten der Geschäftstätigkeit und Ort des Geschäfts,

- flexible Nutzung von EDIFACT-Nachrichtentypen mit länder- oder wirtschaftsraumspezifischen Spezialdokumenten (z.B. Zollformulare).

Daraus folgt, daß Beschaffungsprozesse, Produktionsprozesse, wie z.B. die Lohnveredlung, und Marktprozesse weltweit zentral gesteuert und abgewickelt werden können. Der Informationsaustausch z.B. über aktuelle Preise und Beschaffungsmöglichkeiten ist in Sekundenschnelle durch EDIFACT möglich. Zur Überwindung von Produktionsengpässen an einem Standort kann EDIFACT die notwendigen Informationen unabhängig von Entfernungen an einen anderen Produktionsstandort weltweit weiterleiten. Daraus ergeben sich vielfältige Zeit- und Kostenersparnisse. Durch den permanenten Kontakt eines Unternehmens zu seinen Partnern und Vertriebsorganisationen im Ausland kann eine bisher nicht dagewesene Marktnähe erreicht werden. Entfernungen oder Zeitverschiebungen spielen keine Rolle mehr, da Datenkommunikationen auch über große Strecken unmittelbar und ohne Zeitverlust durchführbar sind.

4.2 Schwachstellen von EDIFACT

Die Vorteile von EDIFACT können nur genutzt werden, wenn eine kritische Masse von Nutzern überschritten ist, so daß die Kommunikation im System lohnend wird. Hier befindet sich EDIFACT noch in einer Grenzsituation. Weitere Nachteile von EDIFACT sind vor allem in Kostenaspekten zu sehen. Dazu sind die in 3.3 genannten Probleme der Schnittstellenanpassung zu lösen, was u.U. mit einem hohen Aufwand an Kosten und Zeit verbunden ist. Insbesondere dann, wenn individuelle EDIFACT-Lösungen (Subsets) vorliegen, die nicht miteinander kompatibel sind.

Mit der Einführung von EDIFACT sind deshalb notwendigerweise einmalige Kosten für die Anpassung der internen Datenverarbeitung verbunden, d.h. Kosten für eine Kommunikations- oder eine Konvertierungssoftware. Bei der Nutzung entstehen laufende Gebühren, die für die Benutzung der Datennetze anfallen. EDIFACT erfordert neben der technischen Implementierung zur Ausnutzung der Effizienzpotentiale organisatorische Neustrukturierungen, d.h. Arbeitsabläufe müssen analysiert und bei Bedarf neu organisiert werden. Mitarbeiter müssen weiterqualifiziert werden. Oft wird eine totale Neustrukturierung der Ablauforganisation empfohlen, um alle Kostensenkungspotentiale von EDIFACT wirksam auszuschöpfen. Daneben müssen natürlich auch auf bilateraler Ebene Kommunikationsmöglichkeiten erhalten bleiben, für die EDIFACT noch keine Lösungen bereitstellt. Außerdem entstehen Effekte in der Wertschöpfungskette, die Widerstände bei der Akzeptanz durch beteiligte Unternehmen auslösen können. So verschiebt sich z.B. durch die veränderten Möglichkeiten der Warenbewirtschaftung im Handel das Risiko der Lagerhaltung vom Handel zum Hersteller bzw. Zulieferer. Für ihn bedeutet die Einführung von EDIFACT, wie auch von anderen EDI-Anwendungen, zunächst eine Belastung durch zusätzliche Lagerhaltung und Lieferbereitschaft. Andererseits entsteht durch die Vernetzung ein System von Beziehungen, das zur größeren Planungssicherheit führt. Eine Übersicht der Potentiale und Schwächen liefert *Übersicht 2*.

Übersicht 2: Übersicht zu den Potentialen und Schwachstellen

Potentiale von EDIFACT:	**Schwachstellen von EDIFACT:**
– Verringerte Bearbeitungszeiten und Beschleunigung der Geschäftsabwicklung	– Akzeptanz – Kosten des Einsatzes von EDIFACT
– Geringere Fehlerquellen	– Investitionskosten für Hardware
– Branchenübergreifende und internationale Kommunikation ohne Sprach- und Zeitabhängigkeiten	– Kosten der Konvertierungssoftware – Kosten der organisatorischen Anpassung
– Kostensenkungen und Zeitersparnisse im Logistikbereich	– Im Vergleich aufwendige Entwicklung neuer Nachrichtentypen
– Zusätzliche Datenschutzmöglichkeiten	– Risikoverlagerung und Abhängigkeiten
– Controlling und Marketingpotentiale	– Schulungskosten

5 DIE AKZEPTANZ DES SYSTEMS IN DER KONSUMGÜTERWIRTSCHAFT

Für die Konsumgüterwirtschaft ist der elektronische Datenaustausch keine Neuheit. Die Voraussetzungen und Grundlagen für ein elektronisches Kommunikationssystem wurden mit dem EAN-Code und den bundeseinheitlichen Betriebs- und Betriebsstellennummern (bbn/bbs) und dem Standard SEDAS bereits vor Jahren geschaffen. Die Anerkennung von EDIFACT als neuem, internationalem Standard wurde durch die Existenz von SEDAS erschwert. Um dieser Barriere entgegenzuwirken, hat die CCG die Entwicklung und Durchsetzung von EDIFACT unterstützt. Mittlerweile ist das anerkannte Subset EANCOM entwickelt worden, das wie SEDAS die Europäischen Artikelnummern und die bundeseinheitlichen Betriebs- und Betriebsstellennummern verwendet, jedoch die EDIFACT-Syntax einhält. Um EDIFACT in der Konsumgüterindustrie durchzusetzen, wurde ein Konverter entwickelt, mit dem sich die SEDAS-Datensätze problemlos in EDIFACT-Daten überführen lassen.

Die überwiegende Zahl von EDIFACT-Einführungen erfolgte auf Branchenebene. Die *Übersicht 3* enthält Branchen, in denen EDIFACT, meist als Subsets, für ihren Wirtschaftsbereich eingeführt wurde (o.V. 1994):

Übersicht 3: Branchen mit EDIFACT-Lösungen

Konsumgüter	Papier	Energiewirtschaft
Chemie	Textil	Tonträger, Phonoindustrie
Eisen- und Stahl	Wein	Bürowirtschaft
Steuer, Wirtschaftsprüfung	Gesundheitswesen	Schloß-und
Elektronik	Medizin	Beschlagindustrie
Bücherei, Bibliothek und	Print-Medien	Möbel
Buchhandlung	Bau (für Teilbereiche)	
	Automobil	

Übersicht 4 enthält eine Zusammenstellung von Unternehmen, die EDIFACT bzw. EANCOM eingeführt haben, im Konsumgütersektor tätig sind (im weitesten Sinne) und ihre Konzepte auf EDI-Kongressen bzw. DIN-Tagungen über EDIFACT in den Jahren 1992 - 94 vorgestellt haben. Die Vorreiter sind i.d.R. große, internationale Unternehmen, die eine Marktstellung haben, um andere Unternehmen zur Übernahme des Standards zu veranlassen und die sich von einem internationalen Standard einen Wettbewerbsvorteil bei Beschaffungsvorgängen erhoffen.

Aus der *Übersicht 4* ist ersichtlich, daß die meisten Anwendungen von EDIFACT so gestaltet sind, daß sowohl die Zulieferer- als auch die Kundenseite einbezogen wurde. Dadurch wird versucht, einen durchgehenden Kommunikationsfluß zu erreichen und die Kostensenkungspotentiale soweit wie möglich zu nutzen. Die meisten der Unternehmen arbeiten mit vielen Kunden auf unterschiedlichen Wertschöpfungsstufen und in verschiedenen Branchen zusammen, z.B. bedient Hella, der Beleuchtungssystem-Hersteller, sowohl Automobilhersteller als auch Großhändler und den Einzelhandel. Ähnlich die Siemens AG, die im Anlagegeschäft, im Industriegütergeschäft und auch im Konsumgütergeschäft tätig ist. EDIFACT versetzt sie in die Lage, mit alle Kunden und Lieferanten branchenunabhängig einheitlich Geschäftstätigkeiten abzuwickeln. Die Unternehmensstellung und der daraus entstehende Anpassungsdruck sind allerdings nicht immer ein Anlaß für die Zulieferer und Kunden bei der Systemübernahme zu folgen.

Der Warenhauskonzern Karstadt ist einer der Vorreiter bei der Anwendung des elektronischen Datenaustauschs. Seit 1985 verwendet man SEDAS. 1992 führte Karstadt zusammen mit dem Pilotpartner OSRAM EDIFACT (genauer gesagt EANCOM) ein. Man ging von einer gleichzeitigen Umstellung auch bei anderen Lieferanten aus, doch anstatt der angestrebten 100 Lieferanten bis 1993 folgten nur 44. Trotzdem hält Karstadt nach vorliegenden Unterlagen am Wechsel von SEDAS zu EDIFACT fest, da die Unternehmung über vielfältige Geschäftsbeziehungen, z.B. zu Banken, Transporteuren, Zoll, Versicherung u.v.a. verfügt. Bei Karstadt sieht man EDIFACT als Standardlösung, die von vielen Partnern genutzt werden kann. Man geht davon aus, daß die noch existierenden Standards (z.B. ODETTE) mit der Zeit in EDIFACT übergehen (Nilsson 1994).

Übersicht 4: Unternehmen mit EDIFACT-System im Konsumgüterbereich (i.w.S.)

Firmenname	Branche	Einbezogene Geschäftsvorgänge	Partner
Karstadt AG	Handel	Angebot, Bestellung, Lieferavis, Rechnung, Verkaufsmeldung	Lieferanten
SCHOTT Glaswerke	Glas	Vertriebsabwicklung	Kunden
Robert Bosch AG	Elektroindustrie	Von Auftragsannahme bis zur Logistik	Spediteure, Zollverwaltungen, Kunden, Produktionsplanung, Statistisches Bundesamt
Katag AG	Textilhandel	Systemverbund, Warenwirtschaft	Händler
OSRAM GmbH	Elektroindustrie	Logistik, Bestelleingänge	Kunden
Wrangler Germany GmbH	Textilindustrie	Lieferung, Abverkaufskontrolle	Kunden (d.h. Einzelhändler)
COROPLAST Fritz Müller AG	Automobilzulieferer	Lieferung, Versanddisposition	Kunden
Hella AG	Automobilzulieferer	Lieferabruf, Feinabruf, Lieferschein-/ Transportdaten, Rechnungen, Gutschriften, Preise	Kunden, Lieferanten
Philips GmbH	Elektroindustrie	Transport, Fakturierung, Zahlungsabwicklung, Bestellwesen, Außendienstinformation	Geschäftspartner
AEG Hausgeräte AG	Hausgeräte	Logistik (Lagerplatzverwaltung)	Kooperationspartner, europäische Auslandsgesellschaften, Vertrieb, Spediteure
Siemens AG	Elektroindustrie	Logistik, Lieferdaten, Speditionsaufträge, Auftragabwicklung Bestellung, Lieferabruf, Rechnung, Zolldokumente, Produktstammdaten, Transportdaten, Zahlungsverkehr	Spediteure, Kunden, Lieferanten, Statistisches Bundesamt, Banken
STHIL	Motorsägen u.a. (Hersteller und Händler)	Planungssysteme für Absatz, Beschaffung, Produktion	STIHL-Produktions- und Vertriebsgesellschaften, Lieferanten, Kunden
Langnese-Iglo GmbH	Lebensmittelhersteller	1. Gesamte Logistik 2. ELFE (Elektronische Fernmelderechung)	1. Kunden, Schwesterfirmen, Lieferanten 2. Telekom
Rudolf Wöhrl GmbH & Co KG	Textileinzelhandel	Bestellung	Lieferanten

6 BEURTEILUNG UND ENTWICKLUNGSPFADE

Obwohl die zunehmende Internationalisierung der Geschäftstätigkeit insbesondere im Konsumgüterhandel für eine schnelle Akzeptanz von EDIFACT spricht, ist die Bereitschaft zur Übernahme eher zurückhaltend. Als Grund kann einerseits die Existenz und weite Verbreitung von anderen Standards wie z.B. SEDAS angesehen werden, andererseits besteht für die Unternehmen die Gefahr, daß auch die Dynamik in der Softwareentwicklung dafür sorgt, daß ein Standard wie EDIFACT obsolet wird, bevor er sich richtig durchgesetzt hat.

Für EDIFACT sollte dies nicht gelten, da seine Möglichkeiten im gleichen Maße wachsen wie die Anzahl der Übernehmer des EDIFACT-Standards zunimmt und integrierte internationale Systeme zur Geschäftsabwicklung zur Verfügung stehen. Probleme liegen allenfalls in der Vielzahl der existierenden Sonderlösungen – wie z.B. in Form von Subsets –, die einer echten Standardisierung entgegenstehen. Die Leistungsfähigkeit von EDIFACT wird daran gemessen werden, inwieweit es gelingt, Subsets wieder zu vereinheitlichen und Sonderlösungen auf ein Mindestmaß zu reduzieren.

Chancen für die Zukunft ergeben sich für EDIFACT vor allem daraus, daß die Kommunikation über den Business-Bereich hinaus möglich wird, daß z.B. die Beziehung zum Endverbraucher möglich und standardisiert wird und daß die Standardformate der geschäftlichen Abläufe durch nichtstandardisierten Dokumenten-Transfer ergänzt werden.

LITERATUR

Bierschenk, M.: Probleme einer Zulieferers auf dem Weg zu EDIFACT. In: DEDIG (Hrsg.): Kongreßband zur EDI '92, S. 221-233.

Brammertz, J.: Mit EDIFACT in die Zukunft: Das Kommunikationskonzept bei Langnese-Iglo. In: DEDIG (Hrsg.): Kongreßband zur EDI '93, S. 7/4-7/8.

Brüggmann, H.: EDI und EDIFACT aus der Sicht der Elektroindustrie. In: DEDIG (Hrsg.): Kongreßband zur EDI '92, S. 107-112.

Burger-Balogh, I.: Aktuelle EDIFACT-Anwendungen bei der SIEMENS AG. In: Tagungsband zur 7. DIN - Tagung 1992, S. 3/1-3/10.

Cremer, M.: Informationsvernetzung im Einkaufsverbund EDI mit EANCOM. In: DEDIG (Hrsg.): Kongreßband zur EDI '94, S. 5/8-5/15.

Friederichs, H.: Weltweite Steuerung der Warenströme mit EDI. In: DEDIG (Hrsg.): Kongreßband zur EDI '94, S. 3/47-3/55.

Hansen, H.R.: Marketing über den Information Superhighway – das Internet. In Werbeforschung & Praxis, No. 1, 1995, S. 32-36.

Kaudel, J.: Einfluß von EDI auf die Außenwirtschaftsbeziehungen. In: DEDIG (Hrsg.): Kongreßband zur EDI '92, S. 240-250.

Leibold, G.J.: Die automatische Nachlieferung einer verkauften Produktes. In: DEDIG (Hrsg.): Kongreßband zur EDI '94, S. 11/2-11/4.

Liebmann, H.-P.: Struktur und Funktionsweise moderner Warenverteilzentren. In: Zentes, J. (Hrsg.): Moderne Distributionskonzepte in der Konsumgüterwirtschaft, Stuttgart 1991, S. 17-32.

Nilsson, R.: EDI als strategisches Instrument in Handel. In: DEDIG (Hrsg.): Kongreßband zur EDI '94, S. 3/8-3/20.

Peters, D.: EDI als Unterstützung der Logistik-Funktionen in der Elektroindustrie – am Beispiel der AEG Hausgeräte AG, Nürnberg. In: DEDIG (Hrsg.): Kongreßband zur EDI '92, S. 127-128.

Reichwein, K.: Logistische Integration mit EDI in der Möbelbranche. In: Tagungsband zur 7. DIN - Tagung 1992, S. 8/1-8/9.

Reichwein, K.: EDI auf der Basis ODETTE zwischen Automobilhersteller und Zulieferer. In: DEDIG (Hrsg.): Kongreßband zur EDI '94, S. 6/19-6/34.

Rösch, E.: EDIFACT. In: CIM Management, No. 4, 1991, S. 23-27.

Roznerski, F.: Der Schritt nach vorn: Von SEDAS zu EANCOM am Beispiel der Datenkommunikation zwischen KARSTADT und OSRAM. In: DEDIG (Hrsg.): Kongreßband zur EDI '93, S. 6/3-6/10.

Schade, J.: Standardisierung der elektronischen Kommunikation: EDIFACT und SEDAS. In: Zentes, J. (Hrsg.): Moderne Distributionskonzepte in der Konsumgüterwirtschaft, Stuttgart 1991, S. 225-242.

Scheer, A.-W.: Wirtschaftsinformatik, Berlin 1995, Springer-Verlag.

Schmeiser, W.: EDIFACT im Zahlungsverkehr bei Siemens. In: DEDIG (Hrsg.): Kongreßband zur EDI '94, S. 12/2-12/9.

Schwalger, M.: Erste Überlegungen bei der Einführung von EDI. In: DEDIG (Hrsg.): Kongreßband zur EDI '94, S. 4/2-4/19.

Seeburger, B.: Technische Aspekte bei der Einführung von EDI. In: DEDIG (Hrsg.): Kongreßband zur EDI '94, S. 4/15-4/19.

Simmet, H.: Europäisierung integrierter Informationssystem. In: Trommsdoff, V. (Hrsg.): Handelsforschung 1992/93, S. 255-267.

Stadelmann, F.; Weber, R.: EDI/EDIFACT – Realisierung in der europäischen Textilbranche. In: DEDIG (Hrsg.): Kongreßband zur EDI '93, S.13/8-13/11.

Strohmeyer, R.: Die strategische Bedeutung des elektronischen Datenaustausches, dargestellt am Beispiel von VEBA Wohnen. I zfbf No. 44, 1992, S. 462-475.

Tornqvist, A.: A view on UN/EDIFACT buildings blocks. In: EDIFACTs, No. 2, 1994, S. 11-13.

o. V.: Stoppt den Subset-Wildwuchs! In: x-change 2/94, S. 20-23.

Zentes, J.: Computer Integrated Merchandising, Neuorientierung der Distributionskonzepte im Handel und in der Konsumgüterindustrie. In: Zentes, J. (Hrsg.): Moderne Distributionskonzepte in der Konsumgüterwirtschaft, Stuttgart 1991, S. 3-15.

ICILIST – Ein integrierbares Logistik-Informationssystem für internationale Handelshäuser als Element von Computer Integrated Trading (CIT)

Hubert F. Marschner, Innsbruck

Die Rechnerunterstützung im internationalen Handel zur Planung, Steuerung und Überwachung von Waren- und Transportbewegungen im Rahmen der internationalen Warenwirtschaft gewinnt an Bedeutung. CIT-Realisierungen erfordern spezifische Systemelemente. Aufbauend auf früheren Überlegungen zu einem internationalen Warenwirtschaftssystem wird das zugehörige internationale Logistik-Modul entwickelt. Dieses kann als Element eines IIWWS integriert werden, als selbständiges Logistik-Informations-System arbeiten oder mit einem IWWS vernetzt werden.

1 EINFÜHRUNG IN DAS LEISTUNGSSPEKTRUM INTERNATIONALER HANDELSHÄUSER

Als Folge zunehmender Liberalisierung und Intensivierung des internationalen Warenaustauschs hat die internationale Arbeitsteilung enorm zugenommen. Der technische Fortschritt, insbesondere in der Informationstechnologie, hat die Transaktions- und Informationskosten (Fischer 1993) der (funktionalen) internationalen Warenaustauschprozesse reduziert. Der zeitliche und geographische *Informationsvorsprung*, einst ein dominanter Erfolgsfaktor im Welthandel (Braudel 1986), wird für *internationale Handelsunternehmen* als Spezialisten in der Gestaltung von internationalen Warenaustauschprozessen zum existentiellen Problem.

International verzahnt mit nationalen wie internationalen Anbietern und Nachfragern sind internationale Handelsunternehmen sowohl auf Großhandelsstufe (International Trading) als auch auf Einzelhandelsebene (International Retailing) anzutreffen. Ein Überblick über die vielfältigen Erscheinungsformen internationaler Handelsunternehmen ist in Form einer typologischen Darstellung im Jahrbuch der Forschungsstelle für den Handel, Handelsforschung 1992/93 (Trommsdorff 1992) zu finden.

Internationale Handelshäuser (Multinational Trading Companies – MTC's) kann man als Großformen internationaler Handelsunternehmen (Marschner 1992, S. 219) bezeichnen, die sich mit *Volumengeschäften* in folgenden Warenbereichen beschäftigen (Marschner 1992b):

– Commodities (mineralische und chemische Rohstoffe, Energieträger wie Öl und Kohle, Agrarprodukte niederer und höherer Ordnung, Marschner 1994, S. 146 f.),

– Halbfabrikate niederer Ordnung (Eisen, Stahl, Kabel, Rohre, Zement etc.),

– Halbfabrikate höherer Ordnung (Teile, Komponenten, auch unterschiedlicher Technologieniveaus etc.),

– Fertigfabrikate (Konsum- und Investitionsgüter, Verbrauchs- und Gebrauchswaren, Anlagenteile und Komplettanlagen, industrial turn-key-plants).

Neben den warenbezogenen Handelsleistungen erfüllen internationale Handelsunternehmen vielfältige und international differenzierte Finanzierungs-, Abwicklungs- und vor allem Informations- und Kontaktleistungen. Darüber hinaus erbringen international aktive Handelshäuser Logistikleistungen als integrierter Bestandteil ihrer Handelsleistung. Im Rahmen der Erfüllung dieser Funktion werden sie mit differenten Formen von *logistischer Komplexität* (Pfohl 1988) konfrontiert. Internationale logistische Entscheidungsprobleme gelten allgemein als vielfältiger und intransparenter als solche für einen nationalen Markt. Dies deshalb, weil *mehrdimensionales Know how* über

– differenzierte nationale und internationale Beschaffungs- und Absatzmärkte bzw. die logistisch relevanten Eigenheiten der Marktpartner und anderer Marktakteure,

– die nationalen und internationalen Techniken im Warenumschlag,

– tarifäre und nichttarifäre Hemmnisse,

– die Gepflogenheiten im Warenverkehr,

– nationale und internationale Verkehrssysteme auf und zwischen Beschaffungs- *und* Absatzmärkten

erforderlich wird, um handelsrelevante logistische Prozesse auf ihren *Nutzenbeitrag* im Rahmen der Gesamtleistung eines internationalen Handelshauses sowohl a priori als auch ex ante beurteilen zu können.

Zur Erfüllung der für ein internationales Handelshaus relevanten Logistikaufgaben können sowohl handelseigene Logistikkapazitäten eingesetzt als auch externe Dienstleistungen in Anspruch genommen werden. Im Falle des Aufbaus eigener Kapazitäten stellt sich überdies das Problem der optimalen Auslastung, weshalb viele internationale Handelshäuser die logistische Funktion als eigenständigen Geschäftsbereich führen, wo auch Aufgaben für Dritte (Fischer 1993b) erfüllt werden.

Logistik-Informationssysteme haben in die Produktionswelt im Rahmen der Fertigungssteuerung Einzug gehalten. Lean-Production, Just-in-time und Prozeßoptimierung, in Handelsunternehmen seit jeher gedankliche Eckpfeiler einer rationalen Warenwirtschaft, wären ohne derartig spezialisierte Informationssysteme zur Steuerung und Überwachung physischer Transportabläufe nicht möglich. Dennoch exitieren bisher für internationale Handelsunternehmen keine spezifischen Logistik-Informations-Systeme zur Bewältigung der weltumspannenden logistischen Aufgaben. Dieser Beitrag stellt sich die Aufgabe, diese Lücke zu schließen.

2 COMPUTER INTEGRATED TRADING (CIT), INTERNATIONALE WARENWIRTSCHAFT UND LOGISTIK

Die einzelhandelsbezogene Computerintegration im Rahmen der Erbringung von Handelsleistungen (Computer Integrated Retailing – CIR) verbreitet sich weltweit in höherem Tempo (Meyer 1991, S. 103 ff.) als noch Ende der 80er Jahre angenommen wurde. Hingegen ist die Rechnerunterstützung (Computer Integrated Trading – CIT) im internationalen Handel noch wenig diffundiert (Gamper 1995). Mit Hilfe internationaler und integrierter Warenwirtschaftssysteme (IIWWS) können weltweit relevante Waren-, Geld-, Logistik- und sonstige Informationsprozesse von internationalen Handelsunternehmen gesteuert werden. Durch Identifikation, Standardisierung und Automatisierung von Routinearbeiten werden zeitkritische, personal-, daten- und kostenintensive Prozesse in ihren Abläufen effizienter (Marschner 1993, S. 143).

Komplexere internationale Handelsaktivitäten erfordern u.a. Informationen über den grenzüberschreitenden kontinentalen und interkontinentalen Transport von Waren (Marschner 1993b, S. 152) und den hierfür eingesetzten Transportfacilitäten. Die damit verbundenen Logistikinformationsprozesse (Marschner 1993, S. 143 ff.; Zentes 1992, S. 215 ff. und 1992b, S. 1285 f.) können entweder in Warenwirtschaftssysteme integriert werden (Integrationsaspekt) oder als eigene Module (Vernetzungsaspekt) konstruiert sein.

Im Falle der Konstruktion eines integrierbaren Logistik-Informationsmoduls (International Computer Integrated Logistic Information System for Trading houses – ICILIST) entfallen die unternehmensinternen Schnittstellen, was die Handhabung des Informationstransfers in andere Organisationsbereiche des internationalen Handelsunternehmens (z.B. Management, Controlling, Disposition) durch Wegfall von Systembarrieren und Kommunikationsproblemen wesentlich erleichtert.

Als Nebenbedingung galt, daß das Modul auch als eigenständige Einheit für jene internationalen Handelshäuser dienen könnte, die derzeit die internationale Warenwirtschaft (Marschner 1992, S. 1285) auf konventionelle Art steuern, jedoch auf Grund des Umfangs ihrer logistischen Leistungen ein entsprechendes Informationssystem benötigen werden. Diese Insellösung könnte nach Vorliegen der Voraussetzung durch entsprechende Schnittstellen zur internen und externen Vernetzung (Oliver 1990, pp 241; Kambil, Short 1994, pp 59) vorgesehen werden.

3 EINFLUSSFAKTOREN AUF ICILIST

3.1 Die Makro- und Mikroumwelt eines internationalen Handelshauses

Die international relevanten logistischen Rahmenbedingungen für ein internationales Handelshaus bzw. CIT bilden die Plattform (Ciborra 1994) für weitere Überlegungen. Sie lassen sich zu vier Sektoren (*Abbildung 1*) zusammenfassen und komprimiert darstellen.

Die *Makroumwelt* eines internationalen Handelshauses im internationalen Warenverkehr wird durch die unterschiedlichen staatlichen *Marktregulierungen* beeinflußt, welche Einfluß auf Art und Intensität des Marktzutritts sowie der Marktbearbeitung haben.

Das logistische Gesamtsystem eines internationalen Handelsunternehmens läßt sich *gesamtwirtschaftlich* mit den handelsspezifischen Funktionen zur Raum- und Zeitüberbrückung zwischen den national unterschiedlichen Ausgangspunkten und Bestimmungspunkten von Handelsware erklären. Die weltumspannende *intraorganisationale Logistikinfrastruktur* stellt also einen weiteren Einflußbereich der Makroumwelt für das Logistiksystem eines internationalen Handelshauses dar, welcher die operative Tätigkeit in und zwischen verschiedenen Wirtschaftssystemen durch unterschiedliche, häufig auch staatlich regulierte, Verkehrssysteme und Logistikmärkte beeinflußt.

Aus der *Mikroumwelt*, also aus der Sicht des internationalen Handelshauses, stellt sich die *einzelwirtschaftliche* Frage nach der Legitimation zur Durchführung von internationalen Logistikprozessen: In marktwirtschaftlichen Wirtschaftssystemen bildet der betriebswirtschaftliche Erfolg den Maßstab für die Beurteilung der Effizienz von *Handelsleistungen*. Die Bewertung und Entscheidung zur Realisierung (Arbitrage) durch Koordination und Transaktionen von Logistikprozessen bildet somit den innerbetrieblichen Einflußbereich auf ICILIST.

Letztlich umfaßt das *institutionelle Logistiksystem* eines internationalen Handelshauses als Systemelemente alle technischen und organisatorischen Einrichtungen zur Bewältigung logistischer Prozesse (Arnold 1989, Sp. 1340 ff.), also die Hardware in Form von Lager- und Transportfacilitäten im In- und Ausland sowie die zur Systemsteuerung erforderliche Konfiguration von Informationssystemen sowie die Software in Form von reproduzierbarem Expertenwissen. Damit sind als weiterer Einflußbereich für ICILIST Art und Umfang der logistikrelevanten *Ressourcen* bzw. die damit verbundenen Restriktionen zu erfassen und zu steuern.

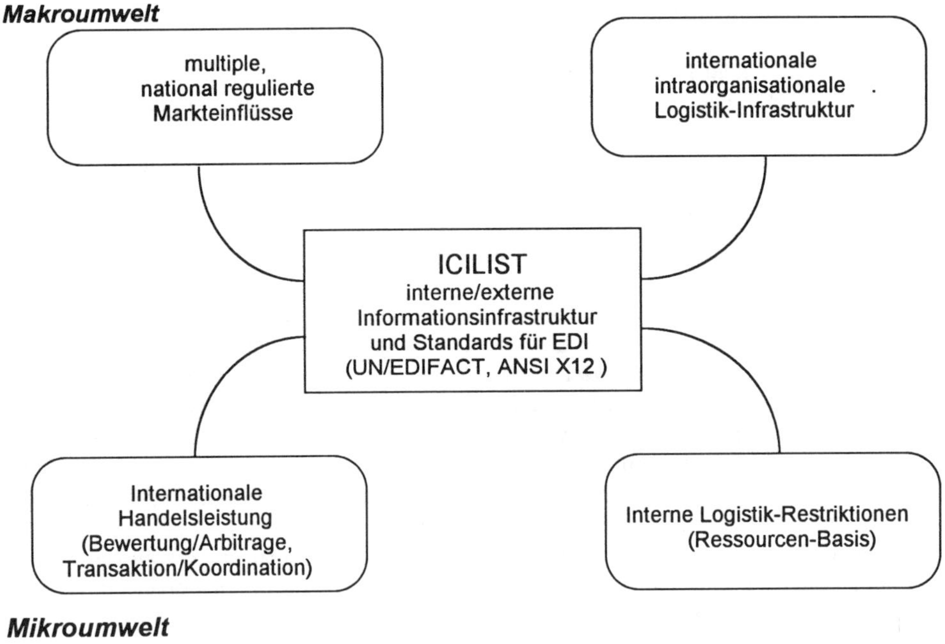

Abbildung 1: Einflußfaktoren auf International Computer Integrated Logistic Information System for Trading – ICILIST

3.2 Die Logistikfunktionen eines internationalen Handelshauses

Funktionsanalytisch besteht der Logistikprozeß im internationalen Handel aus

1) der eigentlichen Warenbewegung (incl. Lagerung) und der damit verbundenen Bewegung der Transporteinrichtung (incl. Stehzeiten),

2) der Erfülung additiver Teilaufgaben aus der Warenwirtschaft bzw. des Warenumschlags (Mengenumgruppierung durch Zusammenfassung oder Auflösung, Manipulation etc.) und

3) Handhabung bzw. Bewältigung der damit verbundenen Informationsströme zur Planung, Steuerung und Kontrolle der Waren- und Transportbewegungen.

In der Literatur zu internationalisierten Industrieunternehmen wird Logistik als Querschnittsfunktion betrachtet. Unter der Unternehmensphilosophie einer Technikorientierung wird Logistik beschaffungsseitig und intern von der Produktion und unter Marketingorientierung absatzseitig durch (Absatz-)Marketing dominiert. Simon (1995, S. 204 ff.) fordert mittlerweile die Abkehr von einseitig polarisierenden Denkansätzen.

Mehrdimensionale Marketing- und Logistikorientierung

Internationale Handelshäuser ziehen ihren Nutzen aus der Koordination von Beschaffungs- und Absatzfunktionen. Daraus folgt zwingend, daß eine einseitige Dominanz eines handelsbetrieblichen Funktionsbereichs bei der Ökonomisierung von Logistikprozessen und den dazugehörigen Informationsprozessen vermieden werden muß. Dies bedeutet aber eine gesamtheitliche Sicht der Bewertung von Logistikprozessen, so daß internationalisiert sowohl eine *kosten- als auch nutzenmäßige* Erfassung von Logistikprozessen, und zwar sowohl im Beschaffungs- als auch im Absatzbereich, erforderlich scheint.

Internationale Handelshäuser sind nicht nur zweiseitig mit externen Marktpartnern auf internationalen Märkten verbunden, sondern auch mit ihren ausländischen Niederlassungen und Logistikeinrichtungen. Bei *monodirektional* orientierten internationalen Handelshäusern läuft der Warenstrom lediglich in eine Richtung, bei bi- und multidirektional ausgerichteten Handelshäusern bewegt sich auch ein *Warenstrom* zumindest in Richtung Handelshaus. Dies muß nicht zwangsläufig in Countertrade-Transaktionen (Marschner 1990, S. 23 ff., 1989, S. 235 ff.) begründet sein, wo als Gegenleistung für die erbrachte Hauptleistung wiederum Waren abzunehmen sind. Der Warenstrom in der Gegenrichtung kann auch mit der Charakteristik der Zielregion zusammenhängen, die sowohl das Absatzgebiet als auch den Beschaffungsmarkt für das zu betrachtende internationale Handelsunternehmen zu bilden vermag.

Die Koordination und Bewältigung von Warenströmen und eventuell die Kapazitätsauslastung der damit verbundenen Transporteinrichtungen könnte unter diesen Aspekten zu einem eigenständigen logistischen Leistungsprofil des internationalen Handelshauses führen.

Alternative internationale Logistikprozesse

Aus dem spezifischen Aufgabenbereich eines internationalen Handelshauses resultiert eine Fülle denkbarer Waren- und Transportfunktionen auf internationalen Märkten, welche ihrerseits Art und Umfang der international relevanten Logistikinformationen beeinflussen:

- Ein- und mehrstufige internationale Waren- und Transportprozesse: Bei einstufigen Waren- und Transportprozessen werden Ausgangs- und Bestimmungspunkt einer Warenlieferung ohne Einschaltung zusätzlicher logistischer Einrichtungen miteinander verbunden. Mehrstufige logistische Prozesse erfordern in internationalen Transportketten (*Abbildung 2*) ganz spezifische Warenbewegungen (z.B. umpacken). Unter Umständen wird die Lieferung über einen Break Bulk Point (Auflösung einer großen Liefereinheit) oder Consolidation Point (Sammlung- bzw. Agglomerationsort) geführt. Bei dropshipment (internationales Streckengeschäft) wird die handelsspezifische Lagerhaltung ausgeschaltet, Ausgangs- und Bestimmungspunkt müssen dennoch nicht zwangsläufig direkt verbunden sein (Liebmann 1991, S. 17 ff.). Beim Lagergeschäft internationaler Handelshäuser ist die Mehrstufigkeit ex definitione durch die Unterbrechung einer denkbaren Transportkette gegeben.

– Beschaffungs- und Absatzlogistiksysteme: Die Beschaffungslogistik und Absatzlogistik internationaler Handelshäuser können sowohl mit homogenen als auch heterogenen Logistiksystemen (institutionelle und funktionale Besonderheiten von logistischen Dienstleistungsmärkten bzw. deren Teilnehmern; analog dazu Lai, C.; Medvinsky, G., Neumann, B.C., 1994) und den damit verbundenen Unternehmenskulturen konfrontiert werden – und dies zudem noch im gleichen Ziel- bzw. Logistikraum (z.B. erweisen sich italienische Staatsbahnen als langsam und der Straßengüterverkehr als teilweise unzuverlässig).

Vernetzung und Integration von internationalen Logistikprozessen

Betrachtet man die Logistikleistung eines internationalen Handelshauses als unverzichtbaren Teil der unternehmerischen Gesamtleistung (Müller-Hagedorn/Toporowski 1993, S. 123 ff.), so ergeben sich für die Erfüllung der Raum- und Zeitüberbrückungsfunktion zwei bedeutsame Aspekte:

– Reichweite der logistischen Leistungen und Informationen: Hinter dem Aspekt der Reichweite (direkt durch eigene Logistikleistung, indirekt durch Inanspruchnahme internationaler Logistikdienste) steht die Forderung nach Sicherung der spezifischen Funktionserfüllung durch das internationale Handelshaus. *Beschaffungsseitig* wird nach Maßgabe der Erfordernisse und Möglichkeiten Einfluß auf den Lieferanten (und u.U. dessen Vorlieferanten) angestrebt, um logistische Kompatibilität mit den eigenen Anforderungsprofilen und jenen der potentiellen Abnehmern zu erreichen. Im Verkehr mit geringer industrialisierten Ländern (LDC's) oder z.B. den GUS-Staaten kann dies zur Existenzfrage für die Geschäftsabwicklung werden. Ähnliche Überlegungen hinsichtlich der Kontrollreichweite im Rahmen der Logistikfunktion können sich auch auf der *Absatzseite* als sinnvoll erweisen. Hausintern stellt sich die Frage nach der internen und externen Vernetzungsfähigkeit eines Logistikinformations-Systems, wobei zumindest intern einer integrative Lösung in ein internationales Warenwirtschaftssystem (Marschner 1993) aufgrund der höheren Effizienz der Vorzug zu geben wäre. Hinderlich erweisen sich einerseits internationale Kommunikationsstandards (Arnold 1989, Sp. 1352 f.), vor allem aber fehlt zumindest europäischen Handelshäusern noch die nötige Investititonsbereitschaft, wie Untersuchungen belegen (Gamper 1995; Marschner/Rigger 1994).

– Make or buy: Die Übertragung von Logistikleistungen auf Spezialisten folgt den Regeln der Funktionseingliederung oder Funktionsausschaltung. Einerseits bieten Logistik-Spezialisten zunehmend „Mehr-Wert-Dienste“ (z.B. Bestellübermittlung, Übernahme zur Garantieabwicklung, Informationsdienste etc.), andererseits übernehmen Handelsunternehmen Logistikfunktionen aus dem Produktionssektor (z.B. durch eigene Transit-Terminals, Verteilzentren). Trends in internationalen Logistikketten machen auf die Problematik der Beurteilung des logistischen Wertschöpfungsbeitrags in internationalen Handelshäusern aufmerksam. Wenngleich die eigentliche Transport- und Lagerleistung durchaus einer Make-or-buy-Analyse bzw. Entscheidung zugänglich scheint, bleibt doch die Informationsfunktion als Kernleistung des internationalen Handelshauses davon unberüht. Ohne kompetente Informationen über die relevanten Logistikprozesse der

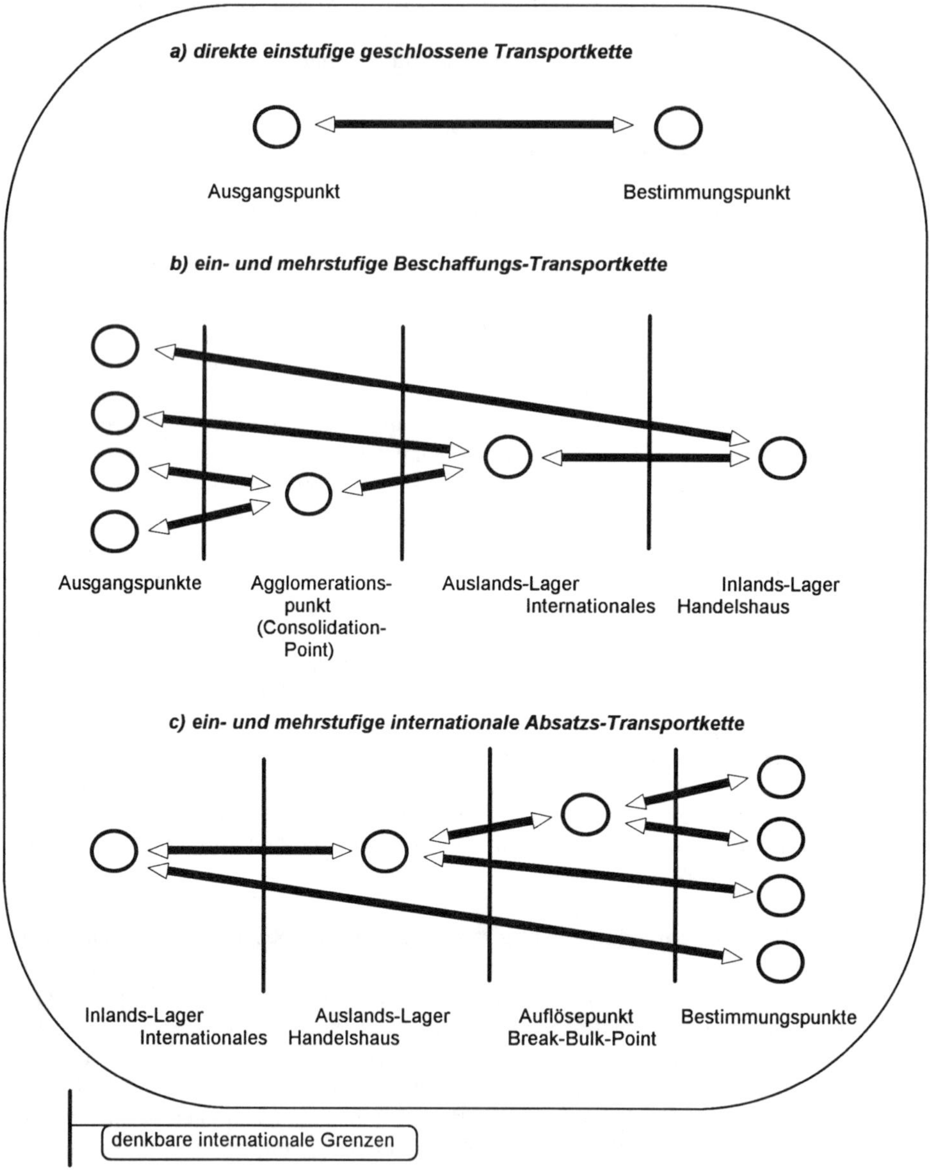

Abbildung 2: Internationale Transportketten

Quelle: In Anlehnung an Seyffert 1972, Arnold 1989

internationalen Warenströme wäre die restliche Handelsleistung in Zeiten globalen Informationsaustauschs und erhöhter Zeitsensibilität nicht denkbar.

4 DIE SYSTEM-ELEMENTE VON ICILIST

4.1 Die modulare Struktur von ICILIST

Die Optimierung der Struktur und Prozesse der Marketing-Logistik durch ein integriertes Logistik-Informationssystem, also durch Informationshandhabung, erfordert die Entwicklung eines Maßstabes für ein derartiges System. Die Bewertung der Effizienz ergibt sich aus dem zu erstellenden *Zielkatalog* bzw. einer Art *Pflichtenheft* für das internationale computerintegrierbare Logistik-Informationssystem ICILIST und dessen *Wissens- und Steuerungskomponente*. So wird zu prüfen sein,

- welche Art von Informationen zur Optimierung der Logistik-Funktion eines internationalen Handelshauses erforderlich sind,

- ob diese Informationen durch ein Informationssystem zugänglich gemacht werden können (einmalige außergewöhnliche logistische Führungsentscheidungen ergeben mangels Standardisierbarkeit in einem Routinesystem keinen Sinn),

- welche logistikrelevanten Datenmengen aus unterschiedlichen Logistikketten (Wasser, Land, Luft) anfallen,

- welche periodischen Qualitäten diese Logistikinformationsdaten aufweisen und

- welche nationalen/internationalen sowie zentralen und dezentralen Anforderungen damit verbunden sind.

4.2 Die Wissenskomponente von ICILIST

Analog zum übergeordneten integrierten internationalen Warenwirtschaftssystem (vgl. *Abbildung 3*) werden zweckmäßigerweise die Informationssektoren des relevanten Logistiksystems und die dazugehörigen Informationen zu Modulen zusammengefaßt. Die Organisationsstruktur des internationalen Handelshauses, speziell die Logistik-Organisation, wird durch die Darstellung der Wissenskomponente verständlicherweise nicht dargestellt. Deshalb wurde der Primärstrukturierung nach Stamm- und Bewegungsdaten gegenüber einer (flexiblen) logistiksystemorientierten Darstellung der Vorzug gegeben. Diese ist als zweite Informationsebene in den Modulen darzustellen.

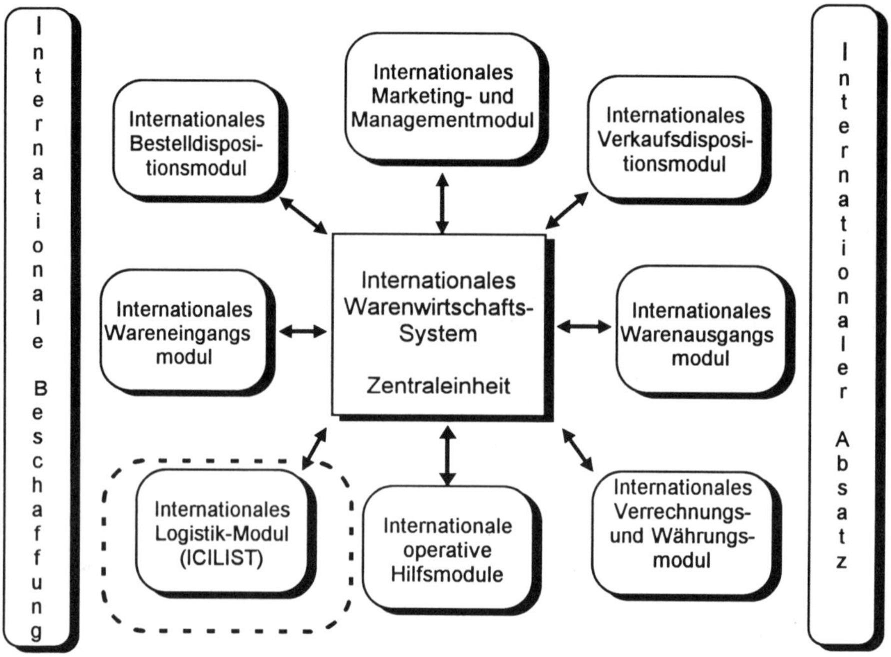

Abbildung 3: International integriertes Warenwirtschaftssystem

Quelle: Marschner 1993, S. 154

Daraus ergeben sich für jeden Informationsbereich des Logistiksystems Anforderungen an die *Wissenskomponente*, wie dies *Abbildung 4* zeigt.

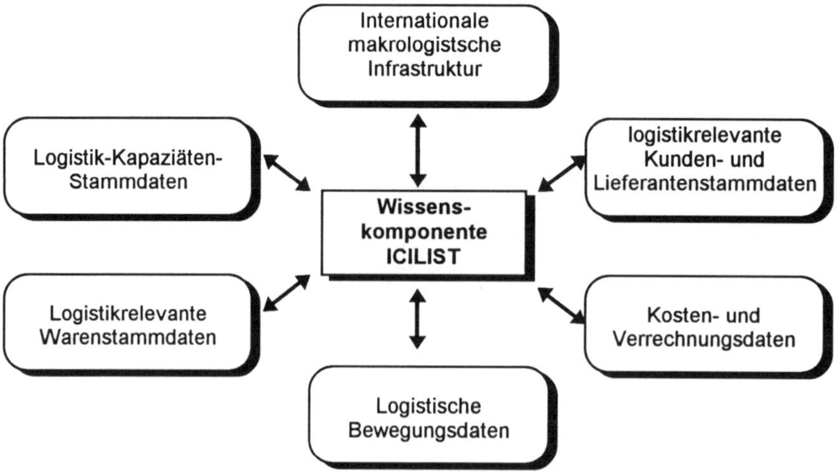

Abbildung 4: Wissenskomponente von ICILIST

I. Stammdaten der internationalen makrologistischen Infrastruktur

beziehen sich auf

1) die Kapazitäten von Verkehrssystemen
   - im Eisenbahnnetz z.B. Betreiber, Spurweite, Belastbarkeit etc.,
   - im Straßengüterverkehr z.B. Netz, Tonnage- und Fuhrparkrestriktion,
   - im Hochseeverkehr z.B. Hafendimension, Kaianlagen, Hafenequipment,
   - im Luftverkehr z.B. Flughafen-Ausstattung, Fluggerät-Zulassung, Landebestimmungen,
   - Binnenschiffahrt: z.B. Wasserstraßen, Beschränkungen, Binnenzollfreihäfen.

2) Administrative und rechtliche Besonderheiten und Restriktionen, z.B.
   - Ort und Verfahren der Zollabwicklung,
   - Kontrollen aller Art (Import-Export, Hygiene etc.),
   - Rechtliche Rahmen- und Wettbewerbsbedingungen.

II. Logistikkapazitäten-Stammdaten

betreffen alle relevanten Kapazitäts- und administrativen Informationen über Tranporteinheiten, Lagerungsmöglichkeiten und Transportequipment bzw. Verpackungsfacilitäten des internationalen Handelshauses, gleichgültig, ob es sich um eigene Ressourcen handelt oder diese „zugekauft" werden müssen.

1) *Transportfacilitäten-Stammdaten* bilden Informationen über die spezifische Konfiguration des Problembereichs (Air-Cargo, Sea-Cargo, Rail-Cargo, Land-Cargo) ab über:
   (1) eigene Transporteinheiten (Qualität, Quantität),
   (2) Verfügbarkeit von Transporteinheiten externer Dienstleister,
   (3) Transportketten:
      - geschlossene (Haus/Haus) und offene (Umladung, Lagerung) Transportketten im kombinierten Verkehr,
      - regelmäßige (Linienverkehr) und fallweise (Voll-/Teil-/Raum-Charter),
      - Massengut (Bulk), Sammel- und Stückgut-Dienste,
   (4) administrative Einrichtungen: Ausstattung zur Inventarerfassung und -verwaltung, zur Erfüllbarkeit von Rechts-, Sicherheits- und Kontrollvorschriften.

2) *Lagerfacilitäten-Stammdaten* betreffen Informationen über
   (1) eigene und fremde Lagerkapazitäten als in- und ausländische Lagereinrichtungen in und außerhalb von Zollfreizonen/Zollfreihäfen etc.,
   (2) Lagerequipment und spezifische Lagerausstattung,
   (3) administrative Optionen: Einrichtungen zur Ausstellung bankfähiger Lager- und Versicherungsdokumente etc.

3) Equipment und Verpackung
   (1) eigene und fremde Container, Paletten etc., ev. Zugriff auf Pools,
   (2) Lade- und Hebezeug, Entladevorrichtungen,

(3) Einrichtungen zur Gewährleistung „seemännischer Verpackung“ und sonstiger Transportverpackungen,
(4) Kennzeichnung von Gefahrengut an Waren und Transporteinrichtungen, Sicherung von Sondertransporten,
(5) sonstige operative Einrichtungen.

III. Logistikrelevante Waren- bzw. Artikelstammdaten

Im Falle regelmäßiger logistischer Bewegungen werden die international relevanten Handling-Informationen zweckmäßigerweise und unabhängig von den Kommissionierungsdokumenten in der Wissenskomponente von ICILIST zu speichern sein. Damit wird sichergestellt, daß über Besonderheiten wie Volumen, Tonnage, Empfindlichkeit, Sicherheitsoptionen, Lagerungs- und sonstige qualitätssichernde Vorschriften, Transport- und Handlingvorschriften bei der Logistikdisposition vor, während und nach Transportvorgängen jederzeit erforderlicher Informationsbedarf zufriedengestellt werden kann.

IV. Internationale Kunden- und Lieferantenstammdaten

Der Inhalt der Datensätze betrifft Informationen über den Start- und Endpunkt der internationalen logistischen Kette: Die Besonderheiten der Marktpartner bilden erfassenswerte logistische Parameter, sofern es sich um dauerhafte Beziehungen, um großvolumige Transaktionen oder eine Serie von Teillieferungen handelt.

V. Die Kosten- bzw. Verrechnungsdaten

Dieses Element kann nach spezifischen Kostenträgern Auskunft über deren Belastung im Rahmen internationaler logistischer Prozesse des Handelshauses geben. Die Logistikkosten- und Logistikleistungsrechnung dient über logistische Kennzahlensysteme dem internationalen Bereich des Logistik-Controllings des internationalen Handelshauses. Die wesentliche Funktion besteht aber darin, über die Möglichkeit von Mischkalkulationsansätzen selbständig gewinnorientierte Logistikpreisforderungen zu ermitteln oder aber über Verrechnungspreise die dienende oder eigenständige Funktion der internationalen Logistik eines Handelshauses zu belegen bzw. funktionsgerecht zu dokumentieren.

Die permanente Veränderung von spezifischen Tranport-, Lager-, Equipment- und Administrations- bzw. Kontrollkosten kann durch die Erfassung in der Wissenskomponente von ICILIST besser und umfassender dokumentiert werden, als dies mit konventionellen Methoden der Fall wäre. Die Daten können aus dem Verrechnungsmodul oder aus der zentralen/dezentralen Kosten- und Leistungsrechnung stammen, sofern diese Funktionen nicht ohnehin von diesem Modul übernommen werden.

Die Komponente *internationale logistische Bereitschaftskosten* enthält Informationen über:

– Transportmittelkosten,
– Personalkosten,

– Kosten der Lagereinrichtungen,
– Kosten des Equipments und der logistischen Administration.

Die Komponente *internationale logistische Leistungskosten* bezieht sich auf

– Kosten der Transportentfernung,
– Kosten der Transportdauer,
– Kosten von Lagerdauer und Lagerwert.

Darüber hinaus werden Währungsinformationen sowie spezifische Kosten der Währungsmanipulation in das Modul aufzunehmen sein. Über das Verrechnungsmodul können die gesamten logistikbezogenen Vertragsinhalte, insbes. sowohl echte Preisinformationen als auch interne Verrechnungspreise und Konditionen, aufgerufen und gesteuert werden.

Die Pflege dieser Daten erfordert ständige Aufmerksamkeit. Dieses Element der Wissenskomponente trägt wesentlich zur Realisierung des erforderlichen Geldstroms zwischen internationalem Handelshaus und seinen Transaktionspartnern bei.

VI. Logistische Bewegungsdaten

1) Artikelgenaue Warenbewegungsdaten geben Auskunft über Warenbewegungen und dazugehörige Quantitäten, Standorte, Erfordernisse etc.

2) Transportbewegungsdaten vermitteln jederzeitigen Überblick über Bewegungen von Transporteinrichtungen, eventuell mit jeweiliger Standortüberprüfbarkeit bzw. Unit-Identifikation durch einen noch zu entwickelnden Logistikleitstand. Zum Beispiel: In welchem Straßenzug einer Stadt befindet sich der Transport.

3) Lagerbewegungsdaten geben Auskunft über Mindest- und Höchstmengen, Lieferbereitschaft bzw. Verfügbarkeit etc.

Über spezifische Informationseinrichtungen, z.B. GIS bzw. IGIS (Internationales Geografisches Informationssystem), welche die Möglichkeiten von Funk- und Satellitenkommunikation ausnutzen, können sowohl Transporteinheiten (LKW, Waggon, Schiff) als auch Verpackungseinheiten mit Sendern ausgestattet werden, welche die jederzeitige Standortidentifizierung bzw.Verfolgung der Standortveränderungen erlauben.

4.3 Das Steuerungsmodul von ICILIST

Zur Handhabung, also Planung, Steuerung und Kontrolle weltweiter logistischer Informationsprozesse mit Hilfe der Wissenskomponente, dient das Steuerungsmodul (*Abbildung 5*). Es beinhaltet neben der Wissenskomponente die Referenz- und Dialogkomponente, mit denen der Wissenserwerb und die Darstellung von Daten bewältigt wird. Das Steuerungsmodul von ICILIST wurde analog zu einem internationalen Warenwirtschaftssystem in sich modular konstruiert und funktioniert ähnlich wie IIWWS.

Im internationalen *Logistikordermodul* werden

- interne Logistikaufträge des internationalen Handelshauses bearbeitet,
- externe Logistik-Orders übernommen; ev. wird ein Submodul *Verkaufsdisposition* erforderlich (um im Falle von Überkapazitäten oder eines eigenen *Geschäftsbereichs Logistik* externe Aufträge adäquat erfassen zu können),
- externe Aufträge an Logistikdienstleister (Frachtfüher, Speditionen) vergeben und koordiniert,
- relevante Transporte von Kunden/Lieferanten überwacht.

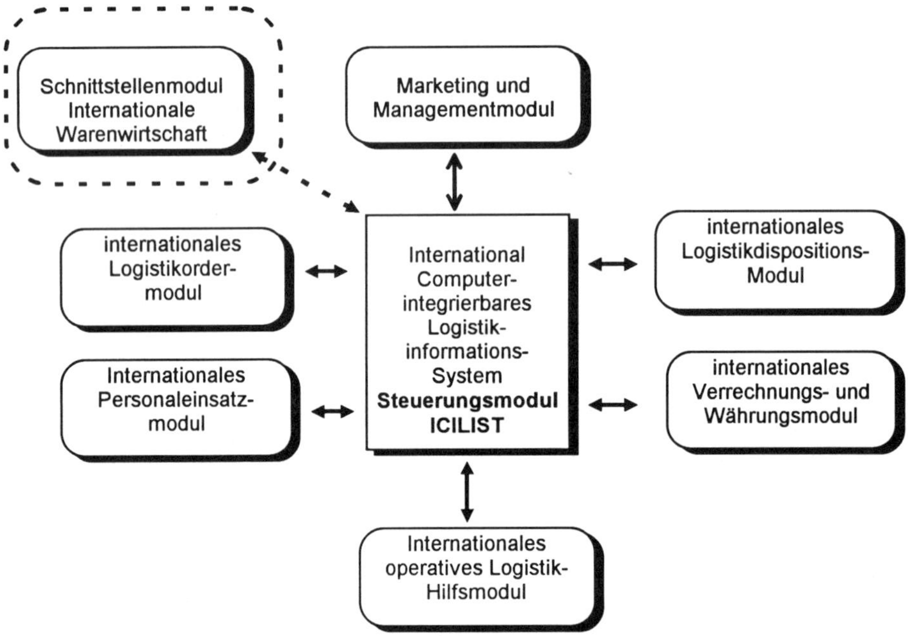

Abbildung 5: Steuerungsmodul von ICILIST

Gegebenenfalls existiert eine eigene Schnittstelle zu internationalen Frachtbörsen und Fracht-/Transport-Maklern, um Laderaum oder Transporteinheiten ordern/chartern zu können.

Das internationale *Logistikdispositionsmodul* ist für die globale Steuerung und Überwachung der physischen Logistikprozesse zuständig. Hier erfolgt die Optimierung von

- Transportfacilitäten,
- Transportketten,
- Transportzeiten,
- Lagerkapazitäten,
- Equipment und Verpackungsleistung,

– Hilfseinrichtungen,
– eventuell Service, Instandhaltung, Pflege, Wartung etc.

Das internationale *Personaleinsatzmodul* kann als Instrument zur Personalbedarfs- und einsatzplanung dienen und in Form eines eigenen Personal-Informations-System ausgebildet werden. Es steuert nationale und internationale Mitarbeiter in den verschiedenen zentralen und dezentralen Logistikbereichen. Es besteht die Möglichkeit, weitere Schnittstellen für Personal-Informations-Submodule einzurichten, falls die internationale Organisationsstruktur des internationales Handelshauses dies erfordert.

Mit Hilfe des internationalen *Verrechnungs- und Währungsmoduls* können auf Basis von Kosteninformationen und Nutzenerwartungen sowohl interne Verrechnungspreise als auch externe Abrechnungen in nationaler und internationaler Währung erstellt werden. Die Kostenbasis hierfür liefert das Logististikdispositionsmodul. (Eine Kostenerfassung im Verrechungsmodul anstelle im Dispositionsmodul wäre bei einer selbständigen Lösung denkbar).

Operative logistische Hilfsmodule ergänzen das Informationssystem. Sie dienen der operativen Pflege von Hard- und/oder Software oder erfüllen Spezialaufgaben (z.B. Treibstoffversorgung, Ersatzteilwesen).

5 DIE INTEGRATION DES INTERNATIONALEN LOGISTIKMODULS IN EIN INTERNATIONALES WARENWIRTSCHAFTSSYSTEM (ICILIST IN IIWWS)

Das Referenzmodell zu ICILIST wurde unter der Bedingung seiner Integrierbarkeit in ein bestehendes IWWS konzipiert, um dieses zu einem international integrierten Warenwirtschaftssystem IIWWS ausbauen zu können. Vielfältige nationale und internationale Informationsbarrieren erfordern Flexibilität in der Konfiguration solcher Referenzmodelle. Schnittstellen sollten deshalb erforderlichenfalls mulitnormenadäquat ausgebildet werden, einerseits um unterschiedlichen EDI-Standards gerecht zu werden, andererseits um international Hardware- und Software-Kompatibilität zu erreichen.

In den *Abbildungen 6 und 7* werden deshalb zwei verschiedene Anbindungsformen von ICILIST an ein internationales Warenwirtschaftssystem (IWWS) innerhalb eines internationalen Handelshauses skizziert, um den unterschiedlichen Erfordernissen technischer und organisatorischer Standards einer international zentralen oder dezentralen Organisationsform gerecht zu werden. Wie die externe Vernetzung aussehen könnte, wurde modellhaft bereits an anderer Stelle (Marschner 1993b) gezeigt.

Die *Abbildung 6* zeigt die vollständige Integration von ICILIST in IIWWS. Das Marketing-Management-Modul existiert nur noch einmal, das Verrechnungs- und Währungsmodul ist zwar (noch) doppelt ausgebildet, um unterschiedlichen internationalen und dezentralen Aufgaben der Fakturierung gerecht werden zu können. Nach endgültiger individueller Funktionsanalyse könnten die beiden Verrechungsmodule jedoch endgültig zu einem einzigen Modul zusammengeführt werden.

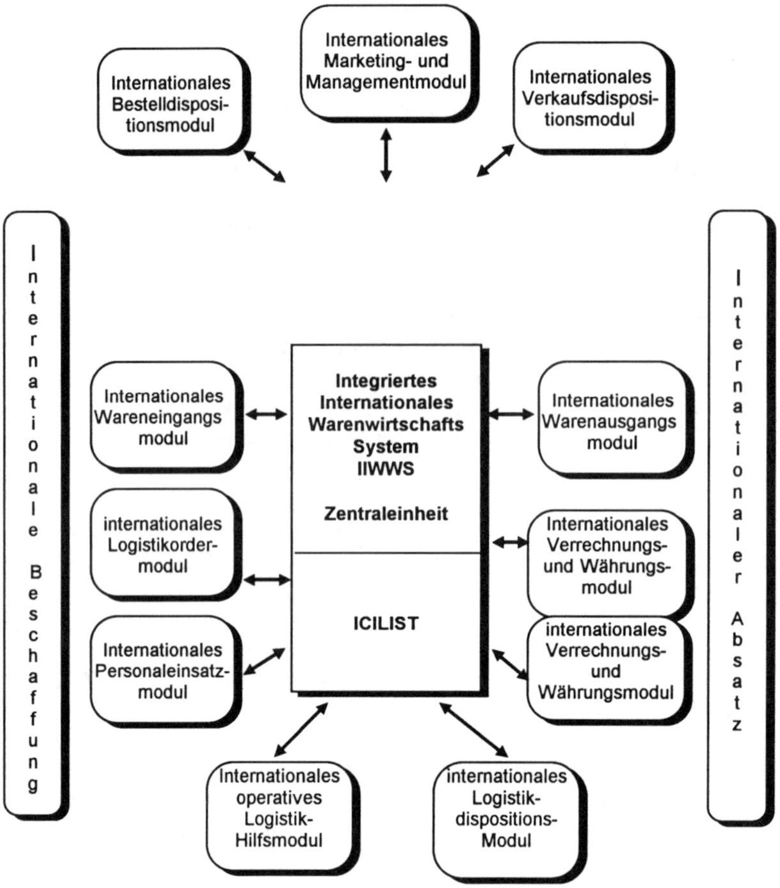

Abbildung 6: Integrationsmodell ICILIST: International integriertes Warenwirtschaftssystem mit integriertem Logistikmodul

Abbildung 7 stellt den Vernetzungsaspekt heraus. Die unterschiedlich großen Modulfelder symbolisieren die eigenständige Entwicklung und mangelhafte Kompatibiltät der beiden miteinander vernetzten Systeme. Als mögliche Module zu einer eventuellen Teilintegration (anstelle der Vernetzung) bieten sich, aufgrund ähnlicher Aufgabenstrukturen, die Währungs- und Verrechnungsmodule an. Durch die optionale Einbindung des Moduls ICILIST in ein eigenständiges, übergeordnetes und modulares oder vernetztes Managementinformationssystem könnte eine (extensive) Verknüpfung der internationalen Warenwirtschaft mit ICILIST erfolgen.

Internationale Handelshäuser führen den Logistikbereich häufig auch als selbständige Geschäftsseinheit (VOEST-Intertrading, Preußag, Stinnes). ICILIST könnte in jenen Fällen, wo dies sinnvoll scheint, auch als eigenständiges System zur Bewältigung der handelsrelevanten internationalen Logistikinformationen dienen.

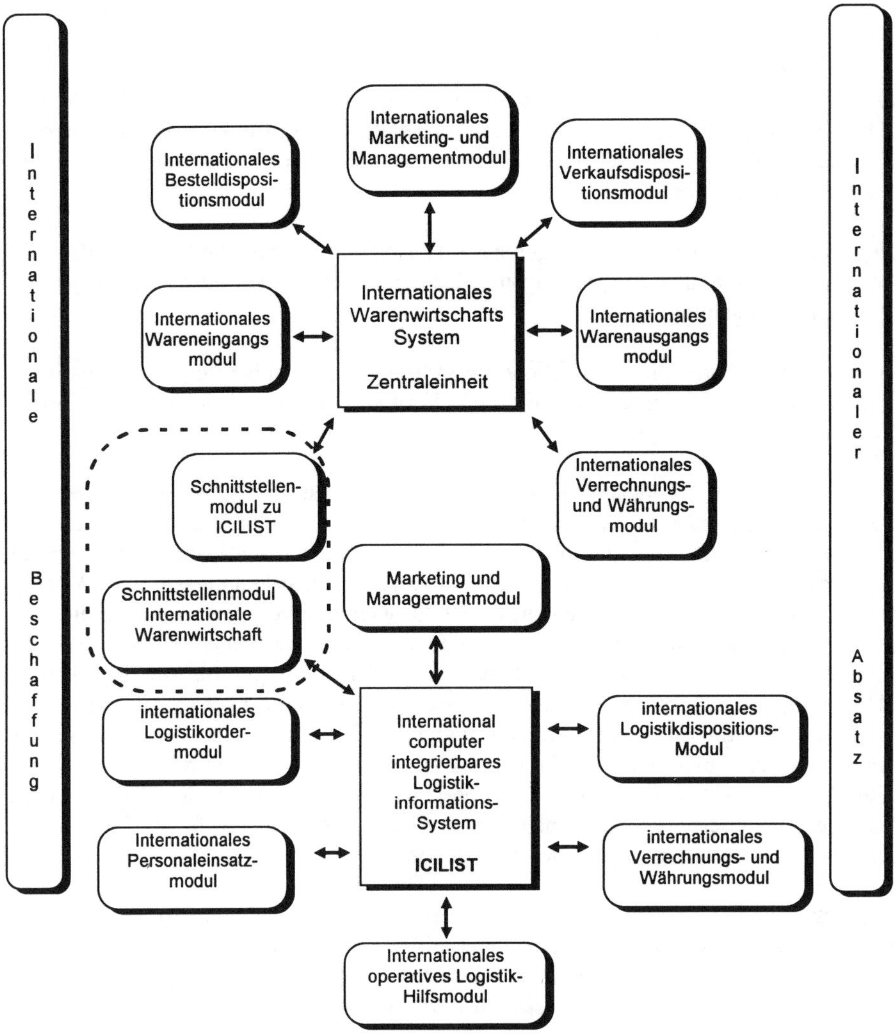

Abbildung 7: Vernetzbare Insellösung für ICILIST

6 AUSBLICK

Die integrale Betrachtung internationaler organisatorischer, warenwirtschaftlicher, logistischer und personalwirtschaftlicher Aspekte im Rahmen der CIT-Realisierung lagen diesen Ausführungen zugrunde. Zunächst sollte ein anforderungs- und gestaltorientierter Bezugsrahmen und darauf aufbauend ein funktionsanalytisch begründetes Profil der Einflußfaktoren und erforderlichen System-Module erarbeitet werden. Da für internationale Handelsunternehmen nur wenig publizierte Informationen verfügbar sind, mußte z.T. auf eigene empirische wie konzeptionelle Arbeiten im Bereich internationaler Handelsunternehmen Bezug genommen werden.

Aus der Forschungsperspektive lassen sich für künftige CIT-Realisierungen, also Planung, Einführung und Nutzung von IIWWS und CILIST drei Arbeitsschwerpunkte ableiten:

1) *Organisationsstrukturen:* Die Dynamik sich verändernder weltwirtschaftlich-logistischer Rahmenbedingungen erfordert warenorientierte, mulitfunktionale und interdisziplinär arbeitende logistische und warentechnische Organisationseinheiten im internationalen Handelshaus;

2) *Implementierungsprozesse:* Die generelle Einsetzbarkeit von IIWWS und ICILIST bedarf zu ihrer realen Ausprägung und Implementierung der Zusammenarbeit von Praxis und Forschung;

3) *Wissensvermittlung:* Die erforderliche Vermittlung von fachübergreifenden Qualifikationen und Sozialkompetenz benötigt neue Formen von organisationalem und individuellem Lernen.

In der Praxis haben die meisten europäischen Handelshäuser die Notwendigkeit von CIT-Realisationen, insbesondere im Bereich der internationalen Warenwirtschaft und Logistik, erkannt. Allerdings hat die Mehrzahl der internationalen Handelsunternehmen erhebliche Probleme, die bisher gewonnenen theoretischen Erkenntnisse in strukturelle Änderungen umzusetzen. Hierfür bedarf es der Entwicklung von überarbeiteten, international relevanten Gestaltungsgrundsätzen in der warenwirtschaftlichen und logistikbezogenen internationalen Aufbauorganissation und den dazugehörigen Informationsstrukturen. Hinzu kommen international steigende Flexibilitätsanforderungen in den waren- und dienstebezogenen internationalen Ablauf- und Prozeßstrukturen, die der Analyse und Lösung bedürfen. Hinzu treten zunehmend ökologische und personalorientierte Aspekte, welche künftige Zielprogramme und Anforderungsprofile internationaler Handelshäuser Änderungen unterwerfen werden, indem neue Gestaltungselemente für die Erbringung spezifischer internationaler Handelsleistungen von Relevanz werden.

Verfügbarkeit und Handhabung von Logistikinformationen sind zunächst keine spezifischen Probleme internationaler Handelsunternehmen. Die spezielle Professionalität von Handelsunternehmen wird auf Dauer u.a. erst durch Informationsvorteile gegenüber anderen Logistikleistern (Industrieller Direkttransport, Frachtführer, Spediteur) auf internationalen Märkten zu erreichen sein.

LITERATUR

Arnold, U.: Internationale Logistik. In: Macharzina K.; Welge K. (Hrsg.): Handwörterbuch Export und Internationale Unternehmung, Stuttgart 1989, Sp. 1340-1356.

Braudel, F.: Sozialgeschichte des 15. - 18. Jahrhunderts, Der Handel, München 1986.

Ciborra, C.: A Platform of Surprises: The Organization of Global Technology Strategy at Olivetti. In: Baskerville R.; Ngweyama, O.; De Gross J.I. (Eds): Transforming Organizations with Information Technology, Amsterdam et al 1994, pp 97-112.

Fischer, M.: Distributionsentscheidungen aus transaktionstheoretischer Sicht. In Marketing ZFP, 5/1993, S. 247-258.

Fischer, M.: Make-or-buy Entscheidungen im Marketing, Neue Institutionenlehre und Distributionspolitik, Wiesbaden 1993 b.

Gamper, A.: Erfolgsfaktoren europäischer Trading houses, Diss. Innsbruck 1995.

Kambil, A.; Short, J. E.: Electronic Integration and Business Network Redesign: A Roles-Linkage Pespective. In: JoMIS 4/1994, pp 241-265.

Lai, C.; Medvinsky, G.; Neumann, B.C.: Endorsements, Licensing and Insurance for Distributed System Services. In: Proceedings of the Second ACM Conference on Computer and Communications Security, November 1994.

Liebmann, H.-P.: Struktur und Funktionsweise moderner Warenverteilzentren. In: Zentes, J. (Hrsg.): Moderne Distributionskonzepte in der Konsumgüterwirtschaft, Stuttgart 1991, S. 17-34.

Marschner, H.F.: Eine Typologie europäisch-internationaler Handelsunternehmen. In: Trommsdorff, V. (Hrsg.): Handelsforschung 1992/93, Wiesbaden 1993, S. 211-229.

Marschner, H.F. : Integrierte Warenwirtschaftssysteme im internationalen Handel. In: Trommsdorff, V. (Hrsg.): Handelsforschung 1993/94, Wiesbaden 1993 b), S. 143-161.

Marschner, H. F.: Konditionenpolitik. In: Tietz, B.; Köhlerm R.; Zentesm J. (Hrsg.): Handwörterbuch Marketing, 2. Auflg. Stuttgart 1995, Sp. 1211-1223.

Marschner, H. F.: Stichwort Commodity. In: Diller, H. (Hrsg.): Vahlens Großes Marketinglexikon, München 1992, S. 146-147.

Marschner, H. F.: Stichwort Internationale Warenwirtschaft. In: Diller, H. (Hrsg.): Vahlens Großes Marketinglexikon, München 1992, S. 1285.

Marschner, H.F.: Thesen zur Marktkonformität von Countertrade. In: Brauchlin, E. (Hrsg.): Die Vollendung des EG-Binnenmarktes, Tagungsband (1989) der Kommission Internationales Management, Stuttgart 1990, S. 23-52.

Marschner, H.F.: Die strategische Orientierung von Handelsbetrieben im Countertrade. In: Trommsdorf, V. (Hrsg.): Handelsforschung 1989, Jahrbuch der Forschungsstelle für den Handel, Wiesbaden 1989, S. 235-251.

Marschner, H.F.; Rigger, W.: Die strategische Position österreichischer Handelsunternehmen in der EU nach Vollendung des Binnenmarktes, unveröff. Forschungsbericht, Innsbruck 1994.

Meyer, J.-A.: Computer Integrated Marketing. In: Trommsdorff, V. (Hrsg.): Handelsforschung 1991, Wiesbaden 1991, S. 103-114.

Müller-Berg, M.: Electronic Data Interchange (EDI). In: zfo 3/1992 S. 178-185.

Müller-Hagedorn, L.; Toporowski, W.: Wirtschaftsstufenübergreifende Optimierung der Logitik – ein Ansatz zur theoretischen Strukturierung. In: Trommsdorff, V. (Hrsg.): Handelsforschung 1993/94, Wiesbaden 1993, S. 123-142.

Oliver, C.: Determinants of Interorganizational Relationships: Integration and Futures. In: Academy of Management Review 15/1990, pp 241-265.

Pfohl, H.-Chr.: Logistiksysteme, 4. Auflg., Berlin et al 1990.

Simon, H.: Grauzonen. In Manager-Magazin 6/1995, S. 204-207.

Trommsdorff, V. (Hrsg.): Handelsforschung 1992/93, Wiesbaden 1993.

Zentes, J.: Euro-Logistik des Handels. In BFuP 3/1992, S. 215-226.

Zentes, J.: Stichwort: Warenwirtschaftssysteme (WWS). In: Diller, H.: Vahlens Großes Marketinglexikon, München 1992 b, S. 1285-1286.

Entwicklungsperspektiven des vertikalen Informationsmanagement zwischen Handel und Industrie – Informationsführerschaft des Handels, der Industrie oder der Marktforschungsinstitute ?

Rainer Olbrich, Münster

Vor der Einführung computergestützter Warenwirtschaftssysteme im Einzelhandel wurden der Industrie – als bis dahin fast alleiniger Nutzer der Informationsangebote von auf Marktdaten spezialisierten Marktforschungsinstituten – Informationsvorteile gegenüber den meisten Handelsunternehmen zugesprochen. Nunmehr hat jedoch eine große Anzahl von Handelssystemen computergestützte Warenwirtschaftssysteme eingeführt, mit neuen Kassentechnologien vernetzt, und damit die Basis zur Erwirtschaftung von Informationsvorteilen gegenüber der Industrie gelegt. Der vorliegende Aufsatz gibt Einblicke in die Beantwortung der Frage, wer in absehbarer Zukunft die Informationsführerschaft in der Konsumgüterdistribution innehalten wird. Es wird, entsprechend ihrem Stellenwert im Informationsaustausch zwischen Handel und Industrie, ein Schwerpunkt der Betrachtung auf die Übermittlung von Marktdaten gelegt. Auf diesem Gebiet erweist sich die Entwicklung zur elektronischen Panelforschung als entscheidend für die zukünftige Konstellation der Machtverhältnisse im Informationsaustausch.

1 DIE EINFÜHRUNG COMPUTERGESTÜTZTER WARENWIRTSCHAFTSSYSTEME IM EINZELHANDEL ALS AUSLÖSER EINES WETTBEWERBS UM DIE INFORMATIONSFÜHRERSCHAFT IN DISTRIBUTIONSSYSTEMEN

Die Auswirkungen computergestützter Warenwirtschaftssysteme (CWWS) auf den Handel und die Industrie sind seit einigen Jahren Gegenstand einer intensiven wissenschaftlichen Diskussion (vgl. z.B. Ebert 1986; Engelhardt 1986; Zentes 1988; Trommsdorff/Fielitz/Hormuth 1988; Olbrich 1992; Hertel 1992; Marschner 1993; Ahlert/Olbrich 1995). Mit ihrer nunmehr in größerem Umfange einsetzenden Verbreitung und der Verbesserung ihrer technologischen Basis (Becker 1995) wird die entscheidende Voraussetzung zur grundlegenden Veränderung des Informationsaustausches zwischen Handel und Industrie geschaffen.

Im Gegensatz zu zentralen CWWS, die schon seit geraumer Zeit in den Systemzentralen der Filialsysteme und kooperierenden Gruppen eingesetzt werden, erfahren dezentrale, im Einzelhandel eingesetzte Warenwirtschaftssysteme erst in den letzten fünf bis zehn Jahren eine zunehmende Verbreitung. Dezentrale CWWS stellen die wohl wichtigste Basis eines vertikalen Informationsmanagements dar, da sie im Falle eines geschlossenen Warenausgangs die informationslogistische Kette zwischen Produktion und Verkauf schließen.

In der Handelsforschung 1992/93 wurde über die Ergebnisse einer Untersuchung berichtet, die am Beispiel des Lebensmittelhandels die Verbreitung und Nutzung dezentraler CWWS in Deutschland aufgezeigt hat (Olbrich 1993a). Es wurde nach der damals aktuellen Verbreitung (Befragungsschwerpunkt: 1. Jahreshälfte 1990) und den Plänen der Handelssysteme, ihre Geschäftsstätten (Filialen, selbständige Einzelhändler) in den nächsten 5 Jahren mit dezentralen CWWS auszustatten, gefragt. Ein Ergebnis der damaligen Untersuchung war, daß sich die Filialsysteme – nach ihren eigenen Angaben – bis zum Jahr 1995 auf eine Vollausstattung ihrer Filialen zubewegen, während die kooperierenden Gruppen einen deutlichen Rückstand bei der Ausstattung selbständiger Einzelhändler bis zu diesem Zeitpunkt nicht aufholen können (Olbrich 1992, S. 168 ff.). Dieses Untersuchungsergebnis legt zunächst nahe, daß mit Blick auf den Intergruppenwettbewerb im Handel Wettbewerbsvorteile für die Filialsysteme die direkte Folge sein werden. Diese Wettbewerbsvorteile stützen sich zuallererst auf verbesserte Entscheidungen durch die neugewonnenen Daten und die Reorganisation interner Prozesse.

Aber nicht nur der Handel kommt als Nutzer der mittels CWWS neugewonnenen Datenbasis, insbesondere der Abverkaufsdaten des Einzelhandels, in Frage. Vor allem die Industrie nutzt traditionell Informationen aus den Warenwirtschaftssystemen des Handels. Sei es über einen direkten Informationsaustausch mit einzelnen Handelsunternehmen oder über eine Zusammenarbeit mit spezialisierten Marktforschungsinstituten, die aufbereitete Daten aus ihren Handelspanels anbieten und dabei nicht selten auf die Warenwirtschaftssysteme des Handels zurückgreifen.

Die Industrie muß allerdings nunmehr erwarten, daß insbesondere die Filialsysteme nach der abzusehenden Vollausstattung ihrer Filialen mit neuen Informationstechnologien zunehmend eine Schleusenwärterfunktion bzw. *'Gatekeeper-Rolle'* einnehmen und damit Informationsmacht erlangen, die sie nicht nur bei Konditionenverhandlungen, sondern z.B. auch bei dem Aufbau neuer Logistikkonzepte und nicht zuletzt bei der Abstimmung des konsumentengerichteten Marketings entsprechend einsetzen werden. Hinzu kommt, daß durch die Handelskonzentration dieses Problem weiter verschärft wird, da sich die Informationspotentiale der neuen Informationstechnologien in den Händen immer weniger werdender Entscheidungsträger befinden und damit Ausweichmöglichkeiten für die Industrie schwinden.

Aufgrund dieser Entwicklungen entsteht ein Wettbewerb um Informationsvorteile in den Distributionssystemen der Konsumgüterwirtschaft. Es handelt sich hierbei ähnlich wie bei der Frage um die *Marketingführerschaft* in Distributionssystemen (Kümpers 1976) um die Frage der *Informationsführerschaft* in Distributionssystemen (Olbrich 1992, S. 39 u. 1993c). Sie betrifft neben Handel und Industrie auch diejenigen Marktforschungsinstitute, die traditionell Informationen aus Handels- und Konsumentenpanels anbieten. Aber auch der Rationalisierungsverband *Centrale für Coorganisation (CCG)*, der von Interessenvertretern der Industrie und des Handels gegründet wurde und paritätisch getragen wird, spielt aufgrund seiner Datenaustauschdienste in diesem Geschehen eine wichtige Rolle (EHI 1994).

2 GIBT ES EIN INFORMATIONSGEFÄLLE ZWISCHEN HANDEL UND INDUSTRIE ?

Mit Blick auf das bilaterale Verhältnis zwischen Handel und Industrie wurden der Industrie bis vor der Einführung des Scanning im Einzelhandel und der für eine Weiterverarbeitung der neuen Datenbasis erforderlichen Warenwirtschaftssysteme Informationsvorteile gegenüber dem Handel zugesprochen (vgl. z.B. Irrgang 1989, S. 119; Hallier 1995, S. 104). Fragt man sich, worauf sich diese Informationsvorteile stützen konnten, so ist insbesondere auf die von Marktforschungsinstituten im Handel mittels Inventuren erhobenen Paneldaten und die im Rahmen von Konsumentenpanels gewonnenen Daten zu verweisen. Die Markenartikelindustrie war und ist auch noch derzeit Hauptkunde der auf entsprechende Marktdaten spezialisierten Marktforschungsinstitute, was sich mit ihrem eher produktorientierten Informationsinteresse und der daraus resultierenden Wirtschaftlichkeit umfangreicher Panelerhebungen begründen läßt. Wenn also von Informationsvorteilen der Industrie gegenüber dem Handel gesprochen wird, so sind im wesentlichen Marktdaten gemeint. Hierbei handelt es sich um Abverkaufsdaten und Daten über den Einsatz und die Wirkung absatzpolitischer Instrumente des Handels und der Industrie, die, um den Charakter von Informationen zu gewinnen, für absatz- und beschaffungspolitische Entscheidungen aufbereitet werden müssen. Mit Blick auf den engeren Bereich der Marktdaten kann insofern von einem Informationsgefälle in der Konsumgüterdistribution gesprochen werden, welches bislang wohl noch zugunsten der Markenartikelindustrie ausfällt.

Wie begründet sich nun die besondere Bedeutung von Marktdaten im vertikalen Informationsaustausch? Sie begründet sich zunächst mit den besonderen Eigenschaften der neuartigen Daten, die im Konsumgüterhandel unter Wirtschaftlichkeitsgesichtspunkten nur mittels einer computergestützten Verarbeitung zu erlangen sind. Sie geben

– *frühzeitiger* und
– über *kürzere Erhebungszeiträume*

Auskunft. Beide Eigenschaften dieser Daten sind für Industrie und Handel aufgrund der entsprechend kurzfristigen Reaktionsmöglichkeiten von besonderer Bedeutung. Aufgrund der kurzen Erhebungszeiträume (z.B. Abspeicherung der tagesbezogenen Daten oder gar der Warenkörbe) besitzen die Daten zudem eine zuvor nicht gekannte Aussagekraft, da den Verkaufsdaten nunmehr Kausaldaten (z.B. Preisänderungen, Aktionen, Standortbedingungen), also Daten über mögliche Ursachen von unterschiedlich hohen Abverkäufen, zugeordnet werden können. Die Nutzungsmöglichkeiten dieser Daten reichen von einer Verbesserung der Aktionskontrolle über eine Reorganisation der Logistikstrukturen zwischen Industrie und Handel bis zu einer gezielten Kontrolle und besseren Steuerung sämtlicher Marketingaktivitäten im Distributionssystem. Resümiert man die in den zurückliegenden Jahren zu beobachtende Beschäftigung mit der neu gewonnenen Datenbasis, so sind trotz vieler Hemmnisse insbesondere für das Marketing-Controlling vielfältige Nutzungsmöglichkeiten der durch computergestützte Warenwirtschaftssysteme gewinnbaren Informationen aufgezeigt worden (vgl. z.B. Zentes 1988; Heidel 1990; Fischer 1993 u. 1995; Mohme 1993 u. 1995; Vossebein 1993; EHI 1994; Milde 1995; und zu einem Überblick Olbrich 1993b).

3 DIE ENTWICKLUNG ZUR ELEKTRONISCHEN PANELFORSCHUNG ALS MOTOR DES WETTBEWERBS UM DIE INFORMATIONSFÜHRERSCHAFT IN DER KONSUMGÜTERDISTRIBUTION

Neben den grundsätzlichen Veränderungen auf dem Gebiet der Datenerhebung und -verarbeitung erfährt der vertikale Informationsaustausch zwischen Handel und Industrie mit der Entwicklung zur elektronischen Panelforschung tiefgreifende Neuerungen (Olbrich 1995, S. 143 ff.). Da im Rahmen der Panelforschung Marktdaten einer Vielzahl von Handelssystemen und Standorten erhoben werden, erweisen sich technologische Fortschritte auf diesem Gebiet als Motor des Wettbewerbs um die Informationsführerschaft in der Konsumgüterdistribution. Bevor auf die Frage nach einer möglichen Umkehrung des Informationsgefälles eingegangen werden kann, ist ein kurzer Einblick in die wesentlichen Neuerungen auf dem Gebiet der Panelforschung notwendig.

Eine wesentliche Neuerung ist, daß die auf der Grundlage moderner Kassentechnologien gewonnenen Abverkaufsinformationen nunmehr ohne die im Rahmen *traditioneller Handelspanels* ständig erforderlichen Inventurarbeiten – sei es durch eigene Mitarbeiter der Handelssysteme oder durch das Personal der Marktforschungsinstitute – in der computergestützten Warenwirtschaft zur Verfügung stehen.

Das traditionelle Handelspanel zeichnet sich dadurch aus, daß als Meßstelle für den Abverkauf einzelner Artikel das Belieferungswesen zwischen Handelszentrale und angeschlossenen Einzelhandelsgeschäften herangezogen wird. Wichtige Informationslieferanten sind hierbei die Systemzentralen, da sie die zur Auswertung benötigten Lieferscheine erstellen. Aufgrund der Regal- und Lagerbestände im Einzelhandel sind allerdings manuell durchzuführende Inventuren erforderlich, um genaue Angaben über den Abverkauf machen zu können. Die Erfassung der Warenbestände in den Einzelhandelsunternehmen und der Zugänge (Lieferscheine) erfolgt i.d.R. zweimonatlich durch Mitarbeiter der Marktforschungsinstitute, die zusätzlich ausgewählte Verkaufsbedingungen (z.B. Verkaufsförderungsmaßnahmen, Plazierungen) aufnehmen. Aufgrund der i.d.R. zweimonatlichen Erhebung besitzen die gewonnenen Daten jedoch nur eine eingeschränkte Aussagekraft. Sie dienen neben der Abverkaufs- und Bestandsmeldung z.B. der Ermittlung von Marktanteilen und des Distributionsgrades einzelner Produkte. Hinsichtlich der Abverkaufswirkung wöchentlicher oder gar täglicher Verkaufsförderungsmaßnahmen können keine Aussagen gemacht werden.

Im Vergleich zum traditionellen Handelspanel ist die Meßstelle für die Datenerfassung beim *Scanningpanel im Einzelhandel* der Point of Sale (POS-Scanning). Durch die automatisierte Abverkaufsdatenerfassung und computergestützte Weiterverarbeitung der Daten ergibt sich neben einem kürzeren Berichtszeitraum (i.d.R. wöchentlich) auch eine erheblich verkürzte Berichtsverfügbarkeit. Diese Abverkaufsdaten treten damit in direkte Konkurrenz zu den traditionell mittels Inventuren erhobenen Verkaufsdaten. Diejenigen Handelssysteme, die ihre Geschäftsstätten mit neuen Informationstechnologien ausgestattet haben und die gewonnenen Daten vorhalten, erlangen mithin nicht nur im bilateralen Verhältnis zur Industrie, sondern auch im trilateralen Datenaustauschverhältnis über die Marktforschungsinstitute eine Schleusenwärterfunktion, die letztlich auf informationsökonomischen Vorteilen fußt.

Konkurrenz erfahren die Handelspanels allerdings durch Konsumentenpanels: Ähnlich wie bei dem traditionellen Handelspanel zeichnet sich das traditionelle Konsumentenpanel durch eine manuelle Datenerfassung aus. Der besondere Vorteil dieser Panelform liegt darin begründet, daß im Bereich kurzlebiger Konsumgüter vom Grundsatz her die vollständige Erfassung der durch die Konsumenten getätigten Einkäufe möglich ist. Das traditionelle Konsumentenpanel ist vor allem für die Informationsansprüche der Industrie konzipiert. Es kann unterschiedlichen Fragestellungen bis hin zum Markenwechsel, Verbund- und Vorratskauf der Konsumenten nachgegangen werden, die allerdings auch für Handelsunternehmen von Bedeutung sein können.

Alle bisher betrachteten Formen der Panelforschung (traditionelles Handelspanel, Scanningpanel im Einzelhandel und traditionelles Konsumentenpanel) dienen isoliert, also unabhängig voneinander, den unterschiedlichen Informationsansprüchen von Industrie und Handel (*Abbildung1*).

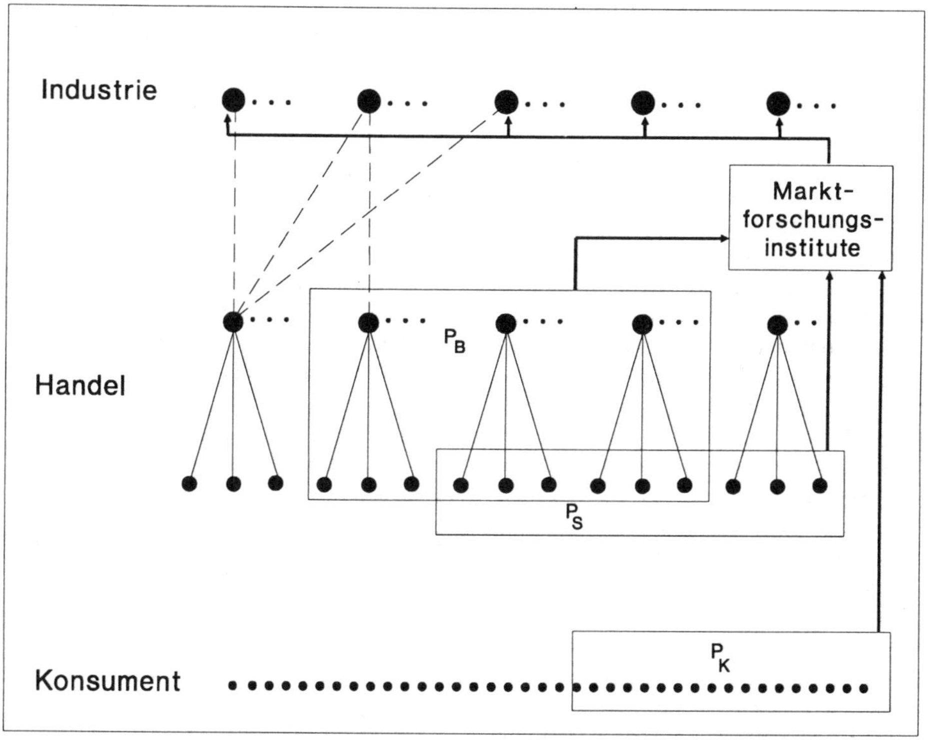

P_B: traditionelles Handelspanel auf der Basis des Belieferungswesens und von Inventuren innerhalb der Handelssysteme
P_S: Scanningpanel im Einzelhandel (POS-Scanning)
P_K: traditionelles Konsumentenpanel

Abbildung 1: Isoliert zum Einsatz kommende Panelformen

In jüngster Zeit werden Anstrengungen unternommen, durch Verbindung der Aussagekraft beider Panelformen die Nachteile der isoliert voneinander berichtenden Handels- und Konsumentenpanels zu vermeiden und damit neue Analysemöglichkeiten zu gewinnen. Der Nachteil des isoliert berichtenden Handelspanel liegt u.a. darin begründet, daß keine Auskunft darüber gegeben wird, wer einkauft, wohingegen isoliert arbeitende Konsumentenpanel ohne Hinzuziehung des Handels keine Auskunft über nicht gekaufte Produkte und ihre Preise sowie die Verkaufsanstrengungen des Handels bieten. Es existieren auf der Basis von Scanning zwei Ansätze der Integration von Handels- und Konsumentenpanel:

1. Nutzung von Scanning im Einzelhandel in Verbindung mit *ID- (Identifikations-) Karten.*

2. Nutzung von Scanning in den Haushalten der Konsumenten *(In-home-Scanning)* in Verbindung mit einer Erfassung der Verkaufsbedingungen im Handel.

Bei beiden Vorgehensweisen, vor allem aber im Zusammenhang mit der Nutzung des Scanning in den Haushalten der Konsumenten, wird von sogenannten *Singulär-Quellen-* bzw. *Single-Source-Systemen* gesprochen, d.h. die Datengewinnung aus einer Quelle (vgl. Curry 1989; Milde 1995).

Die Ausgabe von ID-Karten erlaubt es, die Einkäufe den einzelnen Kunden der teilnehmenden Einzelhandelsgeschäfte zuzuordnen, wobei letztere in dem hier betrachteten Fall auch unterschiedlichen Handelssystemen angehören können. Im Vergleich zum isoliert arbeitenden Scanningpanel im Einzelhandel bietet die Nutzung von ID-Karten die Möglichkeit, auch in Abhängigkeit von kurzfristig eingesetzten Marketing-Instrumenten unterschiedliche Fragestellungen zum Kaufverhalten bestimmter Konsumenten zu untersuchen. Der Aussagekraft dieses Integrationsansatzes sind allerdings dadurch Grenzen gesetzt, daß nur die Einkäufe der Konsumenten in den am Panel teilnehmenden Scannergeschäften erfaßt werden können.

Bei der zweiten Form der Single-Source-Systeme werden Handscanner in den Haushalten der Konsumenten eingesetzt. Diese Geräte erlauben unter Zuhilfenahme eines Code-Buches auch die Datenerfassung, wenn z.B. kein Strichcode auf der Ware angebracht ist. Auch dieses In-home-Scanning bietet den besonderen Vorteil von Konsumentenpanels, nämlich, daß die vollständige Erfassung der durch die Konsumenten getätigten Einkäufe möglich ist. Zudem bietet die Ergänzung der Kausaldaten von Handel und Industrie die Möglichkeit, ein weitgehend vollständiges Abbild des Marktgeschehens zu erlangen. Selbst die Erfassung der Einkäufe bei Handelsunternehmen, die sich grundsätzlich nicht zu einer Teilnahme an einem Handelspanel bewegen lassen (z.B. Aldi), ist möglich. Zusätzlich ist diese Panelform unabhängig von der Verbreitung scannender Einzelhandelsgeschäfte.

Trotz aller technischen Schwierigkeiten, die gegenwärtig bei dem Einsatz des Scanning – sei es in den Einzelhandelsgeschäften oder in den Haushalten der Konsumenten – noch auftreten können, werden die jüngeren Formen der Panelforschung die traditionellen Panel substituieren (vgl. auch Erichson 1992, S. 202 u. 210 f.).

4 ENTWICKLUNGSPERSPEKTIVEN DES VERTIKALEN INFORMATIONSAUSTAUSCHES

Betrachtet man die wesentlichen Konsequenzen der angeführten Gesichtspunkte, so ergeben sich folgende Entwicklungsperspektiven des vertikalen Informationsaustausches:

1. Die Konsumgüterindustrie kann sich zunächst im Zuge einer Integration der im Einzelhandel gewonnenen Daten in ihre Informationssysteme eine nachfragegerechtere Produktions- und Logistiksteuerung versprechen.

2. Aufgrund der neuartigen Datenerhebungsmethoden bieten sich immer kürzere Erhebungszeiträume und regional differenziertere Analysemöglichkeiten an, die die Marketingaktivitäten im gesamten Distributionssystem einer besseren Kontrolle unterziehen können.

3. Die Kosten für die Panelforschung im Einzelhandel reduzieren sich. Die mühevolle und personalintensive Erfassung der Verkaufsdaten mittels Auswertung des Bestellwesens und Heranziehung von Inventuren innerhalb der an Handelspanels teilnehmenden Handelssysteme, mußte sich entsprechend in den Preisen für die Informationsangebote der Marktforschungsinstitute niederschlagen. Die Abverkaufsdatenerfassung mittels neuer Informationstechnologien in Kombination mit einer integrierten Warenwirtschaft verspricht auf dem Gebiet der Datenerhebung erhebliche Rationalisierungseffekte. Die personal- und damit kostenintensiven Tätigkeiten können im Hinblick auf Einkäufe, Bestände und auch Verkaufsbedingungen im Handel durch DFÜ-Kommunikation mit den Instituten substituiert werden. Die durch die DFÜ-Kommunikation wegfallenden Erfassungskosten auf seiten der Institute werden sich dann allerdings – je nach Verhandlungsposition – teilweise oder vollständig in entsprechende Honorare für die Handelsunternehmen wandeln.

4. Für die zukünftige Entwicklung der Integration von kommerzieller Marktforschung mit den Informationssystemen des Handels wird zudem die *Internationalisierung der Handels- und Konsumentenpanel* prägend sein. Schon gegenwärtig wird die europaweite Ausweitung bzw. Zusammenfassung der Scanning-Panels im Einzelhandel und auch des In-home-Scanning von den Instituten angekündigt, um so den steigenden Ansprüchen und gewachsenen Informationsbedürfnissen ihrer Kunden gerecht zu werden.

Betrachtet man die Internationalisierung der elektronischen Kommunikation, so wie sie durch die Normierungsarbeiten der *ISO* und die national angebotenen Dienste – hier der *CCG* – vorangetrieben wird, und die zukünftig länderübergreifenden Angebote der kommerziellen Marktforschungsinstitute, so ergibt sich zusammenfassend folgende Darstellung des zukünftigen vertikalen Informationsaustausches zwischen Handel und Industrie (*Abbildung 2*).

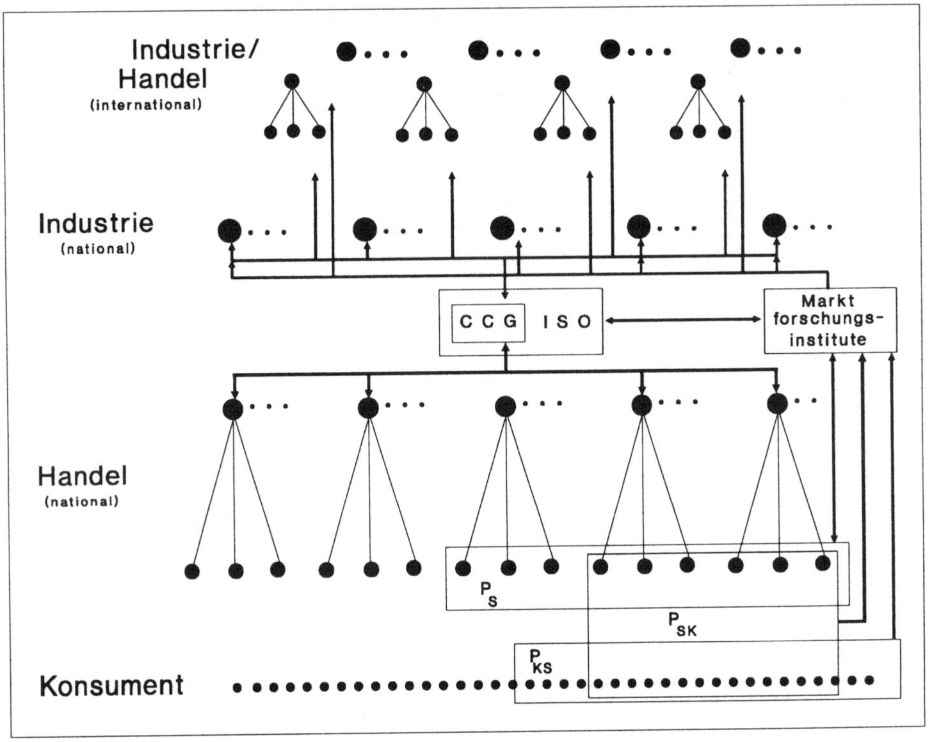

CCG: Centrale für Coorganisation
ISO: International Standardization Organization
P_S: Scanningpanel im Einzelhandel (POS-Scanning)
P_{SK}: Scanningpanel im Einzelhandel in Verbindung mit ID-Karten
P_{KS}: Modernes Konsumentenpanel auf der Basis des In-home-Scanning

Abbildung 2: Entwicklungsperspektiven des vertikalen Informationsaustausches

5 KEHRT SICH DAS INFORMATIONSGEFÄLLE ZWISCHEN HANDEL UND INDUSTRIE UM ?

Vor dem Hintergrund der skizzierten Entwicklungsperspektiven ist auf die Frage nach einer möglichen Umkehrung des Informationsgefälles zwischen Handel und Industrie einzugehen. Bei der Beantwortung dieser Frage sind zwei wichtige Einflußfaktoren des Informationsgefälles zu beachten:

1. die Bereitschaft des Handels, Daten aus der computergestützten Warenwirtschaft abzugeben,

2. Abhängigkeitsverhältnisse auf dem Gebiet der elektronischen Panelforschung.

5.1 Zur Bereitschaft des Handels, Daten aus der computergestützten Warenwirtschaft abzugeben

Den wohl wichtigsten Einflußfaktor stellt zunächst die Bereitschaft des Handels dar, die gewonnenen Abverkaufsdaten – sei es an die Industrie oder die Marktforschungsinstitute – weiterzugeben. Zwar wurde im Zuge der EAN-Codierung eine Abgabe der Daten des Handels an die Industrie grundsätzlich vereinbart, gleichwohl sorgt die permanente Veränderung der Handelslandschaft, insbesondere die Konzentration im Konsumgüterhandel, für erhebliche Repräsentativitätsprobleme, wenn sich ein Handelsgigant hinsichtlich einer Abgabe seiner Abverkaufsdaten sperrt.

Die Weitergabebereitschaft der Handelssysteme wird – unabhängig von der zitierten Vereinbarung – maßgeblich durch die Höhe etwaiger Entgelte für die Daten, Gegenleistungen, Fragen der Kooperation auf dem Gebiet des vertikalen Marketing sowie Fragen zur Anonymität des liefernden Handelssystems beeinflußt. Hierbei ist von den Handelssystemen und auch von der Industrie zu beachten, daß es auch von der Höhe der vom Handel für Scanning-Daten verlangten Preise abhängt, ob die Auswertung der Daten überhaupt wirtschaftlich ist. Die Entwicklung der Preise für Scanningdaten hängt wiederum davon ab, ob Abhängigkeitsverhältnisse auf dem Gebiet der Panelforschung existieren.

5.2 Zu möglichen Abhängigkeitsverhältnissen im Bereich der elektronischen Panelforschung

Mit Blick auf den Einsatz neuer Datenerhebungs- und -übermittlungsmethoden im Rahmen der elektronischen Panelforschung ist zu prüfen, ob im trilateralen Beziehungsfeld zwischen Industrie, Handel und kommerzieller Marktforschung Abhängigkeitsverhältnisse entstehen können. Hinsichtlich des Austausches von Scanningdaten ist derzeit davon auszugehen, daß ausreichend Ausweichmöglichkeiten der Industrie gegenüber alternativen Marktforschungsinstituten bestehen, so daß im Rahmen dieser Form der Panelforschung keine Abhängigkeit der Industrie von der kommerziellen Marktforschung vorliegt. Allerdings ist bereits mit Blick auf die traditionellen Handelspanels eine Abhängigkeit der Marktforschungsinstitute von den teilnehmenden Handelssystemen zu konstatieren, die sich nicht selten in hohen Preisen für die Teilnahme oder in Form von Teilnahmeverweigerungen niederschlägt. Durch die Abhängigkeit der Marktforschungsinstitute besteht damit indirekt auch eine Abhängigkeit der Industrie von denjeigen Handelssystemen, die an Panels teilnehmen. Mit Blick auf die Daten aus Handelspanels ist zudem davon auszugehen, daß durch die Einführung des Scanning die Abhängigkeit der Industrie von den Informationspotentialen des Handels eher noch verschärft wird (Erichson 1992, S. 188 u. S. 200). Nicht zuletzt liegt die Informationsgewinnung bei einem Scanningpanel im Vergleich zum traditionellen Handelspanel, welches eine mehr oder weniger starke Beteiligung der Mitarbeiter aus dem Marktforschungsinstitut verlangt, fast vollständig in den Händen des Handels.

Gelingt es einzelnen Marktforschungsinstituten jedoch, über moderne Konsumentenpanel eine weitgehende Emanzipation vom Handel zu erreichen, so ist ein Gegengewicht zu den Informationspotentialen des Handels geschaffen, welches auch die Industrie in eine verbesserte Verhandlungsposition führt. Allerdings ist die kommerzielle Marktforschung auch im Rahmen dieser Panelform auf eine gewisse Kooperationsbereitschaft des Handels, z.B. bei der Erfassung der Ausprägungen absatzpolitischer Instrumente des Handels, angewiesen. Nicht zuletzt gewinnen die in den Einzelhandelsgeschäften und in den Haushalten der Konsumenten gewonnenen Daten durch die Verkaufsbedingungen im Handel wesentlich an Aussagekraft. Erst durch die Aufnahme der Verkaufsbedingungen am Standort der Einzelhandelsgeschäfte bieten sich detaillierte Analysemöglichkeiten für Industrie und Handel. Auf diesem Gebiet liegen weitere, bislang noch nicht ausgeschöpfte Informationspotentiale zum Nutzen für beide Parteien. Die von den entstehenden Kosten her effizienteste Form der Informationsgewinnung besteht dabei aus einem intensiven Informationsaustausch zwischen Industrie, Handel, Marktforschung und den Rationalisierungsverbänden.

5.3 Fazit

Der Ausgang des Wettbewerbs um die Informationsführerschaft ist derzeit noch nicht entschieden. Allerdings können einige Hinweise auf mögliche Entwicklungsszenarien gegeben werden.

Je nach Verwendungszweck der Daten sind andere Informationsquellen und damit andere Formen der Abhängigkeit der Industrie von den mit modernen Warenwirtschaftssystemen ausgestatteteten Handelssystemen möglich. Dabei wird die Rationalisierung der Logistik und Produktionssteuerung im bilateralen Verhältnis zwischen Industrie und Handel, gegebenenfalls unter Einschaltung der Datenaustauschdienste der CCG, das vergleichsweise weniger problematische Gebiet sein, wenn es um Fragen der Datenweitergabe geht. Die Rationalisierung der Warenwirtschaft ist unmittelbar für Industrie und Handel von Vorteil, so daß ein einseitiges Ausnutzen von Informationsmacht für beide Seiten kontraproduktiv wäre.

Problematisch erscheint jedoch der Fall, bei dem es darum geht, Scanning-Daten weiterzugeben, die nicht explizit dazu dienen, gemeinsame Marketinganstrengungen von Handel und Industrie zu unterstützen. In diesem Punkt kulminiert das Problem der Informationsführerschaft in Distributionssystemen. Dem Machtpotential des Handels kann in diesem Punkt durch die kommerzielle Marktforschung dann entgegengewirkt werden, wenn es dieser gelingt, sich von der Datenbasis des Scanning im Einzelhandel zu emanzipieren. Da allerdings die Aussagekraft von Verkaufsdaten – sei es, daß sie im Handel oder im Haushalt erhoben wurden – wesentlich durch die Ergänzung von Kausaldaten gewinnt, wird es eine absolute Unabhängigkeit von der Kooperationsbereitschaft des Handels nicht geben.

LITERATUR

Ahlert, D.: Warenwirtschaftsmanagement und Controlling in der Konsumgüterdistribution. In: Ahlert, D., Olbrich, R. (Hrsg.): Integrierte Warenwirtschaftssysteme und Handelscontrolling, 2. Aufl., Stuttgart 1995, S. 3-114.

Ahlert, D.; Olbrich, R.: Erfolgspotentiale im Marketing durch Computer integrated Merchandising. In: HMD, Theorie und Praxis der Wirtschaftsinformatik, 1993, 30. Jg., Heft 173, S. 27-46.

Ahlert, D.; Olbrich, R. (Hrsg.): Integrierte Warenwirtschaftssysteme und Handels-controlling, 2. Aufl., Stuttgart 1995.

Becker, J.: Unternehmensweite Datenmodelle im Handel und die informationstechnische Unterstützung der Distributionskette im Konsumgüterbereich. In: Ahlert, D.; Olbrich, R. (Hrsg.): Integrierte Warenwirtschaftssysteme und Handelscontrolling, 2. Aufl., Stuttgart 1995, S. 157-179.

Curry, D.J.: Single-Source-Systems, Retail Management Present and Future. In: Journal of Retailing, 1989, Vol. 65, Nr. 1, S. 1-20.

EHI-EuroHandelsinstitut e.V. (Hrsg.): Scannersysteme, Neue Impulse für Organisation und Marketing, Köln 1994.

Engelhardt, T.-M.: Warenwirtschaftssysteme als Herausforderung für das vertikale Marketing. In: Thexis, 1986, 3. Jg., Heft 3, S. 17-20.

Erichson, B.: Elektronische Panelforschung. In: Hermanns, A.; Flegel, V. (Hrsg.): Handbuch des Electronic Marketing, München 1992, S. 183-215.

Fischer, T.: Computergestützte Warenkorbanalyse – dargestellt auf der Grundlage von Scanningdaten des Lebensmitteleinzelhandels unter besonderer Berücksichtigung einer selbsterstellten Analysesoftware. In: Ahlert, D. (Hrsg.): Schriften zu Distribution und Handel, Bd. 11, Frankfurt am Main 1993.

Fischer, T.: Computergestützte Warenkorbanalyse als Informationsquelle des Handelsmanagements, Umsetzung anhand eines praktischen Falles. In: Ahlert, D.; Olbrich, R. (Hrsg.): Integrierte Warenwirtschaftssysteme und Handelscontrolling, 2. Aufl., Stuttgart 1995, S. 251-282.

Hallier, B.: Der Handel auf dem Weg zur Marketingführerschaft. In: Absatzwirtschaft, 1995, Nr. 3, S. 104-107.

Heidel, B.: Scannerdaten im Einzelhandelsmarketing. In: Beiträge zur betriebswirtschaftlichen Forschung, Bd. 68, Wiesbaden 1990.

Hertel, J.: Design mehrstufiger Warenwirtschaftssysteme. In: Müller, W.A. (Hrsg.): Wirtschaftswissenschaftliche Beiträge, Nr. 68, Heidelberg 1992.

Irrgang, W.: Der Kampf um die Marketing-Führerschaft. In: Absatzwirtschaft, 1989, Nr. 9, S. 116-120.

Kümpers, U.A.: Marketingführerschaft, Eine verhaltenswissenschaftliche Analyse des vertikalen Marketing, Münster 1976.

Marschner, H.: Integrierte Warenwirtschaftssysteme im internationalen Handel. In: Trommsdorff, V. (Hrsg.): Handelsforschung 1993/94, Jahrbuch der Forschungsstelle für den Handel Berlin (FfH) e.V., Wiesbaden, S. 143-161.

Milde, H.: Handelscontrolling auf der Basis von Scannerdaten, dargestellt auf der Grundlage von Fallbeispielen aus der Beratungspraxis der A.C. Nielsen GmbH. In: Ahlert, D.; Olbrich, R. (Hrsg.): Integrierte Warenwirtschaftssysteme und Handelscontrolling, 2. Aufl., Stuttgart 1995, S. 403-423.

Mohme, J.: Der Einsatz von Kundenkarten im Einzelhandel, Konzeptionelle und praktische Probleme kartengestützter Kundeninformationssysteme und Kundenbindungsstrategien im stationären Einzelhandel. In: Ahlert, D., (Hrsg.): Schriften zu Distribution und Handel, Bd. 10, Frankfurt am Main 1993.

Mohme, J.: Der Einsatz von Kundenkarten zur Verbesserung des Kundeninformationssystems im Handel, Umsetzung anhand eines praktischen Falles. In: Ahlert, D.; Olbrich, R. (Hrsg.): Integrierte Warenwirtschaftssysteme und Handelscontrolling, 2. Aufl., Stuttgart 1995, S. 283-299.

Olbrich, R.: Informationsmanagement in mehrstufigen Handelssystemen, Grundzüge organisatorischer Gestaltungsmaßnahmen unter Berücksichtigung einer repräsentativen Umfrage zur Einführung dezentraler computergestützter Warenwirtschaftssysteme im Lebensmittelhandel. In: Ahlert, D. (Hrsg.): Schriften zu Distribution und Handel, Bd. 8, Frankfurt am Main 1992.

Olbrich, R.: Zur Diffusion neuer Informationstechnologien im Handel. In: Trommsdorff, V. (Hrsg.): Handelsforschung 1992/93, Jahrbuch der Forschungsstelle für den Handel Berlin (FfH) e.V., Wiesbaden 1993a, S. 269-283.

Olbrich, R.: Marketing-Controlling auf der Basis von Scanning-Daten. In: Ekkehard Zahn (Hrsg.): Marketing- und Vertriebscontrolling, 16. Nachlieferung, Landsberg am Lech 1993b, II/5.1-5.4.

Olbrich, R.: Handelssysteme auf dem Weg zu Informationsvorteilen gegenüber der Industrie. In: Markenartikel 1993c, Nr. 5, S. 202-205.

Olbrich, R.: Stand und Entwicklungsperspektiven integrierter Warenwirtschaftssysteme. In: Ahlert, D.; Olbrich, R. (Hrsg.): Integrierte Warenwirtschaftssysteme und Handelscontrolling, 2. Aufl., Stuttgart 1995, S. 117-156.

Trommsdorff, V.; Fielitz, H.; Hormuth, St.: Integrierte Warenwirtschaftssysteme im Handel. In: Trommsdorff, V. (Hrsg.): Handelsforschung 1988, Jahrbuch der Forschungsstelle für den Handel Berlin (FfH) e.V., Heidelberg, S. 179-192.

Vossebein, U.: Einsatzmöglichkeiten von Scannerdaten. In: GfK (Hrsg.): Jahrbuch der Absatz- und Verbrauchsforschung, 1993, Nr. 1, S. 23-38.

Zentes, J.: Warenwirtschaftssysteme, Auf dem Weg zum Scientific Management im Handel. In: Marketing ZFP, 1988, Heft 3, August, S. 177-181.

Scanner-gestütztes Handelsmarketing

Bernd Hallier, Köln

Ein Ansatz zur Begegnung des verschärften Wettbewerbs im Handel ist die Professionalisierung des Handelsmarketing mit Scanner-gestützter Marktforschung. Der Beitrag entwickelt das Konzept problemorientiert und handelshistorisch. Die Verbreitung, die unterschiedliche Nutzung und der technologische Stand der Scannerforschung werden – von einfachen Rationalisierungskonzepten bis zum Computer Integrated Trading – dargelegt und mit aktuellen Zahlen belegt. Die Machtverschiebung zwischen Hersteller und Handel wird nicht nur dargestellt, sondern auch mit Blick auf die Partizipationsmöglichkeiten der Scannermarktforschung und der Logistik konstruktiv behandelt (Total Efficiency System). Der Beitrag schließt mit Thesen zu den Anforderungen an eine zukunfts- und erfolgsorientierte Nutzung der EDV allgemein und der Scannerdatenverarbeitung im Besonderen. Die Herausforderungen und Chancen für den Handel liegen eindeutig im interdisziplinären Humankapital.

International sind die Herausforderungen für den Handel ähnlich. Es werden die schlechte wirtschaftliche Lage, ein harter Preiswettbewerb, der teilweise durch neue Betriebstypen (Category Killers) bedingt ist, eine zunehmende Schnelligkeit der Märkte in bezug auf Produktlebenszyklen und technische Innovationsschübe beklagt.

Der Handel will

– seine Sortimente verbessern,
– die Bestände senken,
– die Kundenbindung erhöhen,
– die Marketingkomplexität für den Kunden z.B. durch Dauerniedrigpreise abbauen.

Bei steigender *Wettbewerbsintensität* zwischen verschiedenen Vertriebsformen im Handel stehen die Unternehmen vor der Aufgabe, ihre jeweiligen Marketing-Erfolgsfaktoren zu finden und im Markt durchzusetzen; dies erfolgt häufig unter dem Begriff Handelsmarketing. Dieser originär vom Handel belegte Begriff gewann in der Aufbauorganisation der

Industrie in seiner englischen Version ,,Trade Marketing“ an Bedeutung und ist eine Folge der Evolution des industrieseitigen Verständnisses der Absatzwirtschaft.

THESEN ZUR MARKETINGFÜHRERSCHAFT

Den *grundlegenden Konflikt* zwischen Hersteller- und Handelsmarketing definiert Steffenhagen als ,,Disharmonie zwischen den regionalen, einzelwirtschaftlichen Marketingplänen des Handels und den notwendigerweise alle Marktteilnehmer einschließenden Marketingplänen der Industrie oder Hersteller“ (Steffenhagen, H.: Konflikte zwischen Industrie und Handel, Wiesbaden 1976, S. 25). Konkret heißt dies, daß der Handel vorwiegend sein Sortiment zur Eigenprofilierung gegenüber seinen Wettbewerbern nutzen will, während das Industriemarketing in der Inkarnation des Produktmanagements mittels der Werbung eine homogene zielgerichtete Erwartungshaltung der Konsumenten am einzelnen Point of Purchase (POP) anstrebt.

Während in den *50er* Jahren der Handel sich vorwiegend lokal (Nachbarschaftsladen) engagierte, verfügten die großen Markenartikelhersteller einerseits über die Macht der Marke als auch über große Außendienste. Der Markenartikel, der in letzter Konsequenz – auch in den Formulierungen des großen Markentechnikers Hans Domizlaff – den Händlern sowohl durch fixierte Konsumentenverkaufspreise als auch durch die Preisbindung der zweiten Hand die kaufmännische Selbständigkeit raubte; die großen Außendienste, die es ermöglichten, jederzeit am Großhandel vorbei die sogenannte ,,Strecke“ mit den Artikeln des jeweiligen Herstellers beliefern zu können.

In den *60er* Jahren dehnte sich der Lebensmittelhandel dann regional aus; Beispiele sind Stüssgen (Köln), Latscha (Frankfurt), Kupsch (Würzburg). Die Industrie bediente sich der neuen Erkenntnisse des Marketing. Mit hohen Aufwendungen am Handel vorbei floß die Werbung in ein sich beständig erweiterndes Kommunikationsnetz. Die Industrie schuf Nachfrage, während der Handel diese nur operativ zu befriedigen hatte.

Erst in den *70er* Jahren entwickelte sich der nationale Aufbau der Händlernetze, die damit die nationale Ubiquität der Markenartikel einholte. Die großen Hersteller wechselten ihre Instrumente, indem sie das Marketing ,,below the line“ um die Verkaufsförderung ergänzten und über Pappschlachten den Point of Sales (POS) für sich in Anspruch nahmen. Eine andere Taktik bestand möglicherweise darin, in Konfliktsituation den wortgewaltigsten Handelsführern entgegenzukommen. Die öffentliche Debatte hierüber findet sich unter dem Begriff der Rabattspreizung.

Die Pattsituation zwischen Handel und Industrie wurde erstmalig in den *80er* Jahren erreicht. Durch die Handelskonzentration stieg sowohl absolut als auch relativ die Macht des Handels durch zunehmende Unternehmensgröße und damit auch höherer Qualifikation der Führungskräfte des Handels einerseits und der Entwicklungsrevolution der mittleren Datenverarbeitung bei fallenden Preisen andererseits. Hierdurch wurde der Informationsvorsprung der industriellen Hersteller gebrochen. Neue Technologien wie Scanner oder mobile Datenerfassung ermöglichen dem Handel detaillierte Abverkaufskenntnisse und damit potentielle Wissensvorsprünge.

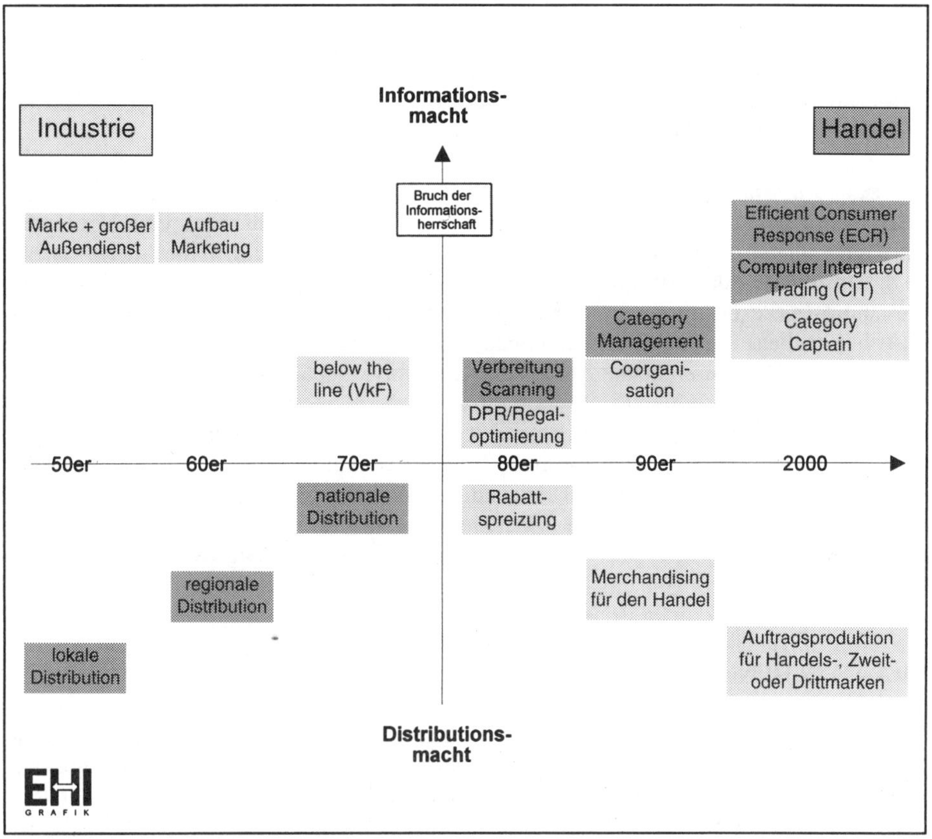

Abbildung 1: Marketingführerschaft zwischen Handel und Industrie

Quelle: EuroHandelsinstitut

In den *90er* Jahren fängt der Handel an, paneuropäisch/international zu agieren. Durch den „Blick über den Zaun" erlangt er Kenntnisse über technologisch fortschrittlichere Länder und Methoden. Dies gilt z.B. insbesondere dann, wenn sich Unternehmen in den USA engagieren. Wenn auch nicht immer kalkulatorisch, so ergibt sich dennoch häufig eine geistige Verzinsung.

Der Handel versucht, sich vom POS weg zum POP (Point of Purchase) hin zu profilieren. Die Kundenorientierung soll vertriebsschienenbezogen erfolgen. Eine der wesentlichen Maßnahmen ist die strategische Ausrichtung der Warengruppe Category-Management. Von den Herstellern wird nicht nur ein gutes Produkt (Produktmarketing) gefordert, sondern Warengruppenvorschläge, die vertriebsschienen- und handelsunternehmenorientiert sind. Das Marketing des Handels setzt verstärkt auf Handelsmarken und substituiert damit Zweit- und Drittmarken der Industrieanbieter.

Zur *Jahrtausendwende* wird der Handel sowohl absatzmäßig als auch in bezug auf die Finanzressourcen weltweit agieren. Es ist der Handel, der von dort an internationale Trends (wie er es im Beschaffungsbereich auch schon vorher getan hat) registriert und gegebenenfalls auch initiiert. Die Größe und Technologie der Handelsoutlets ermöglicht den Einsatz der warenunabhängigen Kommunikationsleistung am POP.

Als Programm der Total-Systems-Efficiency fokussiert Efficient Consumer Response (ECR) den Konsumenten, der über seine Käufe zum Informationsgeber wird. Über intelligente Entscheidungssysteme wird zum einen vertriebslinienbezogen und standortspezifisch bausteinartig das Sortiment zusammengesetzt als auch andererseits möglicherweise die automatische Disposition auf Basis der Abverkaufsdaten initiiert. Für die gesamte Distributionskette ergeben sich interessante Nutzenpotentiale. Man darf gespannt sein, wie diese in jener Dekade zwischen Handel und Industrie aufgeteilt werden!

Partner des Handels sind dann die Category-Captains, die über genügend Potenz verfügen, dem Handel sein individuelles Absatzkonzept zu entwickeln. Die restlichen Hersteller werden – sofern noch im Markt verbleibend – zu Auftragsproduzenten des Handels; also müssen die mittleren und kleineren Hersteller entweder sofort die Egalisierung des Vorsprungs der Marktführer versuchen – oder sich mittel- bis langfristig von der Marktgestaltung verabschieden.

WELTWEITE NUTZUNG VON SCANNING

Da in den Thesen zur Entwicklung des Trade Marketing über Category-Management bis hin zu ECR die *Informationsentwicklung* des Handels von ausschlaggebender strategischer Bedeutung ist, gilt es nunmehr empirisch zu untersuchen, inwieweit die Anfang der 70er Jahre in Amerika und dann später auch in Europa eingeführten Scanner nach 25jähriger Entwicklungszeit Bedeutung im Handel haben bezüglich

- besser fundierter und schneller nachprüfbarer Entscheidungen,
- schnellster Trenderkennung,
- besserem Erkennen von Verhaltensmustern der Kunden,
- schnellster Detailanalyse von Problemen.

Betrachtet man im Lebensmittelhandel die Umsatzanteile von Scannergeschäften in der Welt, so stellt man, bezogen auf die einzelnen Länder, fest,

- daß das technologisch fortschrittliche obere Drittel Umsatzanteile von 80 - 60 Prozent ausweist, hierzu gehören Länder wie Dänemark, Finnland, Schweden, Großbritannien, Belgien und die USA;

- daß das zweite Drittel Umsatzanteile von 46 - 34 Prozent ausweist, in diesem Block befinden sich Länder wie die Niederlande, Norwegen, Portugal, Italien und Deutschland;

- daß das letzte Drittel teilweise weit unterhalb der ersten beiden Drittel liegt.

Das EHI: EuroHandelsinstitut hat 1994 27 Interviews mit 17 *als technologische Benchmarks geltenden Unternehmen* des Lebensmittelhandels geführt; z.B. in den USA A&P, The Kroger, American Stores, Winn Dixie, Wegman's Food Markets, Dominick's Finer Food und Fred Meyer, in Belgien GB-Inno und Delhaize Le Lion, in der Schweiz Migros und Coop und aus Deutschland Asko, Rewe und Tengelmann. Die 17 befragten Unternehmen betreiben etwa 16.000 Lebensmittelgeschäfte und erzielen damit einen Umsatz von insgesamt 180 Mrd. DM.

Als Gesprächspartner in den Unternehmen standen in der Regel die Leiter der EDV-Abteilung oder der (Scanner-) Marktforschung zur Verfügung. Der Interviewleitfaden bestand sowohl aus standardisierten als auch aus offenen Fragen. Pro Interview wurden zwei bis drei Stunden benötigt.

Die ursprüngliche Zielsetzung war es, herauszufinden, ob es in den einzelnen Ländern nur *quantitative Unterschiede* in der Nutzung von Scanning gibt oder ob bei der Nutzung von Scannerdaten auch *qualitative Abweichungen* zwischen den Ländern festzustellen sind. Insbesondere sollte herausgefunden werden, inwieweit dieses Panel schon genügend Aussagekraft hat, um der Frage nachzugehen, ob deutsche Unternehmen auf dem gleichen technischen und wissenschaftlichen Level sind wie amerikanische Handelsunternehmen, die unter dem Stichwort ECR neue Wege der Kooperation zwischen Handel und Industrie gehen.

Ergebnis der 27 Interviews war, daß es nicht möglich ist, auf dieser Basis länderspezifische Aussagen zu formulieren, sondern daß nur *unternehmensspezifische Differenzierungen* bestehen. Es soll daher als weiterer Schritt eine großangelegte – jedoch aus Kostengründen – schriftliche Befragung durch das EHI durchgeführt werden.

Anhand der bisherigen Datenbasis lassen sich schon jetzt sehr interessante unterschiedliche Bewertungsstufen in der Beurteilung des Einsatzes von Scanning und der daraus folgenden Zusammenarbeit zwischen Handel und Industrie feststellen.

RATIONALISIERUNG

Bei „Einsteigern" in die Scanning-Technologie stehen Hard-savings an erster Stelle. Hiermit beschäftigte sich auch schon eine Untersuchung des EHI von 1990. Danach wurden folgende Nutzenargumente genannt und nach folgenden Kriterien skaliert:

Rationalisierung der Preisauszeichnung	5,0
Verbesserung der Kassiergenauigkeit	4,3
Verringerung der Inventurdifferenzen	3,0
Verbesserung der Warenpräsenz	2,9
Aktions-/Abverkaufsplanung	2,9
Spannenverbesserung	2,3

Insgesamt ergibt sich aus der aktuellen EHI-Befragung allein aus den Vorteilen von Scannersystemen ein mögliches Rationalisierungs- und Ertragspotential von 0,7 bis 2

Prozent vom Umsatz. Schon 1990 hatte das EHI für große Märkte Scanninginvestitionen als risikolos bezeichnet. Da die Kosten der Scannersysteme in den vergangenen Jahren rapide gesunken sind, rechnet sich inzwischen der Einsatz von Scanning auch in Märkten mit einer Verkaufsfläche von weniger als 400 Quadratmetern.

Es ist daher nicht erstaunlich, daß im Gegensatz zu den ersten zehn Jahren Scanning in Deutschland, in denen nur 966 Scannermärkte eröffnet wurden, nach nur acht weiteren Jahren die Zahl der Scannermärkte an die 14.000 geht. Die Top 20 im Handel nach Scannerkassenplätzen führt die Rewe-Zentrale mit 12.485 an, vor Tengelmann mit 6.837, Karstadt 5.793 und Kaufhof mit 5.557.

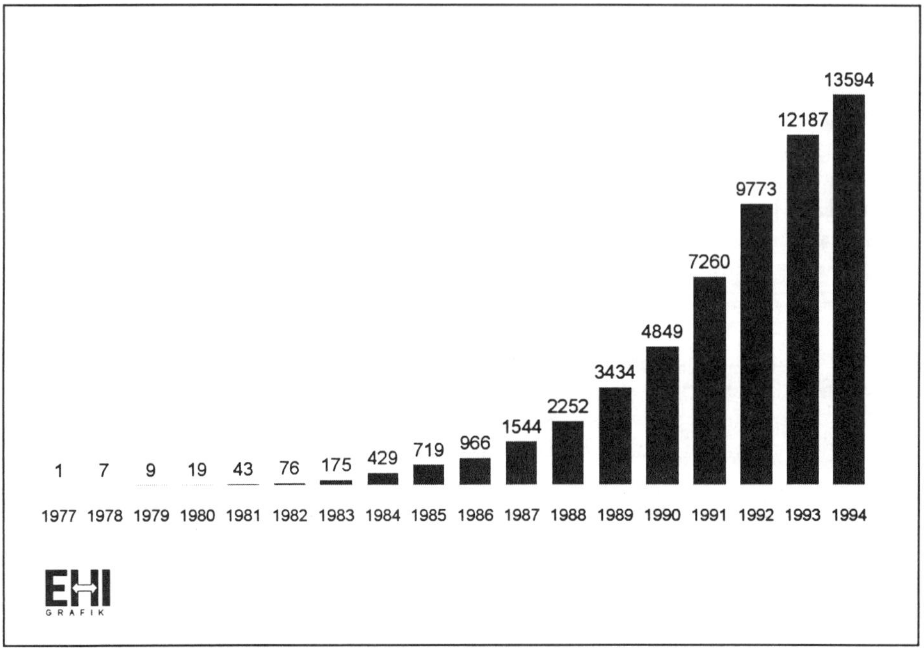

Abbildung 2: Zahl der Scannermärkte in Deutschland

Quelle: CCG, Stand 30.06.1994

SORTIMENTSOPTIMIERUNG

76 Prozent der befragten Unternehmen nutzen die Daten zur Regaloptimierung, je 65 Prozent zur Verfolgung neuer Artikel oder zur Aktionsanalyse, 53 Prozent für die Jahresgespräche (insbesondere für das Thema Auslistung).

Mit je 24 Prozent liegen die Warenkorbanalyse und das Direktmarketing noch relativ weit hinten. Dies gilt insbesondere auch für die sechs Prozent, die eine Nutzung von Scannerdaten der Filiale für das Bestellwesen angeben. Zum Thema „Preisentscheidungen" geben

76 Prozent der Interviewpartner an, erst im *experimentellen Stadium* zu sein. Die technologischen Möglichkeiten der EDV-gestützten Sortimentsoptimierung ersieht man, wenn beispielsweise als Speicherkapazität eines Filialunternehmens des Lebensmitteleinzelhandels mit 20 SB-Warenhäusern für die Speicherung aller Verkaufsinformationen an allen Scannerkassen 19 Millionen KB (Kilobyte) jährlich benötigt werden. Dies entspricht einem Volumen von 7,6 Millionen DIN A4 Seiten jährlich.

59 Prozent der Befragten geben an, daß sie sich für die Sortimentsoptimierung mit einer repräsentativen Auswahl von Filialen begnügen. Bei richtiger Auswahl der Scannermärkte genügen nach Handelsauskunft 10 bis 20 Prozent einer Vertriebsschiene, um fundierte Entscheidungen über die Sortimentsoptimierung zu treffen.

65 Prozent der Unternehmen übermitteln ihre Scannerdaten aus den Filialen wöchentlich an die Zentrale, während 35 Prozent dies einmal täglich tun. Die Speicherung artikelgenauer Daten (zum Teil nur für repräsentative Filialen) erfolgt bei 24 Prozent der Befragten mit Tagesdatum auf Filialebene, bei 41 Prozent mit Wochendaten auf Filialebene und 35 Prozent mit Wochendaten für Vertriebstypen und Regionen. 12 Prozent der Befragten speichern die Daten weniger als sechs Monate, 35 Prozent ca. ein Jahr und 53 Prozent ca. zwei Jahre.

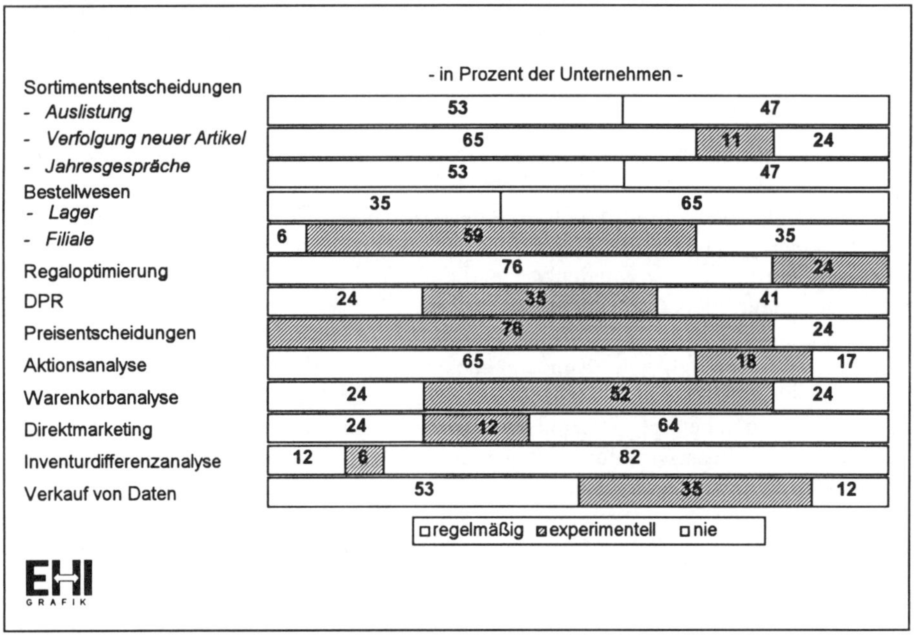

Abbildung 3: Nutzung von Scannerdaten

Quelle: EuroHandelsinstitut

53 Prozent der befragten Unternehmen versuchen, das spezifische Know-how der Scannerdaten auch an die Industrie zu verkaufen.

Das EHI definiert den testweisen Einsatz der Sortimentsoptimierung als zweite und die *institutionalisierte Sortimentsoptimierung* als dritte Entwicklungsstufe des Einsatzes von Scanning im Handel. Diese dritte Entwicklungsstufe dominiert heute in den Kooperationsbeziehungen zwischen Handel und Industrie. Die Gespräche erfolgen unter den Bezeichnungen „Category Management" und „ECR". Im Vordergrund stehen auf dieser Stufe die Filialsortimente, die Produktneueinführung, Aktionsaktivitäten und die Warenversorgung. Der Handel erwartet von seinen Gesprächspartnern heutzutage einen über die eigenen Hersteller-Produkte hinausgehenden Vorschlag zur Sortimentsoptimierung, insbesondere zumindest zur Warengruppen-Optimierung. Gegenwärtig profiliern sich kompetente Industrieunternehmen als Category-Captain. Hilfreich sind für die Hersteller entsprechende Datenpanel der Centrale für Coorganisation (CCG), der GfK und von Nielsen.

Da vom EHI festgestellt wurde, daß bei den untersuchten Benchmark-Unternehmen erst an den relevanten Methoden für Sortimentsentscheidungen wie der Warenkorb-Analyse, der Cluster-Analyse, der Marktprofil-Analyse, der Regalflächen-Analyse, der Kreuzpreis-Elastizitäten, der Preis-Promotion-Analyse, den DPP/DPR-Analysen gearbeitet wird, ist weder gegenwärtig von einer integrierten Anwendung bei diesen Pionier-Handelsunternehmen zu sprechen, noch ist davon auszugehen, daß innerhalb der nächsten fünf Jahre über den Kreis der Pilotfirmen dieses Gedankengut breitflächig in Deutschland zur Anwendung kommt.

STANDORTSPEZIFISCHES MARKETING

Vierter Schritt der Scanning-Revolution ist die Nutzung von Verkaufsdaten in Verbindung mit standortspezifischen Sortimenten oder für käuferorientiertes *Direct-Mailing*. Ausgangspunkt hierfür sind die Kundenkarten, die die Basis für die Ebenen einer möglichen Datenbankstruktur bildet.

Auf der ersten Ebene stehen der Kundenname, die Kundenanschrift und die Kundennummer, auf der zweiten Ebene der erste Einkaufstag, die Einkaufshäufigkeit je Periode, die Summe der Einkaufsbeträge je Periode und der letzte Einkaufstag. Auf der dritten Ebene befinden sich die Umsatzstruktur nach Warengruppen, die Aktionskäufe und die Summe der eingelösten Hersteller- und Handelsgutscheine. Last but not least ergeben sich für die vierte Ebene der artikelbezogene Absatz, die aggregierten Einkaufsbeträge und möglicherweise Datum/Uhrzeit der Einkäufe, was beispielsweise in Österreich bei der Firma Meinl eine Bedeutung hat, wenn Einkäufe in bestimmten frequenzarmen Zeiten mit besonderen Rabatten belohnt werden.

Die Untersuchung der Umsätze der loyalen Kunden zu den „Rosinenpickern" ergab in einem der untersuchten Unternehmen, daß die ersten vier Prozent der Kunden für 19 Prozent des Umsatzes zuständig waren, während die letzten 70 Prozent der Kunden nur 32 Prozent des Umsatzes tätigten. Hieraus ergibt sich die Möglichkeit, diese sehr unterschiedlichen Kunden innerhalb eines „Kunden-Portfolios", gemessen nach den Kriterien Einkaufshäufigkeit und Einkaufsbetrag, gezielt über Direct-Mail anzuschreiben. In den USA wird dies auch im Zuge gezielter Marktforschung oder bei neuen Produkteinführungen gemacht. Kunden erhalten bei dieser Aktion Wertcoupons für ihren nächsten Einkauf. Das Schlagwort dieser Aktivitäten lautet „Kunden-Loyalitäts-Programme".

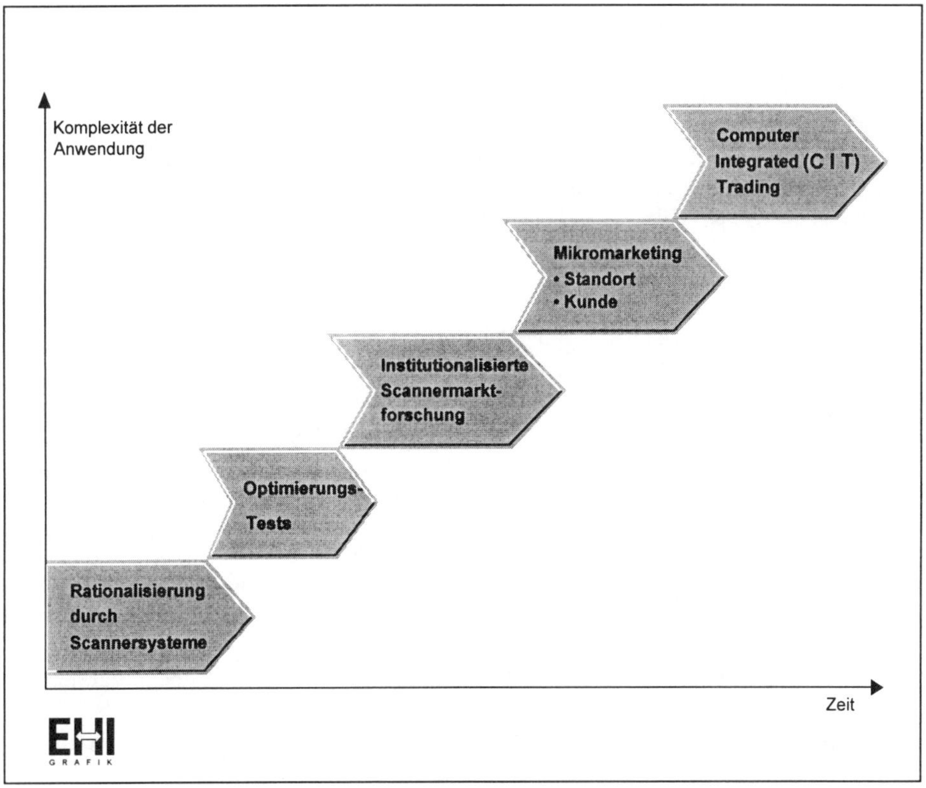

Abbildung 4: Phasen der Nutzung von Scannerdaten

Quelle: EuroHandelsinstitut

Basis für dieses standortspezifische Marketing ist der Einsatz von Kundenkarten. Die Möglichkeiten der Nutzung von Kundendaten ist jedoch länderspezifisch sehr unterschiedlich. Während es in einigen Ländern gang und gäbe ist, auf die Summe verschiedener Einkäufe einen Treuerabatt zu gewähren, schränken in anderen Ländern gesetzliche Regelungen diese Möglichkeit ein.

56 Prozent der befragten Unternehmen nutzen bisher ihre Scannerdaten nicht für standortspezifische Marketingentscheidungen. Dort wo sie jedoch zum Einsatz kommen, geschieht dies mehrheitlich durch Mitarbeit in der Zentrale (25 Prozent). Ursachen für die fehlende Nutzung von Scannerdaten für Marketingentscheidungen in den Filialen sind nach Interviewangabe:

– die mangelnde Qualifikation der Mitarbeiter in der Filiale,
– die bessere Qualität zentraler Entscheidungen, z.B. durch das Erkennen von Trends und der Einschätzung neuer Artikel,
– die rationellere Entscheidung durch die Zentrale,
– der fehlende Datenzugang in den Märkten.

PARTIZIPATIVES MARKETING

Die Zukunft der Nutzung von Scannerdaten wird vermutlich in der fünften Entwicklungsstufe bei der *automatischen Disposition anhand der Abverkaufsscannerdaten* liegen. Bereits jedes dritte Unternehmen des bisherigen EHI-Panels hat das zentrale Bestellwesen teilweise an Lieferanten übergeben. Jedes siebte Unternehmen will in eine Testphase einsteigen.

Die Kooperation in der Logistik läuft in diesem Zukunftsmodell wie folgt:

– Der Handel liefert Verkaufsdaten und zentrale Lagerbestände an die Hersteller.
– Der Hersteller erstellt Absatzprognosen und ermittelt den zentralen Bedarf.
– Der Belieferungsvorschlag geht mit Avis vom Hersteller an den Handel.
– Der Handel bestätigt oder ändert den Belieferungsvorschlag und erhält die Waren.

Die Vorteile dieses Total-Efficiency-Systems liegen in

– der Senkung der Bestände in der gesamten Distributionskette,
– der besseren Auslastung von Transport- und Produktionskapazitäten,
– der Vermeidung von Lieferengpässen und Out-of-stocks.

Tests dieser Art sind in den USA und im Versuchsstadium auch aus den Niederlanden bekannt.

In den USA wird die Diskussion über diese Zusammenhänge unter dem Stichwort ECR geführt. Sie umfaßt in den dortigen Vorträgen und Diskussionen die allumfassende Philosophie mit den jeweiligen Substrategien der unterschiedlichen Scanning-Einführungsphasen:

– die intensivere Nutzung der Möglichkeiten der Informationstechnologie,
– die Verbesserung der Produktivität der Sortimente,
– eine stärkere Ausrichtung auf den (einzelnen) Kunden,
– die stärkere Partnerschaft mit dem Lieferanten.

Da die traditionellen Zielkonflikte zwischen Handel und Industrie bezüglich der Sortimentspolitik wie auch der Preispolitik, der Distributionspolitik und der Kommunikationspolitik sich in ihrer grundlegenden Form nicht leugnen lassen, definiert das EHI die Bedeutungen von zeitlich limitierten Kooperationsfeldern zwischen Handel und Industrie, bei gleichzeitiger Wahrung der Unterschiedlichkeit in allen anderen Bereichen, als partizipatives Handelsmarketing. Das EHI ist nicht der Auffassung, daß sich grundlegend das Verhältnis Handel zu Industrie durch Category-Management oder ECR verändert, sondern daß dies jeweils nur partiell, auf Vereinbarung und möglicherweise zeitlich limitiert, beschränkt erfolgt.

OPERATIVE AUSWIRKUNGEN

Für die Aufbau- und Ablauforganisation von Handel und Industrie ergeben sich kurz- bis mittelfristig operative Auswirkungen. Das Erkennen der heutigen Probleme ist Voraussetzung für eine Intensivierung der Datennutzung. Es gibt im Handel Probleme bezüglich

- der Technik (Stammdatenpflege, Datenübertragung),
- des Datenvolumens,
- der Datenqualität,
- der fehlenden Akzeptanz,
- der mangelnden Erfahrung bei der Datenanalyse und in der Interpretation,
- des schlechten Datenzugangs.

So können zwar 100 Prozent der Unternehmen auf Anfrage Listen auf Basis von Scannerdaten zur Verfügung stellen, jedoch haben nur 69 Prozent on-line-Zugriffe auf aggregierte Daten (z.B. Regionen, Vertriebslinien) und nur 25 Prozent on-line-Zugriff auf Artikeldaten pro Geschäft.

Die Lösungsansätze liegen in

- der Verbesserung der internen Organisation (Datenerfassung und -pflege),
- der Festlegung klarer Zielsetzungen,
- der Verbesserung des Datenzugangs (Bedienerfreundlichkeit, schneller und flexibler Zugriff),
- dem Aufbau von Spezialabteilungen,
- der Zusammenarbeit mit Dienstleistern,
- Schulungsmaßnahmen.

Nach Einschätzung aller Beteiligten werden Lösungen in kleinen Schritten gegenüber einem „Big Bang“ präferiert.

56 Prozent der Befragten haben bereits Spezialabteilungen zur Nutzung von Scannerdaten realisiert, 19 Prozent planen diese. Möglicherweise entsteht – wenngleich auch vielleicht nur temporär – das neue Berufsbild eines „Scan-data-Managers“. Er arbeitet an der Schnittstelle zwischen Einkauf, Logistik und Vertrieb. Laut Stellenanzeige eines bedeutenden Handelsunternehmens wird von ihm erwartet:

- ein Prädikatsabschluß als Diplom-Kaufmann mit Studienschwerpunkten in Handel, Marketing und Controlling/Kostenrechnung oder Organisation,
- eine durch abgeschlossene Lehre bzw. ersatzweise Praktika/Ferienarbeit, familiären Hintergrund nachgewiesene Affinität zum Handel,
- Englischkenntnisse,
- PC-Kenntnisse.

Nach Beobachtungen des EHI liegen die Gehälter für „gestandene" Scan-data-Manager über denen von regionalen Verkaufsleitern der Industrie bis hin zu Gehältern nationaler Verkaufsleiter.

Zusammengefaßt sei die weitere EDV-Entwicklung im Handel durch folgende Thesen formuliert:

- Bestehende Anwendungen werden weiter vertieft.
- Regionale oder standortbezogene Daten gewinnen weiter an Bedeutung.
- Micro-Marketing in Verbindung mit Kundenkarten findet steigendes Interesse.
- Scan-data-Manager werden ausgebildet, um die Know-how-Defizite zu beseitigen und Nutzenpotentiale der Scannerdaten zu erschließen.
- Weitere Investitionen in die Datenverarbeitung zur Vereinfachung, Beschleunigung und Flexibilisierung des Datenzugangs werden erfolgen.
- Die Zusammenarbeit mit den Lieferanten bei der Datennutzung wird verstärkt.

Nutzungsmöglichkeiten mikrogeographischer Informationssysteme im Einzelhandels-Marketing

Michael Froböse, Hohenheim

Der in jüngerer Zeit verstärkt erhobenen Forderung, die Marketing-Aktivitäten präziser als bisher auf die jeweiligen besonderen Standortbedingungen abzustimmen, kann der Einzelhandel nur durch eine regionalspezifische Marktforschung Rechnung tragen. Als Informationsinstrument hierfür haben mikrogeographische Systeme in den letzten Jahren eine zunehmende Bedeutung erlangt. Im folgenden Beitrag werden zunächst die Besonderheiten dieses relativ neuartigen Instruments skizziert sowie dessen verhaltenswissenschaftliche Grundlagen erläutert. Daran anschließend wird aufgezeigt, für welche Betriebstypen und auf welche Weise mikrogeographische Informationssysteme für die Unterstützung der Marketing-Aktivitäten des Einzelhandels genutzt werden können. Die Betrachtung konzentriert sich dabei auf die zentralen Anwendungsfelder der Standort- und Sortimentspolitik sowie auf den Werbeträgereinsatz.

1 PROBLEME DER GEWINNUNG LOKALER MARKTINFORMATIONEN

Ein zentrales Kennzeichen des stationären Einzelhandels ist die Abhängigkeit von regional eng begrenzten Märkten. Wenn die Betriebstypenkonzeption und das lokale Nachfrage- und Konkurrenzumfeld nicht zueinander passen, ist Mißerfolg vorprogrammiert. Für den Einzelhandel kommt es deshalb einerseits darauf an, möglichst nur solche Standorte zu besetzen, die eine hohe Eignung für die geplante Einzelhandelskonzeption erwarten lassen. Andererseits kann der Einzelhandelsbetrieb – bei bereits bezogenem Standort – versuchen, die eigenen Marketing-Aktivitäten bestmöglich auf die vorherrschenden Marktverhältnisse abzustimmen, um auf den vorhandenen Verkaufsflächen eine höhere Marktausschöpfung oder eine Ertragsverbesserung zu erreichen. Besonders vor dem Hintergrund des zunehmenden Wettbewerbsdrucks wird in jüngerer Zeit verstärkt für ein solches standortorientiertes Marketing plädiert (vgl. z.B. Virnich 1993, S. 52; Tietz 1991, S. 241).

Wenn es allerdings darum geht, die hierfür benötigten lokalspezifischen Marktinformationen zu beschaffen, sieht sich der Einzelhandel mit einer Reihe von Problemen konfrontiert. Um statistisch gesicherte Erkenntnisse zu erhalten, sind auch in relativ kleinen Regionen hohe Stichprobengrößen erforderlich. *Primärerhebungen* zur Gewinnung von Informationen über den regional begrenzten Markt eines bestimmten Einzelhandelsbetriebs weisen deshalb meist ein ungünstiges Verhältnis von Marktforschungsaufwand und Informationsnutzen auf (Liebmann/Schnedlitz 1988, S. 84). Besonders zu Zwecken der Standortwahl dürften umfassende Primärerhebungen schon deshalb kaum in Frage kommen, weil Standortentscheidungen meist unter hohem Zeitdruck gefällt werden müssen. Ebenso erscheint auch das amtliche *sekundärstatistische Material* aufgrund der mangelnden Aktualität und der relativ großräumigen Gebietseinteilung, die nur in den seltensten Fällen mit dem Marktgebiet einer konkreten Geschäftsstätte korrespondiert, nur bedingt als Informationsgrundlage für ein standortorientiertes Marketing geeignet. Ähnliches gilt für die auf regionaler Ebene verfügbaren Kaufkraftkennziffern.

Eine vielversprechende Alternative zu diesen konventionellen Informationsgrundlagen verkörpern die in Deutschland erst seit wenigen Jahren bekannten *mikrogeographischen Segmentierungssysteme*, bei denen kleinräumige Gebietseinheiten (meist Wahlbezirke oder Straßenzüge) mit unterschiedlichsten Informationen über die dort ansässigen Bewohner und das Wohnumfeld verknüpft werden. Die so gekennzeichneten Teilmärkte bieten aufgrund ihrer örtlichen Bestimmtheit nicht nur direkte Anhaltspunkte für eine lokal differenzierte Marktbearbeitung (Meyer 1992, S. 386; Tonks 1990, S. 5 f.), sondern ermöglichen auch eine höhere Flexibilität hinsichtlich der Aggregation des Datenmaterials zu größeren Raumeinheiten (wie z.B. den Einzugsgebieten des Einzelhandels).

2 KOMPONENTEN MIKROGEOGRAPHISCHER INFORMATIONSSYSTEME

Anders als in der Bundesrepublik Deutschland zählen mikrogeographische Systeme in den USA, in Kanada und in einigen europäischen Ländern wie Großbritannien oder Frankreich bereits seit längerer Zeit zu den etablierten Informationsinstrumenten der Marktforschung. Allen in diesen Ländern angebotenen Systemen ist gemeinsam, daß sie gänzlich oder zumindest überwiegend auf Volkszählungsdaten basieren, die auf kleinräumiger Ebene verfügbar sind. In Großbritannien beispielsweise liegen die Daten für Raumeinheiten von durchschnittlich etwa 150 Haushalten vor, in Frankreich sogar für Hausblöcke mit durchschnittlich nur etwa 120 Haushalten (Espejo 1993, S. 14; Martin 1992, S. 372).

Die deutsche Kommunalstatistik hält demgegenüber wegen des relativ restriktiven Datenschutzes nur bis auf die Ebene von Gemeinden oder Ortsteilen, die im Durchschnitt etwa 1600 Haushalte einschließen, Daten bereit. Erschwerend kommt hinzu, daß aufgrund des Prinzips der erhebungs- und aufbereitungsmäßigen Dezentralisation in der amtlichen deutschen Statistik kleinräumige Daten nicht in einer bundesweit einheitlichen Form zur Verfügung stehen.

Die in der Bundesrepublik angebotenen mikrogeographischen Informationssysteme beruhen deshalb nicht auf den Aufbereitungseinheiten der Volkszählung, sondern – je nach spezifischem System – auf Wahlbezirken, Straßenzügen oder Gebäudegruppen, in die das Bundesgebiet flächendeckend eingeteilt wird. Zur Beschreibung und Segmentierung dieser Marktzellen verwenden die Systemanbieter Informationen aus unterschiedlichen Quellen; hierbei handelt es sich z.B. um PKW-Bestandsdaten des Kraftfahrt-Bundesamts, Wahlstatistiken, aus umfangreichen Privatadreßbeständen generierte Informationen über die demographische Zusammensetzung oder das Kaufverhalten der Bevölkerung, teilweise sogar um im Wege der persönlichen Begehung gewonnene Daten über die Art der Bebauung und die Wohnqualität in den Marktzellen. Diese Merkmalsbereiche, die für die Gesamtheit der Parzellen zur Verfügung stehen, bilden die sog. *Strukturdatenbasis* des jeweiligen Systems.

Übersicht 1 vermittelt am Beispiel der Informationsbasis des mikrogeographischen Systems „LOCAL" von Infas einen Überblick über die Vielfalt dieser Strukturmerkmale.

Übersicht 1: Strukturdatenbasis des mikrogeographischen Systems „LOCAL"

Merkmalsträger: Straßenabschnitte (ca. 1,2 Mio. mit durchschnittlich 20 Haushalten)	
Zusätzliche Datenbasis auf der Ebene von Stimmbezirken (ca. 60.000 mit durchschnittlich etwa 400 Haushalten)	
Merkmal	**Merkmalsausprägungen**
Anzahl der Häuser	1, ... (bis etwa 10)
Anzahl der Haushalte	1, ... (bis etwa 30)
Anzahl Pkw-Zulassungen	1, ... (bis etwa 40)
Gebäude-Typ	– Einfamilienhäuser, 1- bis 2-geschossig, freistehend, überwiegend Eigentümer – Reihenhäuser, gestaffelte Hanghäuser, überwiegend Eigentümer – Drei- bis Sechsfamilienhäuser, 2- bis 3-geschossig – Wohnbauten im Handels- oder Gewerbegebiet – Größere Mehrfamilienhäuser, bis 5-geschossig, einzeln stehend oder Zeilenbau – Geschlossene Bebauung, Wohnblöcke, z.T. mit Läden im Erdgeschoß, meist 3- bis 4-geschossig – Landwirtschaftliche Wohngebäude – Arbeitersiedlung
Gebäudealter	– vor 1900 – 1900 - 1945 – 1946 - 1960 – 1961 - 1970 – 1971 - 1980 – 1981 - 1985 – ab 1986
Gebäudestatus	– exklusiv – besser bis gut – durchschnittlich – einfach bis sehr einfach
Einkommensklasse	– deutlich überdurchschnittliches Einkommen – überdurchschnittliches Einkommen – überwiegend durchschnittliches Einkommen – bescheidenes Einkommen – niedriges Einkommen

Merkmal	**Merkmalsausprägungen**
überwiegende Altersklasse der Haushaltsvorstände	– bis 30 Jahre – 30 - 45 Jahre – 46 - 60 Jahre – über 60 Jahre
Anzahl Ausländer-Haushaltsvorstände	1, ... (bis etwa 10)
Anzahl Haushaltsvorstände mit Titel	1, ... (bis etwa 5)
Mailorder-Verhalten	– eher traditionsbewußt – überwiegend konsumstark – technisch orientiert – bürgerlich – sozial engagiert – bildungs- / karrierebewußtes Verhalten – Interesse an Sammlerobjekten – outdoor-aktiv – Interesse am Garten – Interesse an Heimwerken / Basteln – Interesse an textilen Handarbeiten
Zusätzliche Datenbasis auf der Ebene von Stimmbezirken (ca. 60.000 mit durchschnittlich etwa 400 Haushalten)	
Merkmal	Merkmalsausprägungen
Anzahl der erwachsenen Deutschen	1, ... (bis etwa 600)

Anzahl Pkw differenziert nach	– gewerbliche / private Nutzung
	– Herstellern
	– Klein- / Mittel- / Oberklassewagen, jeweils differenziert nach
	  – Anzahl der Vorbesitzer (Ausprägungen: kein / mindestens ein Vorbesitzer)
	  – Altersklasse (0 - 3 / 4 - 8 / über 8 Jahre)
	– Anzahl der Privat-Pkw differenziert nach
	  – kW-Klasse (bis 35 / bis 40 / bis 45 / bis 55 / bis 70 / bis 85 / über 85 kW)
	  – Altersklasse (0 - 4 / 5 - 8 / > 8 Jahre)
	– Anzahl gewerblicher Pkw differenziert nach
	  – Hubraumklasse (bis 1600 / über 1600 ccm)
	  – Altersklasse (0 - 4 / 5 - 8 / über 8 Jahre)

Wahlverhalten	– Anzahl CDU/CSU - Wähler – Anzahl SPD - Wähler – Anzahl FDP - Wähler – Anzahl Grüne - Wähler – Anzahl Sonstige

Merkmal	Merkmalsausprägungen
Marktzellentyp	Insgesamt 14 Typen; Beispiele: – **Typ B: Statushohe Wohngebiete im weiteren Umland von Großstädten** Aufgelockerte Bebauung, überwiegend 1-/2-Familienhäuser und Reihen-/Doppelhäuser, großstädtischer Einzugsbereich, viele Neubauten, gute Wohnlage, leitende Angestellte, leicht gehobenes Bildungsniveau, überdurchschnittlich viele Kleinwagen und Oberklasse-Pkw, deutlich gehobener Status – **Typ F: Statushohe kleinstädtische und ländliche Wohngebiete** Aufgelockerte Bebauung in kleinstädtischer und ländlicher Umgebung, überwiegend 1-/2-Familienhäuser und Reihen-/Doppelhäuser als Eigentum, auffällig viele Zwischenkriegs- und Neubaugebiete, leicht gehobene Wohnlage, überdurchschnittlich viele Selbstständige und Facharbeiter sowie ältere Kleinwagen, durchschnittliche Bildung, durchschnittlicher Status – **Typ O: Statusniedrige Wohngebiete in Großstädten und Ballungsräumen** Verdichtete Bebauung in großstädtischer Lage, Wohnblocks und Hochhäuser vermischt mit Mehrfamilienhäusern, Baualter vorwiegend 1945-1970, erhöhter Arbeiter- und Rentneranteil, viele alte Pkw, unterdurchschnittl. Bildung/Status
Statusgruppe	7 Klassen (von extrem statushoch bis extrem statusschwach)
Gebietskonsummustertyp	10 Typen (von gehoben,stilvoll bis ärmlich, unstetig)
Zusätzliche Datenbasis auf den höheren Gliederungsebenen	
Ebene	**Merkmale**
Statistische Bezirke (ca. 12.000)	– Daten der Volkszählung – Kaufkraft (in Mio. DM) – Kaufkraftindex; Kaufkraft pro Haushalt / pro Einwohner
Postleitzahlgebiete (ca. 8.275)	– Kaufkraft (in Mio. DM) – Kaufkraftindex; Kaufkraft pro Haushalt / pro Einwohner
Gemeinden (ca. 16.000)	– Daten der Volkszählung – Daten der Gemeindestatistik – BfLR-Gemeindetypen – Zuordnung zu zentralörtlichen Märkten und Gemeindetypen
Zentralörtliche Märkte (ca. 700)	– Zentralörtlicher Typ – aggregierte Daten der Gemeindeebene

Für eine effiziente Nutzung mikrogeographischer Informationssysteme reicht die allgemeine, anwendungsunabhängige Kennzeichnung der Marktzellen mittels der Strukturdaten jedoch oft nicht aus. Zusätzlich benötigt man häufig Informationen darüber, inwieweit sich die Marktzellen *aus unternehmensspezifischer Sicht* als Zielmärkte eignen. Hierzu greift man zweckmäßigerweise auf Datenbestände zurück, die eine unmittelbare Relevanz für die Geschäftstätigkeit des Anwenders besitzen (z.B. Kundendaten, Umfragedaten oder aus Panelerhebungen gewonnene Informationen über Käufe bestimmter Warenkategorien). Anhand der entsprechenden Adreßangaben (Kunden-, Interviewten- oder Panelteilnehmeradressen) lassen sich diese Datenbestände den mikrogeographischen Zellen zuordnen und in ihrer Abhängigkeit von den Strukturdaten untersuchen. Dieses Vorgehen erlaubt die Ableitung von Zusammenhängen zwischen der regionalen Marktstruktur und unternehmensspezifischen Zielgrößen, die auf den Gesamtmarkt übertragen werden können und einen quantitativen Vergleich der Marktzellen ermöglichen (z.B. in bezug auf zu erwartende Kundenanteile oder Umsatzzahlen; hierauf wird später noch vertiefend eingegangen). Dadurch lassen sich die Marktzellen mit denjenigen Merkmalsprofilen identifizieren, die überdurchschnittliche Absatzchancen für das unternehmensspezifische Leistungsangebot bieten (vgl. hierzu auch Hanssmann/Ruhland 1991, S. 5).

Die Verknüpfung muß dabei nicht unbedingt über Adreßangaben erfolgen. Prinzipiell läßt sich jeder Datenbestand, der einen geeigneten geographischen Bezug aufweist, mit der mikrogeographischen Strukturdatenbasis verknüpfen (z.B. auch Angaben über die kleinräumige Konkurrenzsituation). Liegt beispielsweise der Datenerhebung das Flächenstichprobenverfahren des Arbeitskreises Deutscher Marktforschungsinstitute (ADM) zugrunde, wie dies bei vielen nationalen Bevölkerungsumfragen, Verbraucherpanels und Mediaanalysen der Fall ist, so kann die Verknüpfung zwischen der Strukturdatenbasis und den Marktforschungsergebnissen auch auf Basis der amtlichen Stimmbezirksnummer erfolgen (Weppler 1991, S. 485 f.). Dieses (datenschutzrechtlich unbedenkliche) Vorgehen bietet sich an, wenn die mikrogeographische Marktaufteilung auf Stimmbezirke, d.h. auf der gleichen geographischen Bezugsgrundlage wie das ADM-Stichprobenverfahren, basiert.

Um die Struktur- und Zieldaten miteinander zu verknüpfen und entscheidungsgerecht aufzubereiten, bedarf es außerdem – je nach Aufgabenstellung – der Anwendung geeigneter Verfahrenstechniken und Modelle, die ebenfalls im Rahmen des Informationssystems bereitgestellt werden müssen. Einen weiteren festen Bestandteil mikrogeographischer Systeme bildet eine flächendeckende Datei der Postleitzahlen, Orte, Straßen und Hausnummernbereiche, die die mikrogeographischen Parzellen definieren, sowie Koordinatendateien für die Zentralpunkte und Grenzlinien der Parzellen, um Dateninhalte und Analyseergebnisse kartographisch darstellen zu können. Ein zusammenfassende Übersicht über die Komponenten eines solchen Systems gibt *Abbildung 1* wieder.

3 VERHALTENSWISSENSCHAFTLICHE ASPEKTE DER MIKROGEOGRAPHISCHEN SEGMENTIERUNG

Von den traditionellen geographischen Marktaufteilungen, die eine Segmentierung z.B. auf der Ebene von Gemeinden, Kreisen oder Bundesländern vornehmen, unterscheidet sich die Mikrogeographie keineswegs nur in bezug auf die größere geographische Differenziertheit der Raumaufteilung. Ein ebenso bedeutsamer Unterschied liegt darin, daß der mikrogeographischen Segmentierung andere (räumlich gebundene) Bestimmungsgrößen des Nachfrageverhaltens zugrundeliegen. Während beispielsweise die Verhaltensunterschiede zwischen den Bewohnern unterschiedlicher Landesteile primär auf landsmannschaftlichen, kulturellen, geschichtlichen oder landwirtschaftlichen Besonderheiten beruhen (Freter 1983, S. 52; Böhler 1977, S. 64), gehören mikrogeographischen Marktzellen Haushalte an, die in erster Linie im Hinblick auf ihre soziale Schichtzugehörigkeit, ihre Nationalität und/oder ihre Stellung im Familienlebenszyklus eine Affinität aufweisen. In der stadtsoziologischen und bevölkerungsgeographischen Literatur wird dieses Phänomen unter dem Begriff der *Segregation*, d.h. der kleinräumigen Konzentration von bestimmten Bevölkerungsgruppen innerhalb eines Stadt- bzw. Gemeindegebiets, diskutiert (vgl. z.B. Häufele 1989, S. 7; Friedrichs 1981, S. 1). Man spricht dabei in Analogie zu den erwähnten Merkmalsdimensionen von sozialer, ethnischer und lebenszyklusspezifischer Segregation. Augenfällige Beispiele hierfür sind Villenviertel, Gastarbeiterquartiere und Neubaugebiete mit einem hohen Anteil junger Familien.

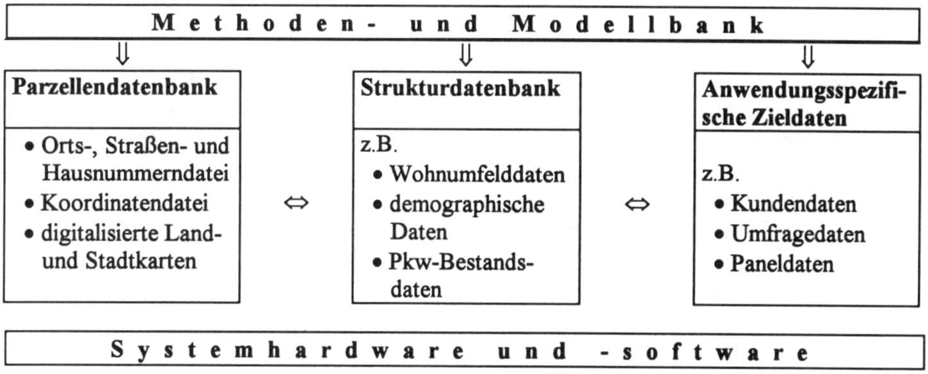

Abbildung 1: Grundstruktur eines mikrogeographischen Informationssystems

Die auch heute noch bedeutendste und am häufigsten anzutreffende Erscheinungsform, die soziale Segregation, läßt sich geschichtlich weit zurückverfolgen. Besonders stark ausgeprägt zeigte sich die soziale Segregation zu Beginn der Industrialisierung im 19. Jahrhundert. Engels hat dies in seinem Buch über „Die Lage der arbeitenden Klasse in England“ am Beispiel der scharfen Separierung von Arbeiter- und bürgerlichen Wohnvierteln in London und Manchester eindrücklich dargestellt (Engels 1974, S. 91 ff.).

Derartige vollständige oder fast vollständige Isolationen von Bevölkerungsgruppen können als *absolute Segregation* bezeichnet werden; diese ist heute – besonders in der Bundesrepublik – eher selten anzutreffen. Stattdessen hat man es in aller Regel mit einer *relativen Segregation* zu tun, d.h. es liegt keine vollständige Trennung einzelner Bevölkerungsgruppen vor, sondern nur eine mehr oder weniger starke Abweichung von der räumlichen Gleichverteilung (Langkau-Herrmann 1982, S. 39 f.; Herlyn 1989, S. 477).

Die Relevanz dieses Phänomens für das Einzelhandels-Marketing ergibt sich allgemein daraus, daß Segregationsprozesse maßgeblich die demographische Zusammensetzung der

Bevölkerung in den Einzugsgebieten des Einzelhandels determinieren. Anlaß, sich näher mit der Segregation zu beschäftigen, geben insbesondere die Ergebnisse mehrerer empirischer Studien, in denen sich die demographischen Verhältnisse, bzw. die Zielgruppendichte im Einzugsgebiet, als wichtige Einflußgrößen des (an Umsatz und Ertrag gemessenen) Erfolgs von Einzelhandelsbetrieben erwiesen haben (Kube 1991, S. 87 ff.; Ghosh/McLafferty 1987, S. 79 und die dort jeweils angegebene Literatur). Definiert wurden die Zielgruppen dabei in erster Linie über die Merkmale soziale Schicht, Einkommen und das mit dem Familienlebenszyklus zusammenhängende Alter, d.h. über solche Kriterien, nach denen sich auch die Segregation vollzieht. Auch für die mikrogeographische Segmentierung stellen die Segregationsdimensionen zentrale Wirkungsvariablen dar, weil die im Rahmen mikrogeographischer Systeme verwendeten Segmentierungsmerkmale ganz überwiegend Indikatoren für den sozialen, lebensphasenspezifischen und ethnischen Status der Marktparzellen darstellen (vgl. z.B. *Übersicht 1*). Insofern liegt es nahe, die Verhaltenswirksamkeit mikrogeographischer Segmentierungen auf die tendenziell gleichgerichteten Verhaltensdispositionen der segregiert lebenden Bevölkerungsgruppen zurückzuführen (Froböse 1995, S. 112, 134; Martin 1992, S. 43).

Bei der Beurteilung mikrogeographischer Informationssysteme sollte der Anwender berücksichtigen, daß den mikrogeographischen Strukturmerkmalen je nach Art und Qualität ein anderer Aussagewert für das Nachfrageverhalten zukommt. Da die meisten der verfügbaren Strukturdaten die Sozialstruktur der Bevölkerung abbilden (z.B. über Beruf, Bildung, Wohn- und Einkommensverhältnisse), eignen sich mikrogeographische Informationssysteme meist besonders gut zur Identifikation der sozialen Segregation. Auch die Erfassung der ethnischen Segregation ist über die Namensbestandteile in den Adreßbeständen, über die die Anbieter mikrogeographischer Segmentierungssysteme verfügen, relativ gut möglich. Dagegen beinhalten mikrogeographische Datenbanken zwar häufig Altersstrukturinformationen, es fehlt aber an umfassenden, kleinräumigen Angaben über die Zahl der Personen in den Haushalten oder die Wohnungsgrößen, die genauere Hinweise auf den familiären Status der Marktparzellen geben würden.

Grundsätzlich bieten mikrogeographische Segmentierungssysteme solchen Einzelhandelsbetrieben ein besonders breites Anwendungsfeld, deren Zielgruppen Bevölkerungssegmenten entsprechen, die stark segregiert leben. Hierbei handelt es sich in erster Linie um die sozial besonders starken und schwachen Haushalte (Häufele 1989, S. 116), um die Gruppe der Senioren (Vaskovics 1990, S. 62 f.), kinderreiche Familien sowie die in Deutschland lebenden Ausländer (Fijalkowski 1988, S. 7, 10). Bei diesen Zielgruppen ist eine größere interne Homogenität der Marktzellen zu erwarten, so daß die Nutzung mikrogeographischer Analysen hier wesentliche Verbesserungen der Marktbearbeitung erwarten läßt.

Besonders die Senioren und die ethnischen Minderheiten repräsentieren wachstumsträchtige Zielgruppen. Während der älteren Bevölkerung – auch von seiten des Einzelhandels – ein erhöhtes Interesse entgegengebracht wird (Berekoven 1990, S. 98), kommt der Zielgruppe der Ausländer – anders als in den USA – bislang nur eine untergeordnete Bedeutung zu. Dabei hätte es gerade der Einzelhandel relativ leicht, die ausländische Wohnbevölkerung gezielt zu erreichen, da sie sich massiv auf Großstädte und einige Industrieorte und dort wiederum auf einzelne Stadtviertel konzentriert. In Stuttgart beispielsweise machen die Ausländer in einigen Stadtvierteln über 60 Prozent der Wohnbevölkerung aus (Froböse 1995, S. 104).

Was die sozialen Schichten anbelangt, so zeigt die Analyse einschlägiger Forschungsergebnisse, daß gerade die Schichtzugehörigkeit eine wichtige Bestimmungsgröße der Einkaufsstättenwahl darstellt, wenngleich sich nicht alle Betriebsformen gleichermaßen durch ein schichtspezifisches Publikum auszeichnen (vgl. hierzu ausführlich Froböse 1995, S. 143 ff.). Als besonders ausgeprägt erwies sich in empirischen Studien regelmäßig die Präferenz höherer Sozialschichten für Fach- und Spezialgeschäfte, d.h. für Einkaufsstätten, die sich meist durch eine starke Serviceorientierung auszeichnen und auf die Befriedigung gehobener Ansprüche abzielen. Dagegen lassen discountorientierte Betriebsformen nur eine bestenfalls schwache Tendenz zur Unterschicht erkennen; zum Kundenkreis dieser Betriebe gehören meist alle Schichten, insbesondere die Angehörigen der Mittelschicht. Dieser Befund deckt sich durchaus mit anderen Forschungsergebnissen, nach denen die Verbraucher der Unterschicht häufig ein wenig preisbewußtes und rationales Verhalten an den Tag legen (Wiswede 1983, S. 202 f.; Wimmer 1981, S. 67). Eindeutig überrepräsentiert sind sozial schwache Konsumenten dagegen als Kunden von Versandhandelsbetrieben und wohnungsnah gelegenen, aber vergleichsweise teuren Nachbarschaftsgeschäften, die der relativen sozialen Unsicherheit und der geringen Mobilität dieser Verbrauchergruppe Rechnung tragen.

Für Betriebe mit deutlichen schichtspezifischen Kundenschwerpunkten ist es besonders wichtig, die soziale Zusammensetzung ihres Einzugsgebiets zu kennen. Hierbei können mikrogeographische Informationssysteme eine wesentliche Hilfestellung bieten. Für Einzelhandelsunternehmen, die aufgrund ihrer Betriebstypenkonzeption eine sehr breite Zielgruppe ansprechen (eine im Einzelhandel häufig praktizierte, aber auch oft kritisierte Strategie) oder aber aus Marktabdeckungsgründen auf eine breite Zielgruppe angewiesen sind, kommt es dagegen weniger auf eine Erfassung der Bevölkerungs*strukturen* als vielmehr darauf an, die in den aktuellen und potentiellen Einzugsgebieten lebenden Einwohner rein *zahlenmäßig* zu erfassen. Wie im nächsten Abschnitt deutlich werden wird, bieten sich aber auch in diesem Fall Ansatzpunkte für die Nutzung mikrogeographischer Informationen, wenngleich sich das Spektrum der Einsatzmöglichkeiten im Vergleich zu zielgruppenorientierten Einzelhandelsunternehmen etwas reduziert.

4 EINSATZPOTENTIALE MIKROGEOGRAPHISCHER INFORMATIONEN IM RAHMEN VON STANDORT-BEWERTUNGSVERFAHREN

Für den Einzelhandel stellt die „richtige“ Wahl von Standorten einen zentralen Wettbewerbsfaktor dar. Anders als z.B. bei preis- oder sortimentspolitischen Maßnahmen, die relativ leicht zu imitieren sind, ist der Wettbewerbsvorteil, der einem Betrieb aus dem „richtigen“ Standort erwächst, nur schwer zu neutralisieren (Hansen 1990, S. 178). Hinzu kommt, daß Standortentscheidungen aufgrund spezifischer Verpflichtungen (Mietverträge etc.) einen langfristigen Wirkungshorizont aufweisen und und sich deshalb kurzfristig nicht oder nur mit sehr hohem Aufwand revidieren lassen (z.B. Oehme 1992, S. 75 ff.).

Aufgrund des hohen Stellenwerts der Standortwahl einerseits und der wachsenden Konkurrenz um die wenigen verfügbaren Standorte andererseits besteht in der Einzelhandelspraxis ein großes Interesse an Informationsgrundlagen für die Standortbeurteilung. Dies gilt besonders für Filialunternehmen, die aufgrund von anfänglichen Fehleinschätzungen, Betriebstypen-Veralterung, nicht akzeptabler Mietpreiserhöhungen etc. jährlich etwa 5 bis 10 Prozent der Verkaufsstellen ersetzen müssen (Berekoven 1990, S. 352). Hieraus resultiert ein entsprechend hoher Bedarf an regionalspezifischen Marktanalysen.

Für die Standortwahl spielt die Schätzung des Absatzpotentials an den potentiellen Standorten eine dominierende Rolle. Hierfür kommen eine Reihe von Analyseinstrumenten in Frage, die durch die Einbeziehung mikrogeographischer Informationen verbessert werden können. Nachfolgend werden einige dieser Methoden kurz erläutert.

4.1 Punktuelle Standortanalyse

Ein in der Praxis übliches Vorgehen, das von Oehme (1992, S. 96 ff.) als *punktuelle Standortanalyse* bezeichnet wird, besteht darin, zunächst eine Zwei- oder Dreiteilung des potentiellen Einzugsgebiets in Distanzzonen vorzunehmen. Um den betrachteten Standort werden mehrere Linien gezogen, die eine jeweils gleiche Geh- oder Fahrminutendistanz repräsentieren sollen; regional unterschiedliche Gegebenheiten in bezug auf die Straßenverhältnisse und Siedlungsstrukturen sowie Verzögerungsfaktoren wie Flüsse oder Bahndämme sollten dabei berücksichtigt werden. Innerhalb der so gebildeten Einzugsgebietszonen wird die Zahl der dort ansässigen Bewohner ermittelt, mit den durchschnittlichen Verbrauchsausgaben pro Zeiteinheit (z.B. für Lebensmittel) multipliziert und gegebenenfalls um Schätzungen von Kaufkraftzu- und -abflüssen ergänzt, so daß man einen Erwartungswert für das Gesamtmarktvolumen in den einzelnen Zonen erhält. Multipliziert man schließlich diese Ergebnisse mit den unter den gegebenen Konkurrenzbedingungen für realisierbar erachteten Marktanteilen je Zone, ergibt sich ein Umsatzschätzwert für den Standort sowie – damit zusammenhängend – eine Obergrenze der Verkaufsfläche, die das angebotene Objekt nicht überschreiten sollte (vgl. *Abbildung 2*).

Durch die Nutzung mikrogeographischer Informationssysteme lassen sich bei diesem Ansatz die Einwohnerzahlen in den verschiedenen Einzugsgebietszonen relativ präzise bestimmen. Um die Einwohnerzahlen auf der Ebene von Einzugsgebieten ausweisen zu können, geht man üblicherweise so vor, daß nur die Daten derjenigen Zellen dem Einzugsgebiet zugerechnet werden, deren Zentralpunkte („Zentroide") sich innerhalb des Einzugsbereichs befinden. Auf diese Weise gelangt man – je nach Feinräumigkeit der Raumaufteilung – zu einer annähernden Kongruenz von mikrogeographischer Parzellierung und Einzugsgebietsmustern – falls man sich nicht bereits bei der Grenzziehung an den Verläufen der Parzellen orientieren will.

Für den Anwender besonders hilfreich sind In-House-Computersysteme (wie z.B. der LOCAL-Monitor von Infas), die es erlauben, derartige Analysen direkt am Bildschirm durchzuführen. Neben gebietsbezogenen Daten (z.B. Einwohnerzahlen, Kaufkraftniveau der Parzellen) lassen sich dabei auch punktbezogene Standortfaktoren, insbesondere die Standorte der eigenen Filialen und die der Wettbewerber, darstellen und bei Bedarf nähere Informationen hierzu abrufen (z.B. Umsatzzahlen und Verkaufsflächenangaben). Diese

Informationen werden vor allem für die Einschätzung der erreichbaren Marktanteile in den einzelnen Einzugsgebietszonen benötigt. Die Abgrenzung der Einzugsgebiete selbst erfolgt hier auf der Grundlage digitalisierter Land- und Stadtkarten, mit denen sich regionalspezifische Besonderheiten (Straßenverhältnisse, Gewerbegebiete, Flüsse etc.) bei der Grenzziehung berücksichtigen lassen. Ferner gestatten In-House-Systeme auch die interaktive Veränderung von Marktstrukturen (z.B. um die Konsequenzen alternativer Einzugsgebietsabgrenzungen zu simulieren). Die Arbeit mit einem solchen Computersystem ersetzt zwar letztlich nicht die persönliche Inaugenscheinnahme der Standorte, vermag aber den Zeitaufwand für die Durchführung der Standortbewertung erheblich zu verkürzen – ein Vorzug, der besonders im Einzelhandel aufgrund des hohen Zeitdrucks, unter dem Standortentscheidungen in dieser Branche gefällt werden müssen (Boßhammer 1992, S. J4), zum Tragen kommt.

Abgrenzung und Einteilung des Einzugsgebiets

⇓

Zahl der Einwohner im Gesamteinzugsgebiet

[x] ⇓

durchschnittlicher Pro-Kopf-Verbrauch/Jahr (z.B. für Lebensmittel)
x anteilige Kaufkraft-Kennziffern

[=] ⇓

Gesamtmarktvolumen im Einzugsgebiet

[x] ⇓

realisierbarer Marktanteil je Einzugsgebietszone

[=] ⇓

Umsatzerwartung am Standort

[÷] ⇓

erforderlicher Umsatz/qm Verkaufsfläche

[=] ⇓

Obergrenze der Verkaufsfläche des angebotenen Objekts

Abbildung 2: Umsatzschätzung für einen potentiellen neuen Einzelhandelsstandort

4.2 Kundenstrukturanalyse

Eine weitere Verfeinerung des in *Abbildung 2* geschilderten Analyseansatzes läßt sich erreichen, wenn eine Kundenadreßdatei zur Verfügung steht, mit deren Hilfe die einzelnen Parzellen nach Maßgabe ihrer Zielgruppeneignung gewichtet werden können. Anhand der Anschriften werden dabei die Kundenadressen den Zellen zugeordnet, um festzustellen, in welchen mikrogeographischen Segmenten die eigenen Kunden mehr oder weniger stark vertreten sind.

Bei der Durchführung einer solchen *Kundenstrukturanalyse* stützt man sich meist auf eine vorab erstellte Klassifikation der mikrogeographischen Zellen, d.h. auf eine Anzahl von Gebietstypen, die sich durch charakteristische Ausprägungskombinationen der Strukturdaten auszeichnen. Solche (meist im Wege der Clusteranalyse ermittelten) Geo-Typologien reduzieren die Vielfalt der Parzellen auf eine überschaubare Anzahl von Parzellentypen (s. hierzu als Beispiele die sog. „Marktzellen- und Gebietskonsummustertypen" in *Übersicht 1*).

Als Maßstab zur Kennzeichnung der Kundenverteilung auf die Gebietstypen fungiert üblicherweise ein sog. Penetrationsindex, der die prozentuale Über- bzw. Unterdeckung der Kundendichte in den einzelnen Geo-Typen im Verhältnis zu einem vorgegebenen Gesamtmarkt angibt (Hanssmann/Ruhland 1991, S. 115 f.; Dallmer 1989, S. 556). *Übersicht 2* zeigt ein vereinfachtes Beispiel für eine solche Analyse.

Geotypen im Einzugsgebiet	**Bevölkerungs-anteil**	**Kunden-anteil**	**Penetrations-index**
A	15 %	20 %	1,33
B	5 %	5 %	1,00
C	30 %	10 %	0,33
D	20 %	50 %	2,50
E	25 %	15 %	0,60
	100 %	100 %	

Übersicht 2: Bestimmung der geotyp-bezogenen Kundenpenetration (Beispiel)

Quelle: In Anlehnung an Heinzelbecker 1990, S. 481, 483

Die Penetrationsquoten zeigen dem Anwender, inwieweit es ihm mit der bisherigen Marktbearbeitung gelungen ist, sich in bestimmten Geo-Typen zu etablieren. Solche Relationen lassen sich unter bestimmten Voraussetzungen auch auf bisher nicht bearbeitete Märkte bzw. noch nicht besetzte Standorte übertragen; sie können beispielsweise als Gewichtungsfaktoren in das unter 4.1 geschilderte Standort-Bewertungsmodell eingehen.

Die Verwendung solcher Gewichtungsfaktoren geht implizit davon aus, daß Standorte, deren Bevölkerungszusammensetzung im Einzugsgebiet der mikrogeographischen Struktur der eigenen Kunden nahekommt, aussichtsreiche Kandidaten für eine neue Betriebsstätte darstellen. Deshalb dürfen die Kundendaten nur aus solchen Betrieben stammen, die in ihrer Konzeption mit dem geplanten Betrieb korrespondieren.

Dennoch sollte gewährleistet sein, daß für die Kundenstrukturanalyse Daten aus einer Vielzahl von Verkaufsstellen zur Verfügung stehen. Andernfalls besteht die Gefahr, daß die unterschiedlichen Penetrationsquoten weniger aus den Verhaltensunterschieden zwischen den Verbrauchern der einzelnen Geo-Typen resultieren, sondern z.B. dadurch bedingt sind, daß einzelne Gebietstypen in der Nähe der bereits besetzten Standorte besonders stark vertreten sind, so daß der Einfluß der Entfernung auf die Kundenanteile in den Parzellen verzerrend wirkt. Ähnliche lokalspezifische Wirkungen auf die Penetrationswerte können auch von einer regional besonderen Konkurrenzsituation ausgehen. Beziehen sich die Kundendaten dagegen auf eine Reihe von Verkaufsstellen, werden sich diese Effekte tendenziell ausgleichen. Insofern kommt der hier aufgezeigte Ansatz eher für größere Filialunternehmen in Frage.

Schließlich gilt es zu berücksichtigen, daß im stationären Einzelhandel – im Gegensatz zum Versandhandel – der Kunde meist anonym bleibt. Selbst wenn Kundendaten systematisch erfaßt und aufbereitet werden (z.B. durch die Ausgabe von Kundenkarten), lassen sich nur Teile der Kundschaft adreßmäßig erfassen. Auch hierin liegt eine gewisse Fehlerquelle, da die Gruppe derjenigen Kunden, über deren Adressen der Einzelhändler verfügt, oft kein repräsentatives Abbild der gesamten Kundschaft darstellt (Ghosh/McLafferty 1987, S. 71).

4.3 Regressionsbasierte Analogieverfahren

Anders als die oben dargestellte punktuelle Standortanalyse, bei der starke subjektive Einflüsse in die Analyseergebnisse eingehen (besonders was die Schätzung der Marktanteile in den Einzugsgebietszonen betrifft), zeichnet sich der nachfolgend skizzierte Ansatz durch eine stärker objektiv-statistisch geprägte Vorgehensweise aus. Der Grundgedanke dabei besteht darin, die Schätzung des betriebsindividuellen Umsatzpotentials an neuen Standorten aus den bekannten Marktbedingungen und Betriebsstrukturen bereits bestehender, ähnlicher Geschäftsstätten (Analogiefälle) abzuleiten. Über solches Vergleichsmaterial verfügen in erster Linie filialisierte Unternehmen, aber auch die Kooperationsgemeinschaften des Einzelhandels.

In methodischer Hinsicht geht es bei diesem Ansatz darum, eine oder mehrere Regressionsgleichung(en) der Form

$$y = b_0 + b_1x_1 + ... + b_nx_n + b_{n+1}x_{n+1} + ... + b_mx_m$$

zu spezifizieren, wobei y hier die zu erklärende Potentialgröße (in der Regel den Umsatz) verkörpert. Auf seiten der unabhängigen, erklärenden Variablen lassen sich zwei Merkmalsgruppen unterscheiden, die betriebsbezogenen Merkmale x_1 bis x_n einerseits (z.B. Größe der Verkaufsfläche, Anzahl der Parkplätze) und die einzugsgebietsbezogenen Merkmale x_{n+1} bis x_m andererseits. Zu der zweiten Kategorie gehören beispielsweise die Anzahl der Konkurrenten, deren Verkaufsflächen, das Bevölkerungsvolumen oder das Kaufkraftniveau (Breheny 1990, S. 66 f.). Von diesem Grundmodell ausgehend werden im konkreten Anwendungsfall auf Grundlage der Daten aus den bereits bestehenden Filialen die Regressionskoeffizienten b_0 bis b_m derart spezifiziert, daß die Regressionsfunktion den Zusammenhang zwischen den Variablen bestmöglich approximiert.

Die ermittelte Regressionsfunktion läßt sich zur Gewinnung von Umsatzschätzungen für potentielle *neue Geschäftsstätten* nutzen, indem die entsprechenden Ausprägungen für die einzugsgebietsbezogenen Variablen sowie die *geplanten Werte* für die betriebsbezogenen Variablen in die Regressionsfunktion eingegeben werden (Flowerdew/Goldstein 1989, S. 611). Sie kann darüber hinaus auch als Grundlage für ein *standortbezogenes Filialcontrolling* dienen, da die regressionsanalytisch ermittelten Umsatz-Schätzwerte, die sich für die *bereits bestehenden Geschäftsstätten* ergeben, Soll- bzw. Normwerte darstellen, die bei einer durchschnittlichen Leistungsfähigkeit der betreffenden Filialen unter den gegebenen Marktbedingungen erreicht werden müßten. Abweichungen zu den tatsächlich erreichten Umsatzzahlen lassen entsprechend auf eine über- bzw. unterdurchschnittliche Leistungsfähigkeit schließen – immer vorausgesetzt, der Erklärungsbeitrag des Modells ist ausreichend. Messen läßt sich die Erklärungskraft der Regressionsfunktion mit Hilfe des sog. multiplen Bestimmtheitsmaßes, das angibt, welcher Prozentsatz der Zielgrößen-Streuung statistisch auf das Erklärungsvariablen-Set zurückgeführt werden kann (z.B. Nieschlag/Dichtl/Hörschgen 1994, S. 776 f.).

Für mikrogeographische Datenbanksysteme ergeben sich bei diesem Analyseansatz insofern Einsatzmöglichkeiten, als sie wichtige verbraucher- und konkurrenzbezogene Informationen bereitstellen können. Was die verbraucherspezifischen Daten betrifft, so ist hierbei neben dem Umfang der Einzugsgebietsbevölkerung insbesondere auch an die Anteile bestimmter Verbrauchergruppen (z.B. Geo-Typen oder Altersgruppen) zu denken. Mit Informationen dieser Art läßt sich die Zielgruppeneignung von Marktgebieten in das Standort-Bewertungsverfahren integrieren.

Allerdings gilt es zu bedenken, daß bei diesem Ansatz die einzelnen Filialen mit den dazugehörigen Einzugsgebieten die Analyseeinheiten bzw. Merkmalsträger bilden. Kleinräumige Unterschiede in bezug auf die Nachfrage- und Konkurrenzbedingungen bleiben dadurch unberücksichtigt; die Informationsinhalte mikrogeographischer Datenbanken werden nur in aggregierter Form genutzt.

Ein wesentlich weitergehendes Einsatzpotential für mikrogeographische Daten ergibt sich dann, wenn man die Parzellen selbst als Merkmalsträger heranzieht. Einen Überblick über die Vorgehensweise bei dieser Verfahrensvariante vermittelt das Beispiel in *Abbildung 3*, bei dem als abhängige Variable der zellenbezogene Marktanteil herangezogen wurde.

Das in *Abbildung 3* dargestellte Beispiel weist vier zentrale Determinanten der kleinräumigen Marktanteile aus. Wie die Vorzeichen der Regressionskoeffizienten unter „Step 2" zeigen, wirken sich die Variablen "Distanz der Parzellen zum Geschäftsstandort" und „Größe des nächstgelegenen Wettbewerbers" erwartungsgemäß negativ auf den zellenbezogenen Marktanteil aus. Einen positiven Einfluß haben dagegen der Anteil der Eigenheime sowie die Geschäftsgröße, die (zumindest partiell) den Einfluß betrieblicher Gegebenheiten ausdrückt. Solche betriebsbezogenen Variablen weisen in einem Regressionsmodell, das auf kleinräumigen Daten basiert, für alle Parzellen eines Einzugsgebiets die gleiche Ausprägung auf (Breheny 1990, S. 75).

Step 1	*Regression model:*	$MS = b_0 + b_1x_1 + b_2x_2 + b_3x_3 + b_4x_4$
		MS = Market share of analog store in zone x_1 = distance separating zone from store (miles) x_2 = size of store (100 square feet) x_3 = size of nearest competitor (100 square feet) x_4 = percentage of homes that are owner-occupied
Step 2	*Market share forecast for zone 23*	
	$MS = b_0 - b_1 \times 1{,}2 + b_2 \times 650 - b_3 \times 600 + b_4 \times 68 = 0.069$	
Step 3	*Weekly sales forecast for zone 23*	
	Weekly sales = MS x per capita sales potential x population in zone = 0.069 x 21.08 x 1948 = \$2.833	
Step 4	*Sum forecasts of all zones*	
Step 5	*Adjust forecast for sales from outside trade area*	

Abbildung 3: Erstellung kleinräumiger Marktanteils- und Umsatzprognosen für einen potentiellen neuen Standort mit Hilfe der regressionsbasierten Analogiemethode

Quelle: Ghosh/McLafferty 1987, S. 85

Da bei diesem Ansatz die Umsatzschätzung für einen Standort aus der Summation kleinräumiger Einzelergebnisse resultiert, ist eine hohe Gesamt-Schätzsicherheit zu erwarten, weil sich Zufallsfehler kompensieren können. Diesem Vorzug steht allerdings ein hoher Datengewinnungsaufwand für die Ermittlung der Merkmalsausprägungen der abhängigen Variable gegenüber, die in der Regel die Durchführung einer Kundenbefragung erfordert (Breheny 1990, S. 71). Die benötigten Merkmalswerte für die einzugsgebietsbezogenen Erklärungsvariablen stehen dagegen bereits gänzlich oder zumindest überwiegend in mikrogeographischen Informationssystemen zur Verfügung. Von besonderer Bedeutung bei diesem Ansatz sind dabei die Koordinatendateien für die Zentralpunkte der Parzellen, mit deren Hilfe sich die Entfernungen der Zellen zu den eigenen Standorten und denen der Konkurrenz berechnen lassen.

Für beide Verfahrensvarianten gleichermaßen gilt, daß die Auswahl der Filialen, auf deren Daten die Regressionsrechnung aufbauen soll, besondere Aufmerksamkeit verlangt. Statistisch gesicherte Aussagen können nur dann erwartet werden, wenn Daten für eine adäquate Anzahl von Analogbetrieben vorliegen. Diese sollten sowohl im Hinblick auf den Betriebstyp als auch in bezug auf ihre Standortsituation (z.B. innerstädtische/suburbane/isolierte Standortlage) vergleichbar sein, da je nach Betriebstyp und Standortbedingungen den einzelnen Erklärungsfaktoren ein unterschiedliches Gewicht zukommt. Ein extremes Beispiel hierfür stellt der Faktor Konkurrenz dar, der sich bei wohnsitzorientierten Betriebsformen stets negativ auswirkt, während bei verkehrsorientierten Betrieben die Nähe von Konkurrenten u.U. sogar einen positiven Einfluß auf das eigenen Absatzpotential ausüben kann (Hansen 1990, S. 190 f.). Die Auswahl der Vergleichsbetriebe erfordert deshalb bei Einzelhandels-Unternehmen, deren Filialnetz verschiedenartige Betriebe in unterschiedlichen Standortlagen umfaßt, ein hohes Maß an „Fingerspitzengefühl" bzw. einen hohen Aufwand bei der Durchführung geeigneter Tests, um einen zufriedenstellenden Kompromiß zwischen der Erklärungskraft des Modells einerseits und dessen statistischer Absicherung andererseits zu finden.

Mit Schwierigkeiten behaftet ist auch die kleinräumige Messung des Konkurrenzeinflusses. Die meisten Studien greifen hierbei auf Indikatoren wie die Distanz oder die Größe des nächstgelegenen Wettbewerbers zurück (Ghosh/McLafferty 1987, S. 84). Derartige einfache Maßgrößen vermögen die Konkurrenzintensität, die auch von Merkmalen wie der Sortimentszusammensetzung und der relativen Leistungsstärke der Wettbewerber abhängt (Berekoven 1990, S. 402 ff.), nur grob abzubilden. Insofern erscheint es angebracht, nach differenzierteren Kriterien zur Messung des Konkurrenzeinflusses Ausschau zu halten.

Trotz dieser Schwierigkeiten kann die regressionsbasierte Analogiemethode insgesamt als geeigneter, innovativer Ansatz zur Bewertung von Standorten angesehen werden, weil sie es erlaubt, eine Vielzahl unterschiedlicher Bestimmungsgrößen der Attraktivität regionaler Märkte simultan in ihrem Wirkungsgefüge zu untersuchen. So läßt sich beispielsweise durch die Berechnung der sog. standardisierten Regressionskoeffizienten feststellen, welcher relative Einfluß den einzelnen Erklärungsvariablen für die Erklärung der Leistungsunterschiede zukommt. Daß sich auch bei diesem Modell gewisse Vereinfachungen bei der Abbildung der realen Gegebenheiten nicht umgehen lassen, liegt schon in der komplexen Natur der Standortbewertung begründet.

5 EINSATZPOTENTIALE MIKROGEOGRAPHISCHER INFORMATIONEN IM RAHMEN DER MARKTBEARBEITUNG

5.1 Standortspezifische Sortimentsdifferenzierung

Für Filialunternehmen des Einzelhandels besteht ein wichtiges Aufgabenfeld darin, zu entscheiden, in welchem Ausmaß den marktlichen Besonderheiten der einzelnen Geschäftsstandorte Rechnung getragen werden soll. Idealtypisch lassen sich dabei zwei extreme Grundkonzepte unterscheiden, zwischen denen eine Vielzahl von Misch- bzw. Kompromißlösungen denkbar und meist auch zweckmäßig ist (hierzu ausführlich Overtheil 1983, S. 2 ff., 43 ff.).

Der eine Extremfall, das Prinzip der *standardisierten Filialisierung*, beinhaltet die Entwicklung und Durchsetzung eines einheitlichen Marketing-Programms für alle Filialen. Standortspezifische Marktbedingungen bleiben dabei unberücksichtigt. Hieraus resultieren eine Reihe von Synergieeffekten; dazu gehören vor allem Kostenvorteile durch die Zentralisierung der Beschaffung, Rationalisierungspotentiale im Bereich der Planung und Kontrolle sowie positive Auswirkungen beim Aufbau einer Corporate Identity.

Bei *differenzierter Filialisierung* erfolgt dagegen eine möglichst weitgehende Berücksichtigung standortspezifischer Gegebenheiten. Positive Effekte ergeben sich dabei aus einer höheren Marktausschöpfung bzw. einem höheren Gesamtumsatz. Angesichts der schrumpfenden oder stagnierenden Märkte, in denen es gilt, Marktchancen primär mit den bestehenden Verkaufsflächen wahrzunehmen, wird ein solches standortspezifisches Marketing seit einiger Zeit verstärkt als erfolgversprechende Strategie für Filialunternehmen propagiert (z.B. Virnich 1993, S. 52; Barth 1993, S. 158).

Grundsätzlich kann sich die Differenzierung der Maßnahmen auf alle drei Komponenten der Handelsleistung (Waren, Preise, Dienstleistungen) beziehen. In der Praxis wohl am weitesten verbreitet ist die Abstimmung der Sortimente auf regionalmarktspezifische Gegebenheiten. Die nachfolgenden Ausführungen konzentrieren sich deshalb schwerpunktmäßig auf die Sortimentsdifferenzierung.

Bei einem möglichen Übergang zu einer standortorientierten Sortimentspolitik gilt es grundsätzlich zu berücksichtigen, daß die Vorteile der Differenzierung mit höheren Kosten und Komplexitätsnachteilen erkauft werden müssen, die in erster Linie aus der Entwicklung und Realisierung gesonderter Angebotsprogramme resultieren (rein preisorientierte Einzelhandelsunternehmen wie Aldi oder C & A verfolgen deshalb meist ein standardisiertes Filialisierungskonzept). Aus diesem Grund erscheint es wenig zweckmäßig, eine möglichst vollständige Anpassung des Sortiments an standortspezifische Marktbedingungen anzustreben. Beispielsweise würde sich ein Einzelhandelsunternehmen seiner Mengenvorteile im Einkauf berauben, wenn nicht zumindest ein großer Teil des Sortiments zentral geplant und beschafft würde. Insofern geht es bei der standortbezogenen Ausrichtung des Sortiments in aller Regel darum, im Spannungsfeld zwischen Standardisierung und Differenzierung einen möglichst guten Kompromiß zu realisieren, der ein „befriedigendes“ Maß an standortspezifischer Differenzierung mit der gleichzeitigen Nutzung von Synergieeffekten verbindet (Meffert 1986, S. 442).

Ein häufig beschrittener Weg zur Lösung dieses Problems besteht in der warenbezogenen Differenzierung der Sortimentskompetenz auf die verschiedenen Unternehmensebenen. Während die Warenbereiche des sog. Pflichtsortiments dabei ausschließlich der zentralen Sortimentsbildung unterliegen, fällt die Gestaltung des Zusatzsortiments in den Zuständigkeitsbereich der Filialmanager. Damit wird den Filialen die Möglichkeit eingeräumt, das Sortimentsangebot entsprechend den lokalen Marktgegebenheiten abzurunden (Overtheil 1983, S. 188).

Für die Zuordnung der einzelnen Warenbereiche zum Pflicht- bzw. Zusatzsortiment kann die Verknüpfung von mikrogeographischen und produktbezogenen Verbrauchsdaten eine wichtige Hilfestellung bieten. So kommen vor allem solche Produkte als Elemente des Zusatzsortiments in Frage, bei denen ausgeprägte Verbrauchsunterschiede zwischen verschiedenen mikrogeographischen Segmenten bestehen (z.B. bei hochprozentigen alkoholischen Getränken, vgl. *Übersicht 3*).

Übersicht 3: Auswertung produktbezogener Marktforschungsdaten nach Geo-Typen

BABY FOODS	Percent who use	**USE BY GEODEMOGRAPHIC GROUP** (+ /- % VS. TOTAL U.S.)									
(Base = Female Homemakers)	**(1989)**	**1**	**2**	**3**	**4**	**5**	**6**	**7**	**8**	**9**	**10**
Baby Foods	6.6	- 2	- 45	+ 6	- 3	+ 23	+ 26	+ 14	- 36	- 4	+ 6
Infant Cereal	5.7	- 12	- 68	+ 5	- 15	+ 28	- 2	+ 46	- 14	- 17	- 12
Infant Formula, Prepared	5.1	- 9	- 53	- 3	- 32	+ 10	+ 25	+ 31	- 17	- 11	+ 36
BEER	Percent who use	**USE BY GEODEMOGRAPHIC GROUP** (+ /- % VS. TOTAL U.S.)									
(Base = Adults)	**(1989)**	**1**	**2**	**3**	**4**	**5**	**6**	**7**	**8**	**9**	**10**
Ale	2.3	+ 66	+ 3	+ 13	+ 21	- 1	+ 24	- 15	- 28	- 44	- 18
Beer, Regular, Domestic	12.9	- 14	+ 3	+ 1	- 20	- 3	+ 3	+ 14	+ 12	- 7	- 1
Beer, Imported	13.8	+ 54	+ 36	+ 13	- 3	+ 8	+ 27	- 18	- 33	- 52	+ 22
Beer, Low-Calorie, Domestic	16.5	+ 8	- 10	+ 24	+ 1	+ 7	+ 10	- 3	- 14	- 11	- 24
Beer, Low Alcohol	0.9	+ 2	- 2	+ 17	+ 6	- 15	- 46	+ 6	- 8	- 37	+135
Malt Liquor	2.1	- 44	- 64	- 3	- 55	- 9	- 32	- 21	- 28	+ 82	+237

1: High education, very high income, suburban professionals
2: Urban, mobile professionals, high income
3: High income, homeowners, white-collar families
4: High income, older, white-collar workers
5: Younger, high mobile, high income
6: Younger, mobile, low income, few children
7: Average income, blue-collar families, rural
8: Low income, older, few children
9: Low education, low income, rural, blue-collar workers
10: Very low income, urban, blacks, apartment dwellers

Quelle: Dietrich 1990, S. 32

Übersicht 3 illustriert das Ergebnis einer solchen Analyse an Beispiel der mikrogeographischen Typologie „Cluster Plus“ von Donnelley Marketing and Information Services. Nach den einzelnen Geo-Typen ausgewertet wurden hier Ergebnisse einer umfangreichen Standarderhebung, in der insgesamt 20.000 Personen nach ihrem Produktwahlverhalten befragt wurden (*Übersicht 3* zeigt lediglich die Analyseergebnisse für zwei Produktbereiche).

Auswertungen dieser Art verdeutlichen, zu welchem Kaufverhalten die in den einzelnen Geo-Typen lebenden Verbraucher tendieren; sie stellen ein Hilfsmittel dar, um aus überregionalen Erhebungen, die für sich betrachtet nur eine sehr begrenzte räumliche Differenzierung der Ergebnisse zulassen und damit auch keine Aussagen über kleine geographische Einheiten ermöglichen, dennoch Schätzwerte für kleinräumige Marktvolumina in konkreten Produktmärkten zu gewinnen (Infas (Hrsg.) 1990, S. 9 f.). Auf dieser Basis können Fehlplanungen im Sortiment vermieden und Angebotslücken reduziert werden.

Eine weitere Möglichkeit, einen tragfähigen Kompromiß zwischen Standardisierungs- und Differenzierungseffekten in der Sortimentspolitik zu realisieren, besteht darin, die Ausrichtung des Angebotsprogramms an lokale Marktbedingungen jeweils für Gruppen von Filialen vorzunehmen. Ausgangspunkt dieses Konzepts bildet die Erkenntnis, daß Standardisierungs- bzw. Synergievorteile um so stärker zum Tragen kommen, je ähnlicher die lokalen Marktbedingungen an den einzelnen Standorten sind, während umgekehrt Differenzierungseffekte um so höher ausfallen, je mehr die regionalmarktspezifischen Gegebenheiten voneinander abweichen. Folglich kommt es darauf an, in bezug auf die Marktbedingungen ähnliche Filialen zu Filialgruppen zusammenzufassen (Overtheil 1983,

S. 181). Dieses Konzept erinnert damit stark an das Vorgehen bei der Marktsegmentierung – mit dem Unterschied, daß nicht Individuen oder Regionen, sondern Filialen die Merkmalsträger darstellen, die es zu segmentieren gilt.

Ein typisches Beispiel hierfür vermittelt das diffenzierte Marktbearbeitungskonzept von Vons, einem in Kalifornien tätigen Filialunternehmen mit etwa 190 (überwiegend kleineren) Lebensmittelgeschäften (vgl. hierzu ausführlich Johnson 1989, S. 19 ff.). Um das Leistungsangebot präziser auf lokale Kundenbedürfnisse abzustellen und dadurch Wachstumsreserven auszuschöpfen, wurde jede einzelne Filiale auf der Grundlage von mikrogeographischen Informationen einer der folgenden fünf Einzugsgebietskategorien zugeordnet:

- hoher Anteil der hispanischen Bevölkerung / niedriges Einkommen,
- mittlerer bis hoher Anteil der hispanischen Bevölkerung / mittleres bis hohes Einkommen,
- hoher Anteil der anglo-amerikanischen Bevölkerung / niedriges Einkommen,
- hoher Anteil der anglo-amerikanischen Bevölkerung / mittleres bis hohes Einkommen,
- durchschnittliche Ausprägungen der Bevölkerungsmerkmale.

Um hinsichtlich der Zuordnung sicher zu gehen, wurde den Filialleitern Gelegenheit zur Kommentierung der Einteilung „ihrer“ Filiale gegeben.

Mit der Zugehörigkeit zu einer dieser Gruppen verbunden ist jeweils ein spezifisches Angebotskonzept, das sich in einem zielgruppenadäquaten Sortiment, in der Aufmachung der Geschäfte, in der Inneneinrichtung und im Service manifestiert. Beispielsweise verfügen nur die auf die hispanische Bevölkerung ausgerichteten Filialen über „automatic tortilla makers“.

Ein Problem bei den geschilderten Ansätzen liegt darin, daß die Sortimentspolitik konkurrierender Einzelhandelsbetriebe außer Betracht bleibt; ihre Berücksichtigung muß daher gesondert erfolgen. Dies kann bedeuten, daß ein Einzelhändler möglicherweise auf das Angebot von Warenarten verzichtet, für die die mikrogeographische Analyse zwar ein hohes Nachfragepotential anzeigt, die aber von Konkurrenten mit einem besseren Preis-/ Leistungs-Verhältnis angeboten werden. Deshalb erscheint es zweckmäßig, die Analyse des kleinräumigen Kaufverhaltens um eine Analyse der Konkurrenzsortimente zu ergänzen.

5.2 Werbeträgereinsatz

Aufgrund der geographischen Bezugsbasis der Daten und der damit zusammenhängenden Fähigkeit, eine definierte Zielgruppe gezielt ansprechen zu können, bildet die Werbeträgerplanung das „klassische“ Anwendungsfeld mikrogeographischer Informationssysteme. Dies gilt auch und gerade für den stationären Einzelhandel, der sich meist an einen regional eng begrenzten Kundenkreis wendet und deshalb auf regional ausgerichtete Medien angewiesen ist.

Allerdings bietet sich nicht bei allen Mediengattungen die Möglichkeit, durch die Nutzung mikrogeographischer Analysen eine Reduktion von Streuverlusten bzw., positiv ausgedrückt, eine Steigerung der Werbeeffizienz zu erreichen (Hörschgen/Froböse 1991, S. 4). Dies liegt zum einen an der unterschiedlichen regionalen Steuerbarkeit der einzelnen Werbeträger. So läßt sich z.B. bei der Schaltung von Anzeigen in lokalen Printmedien aufgrund der vorgegebenen Verbreitungsgebiete nur eine partielle Übereinstimmung zwischen den mikrogeographischen Zielgebieten und den Mediennutzern realisieren, so daß bei diesem Medium gewisse Streuverluste in Kauf genommen werden müssen. Zum anderen gibt es Werbeträger wie Plakatanschlagstellen, Kinos oder Verkehrsmittel, bei denen die Aufnahme der Werbebotschaften nicht in der Wohnung der Verbraucher erfolgt und die deshalb bestenfalls (etwa beim Plakatanschlag) sehr unscharf auf mikrogeographische Zielsegmente kanalisiert werden können. Wesentlich bessere Voraussetzungen für eine Erhöhung der Werbeeffizienz bietet demgegenüber die (adressierte oder nicht adressierte) Direktwerbung, bei der unmittelbar auf die Streuung eingewirkt werden kann. Mit Abstrichen gilt dies auch für die im Einzelhandel besonders bedeutsame Beilagenwerbung.

Um entscheiden zu können, welche Segmente des Einzugsgebiets beworben werden sollen und welche nicht, greift man meist auf ein spezielles Analyseinstrument zurück, die sog. *Einzugsgebietsanalyse*. Die Grundidee bei diesem Verfahren besteht darin, daß möglichst nur in solchen Teilräumen geworben werden soll, in denen die Werbekosten in einem akzeptablen Verhältnis zu den daraus fließenden Umsätzen stehen.

Zur Ermittlung dieser Relation werden im Rahmen einer In-Store-Befragung die Einzelhandelskunden u.a. nach den Einkaufsbeträgen und ihrer Adresse befragt, so daß sich die Umsätze in der Stichprobe den mikrogeographischen Parzellen zuordnen lassen. Diese Umsatzzahlen werden auf das Jahr hochgerechnet. Ebenso wie die Umsätze werden auch die jährlichen Werbekosten differenziert, indem die Verbreitungsgebiete der einzelnen Werbeträger entsprechend der mikrogeographischen Parzellierung unterteilt und die Kosten nach Maßgabe der Einwohnerzahlen der Parzellen regionalisiert werden. Setzt man schließlich die so ermittelten gebietsbezogenen Werbekosten und Umsätze zueinander in Beziehung, ergeben sich die interessierenden Werbekostenanteile. Noch akzeptierte Größenordnungen dieser Kennziffer, die sog. *Grenzwerbekosten*, variieren – je nach Betriebstyp – etwa zwischen 4 und 8 Prozent.

Da sich durch Elimination von Gebieten, in denen die Werbekosten oberhalb der gesetzten Grenze liegen, teilweise über 20 Prozent der Werbekosten einsparen lassen – bei nur geringfügig reduzierter Werbewirkung –, erfreut sich die Einzugsgebietsanalyse in der Praxis zunehmender Beliebtheit. Das Potential für eine Erhöhung der Werbeeffizienz ist dabei um so größer, je stärker die Ungleichgewichte im bisherigen Streuplan sind.

Was die Befunde der Einzugsgebietsanalyse für bislang nicht oder nur sporadisch beworbene Teilgebiete betrifft, ist die Ableitung von Handlungsempfehlungen jedoch nicht ganz eindeutig. Gebiete, in denen viele Kunden wohnen, obwohl dort bisher nicht geworben wird, deuten zumindest darauf hin, daß hier ein Informationsbedürfnis der Bewohner bestehen könnte. Es erscheint insofern nicht unwahrscheinlich, daß sich durch Hinzunahme solcher Gebiete in den Streuplan zusätzliche Umsatzreserven mobilisieren lassen. Ob aber in bislang nicht beworbenen Gebieten, aus denen dem Handelsbetrieb keine oder nur geringe Umsätze zufließen, tragfähige Marktreserven stecken, läßt sich nur erahnen. Diese Informationslücke könnte man dadurch schließen, daß man einige Zeit vor Durchführung der Kundenbefragung das Streugebiet vergrößert. Dieser Weg ist allerdings mit einem erheblichen zusätzlichen Aufwand verbunden.

Inwieweit sich das ermittelte Optimierungspotential im Streuplan auch tatsächlich realisieren läßt, hängt nicht zuletzt auch von der Bereitschaft der Medien zur Änderung von Streugebieten bzw. Belegungseinheiten ab. In der Praxis stößt man hier oft auf Probleme, wenn über Jahre bestehende Strukturen geändert werden sollen. Allerdings besteht auf seiten der lokalen Medien und der Verteilerorganisationen, für die die Einzelhandelsbetriebe die wichtigsten Geschäftspartner darstellen, durchaus ein Interesse daran, die Umsetzung der Analyseergebnisse mitzutragen (Happel 1990, S. J15).

Für die Zusammenarbeit mit Verteilerorganisationen ist es außerdem von Bedeutung, kontrollieren zu können, ob die für die Streugebiete ausgewiesenen Auflagenzahlen überhöht sind oder nicht. Aufgrund der Kleinräumigkeit mikrogeographischer Parzellen läßt sich relativ präzise feststellen, inwieweit die angegebenen Auflagen den Haushaltszahlen in den Verteilgebieten entsprechen.

6 SCHLUSSBEMERKUNG

Dieser Beitrag konnte nur einen groben Überblick über die vielfältigen Einsatzmöglichkeiten mikrogeographischer Informationssysteme im Rahmen des Einzelhandels-Marketing vermitteln. Es dürfte aber deutlich geworden sein, daß je nach Aufgabenstellung und den beim Anwender gegebenen Voraussetzungen eine Vielzahl unterschiedlicher Analysetechniken in Frage kommen, die auf mikrogeographische Daten zurückgreifen. Der eigentliche Wert der mikrogeographischen Datenbasis erschließt sich dabei in der Regel erst durch eine problemadäquate Verknüpfung mit weiteren Informationen. Insofern hängen Anwendungserfolge keineswegs nur von formalen Aspekten wie der Zuverlässigkeit und der Aktualität der Daten ab, sondern auch vom Know-how bei der Nutzung dieses noch relativ neuartigen Instruments.

LITERATUR

Barth, K.: Betriebswirtschaftslehre des Handels, 2. Aufl., Wiesbaden 1993.

Berekoven, L.: Erfolgreiches Einzelhandelsmarketing, München 1990.

Böhler, H.: Methoden und Modelle der Marktsegmentierung, Stuttgart 1977.

Boßhammer, U.: Der Kompaß weist den Weg. In: LZ-Journal Nr. 12 vom 20.3.1992, S. J4-J6.

Breheny, M.J.: Practical Methods of Retail Location Analysis. In: Wrigley, N. (Hrsg.): Store Choice, Store Location and Market Analysis, London/New York 1990, S. 39-86.

Dallmer, H.: Direct-Marketing. In: Bruhn, M. (Hrsg.): Handbuch des Marketing, München 1989, S. 535-562.

Dietrich, R.: New Techniques for Targeting Customers. In: Supermarket Business, 45 (1990), No. 3, S. 21-68.

Engels, F.: Die großen Städte. In: Herlyn, U. (Hrsg.): Stadt- und Sozialstruktur, München 1974, S. 91-106.

Espejo, E.: Mikrogeographische Zielgruppenoptimierung mit französischen „savoir-faire". In: Direkt Marketing, 28 (1993), Nr. 7, S. 14-16.

Fijalkowski, J.: Ethnische Heterogenität und soziale Absonderung in deutschen Städten, Berlin 1988.

Flowerdew, R.; Goldstein, W.: Geodemographics in Practice: Developments in North America. In: Environment and Planning, 21 (1989), No. 5, S. 605-616.

Freter, H.: Marktsegmentierung, Stuttgart/Berlin/Köln/Mainz 1983.

Friedrichs, J.: Zwei Anwendungsbeispiele sozialwissenschaftlicher Forschung in der Stadtplanung: Alterssegregation und Integration von Ausländern. Schriftliche Fassung eines Vortrags, gehalten am 29.10.1981 im 33. Referendarlehrgang des Instituts für Städtebau Berlin, Berlin 1981.

Froböse, M.: Mikrogeographische Segmentierung von Einzelhandelsmärkten, Wiesbaden 1995.

Ghosh, A.; McLafferty, S.L.: Location Strategies for Retail and Service Firms, Lexington, Mass./Toronto 1987.

Häufele, R.: Absonderung – Prozesse sozialer und residentieller Segregation in zivilisationstheoretischer Perspektive, Regensburg 1989.

Hanssmann, F.; Ruhland, J.: Geographische Marktsegmentierungen für das DATA-BASE-Marketing. In: Zeitschrift für Planung, 2 (1991), Heft 1, S. 3-16.

Hanssmann, F.; Ruhland, J.: Anwendungen der geographischen Marktsegmentierungen im DATA-BASE-Marketing. In: Zeitschrift für Planung, 2 (1991), Heft 2, S. 105-118.

Hansen, U.: Absatz- und Beschaffungsmarketing des Einzelhandels, 2. Aufl., Göttingen 1990.

Happel, H.: Damit die Werbung ankommt. In: LZ-Journal Nr. 43 vom 26.10.1990, S. J12-J15.

Herlyn, U.: Die soziale Segregation und ihre Folgen. In: Wildenmann, R. (Hrsg.): Stadt, Kultur, Natur, Baden-Baden 1989, S. 476-487.

Hörschgen, H.; Froböse, M.: Beiträge zum regionalen Marketing, Arbeitspapier Nr. 26 des Instituts für Betriebswirtschaftslehre der Universität Hohenheim, Stuttgart 1991.

Infas (Hrsg.): Mikrogeographische Analyse und Bearbeitung des Marktes, Bonn-Bad Godesberg 1990.

Johnson, M.: The Application of Geodemographics to Retailing – Meeting the Needs of the Catchment. In: Journal of the Market Research Society, 31 (1989), No. 1, S. 7-36.

Kube, C.: Erfolgsfaktoren in Filialsystemen, Wiesbaden 1991.

Langkau-Herrmann, M.: Konzentration von Arbeitern und Ausländern in Großstadtinnenstädten am Beispiel der Stadt Köln – Ansatzpunkte für Maßnahmen zur Vermeidung einseitiger Bewohnerstrukturen, Opladen 1982.

Liebmann, H.-P.; Schnedlitz, P.: Standortpolitik und strategische Marktforschung im Handel. In: Trommsdorff, V. (Hrsg.): Handelsforschung 1988, Heidelberg 1988, S. 81-98.

Martin, M.: Mikrogeographische Marktsegmentierung, Wiesbaden 1992.

Meffert, H.: Perspektiven des Marketing im Spannungsfeld zwischen Standardisierung und Differenzierung. In: Markenartikel, 48 (1986), Heft 10, S. 442-451.

Meyer, A.: Computergestützte Marktsegmentierung – Das Beispiel mikrogeographische Marktsegmentierung. In: Hermanns, A./Flegel, V. (Hrsg.): Handbuch des Electronic Marketing, München 1992, S. 339-356.

Nieschlag, R.; Dichtl, E.; Hörschgen, H.: Marketing, 17. Aufl., Berlin 1994.

Oehme, W.: Handels-Marketing, 2. Aufl., München 1992.

Overtheil, W.: Standardisierung versus Differenzierung in Filialsystemen des Einzelhandels, Frankfurt a.M./Bern 1983.

Tietz, B.: Die Handelsstruktur. In: Herrmanns, A.; Schmitt, W.; Wißmeier, U.K. (Hrsg.): Handbuch Mode-Marketing, Frankfurt a.M. 1991, S. 209-244.

Tonks, D. G.: Pinning Down Geodemographics. In: Marketing Intelligence & Planning, 8 (1990), No. 2, S. 4-10.

Vascovics, L.: Soziale Folgen der Segregation alter Menschen in der Stadt. In: Bertels, L.; Herlyn, U. (Hrsg.): Lebenslauf und Raumerfahrung, Opladen 1990, S. 59-79.

Virnich, G.: Einkaufen in der Zukunft. In: absatzwirtschaft, 36 (1993), Heft 10, S. 52-55.

Weppler, K.: Unterstützung der Mediaselektion durch mikrogeographische Marktsegmentierung. In: Dallmer, H. (Hrsg.): Handbuch Direct Marketing, 6. Aufl., Wiesbaden 1991, S. 479-494.

Wimmer, F.: Mangelnde Einkaufseffizienz einkommensschwacher Verbraucher - eine empirische Überprüfung und inhaltliche Erweiterung der These „Die Armen zahlen mehr" für die BRD. In: Zeitschrift für Verbraucherpolitik/Journal of Consumer Policy, 5 (1981), S. 64-87.

Wiswede, G.: Marktsoziologie. In: Irle, M. (Hrsg.): Marktpsychologie als Sozialwissenschaft, Göttingen/Toronto/Zürich 1983, S. 151-224.

Innovationen im Handel durch Informationsmanagement

Marktdynamische Informationsvorsprünge

Joachim Böhler, Frankfurt am Main

Die sprichwörtliche Dynamik der Betriebsformen ist Ausdruck des Wettbewerber-Verhaltens. Zu diesem für die erfolgreiche Positionierung eines Ladenkonzepts wichtigen Feld existieren im Markt Informationen. Sie liegen meist in diffuser Form vor und sind für sich betrachtet wenig aussagefähig. Es fehlt ein Rahmen, anhand dessen vorhandene Informationen über verhaltensrelevante Eigenschaften der Wettbewerber systematisch gesammelt und durch gezielt zu beschaffende Wettbewerbsinformationen ergänzt werden können, so daß ein strukturiertes Bild der Branche und ihrer Entwicklungstendenzen entsteht. Ein solcher Rahmen wird skizziert. Er ist offen für die Integration von Variablen der Erfolgsfaktorenforschung, die auf Basis struktur-, wachstums- und wettbewerbstheoretischer Ansätze in Verhaltens- und Strukturentwicklungshypothesen überführt werden können.

1 BESTANDSAUFNAHME

Informationsmanagement im Handel kann sich nicht auf innerbetriebliche Daten beschränken. Gerade die starke Marktdynamik, die Charakteristikum vieler Einzelhandelsbranchen ist, macht die Sammlung und Strukturierung von Wettbewerberinformationen essentiell für den Unternehmenserfolg.

Die Positionierung des Handelsbetriebs ist eine strategische Investitionsentscheidung. Es genügt nicht, sie auf die Basis von Informationen zum aktuellen Branchenbild zu stellen. Marktdynamik bedeutet, daß die Wettbewerber in Maßnahmen der Neu- und Umpositionierung ihrer Handelsbetriebe aktiv sind. Indikatoren zukünftigen Wettbewerber-Verhaltens sind gefragt. Wer Brancheninformationen anhand von Hypothesen zum Wettbewerber-Verhalten strukturiert und sich so ein fundiertes Bild über über Tendenzen der Branchenentwicklung verschafft, erarbeitet sich mit diesem Informationsvorsprung einen wichtigen Wettbewerbsvorteil.

Welche Ansatzpunkte zur Strukturierung von Informationen der Wettbewerbsdynamik bietet die Handelsbetriebslehre? Die deskriptiven Theorien des *wheel of retailing* bzw. der *Dynamik der Betriebsformen* werden zwar nach wie vor international diskutiert (vgl.

Brown 1990). Sie erklären aber nur einen Ausschnitt relevanter Faktoren (vgl. Marzen 1986; Köhler 1990). Auch hiervon inspirierte Ansätze liefern keine hinreichenden Indikatoren zum Wettbewerber-Verhalten. Wenn sie nicht ebenfalls variablenarm sind, argumentieren sie auf zu hohem Aggregationsniveau und damit für eine Anwendung im handelsbetrieblichen Informationsmanagement zu abstrakt (Böhler 1993, S. 34-35). Im Rahmen der *Erfolgsfaktorenforschung* entstanden inzwischen zahlreiche Studien zu einzelnen Betriebsformen bzw. Branchen des Einzelhandels (vgl. zusammenfassend Schröder 1994). Obwohl die Erfolgsfaktorenforschung statischen Charakter besitzt, können die herausgearbeiteten Faktoren, wenn sie in einen Rahmen theoriegeleiteter Hypothesen gestellt werden, als Indikatoren für die Branchenentwicklung herangezogen werden (Abschnitt 3.2 und 4).

Die Wettbewerbspolitik beschäftigt sich intensiv mit dem Wettbewerb in Handelsbranchen. Die Monopolkommission verfaßte bereits zwei Sondergutachten zum Wettbewerb im Einzelhandel (vgl. Monopolkommission 1985; 1994), und die aktuelle fünfte Novellierung des Gesetzes gegen Wettbewerbsbeschränkungen ist stark von dem Eindruck zunehmender Konzentration im Einzelhandel geprägt. Im Brennpunkt wettbewerbspolitischer Interessen steht die Erreichung marktbeherrschender Stellungen durch Fusion und damit nicht primär die Betriebsformenentwicklung, sondern die Dynamik der Besitzverhältnisse marktrelevanter Betriebsformenportefeuilles der Konzerne. Aus Sicht des Handelsmanagements sind wettbewerbspolitische Maßnahmen Restriktionen der Positionierungsentscheidung. In manchen Fällen, z.B. der Baunutzungsverordnung, kommt es zur Protektion bestehender Handelsbetriebe. Insofern wirken handelsrelevante Gesetze in der Praxis strukturkonservierend.

Die Wettbewerbstheorie ist Basis der Wettbewerbspolitik. Warum sollte sich nicht auch das betriebliche Management dieses Instruments bedienen? Die Wettbewerbstheorie bietet einen Fundus an Hypothesen zum Verhalten der Wettbewerber in Abhängigkeit von der Struktur des Marktes, auf dem sie agieren. Die in den letzten zehn Jahren stattfindende Rezeption der Arbeiten Porters (vgl. Porter 1983; 1989) zeigt, daß ein Bedarf für die Strukturierung der allgegenwärtigen, diffusen Wettbewerbsinformationen existiert.

Aber zu Recht wird Porters Analyserahmen als zu allgemein und damit bei konkreten Entscheidungsproblemen wenig brauchbar kritisiert (z.B. Kreikebaum 1989, S. 66). Die theoretische Basis des Porter-Ansatzes, die Industrieökonomik, wäre in ihrer Leistungsfähigkeit falsch eingeschätzt, wollte man sie auf Porters Wettbewerbsstrategien reduzieren. Sie ist, von den neoösterreichischen Ansätzen (vgl. v. Lingen 1993) abgesehen, die nicht über ein vergleichbar zusammenhängendes Hypothesengebäude verfügen, die derzeit einzige dynamisch orientierte Wettbewerbstheorie. Kritikern, vorwiegend aus Richtung des konkurrierenden Chicago-Ansatzes (vgl. Schmidt/Rittaler 1989), die den Markttests des industrieökonomischen *structure-conduct-performance-approachs* atheoretischen Empirismus vorwerfen, sei entgegengehalten, daß gerade die Industrieökonomik in den letzten zwei Jahrzehnten eine erhebliche Verbreiterung ihrer theoretischen Basis erhalten hat. Integriert wurden besonders die Spieltheorie (vgl. Tirole 1988) und institutionenökonomische Ansätze (vgl. Schmalensee/Willig 1989; zur betriebswirtschaftlichen Bedeutung Gümbel/Woratschek 1995).

Die moderne Industrieökonomik ist ein Ansatz, in dem die Betriebsformendynamik (*performance*) als Resultat des Wettbewerberverhaltens (*conduct*) und dieses als Folge der Struktur der analysierten Handelsbranche (*structure*) abgebildet werden kann. Letztere ist Ausdruck des Standes der Betriebsformenentwicklung, wodurch sich der Kreis schließt. Der folgende Ansatz zur Strukturierung von Information als Indikator der Marktdynamik im Handel nutzt das industrieökonomische Theoriegebäude. Zusätzlich erfolgt eine Betrachtung unter der Perspektive einer weiteren volkswirtschaftlichen Theorie, die zur Industrieökonomik komplementär ist: Die Theorie des Strukturwandels ist ebenfalls auf mesoökonomischem (Branchen-)Aggregeationsniveau angesiedelt. Bereits der Name der Theorie verdeutlicht deren dynamischen Charakter. Dem dynamischen Aspekt der Betrachtung wird außerdem durch eine wachstumstheoretische Analyse der Handelsbetriebe Rechnung getragen.

2 STRUKTURTHEORETISCHE BETRACHTUNG: GRUNDLAGEN DER BETRIEBSFORMENDYNAMIK

Referenzpunkt der Theorie des Strukturwandels ist die Fiktion einer Volkswirtschaft, in der Wachstum herrscht, ohne daß sich die Gewichte einzelner Branchen im Gefüge verändern. Dieses Kunstgebilde wird steady state-Wirtschaft genannt (Meißner/Fassing 1989, S. 60). Eine solche Wirtschaft könnte nur existieren, wenn alle Wachstumsdeterminanten die gleiche Wachstumsrate aufweisen. Die Strukturtheorie differenziert Determinanten wirtschaftlichen Wachstums in den drei Dimensionen *Nachfrage, Angebot* und *Rahmen* (Böhler 1993, S. 42-52).

Die *Nachfrage* nach den Ware-Handelsleistung-Kombinationen der Betriebsformen und der einzelnen Betriebsformen zugehörigen Handelsbetriebe einer Branche ist abhängig vom disponiblen Einkommen der Kunden und deren Präferenzen. Die Einkommensverwendung der Nachfrager unterliegt ständigem Strukturwandel, und zwar nicht allein aufgrund von Wertewandelserscheinungen und Änderungen relativer Güterpreise oder -qualitäten: Die Ausgabenanteile einzelner Einkommensverwendungsarten verschieben sich im Wachstum, so daß die gesamtwirtschaftliche Wachstumsrate keinen validen Indikator des Branchen- oder gar des Unternehmenswachstums darstellen kann. Die branchenwachstumsinduzierte Dynamik der Investitionen in Kapazitätserweiterungen und Umpositionierungen von Handelskonzeptionen wird in Abschnitt 3.1 untersucht.

Hauptdeterminanten des *Angebots* sind die Produktionsfaktoren. Verändern sich deren relative Produktivitäten, ist Faktorsubstitution die Folge, um ein effizientes Angebot aufrechtzuerhalten.

Die in der Vergangenheit bedeutsamste Veränderung der relativen Faktorpreise, die Verteuerung des Faktors Arbeit, führte z.B. zur Einführung des SB-Prinzips in zahlreichen Branchen des Einzelhandels. Auslöser wichtiger Aspekte dynamischer Handelsentwicklung ist auch der technische Fortschritt. Zu nennen sind z.B. die das SB-Prinzip erst ermöglichenden Verpackungstechnologien und besonders die mit Informationstechnologien verbundenen Möglichkeiten der Betriebsformenprofilierung vom Scanning über den Anschluß an electronic cash bis hin zur 'virtuellen Betriebsform' des Versandhauses mit CD-ROM-Katalog und den Pilotprojekten interaktiven Shoppings.

Verschiedene Betriebsformen des Handels stellen unterschiedlich weitreichende Angebote der Transaktionskostenübernahme an die Konsumenten dar. Fachmarkt-Discounter der Unterhaltungselektronikbranche sind z.B. Ausdruck einer hohen Bereitschaft der Kunden, Transaktionskosten der Gewinnung von Information über warenrelevante Eigenschaften und Transaktionskosten des Warentransports durch eigene Initiative zu übernehmen, wie sie bei Inanspruchnahme der Handelsleistung eines Fachgeschäfts nicht erforderlich ist. Handelsbetriebsformen können als Transaktionskosten-Technologien bezeichnet werden (Gümbel 1985, S. 150). Es herrscht Wettbewerb zwischen den alternativen Transaktions-Technologien, den Betriebsformen, sowie Wettbewerb höherer Intensität unter Handelsbetrieben, die Variationen einer Transaktions-Technologie sind, z.B. unter verschiedenen Supermärkten. Dieser Wettbewerb dreht sich einerseits nachfrageorientiert um die aktuell beste Problemlösungskraft für den Konsumenten, andererseits um die effiziente Erstellung der betriebsindividuellen Handelsleistung. Diese ist Ausdruck einer solchen Technologie. Sie wird durch eine spezifische Kombination der Produktionsfaktoren erstellt (Woratschek 1992, S. 26-29).

Veränderungen der Faktoreffizienz führen demnach ebenso zu Struktur- und Wettbewerbsturbulenzen wie die Erschließung neuer Problemlösungspotentiale durch veränderte Transaktions-Technologien. Die Identifikation zentraler Indikatoren intensiven Wettbewerbs ist Gegenstand des Abschnitts 3.2.

Rahmendeterminanten bilden die dritte Hauptdimension der Strukturtheorie. Hierunter werden Faktoren subsumiert, die zumindest kurzfristig nicht von den Marktpartnern beeinflußbar sind. Neben soziodemographischen Daten fallen hierunter vor allem gesetzliche Regelungen. Für die Marktentwicklungsmöglichkeiten im Handel sind hier z.B. das GWB, das Gesetz gegen unlauteren Wettbewerb, die Preisauszeichnungsverordnung oder die bereits erwähnte Baunutzungsverordnung relevant (vgl. Tietz 1993).

Die Fiktion dauerhaften strukturellen Gleichgewichts kann, wie erwähnt, nur Realität werden, wenn sämtliche Faktoren in ihrer Relation konstant bleiben. Bereits das signifikante Ausscheren eines der Faktoren führt zur Branchendynamik. Zahlreiche der skizzierten Faktoren besitzen Rückwirkungen auf andere, was den Prozeß der Branchendynamik durch entsprechende Reaktionen und dadurch ausgelöste Folgereaktionen verstärkt. Branchenstrukturen ist die Dynamik immanent. Die strukturtheoretische Betrachtung zeigt die Notwendigkeit permanenter Informationsauswertung von Branchendaten und gibt erste Hinweise auf die relevanten Dimensionen des Branchen-Informationsmanagement. Was sie nicht liefert, sind Hypothesen über die Zusammenhänge der Determinanten.

3 HAUPTDETERMINANTEN DER MARKTDYNAMIK

Die Strukturdeterminanten Nachfrage und Angebot sind durch handelsbetriebliche Positionierungsentscheidungen gestaltbar. Die Tendenz zur dynamischen Branchenentwicklung ist abhängig von den Anreizen, innovatorisch tätig zu sein, und von den händlerischen Antworten darauf. Für die als zentral herausgearbeiteten Faktoren Wachstum und Wettbewerb erfolgt nun ein Versuch, Anreize und korrespondierende Verhaltensweisen auf Basis geeigneter Theorieansätze herauszuarbeiten und somit für das handelsbetriebliche Informationsmanagement als Indikatoren der Marktdynamik nutzbar zu machen.

3.1 Wachstum, Investition, Marktanteil

Nachfragewachstum bedeutet für Anbieter mit ausgelasteten Kapazitäten die Notwendigkeit, in Kapazitätserweiterungen zu investieren.

Die Angebotskapazität eines Handelsbetriebs in einer Periode setzt sich zusammen aus der Angebotskapazität, die bereits in der Vorperiode bestand, plus dem durch Investition zusätzlich geschaffenen Angebot. Wie groß dieses ist, bestimmt sich aus wachstumstheoretischer Sicht (Krelle 1988, S. 63-34) durch das Investitionsvolumen und den bei der Planung zugrundegelegten Kapitalkoeffizienten bzw. dessen Kehrwert, der Kapitalproduktivität.

Die Höhe der Investition bemißt sich damit entscheidend nach dem erwarteten Umsatz (Albach 1965, S. 54 ff.). Dieser wiederum ist abhängig von dem für den entsprechenden Konsumbereich disponierten Einkommen der Zielgruppe und deren Neigung, bei dem betrachteten Handelsbetrieb zu kaufen.

Wahrscheinlich wird ein Händler bei der Planung seiner durch das Nachfragewachstum notwendig werdenden Zusatzkapazitäten nicht genau die Nachfrage antizipieren, die sich in seinem Handelsbetrieb in der Folgeperiode einstellt. Wird sein Konzept von den Kunden als attraktiver wahrgenommen, als es der Händler erwartete, herrscht in dem Handelsbetrieb Überauslastung. Es kann zu Wartezeiten der Kunden bei Beratung und an der Kasse, zur Beeinträchtigung der Ladenatmosphäre durch unangenehmes Gedränge oder auch zu Fehlverkäufen kommen. Hierdurch sinkt die Attraktivität des Ladens, und es besteht die Gefahr, daß sich Kunden Handelsbetrieben der Wettbewerber zuwenden. Um dem vorzubeugen, muß der Händler, der den momentanen Wettbewerbsvorteil besonderer Kundennähe besitzt, rechtzeitig weiter in den Ausbau des Handelsbetriebs investieren.

Bei stark unterschiedlicher relativer Attraktivität von Erweiterungsinvestitionen der Branchenanbieter kommt es zu dynamischen Marktanteilsentwicklungen: Da attraktive Angebote bei starkem Nachfragewachstum eine überdurchschnittlich hohe Nachfrage an sich ziehen, sind die neugeschaffenen Kapazitäten immer wieder bald überausgelastet bzw. ziehen in schneller Folge Erweiterungsinvestitionen nach sich. Unternehmen, deren Angebote die Konsumenten als relativ unattraktiv bewerten, besitzen dagegen unterausgelastete Kapazitäten. Sie besitzen so lange keinen Anreiz zu erneuter Investition, wie die Unterauslastung besteht. Hinzu kommt, daß sie durch den mit der Unterauslastung verbundenen mangelnden cash-flow schwerer in der Lage sind, erneut zu investieren und so vielleicht die nicht kundennahe Position zu korrigieren, als es die ohnehin attraktiver positionierten Wettbewerber sind. Erfolg ruft demnach im Wachstum tendenziell weiteren Erfolg hervor, Mißerfolg weitere Marktanteilsverluste.

Folgende Zusammenhänge der Variablen der Marktanteilsentwicklung von Handelsbetrieben lassen sich zusammenfassend darstellen:

- Je höher das Nachfragewachstum der Branche, um so stärker ist unter dem Aspekt der Sicherung des Marktanteils der Zwang eines Handelsbetriebs der Branche zur Erweiterungsinvestition.

- Je niedriger die Attraktivität der Neuinvestition in Relation zur Konkurrenz ist, um so geringer ist die Auslastung eigener Neukapazitäten und damit das eigene relative Nachfragewachstum.

- Je höher die kundennahen Investitionsvolumina der Wettbewerber, desto geringer ist das eigene Nachfragewachstum.

- Je höher die Kapitalproduktivität der Wettbewerber, desto weniger Kapital ist für die Errichtung von deren Erweiterungskapazitäten notwendig, und je höher die Erweiterungskapazitäten der Wettbewerber, desto niedriger ist das eigene Nachfragewachstum.

Die inhaltliche Gestaltung der mit den Investitionen verbundenen Neukapazitäten kann vielfältig sein. Sie ist durch die reine Wachstumsanalyse, die black box-Charakter besitzt, nicht prognostizierbar. Die Investitionen können nicht-innovative Neukapazitäten wie z.B. neueröffnete Filialen schaffen. Es könnten aber auch neue Erkenntnisse des Handelsmanagements, z.B. zur erlebnisorientierten Ladengestaltung (vgl. Gröppel 1991) oder zur Schaffung von Preisvorteilen durch eine effizientere Faktorkombination, genutzt werden. Der Handelsbetrieb wird dann durch die Investition nicht nur in seiner Angebotskapazität erweitert, sondern gleichzeitig qualitativ umpositioniert. Falls die Innovation von den Nachfragern wahrgenommen und als Verbesserung der Kundennähe angesehen wird, steigen die Attraktivität des Handelsbetriebs und die Unternehmenswachstumsrate. Umgekehrt ist es, gerade in Zeiten sehr großen Nachfragewachstums, möglich, daß bei unter Zeitdruck hastig durchgeführten Kapazitätserweiterungen der subjektive Eindruck, den sich Konsumenten von einem erweiterten Handelsbetrieb bilden, schlechter wird. Falls Wettbewerber kundennähere Alternativen bieten, bleiben solche Kapazitäten unterausgelastet.

3.2 Marktdynamik und Wettbewerberverhalten

Bei der Betrachtung einzelwirtschaftlicher Wachstumsprozesse wird deutlich, daß Branchensituationen hoher Wachstumserwartungen dynamischen Wettbewerb bedingen. Die Investition ist die zentrale Größe des Wettbewerbs im Wachstum. Sie ist verantwortlich für den Prozeß, der als Dynamik der Betriebsformen bezeichnet wird. Damit wird deutlich, daß die traditionelle Wettbewerbssicht, die vor allem auf den Preiswettbewerb fixiert ist, für die Analyse von Branchendynamik nicht hinreichend ist.

Als investitionsbestimmende Größen wurden primär die individuellen Wachstumserwartungen und die möglichst kundennahen Antworten der Handelsbetriebe darauf, deren Akzeptanz sich in ihrer Attraktion konkretisiert, herausgearbeitet.

Die Analyse händlerischer Wachstumsprozesse macht deutlich, daß erfolgreiche Händler im Wettbewerbsprozeß Faktoren erarbeiten, die Ungleichheiten in den Alternativenräumen der anbietenden Handelsbetriebe zur Folge haben. Diese Wettbewerbsvorteile wachstumsstarker Handelsunternehmungen erschweren nicht nur den weniger erfolgreichen Händlern der Branche die Rückgewinnung von Marktanteilen. Sie können auch starke Unternehmen behindern, deren bisheriges Tätigkeitsfeld auf anderen Märkten bestand und die planen, in die attraktive Wachstumsbranche zu diversifizieren. Solche Größen werden in der industrieökonomischen Forschung als Mobilitätsbarrieren bezeichnet (vgl. Caves/Porter 1977; Homburg/Sütterlin 1992).

Mobilitätsbarrieren resultieren aus unternehmerischem Erfolg im Wettbewerbsprozeß. Sie können als Erlösvorteile in Interaktion mit den Nachfragern entstehen, z.B. wenn das Image bzw. die USP eines Händlers nicht von den Wettbewerbern imitiert werden kann. Auch unternehmensstrukturell bedingte Kostenvorteile sind Mobilitätsbarrieren, ebenso antizipierte sunk costs des Wiederaustritts aus der Branche und administrative Regelungen, die den Marktzugang innovativer Handelskonzepte erschweren bzw. verhindern. Die letzte Gruppe der Barrieren ist im Unterschied zu den vorgenannten nicht durch überlegene Marktleistung bedingt.

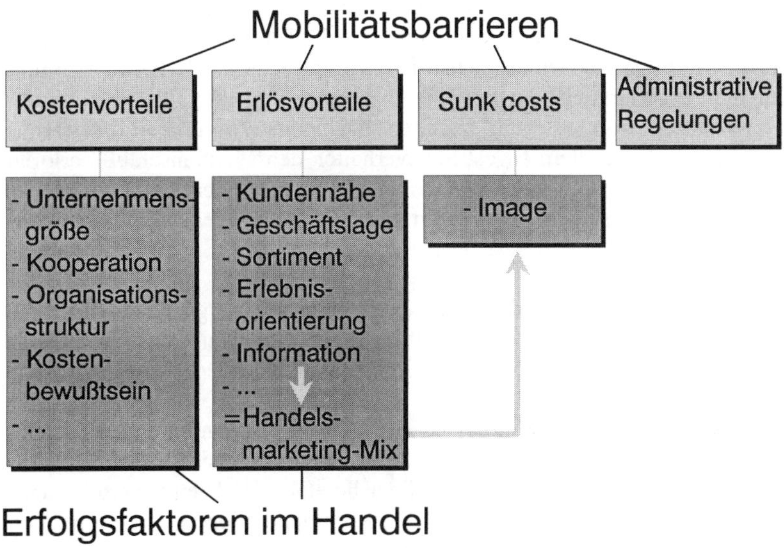

Abbildung 1: Mobilitätsbarrieren und Erfolgsfaktoren

Einige der Größen bzw. deren industrieökonomisch diskutierte Subdeterminanten sind zugleich als Erfolgsfaktoren in der gleichnamigen Forschungsrichtung bekannt (vgl. Buzzell/Gale 1989; Schröder 1994). Diese Übereinstimmung verwundert nicht, wenn man bedenkt, daß sowohl die Erfolgsfaktoren- als auch die Mobilitätsbarrierenforschung in der Industrieökonomik theorieverwurzelt sind. Während die Suche nach Erfolgsfaktoren einzelwirtschaftlich orientiert ist und sich oft nicht an Branchengrenzen orientiert, steht in der Mobilitätsbarrierenforschung die theoretische Auswirkung der Variablen auf die Funktionsfähigkeit des Branchenwettbewerbs im Vordergrund. Beiden ist die empirische Ermittlung der relevanten Größen gemeinsam. Aufgrund der großen Zahl der in den jeweiligen Literaturkreisen im Detail diskutierten Größen muß jede Aufstellung von Erfolgsfaktoren und Mobilitätsbarrieren zwangsläufig unvollständig bleiben. Bei einigen Faktoren ist sowohl Kosten- als auch Erlöswirksamkeit gegeben, so daß die Zuordnung nur tendenziell erfolgen kann. In *Abbildung 1* ist eine Systematik mit exemplarischem Charakter zusammengestellt.

Die Wahrnehmung von Mobilitätsbarrieren in einem Markt wirkt auf das Verhalten dort präsenter Handelsbetriebe, aber auch auf Händler, die den Marktzutritt erwägen. Nehmen sie niedrige Mobilitätsbarrieren wahr, empfinden sie keine gravierende Einschränkung ihres Alternativenraums durch unternehmensexogene Faktoren. Hohe Mobilitätsbarrieren schränken den Kreis der für die Marktentwicklung bedeutsamen Wettbewerber ein, weil die Wettbewerbsvorteile der dominanten Branchenanbieter auf andere restriktiv wirken. Insofern bremsen sie die Wettbewerbsdynamik.

In der Phase nach dem Aufbau hoher Mobilitätsbarrieren herrscht trotzdem eine turbulente Marktentwicklung. Die erfolgreichsten Händler wachsen weiter. Dieses Wachstum findet in zwei Dimensionen statt. Die Analyse des Kapitels 3.1 beschreibt *internes Wachstum* der Händler, die hohe Attraktionskoeffizienten besitzen: Ihre Ladenkonzepte treffen auf eine hohe Nachfrage, die ständiges Kapazitätswachstum erzwingt. *Externes Wachstum* kommt hinzu, wenn von Wettbewerbern Handelsbetriebe übernommen werden, die einen attraktiven Markenwert besitzen, aber aufgrund falscher Wachstumserwartungen und daraus resultierendem nicht marktgerechtem Investitionsverhalten den Marktanschluß verloren haben. Es kommt zur Bildung von Handelskonzernen, die über Betriebsformenportefeuilles verfügen, die aus angestammten, selbst diversifizierten und hinzugekauften Ladenkonzepten bestehen.

Nach Abschluß dieser turbulenten Marktphase beherrschen wenige große Anbieter die Branche. Die Marktdynamik erlahmt. Vor dem Übergang in diese wenig wettbewerbsintensive Phase dürfte z.B. der deutsche Lebensmitteleinzelhandel stehen.

Händler können das Verhalten ihrer Wettbewerber durch die Aussendung strategischer Signale beeinflussen. Etablierte Handelsbetriebe besitzen als Maßnahme des Verdrängungswettbewerbs die Option, potentielle und schwache etablierte Wettbewerber durch Informationen ihrer Überlegenheit, also durch die Kommunikation des erfolgreichen Aufbaus eigener Mobilitätsbarrieren, einzuschüchtern. Sie veranlassen die schwächere Konkurrenz so, von Investitionen in die Positionierung ihres Handelsbetriebs in der betrachteten Branche abzusehen. Die Industrieökonomik unterscheidet drei Arten strategischer Signale:

1) *Schaffung einer Reputation der Stärke und Aggressivität.* Unternehmen, die durch Markteintritt oder Umpositionierung die Gewinnerwartungswerte etablierter Handelsbetriebe gefährden, sind im Zug ihrer risikobehafteten Investitionsentscheidung besonders empfänglich für Signale, die Indikatoren für das Verhalten der etablierten Händler sind. Antizipieren diese ihrerseits die Gefahr durch neue bzw. umpositionierte Wettbewerber, können sie z.B. demonstrativ Maßnahmen des Verdrängungswettbewerbs ergreifen. Sie können beispielsweise Preissenkungen durchführen. Sie können auch, obwohl es der Markt nicht bzw. noch nicht erfordert, in eine stärker kundenorientierte Handelsleistung investieren und damit den Innovationszyklus der Ladenkonzepte beschleunigen. Weiterhin können sie die Investition in erhebliche Kapazitätserweiterungen signalisieren (vgl. Fudenberg/Tirole 1984). Aus der Perspektive der Wachstums-

analyse heißt das, die etablierten Händler signalisieren Investitionen in den Aufbau eines höheren Attraktionspotentials, indem sie die angestrebte Erhöhung ihres Angebotsvolumens und/oder der Attraktivität ihres Ladenkonzepts öffentlich kundtun. Durch solche aggressiven Aktionen signalisieren sie, daß sie zur Verteidigung ihrer Marktposition auch den Preis hoher Investitionen zu zahlen bereit sind. Spieltheoretische Ansätze zeigen, daß aggressives Verhalten der Etablierten sogar sinnvoll sein kann, wenn eine Kooperation mit dem neuen Wettbewerber die rationale Strategie in der Zwei-Parteien-Spielsituation wäre. Voraussetzung ist, daß bei Ergreifen der friedlicheren Kooperationsstrategie mit weiteren neuen Wettbewerbern gerechnet werden muß. Kurzfristigen Nachteilen der aggressiven Strategie steht dann die exemplarische Abschreckungswirkung des gezeigten Verhaltens gegenüber (vgl. Milgrom/Roberts 1982).

2) *Bindende Verpflichtungen* etablierter Anbieter signalisieren noch glaubwürdiger als aggressives Verhalten den Willen etablierter Händler zur Verteidigung der Marktposition. Charakteristikum bindender Verpflichtungen sind hochspezifische Investitionen, z.B. Investitionen in die Reputation des Markenartikels Handelsbetrieb durch die Aussendung von Signalen der Leistungsbegründung im kommunikationspolitischen Kontext (Kaas 1990, S. 541). Neue Wettbewerber sehen sich gezwungen, mitzuziehen und analog bei ihrer Markteintrittsentscheidung hohe Investitionen in ihre – noch zu erwerbende – Reputation einzukalkulieren. Industrieökonomen gehen von asymmetrischen Verhaltensannahmen aus: Den etablierten Händlern wird unterstellt, daß sie die mit der Werbeinvestition verbundenen irreversiblen Kosten als sunk costs nach getätigter Investition nicht mehr als entscheidungsrelevant ansehen. Folglich seien sie nicht Bestandteil der Preiskalkulation. Potentielle Wettbewerber dagegen, die sich noch in der Planungsphase befinden, bezögen die Werbeaufwendungen wie alle anderen noch nicht getätigten Investitionen voll in die Preiskalkulation ein. Auch wenn man nicht von diesen rigiden Verhaltensannahmen ausgeht, muß in dem Umstand, daß der Aufbau eines exzellenten Ladenimages Zeit erfordert, ein Nachteil für potentielle Wettbewerber gesehen werden.

3) *Setzen eines 'konkurrenzlosen' Preises.* Das sogenannte *limit pricing*, das älteste strategische Verhaltenskonzept der Industrieökonomik (vgl. Bain 1949), besteht im Kern darin, daß der bzw. die starken etablierten Anbieter Preise setzen, die gemäß der Kalkulation der Verfolger für diese nicht kostendeckend sind. Folglich, so das Konzept, treten die potentiellen Wettbewerber nicht in den Markt ein. In der Multiprodukt-Unternehmung Handelsbetrieb ist *limit pricing* eine ungleich kompliziertere Angelegenheit als in der theoretischen Einprodukt-Welt Bains. Im Handel ist kalkulatorischer Ausgleich im Sortiment bis hin zur *loss leader*-Preissetzung die Regel. Preissignale, die einzelne Warenpreise betreffen, werden nicht unbedingt als Signal besonderer Leistungsfähigkeit angesehen. Wichtiger ist hier die Schaffung eines Preiswürdigkeitsimages in der Wahrnehmung der Konsumenten, was z.B. durch Dauerniedrigpreise erreicht werden kann (vgl. Simon 1993).

Alle diese Signale können auch falsche Informationen zum Inhalt haben, die dazu dienen, zu bluffen. Offenkundig ist die Gefahr ruinösen Wettbewerbs, die entsteht, wenn die starken Anbieter strategische Signale senden, ohne diese untereinander abzusprechen. Bei kompetitivem Verhalten der werdenden Oligopolisten, dies sind die im Verdrängungswettbewerb bestehenden Händler, kann es außer zu dem theoretisch wie empirisch bekannten ruinösen Preiswettbewerb zu, durch die strategischen Signale verursachtem, ruinösem Investitionswettbewerb kommen. Wirtschaftsfriedliches Verhalten ist unter Oligopolisten in solchen Situationen ein Gebot des Selbsterhaltungstriebs. Entsprechend gering ist die Marktdynamik in fortgeschrittenen Phasen des Verdrängungswettbewerbs.

Die dargestellten industrieökonomischen Aussagen über Verhaltenszusammenhänge im Wettbewerbsprozeß können einen wichtigen Beitrag zur Strukturierung von Wettbewerbsinformationen aus Unternehmenssicht leisten, obwohl sie, wie angesprochen, aus betriebswirtschaftlicher Sicht einiger Ergänzungen bedürfen. Sie zeigen, daß die Marktdynamik verursachenden Aktionsverbundenheiten zwischen Wettbewerbern hauptsächlich auf der Wahrnehmung von Signalen beruhen, die die Wettbewerber untereinander mit dem Ziel gegenseitiger Verhaltensbeeinflussung aussenden. Die bessere Decodierung dieser Signale, das detailliertere, strukturiertere Branchenbild, kann ein Wettbewerbsvorteil sein.

4 INTEGRATION MARKTDYNAMISCHER INFORMATIONEN

Zur Decodierung von Wettbewerberaktionen und deren Konsequenzen für die Branchenentwicklung bedarf es der Zusammenführung der Wachstums- und der Wettbewerbsanalyse. Zum Abschluß der Betrachtung wird auf Basis der diskutierten Ansätze zur Marktdynamik der Entwurf des Grundmusters eines strukturierten Informationspools vorgestellt.

Die zu skizzierenden Hauptdimensionen dynamischer Marktentwicklung werden in der Rangfolge ihrer Wichtigkeit als Komponenten der Marktdynamik dargestellt. Für jede Dimension werden exemplarisch Indikatoren vorgestellt, die deren Operationalisierung dienen können. Es wird verdeutlicht, daß je nach Ausprägung und Konstellation der Faktoren ganz unterschiedliche Marktentwicklungstendenzen wahrscheinlich sind.

4.1 Branchenwachstum als hinreichende Bedingung dynamischer Handelsentwicklung

Dem Wachstum der Branchennachfrage kommt die herausragende Rolle unter den Faktoren dynamischer Branchenentwicklung zu. Je größer die Nachfragewachstumsrate einer Branche ist, desto größer ist, wie in 3.1 verdeutlicht wurde, der Zwang zu Kapazitätserweiterungen. Attraktive Angebote können die Branchennachfrage weiter stimulieren. Für potentielle Wettbewerber ist der Eintritt in wachstumsstarke Branchen wegen hoher Renditeerwartungen attraktiv, falls nicht die etablierten Händler große Wettbewerbsvorteile besitzen (vgl. hierzu 4.3). Stagnation macht Innovationen unter Kapazitätsaspekten überflüssig, Anreiz und Notwendigkeit zu innovativen Positionierungen sind dann nicht gegeben.

Positives Branchenwachstum ist bereits für sich gesehen aufgrund des damit verbundenen Investitionszwangs eine hinreichende Bedingung dynamischer Handelsentwicklung. Allerdings kann alleine aus der Analyse dieses Faktors kein aussagefähiges Bild über das Verhalten der Händler und die daraus resultierende Gestaltung der anbietenden Handelsbetriebe im Zeitablauf gegeben werden. Hierzu müssen ergänzende Faktoren betrachtet werden (vgl. 4.2 und 4.3).

Als Indikator des Branchenwachstums ist die deflationierte Umsatzentwicklung der Branche aussagefähig. Sie ist auf dem Weg sekundärstatistischer Analyse zugänglich. Probleme bereitet das nicht befriedigend lösbare Problem der Branchenabgrenzung. Bei der Analyse von Branchen des Groß- und des Einzelhandels müssen Betriebsformen auf ihre Branchenumsätze hin beurteilt werden, deren Sortiment nicht mit in Statistiken zugrundegelegten Branchendefinitionen identisch ist.

4.2 Marktanteilsentwicklung als Indikator dynamischer Ladenkonzeptstrukturen

Die Wachstumsbetrachtung des Kapitels 3.1 zeigte, daß verschiedene Faktoren dazu führen, daß Branchenwachstum grundsätzlich von Verschiebungen der Marktanteile der anbietenden Händler begleitet wird. Bleiben die Marktanteile der Handelsbetriebe allerdings relativ konstant, kann auf eine zumindest temporäre Tendenz zu friedlicher Koexistenz ausgegangen werden. Diese Tendenz ist grundsätzlich labil, denn im Branchenwachstumsprozeß muß jeder Händler als Erwartungsgröße seine zukünftige Nachfrage abschätzen. Unzutreffende Erwartungen haben Fehlauslastungen zur Folge, die, wie in 3.1 entwickelt wurde, Marktanteilsverschiebungen hervorrufen.

Als Indikator ist neben einer einfachen Zeitreihenanalyse der Marktanteile z.B. die Veränderung der statistischen Parameter Varianz oder Range der Marktanteilsverteilung im Zeitvergleich aussagefähig. Je größer die Werte dieser Parameter sind, desto größer sind die Turbulenzen, mit denen im Prozeß der Marktentwicklung gerechnet werden muß, denn mit der Heterogenität der Unternehmensstrukturen steigt auch die Vielfalt möglicher und wahrscheinlicher Verhaltensweisen, die in der Branche anzutreffen ist. Um ein detaillierteres Bild über zu erwartende Turbulenzen zu erhalten, müssen solche Branchen auf das Potential aggressiven Verhaltens der dort agierenden Händler hin untersucht werden (vgl. 4.3). Bei der Operationalisierung ist auch hier das bereits unter 4.1 angesprochene händlerische Marktabgrenzungsproblem zentral.

4.3 Potentielle und offenbarte Aggressivität der Handelsunternehmen

4.3.1 Black box Marktanteil

Das Konstrukt Marktanteilsentwicklung ist Ausdruck händlerischer Positionierungsentscheidungen. Es besitzt black box-Charakter. Um Schlüsse auf das zukünftig wahrscheinliche Positionierungsverhalten der Händler ziehen zu können, muß diese black box aufgebrochen werden. Das geschieht mit Hilfe der im folgenden als Aggressivität der Handelsunternehmen bezeichneten Verhaltensgröße. Ihre Ausprägung bestimmt das Tempo der Wettbewerbsentwicklung, wie sie idealtypisch, aber ohne konkreten Zeitbezug in Marktphasenmodellen (handelsbezogen z.B. Berger 1977) beschrieben wird.

In der neueren Literatur wird aggressives Marktverhalten teilweise als Faktor ökonomischen Erfolges interpretiert (vgl. Lücking 1995). Für eine detaillierte Analyse der wettbewerberverhaltensbedingten Marktentwicklung ist es notwendig, eine Differenzierung in offenbartes aggressives Verhalten und unternehmensstrukturell bedingtes Gefahrenpotential für ein zu einem späteren Zeitpunkt zu erwartendes aggressives Positionierungsverhalten zu treffen. Indikatoren potentiell aggressiven Verhaltens sind die notwendigen unternehmensstrukturellen Bedingungen, unter denen sich offenbartes aggressives Verhalten entwickeln kann, aber nicht zwingend muß: Offenbartes aggressives Verhalten ist Ausdruck einer auf Konfliktbereitschaft und Verdrängungsabsicht gegründeten Wettbewerbsphilosophie.

4.3.2 Unternehmensstrukturelle Bedingungen potentieller Aggressivität

Aggressives Marktverhalten einzelner Händler kann nur dann für die Entwicklung der Handelsbetriebsstruktur einer Branche prägend sein, wenn damit hinreichende Wettbewerbsvorteile offen ausgespielt werden. Folglich bedarf es vor der Phase aggressiver Aktionen des Aufbaus unternehmensstruktureller Vorteile, die in der Lage sind, dem Handelsunternehmen im Verdrängungswettbewerb nicht nur den Bestand, sondern die Expansion zu gewährleisten.

Das Feld der Erfolgsfaktoren und Mobilitätsbarrieren, die als Indikatoren entsprechender Vorteile, z.B. im Rahmen einer Befragung von Experten oder Wettbewerbern, herangezogen werden können, ist, wie beschrieben, groß. Prinzipiell liegt es nahe, bei der Analyse der unternehmensstrukturell bedingten Gefahr potentieller Aggressivität einen möglichst umfassenden Katalog an Indikatoren aus der Erfolgsfaktorenliteratur zusammenzutragen. Allerdings besitzen in der Empirie ermittelte Erfolgsfaktoren oft situativen Charakter. Sie sind an bestimmte, meist statische, Bedingungen gebunden, die bei ihrer Analyse in der bzw. den betroffenen Branchen herrschten.

Anhand des einer branchenbezogenen Erfolgsfaktorenanalyse vorzuschaltenden Kriteriums der Homogenität der Branchennachfrage kann eine grobe Vorselektion der Fülle der als Indikatoren anwendbarer Erfolgsfaktoren erfolgen. Existieren stark differenzierte Nachfragerpräferenzen, sind Erfolgsfaktoren aus den Dimensionen der Kundennähe (vgl. Albers/Eggert 1988) und deren unternehmensstrukturelle Voraussetzungen von starker Relevanz. Für weitgehend standardisierte Massenmärkte besitzt dagegen das weite Feld der Größenvorteile einen besonderen Stellenwert. Niedrigpreisstrategien sind z.B. an die Existenz von Kostenvorteilen gebunden, Überinvestitionsstrategien und Kommunikationsstrategien zwecks Reputationsaufbau setzen entsprechende Finanzierungsmöglichkeiten voraus, ebenso der Eintritt in wachstumsstarke Branchen, deren etablierte Händler bereits Mobilitätsbarrieren errichten konnten. Das gerade in turbulenten Marktsituationen verstärkt bestehende Floprisiko von Ladenkonzepten ist für diversifizierte Handelskonzerne kaum existenzbedrohend. Mit einer Zangenstrategie (Woratschek 1992, S. 84-86, 188) kann die koordinierte Positionierung mehrerer Handelskonzepte innerhalb eines Betriebsformenportefeuilles die Verdängung selbst starker Wettbewerber bewirken, die nicht ihrerseits über Konzern-Vorteile verfügen.

Bei stark segmentierten Märkten sind diese Strukturfaktoren und Verhaltensweisen wenig erfolgversprechend, insbesondere, wenn die einzelnen Marktsegmente keine Umsatzvolumina erreichen, die Größenvorteile erschließen. Die Gefahr des Verdrängungswettbewerbs steigt erst, wenn Problemlösungen existieren, die für relevante Teile des Marktes attraktiv sind.

An einem Beispiel kann die übergeordnete Bedeutung der Nachfragehomogenität verdeutlicht werden: Mit der Entwicklung und Marktdiffusion standardisierter Problemlösungen im EDV-Bereich homogenisierte sich die zuvor sehr stark differenzierte Nachfrage nach PC-Hardware, Software und Handelsleistung. Binnen weniger Jahre änderte sich die Handelsstruktur von der Dominanz flexibler kleinbetrieblicher Anbieter hin zur Konzentration des Hauptgeschäfts auf wenige Großanbieter mit standardisiertem Angebot. Diese sind Bestandteile von Betriebsformenportefeuilles bereits in anderen Branchen dominierender Handelskonzerne, die in die wachstumsstarke Branche diversifizierten und sich durch Preisaggressivität und schnellen Kapazitätsaufbau ihre Marktstellung eroberten.

Die inhaltliche Unterschiedlichkeit der Indikatoren potentiell aggressiven Verhaltens macht eine eindimensionale Indexbildung unzweckmäßig. Sinnvoll dagegen ist die Abbildung im Rahmen eines Polaritätenprofils, in dem die Ausprägungen der einzelnen Indikatoren für die wichtigsten Wettbewerber als Kurvenzüge im Zusammenhang abgebildet und interpretiert werden können. Überwiegen bei wichtigen Wettbewerbern hohe Ausprägungen der Items, ist die Gefahr der Marktentwicklung hin zu offen ausbrechendem aggressivem Verdrängungswettbewerb groß.

4.3.3 Offenbartes aggressives Positionierungsverhalten

Als zentrale marktentwicklungsrelevante Formen aggressiven Verhaltens wurden Limitpreispolitik, demonstrativ eingegangene bindende Verpflichtungen und expansive Kapazitätspolitik herausgearbeitet.

Da zahlreiche Spielarten aggressiven Positionierungsverhaltens existieren, ist auch bei der Operationalisierung offenbarter Aggressivität der Aufbau eines Indikatorsystems erforderlich. Die *Limitpreissetzung* wird industrieökonomisch operationalisiert als Prozentsatz, um den der Güterpreis des stärksten Anbieters dessen minimale Durchschnittskosten übersteigen kann, ohne daß der stärkste potentielle Wettbewerber in den Markt eintritt (Bain 1968, S. 254). Gegen diesen Operationalisierungsansatz sprechen zwei gewichtige Gründe: Zum einen ist, wie in 3.2 entwickelt wurde, bedingt durch Mischkalkulation der einzelne Warenpreis nicht Ausdruck der Grenzkosten, zum zweiten ist aufgrund der Heterogenität der von profilierten Handelsbetrieben angebotenen Ware-Dienstleistungs-Kombinationen die Annahme einer einheitlichen Preisstellung nicht sachadäquat. Statt dessen könnte die Intensität des Preiswettbewerbs über den Anteil der durch Preiswerbung herausgestellten Artikel am Sortiment gemessen werden. Dieser Indikator wird allerdings durch Sonderverkäufe nicht nachfragegerecht disponierter Ware verfälscht, hinter denen nicht die ansonsten mit dem Signal eines marktdominant günstigen Preis-Leistungs-Verhältnisses verfolgten Verdrängungsabsichten stehen.

Als demonstrativ eingegangene *bindende Verpflichtungen* wurde insbesondere der Aufbau von Reputation herausgestellt. Er könnte, wenngleich nicht hinreichend, durch das Konstrukt Werbeintensität erfaßt werden, z.B. operationalisiert als Anteil des kommunikationspolitischen Budgets am Umsatz. Die so nicht integrierte Werbequalität könnte durch Imagemessungen bei den Nachfragern ergänzt werden.

Als Maßnahmen des Verdrängungswettbewerbs, die ergriffen werden, um sich bewußt eine *Reputation der Aggressivität* zu schaffen, wurden neben aggressivem Niedrigpreiswettbewerb und verkürzten Innovationszyklen der Ladengestaltung der Aufbau von Überkapazitäten herausgearbeitet. Letzterer läßt sich für die relevanten Wettbewerber durch Abweichungen der beobachteten Kapazitätszuwächse von erwarteten Unternehmenswachstumsraten identifizieren. Forcierte Innovationszyklen der Ladenkonzepte lassen sich durch Befragung sowohl in der Wettbewerber-, als auch in der Konsumentenwahrnehmung identifizieren.

Die Interpretation der Ausprägungen der hier skizzierten und weiterer zu integrierender Indikatoren kann wie bei den Aspekten potentieller Aggressivität im Rahmen eines Polaritätenprofils erfolgen. Ist die Aggressivität einiger für die Branchenentwicklung bedeutender Händler groß, führt dies, wie in 3.2 entwickelt wurde, zu Phasen turbulenten Marktgeschehens, die durch Verdrängungswettbewerb gekennzeichnet sind. Dort wurde auch gezeigt, daß nach den Phasen des Verdrängungswettbewerbs schließlich der stationäre Zustand des kollusiven Oligopols folgt.

4.4 Ein Rahmen zur strukturierten Analyse marktdynamischer Informationen

Der theoriegeleitete Rahmen, anhand dessen aus in der Praxis oft unstrukturiert vorliegenden Informationen zum Marktgeschehen ein Bild aktueller und ableitbarer zukünftiger Entwicklungstendenzen generiert werden kann, ist hiermit erstellt. Die Dimensionen der Marktdynamik sind in *Abbildung 2* in der Abfolge dargestellt, in der sie sinnvollerweise analysiert werden sollten, um ein Marktbild von zunehmendem Detaillierungsgrad zu erlangen.

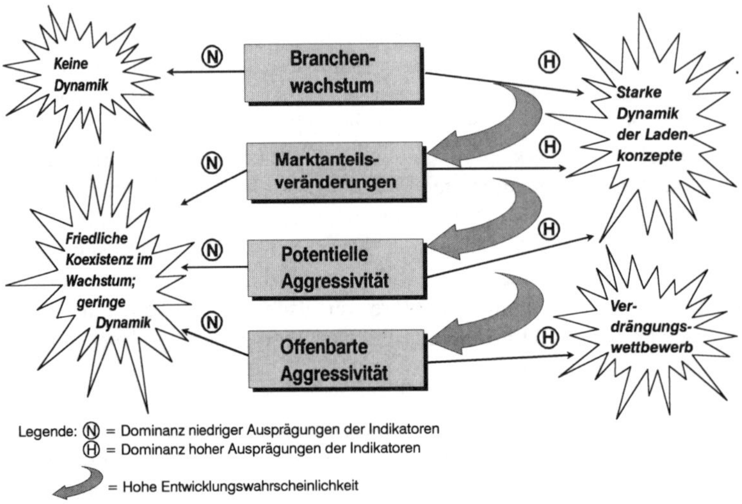

Abbildung 2: Der Rahmen zur Analyse der Marktdynamik im Handel

Zahlreiche Indikatoren zur Operationalisierung der Dimensionen Branchenwachstum, Marktanteilsveränderungen, potentielle und offenbarte Aggressivität liegen vor (z.B. Branchenwachstumsrate) oder können aus Marktinformationen abgeleitet werden (z.B. Preiswerbungsanteil). In diesem Beitrag wurden exemplarisch die in *Übersicht 1* zusammengefaßten Indikatoren diskutiert. Der vorgestellte Rahmen zur Analyse der Marktdynamik ist offen für weitere Indikatoren, die integriert werden können, indem sie vor dem Hintergrund geeigneter Theoriestrukturen auf ihren Erklärungsbeitrag im Kontext der Dimensionen geprüft werden. Aus einem Abgleich theoretischer Aussagen zum Marktverhalten und geeigneter im Markt vorhandener Indikatoren wird zugleich deutlich, zu welchen Aspekten der Marktdynamik zusätzliche Informationen beschafft werden müssen, um ein aussagefähiges dynamisches Marktbild zu erhalten. Das dürfte z.B. in der Regel für Informationen zur Bestimmung des Überkapazitätsaufbaus der Wettbewerber zutreffen.

Übersicht 1: Indikatoren zu den Dimensionen des Rahmens der Marktdynamik

Dimension	Indikator
Branchenwachstum	- Wachstumsrate des Branchenumsatzes
Marktanteilsveränderungen	- Zeitreihenanalyse der Marktanteile - Statistische Parameter der Marktanteilsverteilung
Potentielle Aggressivität	- Economies of scale / scope - Diversifikationsgrad / Betriebsformenportefeuille - Liquidität - Image - Vertikale Kooperation / Integration - ...
Offenbarte Aggressivität	
- *Preisaggressivität*	- Sonderangebotsanteil am Sortiment - Preiswerbungsanteil - ...
- *Bindende Verpflichtungen*	- Werbeintensität - Werbequalität - ...
- *Reputation der Aggressivität*	- Loss-leader-Preissetzung - Kurze Innovationszyklen - Demonstrativer Überkapazitätsaufbau - ...
- ...	- ...

5 AUSBLICK

Auf der Basis struktur-, wachstums- und wettbewerbstheoretischer Ansätze wurde ein Rahmen geschaffen, dessen Aufgabe es ist, die in der Praxis oft diffus vorliegenden Informationen über Aspekte der Branchenstruktur oder über Eigenschaften branchenrelevanter Wettbewerber einer strukturierten Analyse zugänglich zu machen. Ziel dieser Analyse ist, ein Bild über die Entwicklung der wichtigen Aspekte der Marktentwicklung zu schaffen – ein Vorhaben, das gerade in den durch besonders dynamische Entwicklungen von Ladenkonzepten und deren Marktanteilen gekennzeichneten Branchen des Einzelhandels wichtig ist und in Form eines Informationsvorsprungs selbst zum Wettbewerbsvorteil werden kann. Der vorgestellte Rahmen ist so beschaffen, daß die vorhandenen Informationsfragmente eingeordnet werden können. Sie werden so Bestandteil eines Informationssystems. Gleichzeitig wird deutlich, in welchen Bereichen Informationen beschafft werden müssen, um ein Bild der Branchenentwicklung zu schaffen.

Im hier vorgestellten Konzept stand der grundsätzliche Aufbau eines übergeordneten, theoriegeleiteten Analyserahmens zur Strukturierung von wettbewerbs- und damit marktdynamikrelevanten Informationen im Vordergrund. Die allgemeinen theoretischen Aussagen zu den Hauptdeterminanten Branchenwachstum, Marktanteilscharakteristika und Wettbewerberaggressivität dominieren. Die Liste der bei der Entwicklung des Rahmens zur Analyse der Wettbewerbsdynamik im Einzelhandel in Erwägung gezogenen Indikatoren ist, insbesondere im Bereich der Determinante Wettbewerberaggressivität, rein exemplarisch; die Thematik der Operationalisierung sollte hiermit lediglich angerissen werden.

So konnte gezeigt werden, daß die Integration von Ergebnissen der Erfolgsfaktorenforschung, die anhand des Rahmens auf ihre potentielle oder offenbarte Verhaltenswirkung hin analysiert werden können, möglich, sogar notwendig ist. Entsprechende Messungen singulärer Variabler existieren, sei es im Rahmen des PIMS-Programms oder von diesem inspiriert, in großer Zahl. Ziel weiterer Forschung muß es sein, durch theoriegestützte Integration als zentral zu identifizierender Erfolgsfaktor einen größeren Detaillierungsgrad des Konzepts zu erreichen. Grundsätzlich muß der Ansatz aber offen bleiben für die Integration ausgewählter situativer Erfolgsfaktoren durch den Anwender, sei dieser ein von der Branchenentwicklung selbst betroffener Händler oder eine unabhängige Institution, die den Informationspool als Dienstleistung anbietet: Der Alternativenraum händlerischer Kreativität läßt sich niemals vollständig in ein ex ante bestehendes Strukturierungskonzept einordnen.

LITERATUR

Albach, H.: Zur Theorie des wachsenden Unternehmens. In: Krelle (Hrsg.): Theorien des einzelwirtschaftlichen und des gesamtwirtschaftlichen Wachstums, Schriften des Vereins für Socialpolitik, Neue Folge Band 34, Berlin 1965, S. 9-97.

Albers, S.; Eggert, K.: Kundennähe – Strategie oder Schlagwort. In: Marketing Zeitschrift für Forschung und Praxis, 10 (1988), Heft 1, S. 5-16.

Bain, J.S.: A Note on Pricing in Monopoly and Oligopoly, The American Economic Review, 39 (1949), pp. 448-464.

Bain, J.S.: Industrial Organization, 2. Aufl. New York/London/Sydney 1968.

Berger, S.: Ladenverschleiß (Store erosion), Ein Beitrag zur Theorie des Lebenszyklus von Einzelhandelsgeschäften, Göttingen 1977.

Böhler, J.: Betriebsform, Wachstum und Wettbewerb, Wiesbaden 1993.

Brown, St.: The Wheel of Retailing: Past and Future. In: Journal of Retailing, 66 (1990), S. 143-149.

Buzzell, R.D.; Gale, B.T.: Das PIMS-Programm, Wiesbaden 1989.

Caves, R.E.; Porter, M.E.: From Entry Barriers to Mobility Barriers: Conjectural Decisions and Contrived Deterrence to New Competition. In: Quarterly Journal of Economics, 91 (1977), pp. 241-261.

Gröppel, A.: Erlebnisbetontes Handelsmarketing. In: Trommsdorff, V. (Hrsg.): Handelsforschung 1990 – Internationalisierung im Handel, Wiesbaden 1990, S. 121-137.

Gümbel, R,; Woratschek, H.: Institutionenökonomik. In: Tietz, B.; Zentes, J.; Köhler, R. (Hrsg.): Handwörterbuch des Marketing, im Druck.

Gümbel, R.: Handel, Markt und Ökonomik, Wiesbaden 1985.

Homburg, Ch.; Sütterlin, St.: Strategische Gruppen: Ein Survey. In: Zeitschrift für Betriebswirtschaft, 62 (1992), Heft 6, S. 635-662.

Kaas, K.: Marketing als Bewältigung von Informations- und Unsicherheitsproblemen im Markt. In: Die Betriebswirtschaft, 50 (1990), Heft 4, S. 539-548.

Köhler, F.: Die "Dynamik der Betriebsformen des Handels", Bestandsaufnahme und Modellerweiterung. In: Marketing Zeitschrift für Forschung und Praxis , 12 (1990), Heft 1, S. 59-64.

Kreikebaum, H.: Strategische Unternehmensplanung, 3. Aufl. Stuttgart/Berlin/Köln 1989.

Krelle, W.: Theorie des wirtschaftlichen Wachstums, 2. Auflage Berlin et al. 1988.

Lingen, Th. von: Marktgleichgewicht oder Marktprozeß, Wiesbaden 1993.

Lücking, J.: Marktaggressivität und Unternehmenserfolg. In: Absatzwirtschaft 38 (1995), Heft 5, S. 106-112.

Marzen, W.: Die "Dynamik der Betriebsformen des Handels" – aus heutiger Sicht. Eine kritische Bestandsaufnahme. In: Marketing Zeitschrift für Forschung und Praxis 8 (1986), Heft 4, S. 279-285.

Meißner, W.; Fassing, W.: Wirtschaftsstruktur und Strukturpolitik, München 1989.

Milgrom, P.; Roberts, J.: Limit Pricing and Entry under Incomplete Information. In: Econometrica, 5 (1982), pp. 443-459.

Monopolkommission: Die Konzentration im Lebensmittelhandel, Sondergutachten 14, Baden-Baden 1985.

Monopolkommission: Marktstruktur und Wettbewerb im Handel, Sondergutachten 23, Baden-Baden 1994.

Porter, M.E.: Wettbewerbsstrategie, Frankfurt am Main 1983.

Porter, M.E.: Wettbewerbsvorteile (Competitive Advantage). Spitzenleistungen erreichen und behaupten, Sonderausgabe Frankfurt am Main/New York 1989.

Schmalensee, R.; Willig, R.D. (ed.): Handbook of Industrial Organization, Amsterdam et al. 1989.

Schmidt, I.; Rittaler, J.: A Critical Evaluation of the Chicago School of Antitrust Analysis, Dordrecht 1989.

Schröder, H.: Erfolgsfaktorenforschung im Handel, Stand der Forschung und kritische Würdigung der Ergebnisse. In: Marketing Zeitschrift für Forschung und Praxis, 16 (1994), Heft 2, S. 89-105.

Simon, H.: Preismanagement, Wiesbaden 1993.

Tietz, B.: Binnenhandelspolitik, 2. Auflage München 1993.

Tirole, J.: The Theory of Industrial Organization, Cambridge/London 1988.

Woratschek, H.: Betriebsform, Markt und Strategie, Wiesbaden 1992.

Innovationen und Informationsmanagement – Ansatzpunkte zur Entwicklung innovativer Strategien im Einzelhandel

Dirk Möhlenbruch und Sylvia Nickel, Halle (Saale)

Mit zunehmender Wettbewerbsintensivierung erfährt der Betriebsfaktor Information eine wachsende Bedeutung für die Gewinnung von Wettbewerbsvorteilen im Einzelhandel. Hierbei kann die frühzeitige Kenntnis einer Änderung von Kundenanforderungen als wesentlicher Konkurrenzvorteil angesehen werden. Dies gilt insbesondere im Hinblick auf proaktive Innovationsstrategien einer Handelsunternehmung. Auf der Grundlage einer Abgrenzung des Innovationsbegriffs wird zunächst der Beitrag von Informationen zur Entwicklung innovativer Strategien analysiert. Anschließend werden mögliche Ansatzpunkte für Innovationsstrategien im Einzelhandel entwickelt sowie Probleme der Implementierung innovativer Elemente im Rahmen der gesamten Strategieplanung erörtert.

1 GRUNDLAGEN

1.1 Problemstellung

Mit der Intensivierung des Wettbewerbs im Einzelhandel und einem verstärkten Einsatz neuer Informations- und Kommunikationstechnologien erfährt die Information – verstanden als zweckorientiertes Wissen (Wittmann 1959, S. 14) – eine zunehmende Bedeutung als eigenständiger Faktor handelsbetrieblicher Leistungserstellung (Betriebsfaktor) zur Hervorbringung („Produktion") von Entscheidungen (Erichson & Hammann 1991, S. 186; Kern 1992, S. 15 f.). Hierbei können die Nutzung und innovative Umsetzung von Informationsvorsprüngen gegenüber Lieferanten (*vertikale Informationsvorsprünge*) und Wettbewerbern (*horizontale Informationsvorsprünge*) hinsichtlich sich wandelnder Abnehmerbedürfnisse als wichtige Grundlage von Wettbewerbsvorteilen angesehen werden. Diese Vorsprünge können jedoch aufgrund der hohen wettbewerblichen Reaktionsverbundenheit im Handel nur durch eine permanente und zielgerichtete Nutzung der gewonnenen Informationen erschlossen werden, denn im Gegensatz zum industriebetrieblichen Bereich unterliegen Innovationen im Handel keinem institutionellen Schutz vor Imitation (z.B. durch Patente und Gebrauchsmuster). Die Entwicklung von Innovationen stellt somit eine ständige Aufgabe im Informationsaustauschprozeß zwischen Beschaffungs- und Absatzmarkt dar. Die Entscheidung über die inhaltliche Akzentuierung einer systematischen Verbesserung der angebotenen Problemlösungen ist Inhalt einer Innovationsstrategie.

Insbesondere frühzeitige Informationen über sich ändernde Marktverhältnisse und Kundenbedürfnisse bieten eine wichtige Basis für innovative Wettbewerbsvorstöße, welche dem Aufbau komparativer Wettbewerbsvorteile dienen (zum Informationswettbewerb im Handel vgl. Schenk 1991, S. 526 ff.). Dementsprechend werden im folgenden Möglichkeiten einer systematischen Erfassung von Marktinformationen als Basis innovativer Strategien im Einzelhandel angesprochen.

1.2 Begriffliche Grundlagen

1.2.1 Der Innovationsbegriff im Einzelhandel

Die Innovation erfährt im handelswissenschaftlichen Schrifttum im Gegensatz zum industriebetrieblichen Bereich eine eher untergeordnete Beachtung. Eine umfassende Systematisierung möglicher Innovationsrichtungen oder Optionen ist nicht erkennbar. Einige Autoren beschäftigen sich mit Teilbereichen wie Betriebstypeninnovation (vgl. Boehler 1993; Brungs 1991; Kuhlmeier 1980; McNair 1931; Woratschek 1992), Sortimentsinnovation (vgl. Möhlenbruch 1994, S. 178 ff.; Oehme 1992, S. 38 f. und S. 168 f.) oder technologische Innovationen, insb. Warenwirtschaftssysteme, im Handel (vgl. Marschner 1986, S. 35 f.; Schenk 1991, S. 327 f.; Kirchner & Zentes 1984, S. 16 ff.), ohne allerdings einen umfassenden leistungsbezogenen Innovationsbegriff für den Handel zu entwickeln.

Die spezifische Handelsleistung ist wesentlicher Gegenstand des Wettbewerbs im Einzelhandel und kann als Analogon zum *Produkt* der Industrie angesehen werden. ,,Produktinnovationen" im Handel stellen somit eine neuartige Kombination fremderstellter Sachleistungen und eigenerstellter Dienstleistungen (neue Handelsleistungen) dar. Dabei können verschiedene Intensitäts- und Niveauebenen von Handelsleistungen unterschieden werden, welche durch die einzelbetriebliche Verrichtung bestimmter Funktionen charakterisiert werden können und mit entgeltpolitischen Maßnahmen korrespondieren (vgl. ausführlich Barth 1982, S. 106 ff.).

Demgegenüber dienen im Handel *Prozeß- bzw. Verfahrensinnovationen* in erster Linie einer Ökonomisierung der Faktorkombination (Klein-Blenkers 1982, S. 118 f.). Somit können auch informations- und logistikunterstützende Maßnahmen (z.B. computergestützte Warenwirtschaftssysteme und organisatorische Verbesserungen des Arbeitsablaufs) als (organisatorische) Prozeßinnovationen bezeichnet werden. Trotz der nachhaltigen Bedeutung von Faktorkombinationsprozessen für den Unternehmenserfolg im allgemeinen und Verfahrensinnovationen im besonderen ist bis heute in der handelswissenschaftlichen Literatur eine weitgehende Vernachlässigung dieses wichtigen Führungsaspektes des Einzelhandels festzustellen. Nach wie vor läßt sich allenfalls eine isolierte oder getrennte Analyse einzelner Betriebsfaktoren erkennen, welche den vielfältigen praktischen Kombinationsmöglichkeiten und -aspekten nicht Rechnung trägt. Erschwerend kommt für den Einzelhandel im Rahmen dieser Prozesse hinzu, daß im Sinne des In- und Outsourcing anstelle des eigenen Faktoreinsatzes entsprechende Teilaufgaben an Distributionshilfsbetriebe ausgegliedert werden können, so daß neue Kombinationsprozesse entstehen (Klein-

Blenkers 1982, S. 120). Im übrigen wurden in der Handelswissenschaft wesentliche Elemente der neuerdings im Rahmen des Business Reengineering (Hammer & Champy 1994, S. 47 ff.) intensiv diskutierten Unternehmens- und Umsatzprozesse zur kundenbezogenen Wertschöpfung schon recht früh analysiert (Buddeberg 1959, S. 16 ff.; Tietz 1974, Sp. 392; Seyffert 1971, S. 15 f.). Die Notwendigkeit permanenten Überdenkens bestehender Abläufe zur Ausrichtung auf zentrale Prozesse betrieblicher Leistungserstellung unter Fortfall nicht wertschöpfender Tätigkeiten scheint im Handel keine neue Erkenntnis zu sein.

Während einige Autoren im Betriebstyp das „Produkt" im Handel sehen (Böhler 1993, S. 191; Kuhlmeier 1980, S. 36; Mathieu 1980, S. 116) setzt Barth die *Betriebstypeninnovation* mit der Einführung einer neuen Marktleistung und somit der Produktinnovation begrifflich und marktpolitisch auf eine Ebene (Barth 1993, S. 42). Er spricht darüber hinaus dem Betriebstyp als Ort der Faktorkombination im Handel auch eine Verfahrenskomponente zu. Somit handelt es sich nach Barth beim Betriebstyp gleichermaßen sowohl um ein Leistungsprodukt als auch um eine Art „Produktionsverfahren" des Handels (Barth 1993, S. 34). Der Betriebstyp kann demnach als Ort der Leistungserstellung und Faktorkombination sowie als Mittel zur Abhebung von Wettbewerbern gesehen werden (Möhlenbruch 1994, S. 97; Möhlenbruch & Nickel 1994, S. 6). Die Betriebstypeninnovation ergibt sich infolgedessen als Schnittmenge von auf Variationen der Leistungspolitik beruhenden Neuheiten und prozeßorientierten Maßnahmen und kann dementsprechend als handelsbetrieblicher Sonderfall einer Kombination von Produkt- und Verfahrens- bzw. Prozeßinnovationen bezeichnet werden (zum Innovationsbegriff vgl. insbesondere Trommsdorff 1991, S. 179). Die Grenze zwischen Betriebstypeninnovationen und -variationen ist jedoch fließend (Kuhlmeier 1980, S. 26 f.), da Handelsbetriebe im Sinne eines Trading-up und Trading-down ihr marktliches Auftreten durch leistungs- und entgeltpolitische Maßnahmen im Zeitablauf an sich ändernde wettbewerbliche Rahmenbedingungen anpassen, ohne den Betriebstyp grundsätzlich zu verändern (Barth 1993, S. 85).

Sozialinnovationen umfassen hingegen den Humanbereich der Unternehmung betreffende Innovationen wie z.B. Anreizsysteme und Führungsstile. Sie können der Implementierung und Unterstützung von Leistungs- und Verfahrensinnovationen dienen. *Abbildung 1* verdeutlicht den dargestellten Zusammenhang zwischen Leistungs-, Betriebstypen-, Prozeß- und Sozialinnovationen im Einzelhandel.

Die große Zahl absatzpolitischer Instrumente im Handel ermöglicht vielfältige Kombinationen der Leistungspolitik. Die Handelsleistung als Kombinat fremderstellter Sachleistungen und eigenerstellter Dienstleistungen (Buddeberg 1959, S. 10) kann somit bereits durch geringe Variationen eine Neuerung erfahren. Die sog. *Innovationsschwelle* im Sinne echter Neuheiten wird überwunden, wenn die *objektive Beschaffenheitskomponente der Handelsleistung* eine (positive oder negative) Abweichung zu den bereits existierenden Betriebstypen erfährt (Abott 1958, S. 147 f.; Kuhlmeier 1980, S. 82 f.). Neuerungen der von Konsumenten subjektiv wahrgenommenen Eigenschaften (*subjektive Beschaffenheitskomponente der Handelsleistung*) ermöglichen hingegen eine Abhebung von ähnlichen Marktbearbeitungskonzeptionen (z.B. durch ladengestalterische Maßnahmen).

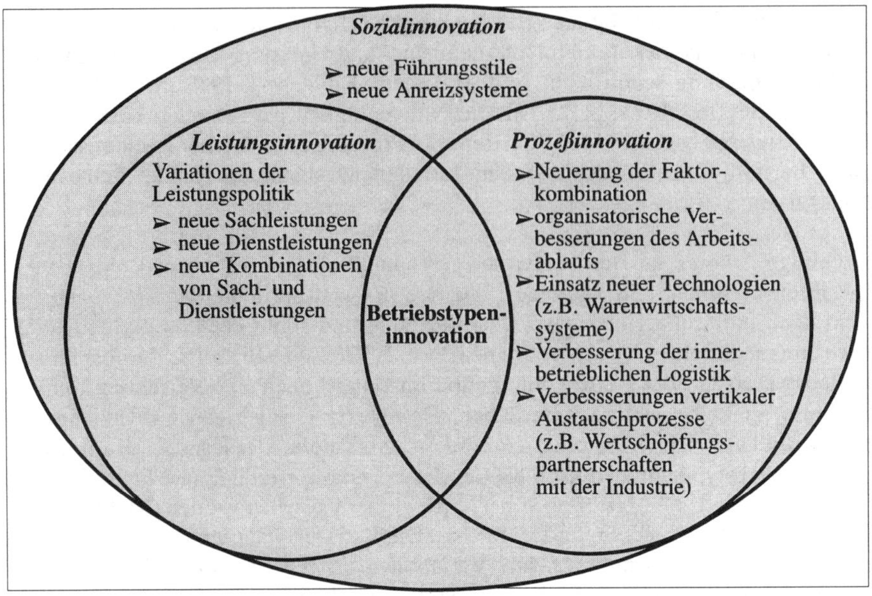

Abbildung 1: Innovationskategorien im Einzelhandel

Quelle: Zusammenstellung der Verfasser.

1.2.2 Informationsmanagement im Einzelhandel

Die wirtschaftliche Gestaltung des betrieblichen Informationsangebotes im Hinblick auf das tatsächlich für eine Problemlösung erforderliche Wissen (*objektiver Informationsbedarf*) ist Inhalt der betrieblichen Informationswirtschaft, wobei ein Informationsmanagement im Sinne der Gestaltung von Informationsprozessen in Unternehmungen i.d.R. gestützt wird durch technische Infrastrukturen (Olbrich 1992, S. 18 f.). Basis dieser Technikunterstützung in Handelsbetrieben sind im wesentlichen geschlossene und computergestützte Warenwirtschaftssysteme (CWWS) (zur Definition vgl. Barth & Büttner 1985, S. 172 f.). Diese ermöglichen eine Gewinnung artikelbezogener Daten, die Ursache-Wirkungsanalysen erlauben und somit die Grundlage einer Optimierung des betriebsspezifischen Retailing-Mix bilden. In Verbindung mit elektronischen Zahlungssystemen wie Kreditkarten, Scheckkarten und Kundenkarten (POS-Banking) kann auch eine kundenspezifische Database als Grundlage eines zielgruppenspezifischen Direct Marketing gebildet werden (Zentes 1988, S. 180). Diese Informationen werden zunehmend zum Aufbau *operativer Informationssysteme* genutzt (Schulte & Simmet 1990, S. 24). Aufgrund des erforderlichen zeitlichen Vorlaufs innovativer Marketingstrategien ist jedoch neben der Nutzung vorhandener Hard- und Software die Gewinnung solcher Informationen zum Aufbau *strategischer Informationssysteme* notwendig, die neue Erfolgspotentiale aufzeigen und somit über einen *Früherkennungscharakter* verfügen.

2 DER BEITRAG VON INFORMATIONEN ZUR ENTWICKLUNG INNOVATIVER STRATEGIEN IM EINZELHANDEL

2.1 Die Bedeutung der Information für Innovationsprozesse im Einzelhandel

Die Mittlerfunktion, die Handelsbetriebe im Gefüge zwischen Produktion und Konsumtion einnehmen, bietet die Chance einer systematischen Verwertung der auf beiden Marktseiten anfallenden Informationen. Hierdurch wird letztlich eine intensivierte Wahrnehmung der Marktausgleichsfunktionen zur gesamtwirtschaftlichen Wertschöpfungssteigerung möglich. Insofern erscheint eine systematische Nutzung neuer Informations- und Kommunikationstechniken einzel- und gesamtwirtschaftlich sinnvoll.

Innovationen können neben diesen Veränderungen in der aufgabenbezogenen Unternehmensumwelt auch auf Veränderungen der allgemeinen Unternehmensumwelt oder der Unternehmung selbst basieren. Die Vielfalt der in *Übersicht 1* beispielhaft durch Veränderungen der allgemeinen Unternehmensumwelt aufgezeigten Anstöße zu Innovationen deutet auf einen umfassenden Informationsbedarf im Rahmen einer innovationsorientierten Strategieplanung des Einzelhandels hin.

Je frühzeitiger marktliche und umweltbezogene Signale als Chance zur Profilierung erkannt und umgesetzt werden, desto eher ist eine positive Abhebung von konkurrierenden Marktbearbeitungskonzeptionen möglich. Die Anpassungs- und Dispositionsflexibilität im Einzelhandel (Möhlenbruch 1985, S. 131) kann jedoch zu einem schnellen Verlust zeitweiliger Monopolstellungen der Innovatoren führen.

2.2 Systematik möglicher Informationsquellen

Die dargestellten Anlässe für Innovationen im Einzelhandel dokumentieren nicht nur einen großen Informationsbedarf, sondern auch die Notwendigkeit einer Systematisierung möglicher Informationsquellen zur Entwicklung innovativer Strategien. Dabei sind jeweils die Kosten einer Informationsbeschaffung, -verarbeitung und -aufbereitung dem spezifischen Nutzen gegenüberzustellen.

Abbildung 2 zeigt Möglichkeiten der Informationbeschaffung über verschiedene Bereiche auf, die auch einem möglichen Indikatorensystem zur Beurteilung des handelsbetrieblichen Innovationsbedarfs als jeweilige Beobachtungsbereiche zugrunde liegen können (Barth 1993, S. 46 f.).

2.3 Möglichkeiten der Nutzung operativer Informationssysteme

Trotz der geforderten strategischen Ausrichtung des Informationsmanagements im Hinblick auf die Entwicklung innovativer Strategien ergeben sich auch Möglichkeiten der Nutzung bereits etablierter operativer Informationssysteme.

Während warenwirtschaftliche, und hier insbesondere artikelbezogene Informationen regelmäßig die Akzeptanz der in der Vergangenheit angebotenen Leistungen dokumentieren, ermöglicht der direkte Kundenkontakt im Einzelhandel ein Aufzeigen zukünftig

Übersicht 1: Anlässe für Innovationen im Einzelhandel

Veränderungen in der allg. Unternehmensumwelt	*Beispiele für Innovationen*
Ökonomische Umwelt	
♘ Rezession, Kaufkraftverluste	♦ Discounter ♦ Finanzierung (Vermittlung/Übernahme)
Rechtliche Umwelt	
♘ § 11 Abs. 3 BauNV	♦ Fachmärkte, Verbrauchermärkte auf der „grünen Wiese“
♘ § 7 Abs. 1 LadenSchlG	♦ Automatengeschäfte (z.B. „Automaten-Emma“, Freiburg)
♘ VerpackVO	♦ Duales System Deutschland (DSD)
Gesellschaftliche Umwelt	
♘ zunehmende Mobilität	♦ Einkaufszentren auf der „grünen Wiese“
♘ Überalterung der Bevölkerung	♦ „Seniorenmärkte“ mit verbreiterten Gängen u. ä. Maßnahmen
♘ sinkende Wochenarbeitszeiten	♦ Einkauf = Erlebnis, ♦ Kombination von Beschaffungs- und Freizeitaktivitäten
♘ geänderte zeitliche Präferenzen	♦ „Alles-unter-einem-Dach“-Konzepte, Shop-in-the-shop-Systeme
Technologieentwicklung	
♘ Lasertechnologie	♦ Scannerkassen
♘ steigende Benutzerfreundlichkeit technischer Systeme	♦ SB-Waagen ♦ SB-Scanner
♘ Elektronische Datenverarbeitung	♦ computergestützte Warenwirtschaftssysteme ♦ POS-Banking ♦ elektronische Instore-Werbung
♘ Fotozellen	♦ elektronische Warensicherungssysteme
♘ interaktive Medien	♦ neue Verfahren der Kommissionierung (und evtl. Zustellung), elekronische Bestellsysteme
Politische Umwelt	
♘ Begrenzung des innerstädtischen Parkraumes	♦ Lieferdienste, Auslieferungspools
Ökologische Umwelt	
♘ Bedrohung/Verknappung natürlicher Ressourcen	♦ Elimination ökologisch bedenklicher Artikel aus dem Sortiment
♘ Müllproblem	♦ Forcierung von Mehrzwecksystemen

Quelle: Zusammenstellung der Verfasser.

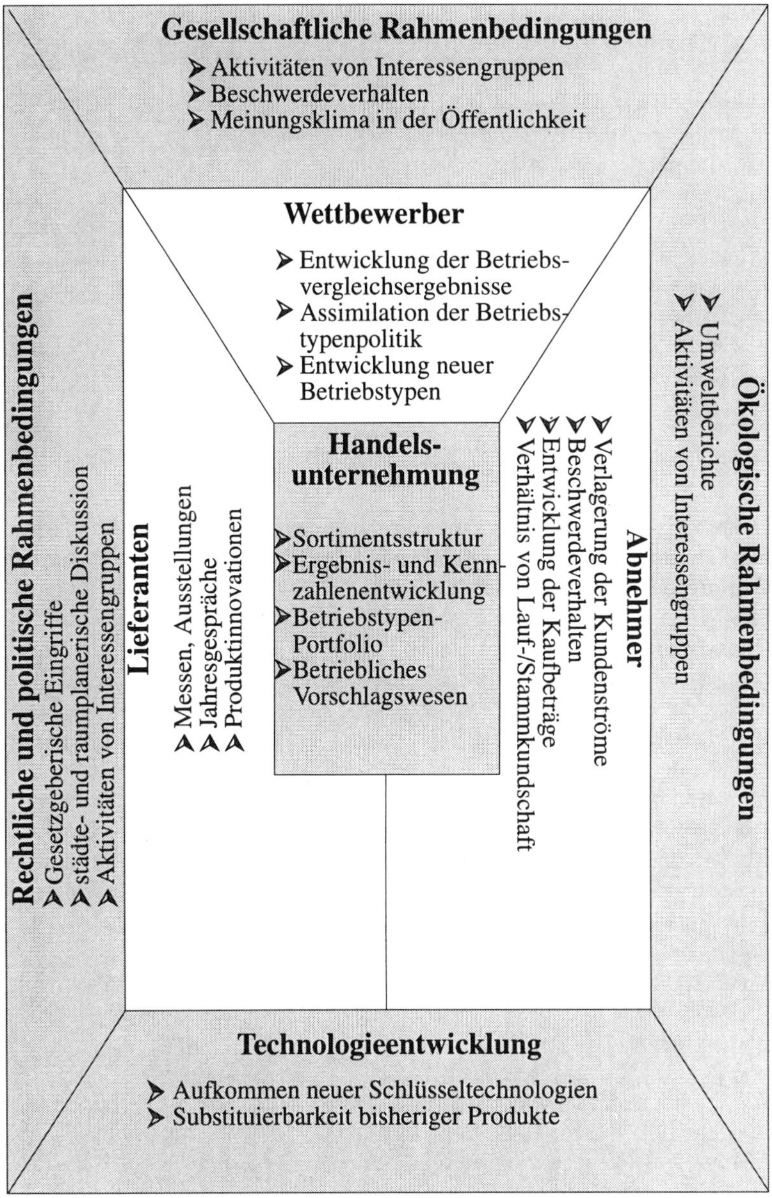

Abbildung 2: **Mögliche Informationsquellen über verschiedene Beobachtungsbereiche der Unternehmensumwelt**

gewünschter Leistungen. So wird beispielsweise durch eine Analyse kundenbezogener *Beschwerden* eine frühzeitige Reaktion auf artikulierte Änderungswünsche ermöglicht.

Weitere innovative Impulse können durch *Verbesserungsvorschläge* der Mitarbeiter genutzt werden. Auch der *Betriebsvergleich* eignet sich zur Informationsgewinnung für vornehmlich prozeßorientierte Innovationen. So zeigen vergleichende Studien völlig unterschiedliche Faktoreinsatzverhältnisse bei Betrieben des gleichen Warenkreises auf (Klein-Blenkers 1982, S. 123 ff.). Aber auch branchenübergreifende Vergleiche (sog. Benchmarking) können wichtige Anregungen zur Faktorkombination in Anlehnung an leistungsstarke Handelsbetriebe aufzeigen und zu Betriebstypeninnovationen im Sinne der Übertragung erfolgreicher Konzepte auf andere Branchen führen.

3 STRATEGISCHE OPTIONEN VON INNOVATIONEN IM EINZELHANDEL

3.1 Mögliche Ansatzpunkte für Innovationen im Einzelhandel

Der Zusammenhang zwischen Faktorkombination, Handelsprozeß, Handelsfunktionen und Handelsleistung sowie die sich hieraus ergebenden grundlegenden Ansatzpunkte zur Entwicklung von Innovationen im Einzelhandel sind in *Abbildung 3* dargestellt. Demnach führen Faktorkombinationsprozesse sowie Faktoreinsatzverhältnisse zu einer Kombination der Elementarfaktoren menschliche Arbeit, sachliche Betriebsmittel, Regiefaktor Ware sowie des Sicherungsfaktors Kapital und des Betriebsfaktors Information in qualitativer und quantitativer Hinsicht (Buddeberg 1959, S. 43 ff.; Erichson & Hammann 1991, S. 186). Dieser Einsatz der Betriebsfaktoren ist das Ergebnis des Leistungsvollzuges sowie der betrieblichen Dispositionen und Prozesse. Die spezifische Marketingkonzeption ergibt sich aus der Kombination von zu realisierenden Handelsfunktionen und Handelsprozessen. Einem handelsbetrieblichen Informationsmanagement kommt hierbei die Aufgabe zu, zweckgerichtete Informationen für die Verbesserung von Faktorkombinationsprozessen und die Ökonomisierung der Funktionenausübung bereitzustellen. Ergebnis dieser dualen Ökonomisierungsbestrebungen sind innovative Handelsprozesse, die eine Betriebstypeninnovation darstellen. Neben einer Kostensenkung (Rationalisierung) können diese auch über eine Erhöhung der Kundennähe durch Leistungsverbesserungen, welche eine Umsatzerhöhung zur Folge haben, erreicht werden (Klein-Blenkers 1982, S. 119; Barth 1982, S. 107 f.; Barth 1993, S. 34).

Der Handelsprozeß umfaßt nach Buddeberg die verketteten Phasen bzw. wertschöpfenden Aktivitäten Markterkundung, Beschaffung, Lagerung und Umgruppierung, Manipulation, Werbung und Absatz, die sich in die Verrichtungsbereiche Warenprozesse, Dienstleistungsprozesse und Handelsdispositionen einordnen lassen (Buddeberg 1959, S. 57 f.; Seyffert 1972, S. 485 ff.).

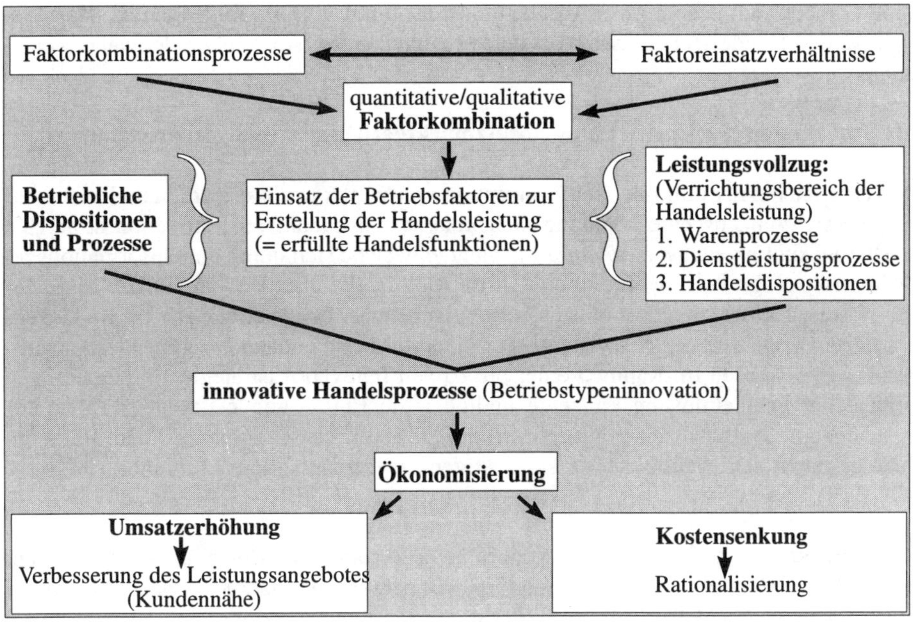

Abbildung 3: Mögliche Ansatzpunkte zur Gestaltung innovativer Handelsprozesse

Quelle: Zusammenstellung der Verfasser.

Beim Produktionsprozeß im Einzelhandel sind jedoch aufgrund des Dienstleistungscharakters des Leistungsprodukts und der stochastischen Nachfrage diskontinuierliche Prozesse der Einzelfertigung anzutreffen, wodurch die Durchsetzung von Ökonomisierungsbestrebungen erschwert wird (Barth 1993, S. 76 f.). Ein weiteres nicht unerhebliches Dilemma des handelsbetrieblichen Leistungsprodukts besteht in der Trennung von Leistungserstellung und marktlicher Verwertung (z.B. Beratung), so daß häufig Faktorkombinationsprozesse im Handel zwar zur „Produktion“, aber nicht zu einem marktrelevanten (wertschöpfenden) Leistungsvollzug führen (Buddeberg 1959, S. 59; Barth 1993, S. 76; Meffert/Bruhn 1995, S. 54). Neben externen Effekten sowie fehlender Lagerfähigkeit des handelsbetrieblichen Leistungsprodukts können für diese „Fehlproduktionen“ auch nicht marktkonforme Leistungsbündel (Handelsfunktionen) ursächlich sein, so daß wichtige Indikatoren für notwendige Leistungsveränderungen bzw. -innovationen vorliegen.

Der Funktionenwandel bietet einen weiteren Ansatzpunkt zur Ökonomisierung und zur Innovation im Einzelhandel. Dabei stehen die Ansatzpunkte Funktioneneingliederung (Insourcing), -schöpfung, -ausgliederung (Outsourcing) und -fortfall zur Disposition (Barth 1982, S. 108 f.; Barth 1993, S. 49 f.).

Somit ergeben sich primär zwei Ansatzpunkte zur Innovation im Einzelhandel: Handelsprozesse und Handelsfunktionen. Auf beide Komponenten ist im folgenden näher einzugehen.

3.2 Ein System zur Entwicklung absatzmarktgerichteter Innovationsstrategien

Als Teilbereich einer umfassenden Konzeption von Wettbewerbsstrategien im Einzelhandel bietet sich zunächst eine Trennung nach proaktiven und reaktiven Innovationsstrategien an. Hierbei sind *proaktive Innovationsstrategien*, welche sich durch eine informationsgestützte, frühzeitige Wahrnehmung und Umsetzung marktlicher Veränderungen auszeichnen, Ausdruck einer offensiven Grundhaltung gegenüber den Wettbewerbern. Im Gegensatz zu *reaktiven*, von der Notwendigkeit geänderter Rahmendaten ausgehende Innovationsstrategien werden im Rahmen einer proaktiven Innovationsstrategie Verbesserungen vorhandener Problemlösungskonzepte und/oder die Einführung neuartiger Problemlösungsangebote systematisch angestrebt, wodurch Wettbewerbsvorteile in einem stärkeren Maße gesichert sowie zeitliche Vorsprünge genutzt werden sollen (Möhlenbruch/Nickel 1994, S. 9).

Wird der Betriebstyp als Produktionsprozeß bzw. -verfahren im Einzelhandel verstanden, so entsteht die Handelsleistung sowohl durch die Faktorkombination im Rahmen vorhandener bzw. neuer Handelsprozesse (Betriebstypenvariation/-innovation) als auch durch die Erfüllung bisher wahrgenommener oder neuer Handelsfunktionen (im Sinne der objektiven Beschaffenheitskomponente). Somit bilden neuartige Verknüpfungen von *Handelsfunktionen* und Kombinationsprozessen der handelsbetrieblichen Leistungsfaktoren die beiden wesentlichen Grundlagen zur Bestimmung möglicher Innovationsrichtungen im Einzelhandel. Die auf diese Weise entstehende dynamische Synthese von Funktionen und Prozessen des Handelsbetriebes führt vor dem Hintergrund bestehender Freiheitsgrade zu innovativen Handelsleistungen als realisierte Handelsfunktionen und dient der existenzentscheidenden Entwicklung neuer absatzmarktgerichteter Strategien. Die (neuartige) Erfüllung von Handelsfunktionen durch (neue) Faktorkombinationen im Wege einzelbetrieblicher Verrichtungen stellt folglich eine innovative betriebliche Leistung dar (Barth 1982, S. 107; Bouffier 1956, S. 22). Aufgrund der oben aufgezeigten Problematik einer Abgrenzung zwischen Betriebstypenvariation und -innovation werden in der dargestellten Matrix auch Maßnahmen zur Kompensation der Store Erosion (als Verbesserungsinnovationen) eingeordnet. Darüber hinaus erschwert die qualitative Komponente der Funktionenwahrnehmung (z.B. Beratung) eine Typologisierung von Innovationsprozessen. So kann eine Neuerung der Auftragsabwicklung sowohl eine Faktorsubstitution (Personal durch technische Hilfsmittel) im Rahmen realisierter Handelsfunktionen als auch eine Funktionenexpansion (z.B. Kommissionierung) darstellen.

Wie aus *Übersicht 2* zu ersehen ist, lassen sich folgende Stoßrichtungen von Innovationen im Einzelhandel unterscheiden:

1) *Verbesserungsinnovationen* werden zur Um-/Neuprofilierung bzw. zur Repositionierung durchgeführt. Hier findet eine neue und die Handelsleistung ver-bessernde Akzentuierung der absatzpolitischen Instrumentalvariablen statt, wobei weder der Handelsprozeß noch die Realisierung der Handelsfunktionen wesentlich verändert wird.

Dabei handelt es sich vor allem um Maßnahmen zur Kompensation der Store Erosion und des Relaunch in Form von Ladenlayoutmodernisierung und Anpassung leistungs- und entgeltpolitischer Maßnahmen an geänderte Rahmendaten im jeweils bearbeiteten Markt. Unter Umständen kann aufgrund von Imagedefiziten auch eine Repositionierung oder Umbenennung der Betriebsstätte(n) mit entsprechender kommunikationspolitischer Unterstützung erforderlich sein. Die Realisation einer aktualisierten Marktbearbeitungskonzeption ist im Rahmen einer Expansion (Wachstumsstrategie) auch an neuen Standorten möglich.

Übersicht 2: Mögliche Innovationsrichtungen (Innovationsmatrix)

Handelsfunktionen / *Faktorkombinationsprozesse*	**vorhandene Handelsfunktionen**	**neue Handelsfunktionen**
vorhandene Faktorkombinationsprozesse (Betriebstypenvariation)	Investitionen in: ➢ Kompensation der Store Erosion ➢ Relaunch durch Modernisierung ➢ Repositionierung (einschließlich kommunikativer Unterstützung) ➢ Weiterentwicklung eines Konzepts (Trading-up / Trading-down) ➢ Neue Formen des Datenaustausches (z.B. SEDAS-Daten-Service) ***Verbesserungs-innovation***	Investitionen in: ➢ Sortimentsinnovation ➢ Dienstleistungsinnovation (z.B. Aufnahme von Finanzdienstleistungen) ➢ Multiplikation erfolgreicher Konzepte (Bedarfsanpassung) ➢ Internationalisierung (Markterschließung) ➢ Akquisition / Fusion ➢ Handelsübliche Manipulationen (Sachgüteraufbereitung) ***Erweiterungs-innovation***
neue Faktorkombinationsprozesse (Betriebstypeninnovation)	Investitionen in: Neue Formen ➢ der Ladengestaltung ➢ des Service (z.B. Heimdienste) ➢ der Akquisition und ➢ Kontrahierung (z.B. Btx, interaktive Medien) ➢ der Auftragsabwicklung (z.B. Kommissionierung) ***Ablösungs-innovation***	Investitionen in: ➢ Marktleistungsinnovationen für neue Zielgruppen mit neuen Bedürfnissen ➢ Diversifikation (neue Tätigkeitsfelder: - horizontal - vertikal - lateral - international) ***"Echte" Innovation***

Quelle: Zusammenstellung der Verfasser

2) *Erweiterungsinnovationen* dienen der Marktentwicklung. Das Betätigungsfeld der Einzelhandelsunternehmung wird durch die Erfüllung einer neuartigen Kombination von Handelsfunktionen mit Hilfe bewährter Faktorkombinationsprozesse (Betriebstypen) an alten oder veränderten Standorten variiert. Als Ansatzpunkt dafür kann die Übertragung erfolgreicher Marktbearbeitungskonzepte auf andere Branchen, Regionen oder Marktsegmente dienen wie z.B. die Übertragung des Discount-Konzeptes vom Nahrungs- und Genußmittel- auf den Drogerie-Bereich oder auch die Aufnahme neuer Warengruppen im Rahmen der Sortimentsinnovation (Möhlenbruch 1994, S. 178 ff.).

3) *Ablösungsinnovationen* werden durch neue Handelsprozesse realisiert und stellen Betriebstypeninnovationen dar. Hierdurch können degenerierte Betriebstypen in bestehenden Märkten oder Branchen abgelöst werden, in denen die zugrunde gelegten

Marktbearbeitungskonzeptionen aufgrund von Präferenz- und Einstellungsänderungen der Nachfrager überaltert erscheinen. Ansatzpunkte sind z.B. neue Servicekonzepte, eine neuartige Ladengestaltung, aber auch neue Formen der Kontrahierung und der Auftragsabwicklung, ohne daß im Rahmen des Innovationsprozesses die Handelsfunktionen eine wesentliche Veränderung erfahren.

4) *Durchbruchinnovationen* („echte Innovationen") sind in dem Sinne echte Marktleistungsinnovationen, als mit neuen Faktorkombinationen und neuen Handelsfunktionen regelmäßig die Bedürfnisse neuer Zielgruppen befriedigt werden. Sie sind somit auch Ausdruck einer Diversifikation. Beispielhaft kann hier die Übernahme von Versicherungs- und Finanzdienstleistungen (sog. Bundlinginnovationen; Meffert 1994, S. 520 f.; Wieandt 1994, S. 857 f.) durch Handelsunternehmungen genannt werden. Durchbruchinnovationen zeichnen sich somit durch die Kombination einer Betriebstypeninnovation mit einer neuartigen Realisierung bestimmter Handelsfunktionen aus.

3.3 Zur Bedeutung beschaffungsmarktgerichteter Innovationsstrategien

Eine überschneidungsfreie Abgrenzung absatz- und beschaffungsmarktgerichteter Innovationen erscheint aufgrund der engen Verbindung von Beschaffungs- und Absatzprozessen (Bipolarität des Handels, Schenk 1991, S. 89) und der damit notwendigen Einheit des Wertschöpfungsprozesses im Einzelhandel nicht möglich. Dennoch sollen einige Ansatzpunkte zur Entwicklung beschaffungsmarktgerichteter Innovationen aufgezeigt werden.

Die genannten Grundlagen von Wettbewerbsvorteilen (Kostensenkung und Verbesserung des Leistungsprodukts) können neben einer absatzmarktgerichteten Innovation auch durch Erneuerungen im Beschaffungsbereich sowie darüber hinaus durch eine Verbesserung von Organisationsprozessen erschlossen werden. Dies gilt in besonderem Maße für den Einzelhandel, bei dem die Preiswürdigkeit der spezifischen Handelsleistung wichtiger Wettbewerbsparameter ist. Neben Arbitrageverbesserungen ermöglichen günstige Beschaffungskonditionen des Regiefaktors Ware bei gleichbleibenden Kosten der eigenerstellten Dienstleistung ein niedrigeres Preisniveau und damit u.U. erhebliche Wettbewerbsvorteile.

Eine prozeßbedingte Kostensenkung kann auch durch die „Anpassung der Beschaffungstermine an Absatztermine" (Just-in-time) (Buddeberg 1959, S. 82) realisiert werden. Mit der weiteren Individualisierung industrieller Produkte (Maßanfertigungen für z.B. Fenster, Anzüge) sowie der zunehmenden Nutzung interaktiver Medien eröffnen sich im Hinblick auf die Vermittlung von Auftragsfertigungen weitere Möglichkeiten einer Senkung von Lagerhaltungskosten im Handel. Weitere Kostensenkungspotentiale liegen in der Funktionenausgliederung (Outsourcing) durch die Übertragung verschiedener warenbezogener Leistungen wie z.B. Regalpflege (bzw. Rack-Jobbing) an vorgelagerte Wirtschaftsstufen. Darüber hinaus besteht auf der Grundlage einer systematischen Beobachtung und Analyse von Beschaffungsmärkten die Möglichkeit, dem Absatzmarkt durch innovative Sortimentsleistungen (= neue Handelsfunktionen) wesentliche Impulse im Sinne einer „Marktschaffung" zu geben. Somit wird u.U. die Erringung von Wettbewerbsvorteilen auf dem Absatzmarkt nicht unerheblich durch beschaffungsmarktgerichtete Innovationsstrategien sowie durch die Beobachtung der Konkurrenzaktivitäten auf den Beschaffungsmärkten gefördert (Gümbel 1963, S. 261 ff.).

4 PROBLEME DER IMPLEMENTIERUNG INNOVATIVER STRATEGIEN IM EINZELHANDEL

4.1 Die Konzentration auf Innovationsschwerpunkte

Die aufgezeigte Vielfalt von Ansatzpunkten innovativer Änderungen der Marketingpolitik verdeutlicht die Komplexität innovativer Strategien im Einzelhandel, welche auch Ausdruck einer bestimmten Risikoneigung der Unternehmungsführung sind. Eine proaktive und innovationsfördernde Strategieplanung zeichnet sich dadurch aus, daß ausgehend von einer Leistungsdefinition das Faktorenprofil definiert und an sich ändernde Rahmenbedingungen angepaßt wird (Lerchenmüller 1992, S. 200).

Es sind jedoch die aus einer zu intensiven Innovationsaktivität resultierenden Risiken zu beachten, die zu Imageverlusten und Profilierungsdefiziten führen können. Von daher erscheint eine Einbindung von Innovationen in eine ganzheitliche Strategie-Konzeption notwendig, um zu einer klaren und eindeutigen Positionierung der Handelsunternehmung zu gelangen. Letztere sollte Schwerpunkte innovativer Aktivitäten aufzeigen. Diese Konzentration auf sog. Kernkompetenzen (Kerngeschäfte; zum Begriff vgl. Kotler/Bliemel 1995, S. 93 ff.) mindert die Gefahr der Entstehung eines „verschwommenen“ Image bei aktuellen und potentiellen Kunden. Dieses Risiko besteht insbesondere bei einer ständigen und gleichzeitigen Änderung von Handelsprozessen und Leistungsangeboten.

4.2 Zur Notwendigkeit der Potentialabstimmung

Neben einer notwendigen Abstimmung von Innovationsschwerpunkten mit sog. Kerngeschäften ist zu berücksichtigen, daß eine innovative Änderung der Marktbearbeitungskonzeption eine markt- und unternehmensbezogene Potentialabstimmung erfordert.

Resultat einer mangelnden bzw. inkonsistenten Potentialabstimmung können etwa wiederholte Neuprofilierungen innerhalb weniger Jahre sein, die einen drohenden Imageverlust eher stützen als abwehren. So wandelte sich z.B. das Motto des Warenhauses Kaufhof AG, Köln, zwischen den Jahren 1990 und 1994 von „Kaufhof – das Erlebnishaus“ zu „Alles, was ich will“, ohne daß eine klare Positionierung im Wettbewerbsgefüge deutlich wird.

Dennoch darf die geforderte Potentialabstimmung nicht als reaktiver Ansatz verstanden werden. Vielmehr ist neben technischen und organisatorischen Möglichkeiten zur Verbesserung von Handelsprozessen die Weckung der den Kunden innewohnenden, noch nicht artikulierten Bedürfnisse ein wesentlicher Ansatzpunkt für die rechtzeitige Entwicklung von Innovationen im Einzelhandel, woraus sich gerade für die Primärforschung eine Vielzahl von Aufgaben der Informationsgewinnung ableiten läßt.

5 FAZIT UND ENTWICKLUNGSPERSPEKTIVEN

Die aufgezeigte Verbindung zwischen Information und Innovation im Sinne eines handelsspezifischen Time-Based Competition-Ansatzes (Zeit als Wettbewerbsfaktor, Stalk/Hout 1991) verdeutlicht einen Forschungsbedarf hinsichtlich strategischer Informationssysteme.

Potentialabgestimmte Innovationsstrategien können hierbei dem Aufbau von dauerhaften Wettbewerbsvorteilen dienen, wenn die bearbeiteten Marktsegmente über einen Piониercharakter (im Vergleich zu anderen Marktsegmenten der Branche) und vor allem genügend Marktpotential verfügen. Imitationsstrategien relevanter Wettbewerber lassen sich hingegen regelmäßig immer dann abwehren, wenn ein horizontaler Informationsvorsprung besteht. Derartige Informationsvorsprünge gegenüber Konkurrenten können zugleich Mobilitätsbarrieren in einem sich eher durch fehlende Marktschranken auszeichnenden Wirtschaftszweig darstellen. Die zunehmende Verbreitung der Informations- und Kommunikationstechnologien im Einzelhandel stellt somit in Verbindung mit Früherkennungssystemen eine wichtige und gegebenenfalls auch lohnenswerte Herausforderung für den Einzelhandel dar.

LITERATUR

Abott, L.: Qualität und Wettbewerb, München 1958.

Barth, K.: Die erkenntnisfördernde Bedeutung der Handelsfunktionen - Plädoyer für einen verkannten Forschungsansatz. In: Mitteilungen des Instituts für Handelsforschung an der Universität zu Köln, 34 (1982), Nr. 10, S. 106-111.

Barth, K.: Betriebswirtschaftslehre des Handels, 2. überarbeitete und wesentlich veränderte Aufl., Wiesbaden 1993.

Barth, K.; Büttner, H.: Das geschlossene Warenwirtschaftssystem als Instrument der Unternehmungsführung im Einzelhandelsbetrieb. In: Mitteilungen des Instituts für Handelsforschung an der Universität zu Köln, 37 (1985), S. 172-176 und 180.

Boehler, J.: Betriebsform, Wachstum und Wettbewerb, Wiesbaden 1993.

Bouffier, W.: Betriebswirtschaftslehre als Funktionen- und Leistungslehre. In: Funktionen und Leistungsdenken in der Betriebswirtschaft, Festschrift für K. Oberparleiter, Wien 1956.

Brungs, S.A.: Systematisierung und Evaluation der Betriebstypenpolitik im Einzelhandel, München 1991.

Buddeberg, H.: Betriebslehre des Binnenhandels, Wiesbaden 1959.

Erichson, B.; Hammann, P.): Grundlagen der Beschaffung und Aufbereitung von Informationen. In: Bea, F. X.; Dichtl, E.; Schweitzer, M. (Hrsg.): Allgemeine Betriebswirtschaftlehre, Bd. 2: Führung, 5. Aufl., Stuttgart 1991, S. 185-221.

Gümbel, R.: Die Sortimentspolitik in den Betrieben des Wareneinzelhandels, Köln 1963.

Hammer, M.; Champy, J.: Business Reengineering: Die Radikalkur für das Unternehmen, 3. Aufl., Frankfurt am Main 1994.

Kern, W.: Industrielle Produktionswirtschaft, 5. Aufl., Stuttgart 1992.

Kirchner, J. D.; Zentes, J.: Führen mit Warenwirtschaftssystemen, Düsseldorf 1984.

Klein-Blenkers, F.: Die Kombination der Betriebsfaktoren und ihr Einfluß auf die Handelsleistung. In: Mitteilungen des Instituts für Handelsforschung an der Universität zu Köln, 34. Jg. 1982, Nr. 10, S. 118-126.

Kotler, Ph.; Bliemel, F.: Marketing-Management, 8. Aufl., Stuttgart 1995.

Kuhlmeier, A.: Die Betriebstypeninnovation als Bestandteil der Absatzpolitik im Einzelhandel, Göttingen 1980.

Lerchenmüller, M.: Handelsbetriebslehre, Ludwigshafen 1992.

Marschner, H.: Diffusions- und Akzeptanzprobleme von Innovationen im Handel. In: Marketing – ZFP, 8 (1986), Nr. 1, S. 35-40.

Mathieu, G.: Betriebstypenpolitik – Strategie, Entwicklung, Einführung. In: Absatzwirtschaft, 23 (1980), H. 10, S. 116-127.

McNair, M.P.: Trends in Large-Scale Retailing. In: Harvard Business Review, 10 (1931), Nr. 1, S. 30-39.

Meffert, H.: Marktorientierte Führung von Dienstleistungsunternehmen - neuere Entwicklungen in Theorie und Praxis. In: DBW, 54 (1994), Nr. 4, S. 519-541.

Meffert, H.; Bruhn, M.: Dienstleistungsmarketing, Wiesbaden 1995.

Möhlenbruch, D.: Betriebswirtschaftliche Probleme einer Kontrolle der Nachfragemacht des Handels unter besonderer Berücksichtigung der Marktabgrenzung und des Diskriminierungsverbotes, Göttingen 1985.

Möhlenbruch, D.: Sortimentspolitik im Einzelhandel – Planung und Steuerung, nbf Bd. 131, Wiesbaden 1994.

Möhlenbruch, D.; Nickel, S.: Kooperationsstrategien als Element der wettbewerbsstrategischen Konzeption von Einzelhandelsunternehmungen. In: Trommsdorff, V. (Hrsg.): Handelsforschung 1994/95: Kooperation im Handel und mit dem Handel, Jahrbuch der Forschungsstelle für den Handel Berlin (FfH) e.V., Wiesbaden 1994, S. 3-22.

Oehme, W.: Handels-Marketing. Entstehung, Aufgaben, Instrumente, 2. Aufl., München 1992.

Olbrich, R.: Informationsmanagement in mehrstufigen Handelssystemen, Frankfurt/Main 1992.

Schenk, H.-O.: Marktwirtschaftslehre des Handels, Wiesbaden 1991.

Schulte, E.; Simmet, H.: Warenwirtschaftssysteme, Just-in-time-Konzepte und Data-Base-Marketing. In: Dynamik im Handel, 34 (1990), Nr. 7, S. 21-24.

Seyffert, R.: Über Begriff, Aufgaben und Entwicklung der Betriebswirtschaftslehre, 6. Aufl., Stuttgart 1971.

Seyffert, R.: Wirtschaftslehre des Handels, 5. Aufl. In: Sundhoff, e. (Hrsg.), Opladen 1972.

Stalk, G.; Hout, T. M.: Zeitwettbewerb – Schnelligkeit entscheidet auf den Märkten der Zukunft, Frankfurt 1991.

Tietz, B.: Betriebspolitik der Handelsbetriebe. In: Tietz, B. (Hrsg.): Handwörterbuch der Absatzwirtschaft, Stuttgart 1974, Sp. 385-394.

Trommsdorff, V.: Innovationsmarketing, Querfunktion der Unternehmung. In: Marketing ZFP, 13 (1991), H. 3, S. 178-185.

Wieandt, A.: Die Entwicklung von Märkten durch Innovationen. In: zfbf, 46 (1994), Nr. 10, S. 852-870.

Wittmann, W.: Unternehmung und unvollkommene Information. Unternehmerische Voraussicht, Ungewißheit und Planung, Köln 1959.

Woratschek, H.: Betriebsform, Markt und Strategie, Wiesbaden 1992.

Zentes, J.: Warenwirtschaftssysteme: Auf dem Weg zum Scientific Management im Handel. In: Marketing – ZFP, 10 (1988), Nr. 3, S. 177-181.

Einfluß des virtuellen Unternehmens auf den Handel

Christian Scholz, Saarbrücken

Positioniert zwischen INTERNET und Cyberspace ist das „virtuelle Unternehmen" auf dem besten Wege, zu einem neuen Leitbild zukunftsorientierter Organisationen zu werden. Auch wenn wichtige Theoriebausteine noch fehlen, bleibt die Notwendigkeit einer raschen und tiefgreifenden Auseinandersetzung mit dieser Organisationsform. Gerade der Handel muß darüber nachdenken, welche Konsequenzen sich aus den virtuellen Unternehmen für ihn ergeben, will er nicht für die Zukunft weichenstellende Entwicklungen verpassen.

1 AUSGANGSLAGE

Jeder Managementkurs oder Unternehmensberater, der sich auch nur einigermaßen auf der Höhe des wirtschaftlichen Geschehens sieht, propagiert gegenwärtig das Konzept der Kernkompetenzen (z.B. Prahalad/Hamel 1990, S. 79-91; Hammer/Champy 1994, S. 78-80): Unternehmen sollen sich entlang der Wertschöpfungskette auf genau die Aktivitäten konzentrieren, bei denen sie ein spezifisches Expertenwissen und damit einen deutlichen Wettbewerbsvorteil entwickeln könnten. Auch Bewegungen wie „Konzentration auf das Kerngeschäft" oder „Abschied von ungesteuerter Diversifikation und Integration" laufen in diese Richtung: Sie führen in letzter Konsequenz dazu, daß sich – im Extremfall – jedes Unternehmen fragmentarisch auf nur ganz wenige Segmente der Wertschöpfungskette beschränkt.

Derartige Bestrebungen mögen zwar für den einzelnen Wertschöpfungsoptimierer sinnvoll sein, erschweren aber die Situation für den Kunden: Will er eine komplexe Lösung oder ein umfangreiches Gesamtpaket, muß er die Leistung selbst zusammensetzen und dazu mit unterschiedlichsten Anlaufstellen in Kontakt treten. Daß dazu auf Seiten des Konsumenten jederzeit die entsprechende Bereitschaft vorhanden ist, muß bezweifelt werden.

Diese Skizze ist sicherlich vereinfacht, ändert aber nichts an dem generellen Trend: der Vergrößerung der Lücke zwischen Fokussierung auf Kernkompetenzen bei Unternehmen und dem Kundenwunsch nach Komplettlösungen. Genau an dieser Stelle kommt das virtuelle Unternehmen zum Tragen, dem zugetraut wird, diese Lücke zu schließen, und zwar in Formen, die weit über Anwendungsbereiche bei Industrieunternehmen hinausgehen.

2 DAS VIRTUELLE UNTERNEHMEN ALS PARADIGMA

Das Konzept des virtuellen Unternehmen hat *zwei logische Wurzeln*:

- Die erste Wurzel ist die *virtuelle Realität*. Dort können Mutige, bewaffnet mit einem Head-mounted Display (HMD) und einem Dataglove, wie Michael Douglas und Demi Moore im Film Disclosure in virtuelle Welten vorstoßen. Entscheidend bei der virtuellen Realität ist die Möglichkeit, eine breite Palette von Sinneseindrücken zu schaffen: So entsteht beim Träger des HMD ein räumlicher Gesamteindruck, wenn sich bei jeder Bewegung des Helmes auch der im Helm eingespielte Bildausschnitt verändert, also ein Drehen des Kopfes um 180 Grad den Blick auf hinter einem liegende Objekte freigibt. Für die virtuelle Realität gibt es inzwischen eine Vielzahl von Anwendungen: Sie reichen von der 3D-Animation bei Computerspielen über virtuelle Studios (teilweise beim WDR) bis hin zum virtuellen Patienten, an dem sich Medizinstudenten gefahrlos austoben können.

- Die zweite Wurzel des virtuellen Unternehmens liegt in der *externen Informationsvernetzung* unserer Informationsgesellschaft. Ob das weltweite Computernetz INTERNET oder sonstige Informations-Highways: In allen Fällen stehen dem Interessierten eine Fülle von Informationen zur Verfügung, die er passiv konsumieren oder aktiv als Einstieg in einen Dialog mit dem Informationsgeber gebrauchen kann. Daß bereits der bisherige Ausbaustand des INTERNET zu einer imposanten Eigendynamik fähig ist, belegt der „Skandal“ um den Pentium-Prozessor von INTEL, der zu einem erheblichen Maße durch Diskussionsforen im INTERNET hochgeschaukelt wurde und INTEL durch die plötzlich versammelte Konsumentenmacht in Zugzwang brachte.

Ein *Beispiel* für Virtualität ist die „virtuelle Bibliothek“ im World Wide Web (WWW), einem weltumspannenden und selbstorganisierenden Verbund von Computernetzen: Diese Bibliothek ergibt sich durch ungesteuerten Zusammenschluß der teilnehmenden Institutionen, wobei es aber keine gemeinsame Lenkungs- und Steuereinheit gibt. Das WWW hat demnach keinen Start- oder Oberknoten: Jeder kann sich anschließen und mitwirken. Die konstituierenden Eigenschaften einer Bibliothek (systematisierter Zugriff auf unterschiedliche Quellen) ist allerdings auch in dieser virtuellen Bibliothek vorhanden, bestimmte physikalische Attribute (wie „zentrale Bibliotheksverwaltung“) fehlen aber und werden durch technische Zusatzspezifikationen (Netzadministration im WWW) ersetzt, wodurch sich ein entsprechender Zusatznutzen (größere Flexibilität und Aktualität) ergibt.

Unabhängig von den historischen Wurzeln gehen virtuelle Unternehmen aber über technokratische Höhenflüge hinaus: Sie sind sogar ohne High-Tech zu realisieren, wenn virtuelle Unternehmen „im Kopf“ von miteinander interagierenden Menschen entstehen.

Spätestens diese konzeptionelle Öffnung macht eine klare *Definition* erforderlich, will man verhindern, daß letztlich jede unpräzise beschriebene Organisation mit dem schillernden Etikett „virtuelle Organisation“ oder „virtuelles Unternehmen“ belegt und damit einer inhaltlich fundierten Diskussion weitestgehend entzogen wird. Als eine derartige Definition soll folgende Schnittmenge aus diversen Quellen (z.B. Davidow/Malone 1992; Byrne/Brandt 1993; Müller 1993) gelten (Scholz 1994a):

1) Es gibt konstituierende Charakteristika, die sowohl das ursprüngliche als auch das zu virtualisierende Objekt aufweisen.

2) Bestimmte physikalische Attribute des ursprünglichen Objektes fehlen.

3) Trotzdem werden durch entsprechende Zusatzspezifikationen die ursprünglich vorhandenen und zu virtualisierenden Verhaltensmerkmale realisiert.

4) Das Ergebnis ist ein klar definierbarer Nutzenvorteil des virtuellen Objektes.

Diese Definition gilt generell für alle virtuelle Objekte, als Spezialfall damit auch für virtuelle Unternehmen.

Virtuelle Unternehmen sind damit künstliche Gebilde, die (zur Realisation des maximalen Kundennutzens) auf individuellen Kernkompetenzen basieren und unabhängige Unternehmen entlang der Wertschöpfungskette integrieren, wobei den Kunden dieses Zusammenführen nicht beeinträchtigt und kein zusätzlicher Koordinationsaufwand entsteht. Gerade der Verzicht auf eine neue bürokratische Koordinationsstelle und der weitgehende Verzicht auf vertragliche Bindungen bei gleichzeitiger Schaffung einer Vertrauenskultur macht den Unterschied zu verwandten Konzepten (wie den der strategischen Allianzen) deutlich.

Ein *Beispiel* für eine Verkettung von Kernkompetenzen in ein virtuelles Unternehmen ist *Walden Paddlers* (vgl. Welles 1993): Mit der klaren Vision vor Augen, technisch hochwertige, nichtsdestoweniger aber preisgünstige Kajakboote aus recycelbarem Kunststoff für jedermann zu produzieren und direkt auf den Markt zu bringen, schuf Paul Farrow in einem halben Jahr ein Netzwerk von Zulieferern, Herstellern, Designern und Verkäufern mit einem einzigartigen Know-How und nannte das entstandene Gebilde „Walden Paddlers". Neben günstigen Marktbedingungen sieht Farrow insbesondere in der flexiblen und unkonventionellen Bindung der Partner einen wichtigen Grund für den rasch einsetzenden Erfolg seines Unternehmens, das mit ihm seinen einzigen Angestellten hat. Der eigentliche Wert des Unternehmens liegt daher nicht im bilanziellen Betriebsvermögen, sondern vielmehr im Netzwerk aus Kernkompetenzen der involvierten Partner.

Virtuellen Unternehmen wird eine große *Zukunft* propagiert: So schwärmt gerade der inzwischen zum globalen Visionär aufgestiegene *John Sculley* von virtuellen Unternehmen als der zentralen Organisationsform der Zukunft (Müller 1993).

Bei derartigen Virtualisierungsüberlegungen stehen vor allem *zwei Formen* von virtuellen Unternehmen vor einer faszinierenden Zukunft, die jeweils unterschiedliche Entstehungsgeschichten haben:

- *Virtuelle Verbundunternehmen* entstehen durch Zusammenschluß unterschiedlicher Unternehmen, die rechtlich und faktisch von einander unabhängig sind und entsprechend der obigen Definition individuelle Kernkompetenzen in den gemeinsamen Verbund einbringen.

- *Virtuelle Einzelunternehmen* erhalten dagegen ihre Virtualität dadurch, daß sie wichtige Unternehmenseigenschaften in den virtuellen Raum verlagern. Ein Beispiel dafür wäre eine über INTERNET besuchbare „virtuelle Apotheke". Hier kann der (an einer realen Krankheit leidende) Patient direkt in seinem PC eine Apotheke „betreten" und dem virtuellen Apotheker (mehr oder weniger) gut strukturierte Fragen stellen, wonach seine Beschwerden erfaßt und vom Großhandel abgewickelt werden. Lediglich unleserliche Arztrezepte stellen ein Problem dar, außer sie werden durch unmittelbaren Datenaustausch sowieso hinfällig.

Vor allem die Form des virtuellen Verbundunternehmens ist allerdings an die Erfüllung einer ganzen Reihe von *Prämissen* geknüpft, darunter:

- generelle Visionsbereitschaft im Unternehmen,
- sinnvolle Kombination von Kernkompetenzen,
- ausgereifte Kommunikationstechnologie in Verbindung mit Technologiefreudigkeit,
- Unternehmen mit Vertrauenskultur sowie Kunden- und Leistungsorientierung und
- einem juristischen Mindestrahmen.

Als Zwischenergebnis bleibt festzuhalten, daß virtuelle Unternehmen trotz aller Euphorie allenfalls an der Schwelle von Utopie zur Realität stehen, nichtsdestoweniger aber als ernstzunehmende Szenarien anzusehen sind: Daran ändert auch die Existenz von rechtlichen Problemen wie das der Haftung (Scholz 1994b) wenig. Zu prüfen ist also, – unter Zugrundelegung der Basishypothese einer Existenzwahrscheinlichkeit für virtuelle Unternehmen –, welche Implikation sich in diesem Fall für Handelsunternehmen ergeben und wie man sich gegebenenfalls aktiv darauf vobereiten könnte.

3 DIE KONSEQUENZEN FÜR DEN HANDEL

Betrachtet man die Virtualisierung von Unternehmen als zumindest vom Prinzip her nicht auszuschließende Perspektive, so lassen sich potentielle Implikationen einer derartigen Entwicklung für den Handel ableiten. Sie werden ausgelöst durch

- Virtualisierung beim Produzenten (Lieferanten),
- Virtualisierung beim Handel selbst, und
- Virtualisierung beim Kunden (Endabnehmer).

Alle drei Perspektiven sollen nachfolgend kurz evaluiert werden, wobei zur Komplexitätsreduktion von einem undifferenzierten Begriff des „Handels" ausgegangen wird. Festzuhalten ist aber: Gerade auch im Handel gibt es in der Informationstechnologie eine Fülle von Möglichkeiten, speziell im Hinblick auf das elektronische Marketing (Hermanns/Flegel 1992) und auf elektronische Distributionssysteme (z.B. Töpfer 1992). Trotzdem darf – wie bereits ausgeführt – das Konzept des virtuellen Unternehmens nicht auf die EDV-Technologie reduziert werden. Sie ist ein Hilfsmittel, überläßt aber die entscheidenden

Aspekte der inhaltlichen Dimension und vor allem die aktive Bewußtseinsbildung den jeweiligen Akteuren.

3.1 Virtualisierung auf der Produzentenseite

Die in diesem Zusammenhang für den Handel entscheidende Virtualisierung betrifft vor allem die Form der interorganisatorischen Partnerschaft, also die Virtualisierung zu Verbundunternehmen: Kleine und auf ihre Kernkompetenzen reduzierte Unternehmen (beziehungsweise Unternehmensteile) schließen sich dabei aufgabenspezifisch zusammen, wobei aber für den Außenstehenden ein einheitliches Unternehmen mit einem einheitlichen Auftreten entsteht. Mehr noch als bei der Arbeitsgemeinschaft oder beim Konsortium ist das entstandene Unternehmen für seine Geschäftspartner daher als ein geschlossener Partner zu interpretieren und als Ganzes anzusehen.

Aus diesem Szenario sind speziell *vier Implikationen* bedeutsam:

1) Solche virtuellen Unternehmen haben wesentlich *kürzere Reaktionszeiten* auf Veränderungen in der Nachfragestruktur. Sie erlauben eine fallweise neue und andersartige Zusammenbindung spezifischer Kernkompetenzträger und ermöglichen so jeweils neue (virtuelle) Unternehmen. Geht man ferner davon aus, daß in der Regel Handelsunternehmen rascher reagieren können als ihre vorgelagerten Produzenten, so ist diese Zeitverkürzung auf der Lieferantenseite eine interessante Chance für den Handel. Handelsunternehmen können sich dabei der virtuellen Unternehmen nicht nur „bedienen“: Sie können vielmehr als virtuelle Unternehmen bewußt in ihre Planung mit einbeziehen, um auf diese Weise raschere Reaktionszeiten für den Kunden zu schaffen. Dies setzt aber die für den Umgang mit virtuellen Unternehmen notwendige Vertrauens- und Fairneßkultur voraus: Ein brutales Ausspielen von Handelsmacht würde hier letztlich unüberwindbare Barrieren schaffen.

2) Durch den Zusammenschluß zu virtuellen Unternehmen läßt sich auf der Produzentenseite leichter die *kritische Masse* erreichen, die erforderlich ist, um dem Handel entsprechend selbstbewußt entgegenzutreten.

3) Die amöbenhafte *Wandlungsfähigkeit* von virtuellen Unternehmen könnte es Handelsunternehmen schwerer als bisher machen, auf Strukturänderungen im Produzentensystem zu reagieren.

4) Die für den Handel gefährlichste Entwicklung besteht in einer punktuellen *Vorwärtsintegration* von ursprünglich nur auf Produktion festgelegten Unternehmen. Ein solches virtuelles Unternehmen versucht dennoch, direkt bis zum Kunden beziehungsweise bis zum Endverbraucher vorzudringen. Es sucht dazu Partner, deren Kernkompetenz gerade in der Interaktion mit dem Kunden liegt. Statt breiter Werbung erfolgt dann unmittelbare und direkte Kundenansprache, und zwar direkt „vom Produzenten“, also vom virtuellen Unternehmen. Verbindet man diese Gedanken zusätzlich noch mit der Idee des virtuellen Produktes (Jeans, Brillen), deren Produktidee direkt aus der Interaktion mit dem Kunden entsteht, so wird deutlich, warum gerade der Trend zu virtuellen

Unternehmen auf der Produzentenseite für das Handelsunternehmen eine wichtige Herausforderung ist.

Als Konsequenz ergibt sich, daß Handelsunternehmen zwangsläufig eine entsprechende Strategie brauchen, um bewußt mit virtuellen Unternehmen umzugehen. Hierzu gibt es *vier Alternativen*:

1) *Verhinderung von virtuellen Unternehmen*: Konzentriert sich der Handel in seinen Beschaffungsaktivitäten primär auf traditionelle (also nicht-virtuelle) Unternehmen, so kann er ein Etablieren von virtuellen Unternehmen in seinem Umfeld durchaus mittelfristig verhindern. Virtuelle Unternehmen werden dann zu einem großen Teil bereits in ihrer Start-up-Phase „verhungern", nur wenige dürften über eine konsequente Vorwärtsintegration am Handel vorbei zum Kunden vordringen. Der damit verbundene Vorteil für das Handelsunternehmen besteht im Erhalt von Stabilität und Berechenbarkeit. Insgesamt mag diese Strategie kurzfristig durchaus verlockend (weil scheinbar risikofrei) sein, mittelfristig birgt sie aber weniger Perspektiven und ist langfristig sicherlich nicht durchhaltbar.

2) *Partnerschaft mit virtuellen Unternehmen*: Wesentlich interessanter, da mit geringerem Risiko und höherem Ertragspotential verbunden, ist der aktive und offene Umgang mit virtuellen Unternehmen. Der Handel nutzt dabei im Hinblick auf die Maximierung des Nutzens von seinen Kunden (und von sich selbst) das Flexibilitätspotential des virtuellen Unternehmens, indem er bewußt mit ihm kooperiert.

3) *Förderung von virtuellen Unternehmen*: Nutzt der Handel seine Informationsmöglichkeiten an der Schnittstelle zum Kunden, so kann er innovative Geschäftsideen aufspüren, die das virtuelle Unternehmen auf der Lieferantenseite umsetzen kann. Der Handel nimmt damit gerade die bei innovativen Ideen erforderliche Rolle des „Beziehungspromotors" (Gemünden/Walter 1995) wahr, der als Netzwerkmanager tätig ist. Entscheidend ist: Der Handel wird bei dieser Alternative nicht Teil des virtuellen Unternehmens, er initiiert beziehungsweise fördert es aber durch entsprechende Informationen; gerade darin liegt seine Kernkompetenz.

4) *Mitwirkung an virtuellen Unternehmen*: Noch einen Schritt weiter geht die vierte Alternative, bei dem das Handelsunternehmen zu einem aktiven Partner im virtuellen Unternehmen wird. Dies macht besonders dann Sinn, wenn das Handelsunternehmen mit Virtualisierungstendenz entweder klein (und flexibel) ist oder aber als ausgegliederte (unabhängige) Einheit eines größeren Handelsunternehmen operiert.

Alle vier Alternativen sind damit tragfähige Strategien, aus denen sich das Handelsunternehmen in Abhängigkeit von der eigenen Situation eine entsprechende wählen kann: Für größere Handelsunternehmen sind je nach involvierten Marktsegmenten durchaus Kombinationen zulässig.

3.2 Virtualisierung im Handelsunternehmen

Wendet man sich jetzt der unmittelbaren Virtualisierung des Handelsunternehmens selbst zu, so läßt sich dieses als virtuelles Verbundunternehmen oder aber als virtuelles Einzelunternehmen charakterisieren.

3.2.1 Virtuelle Verbundunternehmen

Die erste Virtualisierungsform liegt in der Mitwirkung an einem virtuellen Verbundunternehmen. Das Handelsunternehmen geht dabei ganz oder teilweise in ein virtuelles Unternehmen ein. In Abhängigkeit von der Art der involvierten Unternehmen gibt es dazu zwei Unterformen:

Die erste Unterform ist die Verbindung von Unternehmen oder Unternehmensteilen auf der *gleichen Stufe*. Es schließen sich also mehrere Handelsunternehmen zusammen. Dies würde bedeuten, daß sich gerade kleinere Unternehmen zusammentun, um auf diese Weise mit dem virtuellen Unternehmen einen flexiblen Unternehmensverbund zu schaffen, unter anderem mit entsprechenden Skaleneffekten. Auch können die kleineren Unternehmen über eine solche Integration in ein virtuelles Unternehmen in Größendimensionen mit entsprechend verstärkter Schlagkraft vordringen.

Die zweite Unterform ist die Integration *unterschiedlicher Stufen*, also der Vorwärtsintegration beziehungsweise die Rückwärtsintegration:

- *Vorwärtsintegration* bezieht sich dabei auf die Realisation von virtuellen Verbundunternehmen mit prozeßtechnisch nachfolgenden Unternehmen. Diese Variante dürfte allerdings wenig Sinn machen, da weder die Verbindung „Handel-Endkonsument" noch „Großhandel-Einzelhandel" in diesem Zusammenhang nutzenstiftend scheinen.

- Anders dagegen die *Rückwärtsintegration*: Hier verbindet sich das Handelsunternehmen mit produzierenden Unternehmen und erzielt so Steuerungs- und Innovationspotentiale. Diese Rückwärtsintegration über virtuelle Verbundunternehmen ist identisch mit den in Abschnitt 3.1 diskutierten Ansätzen zur „Teilnahme an einem virtuellen Unternehmen". Diese Form der Integration könnte gleichzeitig den Handel seinem Ziel etwas näher bringen, das im Zusammenhang mit Qualitätssicherungmechanismen und KAIZEN genannt wird (Imai 1994, S. 85): Der Beherrschung der vorgelagerten Prozesse (Upstream Management) durch umfassende Einbindung von Händlern, Lieferanten und anderen Partnern.

Die virtuellen Verbundunternehmen über unterschiedliche Stufen, die vom Produzenten bis hin zum Distributionsunternehmen reichen, wären eine logische Weiterführung von Bewegungen, die unterstützt durch die weitreichenden Möglichkeiten der Informationstechnologien zu diversen kooperativen Modellen führen: So postulieren beispielsweise Buzzell und Ortmeyer (1994) entsprechende „Channel Partnerships" als Ergebnis von Reengineering-Prozessen traditioneller Händler-Hersteller-Beziehungen. Vergleicht man diese (eher festen) Strukturen mit virtuellen Verbundunternehmen, so legen letztere den Schwerpunkt auf

– flexible Kombinierbarkeit
– ohne zusätzliche Koordinationsstelle und
– das Merkmal der Schaffung einer neuen Organisationseinheit,

wenngleich man durchaus auch von einem fließenden Übergang sprechen kann. In jedem Fall gibt es zwei identische Merkmale bei den Konzepten: Die Existenz einer Vertrauenskultur und die Existenz einer „verbindenden" hochleistungsfähigen Informationstechnologie.

3.2.2 Virtuelle Einzelunternehmen

Die zweite Virtualisierungsform in Handelsunternehmen ist die Bildung eines virtuellen Einzelunternehmens. Dieser Gedanke setzt allerdings ein konsequentes Zurückgehen auf die definitorische Basis des virtuellen Unternehmens und speziell auf seine vier konstituierenden Merkmale voraus: So wird aus einem Versandhaus, das die Bestelloption per INTERNET zuläßt, ebensowenig ein virtuelles Warenhaus, wie bereits per se ein Versandhaus ein virtuelles Warenhaus darstellt.

Zwei Extrempunkte sollen die weitergehende Argumentationslinie illustrieren helfen:

– Auf der einen Seite steht ein Kaufhaus, das – weitgehend unter Verwendung einer eigenen Marke – Produkte vielfältiger Lieferanten zusammenführt, wobei es ausschließlich auf eigenes Personal, eine eigene Verwaltung und ein eigenes Logistik- und Distributionssystem zurückgreift.

– Auf der anderen Seite befindet sich der Vermieter einer Verkaufshalle, die zergliedert unterschiedlichen Firmen zur Verfügung gestellt wird. Die Funktion des Hallenvermieters besteht in diesem Fall in der Bereitstellung der Fläche und damit verbunden in einer entsprechenden Umlage der Gemeinkosten.

Daß der erstgenannte Fall ein reales Kaufhaus darstellt, liegt ebenso auf der Hand wie die Erkenntnis, daß dieses im zweiten Fall nicht gegeben ist, da Merkmale wie abgestimmte Warenpräsentation und einheitliches Einkaufskonzept fehlen. Die wirklich interessierende Fragestellung ergibt sich somit darin, unter welchen Bedingungen der zweite Fall („Verkaufshalle") zu einem *virtuellen Kaufhaus* werden kann und worin der zusätzliche Nutzenvorteil der Virtualisierung liegt.

In dieser Hinsicht ist zunächst zu prüfen, worin (entsprechend des eingangs zitierten Vier-Merkmal-Schemas der Virtualität) im Hinblick auf den Kunden die eigentlichen Charakteristka eines Kaufhauses bestehen. Folgt man entsprechender Literatur (Barth 1993, S. 91), so scheinen unter anderem folgende Merkmale bedeutsam:

– gemeinsames Dach-Image,
– einheitliches Corporate Design,
– konkurrierende Angebote unterschiedlicher Hersteller,
– spezifisches Einkaufserlebnis für den Kunden,
– einheitliches Auftreten der Mitarbeiter,

– räumliche Verzahnung,
– standardisierte Verkaufs-/Zahlungsmodalitäten.

In einem virtuellen (nichtsdestoweniger aber physikalisch existenten) Kaufhaus müßten alle diese Merkmale realisiert sein, obwohl die Merkmale der einheitlichen Leitung und der entsprechenden Rechtsform wegfallen. Das Ergebnis ist dann ein Unternehmensverbund, der sich zeitpunktbezogen organisiert und zusammenstellt, wobei es ab dieser Stelle keine Rolle mehr spielt, ob die Verkaufsfläche von einem zusätzlichen Partner ge- und vermietet wird oder ob das Verbundunternehmen gemeinsam als Mieter auftritt.

Der Reiz – und damit der *Zusatznutzen* – der zum virtuellen Unternehmen mutierten „Verkaufshalle", liegt in der flexiblen Struktur, in der auf die Kundenbedürfnisse durch neuartige Zusammenstellungen von Produzenten reagiert werden kann. Dies setzt entsprechende Zusatzspezifikationen voraus: Am leichtesten sind dazu noch die administrativen Funktionen durch entsprechende Informationstechnologien in den Griff zu bekommen. Wesentlich schwieriger dürfte es sein, die Partner trotz teilweise existenter Konkurrenzsituationen zusammenzubringen und trotz völliger Unabhängigkeit in eine einheitliche Richtung zu lenken: Nämlich ein abgestimmtes Corporate Design und ein zumindest für die zentralen Aktivitäten auf der Schnittstelle zum Kunden abgestimmte Personalentwicklung.

Noch weitergehend würde eine Situation zu interpretieren sein, bei der das virtuelle Unternehmen nicht mehr physisch existent ist, sondern das Attribut „gemeinsame Verkaufsfläche" zugunsten eines gemeinsamen Auftretens im INTERNET aufgegeben wird. Auch hier stellen sich aber ähnliche Probleme wie oben, wenngleich sich hier dennoch eine wichtige Entwicklungsmöglichkeit abzuzeichnen beginnt.

3.3 Virtualisierung beim Kunden/Konsumenten

Die (relativ) geringsten Implikationen ergeben sich für den Handel durch Veränderungen auf der Kundenseite, vor allem wenn man davon ausgeht, daß am Ende der Kette ein (physikalisch) realer Konsument steht. Ausgenommen davon ist allenfalls der Großhandel, der es seinerseits beim Einzelhandel mit virtuellen Unternehmen als Kunden zu tun haben kann.

Trotzdem geht aber vom Konsumenten eine indirekte Wirkung aus: Da auch er über diverse Medien wie INTERNET in die Lage verstetzt wird, Produkt- und Händlerinformationen einzuholen, muß der Handel im Extremfall mit einem informatorisch voll aufgeklärten Kunden rechnen.

Wenn ein Kunde sich nach eigenen Recherchen im INTERNET aufgrund von Vergleichsinformationen für ein Auto entscheidet (vielleicht aber doch durch emotional stimulierende Werbung beeinflußt), dann über Serienbrieffunktion als E-MAIL alternative Händlerangebote einholt, sich über das WWW eine Finanzierung zusammenstellt und die entsprechenden Transaktionen vornimmt, nach Einsicht in die Produktionsplanung des Herstellers und in die Dispositionsdaten des Vertriebes sein Auto über Audiokommunikation bestellt und dessen Herstellung quasi online im Werk überwacht, so wird klar, daß sich der Handel auf eine neue Struktur von Käufern einstellen muß, was teilweise nur über virtuelle Unternehmen überhaupt möglich sein wird.

4 ERGEBNIS

Das Konzept der virtuellen Unternehmen übt zweifelsohne eine zunehmende *Faszination* aus: Speziell wenn mit Intensivierung der Weltwirtschaft die kleineren und mittelgroßen Unternehmen dominieren werden (Naisbitt 1994), bieten sich virtuelle Verbundunternehmen als zeitlich begrenzte Mechanismen zur Schlagkraftoptimierung an. Analoges gilt für virtuelle Einzelunternehmen.

Allerdings birgt auch diese Virtualität eine Reihe von *Gefahren* in sich:

- An erster Stelle ist hier die inflationäre Verwendung des *Begriffes* „virtuell" im wesentlichen als Synonym für unscharf, vage und nicht genau fixiert zu nennen.

- Auch sind einige *rechtliche* Fragen noch nicht ausreichend geklärt (Scholz 1994).

- Schließlich wird leicht übersehen, daß virtuelle Unternehmen eine ganz spezifische *Unternehmenskultur* (Leistungs-, Vertrauens-, Kooperations- und Toleranzkultur) voraussetzen, ohne deren Existenz Schwierigkeiten vorprogrammiert sind. Strukturen lassen sich noch relativ leicht ändern. Schwieriger wird es bei Personalmanagementkonzepten und speziell bei der Personalentwicklung (Scholz 1994c). Überlebenskritisch schließlich dürfte es damit sein, eine Unternehmenskultur zu entwicklen, die derartige Tendenzen wie die virtuelle Unternehmen nicht als Drohung oder als Irritation auffaßt, sondern als eine strategische Chance, die es möglichst frühzeitig wahrzunehmen gilt.

- Nötig ist bei virtuellen Verbundunternehmen eine gezielte *Imagestrategie.* Dabei müssen die Verbundpartner zugunsten des Verbundunternehmens mit ihrem Produkt-/Unternehmensimage zurücktreten.

Insgesamt liegen also hier breite Felder für zukünftige Forschungen brach.

Sicherlich sind virtuelle Unternehmen noch weit davon entfernt, eine marktbestimmende Realität zu werden. Auch sind nicht alle Branchen in derartig ausgeprägter Intensität betroffen, wie es beispielsweise die EDV-Branche (Hard- und Software) ist. Dies ändert aber nichts daran, daß virtuelle Gestaltungsformen strategische *Optionen* darstellen, die es vorzubereiten und auszuüben gilt.

Dabei hat gerade der Handel eine ganze Reihe von interessanten *Gestaltungsvarianten* (vgl. Abschnitt 3.1 und 3.2). Nicht abgewartet werden darf, bis die Wissenschaft für alle Teilaspekte ausgereifte Antworten präsentiert. Wettbewerbsvorteil heißt zeitlicher Vorsprung, gerade auch bei derartig innovativen Organisationskonzepten. Aus diesem Grund muß sich jedes Unternehmen nach einem entsprechenden Umfeld-Scanning und einer ausgereiften Scenario-Analyse für sich selbst ein Zukunftsbild entwickeln, in dem virtuellen Unternehmen eine Rolle spielen, und dieses dann in die *strategische Planung* einbringen.

LITERATUR

Barth, K.: Betriebswirtschaftslehre des Handels. Wiesbaden (Gabler) 2. Auflage 1993.

Buzzell, R.D.; Ortmeyer, G.: Channel Partnerships: A New Approach to Streamlining Distribution. Arbeitspapier des Marketing Science Institute in Cambridge, Report Number 94-104, April 1994.

Byrne, J.A.; Brandt, R.: The Virtual Corporation. In: Business Week, 08.02.1993, S. 36-40.

Davidow, W.H.; Malone, M.S.: The Virtual Corporation. New York (Harper-Collins) 1992.

Gemünden, H.G.; Walter, A.: Der Beziehungspromotor – Schlüsselperson für interorganisationale Innovationsprozesse. In: Zeitschrift für Betriebswirtschaft 65 (1995), im Druck.

Hammer, M.; Champy, J.: Business Reengineering. Die Radikalkur für das Unternehmen. Frankfurt – New York (Campus) 2. Auflage 1994.

Hermanns, A.; Flegel, V.: Electronic Marketing – Grundlagen, Einsatzfelder, Chancen und Risiken. In: Hermanns, A.; Flegel, V. (Hrsg.): Handbuch des Electronic Marketing, München (Beck) 1992, S. 1-24.

Imai, M.: KAIZEN. Der Schlüssel zum Erfolg der Japaner im Wettbewerb. Frankfurt a.M. – Berlin (Ullstein) 4. Auflage 1994.

Müller, W.: Virtuellen Firmen gehört die Zukunft. In: Computer Zeitung 25 (43/1993), S. 20.

Naisbitt, J.: Global Paradox. The bigger the world economy, the more powerful ist smallest players. New York (William Morrow) 1994.

Prahalad, C.K.; Hamel, G.: The Core Competence of the Corporation. In: Harvard Business Review 68 (May-June/1990), S. 79-91.

Scholz, Ch.: Die virtuelle Organisation als Strukturkonzept der Zukunft?, Arbeitspapier Nr. 30 des Lehrstuhls für Betriebswirtschaft, insb. Organisation, Personal- und Informationsmanagement an der Universität des Saarlandes, Saarbrücken 1994a.

Scholz, Ch.: Virtuelle Unternehmen – Faszination mit (rechtlichen) Folgen. In: jur-pc 12/94, 1994b, S. 2927-2935.

Scholz, Ch.: Personalmanagement. Informationsorientierte und verhaltenstheoretische Grundlagen. München (Vahlen) 4. Auflage, 1994c.

Töpfer, A.: Direktmarketing mit neuen Medien. In: Hermanns, A.; Flegel, V. (Hrsg.): Handbuch des Electronic Marketing, München (Beck) 1992, S. 663-682.

Welles, E.O.: Inc. Cover Story: Virtual Realities. In: Inc. (August/1993), S. 50-58.

Informationssysteme für einzelne Funktionen im Handelsunternehmen

Personalinformationssysteme im Handel

Klaus Barth und Michaela Stoffl, Duisburg

Der Aufbau von Personalinformationssystemen im Handel ist in Theorie und Praxis ein bislang noch stark vernachlässigtes Gebiet. Dies verwundert um so mehr, als die Personalkosten neben den Wareneinstandskosten einen wesentlichen Anteil an den Gesamtkosten im Handel ausmachen und insofern ein beachtliches Rationalisierungspotential darstellen. Zudem kann die Effizienz ganzer Funktionsbereiche von den jeweiligen Mitarbeitern und ihrem Leistungseinsatz abhängen. Der folgende Beitrag setzt sich daher mit dem Personalinformationssystem als einem Instrument zur Unterstützung von personal- und unternehmungspolitischen Entscheidungen in Handelsunternehmungen auseinander, durch dessen Implementierung wesentliche Ökonomisierungsgewinne erzielt werden können.

1 EINLEITUNG

Viele Handelsunternehmungen sind dabei, ihre Marktpositionen kritisch zu überdenken, um durch die Entwicklung innovativer Marktbearbeitungsstrategien den neuen Herausforderungen durch Markt und Wettbewerb besser zu begegnen. Im Fokus stehen das Überdenken von Unternehmungsstrategien und die Entwicklung neuer Marktbearbeitungssysteme, um sich der geänderten Situation anpassen zu können. Konzentration auf die Stufen der Wertschöpfung, auf denen sich die eigenen Kernkompetenzen befinden, oder aber Wertschöpfungspartnerschaften zwecks Erzielung von Kostensenkungs- und/oder Leistungsverbesserungspotentialen sowie die Nutzung neuer Chancen durch Internationalisierung der Geschäftstätigkeit zählen sicherlich zu den aktuelleren Überlegungen im Handel; Konzepte wie Category Management, Lean Management oder Re-Engineering machen Furore. Dreh- und Angelpunkt sämtlicher Ökonomisierungsanstrengungen ist jedoch der Mitarbeiter im Handel, denn jedes noch so innovative und erfolgversprechende Konzept bleibt wirkungslos, wenn die Umsetzung von Seiten der Mitarbeiter nicht gelingt. Insofern besteht regelmäßig die Notwendigkeit, unternehmungspolitische Entscheidungen auch durch Informationen über die Verfügbarkeit und Eignung von Mitarbeitern vorzubereiten und abzusichern. Damit nehmen die Personalinformationen neben den Wareninformationen eine nicht unbeachtliche Stellung im handelsbetrieblichen Informationsmanagement ein.

Obwohl der Personalführung eine hohe Bedeutung zukommt, ist der Anwendungsstand der Personalinformationssysteme in der handelsbetrieblichen Praxis noch unbefriedigend. Die Gründe dafür liegen auf der Hand: Während Funktionsbereiche wie Beschaffung oder Absatz mit zahlenmäßigen Ergebnissen aufwarten können, ist dies im Personalbereich nur selten möglich. So ist die Personalfreisetzung eine der wenigen Aufgaben, die eindeutig in Geldwerten quantifiziert werden kann und als Kostenersparnis ihren Niederschlag in der kurzfristigen Erfolgsrechnung findet.

Das Personalmanagement erstreckt sich als Querschnittsfunktion, ähnlich der Organisation, Logistik oder Informatik, über alle Funktions- und Warenbereiche (categories) im Handelsbetrieb und wendet sich jenen Problemen zu, die sich im Rahmen des Aufbaus und der Steuerung einer Unternehmung bei dem Faktor Arbeit bzw. den Mitarbeitern stellen: Anknüpfungspunkt ist die menschliche Arbeit im Handelsbetrieb unter Effizienzaspekten. Insofern umschließt das Personalmanagement eine Fülle an Aufgaben, die im übrigen nicht ausschließlich von den Personalspezialisten in den entsprechenden Fach- bzw. Stabsabteilungen, sondern im Rahmen der Führungsfunktion auch von sämtlichen Linienvorgesetzten wahrgenommen werden (Wohlgemuth 1990, S. 86). Dazu zählen beispielsweise Personalbeschaffung, -einsatz, -entwicklung, -freisetzung, Vergütung, Motivation, Mitarbeiterführung etc. Und all diese Aufgaben fallen nicht nur in Betriebstypen mit personalintensivem Verkauf an. Führt man sich beispielhaft die discountierenden Betriebstypen mit ihrer aggressiven Preispolitik vor Augen, so ist anzunehmen, daß sich die Arbeitsabläufe infolge des geringeren Kundenkontaktes gleichmäßiger gestalten, was die Planbarkeit des Personaleinsatzes im Verkaufsraum erheblich verbessert. Dies darf jedoch keinesfalls zu der Vermutung führen, den Aufgaben im Personalmanagement käme demzufolge eine geringere Bedeutung zu. Vielmehr ist lediglich davon auszugehen, daß der Schwierigkeitsgrad personalpolitischer Fragestellungen je nach Betriebstyp unterschiedlich ausfallen kann. Nicht zuletzt darf bei derartigen Überlegungen auch nicht in Vergessenheit geraten, daß neben den Verkaufsmitarbeitern weitere Personen an der Hervorbringung der Handelsleistung beteiligt sind. So ist es vor allem der für jeden Betriebstyp so wichtige dispositive Faktor, der für eine kundenorientierte und wirtschaftliche Kombination der übrigen Faktoren und somit für die Erstellung der handelsbetrieblichen Leistung verantwortlich zeichnet.

2 PERSONALINFORMATIONSSYSTEM ALS BASIS DES PERSONAL-MANAGEMENT

2.1 Die Informationsaufgabe

Jedwede Form eines Personalkonzeptes kann nur so gut sein wie die ihm zugrundeliegende Analyse. Insofern ist eine qualifizierte und aussagefähige Informationsbasis zwingende Voraussetzung für die Manifestierung personalspezifischer Ziel- und Aktionsprogramme und die Überprüfung ihrer Realisierbarkeit. Neben der Analyse der gegenwärtigen situativen Bedingungslage sind dabei gleichsam Prognoseinformationen heranzuziehen, um die Vergangenheits- und Gegenwartsinformationen mit zukunftsbezogenen Daten verknüpfen und damit auf Ereignisse und Trends frühzeitig reagieren zu können.

Im Hinblick auf die Informationsquellen können analog zur Marktforschung Primär- und Sekundärforschung unterschieden werden (Böhler 1992, S. 54 ff.). Im Rahmen von Primärerhebungen bietet sich vor allem die Befragung an, mit deren Hilfe Informationen über subjektive und objektive Tatbestände (Beispiele: Personalfragebogen, Einstellungs-/Zufriedenheitsuntersuchungen, Mitarbeitergespräche) (Remer 1978, S. 420 ff.) erhoben und Kontrollen der Realisierung personalwirtschaftlicher Ziele durchgeführt werden können. Darüber hinausgehend dienen sie auch der Mitarbeiterkommunikation und -partizipation. Beobachtungen können im wesentlichen zur Leistungs- und Potentialbeurteilung herangezogen werden. Ziel der Leistungsbeurteilung ist es, den Deckungsgrad von Anforderung und Leistung zu überprüfen. Anknüpfungspunkt der Beurteilung können Leistungsergebnis, Leistungsverhalten oder persönliche Eigenschaften sein. Demgegenüber ist im Rahmen einer Potentialbeurteilung zu überprüfen, welches (latente) Leistungspotential vorhanden ist oder noch entwickelt werden kann, bzw. ob ein Mitarbeiter für eine bestimmte Aufgabe geeignet erscheint. Experimente als dritte Möglichkeit erweisen sich als wichtiges Hilfsmittel zur Überprüfung von Ursache-Wirkungs-Zusammenhängen, so z.B. zur Erfolgsanalyse bestimmter Gruppenstrukturen oder unterschiedlicher Arbeitszeitsysteme.

Werden die Informationen aus bereits vorhandenem Datenmaterial gewonnen, so liegt eine Sekundärforschung vor. Von Bedeutung ist hier vor allem die Dokumentenanalyse (Remer 1978, S. 420), die Informationen – beispielsweise in Form von Arbeitsmarktstatistiken oder Meinungsanalysen – von Forschungsinstituten und Verbänden (Beispiel: Institute für Handelsforschung, Europäisches Handelsinstitut, Hauptverband des deutschen Einzelhandels) umfaßt. Darüber hinaus sind auch die eigenen Personalstatistiken, Informationen aus dem Rechnungswesen oder Controlling, aus Organisations- und Stellenplänen, Zeugnisse, Beurteilungsbögen u.ä. heranzuziehen. Ferner kann zudem auf externe Datenbanken zugegriffen werden, die umfassende, teils sogar aufbereitete Informationen über branchen- oder auch betriebsgrößenspezifische Entwicklungen von Personalkennzahlen, Mitarbeiterstrukturen, aber auch über Wettbewerber oder sonstige Branchenentwicklungen liefern.

Im Hinblick auf das Informationsvolumen besteht zum einen die Notwendigkeit, die relevanten Analyse- und Informationsbereiche abzugrenzen. Voraussetzung hierfür ist, daß bereits im Vorfeld eine grobe Zielplanung im Personalmanagement vorgenommen wird, um so die generelle Ausrichtung der Informationsaktivitäten zu filtern und das Informationsziel zu konkretisieren. Zum anderen sind aufgrund der Informationsvielfalt im Sinne einer Systematisierung Ordnungskriterien zu definieren, um so zu einer besseren Handhabung und Überschaubarkeit und damit auch erhöhten Akzeptanz beitragen zu können.

Grob können unternehmungsinterne und -externe Informationen unterschieden werden, wobei vor allem erstere Anknüpfungspunkt von Personalinformationssystemen sind und daher nachfolgend im Vordergrund stehen werden. Dabei sollen inhaltlich vier Informationsbereiche unterschieden werden: Mitarbeiterinformationen, Arbeitsplatzdaten, Informationen zum Personalmanagement und allgemeine Unternehmungsinformationen.

2.1.1 Mitarbeiterinformationen

Gegenstand der *Personalforschung* ist die Eruierung, Aufbereitung und Auswertung von Informationen, die sich aus der Mitarbeit von Menschen und deren Verhalten in der Unternehmung ergeben (Scherm 1992, S. 936 f.). Ziel ist es, die personellen Ressourcen hinsichtlich ihrer Verfügbarkeit und Eignung mitarbeiterindividuell und in ihrer Gesamtheit (Personalstruktur) transparent zu machen. Wichtige Aufgabe ist hierbei zunächst, die relevanten Bewertungs- und Beurteilungskriterien zu bestimmen. Nachfolgende Kriterienliste (vgl. *Übersicht 1*) einer Mitarbeiterdatei stellt keineswegs eine allgemeingültige Lösung dieses Problems dar, sondern dient lediglich einer beispielhaften Katalogisierung, die im Einzelfall situativ und unternehmungsspezifisch zu verändern oder zu ergänzen ist.

Unter Wirtschaftlichkeitsaspekten sind vor allem Kennzahlen für die Zielbildung, Steuerung und Kontrolle im Personalmanagement zu definieren und zu erheben. Beispielhaft seien hier die Kennzahlen der Belegschaftsstruktur (Alter, Betriebszugehörigkeit, erworbene Qualifikation u. ä.), der Personalkosten (wie Anteil der Personalkosten am Umsatz), der Personalleistung (Beispiel: Umsatz je Arbeitsstunde) oder auch Kennzahlen zu Mitarbeiterverhalten oder -einstellungen (so die Fluktuations-/Fehlzeitenquote, Entlassungsaufwand) genannt.

Eine verhaltensorientierte Ausrichtung der Personalforschung verlangt darüber hinaus die Analyse der Mitarbeitermotivation, ihrer Ziele und Zufriedenheit (bspw. in Form der Zufriedenheitsquote als Quotient von zufriedenen Äußerungen und Gesamtheit an Äußerungen). Wichtig ist in diesem Zusammenhang das Personal-Selbstimage (Hentze 1991, S. 234), das als subjektives Vorstellungsbild der Mitarbeiter im Hinblick auf die Unternehmung zu verstehen und als ein zentraler Eckpfeiler des Mitarbeiterverhaltens anzusehen ist.

Einschränkend bleibt hier natürlich zu bemerken, daß die Aufnahme und methodische Verarbeitung qualitativer Informationen aufgrund von Operationalisierungsschwierigkeiten in der Praxis nicht unproblematisch ist (z.B. Motivstrukturen, Mitarbeiterziele). Die zunehmende Bedeutung qualitativer Aspekte in der Personalarbeit hat jedoch Anstoß dazu gegeben, das methodische Repertoire zur Erfassung qualitativer Informationen weiterzuentwickeln bzw. zu verfeinern (so z.B. Assessment Center, Mitarbeitergespräche).

Für eine annäherungsweise objektive Einschätzung bzw. Beurteilung von Leistungs- und Verhaltensmerkmalen ohne Überschreitung eines angemessenen Zeit- und Kostenbudgets empfiehlt sich das Heranziehen eines Bewertungs- und Entscheidungsmodells (Stoffl, in Vorbereitung).

In Anbetracht der gewählten Bewertungskriterien kann das Beispielmodell im Führungskräftebereich des Einzelhandels, der den Vorstand bzw. die Geschäftsführung, Direktoren/Bereichsleiter, Hauptabteilungsleiter/Filialleiter umschließt, zur Anwendung gelangen. Als Beurteilungsobjekt kommen sowohl einzelne Mitarbeiter (z.B. vergleichende Bewertung der einzelnen Filialleiter), aber auch Mitarbeitergruppen (z.B. Abteilungsleiter, Warenbereichsleiter) in Frage. Darüber hinaus besteht die Möglichkeit, eine Mitarbeiterkategorie in mehrere Gruppen zu unterscheiden, so z.B. die Filialleiter in Abhängigkeit des Filialumsatzes, des Betriebstyps (z.B. traditionelles Warenhaus, Fachmarkt) oder auch nach der Beschäftigtenzahl zu gruppieren. In allen Fällen ist eine gleiche Gewichtung der einzelnen Qualifikationsmerkmale vorauszusetzen.

Anhand des Scoring-Modells läßt sich nun eine vergleichende Bewertung der Qualifikationsmerkmale der einzelnen Mitarbeiter und Mitarbeitergruppen vornehmen. Der ermittelte Leistungswert operationalisiert den status quo des Beurteilungsobjektes und kann in vielfacher Hinsicht genutzt werden. So kann durch Gegenüberstellung mit einem Soll-Qua-

Übersicht 1: Beispiel für einen Mitarbeiterstammsatz

Allgemeine Merkmale	Leistungsmerkmale
Identifizierungsdaten ❑ Personalnummer ❑ Familien-/Vorname ❑ Geschlecht ❑ Geburtsdatum ❑ .... Sonstige ❑ Eintrittsdatum ❑ Auszeichnungen, Verwarnungen ❑ Entgeltdaten (Lohnstufe, Gehaltsentwicklung, Erfolgsbeteiligung) ❑ Einstellung, Verhalten ❑ Vertragsdaten (vereinbarte Arbeitszeit u.ä.) ❑ Absentismus ❑	Kenntnisse ❑ Schul-/Berufsausbildung ❑ Berufserfahrung (branchen-/funktionsbezogen) ❑ Auslandserfahrungen ❑ Sprachkenntnisse Einsatzdaten ❑ Unter-/Überstellung ❑ Tätigkeit ❑ Verantwortung geplante Maßnahmen ❑ Weiterbildung ❑ Versetzung ❑ Laufbahn Leistungsmotivation ❑ Initiative ❑ Mitarbeiterziele Leistungsergebnisse ❑ Verkaufszahlen ❑ Kundenkontaktfähigkeit ❑ Belastbarkeit ❑ Konzentrationsfähigkeit ❑ ....

Übersicht 2: **Analyse der Mitarbeiterqualifikation auf Grundlage eines Scoring-Modells**

	Mitarbeiter (-gruppen) / Bewertungskriterien	Gewichtungsfaktor (g)	Mitarbeiter A		Mitarbeiter B		Mitarbeiter C		u. a.
			Punktzahl (p)	gewichtete Punktzahl (gxp)	Punktzahl (p)	gewichtete Punktzahl (gxp)	Punktzahl (p)	gewichtete Punktzahl (gxp)	
Fähigkeitsmerkmale	bereichsübergreifendes Wissen								
	Fachkenntnis								
	Methodenkenntnis								
	Flexibilität								
	Innovationsfähigkeit								
	Analysefähigkeit								
	Verantwortung								
	Anpassungsfähigkeit								
	Urteilsfähigkeit								
Verhaltensmerkmale	Leistungsorientierung								
	Entscheidungsverhalten								
	Kooperationsverhalten								
	Führungsverhalten								
	Planungsverhalten								
	Kontrollverhalten								
	Streßtoleranz								
	Analyseverhalten								
	Risikobereitschaft								
Punktsumme									

Gewichtung: 0,1 bis 1,0

Bewertung: 0 (Merkmal wird nicht erfüllt) bis 5 (Kriterium wird ausgesprochen gut erfüllt) lifikationswert, der sich aus der Verknüpfung des Gewichtungsfaktors mit dem bestmöglichen Wert je Merkmal und anschließender Addition der sich daraus ergebenden Punkte ergibt, eine qualitative Bedarfslücke festgestellt werden. Darüber hinaus kann der Leistungswert für die Ausrichtung eines leistungsbezogenen Entgeltanteils oder Anreizes herangezogen werden. Aber auch für erforderliche Veränderungen des Personaleinsatzes und vor allem Maßnahmen zur Personalentwicklung liefert die bewertete Mitarbeiterqualifikation wichtige Informationen.

Der besondere Vorzug des Scoring-Modells besteht darin, die Leistungsmerkmale in Abhängigkeit von der unternehmungsspezifischen Interessenlage unterschiedlich zu gewichten. Dies hat im übrigen den Vorteil, daß das Modell recht problemlos auf alle Mitarbeiter(-gruppen) angewendet werden kann. Zum zweiten ermöglicht das Modell durch die Quantifizierung eine Vergleichbarkeit der beurteilten Mitarbeiter. Bedingung dafür ist natürlich, daß in einem Scoring-Modell nur die Mitarbeiter berücksichtigt werden, die von der betrieblichen Einordnung her vergleichbar sind. Dies dürfte sich jedoch bereits aufgrund der den verschiedenen Leistungsmerkmalen zugewiesenen einheitlichen Gewichtungsfaktoren ergeben.

2.1.2 Arbeitsplatzinformationen

Die *Arbeitsforschung* umschließt sämtliche arbeitswissenschaftlichen Analysen und zielt darauf ab, den arbeitsplatz- oder anforderungsbezogenen Informationsbedarf zu decken. Im Gegensatz zur Personalforschung werden zur Bestimmung von Anforderungen, typischerweise in Form von Stellenplänen und -beschreibungen, Solldaten erhoben, beispielsweise unterschieden nach fähigkeits- und verhaltensorientierten Anforderungen. In Abgrenzung zum personenbezogenen Qualifikationsprofil ist ein Anforderungsprofil tätigkeitsbezogen und damit unabhängig vom aktuellen oder zukünftigen Stelleninhaber. Die Anforderungen können sowohl qualitativer als auch quantitativer Natur sein, wobei die quantitativen Anforderungen (z.B. Umsatzvorgaben) vor allem für Steuerungszwecke herangezogen werden können.

Bei der Auswahl der Anforderungskriterien ist darauf zu achten, daß diese sowohl unternehmungs- als auch geschäftseinheitenspezifisch vorzunehmen ist. So sind je nach Betriebstyp und Leistungsangebot unterschiedliche Anforderungen an das Fähigkeitsprofil der Mitarbeiter zu stellen. Darüber hinaus ist auch die jeweilige Wettbewerbssituation zu berücksichtigen, denn das eigene Know-how ist immer in Relation zu dem der Mitbewerber zu beurteilen. Weitere Schwierigkeiten bei Erfassung der mehrdimensionalen Anforderungsprofile resultieren daraus, daß mit zunehmendem Planungszeitraum im Rahmen der strategischen Bedarfsplanung neben der Ableitung derzeitiger Anforderungen gleichsam die zukünftigen Anforderungsmerkmale und Bedarfsstrukturen zu prognostizieren sind. Damit ist die Aussagekraft der qualitativen Bedarfsplanung von der Lösung der Prognoseprobleme, bzw. der Inanspruchnahme adäquater Instrumente, abhängig.

In Anbetracht dessen, daß sowohl die gesamte Belegschaftsstruktur als auch einzelne Geschäftsbereiche oder einzelne strategisch wichtige Schlüsselpositionen als Planungsobjekt in Frage kommen, können Informationen auf unterschiedlichen Aggregationsniveaus relevant sein. Die für Anforderungsprofile benötigten Informationen können sowohl stellenspezifisch als auch tätigkeitsbereichsspezifisch und somit berufsgruppenbezogen (z.B. Abteilungsleiter, Beratungs- und Bedienungspersonal, Sachbearbeiter) formuliert werden, wobei im letzten Fall weitgehend identische Anforderungen unterstellt werden

(Scholz 1993, S. 180 ff.). Aus Kostengründen ist zunächst eine möglichst hohe Aggregationsebene anzustreben und für die operative Umsetzung schrittweise so weit wie erforderlich zu konkretisieren.

2.1.3 Personalmanagement- und allgemeine Unternehmungsinformationen

Neben der Personal- und Arbeitsforschung sind im Rahmen der Unternehmungsanalyse die für die Politikformulierung und -durchsetzung relevanten Personalmanagement- und allgemeinen Unternehmungsinformationen zu erfassen. Zu den *Personalmanagement-Informationen* zählen vor allem sämtliche Informationen über die Ziele, die aktuellen oder zukünftigen Strategie- und Aktionspläne oder die hierarchische Positionierung und damit Durchsetzungskraft des Personalmanagement als Institution. Nicht zu vergessen sind die verbindlich festgelegten personalpolitischen Grundsätze und Leitlinien, die den Rahmen für alle denkbaren Handlungsmaßnahmen bestimmen. So kann ein Handelsbetrieb beispielsweise konsequent dem Grundsatz folgen, den Führungsnachwuchs nur aus den eigenen Reihen auszuwählen.

Die Notwendigkeit einer systematischen Beschaffung *allgemeiner Unternehmungsinformationen* resultiert aus dem engen Zusammenhang von Personalführung und gesamtunternehmerischem Management. Neben den unternehmungspolitischen Zielen (absatz- und beschaffungspolitische Ziele, Rentabilitätsziele u.a.) und den Strategievorhaben ist die Ausgestaltung der marketingpolitischen Instrumentalvariablen relevant. So sind beispielsweise sortimentspolitische Entscheidungen wichtige Einflußgrößen für die Auswahl oder Entwicklung von Verkaufskräften. Denn im Hinblick auf das Auftreten und Aussehen des Verkäufers ist zum Abbau von Interaktionsbarrieren eine Übereinstimmung mit der ausgewählten Zielgruppe anzustreben. Hieraus leitet sich die Forderung nach einer „klientalen Abstimmung" der Verkäufer ab (Hansen 1990, S. 285 f.), um dafür zu sorgen, daß die Mitarbeiter sich so weit wie möglich in ihre (potentiellen) Kunden einfühlen und Einblicke in deren Bedürfnisse haben. So empfiehlt es sich, das Alter des Verkaufsteams in einem Warenbereich (z.B. „Young fashion") dem Alter der Zielgruppe anzupassen.

Auch die Kostensituation ist von großer Bedeutung, denn sie steckt den finanziellen Rahmen für das Personalmanagement ab. Nicht zuletzt ist darauf hinzuweisen, daß auch die Ziele und Bedürfnisse bestimmter Kernorgane wie die Unternehmungsleitung, der Betriebsrat, die Führungskräfte, die Kapitaleigner usw. von nicht unbeachtlicher Bedeutung sein können. Denn je nach Ausprägung von Machtbeziehungen können die verschiedenen Interessengruppen mehr oder weniger Einfluß auf das Personalmanagement ausüben und die Handlungsmöglichkeiten gegebenenfalls restriktionieren.

Zu den allgemeinen Informationen können auch Informationen über Wettbewerber und deren Personalarbeit gezählt werden. Denn gerade der Vergleich eigener Daten mit denen anderer Unternehmungen liefert wertvolle Anhaltspunkte zur Aufdeckung von Schwachstellen und Leistungslücken im Vergleich zu konkurrierenden Handelsunternehmungen. So können im Rahmen eines Benchmarking partielle Überlegenheiten von Mitbewerbern aufgedeckt, Ideen zur Optimierung des Personalmanagement generiert und Innovationen der Konkurrenz für die eigene Unternehmung nutzbar gemacht werden. Als weitere Möglichkeit bietet sich auch die Teilnahme an einer Erfa-Gruppe an, wie sie beispielsweise von der Deutschen Gesellschaft für Personalführung praktiziert wird.

Abschließend bleibt festzuhalten, daß die hier aufgegriffenen Informationsfelder lediglich beispielhafter Natur sind. Im konkreten Fall ist der Informationsbedarf unternehmungsspezifisch (so z.B. in Abhängigkeit der Betriebsgröße und des jeweiligen Vorhabens) zu klären und in Umfang und Intensität von den jeweiligen (potentiellen) Mitarbeitern und/oder Arbeitsplätzen abhängig.

2.2 Kennzeichnung eines Personalinformationssystems

In Anbetracht des sich hier andeutenden Umfangs zu eruierender und zu verarbeitender Personalinformationen liegt es nahe, zum Aufbau eines Informationssystems soweit wie möglich die Vorzüge der elektronischen Datenverarbeitung zu nutzen. Bislang werden die gebotenen Möglichkeiten eines computergestützten Personalmanagements in der Praxis jedoch nur in geringem Ausmaß genutzt: Personalinformationssysteme werden fast ausschließlich für administrative Zwecke und Abrechnungsaufgaben eingesetzt, wohingegen anspruchsvollere Planungsansätze kaum verbreitet sind.

Unter einem Personalinformationssystem wird ein System verstanden, das sämtliche für das Personalmanagement entscheidungsrelevanten Informationen systematisch erfaßt, speichert und auswertet, um allen Entscheidungs- und Aufgabenträgern den Kenntnisstand zu ermöglichen, den sie zur zielgerechten Wahrnehmung ihrer Führungs- oder Verwaltungsaufgaben benötigen (Domsch 1975, S. 107). Im Grunde ist die Informationsarbeit ohne Einsatz der elektronischen Datenverarbeitung möglich, in heutigen Zeiten wird in der Regel allerdings ein rechnergestütztes System zur Verarbeitung großer Datenmengen angenommen.

Ohne an dieser Stelle im Detail auf die Systemkomponenten einzugehen, seien nur kurz die wesentlichen vier Strukturelemente eines Personalinformationssystems erwähnt (Domsch/Schneble 1991, S. 7):

- Die *Personaldatenbank* beinhaltet im wesentlichen Informationen über den quantitativen, qualitativen und zeitlich differenzierten Personalbestand und damit derzeitige und zu erwartende Leistungsangebote tatsächlicher und potentieller Stelleninhaber. Darüber hinaus ist eine monetäre Ermittlung, Darstellung und Auswertung der Personalressourcen in Erwägung zu ziehen, so daß ein Rückschluß auf den „Wert" des Mitarbeiterpotentials möglich ist und monetäre Folgen von personalbezogenen Entscheidungen erfaßt oder abgeschätzt werden können (Humanvermögensrechnung).

- Gegenstand der *Arbeitsplatzdatenbank* sind quantitativ und qualitativ spezifizierte Daten über die Beitragsforderungen der jeweiligen Arbeitsplätze in einem Handelsbetrieb. Daneben informiert die Arbeitsplatzdatenbank über Merkmale wie Arbeitsinhalt, -bedingungen, -ablauf, hierarchische und entgeltliche Eingruppierung etc. Zum Zweck der Vergleichbarkeit von Bestand und Bedarf ist im übrigen zu fordern, daß Personal- und Arbeitsplatzdatenbank symmetrisch aufgebaut sind.

- Die *Methoden-* und *Modelldatenbanken* umfassen die Planungsmethoden und -modelle, die für Analysezwecke und zur logischen Verknüpfung von Daten erforderlich sind. Sie ermöglichen beispielsweise, die Konsequenzen bestimmter personalwirtschaftlicher Aktivitäten für die Personalbedarfs- oder -kostenplanung zu simulieren.

- Im Hinblick auf die *Hardware* ist in den letzten Jahren eine zunehmende Abkehr von den traditionellen Großrechnern hin zu Personalcomputern zu beobachten, die einerseits den Vorzug einer flexibel einsetzbaren Software sowie in Folge der Benutzernähe andererseits eine lokale Datenverarbeitung (Distributed Data Processing) erlauben.

3 PERSONALINFORMATIONSSYSTEME UNTER ÖKONOMISIERUNGS-ASPEKTEN

Vor dem Hintergrund eines zunehmend härter werdenden Preis- und Qualitätswettbewerbs vermehren sich im Handel die Anstrengungen zur Ökonomisierung. Dabei umschließt der Begriff Ökonomisierung alle Entscheidungen und Maßnahmen, die einerseits auf eine Kostensenkung und/oder eine Leistungsverbesserung abzielen. Daß hier vor allem auch der Faktor Personal fokussiert werden muß, liegt auf der Hand:

- Mitarbeiter prägen als wichtige Leistungs- und Imageträger immer stärker Unternehmungsergebnis und -erfolg. Einer Investition in den Faktor Personal durch Personalausweitung oder Personalentwicklung zum Zwecke der Leistungssteigerung sind aufgrund der abnehmenden Kostenfähigkeit der Handelsunternehmungen jedoch enge Grenzen gesetzt.

- Der Faktor Personal ist aufgrund der besonderen Eigenart des Handelsproduktes – ein Kombinat aus Sach- und Dienstleistung – nur bedingt Automatisierungs- bzw. Rationalisierungsprozessen zugänglich. Bereits die Zielsetzungen schneller Checkout, Bewältigung von Spitzenzeiten sowie Vermeidung von Regallücken etc. machen deutlich, daß einem pauschalen Personalabbau enge Grenzen gesetzt sind. Dieser Aspekt erfährt eine Verstärkung, berücksichtigt man die betriebstypenabhängig erforderliche Beratungs- und Bedienungskomponente, mit deren Hilfe Imitationsbarrieren und Kundenbindungskonzepte entwickelt werden können.

Primäre Aufgabe des Personalinformationssystems ist die Schaffung einer gesicherten und breiten Informationsbasis, welche die Argumentationsfähigkeit der Personalverantwortlichen verbessert, deren Entscheidungsprozesse überprüfbar macht und vor allem deren Entscheidungsqualität optimiert. Grundlegende Bedingung dafür ist, daß ein installiertes Personalinformationssystem bei den Personalspezialisten und Linienvorgesetzten eine breite Akzeptanz erfährt, weil der Informationsnutzen erkannt wird. Während die einmaligen und laufenden Kosten für den Aufbau und Betrieb eines Personalinformationssystems zumindest größtenteils direkt erfaßt werden können, gestaltet sich die Operationalisierung des Nutzens noch immer schwierig. Die Ursache dafür ist vor allem darin zu sehen, daß das Personalinformationssystem nicht auf unmittelbarem Wege mit Einsparungen oder Verbesserungen in Verbindung gebracht werden kann. Im folgenden ist daher zu prüfen, welchen besonderen Nutzen ein Personalinformationssystem im Handelsbetrieb hervorbringt und inwiefern es einen Beitrag dazu liefert, die Ökonomisierungsanstrengungen im Personalbereich zu unterstützen.

3.1 Mehr Differenzierung in der Personalarbeit

Die Mitarbeiter als Planungs- und Kontrollobjekt sind im allgemeinen keine homogene Gruppe, so daß eine generelle Mitarbeiterorientierung wenig zielführend ist. Informationen über das Personal sind nicht per se, sondern in seiner quantitativen, qualitativen, evtl. auch örtlichen oder zeitlichen Dimension erforderlich. Der derzeit in der Praxis beobachtbare Trend zu einer ausgeprägteren Individualisierung in der Personalarbeit (Bsp. Arbeitszeit oder Entgelt) bestätigt die Forderung: je heterogener die Mitarbeiter, desto höher der nötige Differenzierungsgrad im Personalmanagement.

Voraussetzung für eine Differenzierung im Personalmanagement ist eine bedarfsgerechte Informationsbündelung, die eine dezentrale Wahrnehmung personalbezogener Aufgaben und damit eine situative Vorgehensweise und bessere Problemorientierung zuläßt. So ist die nach Warengruppen entwickelte Abteilungsgliederung zum einen mit dem Erfordernis verbunden, abteilungsspezifische Personalinformationen (Anteil von Teilzeitkräften, Personalkosten, Personalbeurteilungen u.a.) bereitzustellen, um den jeweiligen Vorgesetzten zielgruppenspezifisch zu informieren. Darüber hinausgehend sind die Mitarbeiter einer Abteilung einerseits mit unterschiedlichen Fähigkeiten und Zielen ausgestattet und werden andererseits mit unterschiedlichen Forderungen, Erwartungen konfrontiert. Insofern ist die abteilungsspezifische Informationsarbeit um eine mitarbeiter(gruppen)spezifische Informationsarbeit zu ergänzen.

Der Vorteil eines DV-gestützten Personalinformationssystems besteht nun darin, eine Vielzahl von Personalinformationen in kürzester Zeit aufzubereiten und je nach Problemlösungsbedarf unterschiedlich zu verknüpfen. So kann in Analogie zu den heterogenen Käufergruppen im Absatzbereich einer Handelsunternehmung eine Segmentierung des internen Arbeitsmarktes vorgenommen werden, der die Selektion von Zielsegmenten zuläßt und einer differenzierten Personalarbeit durch Entwicklung segment-/mitarbeiterspezifischer Personalprogramme (individuelle Arbeitszeiten, leistungsorientierte Entlohnung, bedarfsorientierte Weiterbildung, Karriereplanung u.ä.) Rechnung trägt.

Zur Segmentierung des internen Arbeitsmarktes können *demographische*, *sozioökonomische* und/oder *tätigkeitsbezogene* Merkmale verdichtet werden. Mit Blick auf Fragen des Personaleinsatzes gewinnt beispielsweise die vereinbarte Arbeitszeitregelung als tätigkeitsbezogenes Segmentierungskriterium an Bedeutung. Für das Segment „Teilzeitmitarbeiter" können dann rechnergestützt mitarbeiterindividuelle und flexible Einsatzpläne in Abstimmung mit den vertraglich festgelegten Arbeitszeiten und den abteilungs- und verkaufsstellenspezifischen Erfordernissen erstellt oder auch simuliert werden, welche die Diskrepanz zwischen individuellen Arbeitszeiten und Öffnungszeiten in den Verkaufsstellen berücksichtigen.

Um Ansatzpunkte zur Einwirkung auf das Leistungsverhalten zu finden, sind darüber hinaus *psychographische* Merkmale bei der Segmentierung heranzuziehen. Es bedarf keiner besonderen Betonung, daß die psychographisch ausgerichtete Informationserhebung und -verarbeitung nach wie vor mit erheblichen Problemen behaftet ist. Kriterien wie Mitarbeiterziele, Motive u.ä. sind einerseits schwer erfaßbar und interpretierbar, andererseits für eine zielorientierte Personalpolitik jedoch unverzichtbar. So mündet jede Form der Personalentwicklung in Mißerfolg, sofern der Betroffene kein Interesse zeigt. Dieses Problem ist nur dann einer (Näherungs-)Lösung zugänglich, wenn die Informationsaufnahme dezentral, d.h. durch die direkten Vorgesetzten in der Abteilung (beispielsweise im Rahmen eines Mitarbeitergesprächs) erfolgt. Eine weitere Schwierigkeit ist aber auch darin zu sehen, daß die diesbezüglichen Informationen sehr situativ sind und sich im Zeitablauf rasch verändern. Infolgedessen ist die Informationsbeschaffung nicht nur sehr schwierig und aufwendig, die instabilen Trennvariablen führen darüber hinaus relativ schnell dazu, daß sich die Trennschärfe zwischen den Segmenten auflöst, so daß die verfügbaren Informationen rasch veraltet sind.

Einschränkend bleibt noch anzumerken, daß die Handelsunternehmung bei der Ausgestaltung der internen Arbeitsmarktsegmentierung rechtliche und faktische Grenzen zu beachten hat, die sich auf die Problematik der arbeitsrechtlichen Gleichbehandlung, die Wirtschaftlichkeit der geplanten Aktivitäten oder auch auf Akzeptanzschwierigkeiten beziehen können (Bartscher/Fritsch 1992, Sp. 1755). Darüber hinaus sind Segmentierungsansätze natürlich nur dann sinnvoll, sofern im Anschluß eine gezielte Bearbeitung der eruierten Teilmärkte möglich bzw. beabsichtigt ist.

3.2 Vom Berichtswesen zum Informationsmanagement

Personalmanagement nach heutigen Maßstäben ist weit mehr als die Zahlung von Löhnen und Gehältern oder die Führung einer Personalakte verbunden mit der Erstellung einer Personalstatistik. Nach der Devise „am Anfang steht die Information" müssen Personalinformationssysteme zu einem Entscheidungsunterstützungssystem ausgebaut werden, das die Aussagekraft und Realisierbarkeit der im Personalmanagement formulierten Ziele über einen bedarfsgerechten Informationspool verbessert.

Wie auch das Personalmanagement erfüllt ein Personalinformationssystem keinen Selbstzweck, sondern ist Teil eines Ganzen. Insofern ist ein Personalinformationssystem nicht als Insellösung zu installieren, denn die Leistungsfähigkeit ist vor allem vom Ausmaß der Integrationsfähigkeit abhängig. In einem ersten Schritt ist das Personalinformationssystem in das Personalmanagement mit seinen zahlreichen Aufgabenfeldern (Bedarfsermittlung, Freisetzung, Entwicklung, Anreizgestaltung etc.) einzubetten. Darüber hinaus trägt die Vernetzung mit anderen Subsystemen zu einem Gesamtsystem den Interdependenzen zu anderen Funktionsbereichen im Handelsbetrieb, aber auch der Notwendigkeit einer gesamtunternehmerischen Ausrichtung sämtlicher bereichs- oder funktionsspezifischer Strategien und Maßnahmen, Rechnung. Neben einer Einbindung in das Managementinformationssystem verlangt die Forderung nach Markt- und Kundenorientierung beispielsweise eine Kompatibilität zwischen Kunde und Mitarbeiter, was eine Verknüpfung von Marktinformations- und Personalinformationssystem fordert. Zudem ist eine Verbindung zum Finanzbereich erforderlich, denn der Rahmen personalwirtschaftlicher Aktivitäten wird durch finanzielle Budgets abgesteckt. Eine für den Verkaufsbereich des Handels zentrale Informationsschnittstelle ist jene zwischen personalbezogenem und warenwirtschaftlichem Bereich. Die rechnergestützten Warenwirtschaftssysteme sind im Handel mittlerweile sehr weit entwickelt und liefern eine Vielzahl von Informationen, die auch zu Steuerungszwecken im Personalbereich herangezogen werden können (Stoffl, in Vorbereitung).

3.3 Verbesserung des Personalcontrolling

Die informationswirtschaftliche Komponente im Personalbereich hat mit der zunehmend dringlicher werdenden Forderung einer Optimierung des personalwirtschaftlichen Leistungsbeitrags sowie einer Bewertung personalwirtschaftlicher Maßnahmen anhand ökonomischer Zielgrößen zunehmend an Bedeutung gewonnen. Je größer die Informationsflut und je komplexer die Entscheidungstatbestände und damit der Koordinationsaufwand im Personalmanagement, um so dringlicher wird die Etablierung eines Personalcontrolling. Unter dem Begriff Personalcontrolling wird heute regelmäßig die bewußte Integration von Kontroll-, Planungs- und Informationsaufgaben im Personalmanagement verstanden (Bühner 1994, S. 370 ff.; Weber 1995, S. 98). Mit der Entwicklung rechnergestützter Informationssysteme ist ein Instrument geschaffen worden, das die Vielzahl verschiedener Aufgabenfelder im Rahmen der Planungs- und Kontrollprozesse unterstützt (Domsch 1975, S. 111; Scholz 1993, S. 45 ff.). Ziel ist dabei einerseits die Optimierung der Informationsarbeit in den einzelnen Aufgabenfeldern (z.B. Personalbedarfsermittlung, Personalentwicklung und -freisetzung, Entlohnung) und andererseits die Abstimmung der Teilaufgaben bzw. deren störungsfreies Zusammenwirken in bezug auf die Gesamtaufgabe. Vor allem letzteres ist, insbesondere bei Betrachtung von Mittel- und Großbetrieben des Handels, ohne die Unterstützung rechnergestützter Personalinformationssysteme kaum noch denkbar, zumal die verschiedenen Planungs- und Kontrollaufgaben in der Praxis regelmäßig nicht trennscharf unterschieden werden können. Nachfolgend sollen beispielhaft der Personaleinsatz sowie die Personalentwicklung im Handel unter Controllingfragen betrachtet werden.

Ein wesentlicher Ansatzpunkt zur Effizienzsteigerung des Faktors Arbeit im Handel ist der Personaleinsatz. Hier werden für den Verkaufsbereich bereits seit vielen Jahren umsatzorientierte Vorgehensweisen diskutiert (Barth 1968, S. 206). Die über die Scannerkassen gewonnenen Informationen (Umsatzschwankungen nach Jahreszeit, Wochentagen, Stunden, Zahltagen, Festtagen, Witterungsverhältnissen, marketingpolitischen Maßnahmen, Mode usw.) machen den Handel zunehmend zum Informationsspezialisten im Hinblick auf die Akzeptanz der Handelsleistung. Ein Personalinformationssystem eröffnet hier zunächst die Möglichkeit, durch Verknüpfung von Waren-, Arbeitsplatz- und Personalinformationen einen Einsatzplan zu erstellen, der Aspekte wie Ausbildung, Berufserfahrung, mitarbeiterspezifische Verkaufszahlen (Zahl bedienter Kunden, Altersstruktur/Lagerdauer der verkauften Artikel usw.), durchschnittliche Ausfallzeiten, Anteil nicht waren- oder kundengebundener Verkaufstätigkeiten, vereinbarte Arbeitszeiten etc. berücksichtigt. Im Hinblick auf die Steuerungsaufgabe sind vor allem Informationen darüber erforderlich, welche Anforderungen bezüglich der gewünschten Leistungsergebnisse und unter Berücksichtigung der Arbeitssituation (Arbeitsbedingungen, hierarchische Eingliederung einer Stelle) in den Abteilungen oder auch unterschiedlichen Leistungsbereichen gestellt werden. Zu diesem Zweck sind Leistungskriterien zu formulieren, so z.B. Umsatz je Quadratmeter Verkaufsfläche, Umsatz je Mitarbeiter oder auch Umsatz in Relation zu den abteilungsspezifischen Personalkosten. Das Personalinformationssystem ermöglicht dann, im Sinne einer Rückkopplung permanent Kontrollen über die (stellen- und abteilungsspezifische) Leistungserfüllung durchzuführen, um Schwachstellen sowie ungenutzte Chancen frühzeitig offenzulegen, Wirtschaftlichkeitsfragen beantworten zu können und daraus (veränderte) Größen für eine zielorientierte Personalsteuerung abzuleiten. Über eine reine Ergebniskontrolle hinausgehend hat das Informationssystem hierbei eine Abfolge automatisierter Soll-Ist-Vergleiche (fortlaufende Kontrolle) durchzuführen. Der besondere Vorzug eines rechnergestützten Informationssystems rührt in diesem Zusammenhang daher, daß die gespeicherten Daten beliebig kombiniert und durch Umgruppierung, Verknüpfung oder Vergleich neue Erkenntnisse gewonnen werden können.

So werden im Abteilungsvergleich beispielsweise Zielabweichungen in einer Abteilung feststellbar, deren Gründe zu analysieren sind. Im Sinne einer Schwachstellenanalyse kann als zentrales Instrument und nach Maßgabe der Abteilungsverantwortung das Mitarbeitergespräch herangezogen werden. Hier können individuelle Schwachstellen (z.B. im Hinblick auf die Qualität der Gesprächsführung) aufgedeckt, neue Leistungsziele definiert und gleichzeitig ein Maßnahmenplan (z.B. Weiterbildung, Versetzung) in Absprache mit dem betroffenen Mitarbeiter erstellt werden. Das Personalinformationssystem wird dadurch permanent mit aktuellen Informationen versorgt (gesteckte Leistungsziele, ermittelte Leistungsdefizite, vereinbarte Maßnahmen und neudefinierte Ziele), die in kürzester Zeit abrufbar sind. So können nach einem bestimmten Zeitraum erneut Zielerreichungkontrollen durchgeführt und im Bedarfsfall Maßnahmenpläne erstellt werden.

Auf strategischer Ebene dient ein Personalinformationssystem vor allem der Entscheidungsverbesserung im Weiterbildungsbereich (Harlander et al. 1994, S. 275 ff.). Durch Gegenüberstellung von Anforderungen und Mitarbeiterqualifikationen und vor allem auch deren Prognose für die Zukunft wird der Weiterbildungsbedarf erkennbar und die Auswahlentscheidung im Hinblick auf problemorientierte Bildungsaktivitäten und -inhalte erleichtert. Zudem kann der Weiterbildungserfolg durch eine anschließende Mitarbeiterbeurteilung überprüft werden, indem die aktuellen Ergebnisse den Informationen vor der Maßnahme gegenüberzustellen sind.

Darüber hinaus geben konkrete und umfassende Personalinformationen (z.B. über Altersstrukturen oder Entwicklungspotentiale, Mitarbeiterziele) Hilfestellung bei der Nachfolge- und Karriereplanung (Erstellung personenbezogener Gegenwarts- und Zukunftsorganigramme), aber auch bei der Gestaltung darüber hinausgehender Anreizsysteme. Nur wer über die Präferenzen seiner Mitarbeiter informiert ist, weiß um die Bedeutung monetärer und nicht-monetärer Anreize bzw. erkennt bei sehr unterschiedlich gelagerten Mitarbeiterinteressen das Erfordernis, ein Bündel verschiedener Incentives im Rahmen eines Cafeteria-Systems zur Auswahl zu stellen. Eine anschließende Überprüfung wird zeigen, inwiefern sich neu eingeführte Anreize auf die Leistungsergebnisse auswirken oder einer Modifizierung bedürfen.

Die Ausführungen dürften deutlich gemacht haben, daß die Informationsbasis durch die ständigen Rückkopplungen und Erfolgskontrollen immer breiter und vor allem genauer und die Mitarbeiterstrukturen zunehmend transparent werden. Nur ein offenes und flexibles Personalinformationssystem kann der Aufgabe gerecht werden, permanent neue, veränderte Informationen aufzunehmen, zieladäquat zu verknüpfen und aktuell zu verarbeiten. Damit wird gleichzeitig deutlich, daß die Informationsarbeit niemals abgeschlossen, sondern Daueraufgabe im Personalmanagement ist. Denn eine Information von heute kann schon morgen überholt sein.

4 ZUSAMMENFASSUNG UND AUSBLICK

Der zunehmende Problemdruck im Handel und die verbesserte Methodeneignung lassen in Zukunft eine zunehmende Unterstützung des Personalmanagement durch Personalinformationssysteme erwarten. Vor allem die raschen Veränderungen externer Daten und der permanente Zuwachs der zu bewältigenden Informationsmengen, so vor allem durch die zunehmende Flexibilisierung und Individualisierung der Personalarbeit im Handel, machen eine DV-gestützte Informationsarbeit und hier vor allem ein ganzheitliches, integratives Informationssystem im Sinne des „helicopter-view" immer dringlicher.

Der sich abzeichnende Informationskomplex setzt neue Akzente für das Personalinformationsmanagement im Handel. Bisherige Informationssysteme sind weitestgehend vergangenheits- und gegenwartsbezogen und dienen hauptsächlich der Massendatenverarbeitung – Informationen über den Personalbestand, die Fluktuation, Fehlzeiten, Lohn- und Gehaltsentwicklung, kurz: Personalstatistiken stehen im Vordergrund. Die zukünftigen Bemühungen sind daher auf die Konzeption eines zukunftsorientierten Informationssystems zu lenken, das eine systematische Auseinandersetzung mit den personalbezogenen, vor allem auch qualitativen Informationsstrukturen erlaubt. Die DV sollte dabei über die traditionelle Servicefunktion hinaus auch Gestaltungsaufgaben übernehmen und Perspektiven (so etwa durch Simulationen) aufzeigen können, um so Personalplanungs- und -steuerungsprobleme besser, schneller und kostengünstiger zu lösen.

Als gegenläufige Aussage bleibt der Hinweis, daß um Personalinformationssysteme noch immer heftige Diskussionen geführt werden. Nachdem Wirtschaftlichkeitsaspekte nicht zuletzt aufgrund der sinkenden Hardware-Preise, aber auch infolge des hohen Nutzenpotentials von Personalinformationssystemen tendenziell eher in den Hintergrund rücken, stellen sich nach wie vor zahlreiche psychologische und rechtliche Probleme. So werden unter Humanitätsaspekten beispielsweise Mitarbeiterprofilvergleiche als unzumutbar erklärt. Neben dem Betriebsverfassungsgesetz und dem Bundesdatenschutzgesetz sind es vor allem die höchstrichterlichen Gesetzesauslegungen, die die Datenspeicherung und -verwendung in Personalinformationssystemen nach wie vor begrenzen (Berthel 1992, S. 357 ff.; Wimmer 1985, S. 210 ff.). Hier sind die Handelsbetriebe gefordert, über den Aufbau von Zugangskontrollen, Protokollierung der Zugriffe, Eingriffsrechte der Betroffenen u.ä. einen Mißbrauch der Personalinformationen zu verhindern (Harlander et al. 1994, S. 270 ff.).

Erst wenn all die aufgezeigten Erschwernisse in Angriff genommen und überwunden sind sowie die Akzeptanz in der Handelsunternehmung sichergestellt ist, wird ein Personalinformationssystem seiner essentiellen Aufgabe gerecht: die Ablösung eines Stadiums der vornehmlich intuitiven Problemlösungsfindung von Personalentscheidungsprozessen, die dann auf einer objektiveren Grundlage fußen und einen beachtlichen Ökonomisierungsbeitrag im Handel leisten können.

LITERATUR

Barth, K.: Grundlagen der Personaleinsatzplanung im Einzelhandel. In: Sundhoff, E. (Hrsg.): Distributionswirtschaft, Festgabe zum 75. Geburtstag von Rudolf Seyffert, Köln/Opladen 1968, S. 201-219.

Böhler, H.: Marktforschung, 2. Aufl., Stuttgart et al. 1992.

Bühner, R.: Personalmanagement, Landsberg/Lech 1994.

Bartscher, Th.R.; Fritsch, St.: Personalmarketing – Ansatzpunkte zur kritischen Diskussion. In: Marketing ZFP, 2. Quartal 1992, Heft 2, S. 139-144.

Berthel, J.: Personal-Management, Stuttgart 1992.

Domsch, M.: Personal-Informationssysteme. Führungsinstrumente zukunftsorientierter Personalarbeit. In: Schmidt, H.; Hagenbruck, H.; Säman, W. (Hrsg.): Handbuch der Personalplanung, Frankfurt/New York 1975, S. 106-121.

Domsch, M.; Schneble, Andrea: Aufbau und Einsatz betrieblicher Personalinformationssysteme. In: Berthel, J.; Groenewald, H. (Hrsg.): Personal-Management. Zukunftsorientierte Personalarbeit, Teil III, 3. Nachlieferung, Landsberg 1991, S. 1-18.

Hansen, U.: Absatz- und Beschaffungsmarketing des Einzelhandels, 2. Aufl., Göttingen 1990.

Harlander, N.; Heidack, C.; Köpfler, F.; Müller, K.-D.: Personalwirtschaft, 3. überarb. Aufl., Landsberg/Lech 1994.

Hentze, J.: Personalwirtschaftslehre 2 – Personalerhaltung und Leistungsstimulation, Personalfreistellung und Personalinformationswirtschaft, 5. Aufl., Bern/Stuttgart 1991.

Remer, A.: Personalmanagement, Berlin/New York 1978.

Scherm, E.: Unternehmerische Personal- und Arbeitsmarktforschung. In: WISU, 12/1992, S. 936-938.

Scholz, Ch.: Personalmanagement, 3. Aufl., München 1993.

Stoffl, M.: Personalmanagement in Großbetrieben des Einzelhandels, Diss., in Vorbereitung.

Weber, W.: Personalcontrolling im strategischen Kontext (Überblick). In: Djarrahzadeh, M.; Scholz, C. (Hrsg.): Strategisches Personalmanagement: Konzeptionen und Realisationen, Stuttgart 1995, S. 93-103.

Wimmer, P.: Personalplanung: problemorientierter Überblick, Stuttgart/Enke 1985.

Wohlgemuth, A.C.: Wettbewerbsvorteile schaffen durch Human Resources Management. In: Zeitschrift für betriebswirtschaftliche Forschung, 42. Jg. (1990), Heft 1, S. 84-96.

Die Preisforschung als Informationsgrundlage für das Marketing

Herbert Woratschek, Frankfurt am Main

Das Target Costing hat die marktorientierte Preisfindung erneut in die Diskussion gebracht. Die Marktorientierung preispolitischer Faustregeln wird u.a. aus mikrotheoretischen Ansätzen abgeleitet, deren Informationsgehalt für die praktische Verwertung untersucht wird. Dabei liegen den Preisreaktions- und Kostenfunktionen Hypothesen zugrunde, die Zweifel für die Eignung preispolitischer Maßnahmen aufkommen lassen. In verhaltenstheoretisch orientierten Ansätzen versucht man mit der Conjoint-Analyse oder mit diskreten Entscheidungsmodellen die Nachteile der direkten Befragung zu vermeiden und trotzdem die Wichtigkeit des Preises bei der Kaufentscheidung zu erforschen. Aus den geschätzten Präferenzdaten werden Preisreaktionsfunktionen abgeleitet. Im Mittelpunkt des Beitrags steht die kritische Diskussion der angesprochenen Hypothesen und deren Informationsgehalt.

1 DAS MARKTGESCHEHEN ALS AUSGANGSPUNKT DER KALKULATION

1.1 Zielpreise

Die Grundidee einer marktorientierten Preisfindung kommt am besten im Target Costing zum Ausdruck. Target Costs sind durch die Preisbereitschaft der Konsumenten bestimmte Zielkosten, die bei der Herstellung und im Vertrieb nicht überschritten werden dürfen. Das Target Costing ist ein Kostenmanagementkonzept, das die Marktorientierung in das Zentrum der betrieblichen Leistungsplanung stellt (vgl. Seidenschwarz 1993 und Horvath/Niemand/Wolbold 1993).

Üblicherweise werden Produkte von Technikern entwickelt und geplant. Steht der Plan, versucht man den erforderlichen Preis am Markt durchzusetzen. Im Target Costing hingegen werden bereits vor der Planung und Entwicklung die Kundenbedürfnisse aktuell und differenziert erforscht. Auf dieser Grundlage werden Produktideen formuliert, das Anforderungsprofil fixiert und das Zielsegment spezifiziert. Erst dann wird ein Plan für die Entwicklung und Vermarktung erstellt. Es wird ein Zielpreis festgelegt, den man im entsprechenden Zielsegment für durchsetzbar hält.

Leider geben die Vertreter des Target Costing-Prozesses nur spärlich Auskünfte über die Methode zur Ermittlung des am Markt zu erzielenden Preises, der im Target Costing Zielpreis genannt wird. Die unterschiedlichen Techniken (market into company, out of competitor, out of company, out of standard costs, into and out of company, vgl. hierzu Seidenschwarz 1993, S. 115-139), geben nur Auskunft über den qualitativen Preisfindungsprozeß. Seidenschwarz schlägt die ,,market into company"-Technik unter Anwendung einer Conjoint-Analyse und einer Konkurrenzanalyse vor (vgl. Seidenschwarz 1993, S. 116), gibt aber selbst auch keine wirklich konkreten Gestaltungsempfehlungen für die quantitative Ermittlung von Zielpreisen. Der Target Costing-Prozeß läßt sich auch auf den Handel übertragen, indem zunächst erforscht wird, welche Handelsleistungen die Konsumenten wünschen (vgl. zu den transaktionsbedingten Vorteilen des Handels Gümbel 1985). Ist die Handelsleistung festgelegt, müssen Zielpreise für die Leistungsbündel (Waren und Dienstleistungen) festgelegt werden.

Die Philosophie des Target Costing unterstreicht, daß die Preiskalkulation vom Markt ausgehen muß, wenn Gewinnziele oder Marktanteilsziele verfolgt werden. Eine Kalkulation basierend auf rein betrieblichen Gegebenheiten reicht nicht aus. Die Berücksichtigung von Marktgegebenheiten erfordert die Integration der Nachfragereaktionen in die Kalkulation. Die Nachfragereaktionen hängen aber auch vom Konkurrenzangebot ab, so daß das Konkurrenzverhalten ebenfalls bei den preispolitischen Maßnahmen berücksichtigt werden muß. Nachfragereaktionen können also nur prognostiziert werden, wenn Hypothesen über das Konkurrenzangebot bzw. das Konkurrenzverhalten auf Preisänderungen impliziert sind. Die Festlegung eines fixen Zielpreises ist hierbei nicht dienlich, da Wettbewerbsbedingungen nicht stabil sind. Der Preisdynamik versucht man im Target Costing Rechnung zu tragen, indem ein langfristiger oder strategischer Preis bestimmt wird (vgl. Seidenschwarz 1993, S. 117-118). Der langfristige Preis ist ein vager Ausdruck für das Preissetzungsverhalten im Lebenszyklus des Produktes. Aus den Mängeln dieses Zielpreiskonzeptes ergibt sich die Notwendigkeit, theoretisch begründete Preishypothesen auf ihre Eignung zur Integration in das Target Costing zu untersuchen.

Abgesehen von der mangelnden Konkretisierung der Zielpreisfindung ist nicht nur ein Preis am Markt durchsetzbar, sondern ein Preisbereich mit preisabhängigen Mengenreaktionen des Zielsegments. Die Information über die Kaufreaktionen der Konsumenten ist in Preisreaktionsfunktionen abbildbar.

Dies legt die Überprüfung von Forschungsansätzen nahe, die sich mit Preisreaktionsfunktionen auseinandersetzen. Preispolitische Faustregeln werden aus mikroökonomischen und verhaltenswissenschaftlichen Ansätzen generiert (Simon 1992, S. 516-520), wobei Preisreaktionsfunktionen eher ein Konstrukt der mikroökonomischen Theorie sind. Im folgenden werden die zugrundeliegenden Hypothesen über das Kaufverhalten mikrotheoretischer Ansätze aufgedeckt und die Ableitung preispolitischer Faustregeln sowie deren Informationsgehalt für die Preisfindung beurteilt.

Verhaltenstheoretisch begründete Preisreaktionsfunktionen lassen sich aus dem Conjoint Measurement und der diskreten Entscheidungsanalyse gewinnen (vgl. Balderjahn 1991). Das Conjoint Measurement hat eine breite, praktische Anwendung gefunden. Die diskrete Entscheidungsanalyse ist zwar noch nicht so verbreitet wie die Conjoint-Analyse, aber direkt auf das Nachfrageverhalten im Zielsegment gerichtet. Der Informationsgehalt beider Ansätze bezüglich ihrer Eignung für die Preispolitik im Handel wird ebenfalls untersucht.

1.2 Preisreaktionsfunktionen

Ein zentrales theoretisches Konstrukt der Preisforschung ist die Preisreaktionsfunktion, bei der in der Regel von einer negativen Korrelation von Preis- und Absatzmenge (Preisabsatzfunktion) bzw. Marktanteil ausgegangen wird. Besonders neuere empirische Studien (vgl. Simon 1994 und Balderjahn 1994) greifen auf dieses Konstrukt zurück, wenn auch der Umgang damit pragmatisch gehandhabt wird. In der Praxis hat die Preisabsatzfunktion in der Vergangenheit kaum eine entscheidende Rolle bei preispolitischen Entscheidungen gespielt (Weinberg/Behrens/Kaas 1974, S. 52-54). In jüngerer Zeit werden Preisreaktionsfunktionen hauptsächlich von Simon für praktische Preisentscheidungen empfohlen.

Aus theoretischer Sicht wird die Verwendung von Preisabsatzfunktionen hauptsächlich von Schneider aufgrund der implizierten kardinalen Nutzenmessung kritisiert (Schneider 1966, S. 589-592). Den Pragmatiker mag eine solche Kritik nicht davon abhalten, Preisabsatzfunktionen zu messen, da in der Regel fallenden Preisen ein steigender Absatz zugeordnet werden kann, unabhängig davon, welches Skalenniveau dahinterliegende Nutzenfunktionen aufweisen. Allerdings ist es unmöglich, aus statistischen Daten ohne geeignete Hypothesen über das Zusammenspiel von Variablen sinnvolle Aussagen abzuleiten (Pigou 1930, S. 385-386; Kaas 1977, S. 4-6). Ökonometrische Untersuchungen ohne inhaltliche Hypothesen liefern bestenfalls Strukturen empirischer Regelmäßigkeit, keinesfalls erklären sie ökonomische Zusammenhänge (Steffenhagen 1978, S. 18).

Zudem implizieren Preisabsatzfunktionen ceteris paribus-Bedingungen, deren Eignung für das Handelsmarketing in Frage gestellt werden muß. Qualitätsentscheidungen müssen bereits gefallen sein. Präferenzen dürfen sich im betrachteten Zeitraum nicht verändern. Die Auswirkungen unterschiedlicher Preissetzungen im Zeitablauf werden nicht untersucht. „Die Änderung der Form und Lage einer Preis-Absatzfunktion bedeutet eine Veränderung der Marktdaten, hervorgerufen durch Änderung von Nachfrage-, Konkurrenz- und Trendsituationen“ (Gutenberg 1985, S. 1207).

Andererseits ist es gerade die Reduktion auf wesentliche ökonomische Variablen, die bei richtiger Interpretation Strukturen offenlegt, die sonst im Dschungel der Realität untergehen. Die Verführung, aus solchen Modellstrukturen preispolitische Faustregeln abzuleiten, liegt auf der Hand. Der Reiz von Faustregeln besteht in der Einfachheit und in der Berücksichtigung weniger, dennoch wichtiger Variablen. Informationen aus empirisch gemessenen Relationen, wie z.B. der Preiselastizität, werden als Dateninput zur Preiskalkulation genutzt.

2 KALKULATORISCHE FAUSTREGELN FÜR DEN HANDEL

2.1 Das kalkulatorische Dilemma

In der Preisforschung werden aus einer Zielfunktion, die in der Regel die Gewinnmaximierung beinhaltet, Faustregeln abgeleitet (Kotler 1971, S. 702-703 und Simon 1992, S. 143-197 und S. 291-357).

Aus der Gewinnmaximierung oder aus der bekannten Amoroso-Robinson-Relation kann die Formel für den gewinnoptimalen Preis abgeleitet werden (Wied-Nebbeling 1993, S. 18-19; Simon 1994, S. 162; Diller 1991, S. 82-84; Schmalen 1995, S. 43-44):

$p^{opt} = K'(y)(\varepsilon/(\varepsilon+1)$ mit $K'(y)$ als Grenzkosten der Menge,
p^{opt} als gewinnoptimalem Preis, εe als Preiselastizität der Nachfrage.

Der gewinnoptimale Preis ergibt sich, wenn man einen elastizitätsabhängigen Aufschlag auf die Grenzkosten stellt (z.B. Simon 1992, S. 163), die im Falle einer linearen Kostenfunktion den variablen Stückkosten entsprechen. Dies steht im Widerspruch zu der traditionellen Kalkulationsweise, bei der ein Aufschlag auf die Grenzkosten kalkuliert wird, der von rein produktionsbedingten Gegebenheiten abhängt.

Der Widerspruch zur traditionellen Kalkulationsweise bleibt auch erhalten, wenn man die Vorgehensweise auf den Mehrproduktfall ausdehnt oder Konkurrenzreaktionen berücksichtigt. Für eine Anwendung im Handel ist die Betrachtung des Mehrproduktfalls unentbehrlich. Dennoch genügt für die Ableitung der Aussage, daß der Aufschlag auf die Grenzkosten marktbedingt sein muß, die Betrachtung des Einproduktfalls. Die Verbundwirkung und Konkurrenzreaktionen bringen zusätzliche Effekte, die jedoch an der Notwendigkeit der Berücksichtigung von Preisreaktionen der Konsumenten in der Preissetzung nichts ändert.

Für die Preiskalkulation mittels Handelsspanne h gilt:

$p^{opt} = K'(y)(1+h)$ mit $K'(y) = k_V$ für lineare Kostenfunktionen.

Im Handel entspricht im wesentlichen k_V den Wareneinstandskosten, wobei diese strenggenommen z.B. durch Rabatte Sprungstellen in der Kostenfunktion zur Folge haben. Die Handelsspanne tritt in obiger Formel als prozentuale Aufschlagsspanne auf (vgl. zu den verschiedenen Definitionen der Handelsspanne Müller-Hagedorn 1993, S. 167-173). Aus obiger Formel für die gewinnoptimale Preiskalkulation ergibt sich dann:

$1+h^{opt} = \varepsilon/(\varepsilon+1)$ bzw. $h^{opt} = [\varepsilon/(\varepsilon+1)]-1$

Damit positive Erlöse und kostendeckende Preise aus der Kalkulation resultieren, muß $h \geq 0$ gelten. Daraus folgt:

$[\varepsilon/(\varepsilon+1)]-1 \geq 0$ bzw. $\varepsilon/(\varepsilon+1) \geq 1$

Dies ist nur erfüllt, wenn $\varepsilon < -1$ ist. Daraus folgt, daß ein gewinnoptimaler Aufschlag auf die Stückkosten nur definiert ist, wenn die Preiselastizität $\varepsilon < -1$ ist. Für Elastizitäten $\varepsilon > -1$ ist kein Gewinnmaximum definiert.

Unter diesen Bedingungen liefert die Amoroso-Robinson-Relation ein Argument für eine marktorientierte Zuschlagskalkulation nach dem Tragfähigkeitsprinzip. Die gewinnoptimale Handelsspanne hängt von der Preiselastizität der Nachfrage und somit von den Marktverhältnissen ab. Die im Handel übliche Handelsspannenkalkulation sollte nicht wie traditionell von produktionsbedingten, sondern von marktbedingten Gegebenheiten abhängen.

Die Faustregel besagt:

1. Kalkuliere einen Zuschlag auf die Wareneinstandskosten.
2. Der gewinnoptimale Zuschlag hängt von der Preiselastizität ab.

Die aus mikroökonomischen, quantitativen Ansätzen abgeleiteten optimalen Preise sind als Fixpunktgleichungen formuliert. Die Preiselastizität hängt, abgesehen von wenigen Ausnahmen, vom Preis ab. Dies geht bereits aus der Definition $\varepsilon = (dy/dp)\cdot(y/p)$ hervor. Exakt bedeutet dies für den gewinnoptimalen Preis:

$$p_{opt} = K'(y(p_{opt}))\ \varepsilon(p_{opt})/(1+\varepsilon(p_{opt})$$

Die Gleichung gilt also nur für die gewinnoptimale Preis-Mengen-Kombination. Der Aufschlag auf die Grenzkosten in Abhängigkeit einer empirischen Elastizität erfüllt also nur dann das Gewinnziel, wenn Informationen darüber vorliegen,

a) daß die Grenzkosten der Menge existieren und konstant sind (lineare Kostenfunktion),

b) die Preiselastizität in der gewinnoptimalen Preis-Mengen-Kombination gemessen wurde

und

c) die Preiselastizität $\varepsilon < -1$ ist.

Die Bedingung b besagt, daß der gewinnoptimale Grenzkostenzuschlag die Kenntnis des Gewinnoptimums voraussetzt. Eine Elastizität ohne die Information, daß diese im Gewinnoptimum gemessen wurde, reicht nicht aus. Kennt man aber die gewinnoptimale Preis-Mengen-Kombination, wird der Grenzkostenzuschlag nicht mehr benötigt. Dies ist das kalkulatorische Dilemma preispolitischer Faustregeln, die aus Optimierungsansätzen generiert werden (ähnliche Probleme existieren bei der Bestimmung optimaler Verrechnungspreise, vgl. hierzu Laux/Liermann 1993, S. 395-417). Für nicht gewinnoptimale Preis-Mengen-Kombinationen ist die Elastizitätsmessung für die Preiskalkulation irrelevant. Eine praktische Anwendung der allgemein abgeleiteten Faustregel ist somit nicht möglich.

2.2 Faustregeln und Verhaltenshypothesen

Eine Ausnahme hiervon ist der Fall, daß die Preiselastizität für alle Preis-Mengen-Kombinationen gleich ist und damit in jedem Fall gleich der gewinnoptimalen Preiselastizität ist.

$y = a \cdot p^b$ mit y = Menge, a, b = Parameter, wobei $b = \varepsilon = const.$ und $a > 0$, $b < 0$ ist.

Da in diesem Fall die Elastizität unabhängig vom Preis ist, argumentiert Simon, daß die abgeleitete Formel für den gewinnoptimalen Preis unmittelbar als Entscheidungsregel genutzt werden kann (Simon 1994, S. 167). Allerdings muß auch diese Entscheidungsregel für den praktischen Gebrauch relativiert werden.

Empirische Schätzungen liefern häufig Elastizitäten, die größer -1 sind (vgl. Simon 1994, S. 96-97 und die dort angegebene Literatur: Lambin 1976 und Tellis 1988). Die Entscheidungsregel aus der multiplikativen Preisabsatzfunktion ist somit für viele empirisch ermittelte Elastizitäten unbrauchbar.

Wenn die Preiselastizität größer -1 ist, bewirkt bei der multiplikativen Preisabsatzfunktion jede Preiserhöhung bei linearer Kostenfunktion einen Gewinnzuwachs. Ein gewinnoptimaler Preis existiert somit nicht. Jede beliebige Preiserhöhung ist sinnvoll und führt zu mehr Erlösen. Eine Verhaltenshypothese der Konsumenten, die bei steigenden Preisen stets mehr kaufen, erscheint für die Handelspraxis nicht plausibel.

Selbst bei Elastizitäten kleiner -1 muß eine Konstanz bezweifelt werden. Allein das Vorhandensein von Konkurrenz läßt vermuten, daß die Elastizität bei höheren Preisen nicht unverändert bleibt. Es ist ein Prohibitivpreis zu vermuten, bei dem kein Absatz mehr möglich ist.

Wie gefährlich eine unmittelbare Übertragung theoretisch generierter Faustregeln auf praktische Handlungsempfehlungen selbst in einfachen Fällen sein kann, entnehme man der von Simon (Simon 1992, S. 164) vorgeschlagenen Faustregel für den Fall einer linearen Preisabsatz- und Kostenfunktion. Der optimale Preis p* liegt bei der Hälfte der Summe aus variablen Stückkosten und dem Prohibitivpreis, da für lineare Preisabsatzfunktionen und lineare Kostenfunktionen im Gewinnmaximum gilt:

$$p^{opt} = \frac{1}{2}(p^{proh} + k_v),$$

wobei p^{proh} für den Prohibitivpreis und k_v für die variablen Stückkosten steht.

Die unter diesen Bedingungen abgeleitete Faustregel lautet:

Setze den Preis so, daß er in der Mitte der variablen Stückkosten und der maximalen Zahlungsbereitschaft liegt.

Die Messung des Prohibitivpreises ersetzt in diesem Fall die Messung der Elastizität. Allerdings benötigt man geeignete Informationen, die die Annahme einer linearen Preisabsatzfunktion gerechtfertigt erscheinen lassen. Das Postulat der einfachen Handhabung linearer Funktionen reicht nicht aus.

Die hinter einer linearen Preisreaktion liegende Hypothese besagt, daß die Reaktion auf eine Änderung des Preises unabhängig vom Preisniveau ist. Selbst wenn man diese Hypothese akzeptieren würde, liegt das Problem in der Schätzung des Prohibitivpreises. Es muß mit dem Prohibitivpreis ein Parameter geschätzt werden, der nicht im relevanten Bereich preispolitischer Maßnahmen liegt.

Aus der preisoptimalen Formel für die lineare Preisabsatz- und Kostenfunktion leitet Simon folgende Aussage ab: „Um den optimalen Preis zu bestimmen, muß der Manager in diesem einfachen Fall also nur die variablen Stückkosten und den Maximalpreis kennen" (Simon 1992, S. 164). Der Maximalpreis entspricht im mikroökonomischen Modell der Preisabsatzfunktion dem Prohibitivpreis. Der Prohibitivpreis ist der Preis, bei dem kein Absatz mehr erfolgt. Kein Kunde ist mehr bereit, zu diesem Preis zu kaufen. Es dürfte äußerst schwierig sein, diesen Preis zu bestimmen. Man müßte die maximale Zahlungsbereitschaft des relevanten Marktsegments schätzen.

Simon empfiehlt, als Faustregel von der durchschnittlichen, maximalen Zahlungsbereitschaft der Kunden auszugehen (Simon 1994, S. 727). Diese Empfehlung ist gefährlich, wenn die dahinterliegende Hypothese nicht zutrifft. Bei heterogenen Preisbereitschaften liegt im sogenannten variablen Mengen-Fall eine lineare Preisabsatzfunktion nicht vor (Simon 1992, S. 91-92). Im Ja-Nein-Fall, d.h. es wird eine bestimmte Menge oder nichts gekauft, liegt allenfalls annähernd eine lineare Preisabsatzfunktion vor, wenn die Preisbereitschaften gleich verteilt sind.

Bei homogenen Preisbereitschaften verläuft die Preisabsatzfunktion im Ja-Nein-Fall parallel zur Preisachse mit einer Sprungstelle an der homogenen Preisbereitschaft, d.h. nichtlinear. Im variablen Mengenfall verläuft sie nur linear, wenn alle Individuen eine lineare individuelle Preisabsatzfunktion haben.

Bestimmte Verhaltenshypothesen spiegeln sich nicht in der linearen Preisabsatzfunktion wider. Bei der linearen Funktion ist der Grenzabsatz konstant, d.h. wenn der Preis sinkt, steigt der Absatz unabhängig vom jeweiligen Preisniveau um denselben Betrag. Dies widerspricht der preispsychologischen Hypothese, daß Preisänderungen von den Käufern als relative Größe beurteilt werden (Diller 1991, S. 69; Müller-Hagedorn 1993, S. 230-231). Eine weitere Hypothese spricht gegen einen linearen Verlauf. Wenn Preissenkungen vor allem bisherige Nichtkäufer ansprechen und die Zahl der Nichtkäufer größer ist als die der Kunden, wirken Preissenkungen stärker als Preiserhöhungen (Simon 1994, S. 96; Preston 1963). Diese Effekte können wiederum von der multiplikativen Preisabsatzfunktion wiedergegeben werden.

Die bislang diskutierten Probleme treten bereits für den Einproduktfall auf, der in der Praxis nur äußerst selten Relevanz besitzt. Die kritischen Aussagen gelten verstärkt für den Mehrprodukt- und Konkurrenzfall. Ohne weitere theoretische Untermauerungen zu bemühen, erscheint es offensichtlich, daß Konkurrenzreaktionen im Sinne einer Marktorientierung berücksichtigt werden müssen. Die oligopoltheoretischen Marktlösungen unterscheiden sich in Abhängigkeit der Annahmen über die Konkurrenzreaktionen erheblich (Ott 1969, S. 166).

Komplementäre (substiutive) Verbundeffekte führen zu Abschlägen (Zuschlägen) in der gewinnoptimalen Preiskalkulation des betrachteten Gutes. Dies kommt in der Niehans-Formel zum Ausdruck, auf deren Ableitung hier verzichtet wird (vgl. zur Herleitung Theisen 1975). Die Preisresponsefunktion wird durch Anreicherung von Verbundeffekten und Reaktionsannahmen der Konkurrenz komplexer. Qualitativ ändert sich jedoch nichts am kalkulatorischen Dilemma. Es muß zur gewinnoptimalen Preisbestimmung außer dem Verlauf der Reaktionsfunktion der Absatzverbund und die Kapazitätsbelastung einzelner Artikel berücksichtigt werden (Müller-Hagedorn 1993, S. 243-248; Albach 1962, S. 13-40). Informationen über einzelne Punkte dieser Funktion reichen für eine zielgerechte Preisfindung nicht aus.

Selbst wenn es gelingt, Preis-Marktanteilszusammenhänge valide und reliabel zu schätzen, setzt die Preisoptimierung die Kenntnis von Kostenfunktionen voraus. Auch Kostenfunktionen, die theoretische Konstrukte der Mikroökonomie sind, bereiten in der empirischen Ermittlung erhebliche Probleme.

2.3 Schätzung von Kostenfunktionen

Zwischen den mikrotheoretischen Kostenfunktionen und der Kostenrechnung existiert eine Kluft, auf die nur selten hingewiesen wird. Kostenrechner sind bemüht, im Rahmen der Kostenträgerrechnung Ausschnitte von Kostenfunktionen in Abhängigkeit der Absatzmenge zu ermitteln. Dabei existieren Zurechnungs- und Abgrenzungsprobleme, die unterschiedlich gehandhabt werden. Je nach Vorgehensweise resultieren unterschiedliche variable und fixe Kostenanteile, die Auswirkungen auf die Preisoptimierung haben.

Mikroökonomische, quantitative Ansätze setzen die Funktionen, die empirisch zu messen sind, voraus. Die Probleme bei der empirischen Messung derartiger Funktionen werden nicht betrachtet. Kosten werden empirisch in den einzelnen Kostenrechnungssystemen der Unternehmungen gemessen. Allerdings werden in den einzelnen Kostenrechnungssystemen implizit Annahmen über die Kostenfunktionsverläufe getroffen. Die Grenzplankostenrechnung nach Kilger (Kilger 1988) setzt generell lineare Grenzkostenverläufe voraus. Dabei ist zu beachten, daß die unabhängigen Variablen nicht generell die Absatzmengen sind, sondern recht unterschiedliche Bezugsgrößen. Ähnliches gilt auch für die zur Zeit diskutierte Prozeßkostenrechnung (vgl. Kloock 1992).

Die Kostenfunktionen werden im Kostenrechnungssystem allenfalls implizit ermittelt. Hierbei geht die Vollkostenrechnung generell von einer linearen Kostenfunktion aus, die durch den Ursprung geht, d.h. letztlich existieren keine fixen Kosten. Die Unterstellung einer solchen Kostenfunktion für den Handels- und Dienstleistungsbetrieb ist unzweckmäßig, wenn man bedenkt, daß die Elastizität des Gewinns bezüglich der Kapazitätsauslastung um so größer ist, je höher das Verhältnis von fixen zu variablen Kosten ist (Simon 1992, S. 568-569). Der dadurch entstehende Fehler ist evident und die Genauigkeit quantitativer Ansätze bei Unterstellung solcher Kostenfunktionen wird völlig in Frage gestellt.

Hierbei sind die Argumente bezüglich der Vollkostenrechnung nur ein Extremfall. Tendenziell gilt die Aussage auch für alle anderen Teilkostenrechnungssysteme. Stellt man sich vor, daß man parallel in einer Unternehmung die Auswahl hätte zwischen einem Einzelkosten- und Deckungsbeitragssystem (vgl. Riebel 1984) und einer Grenzplankostenrechnung (vgl. Kilger 1988), so ermitteln beide Kostenrechnungssysteme recht unterschiedliche variable Kostensätze bzw. Grenzkosten. Ewert und Wagenhofer (Ewert/Wagenhofer 1993, S. 607-609) vergleichen die unterschiedlichen, resultierenden Grenzkosten der Grenzplankosten- und der Einzelkostenrechnung anhand eines Kalkulationsbeispiels. Die Grenzkosten unterscheiden sich darin um ca. 22,6 %. Bei einem Unterschied von nur 20 % der ermittelten Grenzkosten in Abhängigkeit vom gewählten Kostenrechnungssystem beträgt die Abweichung des gewinnoptimalen Preises im Modell bereits 10 %, je nachdem welches Kostenrechnungssystem gewählt wird. Es wird somit deutlich, daß das Ergebnis des optimalen Preises auch vom gewählten Kostenrechnungssystem abhängt.

Es stellt sich somit die Frage, welches Kostenrechnungssystem bzw. welcher Grenzkostensatz eigentlich in diesen Modellen zugrunde zu legen ist. Solange man keine endgültige Aussage darüber treffen kann, welches System die für die quantitativen Modelle geeigneten Grenzkosten erzeugt, ist die Anwendung derartiger Faustregeln unbestimmt.

Mikroökonomische Ansätze verwenden Grenzkostenfunktionen, unabhängig davon, wie man diese Kostenfunktionen ermitteln kann. Sie unterstellen generell eine Abhängigkeit von der Absatzmenge. Um diese Abhängigkeit zu erzeugen, muß jedoch eine Vielfalt an Abgrenzungen vorgenommen werden. Zum einen müssen Kosten, die für mehrere Produkte gemeinsam entstehen, auf die einzelnen Produkte (Dienstleistungen) verteilt werden, oder sie gehen in den Fixkostenblock ein. Ähnliche Zurechnungen müssen vorgenommen werden, was den zeitlichen Verschleiß von Potentialen betrifft.

Selbst wenn man von den Schätzungsproblemen bezüglich der gesamten Nutzungsdauer eines Potentials absieht, besteht ein Wahlproblem zwischen den einzelnen Abschreibungsverfahren. Der Verschleiß ist nicht oder nur mit relativ hohem Aufwand beobachtbar. Daher wird die Beobachtung durch plausible Annahmen über den Verschleiß ersetzt. Je nachdem, ob man eine lineare Abschreibung oder leistungsabhängige Abschreibung unterstellt, können die Abschreibungen als fixe oder variable Kostenbestandteile in die Kostenfunktion eingehen, abgesehen von den Meßproblemen, die damit zusammenhängen.

Bei der Kostenfunktion handelt es sich um ein theoretisches Konstrukt, das in seiner Gesamtheit gerade auch aufgrund der vielen Abgrenzungen, die vorgenommen werden müssen, nicht direkt beobachtbar ist. Für eine pragmatische und praktikable Anwendung muß die nicht vorhandene Beobachtung durch eine entsprechende Annahme ersetzt werden.

In der Regel dürfte eine adäquate Ermittlung der von der Mikrotheorie geforderten Kostenfunktion am Informationsproblem scheitern. Es gibt vielfältige Abhängigkeiten der Kosten im Betrieb und von Warengruppen gemeinsam verursachte, variable Kosten, so daß Wahlmöglichkeiten der Zurechnung verbleiben.

Selbst wenn geeignete Hypothesen über den Verlauf von Kostenfunktionen vorliegen, bedarf es einer Reihe von Beobachtungspunkten, damit die empirisch geschätzte Kostenfunktion valide ist. In der Regel sind solche Schätzungen aufgrund der mangelnden Anzahl an beobachteten Punkten im Kostenmengendiagramm nicht möglich. Eine direkte Übernahme aus den gängigen Kostenrechnungssystemen ist nicht sinnvoll, denn wie bereits gezeigt wurde, unterscheiden sich die Grenzkostensätze, die aus den einzelnen Systemen geliefert werden, aufgrund der jeweils zugrunde liegenden Hypothesen essentiell.

3 EMPIRISCHE ERMITTLUNG DER PREISREAKTION

3.1 Gültigkeitsbereich von Schätzungen

Die Diskussion über die preispolitischen Faustregeln hat gezeigt, daß punktuelle Informationen für die Preisbestimmung nicht ausreichen und die Ermittlung von Preisreaktionsfunktionen unerläßlich ist. Dabei sind marktadäquate Hypothesen zugrunde zu legen, die nicht beliebige Funktionstypen zulassen. Dies macht aber nur Sinn, wenn die Handelsleistung mit all ihren qualitativen Aspekten bereits kunden- und konkurrenzorientiert festgelegt ist. Nur bei Konstanz der Qualität und der restlichen Marketing-Mix-Instrumente hat der Funktionsverlauf Gültigkeit, sofern nicht explizit zusätzliche Qualitätsvariablen aufgenommen worden sind. Die Aufnahme zusätzlicher Qualitätsvariablen bereitet enorme Schwierigkeiten, da Qualitätseigenschaften auf unterschiedlichen Skalenniveaus gemessen werden und Hypothesen über die Interaktionswirkung fehlen. Daher braucht man Hypothesen über die Reaktionen von Konsumenten auf bestimmte Qualitätsvariationen. In ökonomischen Theorien werden solche Reaktionen durch Nutzenfunktionen, Präferenzen, Einstellungen und Images gemessen (vgl. zur Konvergenz der Begriffe Trommsdorff/ Bleicker/Hildebrand 1980).

Nur wenn man den Response der einzelnen Qualitätsindikatoren kennt, kann man auf die Intensität der Reaktion der Preisstimuli schließen. Erschwert wird die Messung isolierter Stimuliveränderungen durch die zwischen ihnen bestehende Interdependenz. Eine simultane Bestimmung von Preisen und Festlegung der Qualität erscheint zur Zeit noch aussichtslos. Daher ist es eine vernünftige Heuristik, zunächst die Qualität zu bestimmen und dann die Preise quantitativ festzulegen. Dies entspricht auch dem traditionellen Denken in Preislagen (hierzu Gümbel 1963, S. 186-189).

Der Marketingerfolg ist nicht nur vom Konsumentenverhalten, sondern auch von den Wettbewerbsbedingungen und dem Konkurrentenverhalten abhängig (Böhler 1993, S. 125-196). Dies hat zur Folge, daß Preisreaktionsfunktionen nur valide sind, wenn die Konkurrenz auf die Preisvariation nicht reagiert. Allenfalls lassen sich für jede Preisvariation Hypothesen über das Konkurrenzverhalten abbilden. Die Prognosekraft der Preisreaktionsfunktion ist dann auf das im Modell antizipierte Konkurrenzverhalten beschränkt. Bei der Interpretation der Ergebnisse einer empirischen Studie über Preiswirkungen sind die Restriktionen zu beachten. Die Schwierigkeit der Analyse und deren beschränkter Informationsgehalt soll nicht den Versuch im Keim ersticken, sich dem Phänomen der Preisreaktionen zu nähern.

3.2 Conjoint Measurement und Preiswichtigkeit

Ein häufig in der Praxis angewandtes Verfahren, das die Preiswichtigkeit und die Wichtigkeit von Qualitätseigenschaften analysiert, ist das Conjoint Measurement. Das Conjoint Measurement ist ein regressionsanalytisches Verfahren, mit dessen Hilfe Teilnutzenwerte geschätzt werden. Die Probanden sollen beim Conjoint Measurement ein globales Urteil über die einzelnen Produkte abgeben. Aus diesem Globalurteil werden dann die Teilnutzenwerte der einzelnen Produkteigenschaften geschätzt.

Dabei werden die Ausprägungen der relevanten Produktmerkmale fixiert. Beim Preis werden diskrete Ausprägungen, z.B. 5 DM, 7 DM und 9 DM, vorgegeben. Damit ist ein Informationsverlust verbunden, da Preise stetige Variablen sind (Balderjahn 1991, S. 36). Ähnlich wird auch bei den anderen Produktmerkmalen verfahren. Bei n Merkmalen und m Ausprägungen erhält man m^n mögliche Produktprofile. Diese Produktprofile sollen die Probanden in eine Reihenfolge (ranking) bringen oder auf einer Rating-Skala (rating) bewerten. Das kombinatorische Problem bei einer großen Anzahl von Eigenschaften und deren Ausprägungen ist evident. Wenn die Probanden zuviele Informationen verarbeiten müssen, kommt es zur Informationsüberlastung. Sie wählen einfache Entscheidungsstrategien, die zur Verzerrung der gemessenen Präferenzen führen (Srinivasan 1988, S. 295).

Bei nur fünf relevanten Eigenschaften mit jeweils drei Ausprägungen müssen die Probanden 243 Produktprofile bewerten oder in eine Reihenfolge bringen. Da dies praktisch nicht zu bewältigen ist, werden nicht alle Produktprofile den Probanden zur Beurteilung vorgelegt. Das Opfer für fraktionierte Designs liegt im Verzicht auf die Aufdeckung von Interaktionseffekten zwischen den einzelnen Produkteigenschaften (vgl. Addelman 1962; Green 1974). Häufig beschränkt man sich auf die Analyse weniger Merkmale und Ausprägungen.

Es existieren eine Reihe von Varianten der Conjoint-Analyse zur Reduktion der Komplexität. Bei der Trade-Off-Analyse beurteilen die Probanden nicht das gesamte Produktprofil mit allen Eigenschaften (Full-Profile-Analyse), sondern erhalten als Stimulus Objekte, die sich pro Abfrage nur in zwei Merkmalen unterscheiden. Die restlichen Merkmale werden als gleichwertig angenommen. Die Validität ist bei der Trade-Off-Analyse in Frage zu stellen (zu den verschiedenen Arten von Validität Müller-Hagedorn/Sewing/Toporowski 1993, S. 126). Die ermittelten relativen Wichtigkeiten einzelner Produkteigenschaften unterscheiden sich erheblich in Abhängigkeit von der gewählten Methode (vgl. Müller-Hagedorn/Sewing/Toporowski 1993, insbesondere S. 140). Wichtige Merkmale werden bei der Trade-Off-Methode in der Bedeutung unterschätzt, unwichtige überschätzt.

Verwendet man für die Analyse zwar vollständige Profile, aber nur wenige Variablen und Ausprägungen, ergibt sich eine große Bandbreite von möglichen Bedeutungsgewichten der einzelnen Variablen (Teichert 1994, S. 614-616). Die geschätzte Wichtigkeit eines Merkmals ist somit vorsichtig und die Güte der Schätzung für die Teilnutzenwerte als zweifelhaft zu bewerten. Werden für eine zuverlässigere Schätzung mehr Variablen berücksichtigt, wird der Proband mit der Fülle an zu beurteilenden Profilen überfordert. Die Güte der Schätzung konfligiert somit mit dem bereits erwähnten kombinatorischen Problem.

Ein weiteres Problem ist der Einfluß der Anzahl der Eigenschaftsausprägungen. Die Wichtigkeit einer Eigenschaft ergibt sich aus der relativen Spannweite der Nutzenwerte und damit aus den Extremausprägungen einer Eigenschaft. Werden von einer Eigenschaft mehrere Ausprägungen berücksichtigt, erhöht sich die relative Spannweite und damit deren Wichtigkeit (vgl. Currim/Weinberg/Wittink 1981, S. 72). Daher bedarf die Auswahl der Ausprägungen im Eigenschaftsprofil einer sorgfältigen Analyse.

Akzeptiert man die erwähnten Schwächen der Conjoint-Analyse, werden die Teilnutzenwerte anhand eines Teilnutzenmodells für jeden Probanden geschätzt. Zwar können prinzipiell polynomiale Modelle geschätzt werden, aber in der praktischen Anwendung werden bislang linear additive Teilnutzenmodelle der Conjoint-Analyse zugrunde gelegt (Dichtl/Thomas 1986, S. 28):

> $U_y = \Sigma_f U_{fy}$ wobei auf den Index für den Probanden verzichtet wurde und der Nutzen mit U, das Produkt mit y, die Produkteigenschaft mit f bezeichnet wird und die Teilnutzenfunktion U_{fy} nicht linear und nicht stetig verlaufen darf.

Den Vorteil bzw. die Einfachheit des linearen Nutzenmodells erkauft man sich mit einigen Nachteilen, die bei einer empirischen Anwendung beachtet werden müssen. Die betrachteten Eigenschaften müssen als unbegrenzt substituierbar angenommen werden. Das ABS-Bremssystem eines Autos kann im Modell ersetzt werden durch eine bessere Lackierung oder eine höhere PS-Zahl, ohne den Nutzen für den Konsumenten zu verändern (vgl. für eine Conjoint-Analyse in der Automobilindustrie Bauer/Herrmann 1993). Der Nutzen kann nicht Null werden, wenn das ABS-Bremssystem fehlt. Streng genommen ist die Annahme der begrenzten Substitution nicht erfüllt, so daß Vorsicht bei der Ergebnisinterpretation linearer Nutzenmodelle angebracht ist.

Problematisch ist auch die dem Conjoint Measurement zugrundeliegende Annahme der funktionalen Unabhängigkeit der Eigenschaften. Es ist bei der Anwendung darauf zu achten, daß keine voneinander abhängigen Eigenschaften in die Analyse als relevante Variablen eingehen (Backhaus u.a. 1994, S. 543). Die Marke und der Preis gehen beim Conjoint Measurement als normale Produkteigenschaften in die Analyse ein (Dichtl/Thomas 1986, S. 29; Kucher/Simon 1987, S. 32; Theuerkauf 1989, S. 1181; Bauer/Herrmann/Mengen 1994, S. 87). Geht man davon aus, daß sowohl der Preis als auch die Marke als Qualitätsindikatoren wirken, ist die Unabhängigkeitsannahme verletzt. Die Marke repräsentiert das Produkt oder das Leistungsbündel in der Gesamtheit. Der Preis ist ebenfalls eine Variable, die die Bewertung des gesamten Leistungsbündels zum Ausdruck bringen soll und somit keinesfalls unabhängig vom restlichen Eigenschaftsbündel.

Allerdings wären viele statistische empirische Studien nicht möglich, würde man die Unabhängigkeitsannahme sehr ernst nehmen. Die Interpretation der Ergebnisse sollte aber immer im Lichte der Sensibilität bezüglich der verletzten Annahmen erfolgen. Angesichts der gewichtigen Kritikpunkte ist ein Feiern der Conjoint-Analyse als Durchbruch bei der Preisentscheidung nicht angebracht (vgl. Kucher/Simon 1987: „Conjoint-Measurement - Durchbruch bei der Preisentscheidung"). Bei umsichtiger Anwendung bietet sie eine Möglichkeit, Preislagen und Qualität segmentspezifisch und kundengerecht festzulegen.

Da individuelle Nutzenfunktionen geschätzt werden, können Kundencluster nach ihren Präferenzen gebildet werden. Dies wird Benefitsegmentierung oder Nutzensegmentierung genannt (vgl. Mühlbacher/Botschen 1990). Allerdings ist die Conjoint-Analyse im strengen Sinne kein strukturentdeckendes Verfahren, da die Struktur der Nutzenfunktionen vorausgesetzt und lediglich die Parameter geschätzt werden (Woratschek 1992, S. 157).

3.3 Conjoint-Analyse und Preisresponse

Die Conjoint-Daten reichen alleine noch nicht als Information für die Ergreifung preispolitischer Maßnahmen aus. Sie liefern Anhaltspunkte für die Wichtigkeit des Preises, geben aber noch keine Auskunft über die Reaktion der Konsumenten auf Preis- oder Qualitätsänderungen. Es ist zweckmäßig, anhand der Wichtigkeitsinformationen die Produkte kundengerecht zu spezifizieren. Dies entspricht auch der Vorgehensweise im Target Costing, die kundengerechte Produktqualität zu erforschen und auf dieser Basis einen Zielpreis festzulegen.

Ist die Qualität spezifiziert und geht es um rein preispolitische Maßnahmen, benötigt man Annahmen über den Kaufentscheidungsprozeß der Konsumenten. Die einfachste Annahme ist, daß der Konsument sich für das Produkt mit dem größten Nutzen entscheidet (Kucher/Simon 1987, S. 31; Louviere 1988, S. 66). Die Regel wird als first-choice-Regel bezeichnet. Da man die Teilnutzenfunktion des Preises geschätzt hat, kann die Auswirkung einer Preisvariation auf den Gesamtnutzen ermittelt werden. Auf diese Weise können individuelle Preisreaktionen festgestellt werden und zu einer Preisabsatzfunktion der Stichprobe aggregiert werden. Unter der Annahme, daß die Stichprobe ein kleineres Vielfaches des Marksegments ist, kann der zu erwartende Absatz für einzelne Preisstimuli errechnet werden. Leider gibt es in der Regel keine Anhaltspunkte, die Gültigkeit dieser Annahme zu bestätigen.

Darüber hinaus sind die Preise der Konkurrenzprodukte bzw. Hypothesen für deren Preis- und Qualitätsverhalten zu fixieren. Nur unter dieser spezifizierten Situation ist die Ableitung einer Preisabsatzfunktion möglich. Es ist vorstellbar, das Verhalten der Konkurrenz zu berücksichtigen, indem man jedem möglichen Produktpreis Konkurrenzpreise zuordnet. Allerdings wird das Konkurrenzverhalten dann deterministisch behandelt.

Für die Aggregation der Preisreaktionsfunktion ist die Attraktionsregel als Alternative zu der erwähnten first-choice-Regel gebräuchlich. Bei der Attraktionsregel bildet der Quotient des Nutzens eines Produktes mit der Summe über die Nutzen aller Profile die Wahrscheinlichkeit, daß der Konsument das entsprechende Produktprofil auswählt. Die Attraktionsregel unterstellt somit ratioskalierte Nutzenwerte, ein Skalenniveau dem die empirisch geschätzten Teilnutzenwerte nicht entsprechen (Green/Rao 1971, S. 355; Balderjahn 1994, S. 16). Das Ergebnis der aggregierten Preisabsatzfunktion in der Stichprobe muß unter den gleichen restriktiven Bedingung auf das gesamte Marktsegment hochgerechnet werden.

Die Conjoint-Analyse erklärt globale Präferenzurteile auf der Individualebene und simuliert eine Kaufentscheidung realitätsnah. Insofern sind bessere Ergebnisse als bei einer direkten Befragung nach der Preisbereitschaft trotz der Mängel zu erwarten. Die Aufmerksamkeit der Probanden wird nicht auf den Preis konzentriert, da Profile abgefragt werden und der Befragungsgrund nicht zwangsläufig evident für den Probanden ist. Um aber Aussagen über ein Marktsegment zu machen, müssen individuelle Nutzenwerte aggregiert werden. Ein Verfahren, das bereits auf einer Gesamtheit von Nachfragern und damit auf der Marktebene ansetzt, ist das von Balderjahn in die Diskussion gebrachte probabilistische Preisresponsemodell (vgl. Balderjahn 1991).

3.4 Diskrete Entscheidungsmodelle

Das probabilistische Preisresponsemodell beruht auf dem ökonometrischen Modell der diskreten Entscheidungsanalyse (vgl. McFadden 1980; Balderjahn 1991). Die grundlegende Hypothese ist, daß die Population aus Nachfragern besteht, die ihren Zufallsnutzen maximieren. Dabei wird eine für die Population gültige Nutzenfunktion unterstellt und somit das Aggregationsproblem wegdefiniert.

Das zugrundeliegende Nutzenmodell lautet:

> $U_{yk} = U_{yk}(f_{yk}, s_k, \delta_{yk})$ mit k für den Konsumenten, s_k für dessen individuelle Eigenschaften und einer stochastischen Komponente δ_{yk}.

Das Bewertungsverfahren, das Entscheidungsmodell und die Modellparameter sind im probabilistischen Preisresponsemodell für alle Nachfrager gleich (Hensher 1984, S. 268). Im Conjoint Measurement ist das zugrundeliegende Nutzenmodell zwar für alle Probanden gleich, aber die Modellparameter variieren zwischen den Individuen. Im probabilistischen Preisresponsemodell ist die Analyse der Parameter individueller Präferenzfunktionen nicht möglich.

Individuelle Nutzenunterschiede kommen in der stochastischen Komponente zum Ausdruck, deren Verteilungsannahmen die Schätzwerte mitbestimmen. In der stochastischen Komponente werden alle Störgrößen, darunter auch Nutzenunterschiede, erfaßt. Diese erscheinen als zufällige Abweichung von der repräsentativen Nutzenfunktion. Eine Nutzensegmentierung, wie sie die Conjoint-Analyse bietet, ist somit nicht möglich.

Balderjahn spezifiziert den Zusammenhang zwischen den Teilnutzen linear und faßt die nichtpreislichen Elemente in einem Wert zusammen:

> $U_{yk} = m_y + \beta p^*_{yk} + \delta_{yk}$ mit μ_{ik} als nichtpreisliche Komponente und der Preisgröße p*, wobei p* eine Funktion des Produktpreises von y ist, die nichtlinear verlaufen kann.

Balderjahn reanalysierte mit dieser Funktion das Feldexperiment von Kaas (vgl. Kaas 1977) und erweitert auf diese Weise dessen Ansatz, der auf paarweise Preisreaktionsfunktionen beschränkt war. Die nichtpreisliche Komponente wird im probabilistischen Preisresponsemodell für das Referenzprodukt gleich Null gesetzt. Es können nun verschiedene Nutzenmodelle getestet werden, für die gilt:

> $p^*_{yk} = f(p_{yk}) = \beta_x p^n$ mit x als Index zur Definition von Gültigkeitsbereichen und n als Parameter zur Darstellung nichtlinearer Zusammenhänge.

Die Definition von unterschiedlichen Gültigkeitsbereichen ermöglicht die Abbildung von Preisschwellen, die jedoch exogen vorgegeben werden müssen. Durch die Möglichkeit der Darstellung nichtlinearer Zusammenhänge in der Preiskomponente wird die Abbildung steigenden marginalen Geldnutzens möglich (Balderjahn 1991, S. 38).

Für die Operationalisierung des Modells ist eine Hypothese über den Zusammenhang zwischen Nutzen und Kaufverhalten notwendig, die auf dem bekannten Konzept der offenbarten Präferenzen beruht. Das Nachfrageverhalten offenbart sich in den Präferenzen, so daß die Kaufwahrscheinlichkeit für ein Produkt gleich der Wahrscheinlichkeit ist, daß der Nutzen des betrachteten Produktes mindestens so groß ist wie der Nutzen der anderen Produkte. Damit wird auch dem stochastischen Zusammenhang zwischen Einstellung und Kaufverhalten Rechnung getragen, die sich in situativen Einflüssen ausdrücken (vgl. Triandis 1980, S. 195-259). Für die Schätzung müssen Annahmen über die Wahrscheinlichkeitsverteilung der Fehlerterme δ_{ik} getroffen werden. Nimmt man eine Extremwertverteilung der Fehler an, handelt es sich um ein multinomiales Logitmodell. Unterstellt man eine Normalverteilung der Fehler, wird es als mulitnomiales Probitmodell bezeichnet.

Aus rechentechnischen Vereinfachungsgründen verwendet Balderjahn ein Logitmodell, zumal Computerprogramme hierfür vorliegen (Balderjahn 1991, S. 35).

Die Verwendung von Logitmodellen kann mit der „Ähnlichkeit" zu den Probitmodellen begründet werden. Mit dem probabilistischen Preisresponsemodell steht demzufolge eine Alternative zum Conjoint Measurement zur Verfügung, das zur Schätzung von Preisresponsefunktionen herangezogen werden kann. Bei heterogenen Konsumenten hat das probabilistische Preisresponsemodell mit der Gültigkeit der repräsentativen Nutzenfunktion ähnliche Probleme wie das Conjoint Measurement, nur die Perspektive ist unterschiedlich. Im Conjoint Measurement besteht das Aggregationsproblem von der Individualebene auf die Marktebene. Im probabilistischen Preisresponsemodell besteht das Problem, inwieweit die Marktfunktion für die Individuen repräsentativ ist, wenn die Population nicht homogene Präferenzen hat. Bei homogenen Präferenzen in der Population bereiten beide Verfahren wenig Probleme.

Die diskreten Entscheidungsmodelle lassen eine Schätzung nicht nur der Produkteigenschaften, sondern auch eine Differenzierung nach Personeneigenschaften zu. Die Zusammenfassung aller Eigenschaften mit Ausnahme des Preises in einer Variablen m, wie in obiger Formel, entkoppelt eigentlich die zu leistende verhaltenstheoretische Anbindung. Allerdings sind diese Modelle mächtig genug, eine verhaltenstheoretische Anbindung durch Eigenschaftsdifferenzierung zu leisten, so daß die oben beschriebene Vorgehensweise nur Beispielcharakter hat. Balderjahn schlägt mit der Einbindung diskreter Entscheidungsmodelle in den Preiszusammenhang eine vielversprechende Alternative zum Conjoint Measurement vor (vgl. Balderjahn 1991).

4 FAZIT

In der preistheoretischen Literatur werden zur Vereinfachung der Preisentscheidung Faustregeln vorgeschlagen, die aus mikroökonomischen Ansätzen abgeleitet werden. Bei der operativen Handlungsumsetzung derartiger Faustregeln muß man sich der Gefahren einer undifferenzierten Anwendung bewußt sein. Bei Beachtung des kalkulatorischen Dilemmas ist der Aussagebereich derartig eingeschränkt, daß nur grobe Aussagen verbleiben, für deren Ableitung der theoretische Aufwand relativ groß ist.

Zur gewinnoptimalen Preisbestimmung benötigt man Informationen über Kostenfunktionen in Abhängigkeit von der Menge. Bei der empirischen Ermittlung entstehen aufgrund vielfältiger Abhängigkeiten Zurechnungsprobleme. Die mikroökonomischen Ansätze geben keinen Hinweis, wie solche Kostenfunktionen zu schätzen sind. Die empirische Umsetzung ist somit mangels der Operationalisierung der theoretischen Konstrukte schwierig zu leisten.

Dennoch ist bei der praktischen Umsetzung ein Fortschritt zu erzielen, sofern es gelingt, zumindest tendenziell die Reaktionen auf Preisvariationen zu schätzen. Ökonometrischen Schätzungen fehlt die notwendige Hypothesenbildung. Die verhaltenstheoretische Anbindung empirischer Schätzungen ist unentbehrlich. Sowohl das Conjoint Measurement als auch das probabilistische Preisresponsemodell leisten diese Anbindung. Das Conjoint Measurement besitzt den Vorteil einer möglichen Nutzenclusterung und damit der Überprüfung, inwieweit soziodemographische Merkmale zu Nutzendifferenzen führen. Es bietet die Chance der Entdeckung clusterrelevanter Merkmale. Dem stehen allerdings eine Fülle von Nachteilen gegenüber, die die Validität im Preiszusammenhang in Zweifel ziehen. Die diskreten Entscheidungsmodelle berücksichtigen nicht antizipierte Größen durch den stochastischen Ansatz und setzen in der Analyse auf der Marktebene an. Die Gewährleistung einer repräsentativen Nutzenfunktion ist ebenso problematisch wie die Aggregation im Conjoint Measurement.

Die Informationen aus den untersuchten Teilbereichen der Preisforschung sind aufgrund ihres eingeschränkten Geltungsbereichs nur bei differenzierter Anwendung hilfreich. Für die Preispolitik benötigt der Manager noch eine Fülle weiterer Informationen, z.B. über die langfristige Preiswirkung, die Wirkung der Preisdarstellung, die Preiskenntnis der Konsumenten, die Wirkung auf das Konkurrenzverhalten und die Verbundeffekte im Absatz- und Kostenbereich. Das hier beleuchtete Teilgebiet der Preisforschung im Marketing signalisiert selbst unter einfachen Bedingungen die Komplexität der Materie. Die Preisforschung leistet erste Anzeichen, geeignete Informationen für das Marketing bereitzustellen. Von dem in der Literatur propagierten Durchbruch bei der Preisentscheidung kann allerdings keine Rede sein.

LITERATUR

Addelman, S.: Orthogonal Main-Effect Plans for Asymmetrical Factorial Experiments. In: Technometrics, Vol. 4, 1962, S. 21-46.

Albach, H.: Zur Sortimentskalkulation im Einzelhandel. In: Handelsbetrieb und Marktordnung, Festschrift für Carl Ruberg zum 70. Geburtstag, Wiesbaden 1962, S. 13-40.

Backhaus, K. u.a.: Multivariate Analysemethoden, 7. Aufl., Berlin u.a. 1994.

Balderjahn, I.: Ein Verfahren zur empirischen Bestimmung von Preisresponseverfahren. In: Marketing ZfP, Jg. 13, 1991, S. 33-42.

Balderjahn, I.: Der Einsatz der Conjoint-Analyse zur empirischen Bestimmung von Preisresponsefunktionen. In: Marketing ZfP, Jg. 16, 1994, S. 12-20.

Bauer, H.H.; Herrmann, A.: Preisfindung durch „Nutzenkalkulation“ am Beispiel einer PKW-Kalkulation. In: Controlling, 1993, Heft 5, S. 236-240.

Bauer, H.H.; Herrmann, A.; Mengen, A.: Eine Methode zur gewinnmaximalen Produktgestaltung auf der Basis des Conjoint Measurement. In: ZfbF, Jg. 64, 1994, S. 81-94.

Böhler, J.: Betriebsform, Wachstum und Wettbewerb, Wiesbaden 1993.

Currim, I.S.; Weinberg, Ch.B.; Wittink, D.R.: Design of Subscription Programs for a Performing Arts Series. In: Journal of Consumer Research, Vol. 8, 1981, S. 67-75.

Dichtl, E.; Thomas, U.: Der Einsatz des Conjoint Measurement im Rahmen der Verpackungsmarktforschung. In: Marketing ZfP, Jg. 8, 1986, S. 27-33.

Diller, H.: Preispolitik, 2. Aufl., Stuttgart u.a. 1991.

Ewert, R.; Wagenhofer, A.: Interne Unternehmensrechnung, Berlin u.a. 1993.

Green, P.E.: On the Design of Choice Experiments Involving Multifactor Alternatives. In: Journal of Consumer Research, Vol. 1, 1974, S. 61-68.

Green, P.E.; Rao, V.R.: Conjoint Measurement for Quantifying, Judgmental Data. In: Journal of Marketing Research, Vol. 8, 1971, S. 355-363.

Gümbel, R.: Die Sortimentspolitik in den Betrieben des Wareneinzelhandel, Köln und Opladen 1963.

Gümbel, R.: Handel, Markt und Ökonomik, Wiesbaden 1985.

Gutenberg, E.: Rückblick auf die Betriebswirtschaftslehre des Absatzes. In: ZfB, Jg. 55, 1985, S. 1200-1213.

Hensher, D.A.: Achieving Representativeness of the Observable Component of the Indirect Utility Function in Logit Choice Models: An Empirical Revelation. In: Journal of Business, Vol. 57, 1984, S. 265-280.

Horvath, P.; Niemand, St.; Wolbold, M.: Target Costing – State of the Art. In: Horvath, P. (Hrsg.): Target Costing, Stuttgart 1993, S. 1-27.

Kaas, K.P.: Empirische Preisabsatzfunktionen bei Konsumgütern, Berlin u.a. 1977.

Kilger, W.: Flexible Plankostenrechnung und Deckungsbeitragsrechnung, 9. Aufl., Wiesbaden 1988.

Kloock, J.: Prozeßkostenrechnung als Rückschritt und Fortschritt der Kostenrechnung, Teil 1 und Teil 2. In: Kostenrechnungspraxis, 1992, S. 183-193 und S. 237-245.

Kotler, Ph.: Marketing Decision Making: A Model Building Approach, New York 1971.

Kucher, E.; Simon, H.: Conjoint-Measurement – Durchbruch bei der Preisentscheidung. In: Harvard manager, 1987, Nr. 3, S. 28-36.

Lambin, J.J.: Advertising, Competition and Market Conduct in Oligopoly Over Time, Amsterdam 1976.

Laux, H.; Liermann, F.: Grundlagen der Organisation: Die Steuerung von Entscheidungen als Grundproblem der Betriebswirtschaftslehre, 3. Aufl., Berlin u.a. 1993.

Louviere, J.J.: Analyzing Decision Making: Metric Conjoint Analysis, Beverly Hills, CA, 1988.

McFadden, D.: Econometric Models for Probabilistic Choice among Products. In: Journal of Business, Vol. 53, 1980, No. 3, S. S13-S29.

Mühlbacher, H.; Botschen, G.: Benefit-Segmentierung von Dienstleistungsmärkten. In: Marketing ZfP, 1990, S. 159-168.

Müller-Hagedorn, L.; Sewing, E.; Toporowski, W.: Zur Validität von Conjoint-Analysen. In: ZfbF, Jg. 45, 1993, S. 123-148.

Müller-Hagedorn, L.: Handelsmarketing, 2. Aufl., Stuttgart, Berlin, Köln 1993.

Ott, A.E.: Preistheorie. In: Ehrlicher, W. u.a. (Hrsg.): Kompendium der Volkswirtschaftslehre, Bd. I, 2. Aufl., Göttingen 1969, S. 124-192.

Pigou, A.C.l: The Statistical Derivation of Demand Curves. In: The Economic Journal, Vol. 40, 1930, S. 384-400.

Preston, L.E.: Profits, Competition and Rules of Thumb in Retail Food Pricing, Berkeley 1963.

Riebel, P.: Einzelkosten- und Deckungsbeitragsrechnung, 5. Aufl., Wiesbaden 1984.

Schmalen, H.: Preispolitik, 2. Aufl., Stuttgart und Jena 1995.

Schneider, D.: Die Preisabsatzfunktion und das Dilemma der Preistheorie. In: Zeitschrift für die gesamte Staatswissenschaft, Bd. 122, 1966, S. 587-628.

Seidenschwarz, W.: Target Costing: Marktorientiertes Zielkostenmanagement, München 1993.

Simon, H.: Preismanagement: Analyse, Strategie, Umsetzung, 2. Aufl., Wiesbaden 1992.

Simon, H.: Preispolitik für industrielle Dienstleistungen. In: DBW, Jg. 54, 1994, S. 719-737.

Srinivasan, V.: A Conjunctive-Compensatiory Approach to the Self-Explication of Multiattributed Preferences. In: Decision Sciences, Vol. 19, 1988, S. 295-305.

Steffenhagen, H.: Wirkungen absatzpolitischer Instrumente, Stuttgart 1978.

Teichert, Th.: Zur Validität der in Conjoint-Analysen ermittelten Nutzenwerte. In ZfbF, Jg. 46, 1994, S. 610-629.

Tellis, G.J.: The Price Elasticity of Selective Demand: A Meta-Analysis of Econometric Models of Sales. In: Journal of Marketing Research, Vol. 25, 1988, S. 331-341.

Theisen, P.: Preispolitik der Mehrproduktunternehmung, in: WiSt, 1975, S. 273-280.

Theuerkauf, I.: Kundennutzenmessung mit Conjoint, in: ZfB, Jg. 59, 1989, S. 1179-1192.

Triandis, H.C.: Values, Attitudes, and Interpersonal Behavior. In: Page, M.M. (Hrsg.): Beliefs, Attitudes and Values, Lincoln und London 1980, S. 195-259.

Trommsdorff, V.; Bleicker, U.; Hildebrand, L.: Nutzen und Einstellung. In: WiSt, 1980, Heft 6, S. 269-276.

Weinberg, P.; Behrens, B.; Kaas, K.P. (Hrsg.): Marketingentscheidungen, Köln 1974.

Wied-Nebbeling, S.: Markt- und Preistheorie, Berlin u.a. 1993.

Woratschek, H.: Betriebsform, Markt und Strategie, Wiesbaden 1992.

Informationsmanagement als Erfolgsfaktor in einzelnen Handelsbranchen

Effiziente Kundenpolitik als Problem der Informationspolitik

Bruno Tietz, Saarbrücken

Das Efficient-Consumer-Response-Konzept (ECR) bündelt in den USA kooperative Strategien zwischen Industrie und Handel zur Steigerung der Kundenorientierung. Durch den Einsatz von innovativen Daten- und Informationstechnologien wird dabei die Kundenpolitik von Hersteller- und Handelsunternehmen auf eine verbesserte Informationsbasis gestellt. Als informatorische Grundlagen für das Efficient Consumer Response werden das Efficient Information Response (EIR) und seine Komponenten Data Warehousing und Data Mining präsentiert. Die effiziente Kundenpolitik wird somit zunehmend auch zum Problem der Informationspolitik.

1 EINFÜHRUNG

Wal-Mart und Procter & Gamble haben Ende der achtziger Jahre eine neue Form der Hersteller-Handelsbeziehungen eingeläutet. Im Jahre 1988 hatte Wal-Mart begonnen, Führungskräfte zu den Qualitätsseminaren von Procter & Gamble zu schicken. Später eröffnete Procter & Gamble ein Büro in der Nähe der Zentrale von Wal-Mart und besetzte es mit einem Team von Systemanalytikern und EDV-Spezialisten, Kostenrechnern und Finanz- und Marketingfachleuten.

Mehrere Gebiete dieses Partnering haben sich als besonders gewinnträchtig erwiesen:
1. Neue Problemlösungen,
2. Mängelbeseitigung mit Senkung der Reklamationen,
3. neue Logistiklösungen durch Just-in-time-Anlieferungen unter Einsatz direkter Computerverbindungen mit Senkung der Lagerbestände im Handel um bis zu vier Fünftel auf ein Fünftel, d.h. Warenumschlag innerhalb des Zahlungsziels von zehn Tagen,
4. Mikromerchandising durch Auswertung von Scannerdaten mit einer besseren Abstimmung der Produktlistung für die einzelnen Filialen.

Durch intensive Stützung seitens des Food Marketing Institute (FMI), einer Gemeinschaftsorganisation der Supermarktbetreiber und der Lebensmittelindustrie mit Sitz in Washington, D.C., wurde in den USA die Verbesserung der Industrie-Handelsbeziehungen in den Mittelpunkt einer Initiative zur verstärkten Kundenorientierung gestellt, deren Strategie-Mix als ECR (Efficient Consumer Response) bezeichnet wird.

ECR betrifft primär die Bildung von Allianzen im Absatzkanal zur besseren Befriedigung von Konsumentenbedürfnissen. Die Namensgebung Efficient Consumer Response soll die Ausrichtung der Strategie auf den Konsumenten dokumentieren. Timothy M. Hammonds definiert ECR wie folgt: Bei ECR handelt es sich um eine Strategie, die alle Kosten, die keine Wertschöpfung für den Konsumenten erbringen, innerhalb der Absatzkette vom Produzenten bis zum Konsumenten beseitigen soll. Bei ECR geht es darum, Ineffizienzen im Absatzkanal zu beseitigen und die Distributionssysteme besser an die Erwartungen der Konsumenten anzupassen (Hammonds 1995, S. 11).

Als Grundelement von ECR gilt ein zeitnaher, genauer und papierloser Informationsstrom, der die Basis für einen darauf abgestimmten kontinuierlichen Güterstrom ist. Bei einer weiten Auffassung umfaßt ECR neben dem Kostenmanagement auch das Liefermanagement. Es soll beitragen zu:

- Sortimentsinnovationen,
- Serviceinnovationen.

2 ZUR ENTSTEHUNG VON ECR

Das erste ECR-Projekt wurde durch das Food Marketing Institute im Jahre 1992 initiiert. Eine Kommission aus Vertretern der Industrie und des Handels wurde zur Diskussion und Weiterentwicklung der ECR-Strategien ins Leben gerufen. Als Ausgangspunkt für die ECR-Initiative gilt eine seit 20 Jahren anhaltende und steigende Ineffizienz in der US-amerikanischen Distribution, vor allem bei Lebensmitteln. Ineffizienzen sind vor allem auf eine überhöhte Lagerhaltung bei Hersteller und Handel als Folge einer Warenbeschaffung auf Vorrat zu Sonderpreisen und dadurch mitbegründeten Querlieferungen zwischen Filialen und Regionen zurückzuführen. Die Konsequenzen dieser unzweckmäßig gesteuerten Logistik waren hohe Lager- und Transportkosten.

Durch den Einstieg von Wal-Mart und Kmart in den Lebensmitteleinzelhandel in den letzten Jahren mit ihrer Quick-Response-Erfahrung sahen sich auch die US-amerikanischen Supermarktunternehmen gezwungen, neue Logistik- und Informationsstrategien einzusetzen, um Kostennachteile gegenüber den neuen Konkurrenten auszuräumen. Von Anbeginn an war ECR durch das Just-in-time-Prinzip inspiriert, das bei Nichtlebensmitteln zur Beschleunigung der Produktion und Distribution als Quick Response bezeichnet wird.

Von den Erfahrungen mit Quick Response der Mass Merchandiser und der Warenhäuser bei Non food hat ECR profitiert. Jedoch führt gerade die Verderblichkeit der Produkte im Food-Bereich zu erschwerten Bedingungen. Im Gegensatz zu Quick Response als Kooperationsprojekt zwischen einzelnen Geschäftspartnern haben sich in den USA bei ECR die Handelsverbände im Interesse von Branchenlösungen eingeschaltet (o. V. 1995 a, S. 27). Supply Chain Management und ECR werden teilweise gleichgesetzt: Für ECR gilt jedoch die upstream chain mit Beziehungen zu Vorlieferanten des Herstellers als weniger relevant.

Dagegen wird bei ECR die downstream chain mit Beziehungen zwischen Hersteller und Konsumenten betrachtet (Hammonds 1995, S. 12).

3 EFFICIENT INFORMATION RESPONSE (EIR) ALS INFORMATORISCHE VORAUSSETZUNG VON ECR

Nielsen hat das Konzept von ECR um den Begriff Efficient Information Response (EIR) ergänzt. Wichtige Bestandteile von EIR sind das Konzept des Data Warehousing, d.i. des Datenlagerhauses, und das Data Mining.

Data Warehousing: Als Data Warehousing wird im Zusammenhang mit ECR die Nutzung mehrfach integrierter Daten, so Scannerdaten, Herstellerdaten, Logistikdaten, Werbedaten, geodemographischer Daten und Kanaldaten, aufgrund neuartiger Analysemethoden verstanden. Data Warehousing existiert mit den beiden Alternativen:
1. ein integratives Konzept mit allumfassender Informationsbearbeitung,
2. ein separiertes Konzept mit besserem Zugang zu den Daten, höherer Vertraulichkeit und Systemkontrollen.

Die Datenlagerhausstruktur (Data Warehousing) umfaßt nach DataBase Associates folgende Elemente (Derr 1995, S. 4):
1. einen besseren Zugang zu Informationen,
2. eine bessere Datenqualität: Konsistenz, Genauigkeit, Dokumentation,
3. einen direkten Datenzugriff durch Endnutzer,
4. niedrigere Kosten und eine höhere Produktivität innerhalb der Informationssysteme,
5. einen aktuellen Datenzugriff,
6. verbesserte Leistungsfähigkeit, Verfügbarkeit von Informations- und operativen Systemen,
7. Unterstützung bei Veränderungen der Organisationsstruktur infolge von Fusionen, Akquisitionen, Unternehmensverkleinerungen und bei Reengineering,
8. Antwort auf internen Druck.

Data Mining: Data Mining stellt neben Data Warehousing eine Schlüsselkomponente des Efficient Information Response dar (Derr 1995, S. 5 ff.). Unter Data Mining, d.h. „Schürfen" nach Daten, versteht man neue mathematische und statistische Algorithmen zur Analyse von Datensätzen und zum Herausfiltern von Informationen aus einer großen Datenmenge: „Find nuggets of knowledge in your mountains of data." – das Suchen nach neuen Erkenntnissen als „Schatzsuche". Data Mining wird zur Zeit von IBM propagiert (IBM 1995).

Die bisherigen Ansätze zur Datenanalyse beruhen auf dem Wissen des Entscheidungsträgers, der festlegte, wie die Daten zu strukturieren waren, damit ein konsistentes, aussagefähiges Muster entsteht. Bei Data Mining dagegen werden neue Technologien dazu benutzt, aussagefähige Datenstrukturen herauszufinden. Data-Mining-Algorithmen suchen automatisch nach Regeln oder Mustern in den Datenbeständen, die bisher als Hypothesen nicht in Erwägung gezogen wurden. Hauptelemente von Data Mining sind:
1. *die Segmentierung:* die Bildung von Clustern mit ähnlichen Merkmalen, z.B. in Kundendatenbanken,

2. *Assoziationen:* die Aufdeckung und Bewertung von Verknüpfungen zwischen gemeinsam gekauften Artikeln, z.B. Warenkorbanalyse,
3. *die Klassifizierung:* die Zuordnung neuer Objekte zu vorher ermittelten Segmenten,
4. *Sequenzen:* die Überprüfung von Abverkaufssequenzen auf identische Muster oder Regeln.

Data Mining kann z.B. zur Aufdeckung spezifischer Mini-Kundengruppen innerhalb einer Kundendatenbank verhelfen.

Beispiele: Nachdem durch Data Mining herausgefunden wurde, daß der Absatz von Wegwerfwindeln freitags nach Dienstschluß stark anstieg und die Käufer Männer waren, wurde Bier zu den Windeln plaziert, um Verbundkäufe anzuregen. Ein weiteres Beispiel ist eine Analyse von Kreditkartendatenbanken, um bei ungewöhnlichen Transaktionen verbrecherische Anwendungen direkt entdecken zu können. Thomas Cook Holidays verbesserte sein Direct-Marketing durch die Vorhersage der Verhaltensmuster seiner Kunden mit einer 90 %igen Genauigkeit. Einige Ergebnisse von Data Mining in einer Warenkorb-Datenbank von Nielsen, Großbritannien, mit rd. 600 Artikeln: Ungefähr 12 % dieser Artikel werden mit einer Wahrscheinlichkeit von mehr als 80 % innerhalb ein und desselben Warenkorbs gekauft. So werden z.B. Milch, Cerealien, kohlensäurehaltige Getränke, Kekse und Katzenfutter in Dosen am häufigsten zusammen mit Brot gekauft. Weiter zeigte sich die höchste Konzentration des Absatzes von Babynahrung nur an drei Tagen innerhalb des Monats, jeweils in der Mitte der Woche.

4 CATEGORY MANAGEMENT ALS ORGANISATORISCHE VORAUSSETZUNG VON ECR

Das organisatorische Rückgrat von ECR im Handel ist Category Management. Zum Category Management oder Warengruppenmanagement gehören:
1. die Festlegung der Ziele im Hinblick auf jede Warengruppe, z.B. Frequenzziele, Umsatzziele, Imageziele, Gewinnziele,
2. die Abstimmung von Jahresplänen für die Warengruppen unter Beachtung der Beziehungen zwischen Warengruppen,
3. die Entscheidung über die Bereitstellung von Informationen nach Informationskategorien, so Marktdaten, Scanningdaten, Aktionsanalyse, Flächenmanagement, DPR,
4. die kombinierte Einkaufs- und Verkaufsverantwortung im Handelsbetrieb mit erweiterten Aufgaben der Warengruppenmanager,
5. die Festlegung der Beziehungen zu den Lieferanten der Warengruppe.

5 ZIELE UND INSTRUMENTE VON ECR

ECR verfolgt im wesentlichen zwei Ziele (o.V. 1995 b):
1. die bessere Befriedigung der Bedürfnisse der Konsumenten durch den Abbau nicht notwendiger Kosten aus dem Absatzkanal, d.h. von Kosten, die keine Wertschöpfung für den Konsumenten beinhalten, dies bei allen Funktionen innerhalb des Distributionssystems,
2. die Entwicklung einer langfristigen Kooperation zwischen Herstellern und Einzelhändlern in der Nahrungsmitteldistribution.

ECR baut auf dem Einsatz folgender Technologien auf:
1. Scanning, optische Lesegeräte sowie die Verwendung von Balkencodes ermöglichen eine Informationserfassung auf allen Ebenen: Point of Sale, Lager, Werk.
2. EDI (Electronic Data Interchange, Elektronischer Datenaustausch) beschleunigt den papierlosen Informationsfluß. EDI setzt jedoch die rigorose Beachtung von zunehmend weltweit standardisierten Normen voraus.
3. Activity Based Costing (aktivitätenorientierte Kostenrechnung) deckt im Bereich der Logistikkosten die Kosten auf, zu deren Übernahme der Abnehmer verpflichtet wird, genauer der Partner, der eine Aktivität am vergleichsweise kostengünstigsten erledigen kann.

Als weitere Grundlagen von ECR gelten:
1. das Category Management und computergestützte Warenbestellsysteme,
2. das Regalflächenmanagement, das eine Flächenoptimierung bei optimalem Sortimentsgleichgewicht erlaubt,
3. der kontinuierliche Warennachschub (Kotzab 1995, S. 30) mit besserer Angleichung zwischen Angebots- und Nachfragerhythmen.

Die ECR-Strategie unterscheidet folgende vier Substrategien:
1. *Efficient Store Assortments (ESA) – Effiziente Filialsortimente:* Optimierung der Warenbestands- und Flächenproduktivität am Point of Sale an der Schnittstelle zum Konsumenten,
2. *Efficient Replenishment (ER) – Effizienter Warennachschub:* Optimierung von Zeit und Kosten bei der Logistik,
3. *Efficient Promotion (EP) – Effiziente Absatzförderung:* Maximierung der Absatzkanaleffizienz durch Handelskonditionenpolitik (Trade Promotions) und konsumentengerichtete Verkaufsförderungspolitik (Consumer Promotion),
4. *Efficient Product Introductions (EPI) – Effiziente Produktneueinführung:* Maximierung der Effizienz der Neuproduktentwicklung und der Markteinführung neuer Produkte.

Übersicht 1: Die Vorteile von ECR nach ECR-Substrategien

Substrategie	Vorteile/Nutzeneffekte
ESA	höherer Umsatz und höhere Spanne je m^2 Verkaufsfläche, höhere Warenumschlagshäufigkeit
ER	automatische Filial- und Lagerbestellungen, Flow-through-Logistik, weniger Produktschäden, niedrigere Hersteller-, Großhandels- und Einzelhandelslagerbestände
EP	höhere Lager-, Transport-, Verwaltungs- und Produktionseffizienzen; geringere Vorratsbeschaffung (Forward Buying), niedrigere Warenbestände beim Lieferanten, niedrigere Lagerkosten
EPI	weniger erfolglose Neuprodukteinführungen, höherwertigere Produkte

Quelle: Kurt Salmon Associates: Efficient Consumer Response – Enhancing Consumer Value in the Grocery Industry, hrsg. v. Food Marketing Institute, Washington, D.C., 1993.

Teilweise wird aus dem Schlagwort ECR ein umfassendes Beratungskonzept abgeleitet: Optimierung der Geschäftsprozesse durch Aktivitätenkostenrechnung und Logistikoptimierung oder Business-Plan statt Jahresgespräche mit Beachtung der Gesamtentwicklung einer Warengruppe und der Überführung in einen dauerhaften Verbesserungsprozeß, wie das Beispiel Gemini zeigt.

Übersicht 2: Die Optimierung der Geschäftsprozesse – Administration und Planung –

Erkenntnisse

- fehlende Informationsvernetzung zwischen Hersteller und Handel
  - Doppelerfassungen
  - erhöhte Fehlerquote durch manuelle Erfassung, ungenaue Datenbestände
  - Informationsaustausch findet nur zeitverzögert statt
- unterschiedliche Standards in den EDV-Systemen
- Zusatzkosten durch mangelnde Auftragsvorlaufzeiten bei Aktionen
  - kurzfristige Änderung der Aktionsparameter
  - mangelnde Abstimmung mit Aktivitäten anderer Hersteller und Handelspartnern
  - kurzfristige Bearbeitung ungeplanter Mengen
  - erhöhte Distributionskosten aufgrund von teuren Versandformen
- ungenaue Absatzprognosen aufgrund von mangelnden Nachfragedaten und verzögerter Informationsübermittlung

Ansatzpunkte

- Automatisierung der administrativen Schnittstellen durch EDI-Vernetzung; Austausch und Abwicklung von: Stammdaten, Preisliste/Katalog, Lieferscheinen und Rechnungen, Zahlungsavisi, Absatzprognose
- Abstimmung der gemeinsamen Abläufe und Prozesse
- täglich aktualisierte POS-Daten und Bestandsdaten werden den Herstellern zur Verfügung gestellt
- gemeinsames Beschwerdemanagement

Benefits

- Reduktion der Anzahl Lieferungen/Rechnungen um 20 %
- Reduzierung der Abwicklungsdauer bei Lieferant und Handel (von 7 auf 2 Tage)
- Reduktion der manuellen Dateneingabe um 60 % (auf beiden Seiten)
- Reduktion des Aufwandes zur Fehlerbereinigung um 30 %
- Reduktion des Aufwandes für das Aktionshandling um 10 % beim Handel und 20 % bei der Industrie
- Reduktion von Produktionskosten um 3,0 bis 7,5 % durch verlängerte Vorwarnzeit bei außergewöhnlichen Bedarfen und Vermeidung von Überstunden

Quelle: Gemini; zit. nach: Biehl, Bernd: Warming Up für den Wettbewerb. In: Lebensmittel-Zeitung, 47. Jg., Nr. 20, 19. Mai 1995, S. 42-46, S. 44.

Übersicht 3: Die Optimierung der Logistik

Erkenntnisse

- mehrfache Bestände, Bestandsführung und Warenhandling bei Handel und Industrie
- fehlendes logistisch optimiertes Bestellverhalten des Handels aufgrund mangelnder Transparenz der Logistikkosten in der Wertkette
- unterschiedliche zeitliche Auslastungsschwankungen unterschiedlicher Lagerbereiche
- fehlende Prognosegenauigkeit und unvorhergesehene Bedarfe führen zu erhöhten Beständen von Fertigwaren und Rohmaterial
- durch Nachfragefluktuationen verursachte Kosten wie Eillieferungen, Extraschichten im Lager usw
- Out-of-stocks, da auf kurzfristige Nachfrageschwankungen nicht reagiert werden kann

Ansatzpunkte

- detaillierte Analyse und Optimierung der Logistikleistungen mit Hilfe von Activity Based Management
- gemeinsam optimierte Bestellgrößen und -häufigkeiten
- integrierte Prozeßoptimierung durch Management der Bestände durch den Lieferanten in der gesamten Wertkette mit Hilfe von POS-Daten
- Neudefinition von Sicherheitsbeständen auf Basis verbesserter Nachfrageinformationen und Reduktion selbstverursachter Nachfrageschwankungen
- Einführung einer automatischen Bestandsführung
- gemeinsame Optimierung von Produkt- und Transportverpackungen

Benefits

- Reduktion von schnittstellenbezogenen Lagerbeständen bei Handel (50 %) und Hersteller (20 %)
- Erhöhung des Lieferservices von 95 auf 99 % (Hersteller-Handel)
- Umsatzsteigerungen durch Vermeidung von Out-of-stock-Situationen (ca. 3 %)
- Reduktion der gesamten Lagerhaltungskosten um 5 bis 8 % (in einigen Regionen um 20 %)
- Reduktion der Warenannahmekosten um 40 % (z. B. durch Festlegung von Lieferfenstern)
- Reduktion der Lieferzeiten auf 24 Stunden

Quelle: Gemini; zit. nach: Biehl, Bernd: Warming Up für den Wettbewerb. In: Lebensmittel-Zeitung, 47. Jg., Nr. 20, 19. Mai 1995, S. 42-46, S. 44.

6 EMPIRISCHE BEFUNDE

ECR stellt eine Win-Win-Win-Strategie dar: Die Konsumenten profitieren von einer größeren Auswahl und einem besseren Einkaufserlebnis, weniger Fehlbeständen und frischen Produkten. Das Handelsunternehmen gewinnt durch eine höhere Konsumententreue, ein besseres Wissen über den Konsumenten und bessere Beziehungen zu den Lieferanten. Für die Lieferanten zahlen sich die Verringerung der Regalfehlmengen, die größere Markenintegrität und bessere Handelsbeziehungen positiv aus.

Empirische Befunde in den USA: Die ECR-Vorteile wurden für die USA von Kurt Salmon Associates im Jahre 1993 bewertet. Dabei wurde ein Kostensenkungspotential von insgesamt 30 Mrd. US-Dollar ermittelt. Dies entspricht rd. 10,8 % des Umsatzes im US-amerikanischen Lebensmitteleinzelhandel.

Übersicht 4: Die geschätzten Kosteneinsparungseffekte bei ECR im Trockensortiment in den USA nach Substrategien

Substrategie	Angaben in %[1)]		
	Kosteneinsparungen	Kapitaleinsparungen	insgesamt
ESA	1,3	0,2	1,5
ER	2,8	1,3	4,1
EP	3,5	0,8	4,3
EPI	0,9	–	0,9
insgesamt	8,5	2,3	10,8

1) zu Konsumentenpreisen

Quelle: Kurt Salmon Associates: Efficient Consumer Response –Enhancing Consumer Value in the Grocery Industry, hrsg. v. Food Marketing Institute, Washington, D.C., 1993, S. 4.

Auf die Substrategien entfallen folgende Anteile an den geschätzten Kosteneinsparungseffekten bei ECR in den USA (de Wilt/Krishnan 1995, S. 41):

ER	38,0 %,
EP	32,0 %,
ESA	21,7 %,
EPI	8,3 %.

Die geschätzten Kosteneinsparungseffekte verteilen sich bei ECR in den USA nach Absatzkanalinstitutionen wie folgt (de Wilt/Krishnan 1995, S. 41):

Hersteller	39,6 %,
Einzelhändler	37,0 %,
Zulieferer	19,4 %,
Großhändler	3,0 %,
Handelsvertreter	1,0 %.

In einer Kooperation zwischen Shaw's Supermarket Inc., einem Supermarktfilialunternehmen in den USA, und Golden Cat, einem Katzenartikelhersteller, konnte Shaw's seinen Absatz um 90 % und seinen Gewinn um 40 % steigern. Diese Effekte konnten durch einen höheren Warenumschlag, niedrigere Lagerbestände, eine Sortimentsbereinigung und die Verkürzung der Durchlaufzeiten von 14 auf sieben Tage erzielt werden (o. V. 1995 a, S. 29).

Empirische Befunde in Europa: Die Kosteneinsparungseffekte können sich in Europa bis auf 3,4 % der Einzelhandelsumsätze zu Verkaufspreisen belaufen. In manchen konkreten Projekten in Italien werden selbst 14 % geschätzt (Laurent 1995, S. 39). In einer Studie der Coca-Cola Retailing Research Group Europe wurde der Effekt von ECR in Europa wie folgt ermittelt:

Übersicht 5: Die Gesamteffekte des Supply-Chain-Management-Konzeptes der Coca-Cola-Studie für Europa

Gegenstand	Angaben in % vom Umsatz	
Operations (Logistik- und Informationsprozesse)	1,5 - 2,5	
davon in %		
– Einzelhändler		67
– Hersteller		33
Marketing	0,8 - 0,9	
davon in %		
– Einzelhändler		40
– Hersteller		60
insgesamt	2,3 - 3,4	

Quelle: de Wilt, H. G. J.; Krishnan, Tr. V.: Supply Chain Management, European Retail Digest, hrsg. v. Oxford Institute of Retail Management (OXIRM), Kennington bei Oxford, 2 (1995), Nr. 6 (Frühjahr 1995), S. 33-49, S. 43.

Die ECR-Initiative in Europa legt den Schwerpunkt zunächst auf die EDI-Entwicklung und die effiziente Warenversorgung, d.h. auf den Einsatz der Rationalisierungstechnologien im Waren- und Informationsfluß. Die Priorität der Verbesserung der Geschäftsbeziehungen bei ECR in den USA ist aufgrund der in Europa vorherrschenden konfliktären Absatzkanalbeziehungen zunächst nicht realisierbar.

Der Informationsaustausch zwischen Hersteller und Händler wird bei ECR Europa als fundamental angesehen. Dazu ist ein Bewußtseinswandel als Vorbereitung der Veränderung in der Kommunikation zwischen den Unternehmen erforderlich. Die kritische Masse wird auf ungefähr 40 % des Marktes geschätzt. Zur Zeit sind die Akteure überwiegend große und multinationale Systeme. Kleine und mittelständische Unternehmen werden durch die Senkung der Rentabilitätsschwellen der Technologien und die Standardisierung der Vorgehensweise folgen können (Laurent 1995, S. 40).

7 ZUR BEURTEILUNG VON ECR

Zunächst stellt sich hier die Frage: Handelt es sich bei ECR um eine Innovation?

Die Konzepte des planvereinbarten Marketing und des Kontraktmarketing (Tietz/Mathieu 1979) waren ausgereifte Vorläufer. Wichtige Elemente waren bereits in den sechziger Jahren entstanden und in Unternehmen auch angewendet. Dazu gehört zunächst das Schlüsselkundenmanagement (Key Account Management), bei dem Mitarbeiter von Herstellern, so von Oetker, ihren Standort in der Zentrale großer Lebensmittelhandelsunternehmen hatten. Neben dem Instrument der persönlichen Just-in-time-Informations- und Kommunikationsmöglichkeit standen alle damals im Rahmen der noch begrenzten EDV-Potentiale verfügbaren artikelspezifischen Umsatz-, Deckungsbeitrags- und Regalplatzdaten zur Verfügung.

Das planvereinbarte Marketing: Im planvereinbarten Marketing werden zwischen Industrie- und Handelsunternehmen die Umsatzanteile je Artikel für künftige Perioden festgelegt und zwar nicht nur für die Artikel des Herstellers, mit dem man die Vereinbarungen trifft, sondern auch für andere warengruppenrelevante Hersteller. Durch laufenden Soll-Ist-Vergleich wird die Entwicklung beobachtet. Wichtig sind genaue Vereinbarungen über die Höhe und Verwendungsart von Werbebudgets. Bei Verkaufsförderung und Mediawerbung liegen in Handel und Industrie divergierende Interessen vor. Jedoch scheint die Umverteilung der Budgets zugunsten der Point-of-Sale-Werbung an Grenzen zu stoßen. Die Verlagerung zwischen der Mediawerbung und der Werbung im Laden erzwingt eine weitere Entwicklung kooperativer Werbekonzepte.

In weiterentwickelten Verträgen zwischen Industrie und Handel werden u.a. vereinbart:
1. die Ausschließlichkeitsgrade bestimmter Betriebstypen für Markenartikel,
2. die Art der Markenartikel- und Handelsmarkenpolitik in der jeweiligen Warengruppe,
3. die Art der Kommunikation zwischen Hersteller und Handelssystem, z.B. Datenträgeraustausch,
4. die Festlegung der Werbemaßnahmen,
5. die Art der Warenplazierung,
6. die Art der Lager- und Transportleistungen,
7. die Art der Serviceprogramme.

Bei den heutigen ECR-Projekten zwischen Industrie- und Handelsunternehmen tritt das aktivitätenorientierte Konzept dazu, dessen Vorläufer für Projekte die Netzplantechnik war. Es hat im Handel aus der ablauf- und verrichtungsorientierten Funktionsbetrachtung eine lange Tradition, bis hin zu dem funktionsorientierten Rechnungswesen, das heute als Prozeßkostenrechnung bezeichnet wird (Oberparleiter 1955).

Mit dem ECR-Konzept sind auch Fragen der Eigenerstellung und des Fremdbezugs – heute als Outsourcing bezeichnet – oder der Abteilungsein- und -ausgliederung – heute Branching in und Branching out – in der Diskussion. Dazu tritt das Denken in der Wertschöpfungskette, das in der deutschen Betriebswirtschaftslehre bereits mit der Handelskettenbetrachtung von Rudolf Seyffert (Seyffert 1972) und der Produktions- und Absatzkettenbetrachtung von Erich Schäfer (Schäfer 1950), der dabei auf die Trade-Channel-Betrachtung von Paul D. Converse aus den frühen zwanziger Jahren hinweist, eine lange Tradition hat.

Nach dem Vorbild der ECR-Initiative in den USA wurde im Jahre 1995 in Deutschland ein ECR-Komitee aus Vertretern namhafter Markenartikelunternehmen und von Handelssystemen unter Mitwirkung des Europäischen Handelsinstituts Köln e.V. gebildet. Dies wird man als wichtige und notwendige Lernphase einschätzen müssen. Durch diese Vorreiterrolle von Herstellern und Einzelhändlern wird nicht zuletzt auch eine Sensibilisierung der Konsumgüterindustrie und des Handels erfolgen. Es lassen sich Weiterentwicklungen von ECR vorstellen, die eine höhere Datenkomplexität und eine größere Methodenvielfalt berücksichtigen.

LITERATUR

Biehl, B.: Warming Up für den Wettbewerb. In: Lebensmittel-Zeitung, 47. Jg., Nr. 20, 19. Mai 1995, S. 42-46.

Derr, R.: Efficient Consumer Response requires Efficient Information Response, European Retail Digest, hrsg. v. Oxford Institute of Retail Management (OXIRM), Kennington bei Oxford, 2 (1995), Nr. 6 (Frühjahr 1995), S. 4-8.

de Wilt, H.G.J.; Krishnan, Tr.V.: Supply Chain Management, European Retail Digest, hrsg. v. Oxford Institute of Retail Management (OXIRM), Kennington bei Oxford, 2 (1995), Nr. 6 (Frühjahr 1995), S. 33-49.

Gea – Consolenti Associati die Gestione Aziendale: Supplier-Retailer Collaboration in Supply Chain Management, hrsg. v. The Coca Cola Retailing Research Group-Europe, o.O. (London), 1994.

Hammonds, T.M.: Le cadre général de l'ECR. In: Institut de Liaisons et d'Etudes des Industries de la Consommation (ILEC), Institut du Commerce et de la Consommation (ICC) (Hrsg.), ECR, une stratégie conjointe Industrie – Commerce pour une résponse optimale au consommateur, Paris 1995, S. 11-14.

IBM Deutschland Informationssysteme (Hrsg.): IBM Data Mining – eine neue Dimension der Datenanalyse im Handel, o. O. (Frankfurt/Düsseldorf), o. J. (1995).

Institut de Liaisons et d'Etudes des Industries de la Consommation (ILEC), Institut du Commerce et de la Consommation (ICC) (Hrsg.): ECR, une stratégie conjointe Industrie – Commerce pour une résponse optimale au consommateur, Paris 1995.

Kotzab, H.: Bestandsaufnahme aktueller (innovativer) Technologien und Techniken der Distributionslogistik von Handelsunternehmungen. In: Der Markt, 34 (1995), Nr. 1, S. 22-38.

Kurt Salmon Associates: Efficient Consumer Response – Enhancing Consumer Value in the Grocery Industry, hrsg. v. Food Marketing Institute, Washington, D.C., 1993.

Laurent, E.: ECR Europe. In: Institut de Liaisons et d'Etudes des Industries de la Consommation (ILEC), Institut du Commerce et de la Consommation (ICC) (Hrsg.), ECR, une stratégie conjointe Industrie – Commerce pour une résponse optimale au consommateur, Paris 1995, S. 39-40.

Oberparleiter, K.: Funktionen und Risiken des Warenhandels, 2. Aufl., Wien 1955.

o.V.: Questions. In: Institut de Liaisons et d'Etudes des Industries de la Consommation (ILEC), Institut du Commerce et de la Consommation (ICC) (Hrsg.), ECR, une stratégie conjointe Industrie – Commerce pour une résponse optimale au consommateur, Paris 1995, S. 27-30 (1995 a).

o.V.: ECR Synthèse des dirigeants. In: Institut de Liaisons et d'Etudes des Industries de la Consommation (ILEC), Institut du Commerce et de la Consommation (ICC) (Hrsg.): ECR, une stratégie conjointe Industrie – Commerce pour une résponse optimale au consommateur, Paris 1995, o.S. (1995 b).

Schäfer, E.: Die Aufgabe der Absatzwirtschaft, 2. Aufl. (1. Aufl.), Köln-Opladen 1950 (Leipzig 1943).

Seyffert, R.: Wirtschaftslehre des Handels, 5. Aufl., hrsg. v. Edmund Sundhoff, Opladen 1972.

Tietz, B.; Mathieu, G.: Das Kontraktmarketing als Kooperationsmodell, Eine Analyse für die Beziehungen zwischen Konsumgüterindustrie und Handel, Köln-Berlin-Bonn-München 1979.

Efficient Consumer Response – Bessere Zusammenarbeit zwischen Handel und Herstellern

Armin Töpfer, Dresden

Efficient Consumer Response (ECR) ist ein Re-Engineering-Ansatz zur Optimierung der gesamten Lieferkette zwischen Hersteller und Handel in der Lebensmittelindustrie, bezogen auf das Trockensortiment. Hersteller und Handel realisieren durch ein gemeinsames Versorgungsketten-Management und durch Kooperationen im Marketing nennenswerte Kosteneinsparungen. Der Konsument soll Vorteile haben durch hochwertige und preiswerte Produkte, guten Service und optimal zusammengestellte Sortimente. Notwendige Voraussetzung ist eine auf Vertrauen und Transparenz basierende Wertschöpfungspartnerschaft zwischen Handel und Industrie. Sie erfordert neben der nachhaltigen Unterstützung durch das Top-Management ein Prozeßdenken auf beiden Seiten und die gemeinsame Identifikation und Ausnutzung von Einsparpotentialen. Erfolgreiche Kooperationen in den USA und Einzelbeispiele aus Europa können dabei als Benchmark dienen.

1 INHALTE UND ANGESTREBTE WIRKUNGEN

1.1 Erste Anwendungserfahrungen in den USA

Seit Veröffentlichung des Kurt-Salmon-Reports im Januar 1993, in dem der Einsatz und die Wirkung des Efficient Consumer Response (ECR) durch eine bessere Kooperation zwischen Industrie und Handel in den USA beschrieben wurde, werden die dadurch erwarteten Möglichkeiten zur Effizienzsteigerung intensiv diskutiert. Die 1994 veröffentlichte Studie der Coca-Cola Research Group analysiert die Einsatzmöglichkeiten in Europa.

Abbildung 1 zeigt das mögliche Einsparpotential in den USA und Europa in Prozent vom Umsatz. Hieraus wird deutlich, daß die Einsparmöglichkeiten in den USA deutlich höher eingeschätzt werden als in Europa. Beiden Studien liegen Befragungen von Unternehmen im Handel und in der Industrie zugrunde. Die Basis ist damit subjektiv aus der Sicht der befragten Manager (Biehl, 1995, S. 48).

USA Strategie	Einsparpotential in % vom Umsatz	Deutschland Strategie	Einsparpotential in % vom Umsatz
Efficient Replenishment (Lagerversorgung, EDI, automat. Disposition)	**4,1**	**Operative Kooperation** (Warenfluß, Bestandsführung, Verwaltung)	**2,5**
Efficient Store Assortments (Category Management)	**1,5**	**Marketing-Kooperation** (Effiziente Sortimente, Promotions, Produkteinführungen)	**0,9**
Efficient Promotion	**4,3**		
Efficient Product Development	**0,9**		
Gesamt	**10,8**	**Gesamt**	**3,4**

Abbildung 1: Einsparpotentiale durch ECR

Quelle: Biehl, B. in: Lebensmittelzeitung, 28.04.1995, S. 48.

Deutlich wird der Unterschied im Einsparpotential weniger im Logistikbereich als im Marketingbereich. Die amerikanischen Unternehmen bewerten die Effizienzsteigerung im Marketing mit 6,7 % vom Umsatz. Die befragten deutschen Unternehmen bewerten die Effizienzsteigerung durch eine bessere Marketingkooperation hingegen nur mit 0,9 % vom Umsatz.

In den USA arbeiten auch erst ca. 10 % der Unternehmen bezogen auf das Trockensortiment nach diesen neuen Prinzipien. Begonnen haben sie vor etwa 3 Jahren. Die Investitionssumme für ECR-Projekte betrug in den USA 1994 ca. $ 3,4 Milliarden, in 1995 werden es $ 4,5 Milliarden sein (Biehl 1995, S, 48).

Der Grund für die höheren Einsparmöglichkeiten in den USA wird vor allem darin gesehen, daß die Lager oft überdimensioniert sind, teilweise noch wenig Automatisierung realisiert wurde und die Ausnutzung von Fläche und Personal bisher keine hohe Priorität hatte. Allerdings ist der Erfolg von ECR als Instrument zur Effizienzsteigerung im Food-Geschäft nicht zu übersehen, wie das Beispiel von Wal-Mart in den USA zeigt. Indem Wal-Mart den traditionellen Bestandsverwaltungs- und Einkaufsprozeß abgeschafft hat und nun Lieferanten wie Procter & Gamble unbeschränkten Zugang zu den Abverkaufsergebnissen bietet, ergeben sich erhebliche Einsparungen für beide Seiten. Wal-Mart kann auf die kostenintensive Bestandsverwaltung und Bestellung von Waren verzichten, Procter & Gamble hat die Möglichkeit, seine Produktion, seine Distribution sowie die Warenpräsenz bei Wal-Mart optimal zu koordinieren (vgl. Klaus 1995, S. 18). Es wird erwartet, daß diese möglichen Produktivitätssteigerungen für viele Supermarktbetreiber in den USA zu einer Überlebensfrage werden.

Für Deutschland ergeben sich Einsparmöglichkeiten von 2,5 % vom Umsatz im Logistikbereich, die in folgender Aufteilung erwartet werden: 1,8 % für den Handel und 0,7 % für die Industrie. Im Marketingbereich wird das größte Einsparpotential in den USA durch eine effizient abgestimmte Verkaufsförderung zwischen Handel und Industrie mit 4,3 % erwartet. Ebenfalls beachtlich ist das angestrebte Einsparpotential im Category Management mit 1,5 % vom Umsatz. Der angestrebte, bzw. mögliche Einspareffekt durch eine effiziente Produktentwicklung ist – wie *Abbildung 1* zeigt - mit 0,9 % vom Umsatz deutlich geringer, aber noch genauso groß, wie der insgesamt von deutschen Unternehmen vermutete Einspareffekt durch eine bessere Marketing-Kooperation zwischen Hersteller und Handel.

Diese Werte, die sich auf Rationalisierungen im Rahmen gemeinsam durchgeführter Aktivitäten beziehen, liegen somit weit über den Umsatzrenditen, die gegenwärtig im Lebensmittelhandel erzielt werden (Klaus 1995, S. 14).

1.2 Übertragbarkeit auf die deutsche Wirtschaft

In den vergangenen Jahren ist bei steigenden Umsätzen sowohl beim Handel als auch bei den Industrieunternehmen rationalisiert worden, allerdings ausschließlich isoliert und nicht systematisch in der Schnittstelle der Zusammenarbeit. Bereits während dieser Phase und erst recht in den jüngsten Jahren, in denen die Umsätze stagnierten und die Kosten stiegen, hat die Konflikthäufigkeit und Konfliktträchtigkeit zwischen Handel und Industrie eher zugenommen. Dies schloß in der Vergangenheit eine Zusammenarbeit innerhalb und zwischen den beiden Wertschöpfungsketten aus. Durch den weiter zunehmenden Kostendruck vom Markt, ergänzt durch ein Abnehmerverhalten, das hohe Qualität und guten Service bei günstigen Preisen fordert, wird die mögliche Effizienzsteigerung durch eine bessere Kooperation eine wichtige Rolle spielen. Die Lösung wird deshalb nicht auf der Ebene der jeweiligen unterschiedlichen Philosophien und Ideologien zu suchen sein, sondern in einer Wertschöpfungspartnerschaft.

Die „klassische" Werschöpfungskette ohne ECR funktionierte mit aufeinander folgenden Wertschöpfungsphasen nach dem Push-Prinzip. Der Schub kam dabei vom Hersteller und erstreckte sich auf den Handel. *Abbildung 2* skizziert diesen Prozeß. Beim Einsatz von ECR beginnt der Prozeß beim Konsumenten mit der präzisen Erfassung der Abverkaufsdaten. Über Scanning und Electronic Data Interchance (EDI) erfolgt ein papierloser und präziser Austausch dieser Informationen. Die Basis für die Lieferung von Produkten ist also der Pull als „Sog" vom Verbraucher über den Handel zum Hersteller. Die Lieferung der Waren erfolgt anschließend ausschließlich bedarfsorientiert und kontinuierlich unter Berücksichtigung von bedarfssteigernden Ereignissen wie beispielsweise Weihnachten oder Ostern.

Aus dieser Darstellung wird deutlich, daß ECR keine Rationalisierung auf Kosten anderer ist, d.h. es ist nicht das Ziel des Handels, Einsparungen zu erzielen, die dann beim Hersteller zu Mehraufwendungen führen würden oder umgekehrt.

Vielmehr ist hierin eine konzeptionelle Re-Engineering-Möglichkeit gegeben, die zu einer Optimierung der gesamten Wertschöpfungskette zwischen Industrie und Handel in der Lebensmittelindustrie führt. Realisierbar ist damit ein umfassendes Supply-Chain-Management.

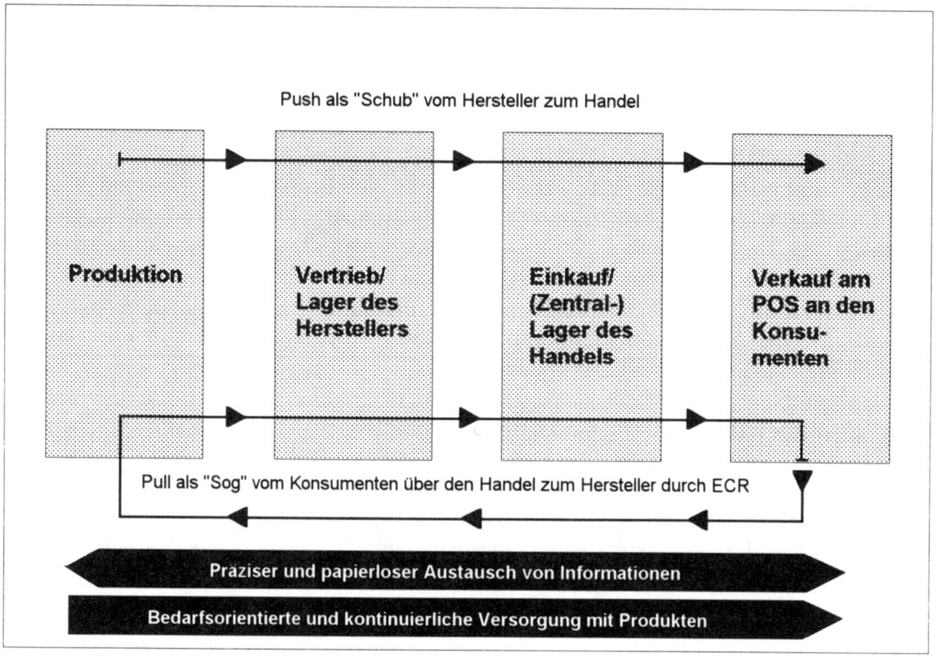

Abbildung 2: Die Wertschöpfungskette mit und ohne ECR

(angelehnt an: Kurt Salmon Associates, 1993, S. 1)

Hersteller und Handel können auf diese Weise gemeinsam nennenswerte Kosteneinsparungen erzielen. Der Endverbraucher erhält ein verbessertes Leistungsangebot dadurch, daß die Produkte entsprechend den Daten und Anforderungen optimal zusammengestellt werden und schneller sowie aufgrund der erzielbaren Kosteneinsparungen auch preisgünstiger angeboten werden können.

Diese Prozeßorientierung in der Lebensmittelindustrie mit dem Ziel einer Verkürzung und Vereinfachung der Prozesse in der kombinierten Wertschöpfungskette beim Hersteller und Händler ist also ein Ansatz, der mit dem bereits realisierten Ansatz in der produzierenden Industrie vergleichbar ist. Auch dort war der Übergang von einer Push-Strategie als Fertigung auf der Basis von Absatzprognosen, also einer Bedarfsplanung durch Prognosen, zu einer Pull-Strategie im Sinne einer auftragsorientierten Fertigung, also der Nachlieferung aufgrund von Verkaufsergebnissen, durchgeführt worden (Tikart 1994, S. 372).

Die Hauptansatzpunkte für eine Optimierung der gesamten Wertschöpfungskette zwischen Lebensmittelindustrie und -handel betreffen die bereits aufgeführten zwei Kernbereiche (Waldmann 1994, S. 3 ff):

- Eine verbesserte *Kooperation in der Logistik* in Richtung auf ein umfassendes Supply-Chain-Management soll zum einen die Abwicklung des physischen Warenstroms vom Hersteller über den Handel an den Konsumenten optimieren und zum anderen die administrativen Prozesse der Auftrags- und Bestellabwicklung vereinfachen.

- Durch ein *kooperatives Marketing* soll ein besser abgestimmtes Vorgehen bei der Sortimentsgestaltung, Verkaufsförderung und Produktentwicklung erreicht werden.

Auf einzelne Ausprägungen dieser auftragsorientierten Konsumgüterlogistik durch ECR wird im folgenden Kapitel näher eingegangen.

Bei der Einführung von ECR erwarten Industrie- und Handelsunternehmen vor allem folgende Effekte:

- schnellere Logistik durch Zeitersparnis,
- Senkung der Logistikkosten durch geringere Bestände und geringere Kapitalbindung,
- besserer Kundenservice durch pünktliche Lieferungen und sichereren Nachschub,
- höhere Umsätze pro Quadratmeter Verkaufsfläche durch größere Umschlagshäufigkeit.

2 WESENTLICHE GESTALTUNGSFELDER

2.1 Logistikkette

Grundlage für eine effiziente Lagernachschubversorgung als Continuous Replenishment ist eine Optimierung der operativen Logistik. Dieser Ansatzpunkt ist nicht neu, aber nicht minder wichtig. Hierzu gehöhen beispielsweise Verbesserungen bezogen auf die verwendeten Paletten, indem sich Hersteller und Handelspartner beispielsweise über eine standardisierte Pallettenhöhe verständigen. Da bei vielen Unternehmen der Stauraum einer Palette oft nur zu 90 % oder weniger ausgelastet ist, sind auch hier Verbesserungen möglich.

Ebenfalls können ineffiziente Be- und Entladevorgänge vermieden werden, wenn sich Hersteller und Handel über durchgängig zu verwendende Lagerbehältnisse einigen, so daß ein Umpacken der gelieferten Ware im Eingangslager des Handels entfallen kann. (Waldmann 1994, S. 4).

Die „Rampe" des Eingangslagers im Handel ist häufig ein räumlicher und zeitlicher Engpaßfaktor. Aufgabe einer Optimierung der Logistikkette ist es deshalb auch, Zeitfenster für die Hersteller zur Entladung ihrer LKWs zu planen und einzuhalten, die Warteschlangenprobleme weitgehend beseitigen. Grundlage hierfür ist ein genauer und wechselseitiger Datenaustausch zwischen Hersteller und Händler. Das Handelsunternehmen liefert die am Point-of-Sale (POS) generierten Abverkaufdaten an den Hersteller, dieser avisiert die Nachschublieferung für den Händler. Vom Handelsunternehmen wird dem Hersteller der Anlieferzeitraum dann als Zeitfenster genannt.

Eine effiziente Lagernachschubversorgung im Rahmen eines Continuous Replenishment stellt dadurch sicher, daß auf der Grundlage eines kontinuierlichen Austausches von Lagerbestands- und Abverkaufsdaten sowie Verkaufsprognosen insbesondere für bestimmte Ereignisdaten eine termin- und bedarfsgerechte Nachschubversorgung durch den Hersteller erfolgt. Ein „out-of-stocks" beim Handel ist dann kaum mehr gegeben.

In Zukunft wird gerade im Bereich der Bestellung aufgrund von Abverkaufsdaten eine Effizienzsteigerung möglich sein, da etwa 54 % der in der Coca-Cola-Studie befragten Unternehmen bisher noch nicht ihre POS-Daten zur Generierung von Bestellungen nutzen (CCRRGE 1994, S. 39).

Durch eine Flow-Through-Distribution ist ein Rationalisierungseffekt dadurch erreichbar, daß die Packungszusammenstellung beim Hersteller bereits nach den Anforderungen des Handelsunternehmens bzw. des einzelnen Outlets erfolgt. Dies schließt auch eine korrekte Auszeichnung, die Verwendung von Etiketten mit einer EAN-Codierung der gesamten Palette und vor allem eine korrekte Liefermenge auch nach einzelnen Produkten und Artikelnummern ein.

Die Frage ist, inwieweit – entsprechend der Wertschöpfungskette in *Abbildung 2* mit dem Lager beim Hersteller und dem Lager beim Handelsunternehmen - bei einer der beiden Stellen die Lagerhaltung zur Effizienzsteigerung entfallen kann. Bei einer ausreichend datengestützten Lieferkette ist es denkbar, daß die Produktion der Losgröße beim Hersteller direkt in der benötigten Zusammenstellung auf den Lkw verladen wird und dann beim Handelsunternehmen in das Zentrallager kommt. Von daher wird im Rahmen einer Reduzierung der Lagerhaltung wahrscheinlich die Lagerkonzentration beim Handelsunternehmen erfolgen.

Die Nachlieferung durch den Hersteller erfolgt dann auf der Grundlage vereinbarter Standards, die sich auch auf den zugewiesenen Lagerraum für die Herstellerprodukte und die maximale Füllhöhe beziehen. Allein durch die Lagereinsparung werden die Zulieferer aus der Industrie einen nicht unerheblichen Anteil an der Produktivitätsverbesserung haben.

Abbildung 3 zeigt ein Erfolgsbeispiel aus England. Das Handelsunternehmen TESCO setzt konsequent Scanning im Lagerbereich und am POS ein und ist mit vielen Zulieferern über EDI vernetzt. Somit ist es TESCO gelungen, die Versorgungskette zwischen Herstellerunternehmen und den eigenen Outlets strategisch neu auszurichten und zu optimieren (Biehl 1995, S. 50).

Erfolgsbeispiel

Das "Sales Based Ordering System SBO"
von TESCO (GB)

SBO = Abverkaufsgestützte Disposition

- Basis: 100% Scanning
- Daten werden über Nacht in Zentralrechner eingespeist
- Aufträge werden hier bereits an bestimmte Lieferanten generiert
- Verkürzung der Vorlaufzeit für einige Warengruppen auf 12 Std.
- Reduzierung der Bestände in Outlets auf 7 Tage Reichweite (bei Tiefkühlkost Reduzierung von 60% realisiert)
- Automatische Identifikation des Mindesthaltbarkeitsdatum (MHD) für eine evtuelle Aktionsvermarktung
- Schnelle Belieferung der Märkte vom Zentrallager erfordert neue Beschaffungsstruktur; SBO daher in Logistiksystem integriert
- Optimale Auslastung von Paletten uns LKW´s
- Optimale Koordination der Anlieferzeiten durch "Annahmefenster"
- Vernetzung mit 1300 Lieferanten per EDI (95% aller Bestellungen und 55% aller Rechnungen werden per EDI übermittelt.)

Abbildung 3: Erfolgsbeispiel TESCO

2.2 Kooperatives Marketing

Eine effiziente Sortimentsgestaltung im Sinne eines Category Management hat zum Gegenstand, die Zusammenstellung von Produktsortimenten und Verkaufsprogrammen nach den Präferenzen und Einkaufsgewohnheiten der Abnehmer zu optimieren. Durch die POS-Daten über die Scanner-Kassen liegen diese Informationen in ausreichendem Maße vor, um Sortimentstiefe, -breite, Preisgestaltung und auch die Aufnahmemöglichkeit neuer Produkte sowie insgesamt die Plazierung zu bestimmen und zu verbessern. Sortimente werden im Rahmen des Category Management als strategische Geschäftseinheiten geführt.

Dadurch, daß Hersteller und Händler über den Category-Manager eng zusammenarbeiten, kann der Quadratmeter-Umsatz im Handelsunternehmen deutlich gesteigert werden.

Die Konsequenz ist damit auch eine strategische Positionierung von Warengruppen. Die Akzeptanz der Warengruppen durch den Konsumenten ist damit zugleich auch der Ausgangspunkt der Gespräche zwischen dem Handels- und Industrieunternehmen. Ein Industrieunternehmen, dem es gelingt, seine Produkte in einer Warengruppe gut zu positionieren, kann so zum Category-Captain aufsteigen. Es hat damit einen Einfluß auf die Zusammensetzung des Sortimentes auch unter Verwendung von Produkten anderer Zulieferer (auch Hallier 1995, S. 106). Demnach entscheidet in diesem Bereich also der Handel, mit welchem Partner aus der Lebensmittelindustrie er zusammenarbeiten wird.

Die abgestimmten Daten und Aktionen liefern auch die Grundlage für ein verbraucherbezogenes Direktmarketing. Wenn die auf den einzelnen Konsumenten bezogenen Informationen in ausreichendem Maße vorliegen, lassen sich Mailing-Aktionen direkt nach den Käuferpräferenzen gestalten. Neben der Einkaufshäufigkeit geben auch Informationen zur Zusammenstellung des individuellen Warenkorbes sowie die Reaktion auf spezielle Angebote wichtige Anhaltspunkte über das Einkaufsverhalten von Konsumenten. Eine differenzierte Herausbildung einzelner Konsumentengruppen mit unterschiedlichen Präferenzstrukturen wird so ermöglicht.

Die effiziente Produktentwicklung zielt vor allem darauf ab, die extrem hohe Floprate im Lebensmittelhandel zu reduzieren. Grundlage hierfür ist wiederum eine bessere Informationsbasis über Verbraueranforderungen, -erwartungen und daraus abgeleitete Erfolgschancen neuer Produkte. Die Basis ist der umfassende und wechselseitige Austausch von Marktforschungsdaten zwischen Handel und Industrieunternehmen. Aber nicht nur der Austausch von quantitativem Datenmaterial führt zu besseren Ergebnissen. Gerade die qualitativen Informationen über Präferenzen und Verhalten von Konsumenten, die oftmals im Handel vorliegen, können so in einen gemeinsamen Entwicklungsprozeß eingebracht werden. Das folgende Beispiel skizziert einen derartigen Kooperationsprozeß:

Die belgische Handelskette Delhaize „Le Lion" und der Fertigmahlzeiten-Hersteller Hot Cuisine haben seit 1990 einen effizienten Prozeß zur Entwicklung und Einführung neuer Produkte implementiert. Am Anfang steht jeweils ein gemeinsames „Brainstorming" bezüglich der Verbraucherwünsche und neuer Produkte in Form von neuen Fertiggerichten. Hot Cuisine wählt dann bestimmte Zusammenstellungen und Rezepte aus und führt interne Prüfungen und Paneltests durch. Finden die Fertigmahlzeiten die Zustimmung bei den Testpersonen, schickt Hot Cuisine entsprechende Muster an Delhaize und informiert über die Vermarktungskosten. Auf dieser Grundlage werden von Delhaize ebenfalls Akzeptanztests durchgeführt. Sollten die Produktideen in Qualität und Preis nicht voll überzeugen, muß Hot Cuisine „zurück in die Testküche". Bei positiven Ergebnissen der Tests entwickelt Delhaize die Produktverpackung, auf der beide Partnerunternehmen genannt werden, und plant den Zeitpunkt der Markteinführung. Während Hot Cuisine für die Produktion verantwortlich ist, übernimmt Delhaize die Vermarktung einschließlich Werbung. Aufgrund „schlanker Strukturen" in beiden Unternehmen und der engen Zusammenarbeit beträgt die Entwicklungszeit von der ersten Idee bis zur Produkteinführung eines neuen Fertiggerichtes nur etwa einen Monat (CCRRGE 1994, S. 110 f.).

3 INFORMATIONSTECHNISCHE VORAUSSETZUNGEN

3.1 Scanning

Wie bereits deutlich wurde, ist Scanning eine wesentliche technische *Unterstützung* für ECR. Gleichzeitig soll hier aber einem Mißverständnis vorgebeugt werden: ECR kann auch bereits begonnen und eingeführt werden, ohne daß ein umfassendes Scanning als informationstechnische Infrastruktur realisiert ist. Andernfalls würden die Einsparpotentiale durch ECR erst in mehreren Jahren genutzt werden.

Dies wird um so wichtiger, wenn man berücksichtigt, daß Scanning in Deutschland noch nicht so weit verbreitet ist, wie in anderen Ländern. Jedoch ist für 1995 und in den folgenden Jahren eher ein erheblicher Anstieg der mit Scanner ausgestatteten Verkaufsmärkte zu erwarten als eine Stagnation. Allerdings wurde Scanning bisher primär operativ eingesetzt, um Rationalisierungspotential bei der Regaloptimierung zu erkennen und um Preistests durchzuführen.

Da durch den Einsatz von Scannerkassen am POS praktisch On-Line-Informationen darüber vorliegen, was der einzelne Kunde kauft, bildet Scanning in Verbindung mit personenbezogenen Kundenkarten – wie bereits angedeutet – den Ausgangspunkt für eine Zielgruppensegmentierung und für Direktmarketing. Eine Untersuchung in einem Handelsunternehmen ergab beispielsweise, daß mit etwa 4 % der Kunden 19 % des Umsatzes erzielt wird, während etwa 70 % Kunden nur für 32 % Umsatz verantwortlich sind. Durch genaue Identifikation und direkte Kontaktaufnahme mit den besonders umsatzstarken Kunden kann dieses Umsatzpotential unter Umständen noch besser ausgeschöpft werden (Hallier 1995, S. 106).

Im Rahmen des ECR wird Scanning somit ein wichtiger Faktor für eine strategische Produkt- und Sortimentspolitik. Hierzu ist es jedoch nötig, die quantitativen Daten in qualitative Informationen zu transferieren, welche die gewünschten strategischen Schlußfolgerungen ermöglichen. Scanning kann auf diese Weise Impulsgeber für einen Hersteller sein, der Informationen zum Kaufverhalten in Überlegungen zur Gestaltung neuer Produkte einfließen läßt. Handelsunternehmen können beispielsweise Warengruppen noch besser an die Einkaufsgewohnheiten ihrer Kunden anpassen oder auf der Grundlage einer genauen Konsumentensegmentierung über Loyalitätsprogramme für Top-Kunden entscheiden.

3.2 Electronic Data Interchange (EDI)

Die weitere EDV-technische Voraussetzung für den erfolgreichen Einsatz von ECR ist eine Datenvernetzung zwischen Händler und Hersteller, die erst einen schnellen Informationsfluß und einen papierlosen Austausch von Informationen sowie eine entsprechende Abwicklung von Aktionen erlaubt. Die Verwendung eines Standardformates ist für den Austausch von Unternehmensdaten notwendig, damit Anwendungen mit verschiedenen Hardwaresystemen möglich sind. Mittlerweile wickeln weltweit etwa 35.000 Unternehmen ihren Datentransfer mit EDI ab; 1995 nutzen etwa 7.000 Unternehmen den EDI-Standard EANCOM auf der Basis der Internationalen Artikelnummerierung (EAN) im Echtbetrieb.

Gerade dieser internationale Standard EANCOM wird sich bei einem geschätztem Wachstum von 73 % in 1995 weiter verbreiten, so daß mehr und mehr Unternehmen eine Datenvernetzung mit ihren Geschäftspartnern anstreben (Förster 1995, S. 14 f.).

Bezogen auf die Verwendung von EDI in Verbindung mit ECR-Kooperationen macht *Abbildung 4* deutlich, daß EDI und Scanning eigenständige Instrumente sind, die sich jedoch gut in ein ECR-Konzept eingliedern lassen.

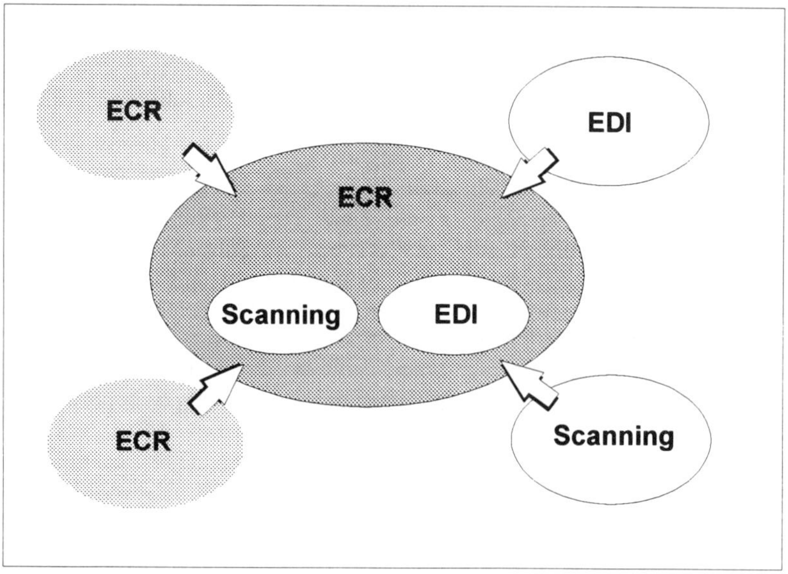

Abbildung 4: Der Zusammenhang zwischen ECR und der informationstechnischen Infrastruktur

Entsprechend der Situation beim Scanning läßt sich ECR daher auch ohne umfassendes EDI bereits realisieren. Dies ist insbesondere dann der Fall, wenn diese Kooperation sich auf einige wenige Hersteller als Lieferanten eines Handelsunternehmens bezieht. Die Vorteile eines umfassenden EDI-Konzeptes im Rahmen des ECR sind aber nicht zu übersehen, auch wenn die technischen Entwicklungen und Einsatzmöglichkeiten noch nicht abgeschlossen und damit voll zu übersehen sind.

Bei der papierlosen Abwicklungen von Geschäftsvorfällen lassen sich durch eine EDI-Nutzung nennenswerte Einsparungen erzielen: Beispielweise kostet eine traditionelle Bestellung per Papier auf dem Postwege durchschnittlich DM 1,47 eine EDI-gestützte Bestellung nur DM 0,50. Allerdings ist zu berücksichtigen, daß der traditionelle Papierversand von Bestellungen heute schon eher die Ausnahme ist und eine Bestellung per Fax beispielsweise erhebliche Kostenvorteile mit sich bringt.

3.3 Prozeßkostenrechnung

Nicht unerwähnt bleiben soll eine weitere informationstechnische Voraussetzung für eine umfassende Abstimmung der Wertschöpfungsketten zwischen Hersteller und Händler. Sie ist in einer Prozeßkostenrechnung gegeben, die eine artikelgenaue Zurechnung der Aktivitäten erlaubt, die mit allen nicht auf Einzelkosten zurückzuführenden Vorgängen verbunden sind. Im Gemeinkostenbereich ist also die Ermittlung von Kostentreibern besonders wichtig und dadurch erst möglich, auf diese Weise Einsparpotentiale zu erkennen und durch geeignete Maßnahmen auszunutzen.

Activity-Based-Costing als durchgängige und damit prozeßorientierte Kostenermittlung in allen Phasen des Produkthandlings vom Hersteller zum Händler wird damit ebenfalls zu einer wichtigen Voraussetzung. Hierdurch wird die Bewertungsgrundlage geschaffen, um die Rentabilität von Produkten und Sortimenten im Rahmen des Gesamtprozesses bestimmen zu können (Klaus 1995, S. 19).

4 UMSETZUNGSANFORDERUNGEN UND -PROBLEME

Die erste Umsetzungsanforderung für ECR ist ein ausreichend großes Absatz- und Umsatzvolumen zwischen Hersteller und Händler. Erst das Erreichen einer kritischen Masse schafft die Grundlagen für Effizienzsteigerungen im Sinne von Einsparmöglichkeiten durch kooperative Logistikprojekte und im Sinne von Optimierungsmöglichkeiten durch kooperative Marketingprojekte.

Die organisatorisch-technische Infrastruktur als Voraussetzung wurde im vorhergehenden Kapitel ausgeführt und bewertet. Sowohl Scanning als auch EDI sind kein KO-Kriterium für die Einführung des ECR. Trotzdem sind beide Instrumente förderlich im Rahmen des Umsetzungsprozesses.

Eine weitere nicht zu unterschätzende Voraussetzung ist die bisherige, häufig gegebene Inkompatibilität der Warenwirtschaftssysteme zwischen Handel und Industrie. Hierbei muß erst die Grundlage geschaffen werden, um Lagerbestands- und -abflußdaten übermitteln zu können. Die vorhandenen und am Markt angebotenen EDV-technischen Standardlösungen helfen hierbei. Gegenwärtig werden in den USA erst etwa 20 % des gesamten Produktvolumens durch automatisierte und beim Lieferanten aufgrund von Bestandsdaten generierte Dispositionen bezogen. Erreichbar sind hier Bestandsreduzierungen um 17 %. Die Einsparung der Handlingskosten ersteckt sich jedoch nur auf 1 % (Biehl 1995, S. 50).

Zusätzlich ist *in den Handels- und Industrieunternehmen die Koordination zu verbessern.* Dies läuft darauf hinaus, daß ein Ressortdenken einem Prozeßdenken Platz machen muß. Damit verbunden sind auch Veränderungen der internen Anreizsysteme, da beispielsweise der Einkauf an Spannen bzw. Rabattstaffeln orientiert ist, die Logistik ihr Denken und Handeln an Kosten ausrichtet und der Verkauf umsatzorientiert argumentiert und operiert.

Das Preis- und Konditionensystem für den Geschäftsverkehr zwischen Industrie und Handel ist in diesem Zusammenhang ebenfalls kritisch zu überprüfen, da dieser Bereich in der Vergangenheit oft Ursache für Unstimmigkeiten und Konflikte war und heute noch ist. So geht es beispielsweise darum, Geschäftsbedingungen, Abrechnungsmodi und Rabattstaffeln so zu gestalten, daß sie für den Handelspartner eindeutig nachvollziehbar sind. Hersteller und Händler werden eine Vereinbarung zu treffen haben, die festschreibt, daß der Hersteller dem Händler auch dann günstige Konditionen einräumt, wenn dieser flexible Teillieferungen aus einem Rahmenvertrag erhält.

Um gemeinsame Entscheidungsfindungsprozesse zwischen den Partnern auf Industrie- und Handelsseite erreichen zu können, ist auch in anderen Bereichen ein bestimmtes Maß an Transparenz erforderlich.

Zu betonen ist, daß diese gegenseitige Kosten- und Leistungstransparenz sich nur auf die Prozesse und Inhalte bezieht, die Gegenstand gemeinsamer Aktionen sind. Diese Einschränkung könnte von vornherein entsprechende Vorbehalte und Widerstände gegen die Umsetzung einer derartigen abbauen.

Nicht minder wichtig ist eine frühzeitige Einigung über die Aufteilung der entstehenden Wirkungen im Sinne von Kosteneinsparungen in der Logistikkette und Effizienzsteigerungen im Marketing. Hier ist eine Einigung deshalb möglichst bald zu erzielen, um „Bremseffekten" vorzubeugen, weil es sonst häufig beiden Kooperationspartnern nicht gelingt, sich von der Arbeits- und Denkweise in der klassischen Einkäufer-/Verkäuferbeziehung zu lösen (vgl. Waldmann 1994, S. 8).

Anschließend ist zu den Umsetzungshemmnissen folgendes zu betonen: ECR mit allen seinen inhaltlichen Anforderungen, unterstützenden Instrumenten und erzielbaren Wirkungen wird nur einzuführen und zu erreichen sein, wenn zwei wesentliche Voraussetzungen geschaffen werden, die zugleich als KO-Kriterium gelten.

- Zum einen ist dies die Bereitschaft des Top-Management sowohl im Industrie- als auch im Handelsunternehmen, diese Vorteile eines gemeinsamen Handelns zu erkennen und nachhaltig im eigenen Hause gegenüber den Führungskräften und Mitarbeitern zu vertreten. Hier wird es stärker auf ein Umdenken und damit auf eine „Beseitigung der Schere im Kopf" ankommen als auf den Einsatz von neuen technischen Instrumenten. Donald Dufek ist deshalb zu folgen, wenn er sagt, daß der Erfolg von ECR zu 80 % abhängig ist von den handelnden Menschen und nur zu 20 % von der eingesetzten Technologie (Biehl 1995, S. 50).

- Zum anderen ist die hieraus folgende Anforderung, daß eine partnerschaftliche Zusammenarbeit zwischen Herstellern und Handelsunternehmen umgesetzt wird, denn – wie bereits eingangs angeführt – herrschten in der Vergangenheit und auch gegenwärtig „Grabenkämpfe" eher noch vor. Diese Anforderung und dieses Umsetzungsproblem läuft also auf eine radikale Veränderung hinaus, die als neue Kooperationskultur bezeichnet werden kann. Ziel muß es sein, daß beide Seiten Vorteile aus diesem gemeinsamen Handeln ziehen.

Der Ansatz ist also die Basis für eine Partnerschaft für Profit und keine Kooperationsromantik. Insbesondere im Hinblick auf die Notwendigkeit der Offenlegung von Geschäftsprozessen und die Transparenz der Daten wird diese Kooperationskultur gefordert sein.

Wenn das Top-Management auf beiden Seiten sich mit dem Vorhaben identifiziert und es vorlebt, dann werden hier auch Erfolge zu erreichen sein.

5 „BEST PRACTICES" ALS BENCHMARKING

Auch oder gerade aufgrund der sehr sensitiven Beziehungen zwischen Industrie und Handel, schafft ECR die Grundlage, um hier in langsamen und wohlüberlegten Schritten zu einer besseren Zusammenarbeit zu kommen. Für Handels- und Industrieunternehmen, die diesen Weg gemeinsam gehen, ist ECR eine wichtige Grundlage, um den Service für die Kunden zu verbessern und dabei zugleich Kosten- und Effizienzvorteile zu realisieren.

Verglichen mit den USA ist eine Erkenntnis deutlich: Wir stehen mit ECR in Deutschland noch weitgehend am Anfang. Es gibt erst einige wenige Unternehmen, die in diesem Bereich konkrete Erfahrungen gemacht haben. In der Regel sind diese „Gehversuche" nicht älter als zwei Jahre. Deshalb ist gerade für deutsche Unternehmen die Chance zu suchen und zu nutzen, um in diesem Bereich wertvolle Anwendungserfahrungen zu sammeln. Es wird darauf ankommen, hier ausgewählte Partnerschaften zwischen Handels- und Industrieunternehmen im Sinne von strategischen Allianzen mit einer Win-Win-Situation einzugehen.

Neben der Auswahl des Kooperationspartners ist es für die Einführung von ECR auch wichtig, daß sich beide Unternehmen aus Industrie und Handel auf ein gemeinsam durchzuführendes Startprojekt einigen. Damit ECR nicht nur eine Absichtserklärung bleibt, kann durch ein gemeinsames Projekt ein frühzeitiger Lernprozeß in Gang gebracht werden. Das Projekt sollte dabei eine Aufgabenstellung umfassen, die in erster Linie die Philosophie und Denkweise für eine stärkere Kooperation in beiden Unternehmen prägt. Um die Motivation für eine dauerhafte Zusammenarbeit zu fördern, ist es sinnvoll, ein Projekt auszuwählen, welches eine hohe Erfolgschance verspricht, aber dennoch einige Anstrengungen in der Umsetzung erforderlich macht.

Dieses schafft neben den materiellen Einsparerfolgen durch den Einsatz verschiedener, hier diskutierter Instrumente gerade auf der immateriellen Ebene die Basis für ein umfassendes Verständnis in Richtung gegenseitiges Vertrauen und bessere Zusammenarbeit. Aufgrund der derzeitig noch bestehenden Berührungsängste und Konflikte schafft ein gemeinsamer Projekterfolg auch den Mut, der für eine weitere „Pioniertätigkeit" und ein Lernen mit Augenmaß erforderlich ist.

Der für eine Kooperation notwendige Zeitbedarf ist dabei jedoch nicht zu unterschätzen. Nach den vorliegenden Erfahrungen in den USA und in Deutschland wird der erforderliche Zeitraum mindestens 2 bis 5 Jahre betragen. Die Einführung von ECR mit strategischen Allianzen in Form dieser konkreten und für beide Seiten vorteilhaften Kooperationen wird auch dazu führen, daß sich die Wettbwerbslandschaft zwischen Industrie und Handel verändert. Und zwar einerseits auf der Handelsseite zwischen den Unternehmen mit und ohne ECR sowie andererseits auf der Industrieseite in entsprechender Weise.

In den USA lassen sich diese positiven Effekte bereits ausmachen: 10 % des Marktvolumens wird hier nach ECR-Standards abgewickelt und brachte 1994 ein Umsatzwachstum zwischen 5 und 9 % bei einer Verbesserung der Bruttospanne für Industrie und Handel von etwa 1,25 %. Da das Category Management bereits von 78 % aller Handelsunternehmen durchgeführt wird, steigt auch der Anteil der ECR-Anwender in 1995 auf voraussichtlich 15-20 % und 1996 auf 33 % (Biehl 1995, S. 48). Von daher können – auch wenn manche Voraussetzungen unterschiedlich sind – die inhaltlichen, konzeptionellen und informationstechnischen Fortschritte, die in den USA realisiert wurden, im Rahmen eines Benchmarking als „Best Practices" für deutsche Unternehmen dienen.

Unter diesem Blickwinkel ist es also auch für deutsche Unternhmen keine Frage mehr, ob ECR eingeführt wird, sondern vielmehr wie und vor allem bis wann Industrie- und Handelsunternehmen dieses Instrument für eine effiziente Kooperation nutzen. Es ist offensichtlich, daß die Unternehmen, denen es frühzeitig gelingt, eine strategische Allianz für eine kooperative Zusammenarbeit einzugehen, einen Wettbewerbsvorteil erzielen, weil sie gemeinsam besser werden und diesen Lernprozeß Stück für Stück in gemeinsame Erfolge umsetzen können.

LITERATUR

Biel, B.: Leichter gesagt als getan. In: v. 28.04.1995, S. 48-50.

Bryan, T.: Efficient Consumer Response: Getting Started, Food Marketing Institute, Washington 1994.

The Coca-Cola Retailing Research Group – Europe (CCRRGE): Supplier-Retailer Collaboration in Supply Chain Management, Mailand et al. 1994.

Förster, H.: EDI in Europa. In: Coorganisation, Heft 2/1995, S. 14-19.

Hallier, B.: Der Handel auf dem Weg zur Marketingführerschaft. In: Absatzwirtschaft, Heft 3/1995, S. 104-107.

The Joint Industry Project on Efficient Consumer Response (Hrsg.): Performance Measurement – Applying Value Chain Analysis to the Grocery Industry, Arlington (USA) et al. 1994.

Klaus, P.: Willkommen im ECR-Zeitalter – logistischer Quantensprung für die Konsumgüterwirtschaft. In: GVB-Informationen 1/1995, S. 15-20.

Kurt Salmon Associates, Inc.: Efficient Consumer Response – Enhancing Consumer Value in the Grocery Industry –, Washington 1993.

Tikart, J.: Lean Company. In: Besser – Schneller – Schlanker: TQM-Konzepte in der Unternehmenspraxis, Neuwied, Kriftel, Berlin 1994, S. 361-376.

Waldmann, J.: Kooperationen zwischen Industrie und Handel – Erfahrungen, Nutzen und Erfolgskomponenten der Coca Cola Retailing Research Group Studie, Bad Homburg 1994.

Informationsmanagement als Instrument zur erfolgreichen Gestaltung von Geschäftsbeziehungen – am Beispiel des deutschen Pharmagroßhandels –

Werner H. Engelhardt und Martin Gersch, Bochum

Das Marketing deutscher Pharmagroßhändler gegenüber Apothekenkunden wird analysiert. Zunächst wird der Markt nach Umfang, Leistungen, Struktur und Besonderheiten beschrieben. Der Pharmagroßhandel muß zunehmendem Wettbewerb standhalten – besonders im Geschäftsbeziehungs- und Informationsmanagement. Ihm kommt bei wachsenden Ansprüchen an die Standardisierung und gleichzeitig an die Individualisierung wachsende Bedeutung im Wertschöpfungsprozeß zu. Wichtigste Grundlage ist das „Database- und Individual Memory". Die Aufgaben eines Informationsmanagement für erfolgreiches Geschäftsbeziehungsmanagement werden als Systeme beschrieben, getrennt nach (4) internen Aspekten der Informationsflüsse und -verarbeitungsprozesse und nach (5) zwischenbetrieblichen Schnittstellen und Prozessen, insbesondere über Electronic Data Interchange (EDI). Die Erkenntnisse haben Modellcharakter für Großhandelsunternehmen in anderen Branchen, die auf starken Leistungswettbewerb mit optimierten Informationssystemen reagieren müssen.

1 DER PHARMAGROSSHANDEL IN DEUTSCHLAND

Die nachfolgende Betrachtung analysiert aus der Sicht des Marketing Probleme und Handlungsmöglichkeiten von Pharmagroßhändlern, die in Deutschland öffentliche Apotheken mit Waren und Dienstleistungen versorgen. Ihre Situation ist insgesamt gekennzeichnet durch intensiven Wettbewerb, rechtliche Reglementierungen, hohe logistische Anforderungen und geringe Differenzierungsmöglichkeiten, die insbesondere auch durch die fortschreitende Durchdringung der Wertschöpfungskette mit Informations- und Kommunikationssystemen begründet werden. Im folgenden wird die These vertreten, daß ein erfolgreiches Agieren in diesem Markt für den einzelnen Pharmagroßhändler nur durch ein gezieltes Management jeder einzelnen Geschäftsbeziehung zu den Apotheken möglich ist. Die Gestaltung seiner Potentiale zur Leistungserstellung, die Planung und Durchführung der Leistungserstellungsprozesse und der Leistungsbündel (vgl. Engelhardt/Kleinaltenkamp/Reckenfelderbäumer 1993; Engelhardt 1995) müssen den vermeintlichen Widerspruch zwischen effizienzorientierter Standardisierung und kundenorientierter Leistungsbündel überwinden. Das Informationsmanagement hat hierfür instrumentellen Charakter, indem es maßgeblich zur Gestaltung der Leistungsfähigkeit, der Leistungserstellungsprozesse und der Leistungsbündel der Pharmagroßhändler beiträgt und so einen zentralen Baustein für ein erfolgreiches Geschäftsbeziehungsmanagement bildet.

1.1 Die derzeitige Struktur des "Gesundheitsmarktes"

20.650 öffentliche Apotheken bewirkten 1994 in Deutschland für derzeit 21 Pharmagroßhändler einen Umsatz von ca. 25 Mrd. DM (Zumbusch 1995, S. 72). Auf der Seite der Grossisten dominieren vier Anbieter mit einem Marktanteil von insgesamt über 75 %. Daneben gibt es aber regional bedeutende Pharmagroßhändler, die vor Ort eine ernsthafte Konkurrenz darstellen. Der Pharmagroßhandel hat eine im internationalen Vergleich untypisch starke Stellung in der Kette vom Pharmahersteller bis zum Patienten. 80 % der in Apotheken abgesetzten Produkte werden über die Großhändler geliefert. Nur ein geringer Teil entfällt auf Direktlieferungen der Pharmaproduzenten, für die dieser direkte Vertriebsweg nur bei sogenannten Schnelldrehern mit hoher Stückzahl und Umschlagsgeschwindigkeit insbesondere gegenüber innerstädtischen Großapotheken lohnend erscheint, und die Belieferung durch Reimporteure. Jede Apotheke hat in der Regel drei Pharmagroßhändler als Lieferanten, zu denen meist langjährige Beziehungen bestehen. Typischerweise trägt der Erstlieferant den Hauptumsatzanteil (in der Regel: 80 - 85 %). Bei Lieferdefekten des Erstlieferanten, Sortimentslücken oder Sonderangeboten erfolgt eine Belieferung durch den Zweit- (ca. 10 %) oder Drittlieferanten (ca. 5 %). Diese Struktur wird von den Apothekern durchaus gewünscht, sie vermeidet Abhängigkeiten von einem Lieferanten, erhöht den Konkurrenzdruck und sichert eine umfassende Versorgungssicherheit.

1.2 Funktionen des Pharmagroßhandels

Der Pharmagroßhandel erfüllt als konsumnaher branchenorientierter Produktionsverbindungshandel (vgl. Kleinaltenkamp 1988; Engelhardt / Günter 1981) die klassischen Handelsfunktionen (vgl. exemplarisch Barth 1993, S. 29 ff.) eines distribuierenden Binnengroßhandels, das heißt, die Überwindung zeitlicher, räumlicher und quantitativer Spannungen zwischen der Produktion der Ware und der Weitervermarktung. Nur bedingt werden qualitative Spannungen in Form von direkten An- oder Verarbeitungsleistungen an der Ware abgebaut. Das Leistungsbündel der Pharmagroßhändler kombiniert fremderstellte Sachleistungen mit den durch den Handelsbetrieb erbrachten Serviceleistungen (Engelhardt 1966, S. 163 ff.). Die *Grundleistung* besteht in der mehrmals täglichen Belieferung der Apotheke mit den gewünschten Produkten. Die wesentlichen Aufgaben erfüllt der Pharmagroßhändler im Rahmen der Lagerhaltung und der Distribution (Petri 1993, S. 325), das heißt, er übernimmt den Ausgleich zwischen den möglichen 250.000 in der Apotheke erhältlichen Produkten und den beschränkten Bevorratungsmöglichkeiten der Apotheke, die in der Regel nur 3000 bis 8000 Artikel in kleiner Stückzahl vorrätig halten kann. Neben dieser Grundleistung, zu der auch die mit der Belieferung verbundenen Teilleistungen wie beispielsweise die Betreuung durch Außendienstmitarbeiter oder die Zurverfügungstellung von Katalogen zählt, erbringen die Pharmagroßhändler eine Reihe von *Zusatz-* und *Serviceleistungen*.

2 ABSATZBÜNDEL DES PHARMAGROSSHANDELS UND DIE BEDEUTUNG VON INFORMATIONEN

2.1 Absatzbündel aus Grund- und Zusatzleistungen

2.1.1 Die Grundleistung der Pharmagroßhändler

Die Grundleistung kann schematisch in Form eines Blue Prints (Gersch 1995a, S. 55 ff.; Shostack 1987) systematisiert werden, das die Leistungserstellung als Prozeßkette darstellt, die weitgehend außerhalb der Wahrnehmung der Nachfrager durchgeführt wird. (*Abbildung 1*). Die Leistungskette ist nach dem "Hol-Prinzip" organisiert (Backhaus/ Meyer 1991, S. 253), das heißt, die Apotheke stößt durch Abruf beziehungsweise Bestellung beim Großhandel deren Leistungserstellungsprozeß an.

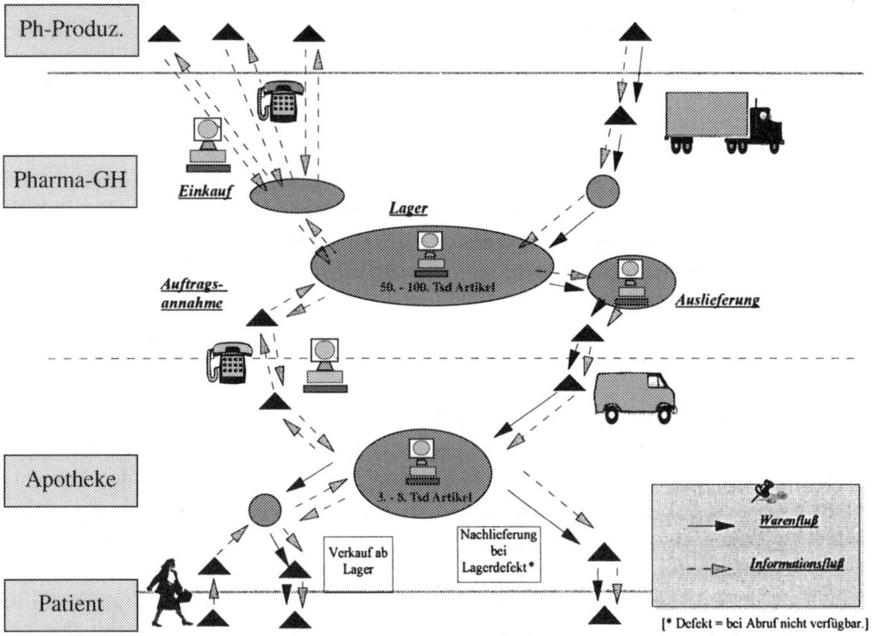

Abbildung 1: Blue Print der Grundleistung des Pharmagroßhandels

Es werden in Deutschland täglich von jedem Großhändler zwischen 400.000 und 1 Mio. Positionen mit einem durchschnittlichen Wert von 20 DM pro Position ausgeliefert. Die Häufigkeit der täglichen Belieferung der einzelnen Apotheke durch den Großhändler ist individueller Verhandlungsgegenstand. Die Einsicht in eine Abwägung ökonomischer und medizinischer Notwendigkeit ist hier aufgrund der besonderen Ware nur bedingt und unterschiedlich vorhanden. Insbesondere bei intensiver Konkurrenz der Apotheken dominiert die Forderung nach fast "jederzeitiger" Belieferung, was auch durch die Anforderungen der Apothekenkunden forciert wird (Meyer/Dornach, 1994, S. 41), die somit bis zu fünf mal täglich durch den Erstlieferanten erfolgt.

2.1.2 Mögliche Zusatzleistungen der Pharmagroßhändler und die strategische Pattsituation

Die sehr geringen Differenzierungsmöglichkeiten im Rahmen der Grundleistung, die im wesentlichen durch den Umfang des Sortiments, die Zuverlässigkeit der Belieferung, die Flexibilität bei Sonderwünschen beziehungsweise die Rabattgestaltung bestehen, haben zu einem breiten Angebot an zusätzlichen Serviceleistungen für die Apotheken geführt. Die insbesondere durch die großen Pharmagroßhändler angebotenen Zusatzleistungen reichen von der Marketingberatung der Apotheke, über das Angebot von Schulungen für das Personal und den Apotheker bis zur Mitgliedschaft in Clubs, die besondere Aktivitäten der Mitglieder organisieren. Diese Services werden von den Apothekern zwar weniger erwartet als die preisgünstige Erfüllung der Kernfunktionen (''Schnelligkeit – Pünktlichkeit – Zuverlässigkeit'') im Rahmen der Grundleistung, aber dennoch gerne in Anspruch genommen. Häufig werden die Zusatzleistungen ähnlich einer Menükarte den Apotheken offeriert, diese wählen dann zum Teil gegen Entgelt, zum Teil entgeltlos die entsprechenden Leistungen aus. Weder durch die Gestaltung der Grundleistung noch durch den bunten Strauß an Zusatzleistungen gelingt es einzelnen Pharmagroßhändlern, sich ausreichend von der Konkurrenz zu differenzieren. Die Pharmagroßhändler befinden sich in einer strategischen Patt-Situation (so auch Zumbusch 1995, S. 72). Das ausufernde Angebot an zusätzlichen Services, insbesondere als Reaktion auf das Gesundheits-Struktur-Gesetz 1993, verschärft die Kostensituation zunehmend (Bernhard 1994), zumal auch bei den Großhändlern mangelnde Transparenz über den Erfolgsbeitrag einzelner Services beziehungsweise einzelner Kunden zu einem undifferenzierten Leistungsbündelangebot führt (Scheiter/Binder 1992, S. 17).

2.2 Information als Produktions- und als Regiefaktor

Sowohl im Rahmen der Grundleistung als auch im Rahmen der Zusatzleistungen kommt Informationen eine bedeutende Rolle zu. Information kann, eingeordnet in ein Produktionsfaktorsystem der Leistungserstellung, sowohl als Potentialfaktor – beispielsweise in Form von Wissen und Erfahrung von Mitarbeitern oder gespeichert in Datenbeständen -, als Verbrauchsfaktor und als dispositiver Faktor zur Lenkung und Koordination der Prozesse von Bedeutung sein (Bode 1993, u.a. S. 74-76). Der Produktionsfaktor Information kann dabei vollständig im Verfügungsbereich des Anbieters liegen – sogenannter interner Produktionsfaktor – oder durch den Nachfrager in den Leistungserstellungsprozeß eingebracht werden. Information bekommt dann die Eigenschaft eines externen Faktors, der eigenständig oder im Verbund mit anderen Faktoren integriert wird (Engelhardt/Kleinaltenkamp/Reckenfelderbäumer 1993; Kleinaltenkamp 1993). Daneben sind Informationen aber auch Leistungsteilergebnisse und insofern Objekte und sachliches Ziel von Leistungserstellungsprozessen. Einige der möglichen Zusatzleistungen bestehen nur aus Informationen, die somit auch den Charakter von Regiefaktoren in der Handelsleistung bekommen (Barth 1993, S. 54). Plakativ kann der Informationsanteil und seine Bedeutung im Rahmen der Wertkette als hoch bezeichnet werden (zu solchen ''Analysen'' vgl. exemplarisch: Glazer 1991; Porter / Millar 1986). Das Management des Produktions- und Regiefaktors Information bestimmt wesentlich die Kosten und den Zeitbedarf der Leistungserstellung sowie die vom Nachfrager wahrgenommene Qualität der Leistung (Elgaß/Krcmar 1993, S. 43). Informationsflüsse werden zum 'Blutkreislauf der Unternehmung" (Bullinger/Meitner 1994), die – ähnlich einem Nervensystem – die unterschiedlichen Aktivitäten begleiten, koordinieren und/oder selbst Gegenstand von Leistungserstellungsprozessen sind.

3 GESCHÄFTSBEZIEHUNGSMANAGEMENT ALS STRATEGISCHE HERAUSFORDERUNG DES PHARMAGROSSHANDELS

Ein Ausweg aus der skizzierten Patt-Situation scheint über einen veränderten strategischen Ansatz bei der Betrachtung und der Gestaltung der Geschäftsbeziehungen zu den einzelnen Apotheken möglich. Geschäftsbeziehungen, im Sinne von wiederholten Transaktionen zwischen einem Anbieter und einem Nachfrager, sind seit jeher eine Selbstverständlichkeit und das eigentliche Ziel der Marketingbemühungen (Craig-Lees/Caldwell 1994; Engelhardt/Freiling, 1995 S. 37). Das gilt auch für das Verhältnis zwischen Apotheken und ihren Großhändlern. Das Management von Geschäftsbeziehungen verändert dagegen die von den Pharmagroßhändlern bisher verfolgte Marketingstrategie erheblich. Bei oberflächlicher Betrachtung wirkt die Zielsetzung, gleichzeitig individuelle Absatzbündel zu erbringen, dies aber auf hohem Leistungsniveau und bei konkurrenzüberlegener Erfüllung der Kernfunktionen, wie die "Quadratur des Kreises". Der scheinbare Wiederspruch zwischen Standardisierung und Individualisierung kann jedoch durch eine gezielte Gestaltung der internen und externen Informationsflüsse aufgelöst werden. Dies soll im folgenden gezeigt werden.

3.1 Aufgaben und Ziele des Geschäftsbeziehungsmanagement

Jede der 20.645 Apotheken wird als Nachfrager mit individueller Bedürfnisstruktur und unterschiedlichen Anforderungen an die Pharmagroßhändler angesehen. Diese Unterschiede ergeben sich im wesentlichen aus dem Standort und der damit in Verbindung stehenden Kundenstruktur der Apotheke sowie der persönlichen Einstellung und der vorhandenen Kompetenz des Apothekers, beispielsweise in betriebswirtschaftlichen Fragestellungen der Unternehmensführung oder der Verkaufsunterstützung. Ein Wechsel der Betrachtung im Hinblick auf die zielgerichtete Anbahnung, Steuerung und Ausgestaltung von einzelnen Geschäftsbeziehungen (exemplarisch: Berry/Parasuraman 1991, S. 133; Diller/Kusterer 1988, S. 211 ff.) muß zunächst eine rein transaktions- und umsatzorientierte Perspektive verlassen und das Verhältnis zu den einzelnen Apotheken als Unterstützung und Hilfe bei der Lösung der jeweils unterschiedlich dringenden Probleme über einen Zeitraum hinweg interpretieren.

Aufgabe des Geschäftsbeziehungsmanagement auf Seiten des Pharmagroßhändlers ist es:

– *Attraktive Nachfrager zu identifizieren*:

Hierbei ist neben einer möglichen positiven Umsatz- oder Gewinnerwartung auch beispielsweise an Lead-User, Meinungsführer oder Referenzkunden zu denken (Kleinaltenkamp 1994, S. 154), deren Belieferung als In-Supplier wichtig erscheint.

– *Ziele für die einzelnen Geschäftsbeziehungen zu definieren*:

Neben Umsatz-, Deckungsbeitrags- oder Lieferanteilszielen des Pharmagroßhändlers sind auch gemeinschaftliche Ziele der Geschäftsbeziehungspartner möglich, die kooperativ bestimmt werden. Beispielsweise seien die Senkung der Retourenquote einer Apotheke oder die Verbesserung der Präsentation der Großhandelsmarke (exemplarisch: Gehe 1994, S. 35) im Nebensortiment der Apotheke genannt.

– *Problemlösende Leistungsbündel aus Grund- und Zusatzleistungen zusammenzustellen:*

  Abgestimmt auf die jeweilige Situation der Apotheke werden Leistungsbündel definiert, die an die sich im Zeitablauf der Geschäftsbeziehung wandelnden Ansprüche der Geschäftsbeziehungspartner angepaßt werden.

– *Jede einzelne Geschäftsbeziehung im Hinblick auf die Zielerreichung und ihren Erfolgsbeitrag im Zeitablauf zu bewerten und zu steuern:*

  Dies entspricht einem Monitoring oder Controlling der Geschäftsbeziehungen, sowohl jeder einzelnen als auch der Steuerung der Struktur der Absatzseite des Pharmagroßhändlers insgesamt, als Portfeuille der verschiedenen Geschäftsbeziehungen mit unterschiedlichen Erfolgs- und Risikopositionen (exemplarisch: Krapfel/Salmond/Spekman 1991).

Die strategische Orientierung an einzelnen Geschäftsbeziehungen bedeutet jedoch nicht, daß der Pharmagroßhändler alle seine Potentiale, seine Leistungserstellungsprozesse oder seine Leistungsteilergebnisse individuell auf jede Apotheke einstellen muß (Engelhardt/Freiling 1995; Kleinaltenkamp 1994, S. 148 ff.). Im Gegenteil, es sind Standardisierungs- und Flexibilitätspotentiale bei der Gestaltung der Leistungsfähigkeit und der Prozesse weitestgehend zu nutzen, um sowohl die marktgerechte Effizienz der Leistungserstellung zu gewährleisten, als auch die Abhängigkeit und die Bindung des Grossisten an einzelne Geschäftsbeziehungen möglichst gering zu halten. Aufgabe der Leistungsfindung und Leistungsbegründung (Kaas 1992, S. 11 ff.) ist es daher, die Prozeßkette der Leistungserstellung und die Module der Zusatzleistungen an einem repräsentativen Bedarf einzelner Segmente von Apotheken auszurichten. Für die konkrete Geschäftsbeziehung zu einzelnen Apotheken werden die Leistungsbündel an die Problemsituation der Apotheke angepaßt (exemplarisch: Friege 1994, S. 1 und S. 24). Dieses Baukastensystem möglicher Leistungsbestandteile (exemplarisch: Mayer 1993, insb. S. 152 ff.) kann die individuellen Voraussetzungen und Gegebenheiten berücksichtigen, ohne daß die Apotheke die Standardisierungsansätze als negativ wahrnimmt (Gersch 1995a, S. 77 ff.) oder sich einzelne Leistungsmodule isoliert auswählt und möglichst entgeltlos in Anspruch nimmt.

"Unternehmensgedächtnis", im Sinne von Wissenspeicherung um die einzelne Geschäftsbeziehung, und die Bewahrung von Flexibilität, das heißt, die Beibehaltung der Fähigkeit, viele Geschäftsbeziehungen unterschiedlich, aber dennoch effizient zu versorgen, werden zu Kernkompetenzen eines derart ausgerichteten Geschäftsbeziehungsmanagement (zur zentralen Bedeutung von "organizational memory" und "organizational flexibility" und deren Realisierung vgl.: Madhavan/Shah/Grover 1994). Das Unternehmensgedächtnis manifestiert sich im "Database - Memory", "Individual Memory" und/oder "Organizational Memory". Die Bedeutung gespeicherten Wissens in Datenbeständen, in den Fähigkeiten und Erfahrungen der Mitarbeiter oder in der entsprechenden Ausgestaltung von Strukturen und Prozeßabläufen wird in den folgenden Ausführungen noch deutlich. Für den hier vorliegenden Fall der gleichzeitigen Bearbeitung vieler Geschäftsbeziehungen durch einen Pharmagroßhändler mit hohem Volumen und großer Frequenz bei gleichzeitig geringen Spannen pro Beziehung scheint nur ein "Database-" und "Individual Memory" möglich (Madhavan/Shah/Grover 1994), nicht die individuelle Anpassung von Strukturen und Prozessen. Dies begründet zwar einen geringeren Schutz vor Imitationen, bewahrt aber gleichzeitig die notwendige Flexibilität des Grossisten.

Organisatorisch können diese Aufgaben in die typischen Strukturen eines Pharmagroßhändlers (*vgl. Abbildung 4*) übertragen werden. Die Erstellung der Grundleistung und der direkte Kontakt zu den Apotheken ist Aufgabe der einzelnen regionalen Niederlassungen. Diese erbringen die logistische Leistung und realisieren die hierfür erforderliche Prozeßkette. Zusatzleistungen werden entweder zentral durch eigene Organisationseinheiten des Pharmagroßhändlers für alle Apotheken und Niederlassungen erbracht (zumeist Seminarangebote, Schulungen oder seltenere grundsätzliche Beratungsleistungen), vor Ort von den Niederlassungen erbracht (beispielsweise die Betreuung durch Außendienstmitarbeiter, die begleitende Beratung bezüglich der Gestaltung und Präsentation des Sortiments oder die Durchführung von Verkaufssonderaktionen in den Apotheken) oder durch externe Spezialisten erstellt und durch die Niederlassung in das Leistungsbündel integriert (zur Make or Buy – Entscheidung bei Services: Engelhardt/Reckenfelderbäumer 1993). Die Niederlassungen erhalten somit eine Klammerfunktion, mit der die Bausteine möglicher Teilleistungen für die einzelnen Apotheken zusammengestellt, im Laufe der Zeit an die Bedürfnisse angepaßt und geschlossen gegenüber den Apotheken als ein Bündel angeboten werden (*Abbildung 2*). Die Niederlassungen koordinieren die Einzelaktivitäten der unterschiedlichen Leistungsträger. Sie erfüllen die typischen Aufgaben eines Key –

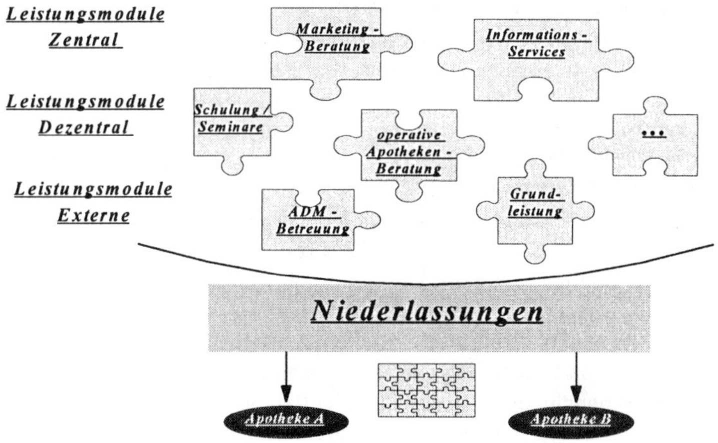

Account – Management (vgl. exemplarisch: Diller/Götze/Berge 1991, S. 12).

Abbildung 2: Die Niederlassungen als integrierende Klammer

3.2 Instrumenteller Charakter des strategischen und operativen Informationsmanagement

Zentrale Aufgabe des Informationsmanagement (Überblick u.a. bei Seibt 1993) ist der effektive und effiziente Einsatz der Ressource Information. Es hat die Eigenschaft einer Querschnittsfunktion, die alle Ebenen der Unternehmensführung berührt, die die Entstehung und Verwendung von Informationen beeinflussen, insbesondere die personelle, die organisatorische und die technische Ebene (exemplarisch: Picot/Reichwald 1991; Picot / Franck 1992). Das Informationsmanagement hat insofern instrumentellen Charakter, da es die Unternehmensziele und -strategien unterstützen und umsetzen soll (OCallaghan et al. 1992, S. 45). Die Gestaltung der Informationsverarbeitungsprozesse und der Informationssysteme verändert Kundenbeziehungen und Marktstrukturen, sie verändert die Rahmenbedingungen für unternehmerisches Handeln und die Möglichkeiten einer effektiven und effizienten Gestaltung von Leistungsangeboten und Leistungserstellungsprozessen (Barth/Helpup 1994, S. 235; Cash/Konsynski 1985). Hierbei wird die These vertreten, daß Informations- und Kommunikationsströme grundsätzlich zielgerichtet gestaltbar sind. Die Auswirkungen der Gestaltung von Prozessen und der Einsatz technischer Mittel können prinzipiell jede Strategierichtung unterstützen (Kubicek 1992, S. 4), insbesondere auch das Geschäftsbeziehungsmanagement, beispielsweise durch die Beeinflussung der Bindung der beteiligten Transaktionspartner (Achrol 1991). Die jeweilige Unternehmensstrategie stellt somit Anforderungen an das Informationsmanagement. Gleichzeitig ermöglichen oder bedingen Entwicklungen und Maßnahmen im Rahmen des Informationsmanagement Reaktionen und Anpassungen im Geschäftsbeziehungsmanagement. So wird heute kein Pharmagroßhändler mehr auf den umfassenden Einsatz von Informations- und Kommunikationssystemen im Rahmen der Leistungserstellung verzichten können. Nutzen die Konkurrenten die Möglichkeiten eines gezielten Informationsmanagement, so werden die Fähigkeit zum Umgang mit Informationen und das Erkennen von Chancen und Risiken sowie ihre wirtschaftliche Nutzung zu einer überlebenswichtigen Kompetenz für das Unternehmen (Picot/Maier 1993, S. 32).

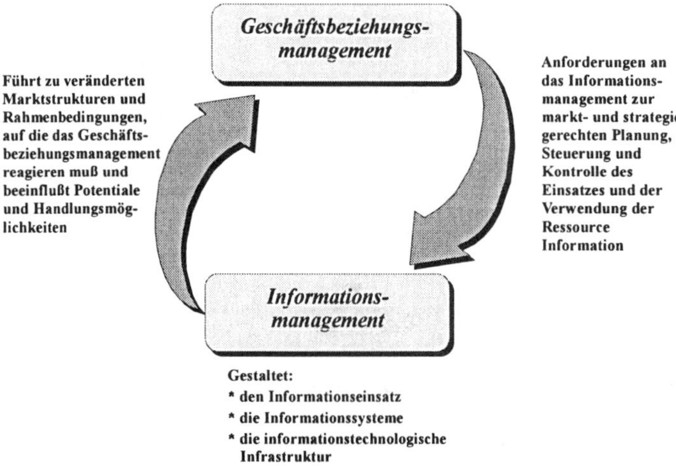

Abbildung 3: Der Zusammenhang zwischen Geschäftsbeziehungsmanagement und Informationsmanagement.

Das Geschäftsbeziehungsmanagement des Pharmagroßhändlers bestimmt Ziele und Strategien als Vorgaben für das Informationsmanagement bezüglich der Gestaltung der Leistungserstellungsprozesse und der Leistungsmodule für die einzelnen Apotheken. Hierbei geht es vor allem um:

- Die effiziente Gestaltung der Informationsflüsse im Rahmen der Grundleistungserstellung.

- Die Zurverfügungstellung relevanter Informationen für die Entscheidungsträger, um die einzelnen Geschäftsbeziehungen entsprechend planen, gestalten und steuern zu können. Dies umfaßt einen Informations- und einen Koordinationsaspekt.

- Einen Beitrag des Informationsmanagement zur Gestaltung der Leistungsbündel, sowohl zur Gestaltung der mit einzelnen Transaktionen und der Geschäftsbeziehung insgesamt verbundenen zwischenbetrieblichen Informationsströme als auch zur Realisierung von Informationsservices (Lamprecht/Jackson 1989) als mögliche Module der Leistungsbündel.

Die wichtigsten Teilaufgaben des Informationsmanagement für ein erfolgreiches Geschäftsbeziehungsmanagement werden in den folgenden beiden Abschnitten skizziert. In Kapitel 4 werden zunächst die internen Aspekte der horizontalen und vertikalen Informationsflüsse und -verarbeitungsprozesse behandelt, bevor in Kapitel 5 die zwischenbetriebliche Gestaltung der Schnittstellen und Prozesse im Rahmen einzelner Geschäftsbeziehungen betrachtet werden. Die hierbei vorgenommene Unterteilung in innerbetriebliche und zwischenbetriebliche oder externe Aspekte dient nur einer ersten Strukturierung, es existieren umfangreiche Interdependenzen.

4 INFORMATIONSMANAGEMENT ZUR INTERNEN ANALYSE UND LENKUNG VON GESCHÄFTSBEZIEHUNGEN

Zunächst wird die intraorganisationale Gestaltung der vertikalen und horizontalen Informationsflüsse betrachtet (Georg/Gruber 1995, S. 113). Im Rahmen der Erstellung der Grundleistung ist eine funktionsübergreifende Prozeßkette zu realisieren. Die Unterstützung und die horizontale Abstimmung der einzelnen Teilprozesse, die durch eine Transaktion ausgelöst werden, ist Aufgabe operativer Anwendungssysteme.

Die Steuerung der Unternehmenstätigkeit und hier insbesondere das Management der Geschäftsbeziehungen wird durch Entscheidungsunterstützungs-Systeme (EUS) bzw. Management-/Marketing-Informationssysteme (MIS/MAIS) gewährleistet, die unternehmensinterne und -externe Daten für die jeweiligen Aufgabenträger aufbereiten, gegebenenfalls verdichten und zur Verfügung stellen (vertikale intraorganisationale Informationsflüsse). Sowohl die operativen Anwendungssysteme als auch die MIS bedienen sich der Dienste von Infrastruktursystemen, die im wesentlichen aus Datenmanagementsystemen und Kommunikationssystemen bestehen (zur Systematisierung der Informationssysteme in einem Unternehmen vgl. Meffert 1994, S. 65 ff.). *Abbildung 4* skizziert die Einsatzbereiche der erwähnten Informationssysteme. Bei der Planung, Realisierung und dem Betrieb dieser Systeme durch das Informationsmanagement muß eine ganzheitliche Sicht und ein Prozeßdenken über die gesamte Wertkette hinweg die horizontale und vertikale Integration und gegenseitige Unterstützung der Systeme sicherstellen (Picot/Reichwald 1991, S. 286 f.). Die isolierte Unterstützung von Teilaufgaben oder Organisationseinheiten gilt es zu vermeiden. Die im folgenden angesprochenen Aspekte des Geschäftsbeziehungsmanagement, die wie isolierte Teilaufgaben anmuten, formulieren somit nur unterschiedliche Anforderungen an ein ganzheitliches Informationsmanagement.

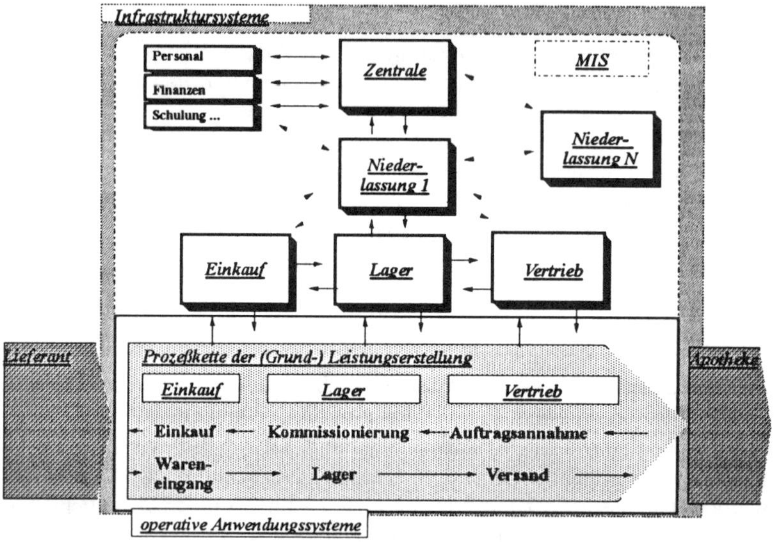

Abbildung 4: Systematisierung unterschiedlicher Informationssysteme eines Pharmagroßhändlers

4.1 Optimierung der internen Informationsflüsse zur Realisierung einer ganzheitlichen Prozeßkette

Die prozeßorientierte horizontale Integration der Grundleistungserstellung ist eine logistische Herausforderung, die sowohl eine effiziente Ablauforganisation als auch eine hohe Prognosesicherheit erfordert. Bei der Leistungserstellung im Handel ist dieses die Aufgabe von Warenwirtschaftssystemen (WWS) (exemplarisch: Ahlert/Olbrich 1995). Durch den immer stärker werdenden Konkurrenzdruck wurde und wird die Ausschöpfung von Rationalisierungspotentialen durch die computergestützte Optimierung der Realgüter- und Informationsströme ein Muß für die Pharmagroßhändler, was letztlich zu der jetzigen Patt-Situation auch und gerade im Rahmen der Grundleistung geführt hat. Die bis zu fünf mal tägliche Belieferung mit einem Zeitziel von zwei Stunden und einer maximalen Defektquote von unter einem Prozent bei über 200.000 Produkten ist ohne computergestützte, geschlossene WWS (Barth 1993, S. 379 f.) nicht zu realisieren (vgl. zur technischen Realisierung dieser horizontalen Prozeßkette insb. Petri 1993). Hierbei kann in der Ablaufstruktur der Leistungserstellung nur in begrenztem Umfang auf Sonderwünsche von Kunden spontan reagiert werden. Sowohl Prozesse als auch Schnittstellen zu Kunden und Lieferanten sind standardisiert und laufen größtenteils automatisiert ab. Logistische Sondervereinbarungen als mögliche Leistungsmodule müssen daher insbesondere im Hinblick auf ihre Realisierungsmöglichkeiten und ihre Kostenwirkung überprüft werden. Durch die kurze Zeitspanne zwischen Bestellung der Apotheke und Auslieferung sind umfangreiche, zum Teil durch Expertensysteme unterstützte Analyse- und Prognoseverfahren notwendig, um den Bedarf der Apotheken abzuschätzen und durch entsprechende Bestell- und Lagerpolitik der Pharmagroßhändler das Problem der konfliktionären Zielsetzung zwischen Servicegrad und Kapitalbindung zu lösen (Backhaus/Meyer 1991, S.251). Die Gestaltung der Informationsflüsse bestimmt die Organisationseffizienz (OCallaghan et al. 1992, S. 46). Zwischen 10 und 40 % der Gesamtkosten des Handels sind Koordinations- und Transaktionskosten (Barth 1993, S. 65; Götz/Töpffer 1991, S. 13 f.), die wesentlich bestimmt werden durch die Effektivität und Effizienz des Informationsmanagement und der genutzten Infrastrukturen. Durch permanente Verbesserungen ist hier mittlerweile bei fast allen Pharmagroßhändlern ein Niveau erreicht worden, das kaum zukünftigen Spielraum für einen dauerhaften und nachhaltigen Vorsprung Einzelner bietet.

4.2 Realisierung und Nutzung eines institutionalisierten Informationssystems für das Monitoring der Geschäftsbeziehungen und einzelner absatzpolitischer Maßnahmen

Zentrale Aufgabe des Informationsmanagement unter diesem Aspekt ist die bedarfsgerechte Versorgung der Aufgaben- und Entscheidungsträger mit relevanten Informationen (Picot/Reichwald 1991, S. 292 ff.; Picot/Maier 1993, S. 40). Zentrales Problem vieler Unternehmen ist eine unzureichende Informationsbasis, die verhindert, daß die Entscheidungsträger überhaupt beurteilen können, ob und welche Absatzbemühungen sich bei welchem Kunden lohnen (Scheiter/Binder 1992, S. 17). Sie können weder einzelne Geschäftsbeziehungen beurteilen oder in ihrer Entwicklung verfolgen, noch die Wirkungen einzelner absatzpolitischer Maßnahmen. Um ein den vielfältigen Informationsbedürfnissen des Geschäftsbeziehungsmanagement angemessenes Informationssystem aufzubauen, müssen sowohl interne Daten aus unterschiedlichen Quellen, beispielsweise aus der operativen Leistungserstellung, von den Außendienstmitarbeitern oder dem Rechnungswesen, sowie externe Daten, wie beispielsweise regionale Marktentwicklungen, Konkurrenzanalysen oder allgemeine Umfeldinformationen, isoliert und/oder kombiniert zur Verfügung gestellt werden (vgl. umfassend: Diller/Götz/Berge 1991; Zentes 1991). So zeichnen sich zum Beispiel geschlossene WWS durch ein MIS-Modul aus, welches vorwiegend interne Basisinformationen zur Verfügung stellt (Ahlert, 1995, S. 19). Im Rahmen von Auskunfts- und Berichtssystemen, beziehungsweise durch EUS (Gabriel et al. 1993, S. 97 ff.) wird der Informationsbedarf der Aufgabenträger gedeckt, wobei unterschiedliche Hierarchieebenen und Funktionen unterschiedlicher Informationssysteme bedürfen (exemplarisch: Scheer/Spang 1992, S. 185 ff.). Hierbei sollen aber nicht die Fehler der frühen 70er Jahre wiederholt werden, die von einer umfassenden Unterstützung der Managementaufgaben ausgingen und eine totale Abbildung der Unternehmensprozesse für möglich hielten (Picot/Reichwald, 1991, S. 289). Vielmehr sind einzelne, gezielt auf die entsprechenden Aufgaben abgestimmte Informationsangebote zu realisieren, die beispielsweise auf der Ebene der Niederlassungen in einem ersten Schritt Informationen über einzelne Geschäftsbeziehungen zwecks Analyse und Planung von individuellen Kundenkonzeptionen ermöglichen und in einem zweiten Schritt die Koordination und Steuerung der verschiedenen Tätigkeiten (vgl. 4.3.), die die Geschäftsbeziehung beeinflussen. Exemplarisch sei hier das Instrument der Kundendeckungsbeitragsrechnung (KDBR) genannt

(Haag 1992), welches Daten vorwiegend aus dem Rechnungswesen zu marketingrelevanten Informationen transformiert (Scheer/Spang 1992, S. 193). Ziel ist es, den Erfolgsbeitrag einzelner Kunden zu quantifizieren und für die Steuerung der Geschäftsbeziehung aufzubereiten. Kundenbezogene Erlöse und Kosten werden gegenübergestellt, bedingt kann das Problem der Gemeinkostenschlüsselung durch Ansätze der Prozeßkostenrechnung vermieden werden, indem Prozesse identifiziert und zugeordnet werden, die durch den Kunden begründet oder beeinflußt werden (Reckenfelderbäumer 1994 + 1995, S. 245 ff.). Durch regelmäßige Analysen im Zeitablauf können auch Erfolgswirkungen einzelner Maßnahmen bei einem oder mehreren Kunden erkannt werden (Scheiter/Binder 1992, S. 18). Es muß an dieser Stelle jedoch ausdrücklich vor einer scheinbaren Objektivierung und genauen Quantifizierung gewarnt werden. Die auf diesen Instrumenten beruhenden Entscheidungen können nur so gut sein wie die zugrundeliegende Informationsbasis.

4.3 Realisierung einer internen Infrastruktur zur Koordinierung und Lenkung der absatzpolitischen Instrumente und ihrer Träger

Neben der notwendigen Information der Entscheidungsträger über eine Geschäftsbeziehung und einzelne absatzpolitische Maßnahmen ist für ein erfolgreiches Geschäftsbeziehungsmanagement eine Möglichkeit zur Koordination und Lenkung der verschiedenen Leistungsmodule und ihrer Aufgabenträger zu schaffen, die in ihrer Gesamtheit die Beziehung zu den einzelnen Kunden bestimmen. Das hier skizzierte Konzept der individuell konfigurierten und geschlossenen Leistungsbündel kann nur erfolgreich sein, wenn die unterschiedlichen Aufgabenträger – u.a. der Außendienst, die Bestellannahme, das Schulungs- und Ausbildungspersonal, die Berater – aufeinander abgestimmt sind und einem konsequenten Kundenkonzept folgend auftreten. So muß der Außendienst beispielsweise die gewährten Rabatte, die Konditionen und das bisherige Einkaufsverhalten der jeweiligen Apotheke kennen sowie die mit der Niederlassung vereinbarten zukünftigen gemeinschaftlichen Ziele der Geschäftsbeziehung und die hierfür abgesprochenen Maßnahmen. Die Eindrücke, die das Apothekenpersonal oder der Apotheker selbst bei Schulungen und Seminaren hinterlassen hat, können wichtige Rückschlüsse über tieferliegende Probleme ermöglichen. Grundlage einer solchen integrierten Koordination der verschiedenen Kontaktstellen und Leistungsträger muß eine einheitliche Datenbasis der jeweiligen Subsysteme sein. Nur sie kann die Koordination und Durchsetzung der individuellen Kundenkonzeptionen ermöglichen (Diller/Götz/Berge 1991, S. 9 ff.). Die Schnittstellen zwischen der Niederlassung und den einzelnen Aufgabenträgern muß eine solche horizontale und vertikale Integration realisieren. Hierbei ist die Verknüpfung verschiedener Subsysteme notwendig, beispielsweise zwischen Computer Aided Selling-Systemen und den EUS der Niederlassungen (exemplarisch: Berchtold 1995, S. 58; Link/Hildebrand 1994).

5 INFORMATIONSMANAGEMENT ZUR ABSATZSEITIGEN GESTALTUNG DER BEZIEHUNG ZWISCHEN APOTHEKE UND PHARMAGROSSHÄNDLER

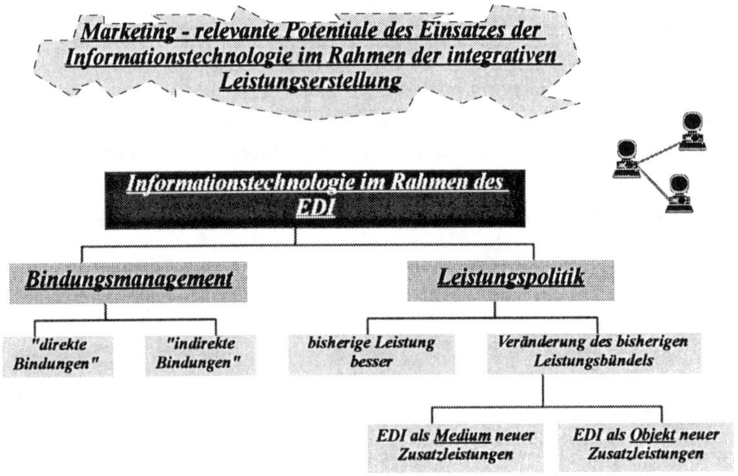

Abbildung 5: Nutzungsmöglichkeiten des EDI für das Geschäftsbeziehungsmanagement

In diesem Abschnitt werden die Möglichkeiten der Gestaltung zwischenbetrieblicher Informationsflüsse für das Geschäftsbeziehungsmanagement eines Pharmagroßhändlers analysiert. Die Betrachtung beschränkt sich auf den elektronischen Datenaustausch zwischen computergestützten Anwendungssystemen der Geschäftsbeziehungspartner. Dieser Datenaustausch wird in der Regel unter "Electronic Data Interchange" (EDI) subsumiert (vgl. exemplarisch: Kim 1994; Neuburger 1994). Zwei Nutzungsaspekte des EDI für das Geschäftsbeziehungsmanagement stehen hierbei im Vordergrund: zum einen Ansätze zur Bindung des Geschäftsbeziehungspartners und zum anderen veränderte Möglichkeiten im Rahmen des Angebotes von Leistungsbündeln als individuelle Problemlösungen für die Apotheken (*Abbildung 5*).

5.1 Ansätze zur systembedingten Bindung der Apotheken im Rahmen des Geschäftsbeziehungsmanagement eines Pharmagroßhändlers

Durch Hardware-, Software- oder Datenformate bedingte Inkompatibilitäten, die direkte Systembindungen an einen bestimmten Pharmagroßhändler begründen könnten, existieren in Deutschland nicht. Anders als beispielsweise in den USA, wo unter anderem das System ASAP als Standardbeispiel für systembedingte direkte Bindungen an einen Pharmagroßhändler genannt wird (exemplarisch: Benjamin et al. 1984; Bharadwaj et al. 1993, S. 94 ff.), begann in Deutschland die umfassende Standardisierung schon sehr frühzeitig – 1968 – durch die Gründung der DATEG in Frankfurt. Aufgabe dieser durch die betroffenen Verbände der pharmazeutischen Industrie, des Pharmagroßhandels und der Apotheker gegründeten Institution ist es, alle relevanten Fragen der branchenweiten

Information und Kommunikation zu standardisieren. Neben der Vergabe einer einheitlichen Artikelnummer (Pharmazentralnummer – ABDA) werden HW-bezogene Schnittstellen und branchenspezifische Datenformate für den elektronischen Datenaustausch vereinheitlicht. Darüber hinaus muß für eine computergestützte, automatisierte Transaktionsabwicklung mit anschließender Weiterverwendung der Daten in den jeweiligen internen Subsystemen auch eine Absprache der Aktions – Reaktionsmuster, somit der interagierenden Anwendungssysteme, zwischen den Transaktionspartnern erfolgen (so auch Kubicek 1992, S. 8 ff.). Auch diese Vereinheitlichung wird durch die DATEG unterstützt. Seit ihrer Gründung entwickelte sich auch der Einsatz der Informationstechnologie bei den Apotheken. Zunächst rein transaktionsorientiert, wurden die ersten technischen Unterstützungen des Leistungsaustausches durch Lochkartenleser, später durch PC-gestützte Datenfernübertragung genutzt, um insbesondere operative Rationalisierungseffekte im Rahmen des Datenaustausches zu realisieren.

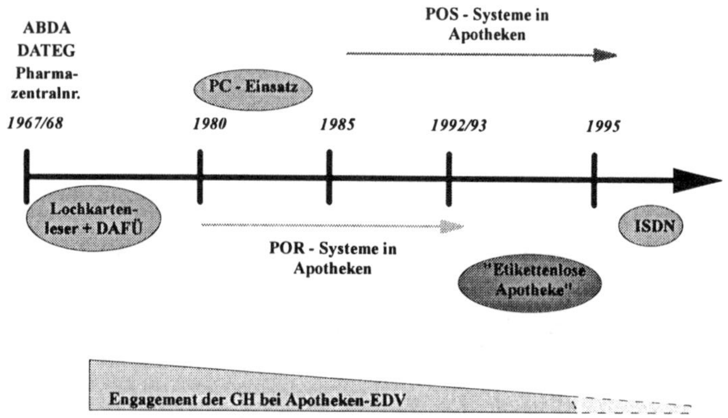

Abbildung 6: Entwicklung des EDV-Einsatzes in Apotheken im Zeitverlauf

Das anfänglich größere Engagement einzelner Pharmagroßhändler verringerte sich mit zunehmendem Leistungsumfang des Computereinsatzes in den Apotheken. Unabhängige, spezialisierte Systemhäuser bieten mittlerweile auch für Apotheken geschlossene WWS an, bei denen der Datenaustausch mit Lieferanten nur noch ein Leistungsmodul neben anderen Funktionen ist. Entfielen auch die Möglichkeiten zur direkten Bindung der Apotheken, so vermuteten doch einige Pharmagroßhändler, durch ein eigenes Apotheken-EDV Angebot eine wirkungsvolle Möglichkeit zur Differenzierung und/oder lukrativen Betätigung zu erschließen. Über eigenständige Systemhäuser gelingt ihnen zwar auch keine direkte Bindung der Apotheke, doch erhalten sie unter anderem einen Einfluß auf die Ablauforganisation, somit auf die Leistungserstellungseffizienz, beziehungsweise die Möglichkeit, spezifische, auf das jeweilige System genau abgestimmte Zusatzleistungen für die Apotheke anzubieten (vgl. 5.2.). Andere Pharmagroßhändler entschieden sich bewußt gegen dieses Engagement, um als wirklich unabhängige Partner neutrale Unterstützung für jede Apotheke und jedes System anbieten zu können.

5.2 Durch EDI ermöglichte Veränderungen in der Leistungspolitik der Pharmagroßhändler

Über 80 % der Transaktionen im Rahmen der Grundleistung zwischen Apotheke und Pharmagroßhändler erfolgen derzeit als direkte Computer-Computer-Interaktion per EDI. Es hat sich eine branchenweite Infrastruktur gebildet, die die Erfolgsfaktoren der Leistungserstellung deutlich verändert hat. Grundsätzlich kann EDI dazu führen, daß bisherige Leistungsmodule besser erstellt werden oder daß ganz neue Leistungen Bestandteile der Absatzbündel der Grossisten werden (u.a. Georg 1993, S. 50 ff.; Sedran 1991).

Die Verbesserung der bisherigen Leistung begründet sich insbesondere durch die vielfältigen operativen Vorteile, die durch EDI ermöglicht werden (exemplarisch: Kim 1994, S. 46 ff.; OCallaghan et al. 1992, S.46 f.). So werden die Transaktionen schneller, die Fehlerquote sinkt - bei der rein fernmündlichen Übertragung der Bestellung der Apotheken war eine Fehlerquote von über 25 % keine Seltenheit – und die Übertragung wird kostengünstiger. Häufig werden diese operativen Vorteile und die realisierbaren Rationalisierungseffekte in den Vordergrund der Argumentation gestellt (Stern/Kaufmann 1988, S. 54). Dies führt häufig zu einem unreflektierten Einsatz der Technologie. Resultierende Marktstrukturveränderungen und strategische Auswirkungen und Risiken werden gar nicht oder erst dann erkannt, wenn es für eine Reaktion oder gar für eine antizipative Vorgehensweise bereits zu spät ist. Den unbestreitbaren operativen Vorteilen der "Elektrifizierung" der im wesentlichen unveränderten Prozeßabläufe und Aufgabenverteilungen (vgl. die fast unveränderten Transaktionsstrukturen, die schon von Loos/Franz 1984 beschrieben werden), stehen als Folge unter anderem eine erhöhte Transparenz und Flexibilität der Apotheken bei der Wahl eines Großhändlers gegenüber. EDV-Systeme der Apotheken beinhalten unter anderem als Funktion die Bestelloptimierung unter Berücksichtigung der verschiedenen Rabatt- und Konditionssysteme der möglichen Pharmagroßhändler beziehungsweise die Möglichkeit eines automatischen Preisvergleichs zwischen den Grossisten. Technologisch ist ein Wechsel des Großhändlers praktisch auf Knopfdruck möglich. Daß sich in diesem Bereich, trotz der gegebenen technischen Möglichkeiten, bisher dennoch kein elektronischer Markt (Schmid 1993) gebildet hat, auf dem die Apotheker die Medikamente ähnlich einem Spot-Markt für Commodities rein nach dem Preiskriterium bestellen, liegt vor allem an der Bedeutung der räumlichen Nähe zwischen Pharmagroßhändler und der Apotheke für die Kostenstruktur der Leistungserstellung und der Bedeutung etablierter Geschäftsbeziehungen, die unter anderem durch Rabattsysteme, gewachsenes Vertrauen und durch Einkaufsvorteile zeitraumbezogener Nachfrageverbunde (Engelhardt 1976) begründet wird. Operative Vorteile der Verbesserung der traditionell üblichen Leistungen des Pharmagroßhandels, wie auch beispielsweise verbesserte Auskunftsmöglichkeiten über mögliche Lieferdefekte schon bei der Auftragsannahme oder Unterstützung beim Etikettendruck im Rahmen der Belieferung, realisieren alle Pharmagroßhändler in ähnlicher Weise. Neue oder zusätzliche Differenzierungspotentiale sind hier nicht gegeben.

Seltener realisiert wurde bisher die Möglichkeit, EDI für das Angebot neuer Leistungskomponenten zu nutzen. Etabliert sind sowohl bei den Pharmagroßhändlern als auch bei den Systemhäusern Zusatzleistungen, die EDI zum Gegenstand haben. Hiermit sind insbesondere Schulungs- und Beratungsangebote gemeint, die sich auf den EDV-Einsatz in der Apotheke und den elektronischen Datenaustausch beziehen. Versteht man jedoch

EDI auch als Medium für das Angebot neuer Leistungsmodule, so eröffnen sich bisher kaum genutzte Möglichkeiten. Interessant und erfolgversprechend für das Geschäftsbeziehungsmanagement scheinen Teilleistungen, die im Rahmen geschlossener, auf die individuellen Kundenbedürfnisse abgestellter Problemlösungen im Leistungsbündel mit angeboten werden können und diese sinnvoll ergänzen. Der Phantasie sind hierbei (fast) keine Grenzen gesetzt. Liegt beispielsweise der Focus einer Geschäftsbeziehung auf der Rationalisierung der Leistungserstellung der Apotheke, so könnte der Pharmagroßhändler seine logistische Kompetenz nutzen und der Apotheke unter anderem mit Online-Analysen bei der Optimierung seines Bestellverhaltens helfen. Gemeinsam könnte die derzeitige Struktur der Leistungserstellung überdacht werden, ob durch die veränderten Koordinationsmöglichkeiten zwischen den Geschäftsbeziehungspartnern eine andere Funktionsaufteilung sinnvoller und rationeller wäre. Zusätzlich zu den Einsparungsmöglichkeiten, von denen beide Seiten profitieren könnten, hier ist an die in anderen Branchen realisierten Wertschöpfungspartnerschaften zu denken (Johnston/Lawrence 1989), könnten sich so auch indirekte Bindungen durch organisatorische Wechselbarrieren ergeben, da sich die Apotheke spezifisch in ihren Prozeßabläufen auf die Geschäftsbeziehung einstellt.

Unterstützt der Pharmagroßhändler durch sein Leistungsangebot die Apotheke beispielsweise bei der Verbesserung der Erlöse aus dem Nebensortiment, so können hier unter anderem gemeinsame Analysen der Wirkung absatzpolitischer Maßnahmen durch Kopplung der WWS online erfolgen und sogenannte Informationspartnerschaften (Konsynski/McFarlan 1991) realisiert werden. Die Erfahrungen mit anderen Geschäftsbeziehungen kann der Grossist als zusätzliches Know-How einbringen.

Die hier nur angedeuteten Möglichkeiten der Ergänzung individueller Problemlösungen zeigen, wie wichtig die verschiedenen Teilaufgaben des Informationsmanagement für ein erfolgreiches Geschäftsbeziehungsmanagement sind. Der derzeitige "Flaschenhals" der zum Teil noch analogen Übertragung über das Telefonnetz, mit entsprechend eingeschränktem Datenvolumen und Geschwindigkeit, wird kurz- bis mittelfristig durch die flächendeckende Einführung von ISDN erweitert (vgl. exemplarisch: Biervert et al. 1994; Georg 1993, S. 96). Dies wird die Möglichkeiten weit über die bisher übertragenen strukturierten Datensätze hinaus vergrößern. Spätestens jetzt müssen sich die Pharmagroßhändler mit den strategischen Aspekten der ständig wachsenden technologischen Möglichkeiten auseinandersetzen und sie im Rahmen umfassender Marketingkonzepte nutzen. Sonst könnten auch diese sich erst schwach abzeichnenden Dimensionen zu unliebsamen Überraschungen führen.

6 FAZIT

Das Beispiel des deutschen Pharmagroßhandels unterstreicht die Relevanz eines gezielten Informationsmanagement im Handel. Dies kann aber keine isolierte Teilaufgabe neben anderen Querschnittsfunktionen sein. Das Geschäftsbeziehungsmanagement als empfohlene strategische Grundhaltung formuliert Anforderungen an die Gestaltung und den Umgang mit der Ressource Information. Interne Informationsflüsse gewährleisten die Information und Koordination von Entscheidungs- und Aufgabenträgern und somit auch eine effiziente, auf den Bedarf der einzelnen Apotheke gerichtete Leistungserstellung. Die externen Informationsflüsse zu aktuellen und potentiellen Nachfragern bilden die Grundlage der Interaktionen und Transaktionen und beeinflussen wesentlich die Erfolgsfaktoren der vermarkteten Leistungsbündel: Zeit, Kosten und individuell wahrgenommene Qualität. Darüber hinaus werden Informations-Services zunehmend wichtigere Bestandteile der Grund- und Zusatzleistungen der Pharmagroßhändler. Marktorientierte Unternehmensführung als Postulat des Marketing ist ohne Informationsmanagement nicht realisierbar.

LITERATUR

Achrol, R.S.: Evolution of the Marketing Organization: New Forms for Turbulent Environments. In: Journal of Marketing, Vol. 55 (1991), October, pp.: 77-93.

Ahlert, D.: Warenwirtschaftsmanagement und Controlling in der Konsumgüterdistribution – Betriebswirtschaftliche Grundlegung und praktische Herausforderungen aus der Perspektive von Handel und Industrie. In: Ahlert, D.; Olbrich, R. (Hrsg.): Integrierte Warenwirtschaftssysteme und Handelscontrolling, Stuttgart 1995, S. 3-114.

Ahlert, D.; Olbrich, R. (Hrsg.): Integrierte Warenwirtschaftssysteme und Handelscontrolling, Stuttgart 1995

Backhaus, K.; Meyer, M: Integrierte Marketing-Logistik. In: Kliche, M. (Hrsg.): Investitionsgütermarketing, Wiesbaden 1991, S. 241-268.

Barth, K.: Betriebswirtschaftslehre des Handels, 2. Aufl. Wiesbaden 1993.

Barth, K.; Helpup, A.: Die Relevanz des Lean – Management - Ansatzes für Handelsunternehmungen. In: Trommsdorf, V. (Hrsg.): Handelsforschung 1994/95 – Kooperation im Handel und mit dem Handel, Wiesbaden 1994, S. 223-240.

Benjamin, R.; Rockat, J.; Scott Morton, M.; Wyman, J.: Information Technology: A Strategic Opportunity. In: Sloan Management Review, Vol. 25 (1984), No. 3, pp. 3 ff.

Berchtold, H.: Key Account Manager: Die neue Qualität im Beziehungsmanagement. In: Absatzwirtschaft, 38 Jg. (1995), Heft 3, S. 56-59.

Bernhard, U.: Arznei-Hersteller machen Druck. In: Handelsblatt, Montag 1. August 1994.

Berry, L.L.; Parasuraman, A.: Marketing Services, New York 1991.

Bharadwaj, S.G.; Varadarajan, P.R.; Fahy, J.: Sustainable Competitive Advantage in Service Industries: A Conceptual Modell and Research Proposition. In: Journal of Marketing, Vol. 57 (1993), Heft 4, pp. 83-99.

Biervert, B.; Monse, K.; Bruns, H.J.; Fromm, M.; Reimers, K.: Überbetriebliche Vernetzung im Handel – Konzepte und Lösungen im ISDN – Kurzfassung, Band 13. Materialien und Berichte der ISDN-Forschungskommission des Landes NRW, September 1994.

Bode, J.: Betriebliche Produktion von Informationen, Wiesbaden 1993.

Bullinger, H.J.; Meitner, H.: Ohne Information läuft nichts - Information der Blutkreislauf im Unternehmen. In: Gablers Magazin, 8 Jg. (1994), Heft 3, S. 14-17.

Cash, J.J.; Konsynski, B.R.: Die Datenkommunikation verändert den Wettbewerb. In: Harvard Manager, 7 Jg. (1985), Heft 4.

Craig-Lees, M.; Caldwell, M.L.: Relationship Marketing or Deja Vu? In: Sheth, J.; Parvatiyar, A. (Eds.): Relationship Marketing: Theory, Methods and Applications, Research Conference Proceedings, Atlanta 1994 (ohne Seitenangaben).

Diller, H.; Götz, P.; Berge, C.C.: Informationssysteme im Key-Account-Management, Arbeitspapier Nr. 4, Universität Erlangen-Nürnberg, August 1991.

Diller, H.; Kusterer, M.: Beziehungsmanagement. In: Marketing ZFP, 10 Jg. (1988), Heft 3, S. 211-220.

Elgass, P.; Krcmar, H.: Computergestützte Geschäftsprozeßplanung. In: Infomation Management, o. Jg. (1993), Heft 1, S. 42-49.

Engelhardt, W.H.; Kleinaltenkamp, M.; Reckenfelderbäumer, M.: Leistungsbündel als Absatzobjekte. In: Zeitschrift für betriebswirtschaftliche Forschung, 45 Jg. (1993), Heft 5, S. 395-426.

Engelhardt, W.H.: Grundprobleme der Leistungslehre, dargestellt am Beispiel der Warenhandelsbetriebe. In: Zeitschrift für betriebswirtschaftliche Forschung, 18 Jg. (1966), S. 158-178.

Engelhardt, W.H.: Erscheinungsformen und absatzpolitische Probleme von Angebots- und Nachfrageverbunden. In: Zeitschrift für betriebswirtschaftliche Forschung, 28 Jg. (1976), S. 69-82.

Engelhardt, W.H.: Dienstleistungsorientiertes Marketing - Antwort auf die Herausforderung durch neue Technologien. In: Adam, D.; Backhaus, K.; Meffert, H.; Wagner, H. (Hrsg.): Integration und Flexibilität – Eine Herausforderung für die Allgemeine Betriebswirtschaftslehre, Wiesbaden 1989, S. 269-288.

Engelhardt, W.H. (Hrsg.): Potentiale – Prozesse – Leistungsbündel: Diskussionsbeiträge zur Leistungstheorie, Arbeitspapiere zum Marketing Nr. 32, Bochum 1995.

Engelhardt, W.H.; Freiling, J.: Integrativität als Brücke zwischen Einzeltransaktion und geschäftsbeziehung. In: Marketing ZFP, 17 Jg. (1995), Heft 1, I. Quartal, S. 37-43.

Engelhardt, W.H.; Günter, B.: Investitionsgüter-Marketing, Stuttgart et al. 1981.

Engelhardt, W.H.; Reckenfelderbäumer, M.: Trägerschaft und organisatorische Gestaltung industrieller Dienstleistungen. In: Simon, H. (Hrsg.): Industrielle Dienstleistungen, Stuttgart 1993, S. 263-293.

Friege, C.: Angebot und Zusammenstellung von effizienten Leistungsverbunden auf der Basis von Economies of Scope, Diskussionsbeitrag Nr. 58 der Wirtschaftswissenschaftlichen Fakultät Ingolstadt 1994.

Gabriel, R.; Begau, K.; Knittel, F.; Taday, H.: Büroinformations- und -kommunikationssysteme, Arbeitsberichte des Lehrstuhls für Wirtschaftsinformatik der Ruhr-Universität Bochum, Nr. 93-11, Bochum 1993.

Georg, Th.: EDIFACT – Ein Implementierungskonzept für mittelständische Unternehmen, Wiesbaden 1993.

Georg, Th.; Gruber, P.: Elektronischer Geschäftsverkehr – EDI in deutschen Unternehmen, München 1995.

Gersch, M.: Die Standardisierung integrativ erstellter Leistungen, Arbeitsbericht Nr. 57 des Instituts für Unternehmungsführung und Unternehmensforschung, Bochum 1995 (a).

Gersch, M.: Leistungserstellungsprozesse und Potentiale – ein Stufenmodell als Zusammenhang zwischen Prozessen, Transaktionen und Geschäftsbeziehungen. In: Engelhardt, W.H. (Hrsg): Potentiale – Prozesse – Leistungsbündel: Diskussionsbeiträge zur Leistungstheorie, Arbeitspapiere zum Marketing, Nr. 32, Bochum 1995 (b), S. 85-109.

Glazer, R.: Marketing in an Information Intensive Environment: Strategic Implications of Knowledge as an Asset. In: Journal of Marketing, Vol. 55 (1991), S. 1-19.

Götz, P.; Toepffer, J.: Kooperationsstrategien im Lichte der Transaktionskostentheorie, Arbeitspapier Nr. 7, Universität Erlangen-Nürnberg, November 1991.

Gümbel, R.: Handel, Markt und Ökonomik, Wiesbaden 1985.

Haag, J.: Kundendeckungsbeitragsrechnungen. In: Die Betriebswirtschaft, 52 Jg. (1992), Nr. 2, S. 25-39.

Johnston, R.; Lawrence, P.R.: Vertikale Integration II: Wertschöpfungspartnerschaften leisten mehr. In: Harvard Manager, 11. Jg (1989),, Heft 1, S. 81-88.

Kaas, K.P.: Marketing und Neue Institutionenlehre, Arbeitspapier Nr. 1 aus dem Forschungsprojekt Marketing und ökonomische Theorie, Frankfurt a.M. 1992.

Kim, E.: Strategische Implikationen des EDI-Einsatzes bei den Geschäftstransaktionen, Bergisch Gladbach, Köln 1994.

Kleinaltenkamp, M.: Marketing – Strategien des Produktionsverbindungshandels. In: Thexis, 5 Jg. (1988), Heft 2, S. 38-43.

Kleinaltenkamp, M.: Investitionsgüter-Marketing als Beschaffung externer Faktoren. In: Thelen, E.; Mairamhof, G.B. (Hrsg.): Dienstleistungsmarketing, Tagungsband zum 2. Workshop für Dienstleistungsmarketing, Frankfurt a.M. 1993, S. 101-126.

Kleinaltenkamp, M.: Kooperatives Kundenmanagement im Business-to-Business-Marketing. In: Tomczak, T.; Belz, Ch. (Hrsg.): Kundennähe realisieren, Ideen – Konzepte – Methoden – Erfahrungen, Günther Haedrich zum 60. Geburtstag, St. Gallen 1994, S. 145-158.

Konsynski, B.R.; McFarlan, W.F.: Wie Informationspartnerschaften zu mehr Umsatz und Ertrag verhelfen. In: Harvard Manager, 13 Jg. (1991), Heft 1, S. 54-61.

Krapfel, R.; Salmond, D.; Spekmann, R.: A Strategic Approach to Managing Buyer-Seller Relationships. In: European Journal of Marketing, Vol. 25 (1991), No. 9, pp. 22-37.

Kubicek, H.: Die Organisationslücke beim elektronischen Austausch von Geschäftsdokumenten (EDI) zwischen Organisationen, Universität Bremen, Report Nr. 4/92, April 1992.

Lamprecht, M.; Jackson, I.: Strategische Planung des Informationsservice. In: IO – Management, Vol. 4 (1989), No. 1, S. 28-35.

Link, J.; Hildebrand, V.: Verbreitung und Einsatz des Database Marketing und CAS. Kundenorientierte Informationssysteme in deutschen Unternehmen, München 1994.

Loos, F.; Fischer, P.: Auftragsannahmen im Großhandel mit Telefon und Rechner. In: Data Report, 19 Jg. (1984), Heft 3, S. 22-25.

Madhavan, R.; Shah, R.H.; Grover, R.: Relationship Marketing: An Organizational Process Perspective. In: Sheth, J.; Parvatiyar, A. (Eds.): Relationship Marketing: Theory, Methods and Applications, Research Conference Proceedings, Atlanta 1994, (ohne Seitenangaben).

Mayer, R.: Strategien erfolgreicher Produktgestaltung – Individualisierung und Standardisierung, Wiesbaden 1993.

Meffert, J.P.H.: Standards als Integrationsinstrument in der Computer- und Kommunikationsindustrie, Konstanz 1994.

Meyer, A.; Dornach, F.: Deutsche Marketing-Vereinigung e.V./Deutsche Bundespost POSTDIENST (Hrsg.): Das Deutsche Kundenbarometer – Qualität und Zufriedenheit – Eine Studie zur Kundenzufriedenheit in der Bundesrepublik Deutschland, Düsseldorf und Bonn 1994.

Neuburger, R.: Electronic Data Interchange – Einsatzmöglichkeiten und ökonomische Auswirkungen, Wiesbaden 1994.

OCallaghan, R.; Kaufmann, P.; Konsynski, B.: Adoption Correlates and Share Effects of Electronic Data Interchange Systems in Marketing Channels, in: Journal of Marketing, Vol. 56 (1992), April, pp. 45-56.

Petri, Ch.: Informationsmanagement im Pharma-Großhandel. In: Scheer, A.-W. (Hrsg.): Handbuch Informationsmanagement, Wiesbaden 1993, S. 323-346.

Picot, A.; Franck, E.: Informationsmanagement. In: Frese, E. (Hrsg.): Handwörterbuch der Organisation, 3. Aufl., Stuttgart 1992, Sp. 886-901.

Picot, A.; Maier, M.: Information als Wettbewerbsfaktor. In: Preßmar, D.B. (Hrsg.): Informationsmanagement, Wiesbaden 1993, S. 31-54.

Picot, A.; Reichwald, R.: Informationswirtschaft. In: Heinen, E. (Hrsg.): Industriebetriebslehre: Entscheidungen im Industriebetrieb, 9. Aufl. Wiesbaden 1991, S. 241-393.

Plinke, W.: Die Geschäftsbeziehung als Investition. In: Specht/Silberer/Engelhardt (Hrsg.): Marketing-Schnittstellen, Stuttgart 1989, S. 305-325.

Porter, M.E.; Millar, V.E.: Wettbewerbsvorteile durch Information. In: Harvard Manager, 8 Jg. (1986), Heft 1, S. 26-35.

Reckenfelderbäumer, M.: Entwicklungsstand und Perspektiven der Prozeßkostenrechnung, Wiesbaden 1994.

Reckenfelderbäumer, M.: Marketing-Accounting im Dienstleistungsbereich, Wiesbaden 1995.

Scheer, A.-W.; Spang, St.: Zum Entwicklungsstand von Marketinginformationssystemen. In: Zeitschrift für betriebswirtschaftliche Forschung, 44 Jg. (1992), Heft 3, S. 183-208.

Scheiter, S.; Binder, Ch.: Kennen Sie Ihre rentablen Kunden? In: Harvard Manager, 14 Jg. (1992), Heft 2, S. 17-22.

Schmid, B.: Elektronische Märkte. In: Wirtschaftsinformatik, 35 Jg. (1993), Heft 5, S. 465-480.

Sedran, T.: Wettbewerbsvorteile durch EDI? In: Information Management, o. Jg. (1991), Heft 2, S. 16-21.

Seibt, D.: Begriff und Aufgaben des Informationsmanagement. In: Preßmar, D. (Hrsg.): Informationsmanagement, Wiesbaden 1993, S. 3-30.

Shostack, L.G.: Service Positioning Trough Structural Change. In: Journal of Marketing, Vol. 51 (1987), S. 34-43.

Stern, L.W.; Kaufmann, P.J.: Elektronischer Datenaustausch in ausgewählten Konsumgüterbranchen: Ein betriebsübergreifender Ausblick. In: Buzzell, R. (Hrsg.): Marketing im Zeitalter der "Compunications", Wiesbaden 1988, S. 52-73.

Tietz, B.: Der Handelsbetrieb – Grundlagen der Unternehmenspolitik, 2. Aufl. München 1993.

Zentes, J.: Informationssysteme im Marketing. In: Marketing ZFP, 13 Jg. (1991), 3. Quartal, Heft. 3, S. 191-195.

Zumbusch, J.: Pharmagroßhandel – Weiter verringern. In: Wirtschaftswoche, o.Jg. (1995), Nr. 15 vom 6.4.1995, S. 70-73.

Information als Wettbewerbsfaktor im technischen Großhandel

Fokko ter Haseborg, Hamburg

Der Beitrag zeigt auf, daß Information und ihrer Nutzung durch den Einsatz moderner Informations- und Kommunikationssysteme vor dem Hintergrund des erhöhten Wettbewerbsdrucks eine Schlüsselrolle unter den Erfolgs- und Wettbewerbsfaktoren des technischen Großhandels zukommt. Neben der Ausschöpfung von Rationalisierungspotentialen in den Betriebsprozessen, insbesondere im Bereich der Warenwirtschaft, unterstreicht der Beitrag im Hinblick auf die Verbesserung der strategischen Wettbewerbsposition die Notwendigkeit des Aufbaus potentialorientierter Informationssysteme und filial- oder firmenübergreifender Informations- und Kommunikationsnetzwerke zur Ausschöpfung von Rationalisierungs-, Beschaffungs-, Kooperations-, Absatz-, Logistik-, Controlling- und Humanpotentialen. Zur Lösung der strukturellen und informatorischen Probleme bedarf es hierfür eines zieladäquaten Informations- und Kommunikationsmanagements durch die Unternehmensführung.

1 PROBLEMSTELLUNG

In diesem Beitrag wird die Frage untersucht, ob und inwieweit Information und ihre Nutzung durch moderne Informations- und Kommunikationstechnologien relevante (strategische) Größen für den Wettbewerb des technischen Großhandels darstellen. Vor dem Hintergrund aktueller Wettbewerbsentwicklungen wird zunächst eine Charakterisierung von Information als notwendige Voraussetzung zum Erreichen strategischer Wettbewerbsvorteile, als Produktions- und Managementfaktor sowie als wesentlicher Leistungsbestandteil des technischen Großhandels vorgenommen. Ausgehend von dieser Komplexität des Faktors „Information" läßt sich die herausragende wettbewerbsstrategische Bedeutung von Information für die Handelsprozesse des technischen Großhandels ableiten. Ziel der Ausführungen ist das Aufzeigen (1) von Lücken bei der Anwendung und Umsetzung von Information als Wettbewerbsfaktor sowie (2) von Vorschlägen für geeignete Maßnahmen zum Schließen dieser Lücken in ausgewählten wettbewerbsrelevanten Bereichen des technischen Großhandels.

Die Ausführungen basieren auf den Erfahrungen und Ergebnissen aus mehreren Projekten zur Entwicklung und Implementierung von Informationssystemen für den technischen

Großhandel. Sie werden weniger aus Gründen der Abgrenzung als vielmehr der empirischen Fundierung wegen auf den technischen Großhandel beschränkt. Beispiele sind der Sanitär- und Heizungsfachgroßhandel oder der Elektrogroßhandel mit den Kundengruppen Einzelhandel, Handwerk, Industrie und Gewerbe und/oder öffentliche Abnehmer.

Die Besonderheiten der Informationswirtschaft im technischen Großhandel ergeben sich aus folgenden ausgewählten *Strukturmerkmalen*:

- Der technische Großhandel ist vor allem ein *Produktionsverbindungshandel* und hat überwiegend gewerbliche Kunden, insbesondere das Handwerk. Das Geschäft ist durch eine ausgeprägte *Regionalität* gekennzeichnet.

- Das Sortiment ist heterogen und breit und umfaßt im *Sortimentsgroßhandel* i.d.R. mehrere zehntausend Artikel mit häufig sich verkürzenden Lebenszyklen.

- Der technische Großhandel ist gekennzeichnet durch vergleichsweise *hohe Innovationsraten* (z.B. energiesparende Konzepte im Heizungsbau, neue Installationskonzepte und intelligente Steuerungskonzepte im Elektrobaubereich, System- und Komplettlösungen für „intelligente Gebäude") und durch *eine Sortimentsverschiebung hin zu High-tech-Produkten* mit höheren Wertigkeiten. Die zunehmende *Beratungsbedürftigkeit* der Artikel führt darüber hinaus zu größerer Bedeutung von Kundenunterstützungskonzepten des technischen Großhandels gegenüber dem Handwerk.

- Neben dem traditionellen *Zustell- und Streckengeschäft* spielt das *Abholgeschäft* als Thekengeschäft und zunehmend auch als Cash-and-Carry-Geschäft eine wichtige Rolle unter den Geschäftsarten. Darüber hinaus hat das *Objektgeschäft* von jeher einen festen Platz inne.

- Zwischen Hersteller, Großhandel und Handwerk besteht eine eingespielte *Arbeitsteilung*, innerhalb derer dem Großhandel vor allem die Aufgaben der flächendeckenden Verfügbarkeit (Lagerhaltung und Distributionslogistik), der Werbung und Verkaufsförderung, der Lieferanteninformation und der diversen Servicefunktionen für die Kunden (Produktinformationen und Neueinführung, Projektberatung, Schulung der Kunden etc.) zufallen. Angesichts der Komplexität sowie der *Sortimentsheterogenität* sind diese Aufgaben überdurchschnittlich *personalintensiv*.

Die Bewältigung der hieraus resultierenden – und hier nur zu skizzierenden – Anforderungen durch ein effektives Großhandelsmarketing erfordert eine hohe *Anpassungsfähigkeit* jedes einzelnen Unternehmens. Hier eröffnen sich – wie zu zeigen ist – mit Hilfe moderner Informations- und Kommunikationssysteme (IKS) vielfältige Chancenpotentiale zur Effizienzsteigerung in den Betriebsprozessen des technischen Großhandels sowie zur Verbesserung der strategischen Wettbewerbsposition.

2 ZUR ENTWICKLUNG DER WETTBEWERBSUMWELT DES TECHNISCHEN GROSSHANDELS

Die Umweltbedingungen des technischen Großhandels in Deutschland lassen sich charakterisieren durch sich wandelnde Märkte, kürzer werdende Produktlebenszyklen, durch einen zunehmenden internationalen Wettbewerb und durch Liberalisierungs- und Deregulierungsentwicklungen insbesondere im Rahmen der EU. Das Zusammenwachsen der Märkte bringt unterschiedliche Kostenstrukturen zusammen und läßt neue Wettbewerber miteinander konkurrieren. Folge für die einzelnen Unternehmungen des technischen Großhandels ist ein beträchtlicher Wettbewerbsdruck.

Informations- und Kommunikationssysteme wie EDV-gestützte Warenwirtschaftssysteme, Scanning und ISDN-Anbindung der Kunden verändern die Struktur einer Unternehmung sowie die Bedingungen des Wettbewerbs im technischen Großhandel und wirken auf das Verhältnis zwischen Unternehmungen, Lieferanten und Kunden ein. Typische Wirkungs- und Zielrichtungen dieser technischen Unterstützungssysteme unter wettbewerbsstrategischen Gesichtspunkten sind:

- die Vergrößerung des Marktes,
- die Flexibilisierung der zeitlichen und räumlichen Struktur der Zusammenarbeit mit den Marktpartnern,
- die (An-)Bindung von Kunden, z.B. durch DV-gestützte Serviceprogramme,
- die richtige Einschätzung der aktuellen Marktsituation durch Aktualitätsgewinne,
- die Veränderung der Wettbewerbsbreite durch Informationspartnerschaften,
- die Verlagerung des „Kräftegleichgewichts" zwischen Hersteller-Großhandel-Kunden aufgrund von „economies of speed", z.B. bei der Lagerhaltung und
- die Erhöhung der Markteintrittsbarrieren für Konkurrenten, z.B. durch Systeminkompatibilitäten.

Die aufgezeigten Entwicklungen haben entscheidende Konsequenzen für die klassischen *Vermittlungsfunktionen* des technischen Großhandels:

- *Vermittlungsfunktion des Warenstroms* (Sortiments-, Präsenz-, Distributions- und Logistikpolitik),
- *Vermittlungsfunktion des Informationsstroms* (Marktforschung, Kommunikationspolitik),
- *Vermittlungsfunktion des Wertestroms* (Preispolitik, Kreditierung, Vorfinanzierung etc.).

Im einzelnen zeigt sich dies an folgenden beispielhaft ausgewählten Entwicklungen im technischen Großhandel (vgl. speziell zum Elektrogroßhandel auch Gaiser 1989, S. 38 ff.):

- verschärfter Wettbewerb
  (aufgrund vergrößerter Absatzradien, Internationalisierung und Konzentration),
- zunehmende Spezialisierung in den Handelsaufgaben / breiteres Betriebstypenspektrum (Kommunikations- und Dispositionsspezialisten, Logistikspezialisten (vgl. Schalla 1988; Eierhoff 1988; Funke 1988), Service-Spezialisten, Systemspezialisten, Spezial-

handel, z.B. für Fliesen und Badausstattung im Sanitärgroßhandel, Kabelspezialisten im Elektrogroßhandel),
- steigender Sortimentsumfang (zunehmende Differenzierung der Kundenwünsche, auch aufgrund des technischen Fortschritts und der verbesserten Informationsmöglichkeiten der Kunden),
- Integration vor- und nachgelagerter Wirtschaftsstufen (Intensivierung der Kooperationskonzepte des technischen Großhandels mit den Abnehmern (z.B. Einzelhandel, Handwerk) einerseits und den Herstellern andererseits),
- Verdrängung des Großhandels durch Integration seiner Funktionen in die Industrie (z.B. i-center von Siemens im Bereich des Elektrogroßhandels oder die Expansion der Konzerne Thyssen Schulte und Mannesmann in den Sanitärgroßhandel),
- horizontale Integration (Fusion von Großhandlungen mit Einkaufsgemeinschaften),
- zunehmende Internationalisierung und
- zunehmender Preisdruck durch Konzentration und Preisbekanntheit der gehandelten Waren aufgrund des Eindringens des Einzelhandels, beispielsweise von Baumärkten, in den Großhandelsbereich (Tietz 1993, S. 437).

Zusammenfassend zeigt sich, daß nicht nur Informationsbedarf und -intensität aufgrund des verstärkten Wettbewerbsdrucks im technischen Großhandel zunehmen, sondern daß moderne IKS selbst die Wettbewerbsumwelt des technischen Großhandels verändern. Vor diesem Hintergrund der zunehmenden Bedeutung von Information – definiert als „zweckorientiertes Wissen" – stellt sich aus der Sicht eines einzelnen Unternehmens des technischen Großhandels die Frage nach der *Instrumentalisierung von Information und von IKS als Wettbewerbsfaktor.*

3 INFORMATIONS- UND KOMMUNIKATIONSAKTIVITÄTEN ALS STRATEGISCHE WETTBEWERBSFAKTOREN IM TECHNISCHEN GROSSHANDEL

3.1 Informations- und Kommunikationsaktivitäten als Voraussetzungen für strategische Wettbewerbsvorteile im technischen Großhandel

Die zuvor dargestellten Entwicklungen im technischen Großhandel haben dazu geführt, daß sich der Zwang, strategische Wettbewerbsvorteile – d.h. Leistungen, die vom Kunden als besser wahrgenommen werden als die vom Wettbewerb angebotenen Leistungen – zu entwickeln, zu realisieren und zu verteidigen, zunehmend verstärkt hat. Es stellt sich somit die Frage, welche Angebote des technischen Großhandels *Leistungsmerkmale* darstellen, die *vom Kunden als wichtig wahrgenommen* werden. Generell ist dazu festzustellen, daß die Funktion des technischen Großhandels sich nicht darauf beschränken kann, Waren zu bewegen, sondern er muß zunehmend auch Service-Funktionen wie Beratungsleistungen, Verkaufsförderung und Werbung für seine Kunden erbringen. Am Beispiel des Elektrogroßhandels zeigt *Abbildung 1* in drei Anforderungsprofilen die Wichtigkeiten der Funktionsanforderungen, die die verschiedenen Kundengruppen – Einzelhandel, Handwerk, Industrie und Gewerbe – an den Elektrogroßhandel stellen.

Für die Interpretation ist zu beachten, daß die Wichtigkeiten die generellen Anforderungen der Kunden an die Funktionen des Elektrogroßhandels ohne Bezug auf einen speziellen Wettbewerber widerspiegeln. So nimmt die *Qualität* der gelieferten Produkte nach diesem empirischen Befund den höchsten Stellenwert ein. Unterscheiden sich jedoch die konkurrierenden Elektrogroßhandlungen nicht wahrnehmbar bei der Qualität der Ware – wofür gerade im technischen Großhandel ein hohes Maß an empirischer Evidenz spricht –, so dürften die nächstwichtigen Leistungsbereiche für die Selektion und Beurteilung von Elektrogroßhandlungen als Lieferanten von den Kundengruppen herangezogen werden:

- Präsenz-, Sortiments- und Logistikpolitik,
- Neuproduktinformation und fachliche Beratung.

Die besondere wettbewerbsstrategische Bedeutung von *Präsenz-, Sortiments- und Logistikpolitik* für den technischen Großhandel ergibt sich aus folgenden Überlegungen: Qualifiziertes Wachstum läßt sich bei konstanter vorhandener Geschäftsfläche nur mit konsequentem regionalem Handelsmarketing realisieren. Mit Datenkassen und Warenwirtschaftssystemen lassen sich der Bedarf der Kunden erkennen und Präsenzlücken verringern. Werbung und Preispolitik sind zwar ergänzende Maßnahmen, die jedoch Leistungsdefizite in den Bereichen der Sortiments- und Präsenzpolitik nicht auszugleichen vermögen. Ein i.d.R. höherer Prozentsatz von Abnehmern des technischen Großhandels ist erfahrungsgemäß bereit, Schnelligkeit der Lieferung und die Zuverlässigkeit der Termineinhaltung zu honorieren. Insofern sind verläßliche Präsenz und flexible Logistik für das den regionalen Abnehmerbedürfnissen angepaßte Sortiment Voraussetzungen für eine stabile Nachfrage und eine höhere Rentabilität durch Kundenbindung.

Die besonderen Probleme des technischen Großhandels ergeben sich aus dem i.d.R. umfangreichen Sortiment, der Notwendigkeit der rechtzeitigen Disposition der entsprechenden Ware, aus Saisonspitzen sowie den kundenseitig hohen Anforderungen an die Beschaffungs-, Lager- und Zustell-Logistik. Ohne moderne IKS wie computergestützte Warenwirtschaftssysteme und/oder Datenkassen sind Wettbewerbsvorteile in den Dimensionen Sortiment, Präsenz und Logistik praktisch für den technischen Großhandel nicht erreichbar. Diese und weitere informationswirtschaftliche Instrumente und Techniken dienen somit der Profilierung in den angesprochenen Politikbereichen und haben hier eine ausgesprochene Katalysatorfunktion.

Neuproduktinformation und fachliche Beratung wirken als Informations- und Kommunikationsaktivitäten unmittelbar und direkt auf den Kunden des technischen Großhandels. Technische Informations- und Beratungsleistungen sind aus der Sicht der Kunden des technischen Großhandels in zunehmenden Maße gefragt (Tietz 1993, S. 437 u. 440). So werden im Bereich des technischen Handwerks handwerkliche Tätigkeiten des Teileaustausches zunehmend erweitert um Tätigkeiten der Fehlerortung und Kompetenzen zum Anbieten von Systemlösungen. Die zunehmende Problemlösungsorientierung im Leistungsprogramm des Handwerks führt zusammen mit dem verbesserten Informationsstand der Letztabnehmer zu höheren Anforderungen an die fachliche Kompetenz des Innen- und Außendienstes, an die fachtechnische Beratung sowie an Dienstleistungsangebote wie die Unterstützung bei Projektplanung und -abwicklung oder Service-Konzepte für Problemlösungen der Kunden.

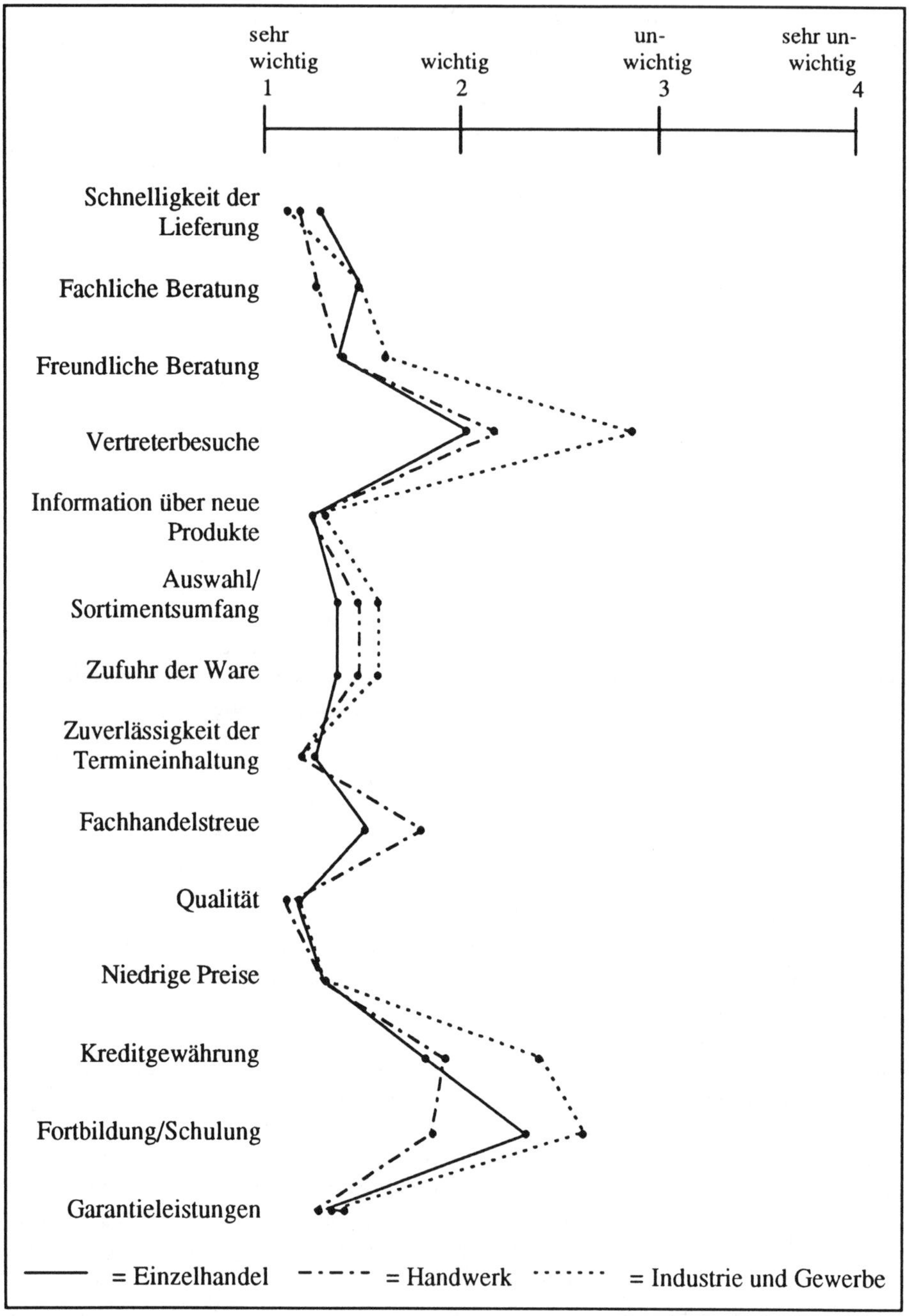

Abbildung 1: Funktionsanforderungen der Kunden an den Elektrogroßhandel

Quelle: Gaiser 1989, S. 60

Zusammenfassend kann konstatiert werden, daß die empirisch wichtigen Wettbewerbsparameter des technischen Großhandels in ihrem Kern selber Informations- und Kommunikationsaktivitäten sind oder ohne den Einsatz von modernen IKS praktisch nicht erreichbar sind.

3.2 Information als zentrale Erfolgs- und Wettbewerbsgröße

Die herausragende Bedeutung von Information und ihrer Nutzung im technischen Großhandel (TGH) ergibt sich aus ihrer Schlüsselrolle unter den Erfolgs- und Wettbewerbsfaktoren. Diese Schlüsselfunktion sei im folgenden zunächst durch eine dreifache – nicht trennscharfe – Charakterisierung von Information illustriert (*Abbildung 2*).

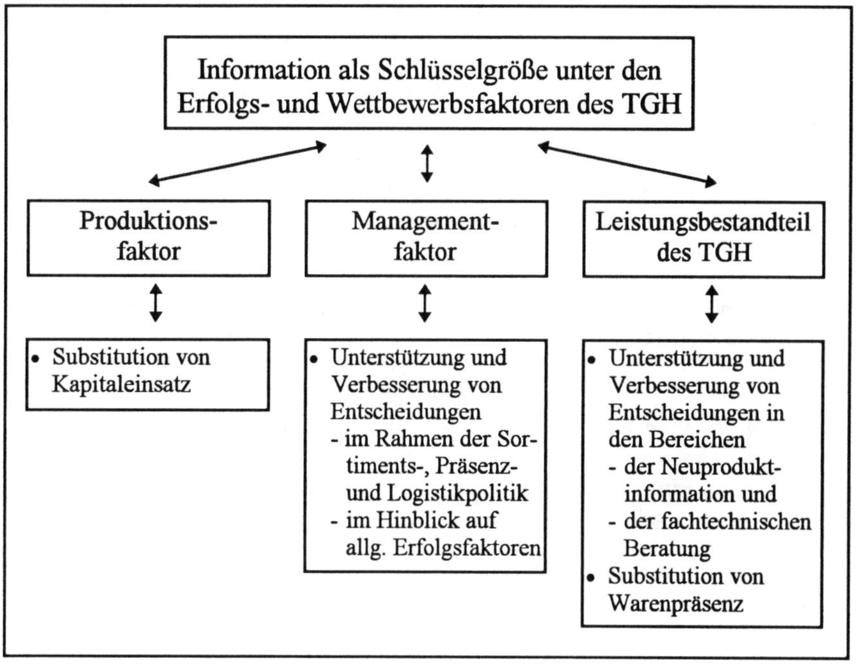

Abbildung 2: Information als zentrale Erfolgs- und Wettbewerbsgröße

Information ist *erstens* Produktionsfaktor des technischen Großhandels. Gesteigerte Informationsverarbeitung ermöglicht z.B. die Senkung der Kapitalbindung in den Lägern ohne Einschränkung der Lieferbereitschaft. Im Extremfall und bei günstigen Voraussetzungen vermag die informationsgesteuerte Just-In-Time-Zulieferung die Lagerhaltung vollkommen zu ersetzen. Informationsaktivitäten substituieren hier den Kapitaleinsatz (Kotzab 1995, S. 30).

Information ist *zweitens* ein Managementfaktor, der Unsicherheit reduziert und Aktivitäten koordiniert und auf diese Weise zur Verbesserung unternehmerischer Entscheidungen und zur Beschleunigung betrieblicher Prozesse beiträgt (Picot/Maier 1993, S. 34 ff.). In diesem

Zusammenhang wird von Information als „Rohstoff für Entscheidungen" gesprochen. Beispiele sind die richtige Beurteilung lokaler und regionaler Marktpotentiale und ihrer Entwicklung sowie der marktgerechte Aufbau der Handelsaktivitäten und die Anpassung der Sortiments- und Präsenzpolitik an die regionalen Abnehmerbedürfnisse als vorrangige Entscheidungen des Managements im technischen Großhandel.

Drittens kommen Informationen und die Techniken sowie Methoden ihrer Verarbeitung und Nutzung auch als Leistungskomponenten des technischen Großhandels vor. Hierzu gehören die bereits erwähnten Neuproduktinformationen und Aktivitäten der fachtechnischen Beratung ebenso wie Just-In-Time-Bestellsysteme mit ISDN-Anbindung der Kunden oder wie Unterstützungsprogramme (z.B. Projektierungssoftware) oder Schulungsprogramme für die Kunden oder deren Mitarbeiter. Diese Aktivitäten wirken unmittelbar und direkt auf den Kunden des technischen Großhandels als Informations- und Kommunikationsaktivität. Hinzu kommen jedoch auch Aussagen über die zukünftige Verfügbarkeit von Ware, über den aktuellen Status von Streckenaufträgen, über zukünftige Anlieferungs-, Nachlieferungs- oder Abholtermine im Falle aktuell nicht vorhandener Ware. Gerade im technischen Großhandel läßt sich erfahrungsgemäß mangelnde aktuelle Warenpräsenz nicht selten durch *verbindliche Informationen* über eine – für den Kunden in qualitativer, quantitativer, zeitlicher und örtlicher Hinsicht – ausreichende Warenverfügbarkeit substituieren. Dieses „Versprechen" ist aus der Sicht der Kunden ein Leistungsbestandteil, auf den sie „sich verlassen".

Aufgrund der – hier nur skizzierten – Weite, Tiefe und Komplexität der Wirkungen von Informationen in den Leitungs- und Leistungsprozessen des technischen Großhandels erscheint es plausibel, von *Information als strategischem Wettbewerbsfaktor* zu sprechen (vgl. ähnlich Picot/Maier 1993, S. 33; Mertens/Plattfaut 1986, S. 6). In dieser Eigenschaft wurden bereits Informationstechniken als Katalysatoren für die wichtigen Handelsmarketingbereiche der Sortiments-, Präsenz- und Logistikpolitik charakterisiert. Die *Zentralität von Information* und Informationsaktivitäten unter den Erfolgsfaktoren wird ebenfalls durch die mittlerweile in größerer Zahl vorliegenden Studien zur empirischen Erfolgsfaktorenforschung – unter allem Vorbehalt der bislang begrenzten Zuverlässigkeit der Forschungsbasis – untermauert. Information als Managementfaktor spiegelt sich in Erfolgsfaktoren wie

- Geschäftsgrundsätze und Ziel- und Kontrollsysteme,
- strategieorientierte Organisation,
- verstärkte Nutzung des Mitarbeiterpotentials,
- effizientes Führungssystem und
- marktnahes Informations- und Kommunikationssystem

wider (vgl. Nagel 1988). Relativ viele Studien stellen Kundennähe bzw. Kundenorientierung als wesentlichen Erfolgsfaktor heraus (vgl. zur Übersicht Fritz 1990, S. 94 ff.). Dabei umfaßt Kundenorientierung vor allem:

- rasches Erkennen der Kundenwünsche,
- schnelle Lieferbereitschaft,
- das Eingehen auf Sonderwünsche der Kunden,

– Service und
– Qualitätsgarantie durch After-Sale-Betreuung.

In den handelsspezifischen Studien zeigen sich Information, IKS sowie deren Nutzung als Erfolgsfaktoren oder Hintergrundfaktoren, die notwendig sind, um andere Erfolgsfaktoren wie Warenbestand, Lagereffizienz, Verkaufsflächeneffizienz oder Arbeitseffizienz zu planen und zu kontrollieren (Fritz 1990, S. 98 f.; Hildebrandt/Trommsdorff 1989, S. 15 ff.; Schröder 1994, S. 89 ff.).

Die hier genannten Erfolgsfaktoren setzen notwendig die Unterstützung durch Information und IKS voraus. Der Nutzen von Information und IKS wird nicht nur in den erzielbaren Rationalisierungschancen gesehen, sondern zunehmend auch als Wettbewerbsfaktor bei der Realisierung von Marktchancen (*Abbildung 3*).

Die *Informationsgegenstände* im technischen Großhandel lassen sich mit dem „Strategischen Viereck" als die vier Eckpunkte „eigenes Unternehmen, Konkurrenz, Kunde, Lieferant" und als ihre Beziehungen zwischen ihnen gebündelt angeben. *Abbildung 4* gibt einen Überblick über die entsprechenden Informationsinhalte. In Erweiterung zum bekannten „Strategischen Dreieck" nach Ohmae (vgl. Ohmae 1982) zeigt das „Strategische Viereck" die Möglichkeit zur Erzielung strategischer Wettbewerbsvorteile gegenüber Konkurrenten im Beschaffungsbereich des technischen Großhandels auf.

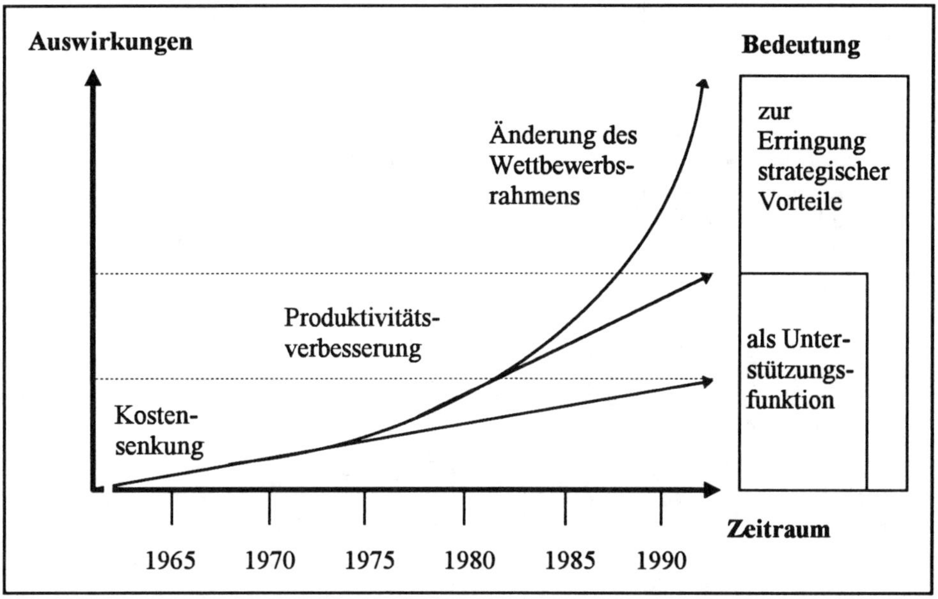

Abbildung 3: Zielrichtung von Informationssystemen

Quelle: Nagel 1990, S. 27

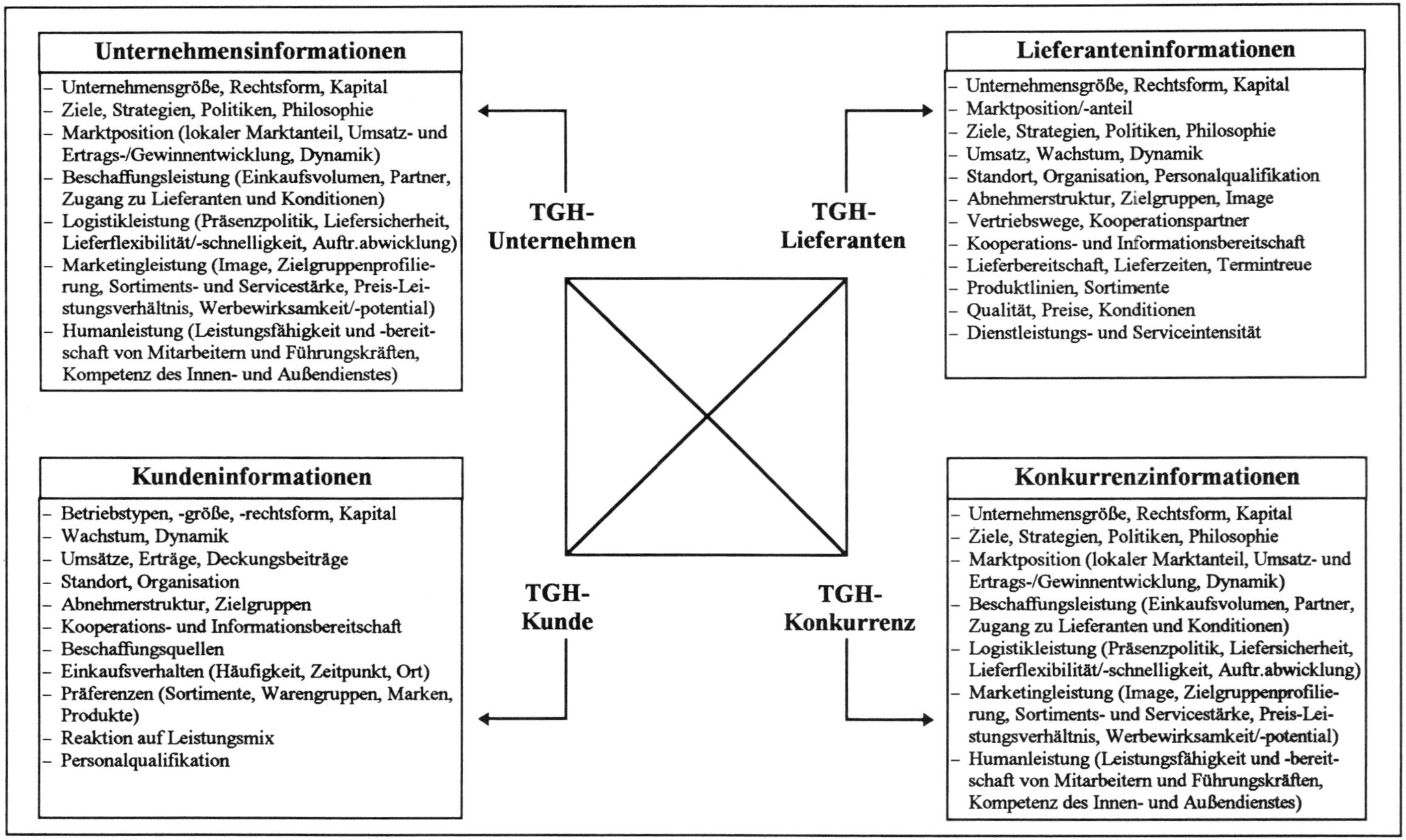

Abbildung 4: Informationsgegenstände und ihre spezifischen Inhalte im technischen Großhandel

Ziel der vorangegangenen Ausführungen war es, die Zentralität von Informationen und IKS innerhalb der Erfolgs- und Wettbewerbsfaktoren des technischen Großhandels anhand der Weite, Tiefe und Komplexität ihrer Wirkungen zu verdeutlichen. Die erfolgreiche Transformation von Informationsvorteilen in Wettbewerbsvorteile sowie die in ihrem Rahmen notwendige aktive Nutzung und Bewältigung der marktspezifischen Wirkungen von IKS bieten dem technischen Großhandel Möglichkeiten, beim Kunden ein Goodwillpotential aufzubauen und sich somit von der Konkurrenz zu differenzieren. Gerade ausgeprägte Wettbewerbsvorteile in den dargestellten Dienstleistungen Sortiments-, Präsenz- und Logistikpolitik sowie Neuproduktinformation und fachliche Beratung sind von der Konkurrenz nur schwer imitierbar, da sie an Mitarbeiter und an die Unternehmenskultur gebunden sind (Simon 1991, S. 3 ff.). Hier wird aber auch deutlich, daß ein Rückstand bei der Anwendung von Informations- und Kommunikationstechniken im technischen Großhandel – wenn überhaupt – nur unter erheblichem Einsatz an Zeit und Kapital aufzuholen ist. In diesem Zusammenhang stellt sich die Frage nach dem Stand der Ausschöpfung von IKS-Nutzungspotentialen im technischen Großhandel.

3.3 Zum Stand der Ausschöpfung von IKS-Nutzungspotentialen im technischen Großhandel

In der Praxis des technischen Großhandels haben sich vor allem Systeme durchgesetzt, die auf quantitativen oder qualitativen Arbeitsabbau abzielen. Der Sinn liegt hier in der Bearbeitung häufig wiederkehrender Routinearbeiten und in der Gewinnung von Sicherheit wie z.B. bei der Fakturierung, Rechnungsprüfung, Auftragserfassung und -bearbeitung oder der Textverarbeitung (Bürokommunikations- und Informationssysteme). Hinzu kommen Berichts- und Auskunftsysteme, die das Management bei der Entscheidungsfindung entlasten sollen.

Hauptanwendungsgebiet DV-gestützter Systeme im technischen Großhandel ist die *Warenwirtschaft*. Im Vordergrund der implementierten Warenwirtschaftssysteme stehen vor allem die sog. „*Hardsavings*" (Gaul/Both 1990, S. 148) wie beispielsweise:

- Steigerung der Auftragsbedienungsproduktivität,
- Senkung der Fehlerquote,
- weniger Manipulation durch das Personal,
- leichtere Abwicklung,
- reduzierte Bestände,
- Reduzierung der Inventurdifferenz,
- Reduzierung der Bestandsaufnahmen,
- verbesserte Lieferbereitschaft und
- Verringerung der administrativen Aufgaben.

Damit Warenwirtschaftssysteme jedoch ihr Leistungspotential voll entfalten können, besteht weiterhin die Notwendigkeit, auch „*Softsavings*", d.h. Nutzenaspekte in Form verbesserter Entscheidungsgrundlagen zu realisieren (Gaul/Both 1990, S. 148). Zu den Softsavings gehören beispielsweise:

- Sortimentssteuerung,
- Deckungsbeitrags-Spannenoptimierung,
- Marktwirkungsanalysen,
- Einkaufsanalysen,
- Personaleinsatzverbesserung und
- automatische Disposition.

Im Hinblick auf die Realisierung der Softsavings ist nach wie vor eine *Anwendungs- und Umsetzungslücke* im technischen Großhandel festzustellen. Das Ergebnis einer Umfrage unter Marketing- und Vertriebsmanagern in Industrie und Handel aus 1990 durch die MC-Informationssysteme-Beratungssysteme GmbH, Bad Homburg v.d.H., dürfte auch für den technischen Großhandel im wesentlichen zutreffen: Demnach müssen über drei Viertel aller Befragten sich die wirklich wesentlichen Zahlen und Informationen für ihre Arbeit aus verschiedenen Reports manuell zusammenstellen; knapp 60 % der Befragten müssen auf die Antwort auf ihre Anfrage zu lange warten, 40 % erhalten sie gar nicht oder unvollständig.

Nach unseren Beobachtungen sind die Integrationspotentiale von Scanning und Warenwirtschaftssystemen noch nicht voll ausgeschöpft. Des weiteren ist festzustellen, daß Beschaffungs-, Absatz- und Kundenpotentiale als Informationsgegenstand bisher in den IKS vernachlässigt werden. Im Vordergrund stehen nach wie vor Inventur-Analysen, Absatzanalysen auf der Basis fakturierter Umsätze, kombiniert mit Kosten- und Ertragskennziffern. Diese Informationen sind auf das interne Controlling ausgerichtet. Für ein potentialorientiertes Handelsmarketing stellen sie aber keinen befriedigenden Zustand dar.

3.4 Aufbau und Anwendungen potentialorientierter strategischer Informationssysteme und filial- oder firmenübergreifender Informations- und Kommunikationsnetzwerke

Potentialorientiertes Handelsmarketing im technischen Großhandel erfordert den Aufbau und die *Nutzung potentialorientierter Informations- und Kommunikationssysteme* mit Strukturelementen gemäß *Abbildung 5*.

Neben dem Zugriff auf intern beschaffte Informationen ermöglicht ein solches potentialorientiertes IKS auch die Nutzung externer Datenbanken. Als Inhalte der Datenbasis sind für den technischen Großhandel beispielsweise von Interesse:

- Marktanteil und Käuferanteile,
- Einwohnerzahlen im Einzugsgebiet und regionale Kaufkraft,
- Einwohnerstruktur,
- Bebauungsstruktur,
- Wettbewerberstruktur,
- Öffentliche und nicht-öffentliche Ausschreibungen,
- Verkaufsflächen der Abnehmer (Einzelhandel, Handwerksunternehmen),
- Rechtliche Struktur und wirtschaftliche Verflechtung von Handelspartnern,
- Struktur der Entscheidungsgremien, Entscheidungsträger,
- Produktinformationen,

– Informationen über Investitionen, Aufträge sowie
– Konjunkturinformationen.

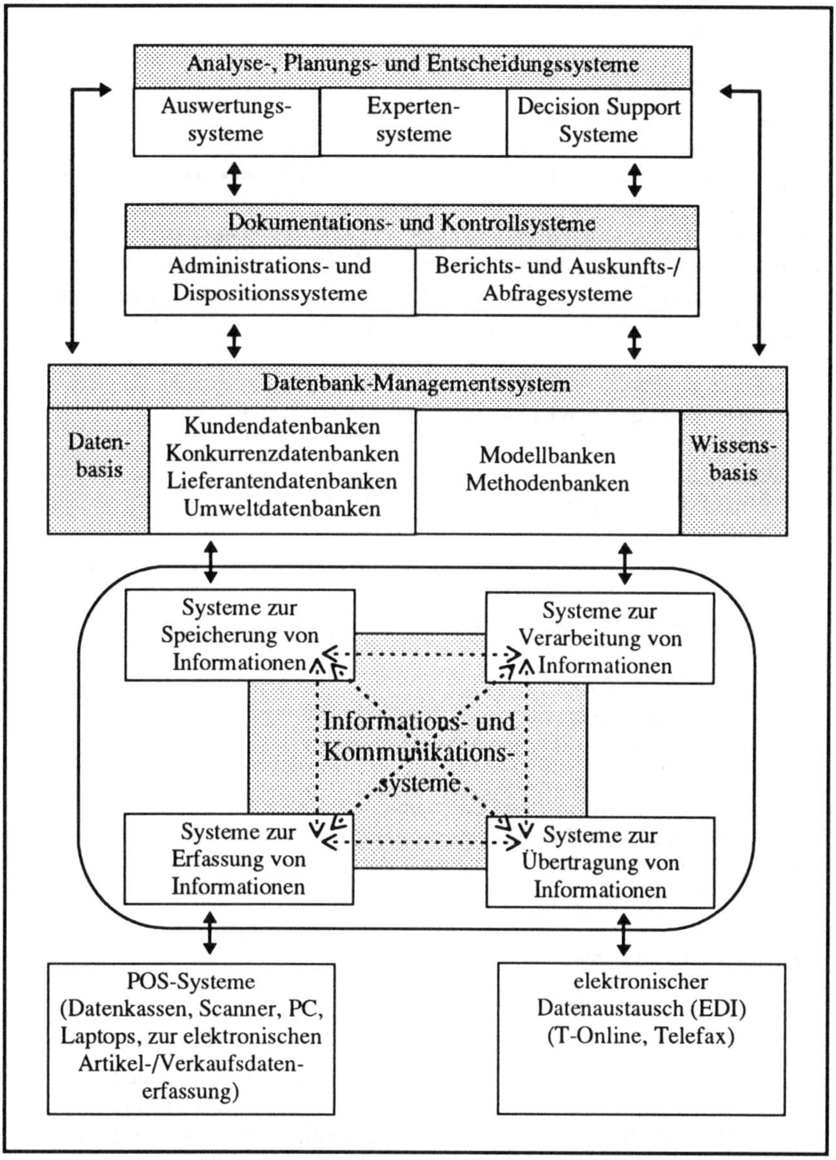

Abbildung 5: Strukturelemente potentialorientierter Informations- und Kommunikationssysteme im technischen Großhandel

Quelle: in Anlehnung an Zentes 1987; Zentes 1992; Gaul/Both 1990

Auf der Grundlage dieser erweiterten Informationsbasis lassen sich z.B. folgende *Anwendungsgebiete* potentialorientierter IKS anführen:

- Marktsegmentierung
- Database Marketing
- Computer Aided Selling (CAS)
- Angebots-/Anfragemanagement.

Mit den im allgemeinen vorliegenden Gegebenheiten des Database Marketing (Marketing auf Basis von Kundendatenbanken) sind die Voraussetzungen für eine konsequente Verfolgung der marketingstrategischen Möglichkeiten der *Marktsegmentierung* gegeben. Das Informationsspektrum der Kundendatenbank umfaßt dabei Grund-, Potential-, Aktions- und Reaktionsdaten (Link/Hildebrand 1993, S. 108 ff.). Folgende *Beschreibungsmerkmale für Segmente* kommen im technischen Großhandel in Frage:

- Nichtkunden, Gelegenheitskunden, regelmäßige Kunden,
- Großkunden – Kleinkunden nach Kundenwertigkeiten,
- Großaufträge – Kleinaufträge,
- lokale, feinräumige Segmente,
- spezielle Sortimentsstrukturen (z.B. Einzelhandel, Handwerk),
- Zahlungsverhalten sowie
- Informationsverhalten.

Die Einsatzmöglichkeiten des *Database Marketing* liegen u.a. in den Bereichen:

- Absatzpotentialanalyse (Bott 1991, S. 117 ff.),
- Kundenanalyse und -selektion sowie
- Erfolgspotential-Bewertung von Aktionen (Wilde 1993, S. 121 ff.).

Im Rahmen des *Computer Aided Selling (CAS)* werden Abwicklungs- und Vertriebsaufgaben im Rahmen von Verkaufs-/Nachkaufsbetreuungsprozessen informationstechnologisch unterstützt (z.B. *Laptop-Einsatz im Außendienst*) (Link/Hildebrand 1993, S. 112). Als CAS-Teilmodule können genannt werden:

- Kundenkontrakt- und Zielplanung,
- Tourenplanung und
- Berichtswesen.

Weitere Erfolgspotentiale liegen in einer besseren Ausschöpfung der Möglichkeiten des *Angebots-/Anfragemanagements*. Bei dem sich ständig wiederholenden Prozeß „Kundenanfrage-Angebot-(Nicht)Auftrag" fallen wichtige Potentialinformationen an. Häufig liefert dieser Vorgang bessere Informationen über den Markt und Wettbewerb, als dies von einer Marktforschung ermittelt werden könnte. Zielsetzung ist es, die Wahrscheinlichkeit für einen Auftrag zu erhöhen sowie die Zahl der bearbeiteten Kundenanfragen bzw. Angebote zu steigern. Gleichzeitig mit der maschinellen Angebotserstellung können die offenen Angebote maschinell gespeichert und nach einer vorgegebenen Frist automatisch zur Nachbearbeitung wieder vorgelegt werden. Der Vertriebsmitarbeiter wird entlastet, gleichzeitig verhindert die EDV-gestützte Angebotsverfolgung Auftragsverluste durch schleppende Betreuung von Interessenten.

Ein weiteres Nutzungspotential liegt im Überschreiten von Filial- oder Unternehmensgrenzen durch *filial- oder firmenübergreifende Informations- und Kommunikationsnetzwerke/ -partnerschaften*. Zu unterscheiden ist zwischen vertikalen und horizontalen Informationspartnerschaften.

Die *vertikale Kooperation* zwischen Abnehmern und technischem Großhandel hat vor allem in jenen Bereichen große Chancen, in denen es gelingt, die Marktprofilierung des Partners auf der Abnehmerstufe zu unterstützen. Folgende Informations- und Kommunikationsnetzwerke kommen für den technischen Großhandel in Betracht:

- zwischenbetriebliche Bestellsysteme mit Kunden,
- Systeme zur Unterstützung von Kunden mit Informations- und Planungsprogrammen (Projektierungsprogramme, Leistungsverzeichnisprogramme etc.),
- zwischenbetriebliche Bestellsysteme mit Herstellern/Lieferanten,
- Vernetzung mit Banken, Marktforschungsinstituten, Logistik-Dienstleistern etc. (Petri 1990, S. 111 ff. u. 141 ff.).

Die *Nutzeffekte zwischenbetrieblicher Bestellsysteme* liegen für den Kunden u.a. in einer Verkürzung der Auftragsvorlaufzeiten, in der Reduzierung der Lagerbestände und in weniger Fehlern bei der Übermittlung der Auftragsdaten. Außerdem bietet sich für die Kunden die Möglichkeit, auch außerhalb der üblichen Geschäftszeiten Aufträge zu erteilen. Der Nutzen für den technischen Großhandel ergibt sich vor allem aus einer höheren Kundenbindung, aus dem Aufbau von Barrieren gegenüber Konkurrenten sowie aus Kostensenkungen/-vermeidungen, beispielsweise durch den Wegfall des Aufwands für den personellen Daten-Input oder aufgrund von Produktivitätssteigerungen im Außendienst.

Das Ziel von Kostenreduktionen in der Logistik, höherem Lieferservice und besserem Informationsfluß, liegt auch den zwischenbetrieblichen Bestellsystemen mit Herstellern und Lieferanten zugrunde. Durch *Verkettung der zwischenbetrieblichen Bestellsysteme* auf der Beschaffungs- und Absatzseite des technischen Großhandels wird versucht, zeitliche Verzögerungen innerhalb der Logistikkette auszuschalten. Im Idealfall wird die Nachfrage in Echtzeit beim Kunden erfaßt und generiert die sofortige Reaktion beim Großhandel und gegebenenfalls bei den Herstellern (*Quick-Response*) (Kotzab S. 30 ff.; Zentes 1989, S. 39).

Zu den *horizontalen Informationspartnerschaften* zählen:

- der Betriebsvergleich (z.B. des Instituts für Handelsforschung an der Universität zu Köln),
- das Benchmarking und
- Filialvergleichsrechnungen.

Die Aussagefähigkeit des *traditionellen Betriebsvergleichs* hängt entscheidend vom Ausmaß der Stukturgleichheit der verglichenen Unternehmen ab. Im *Benchmarking* wird als Vergleichsobjekt nicht eine fiktive „Durchschnittsunternehmung" herangezogen, sondern im allgemeinen eine erfolgreiche andere Unternehmung der Branche, so daß aus den Vergleichsergebnissen konkretisierte Schlußfolgerungen und Empfehlungen abgeleitet werden können (Horvth/ Herter 1992, S. ff.). Besondere Vorteile von horizontalen Informationspartnerschaften ergeben sich aufgrund der vergleichsweise höheren Ziel- und Strukturhomogenität *für filialisierende oder kooperierende Systeme* technischer Großhandlungen. Aufgrund der diversen Synergieeffekte empfiehlt es sich, innerhalb derartiger Verbundsysteme nicht nur die umfangreichen Möglichkeiten des zwischenbetrieblichen Vergleichs auf Kennzahlenbasis auszunutzen, sondern auch die Methoden und Verfahren der empirischen Erfolgsfaktorenforschung anzuwenden (vgl. beispielsweise Müller-Hagedorn/Greune 1992, S. 121 ff.; Ahlert/Eickhoff 1992, S. 10 ff.). Horizontale Informationspartnerschaften liefern empirisch fundierte *Anregungsinformationen* für ein experimentelles Vorgehen beim Optimieren der Strukturen und Betriebsprozesse sowie des Marktauftritts technischer Großhandlungen.

Mit dem Aufbau potentialorientierter Informationssysteme und filial- oder firmenübergreifender Informations- und Kommunikationsnetzwerke sind die Voraussetzungen zur Ausschöpfung von Rationalisierungs-, Beschaffungs-, Kooperations-, Absatz-, Logistik-, Controlling- und Humanpotentialen sowie zur Erreichung strategischer Wettbewerbsvorteile für den technischen Großhandel gegeben (*Abbildung 6*).

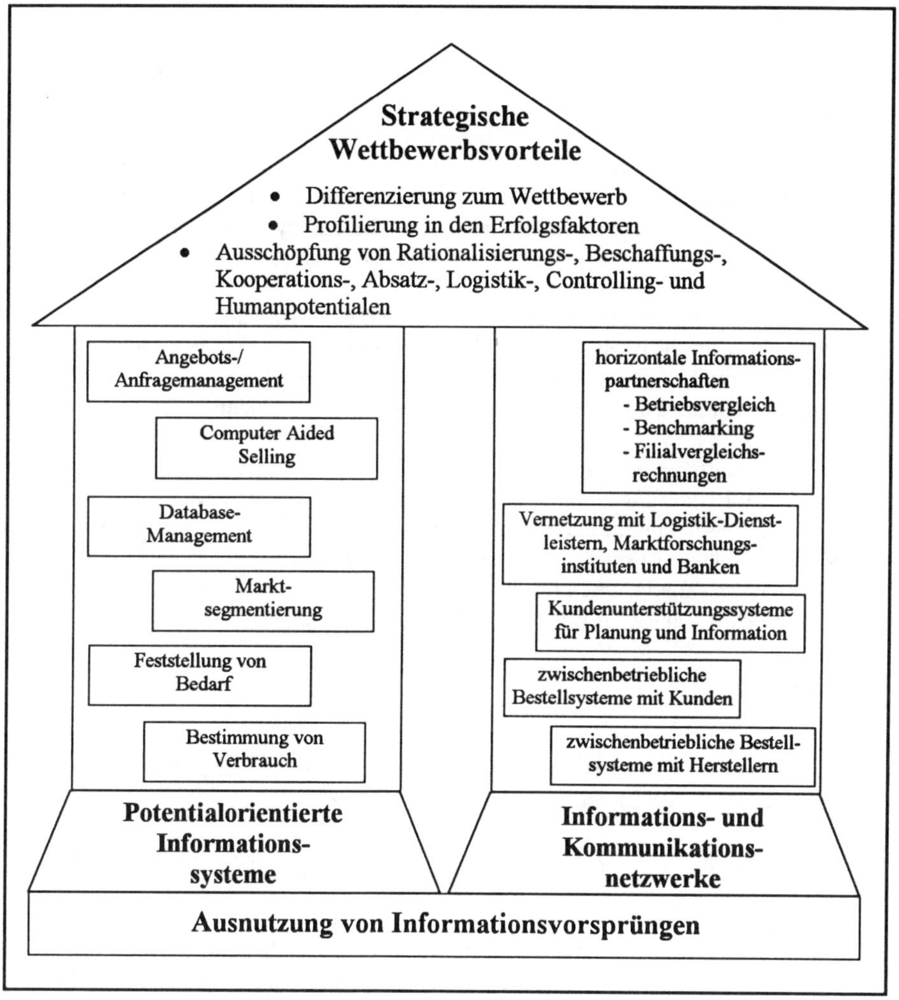

Abbildung 6: **Potentialorientierte Informationssysteme und filial- oder firmenübergreifende Informations- und Kommunikationsnetzwerke zur Erzielung strategischer Wettbewerbsvorteile im technischen Großhandel**

4 AUSBLICK

Die Überlegungen haben gezeigt, daß künftig hochflexibles Agieren und Reagieren gegenüber dem gesamten unternehmerischen Umfeld in besonderem Maße für den Erfolg von Unternehmen des technischen Großhandels von Bedeutung sind. Information verbessert die Handlungsfähigkeit und reduziert das unternehmerische Risiko. Das Ausnutzen von Informationsasymmetrien bzw. -vorsprüngen eröffnet Potentiale zur Erzielung strategischer Wettbewerbsvorteile.

Aus der strategischen Relevanz von Information und ihrer Nutzung im Rahmen von IKS ergeben sich umfassende personelle und organisatorisch-technische Konsequenzen. Zur Lösung der strukturellen und informatorischen Probleme bedarf es eines zieladäquaten *Informations- und Kommunikationsmanagements,* das unter dem Aspekt der Wettbewerbsorientierung eine Aufgabe der Unternehmensführung darstellt. Als Dimensionen eines ganzheitlichen Informationsmanagements können Informationsbereitschaft, Informationspotential und Informationsfähigkeit angeführt werden (Zahn/Rüttler 1990, S. 11 f.), deren integrative und interdependente Gestaltung die gezielte und systematische Analyse, Planung und Kontrolle des Informationseinsatzes zur Aufgabe hat.

Ziel eines umfassenden Informations- und Kommunikationsmanagements ist es, den menschlichen Engpaß „Wissen, Denken, Kommunizieren" zu erweitern und auch das „Wissen in den Köpfen" als Produktions- und Managementfaktor sowie als Leistungskomponente im technischen Großhandel zu verstärken und zu nutzen.

Neben der Bereitstellung der organisatorisch-technischen Infrastruktur ist die partnerschaftliche Grundorientierung zu Mitarbeitern, Abnehmern und Lieferanten eine entscheidende Erfolgsvoraussetzung für den Einsatz von IKS. Das Denken in vernetzten Prozessen erfordert die Einsicht in die Gesamtoptimierung des Systems. In dieser Vernetzung werden auch die Qualität der gemeinsamen Informationsverarbeitung und Vereinbarungsprozesse zum kritischen Erfolgsfaktor für den technischen Großhandel.

LITERATUR

Ahlert, D.; Eickhoff, M.: Nutzen der Erfolgsforschung für kooperierende Handelssysteme. In: Der Verbund, 5 (1992), Heft 4, S. 10-14.

Bott, H.: Verborgenen Potentialen auf der Spur. In: Absatzwirtschaft, 34 (1991), Heft 10, S. 116-122.

Eierhoff, K.: Einschaltung von Logistikspezialisten durch Handelsunternehmen. In: Gottlieb Duttweiler Institut (Hrsg.): Moderne Distributionskonzepte im Handel und in der Konsumgüterindustrie, Tagungsband, Rüschlikon 1988.

Fritz, W.: Marketing – ein Schlüsselfaktor des Unternehmenserfolges? Eine kritische Analyse vor dem Hintergrund der empirischen Erfolgsfaktorenforschung. In: Marketing Zeitschrift für Forschung und Praxis, 12 (1990), Heft 2, S. 91-110.

Funke, H.-P.: Neue Kooperationskonzepte für mittelständische Speditionen. In: Gottlieb Duttweiler Institut (Hrsg.): Moderne Distributionskonzepte im Handel und in der Konsumgüterindustrie, Tagungsband, Rüschlikon 1988.

Gaiser, B.: Determinanten des Geschäftserfolgs im Großhandel. Eine empirische Studie im Elektrogroßhandel unter besonderer Berücksichtigung psychologischer Merkmale von Geschäftsleitern, Diss. Universität Hohenheim, Stuttgart 1989.

Gaul, W.; Both, M.: Computergestütztes Marketing, Berlin et al. 1990.

Hildebrandt, L.; Trommsdorff, V.: Anwendungen der Erfolgsfaktorenanalyse im Handel. In: Trommsdorff, V. (Hrsg.): Handelsforschung 1989, Grundsatzfragen, Wiesbaden 1989, S. 15-26.

Horvth, P.; Herter, R.N.: Benchmarking. Vergleich mit den Besten der Besten. In: Controlling, 4 (1992), Heft 1, S. 4-11.

Kotzab, H.: Bestandsaufnahme aktueller (innovativer) Technologien und Techniken der Distributionslogistik von Handelsunternehmen. In: der markt, 34 (1995), Heft 1, S. 22-38.

Link, J.; Hildebrand, V.: Database Marketing und Computer Aided Selling. Leistungspotential, Abgrenzungsprobleme und Synergieeffekte. In: Marketing Zeitschrift für Forschung und Praxis, 16 (1994), Heft 2, S. 107-120.

Mertens, P.; Plattfaut, E.: Informationstechnik als strategische Waffe. In: Information Management, 1 (1986), Heft 2, S. 6-17.

Müller-Hagedorn, L.; Greune, M.: Erfolgsfaktorenforschung und Betriebsvergleich im Handel. In: Mitteilungen des Instituts für Handelsforschung an der Universität zu Köln, 44 (1992), Nr. 9, S. 121-136.

Nagel, K.: Die sechs Erfolgsfaktoren des Unternehmens, 2. Aufl., Landsberg 1988.

Nagel, K.: Nutzen der Informationsverarbeitung: Methoden zur Bewertung von strategischen Wettbewerbsvorteilen, Produktivitätsverbesserungen und Kosteneinsparungen, 2. Aufl., München et al. 1990.

Ohmae, K.: The Mind of the Strategist, New York 1982.

Petri, C.: Externe Integration der Datenverarbeitung. Unternehmensübergreifende Konzepte für Handelsunternehmen, Stuttgart 1990.

Picot, A.; Maier, M.: Information als Wettbewerbsfaktor. In: Preßmar, D. (Hrsg.): Informationsmanagement, Schriften zur Unternehmensführung, Bd. 49, Wiesbaden 1993, S. 31-53.

Schalla, G.: Warenverteil- und Servicezentren im Verbund mit Spediteuren und den Handelspartnern. In: Gottlieb Duttweiler Institut (Hrsg.): Moderne Distributionskonzepte im Handel und in der Konsumgüterindustrie, Tagungsband, Rüschlikon 1988.

Schröder, H.: Erfolgsfaktorenforschung im Handel. Stand der Forschung und kritische Würdigung der Ergebnisse. In: Marketing Zeitschrift für Forschung und Praxis, 16 (1994), Heft 2, S. 89-106

Simon, H.: Industrielle Dienstleistung und Wettbewerbsstrategie, Working Paper 04-91, Universität Mainz 1991.

Tietz, B.: Großhandelsperspektiven für die Bundesrepublik Deutschland bis zum Jahre 2010, Frankfurt/Mai 1993.

Wilde, K.: Erfolgspotential-Bewertung von Direct-Marketing-Aktionen. Gezielte Nutzung von Kunden-Datenbanken. In: Marktforschung & Management, 37 (1993), Heft 3, S. 121-127

Zahn, E.; Rüttler, M.: Ganzheitliches Informationsmanagement. – Informationsbereitschaft, Informationspotential, Informationsfähigkeit –. In: Heilmann, H.; Gassert, H.; Horvth, P. (Hrsg.): Informationsmanagement. Aufgabe der Unternehmensleitung, Stuttgart 1990, S. 1-27.

Zentes, J.: Computergestütztes Handelsmarketing. In: Hermanns, A.; Flegel, V. (Hrsg.): Handbuch des Electronic Marketing. Funktionen und Anwendungen der Informations- und Kommunikationstechnik im Marketing, München 1992, S. 877-892.

Zentes, J.: EDV-gestütztes Marketing. Ein informations- und kommunikationsorientierter Ansatz. Berlin et al. 1987.

Zentes, J.: Möglichkeiten des elektronischen Datenaustausches für Industrie und Handel. In: Thexis, 6 (1989), Heft 4, S. 37-40.

Arbeiten außerhalb des Themenschwerpunktes

Standortcontrolling – Systematische Netzplanung statt fallweiser Einzelanalysen

Michael Bienert, Eschborn bei Frankfurt a.M.

Richtige Standortentscheidungen sind für Handelsunternehmen traditionell erfolgskritisch. Der Beitrag beschreibt zentrale Defizite der wissenschaftlichen Standortforschung, präsentiert ausgewählte Ergebnisse empirischer Unternehmensbefragungen zur Praxis der Standortplanung im Einzelhandel und skizziert – einführend – ein innovatives Konzept zur systematischen Standortnetzsteuerung.

1 RAHMENBEDINGUNGEN

1.1 Stellenwert von Standortentscheidungen im Einzelhandel

,,The choice of a store's location is perhaps the single most important decision a retailer has to make" (Craig u.a. 1984, S. 29); ,,The success, or failure, of any retail store depends to a great extent on its location" (Golden/Zimmermann 1980, S. 79); ,,The importance of location decisions cannot be overstated. A retailer that selects a poor location will always suffer a competitive disadvantage" (Lewison 1991, S. 326). Die herausragende Bedeutung von Standortentscheidungen im Einzelhandel wird in Theorie und Praxis übereinstimmend hervorgehoben; sie mündet in die oft kolportierte Formulierung ,,Für den Erfolg im Einzelhandel sind drei Dinge wichtig, erstens der Standort, zweitens der Standort und drittens der Standort" (Berekoven 1990, S. 351; Brown 1989, S. 450). Der zentrale Stellenwert von Standortentscheidungen wird dabei insbesondere mit folgenden Argumenten begründet (u.a. McGoldrick 1990, S. 180 ff.; Wurth 1970, S. 1 f.):

- Standortentscheidungen sind strategische Grundsatzentscheidungen, die (a) die externen Marktbedingungen (Wettbewerbsstruktur, Verkehrsanbindung u.a.) fixieren und die (b) auch mit langfristigen Festlegungen hinsichtlich interner Parameter wie Betriebsmittel, Personal oder Vertragsgestaltung verbunden sind.

- ,,Opening new stores is inherently risky. There are significant monetary costs associated with opening a new outlet" (Ghosh/Mclafferty 1987, S. 1). ,,Large new stores can now cost many millions of pounds to develop, so the consequences of poor location decisions are extremely serious" (McGoldrick 1990, S. 183).

- Standortentscheidungen sind kurzfristig nicht oder nur unter erheblicher Kostenbelastung revidierbar; für Lebensmittelgeschäfte liegt beispielsweise das Mietrisiko bei einer üblichen Laufzeit des Mietvertrages von 15 Jahren zwischen einer und dreißig Mio. DM, je nach Größe des Objektes (Heeger 1991, S. 92).

- Die von Handelsunternehmen erzielbaren Umsätze werden maßgeblich durch die externen Standortbedingungen determiniert. Standortnachteile zeigen schnelle, unmittelbare und anhaltende ertragswirtschaftliche Konsequenzen.

- Gute Standorte sind ein Engpaß (Möhlenbruch/Nickel 1994, S. 4, sprechen von Markteintrittsbarrieren in Form knapper Standorte): Die abnehmende Zahl „lukrativer" Standortalternativen und damit das steigende Risiko von Standortfehlentscheidungen unterstreichen den Wert sorgfältiger Standortanalysen. „Experience becomes a less reliable guide" (Breheny 1988, S. 41).

- Im Gegensatz zu den anderen Marketingparametern ist die Standortwahl nur schwer von konkurrierenden Handelsunternehmen zu imitieren. „Location is the only marketing mix variable, that cannot be duplicated" (Golden/Zimmermann 1980, S. 119).

- Standortneugründungen bzw. die Übernahme bestehender (Konkurrenz-)Standorte sind die mit Abstand wirkungsvollsten Einzelmaßnahmen im Hinblick auf (notwendiges) Größenwachstum. „The pressure to invest in new outlets increases" (Breheny 1988, S. 42).

1.2 Defizite der Standortforschung

Die klassischen deutschsprachigen Monographien der Standorttheorie von Karl Christian Behrens (1961, 1965) sind 30 Jahre alt. Die Analyse der standortspezifischen (deutsch sprachigen) Handelsliteratur zeigt den Zenit der Standortforschung zwischen Ende der 60er und Anfang der 70er Jahre. Dagegen blieben während der letzten 25 Jahre Standortprobleme von der betriebswirtschaftlich ausgerichteten Handelsforschung weitgehend unbeachtet. Oehme (1992, S. 84) weist darauf hin, daß sich insbesondere die Marketing-Fachleute nicht mit der Analyse von Standortfragestellungen auseinandergesetzt haben. Die folgende Zusammenstellung *deutschsprachiger* Standortmonographien der letzten 35 Jahre vermittelt einen Eindruck von der mangelnden Aktualität der handelswissenschaftlichen Standortforschung.

Übersicht 1: Deutschsprachige Standortmonographien

Jahr	Titel	Autor
1961	Allgemeine Standortbestimmungslehre	BEHRENS
1965	Der Standort der Handelsbetriebe	BEHRENS
1968	Die Standortbestimmung für Verkaufsstätten im Einzelhandel	RUPPMANN
1969	Die Standort- und Geschäftsflächenplanung im Einzelhandel	TIETZ
1970	Die Bewertung der Filialstandorte von Einzelhandelsfilialunternehmungen	WURTH
1970	Standortwahl im Einzelhandel	WOTZKA
1970	Geplante Standorte für Einzelhandels- und Handwerksbetriebe	BUNGE
1971	Die Standortwahl als Entscheidungssystem	LIEBMANN
1971	Aspekte der Standortbestimmung von Einkaufszentren	CURTI
1972	Simulation als Hilfsmittel zur Optimierung der Standortentscheidung von Einzelhandelsbetrieben	DRESSLER
1979	Eine statistische Analyse der Abhängigkeiten des Kundenaufkommens von Standorteinflüssen bei Einzelhandelsgeschäften	WEBER
1979	Eine quantitative Analyse von Standortfaktoren im Einzelhandel	SCHOLZ
1989	Die City als Standort für Einzelhandelsbetriebe	BIEBERSTEIN

In der *englischsprachigen* Handelsliteratur wird dem Thema Standortforschung ein weitaus größerer Stellenwert eingeräumt. Neben amerikanischen Wissenschaftlern haben sich in jüngerer Zeit auch einige britische Autoren nachhaltig mit Standortfragestellungen auseinandergesetzt. *Übersicht 2* enthält eine Auswahl aktueller standortspezifischer Monographien.

Übersicht 2: Englischsprachige Standortmonographien

Jahr	Titel	Autor
1987	Location Strategies for Retail and Service Firms	GHOSH & McLAFFERTY
1987	Location, Location, Location	JONES & SIMMONS
1988	Store Choice, Store Location and Market Analysis	WRIGLEY (Hrsg.)
1990	The Retail Environment	JONES & SIMMONS
1992	Retail Location: A Micro Scale Perspective	BROWN

Als Zwischenfazit der Literaturbewertung müssen erhebliche Defizite der (jüngeren) deutschsprachigen Handelsforschung im Hinblick auf das zentrale Thema Standortplanung konstatiert werden; die von Schenk (1992, S. J15) plastisch als „theory-gap" bezeichnete Lücke in der Handelstheorie insgesamt wird in der Standorttheorie in besonderem Maße deutlich. Die Basisliteratur ist älter als 20 Jahre, und die englischsprachige Literatur ist nur ansatzweise berücksichtigt.

Eine im Frühjahr 1993 durchgeführte Umfrage bei deutschsprachigen Handels- und Marketinglehrstühlen bestätigt diese Einschätzung: Nach einer stichwortartigen Charakterisierung der inhaltlichen Forschungsschwerpunkte befragt, gaben lediglich *zwei von dreißig* Lehrstühlen an, sich in der Vergangenheit mit Standortforschung beschäftigt zu haben. Die Umfrage repräsentiert nahezu vollständig die universitäre Handelsforschung im deutschsprachigen Raum. Zugrunde liegt die Auswertung von vier offenen Fragen (zum genauen Wortlaut vgl. Trommsdorff/Bienert 1993, S. V) sowie eine Analyse der von den jeweiligen Lehrstühlen in den letzten Jahren betreuten Diplomarbeiten, Dissertationen und Habilitationen. Trommsdorff/Bienert (1993, S. VIII) resümieren, daß die deutschsprachige Handelsforschung eher an aktuellen Themen ausgerichtet ist und sich weniger mit den klassischen Händlerproblemen wie Betriebsvergleich oder Standortplanung beschäftigt.

In der Folge hat das „klassische" standortanalytische Instrumentarium bis heute keine wesentlichen Veränderungen erfahren; Methodenfortschritte benachbarter Wissenschaftsdisziplinen (insbesondere aus dem Marketing und der Marktforschung) wurden zur Weiterentwicklung und Verbesserung standortspezifischer Analyseverfahren kaum aufgegriffen. Charakteristisch für die (deutschsprachige) Handelsliteratur ist darüber hinaus die Einengung der Diskussion auf den Bereich der Standort*neu*planung; eigenständige Konzeptionen für eine *laufende* Standortplanung (und -kontrolle) über den gesamten „Standort-Lebenszyklus" liegen bislang nicht vor.

2 STANDORTPLANUNG IN DER HANDELSPRAXIS

Empirische Ergebnisse von Unternehmensbefragungen zur Standortplanung in der Handelspraxis sind in der Literatur nicht bzw. nur punktuell (Fallbeispiele zu Einzelunternehmen in „Praktiker"-Zeitschriften) zu finden. Angesichts der traditionell starken Zurückhaltung des Handels gegenüber der Veröffentlichung von „Betriebsinterna" kann dieses Ergebnis auch nicht überraschen.

Um dennoch – erstmals – einen umfassenden Eindruck von der Standortplanungspraxis deutscher Einzelhandelsunternehmen zu gewinnen, wurden in Zusammenarbeit mit führenden Fachverbänden des Handels Verbundgruppen, Franchise-Unternehmen und Filialunternehmen (einschließlich Warenhäuser) in den Jahren 1993 und 1994 schriftlich und z.T. ergänzend mündlich zu ihrer Standortpolitik befragt (mit folgenden Verbänden wurden jeweils gemeinsame Projekte durchgeführt: Zentralverband Gewerblicher Verbundgruppen e.V. (ZGV), Bundesarbeitsgemeinschaft der Mittel- und Großbetriebe des Einzelhandels e.V. (BAG), Deutscher Franchise Verband e.V. (DFV)). Nachfolgend werden kurz ausgewählte Befragungsergebnisse vorgestellt.

2.1 Standortneuplanung

Daß die Standortneuplanung für Einzelhandelsunternehmen einen herausragenden wirtschaftlichen Stellenwert besitzt, unterstreichen die folgenden Zahlen zum durchschnittlichen Niveau der jährlichen Standort-Neueröffnungen.

Übersicht 3: Umfang jährlicher Standort-Neugründungen

	NEUERÖFFNUNGEN		
	0-5	*6-19*	*≥ 20*
Verbundgruppen	37%	34%	29%
Filialisten	37%	26%	37%
Franchise-Unternehmen	31%	43%	26%

Etwa ein Drittel der befragten Verbundgruppen eröffnet bis zu fünf bzw. zwischen sechs und neunzehn neue Standorte pro Jahr, während insbesondere die größeren Verbundgruppen sehr stark expandieren und teilweise 50, 60 oder auch 80 Neueröffnungen jährlich zu verzeichnen haben. Ein ähnliches Bild zeigen die Daten zu den Franchise-Unternehmen. Bei den Filialisten ist der Anteil der Unternehmen, die jährlich 20 und mehr Standorte neu gründen, am höchsten (was aufgrund des absolut höheren Filialnetzbestandes auch nicht verwundert). Drei der befragten Filialisten eröffneten pro Jahr jeweils mehr als 100 neue Standorte! Insgesamt weisen die Befragungsergebnisse auf eine starke Dynamik bei den Standort-Neugründungen hin; viele Unternehmen erweitern ihr Outletnetz jährlich um 5 %, ein kleiner Teil sogar um über 10%.

Die Planung neuer Filialstandorte kann als ein mehrstufiger betrieblicher Entscheidungsprozeß definiert werden, bei dem es um die Suche, Bewertung und Auswahl der bestgeeigneten Standortalternativen geht. Grundsätzlich kann dabei zwischen der vorgeschalteten *Makroanalyse* (Vorauswahl einer Region und Identifikation geeigneter Suchgebiete) und der *Mikroanalyse* (Bewertung eines Einzelstandorts i.e.S.) unterschieden werden.

Im Rahmen der Mikroanalyse gehört die *Einzugsgebietsabgrenzung* mittlerweile zum Standardrepertoire der Standortanalytiker. Nur in wenigen Fällen wird auf eine entsprechende Abgrenzung verzichtet. Die eigentliche *punktuelle Standortbewertung* kann durch eine Vielzahl von Instrumenten unterstützt werden. Aus den Befragungen wurde deutlich, daß in der Handelspraxis überwiegend einfache Investitionsrechenverfahren, analoge Vergleichsrechnungen (zu schon vorhandenen Filialstandorten) sowie einfache Punktbewertungsverfahren eingesetzt werden. Umsatzpotentialschätzungen werden in jedem Fall vorgenommen (detailliert zur Vorgehensweise und zum Methodeneinsatz bei der Standortplanung im Einzelhandel vgl. Bienert 1995).

2.2 Laufende Standortplanung

Ziel der Befragungen von Verbundgruppen, Filialisten und Franchise-Unternehmen war es auch, einen Eindruck vom Umfang und der Intensität *laufender* Standortplanung und -kontrolle zu bekommen. Auf die Frage, ob weitere Standortbeurteilungen der Outlets auch nach der Standorterstanalyse vorgenommen werden, gab es folgende Antwortverteilungen (alle Angaben in %).

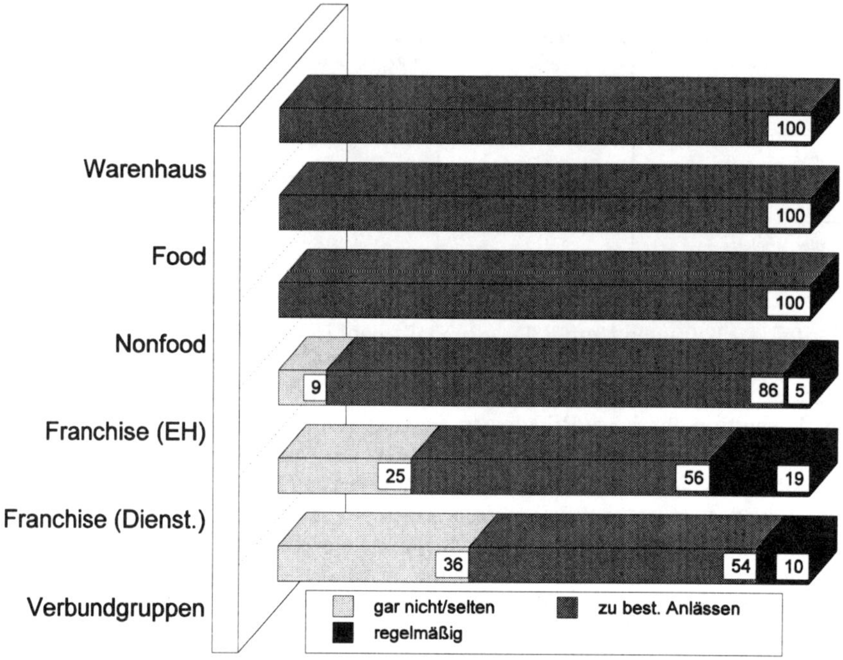

Abbildung 1: Umfang laufender Standortplanung

Alle Filialisten sowie die Mehrheit der Franchise-Unternehmen und Verbundgruppen führen weitere Standortanalysen zu bestimmten Anlässen durch, während eine Minderheit insbesondere der Dienstleistungs-Franchise-Unternehmen und der Verbundgruppen bereits heute regelmäßige Standortüberprüfungen nach vorab definierten Zeitintervallen vornimmt. Als Anlässe für (fallweise) zusätzliche Standortbewertungen wurden insbesondere genannt:

- Erweiterungen oder Umbauten des Geschäfts,
- Umsatz- oder Gewinnrückgänge,
- veränderte Konkurrenzsituation,
- wesentliche Sortimentsveränderungen,
- Veränderungen der Miet- oder Pachtsituation,
- allgemeine Positions- oder Marktanteilsüberprüfungen.

3 STANDORTCONTROLLING

Aus dem bisher Gesagten können zusammenfassend folgende Eckpunkte herausgestellt werden:

- Standorte sind die räumliche Basis der handelsbetrieblichen Leistungserstellung. „Richtige" (erstmalige und laufende) Standortentscheidungen determinieren maßgeblich den Erfolg von Handelsunternehmen.

- Standorttheoretische Forschung bzw. angewandte Standortforschung ist in Deutschland seit Ende der 70er Jahre sehr stark vernachlässigt worden. In der Folge hat das „klassische" standortanalytische Instrumentarium bis heute keine wesentlichen Veränderungen erfahren. Die in der Handelstheorie diskutierten Methoden beziehen sich ausschließlich auf die erstmalige Standort*neu*planung.

- Die starke Handelsdynamik bewirkt laufende Veränderungen der Standortbedingungen von Einzelhandelsoutlets, in der Folge ergibt sich eine „schleichende" Entwertung auch traditionell guter Standorte (vgl. Heinritz 1988, Ghosh/Mclafferty 1987, S. 6).

- In der Handelspraxis werden Standortbeurteilungen – zu bestimmten Anlässen – auch nach der erstmaligen Standort-Neugründung vorgenommen, wenige „innovative" Unternehmen überprüfen die Qualität ihrer Standorte schon heute kontinuierlich und systematisch.

Im Ergebnis wird deutlich, daß einem *systematischen Standortcontrolling* im Sinne einer regelmäßigen Standortbewertung/-überprüfung bestehender Verkaufsstellen und einer darauf basierenden kontinuierlichen Standort- und Filialplanung aus theoretischer wie praktischer Sicht große Bedeutung zukäme. Eine entsprechend *aktive* Standortpolitik wird – bei anhaltender Entwicklung der handelsrelevanten Rahmenbedingungen - in der Handelspraxis zunehmend zum Erfolgsfaktor werden. Das Handelsmarketing bietet zu dieser Problemstellung aber bislang nur wenig Hilfestellungen oder Lösungsansätze.

Witt (1992, S. 8 f.) bezeichnet Handelscontrolling insgesamt als einen stark „defizitären" Bereich der Betriebswirtschaftslehre und weist darauf hin, daß „Filialpositionierungen als Controllingbaustein" bislang sehr selten zu finden sind, daß aber für die Zukunft entsprechende Controlling-Konzepte potentiell sehr bedeutend wären. Auch Ahlert und Günther (1992, S. 46) sehen insbesondere in Bezug auf Standorte filialisierter Einzelhandelsunternehmen einen hohen Controlling-Bedarf.

Ein empirisches Indiz für die Vorteilhaftigkeit regelmäßiger Standortüberprüfungen noch „zu Lebzeiten" der Filialen ist darüber hinaus aus den durchgeführten Unternehmensbefragungen zum Umfang der jährlichen Standort-Abgänge abzuleiten: 15% der Verbundgruppen und ein Drittel der Filialunternehmen geben pro Jahr mehr als 20 Outlets auf, einige Großunternehmen schließen jährlich 40, 50 oder sogar über 100 Standorte.

Nachfolgend wird im Kurzüberblick ein innovativer Ansatz eines handelsspezifischen Standortcontrolling-Konzepts skizziert. Hauptzielsetzung dieses Ansatzes ist es, *laufende* Standortentscheidungen von Handelsunternehmen durch eine eigenständige methodische Planungsgrundlage abzusichern bzw. stärker anzuregen. Nach einer kurzen theoretischen Einordnung des Standortcontrolling (3.1) wird die allgemeine Vorgehensweise beschrieben (3.2) und an einem Fallbeispiel verdeutlicht (3.3).

3.1 Theoretische Einordnung und Charakterisierung des Standortcontrolling

Controlling ist ein in Managementlehre und -praxis mittlerweile zwar etablierter, aber bis heute nicht eindeutig definierter und interpretierter Begriff (Ahlert 1994, S. 48; Ahlert/Günther 1992, S. 1 f.). In Anlehnung an die allgemeine Controlling-Definition von Horvath (1994, S. 144) soll *Standortcontrolling* hier abgegrenzt werden als:

> Teilbereich der Unternehmensführung, durch den zur Unterstützung standortbezogener Planungs- und Kontrollaufgaben in regelmäßigen Zeitabständen standortrelevante Informationen beschafft und über geeignete Instrumente zielorientiert und entscheidungsvorbereitend analysiert und aufbereitet werden.

Das Konzept des Standortcontrolling orientiert sich an dem Grundanliegen der *Erfolgsfaktorenforschung*, einem seit über 20 Jahren bekannten und in der praxisorientierten Managementforschung vielfach bewährten Ansatz (eine umfassende Einführung zur Erfolgsfaktorenforschung im Handel gibt Kube 1991, S. 1 ff, vgl. auch Hildebrandt 1986, Hildebrandt/Trommsdorff 1989). Zentrale Idee der Erfolgsfaktorenforschung ist es, nur die jeweils wichtigsten Einflußgrößen zu extrahieren, in der Annahme, daß die vollständige Modellierung der komplexen unternehmerischen Realität nur schwer möglich, unübersichtlich und zudem wenig geeignet für die Ableitung konkreter unternehmerischer Entscheidungen ist (Trommsdorff 1990, S. 1 ff.). Damit wird bereits deutlich, daß es zwischen dem Ansatz der Erfolgsfaktorenforschung und der Intention einer sukzessiven (anstelle einer ganzheitlich-simultanen) strategischen Standort- und Unternehmensplanung wesentliche Übereinstimmungen gibt.

Standortcontrolling ist ein explorativer Forschungsansatz. Ziel ist es, die für das jeweils betrachtete Handelsunternehmen bedeutendsten Standortfaktoren aus der großen Gruppe der potentiell erfolgsrelevanten Faktoren zu „entdecken". Aufgrund der starken Individualität von Standortstrukturen im Einzelhandel können Anzahl, Art und Bedeutung der Standort-Erfolgsfaktoren von Unternehmen zu Unternehmen sehr unterschiedlich sein. Folgerichtig zielt Standortcontrolling auf die Erlangung spezifischen Situationswissens geringer bis mittlerer Reichweite. Für Marketingentscheidungen in sehr komplexen Marktsituationen werden neben allgemeinen Aussagen auch „bodennahe" Aussagen gebraucht, die in einer ganz spezifischen Situation gelten (Trommsdorff 1993, S. 22). Die Entwicklung entsprechender Erhebungsmethoden zur Ermittlung unternehmensspezifischer Erfolgsfaktoren ist Aufgabe betriebswirtschaftlicher Forschung (Trommsdorff 1990, S. 4). Und auch im Hinblick auf wissenschaftliche Theoriebildung ist eine explorative Ausrichtung in einer ersten Phase sinnvoll: Theorieentwicklung bzw. Aggregation empirischer Forschungsergebnisse auf einem höheren Niveau setzt Erkenntnisse spezifischer Teiluntersuchungen auf einer unteren Ebene homogener Gruppen innerhalb einer Branche voraus (vgl. Kube 1991, S. 4 f. und die hier zitierte Literatur).

3.2 Vorgehensweise im Überblick

Das Konzept des Standortcontrolling umfaßt drei zentrale Teilschritte:

1. Istaufnahme der Standortbedingungen,
2. statistische Datenanalyse sowie
3. Formulierung von Standortstrategien und -maßnahmen.

Im Rahmen der *Istaufnahme* werden zunächst die aktuellen Standortbedingungen aller in die jeweilige Untersuchung einbezogenen Einzelstandorte erhoben. Als Erhebungsgrundlage kann z.B. auf handelsspezifische Standortfaktorenkataloge zurückgegriffen werden (vgl. die Aufstellung von Bienert 1995 sowie die hier angegebene Spezialliteratur).Vorrangige Informationsbasis des Standortcontrolling ist die schriftliche Primärerhebung des aus dem gewählten Standortfaktorenkatalog individuell zusammengestellten Fragebogens in allen zu untersuchenden Filialen, wobei z.T. auf vorhandene unternehmensinterne Sekundärdaten zurückgegriffen werden kann (z.B. Angaben zu den Verkaufsflächen oder zum Umsatz). Daneben können auch externe Sekundärdaten (z.B. Informationen zur Einwohnerstruktur, Kaufkraftkennziffern) oder weitere Primärdaten (z.B. Konsumentenbefragungen zum Filialimage) integriert werden. Am Ende der Istaufnahme liegen zu allen betrachteten Verkaufsstellen aktuelle Informationen zu den wichtigsten Standortfaktoren vor.

Die nachfolgende *statistische Datenanalyse* orientiert sich an dem Grundgedanken der Erfolgsfaktorenforschung. In mehreren Teilschritten wird ermittelt, welche Standortfaktoren in welchem Ausmaß den Standorterfolg beeinflussen (Dependenzanalyse), und es können auch Aussagen zur Abhängigkeit zwischen einzelnen Standortfaktoren abgeleitet werden (Interdependenzanalyse). Ziel dieser Phase ist die Eliminierung aller offensichtlich unbedeutenden Standortfaktoren bzw. die grobe Bestimmung der Bedeutungsgewichte der verbliebenen „Standort-Erfolgsfaktoren". Grundsätzlich kann davon ausgegangen werden, daß die Standortgüte maßgeblich von einer überschaubaren Anzahl besonders wichtiger Standortfaktoren beeinflußt wird und daß durch eine Orientierung an diesen Standort-Erfolgsfaktoren unternehmerische Standortplanungen und -entscheidungen erleichtert und verbessert werden können. Durch Konzentration auf das Wesentliche wird Transparenz und Entscheidungssicherheit gewonnen (vgl. auch Trommsdorff 1990, S. 2).

In der dritten Phase geht es um die *Formulierung von Standortstrategien und -maßnahmen.* Ausgehend von der Beschreibung der tatsächlichen Standort-Istsituation und der Formulierung der (einzelfallabhängigen) Zielsetzungen können die Analyseergebnisse grundsätzlich in dreierlei Hinsicht genutzt werden:

1) Für die strategische Standortnetzplanung des Gesamtunternehmens (laufende Steuerung des bestehenden Filialbestandes; bei größeren/diversifizierten Unternehmen bietet sich dabei eine nach Betriebstypen oder Regionen differenzierte Planung an).

2) Für eine detaillierte Einzelfallplanung bestehender (Problem-)Filialen.

3) Für die Planung und Analyse neuer Filialstandorte.

Damit ist ein äußerst umfangreiches Alternativenfeld für die weitere Verwendung der im zweiten Schritt ermittelten Analyseergebnisse umschrieben. Im folgenden Abschnitt 3.3 wird mit einer handels- und insbesondere standortspezifischen Variante der Portfolioanalyse ein einführendes Beispiel für die strategische Standortnetzplanung skizziert.

Durch die wiederholte (regelmäßige) Umsetzung der beschriebenen drei Schritte kann ein Standortcontrolling-Kreislauf im Sinne der klassischen Abweichungsanalyse (Soll-Ist-

Vergleich) institutionalisiert werden. Statt einmaliger Durchführung zu Beginn des „Standortlebenszyklus" wird Standortplanung damit zur permanenten Managementaufgabe. Ahlert (1994, S. 97) betont für Controllingkonzepte im Handel grundsätzlich die Notwendigkeit, auch die *standortspezifischen* Besonderheiten zu berücksichtigen und fordert: „Die Informationswirtschaft ... muß die Veränderungen am Standort fortlaufend überprüfen". Etwas „weicher" formuliert Wölk (1992, S. 52): „Wichtig für jedes – auch mittelständisches – Einzelhandelsunternehmen ist die gelegentliche Überprüfung seines Standorts; denn Standorte sind einem Strukturwandel unterworfen, der zu einer Verschlechterung der Standortbedingungen führen kann".

3.3 Fallbeispiel

Der Ablauf des Standortcontrolling kann hier nur einführend und stichpunktartig anhand eines empirischen Fallbeispiels verdeutlicht werden (für eine ausführliche Beschreibung vgl. Bienert 1995). Der zugrunde liegende Datensatz stammt aus einer Forschungskooperation mit der A.C. Nielsen GmbH aus dem Jahr 1991, bei der zu allen Verkaufsstellen des Nielsen Einzelhandelspanels „neue Bundesländer" (Lebensmitteleinzelhandel) schriftlich Standortinformationen erhoben wurden (das Nielsen Einzelhandelspanel umfaßt Verkaufsstellen unterschiedlicher Betriebstypen und Ladengrößen von 30 m^2 bis über 2.000 m^2 Verkaufsfläche, sowohl westdeutscher Handelsunternehmen als auch ostdeutscher Konsumgenossenschaften). Dieser Datensatz entspricht zwar in vielerlei Hinsicht nicht dem gewünschten „Ideal", er ist aber grundsätzlich geeignet, den Ablauf des Standortcontrolling exemplarisch darzustellen.

Grundlage der *Istaufnahme der Standortbedingungen* (1. Stufe) war eine schriftliche vor-Ort-Beurteilung der Panel-Filialen durch Außendienstmitarbeiter der A.C. Nielsen GmbH. Gegenstand der Bewertung waren die in *Übersicht 4* dargestellten 21 Standortfaktoren.

Als Erfolgsmaßstab wurde für alle Verkaufsstellen die Variable *„Jahresumsatz in DM"* erhoben; entsprechende sekundärstatistische Angaben lagen für das gesamte Einzelhandelspanel vor. Da absolute Umsätze aber nur bedingt aussagekräftig sind (ein großer Verbrauchermarkt wäre demnach immer erfolgreicher als z.B. ein kleiner Supermarkt), wurde die für den relativen Erfolgsvergleich besser geeignete Kennzahl *„Umsatz pro m^2 Verkaufsfläche"* ermittelt.

Im Rahmen der *statistischen Datenanalyse* (2. Stufe) wurden in einem ersten Teilschritt alle offensichtlich unbedeutenden Standortfaktoren eliminiert. Methodische Basis war ein Chi-Quadrat-Unabhängigkeitstest zwischen Umsatz/m^2 und allen Standortfaktoren unter Berücksichtigung von vier zentralen Kontrollvariablen zum Ausschluß von Scheinkorrelationen. In einem zweiten Schritt ging es darum, Richtung und Stärke der im ersten Schritt „qualifizierten" Standortfaktoren genauer zu beurteilen. Methodische Grundlage waren Korrelationsanalysen bzw. detaillierte Kontingenzanalysen (im Falle nicht metrisch skalierter Variablen), die jeweils getrennt für die Filialkategorien (a) bis 200 m^2, (b) von 201 bis 800 m^2 und (c) über 800 m^2 Verkaufsfläche berechnet wurden. Im Ergebnis konnten die einflußstärksten Standortfaktoren benannt werden; beispielhaft seien hier die Standort-Erfolgsfaktoren für die Gruppe der Filialen bis zu 200 m^2 Verkaufsfläche aufgeführt.

Übersicht 4: Standortfaktoren im Fallbeispiel

Standortfaktor	Operationalisierung
Makrostandort (v1)	Großstadt, Mittelstadt, Kleinstadt, Dorf, unbesiedelt
Lage (v2)	Innenstadt, Wohngebiet, Gewerbegebiet, Verwaltungsgebiet, Mischgebiet, Randlage, Sonstiges
Anzahl der Wettbewerber (v3)	offene Frage
Typ des Hauptwettbewerbers (v4)	westdeutsche Filiale oder konsumgenossenschaftliche Filiale
Verkaufsfläche des Hauptwettbewerbers (v5)	offene Frage, Angabe in m²
Entfernung zum Hauptwettbewerber (v6)	offene Frage, Angabe in m
Stärke des Hauptwettbewerbers (v7)	von 1 (= wesentlich stärker) bis 5 (= wesentlich schwächer)
Wettbewerbsintensität insgesamt (v8)	von 1 (= sehr stark) bis 5 (= sehr schwach)
Umfang der Konkurrenzinvestitionen (v9)	von 1 (= sehr viel investiert) bis 5 (= sehr wenig investiert)
besondere Anziehungspunkte in der Umgebung (v10)	nein oder ja (falls ja, stichwortartige Nennung)
Erreichbarkeit ÖPNV (v11)	von 1 (= sehr gut) bis 5 (= sehr schlecht)
Wohnbevölkerung im Einzugsgebiet (v12)	von 1 (= sehr viel) bis 5 (= sehr wenig)
Lauffrequenz vor dem Geschäft (v13)	von 1 (= sehr groß) bis 5 (= sehr gering)
Verkaufsfläche der Filiale (v14)	offene Frage, Angabe in m²
Betriebstyp der Filiale (v15)	Markt, Supermarkt, Discounter, Verbrauchermarkt
Unternehmenszugehörigkeit (v16)	westdeutsches Unternehmen, Konsumgenossenschaft
Preisniveau (v17)	von 1 (= sehr niedrig) bis 5 (= sehr hoch)
guter äußerer Eindruck (v18)	von 1 (= trifft voll zu) bis 5 (= trifft gar nicht zu)
positiver Gesamteindruck (v19)	von 1 (= trifft voll zu) bis 5 (= trifft gar nicht zu)
ausreichende Parkmöglichkeiten (v20)	von 1 (= trifft voll zu) bis 5 (= trifft gar nicht zu)
Filialimage (v21)	Bewertung von 17 einzelnen Geschäftsstättenmerkmalen, jeweils von 1 (= trifft voll zu) bis 5 (= trifft gar nicht zu)

Übersicht 5: „Qualifizierte" Standortfaktoren

Standortfaktor	Korrelationskoeffizient zu Umsatz/qm
Verkaufsfläche (v14)	0.47
Makrostandort (v1)	0.45
Stärke Hauptwettbewerber (v7)	0.40
ÖPNV-Erreichbarkeit (v11)	0.16
Preisniveau (v17)	0.11
Anzahl der Wettbewerber (v3)	0.11

Ziel der dritten Stufe des Standortcontrolling ist es, *Standortstrategien und -maßnahmen zu formulieren.* Für die strategische Unternehmensplanung ist die Portfolioanalyse eine zentrale Planungsmethode (z.B. Lücking 1992, S. 877). Um sie auch für die strategische Planung im Einzelhandel nutzen zu können, müssen verschiedene Modifikationen vorgenommen werden (z.B. Barth 1993, S. 135 f., Hartmann 1992, S. 94 ff.). Entsprechende Verfahrensvarianten für eine *standortspezifische* Unternehmensplanung sind bislang aber nicht entwickelt worden. Das in *Abbildung 2* skizzierte *Standortportfolio* füllt diese Lücke.

Dem Erfolgsmaß Umsatz/m^2 ist ein Standortgüteindex als gewichtetes Aggregat der qualifizierten Standort-Erfolgsfaktoren (*Übersicht 5*) gegenübergestellt. Mit dieser Vorgehensweise sind gegenüber den herkömmlichen Portfolioansätzen folgende Vorteile verbunden:

- Als Beurteilungskriterien werden ausschließlich Standortfaktoren herangezogen, deren situative Relevanz im Einzelfall empirisch nachgewiesen werden kann (anstelle allgemeingültiger Faktoren, über deren spezifische Einzelfallbedeutung nichts bekannt ist).

- Damit verbunden ist eine Reduzierung der unübersichtlich großen Zahl möglicher Beurteilungskriterien auf die im Einzelfall bedeutendsten Basisfaktoren.

- Und anstelle einer pauschalen Gleichgewichtung oder einer subjektiven Schätzung der Faktorengewichte wird die tatsächliche empirische Erfolgsbedeutung der Standortfaktoren als „objektiver" Gewichtungsmaßstab (hier: Korrelationskoeffizient) genutzt.

Auf dieser Grundlage können fünf zentrale Filialtypen unterschieden werden:

- „Stars" (guter Standort, hoher Filialerfolg),
- „Kranke" (schlechter Standort, geringer oder negativer Filialerfolg),
- „Normalverdiener" (mittlere Standortqualität, durchschnittlicher Filialerfolg),
- „Marketing-Profi"(hoher Filialerfolg trotz schlechten Standorts),
- „Marketing-Laie" (geringer Filialerfolg trotz guten Standorts).

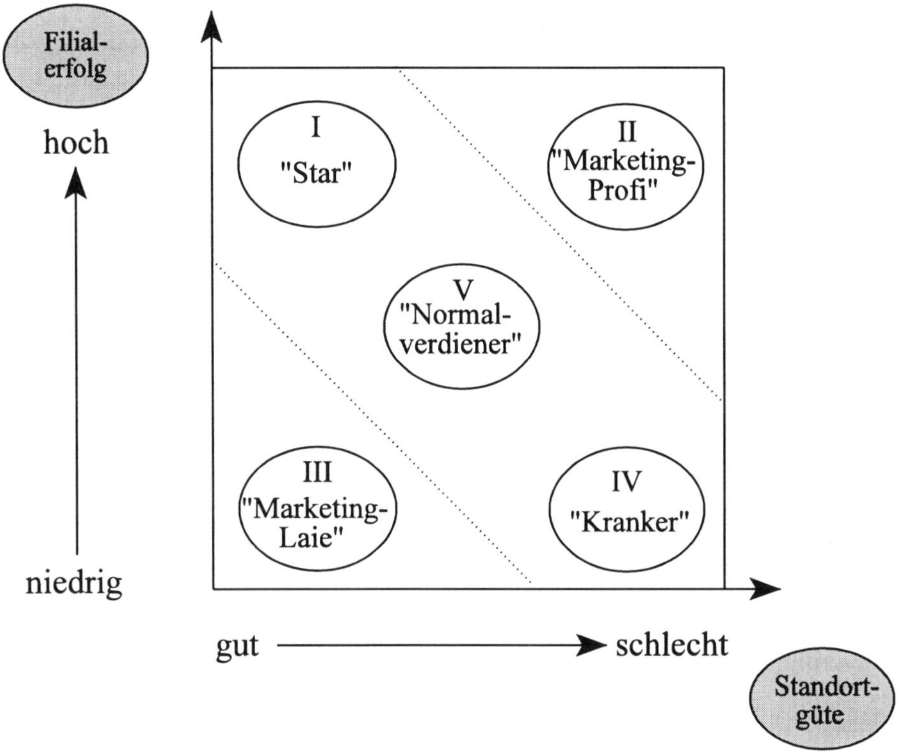

Abbildung 2: Standortportfolio

Für einzelunternehmensbezogene Standortcontrolling-Analysen kann davon ausgegangen werden, daß ein Großteil der Filialen in dem in *Abbildung 2* gestrichelt markierten „Zielkorridor" positioniert sein wird, der die drei Kernbereiche I, V und IV miteinander verbindet. Dieser Korridor symbolisiert optisch die „goldene Standortregel", nach der im Einzelhandel hohe Filialerfolge wesentlich auf einer guten Standortqualität beruhen (und umgekehrt). Die empirischen Daten des Fallbeispiels haben dieses „Gesetz" für den Lebensmitteleinzelhandel in den neuen Bundesländern voll bestätigt. *Abbildung 3* zeigt beispielhaft die Positionierungen der untersuchten 24 Filialen in der Kategorie bis zu 200 m^2 Verkaufsfläche.

Grundsätzlich ist zu vermuten, daß die Felder „Marketing-Profi" und „Marketing-Laie" (*Abbildung 2*) – wie im zugrunde liegenden Fallbeispiel – eher selten besetzt sein werden. Aber gerade hier lohnt eine weitergehende, detaillierte Analyse, denn insbesondere aus (positiven wie negativen) Abweichungen vom Normalen (= „Zielkorridor") können entscheidende Anhaltspunkte für die Gestaltung einer erfolgversprechenden Standort- und Marketing-Mix-Politik abgeleitet werden.

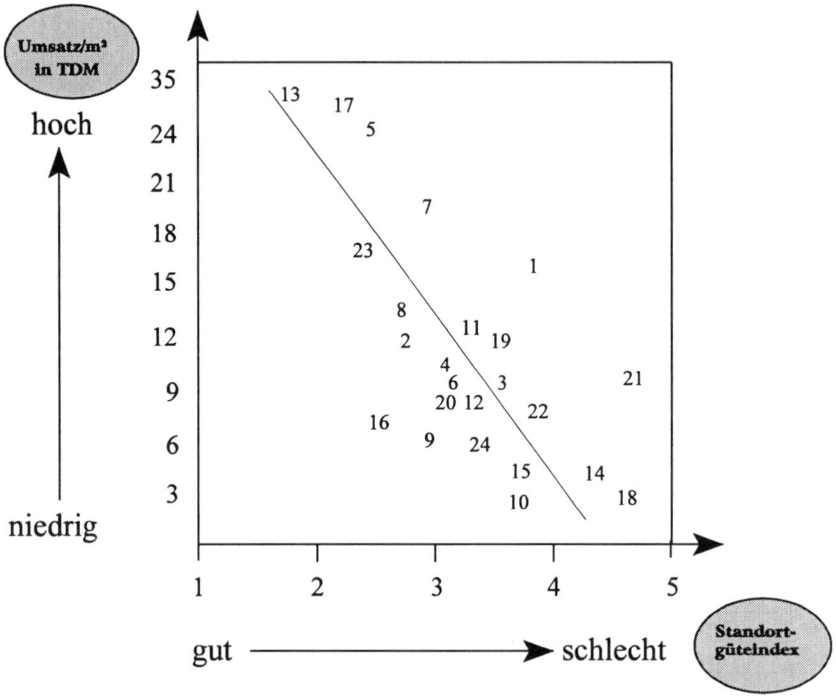

Abbildung 3: Standortportfolio (Fallbeispiel)

Im weiteren Verlauf einer standortspezifischen Portfolioanalyse würden die unterschiedenen fünf Filialtypen zunächst näher charakterisiert und – noch grobe – normstrategische Basisstrategien formuliert werden. Die spezifische Definition der outletbezogenen Standortstrategie im Einzelfall (z.B. Standortaufwertung, Abschöpfung oder Standortschließung) erfordert darüber hinaus die Einbeziehung aller vorliegenden Detaildaten zur Überprüfung der Adäquanz der vorgegebenen Normstrategie. Als typische Ansatzpunkte für konkret zu ergreifende Standortmaßnahmen durch ein einzelnes Unternehmen bzw. eine Gruppe von Unternehmen (eventuell unter Mitwirkung der Kommune) können aus Beobachtungen der Handelspraxis beispielhaft genannt werden:

- Verbesserung/Ausbau des eigenen Parkplatzangebots (PKW-Erreichbarkeit),

- Einrichtung eines kostenlosen Zubringerbusses von einem zentralen Ort zur eigenen Filiale (ÖPNV-Erreichbarkeit),

- Umgestaltung/Verschönerung des Gehweges in unmittelbarer Nähe des Geschäfts – eventuell nach Absprache mit der Kommune (Fußgänger-Erreichbarkeit),

- Gemeinschaftsfinanzierung eines Ordnungsdienstes für einen regionalen Einkaufsboulevard zur Erhöhung der allgemeinen Sicherheit und Attraktivität der Einkaufszone;

Organisation von Aktionen/Straßenfesten durch eine Händlergemeinschaft in Zusammenarbeit mit der Kommune im Rahmen einer „Stadtmarketing"/„Standortmarketing"-Konzeption (Standortattraktivität),

- Vergrößerung/Verschönerung der Schaufensterfront; Erneuerung der Geschäftsfassade (Raumquantität/-qualität),

- politische (und finanzielle) „Unterstützung" der Kommune für Ansiedlungsentscheidungen potentieller Wohnungsbauvorhaben im Einzugsgebiet (wohnortgebundener Konsum),

- Mitsprache/Einflußnahme der Handelslobby, z.B. bezüglich
  - Straßenbau oder der regionalen Verkehrs(wege)planung (PKW-Erreichbarkeit),
  - der kommunalen Steuer- und Abgabentarife (Raumkosten),
  - der Ansiedlung konkurrierender Gewerbeunternehmen, z.B. Verhinderung eines „Grüne-Wiese-Standorts" (lokale Konkurrenzstruktur).

Neben diesen *direkten* Ansatzpunkten ist auch eine *indirekte* Beeinflussung der Standortqualität denkbar, da die komplexe Standort-Realität von den Konsumenten grundsätzlich subjektiv und damit individuell z.T. sehr unterschiedlich wahrgenommen wird. Lewison (1991, S. 378) verweist z.B. im Zusammenhang mit der Standorterreichbarkeit explizit auf die Bipolarität von Standortgüte: „Accessibility is a function of both physical and psychological dimensions. Psychological dimensions of accessibility include how potential customers *perceive* the ease of movement toward and away from a site. If customers belief that is difficult, dangerous or inconvenient to enter a site, a psychological barrier equal to any physical barrier has been created". Für das Marketing bestehen daher auch weitergehende Möglichkeiten der *indirekten* Beeinflussung externer Standortfaktoren, insbesondere durch kommunikative Maßnahmen.

Die beispielhafte Aufzählung standortbezogener Marketingmaßnahmen hat erkennen lassen, daß sich die externe Standortsituation nicht prinzipiell einer unternehmerischen Beeinflussung entzieht, sondern daß es eine breite Palette unterschiedlicher Ansatzpunkte der Standort(mit)gestaltung gibt. Das Alternativenspektrum reicht von Maßnahmen einzelner Unternehmen für ausgewählte Filialen über Formen gemeinschaftlicher Standortpolitik mehrerer (eventuell konkurrierender) Unternehmen bis hin zu umfassenden Regionalkonzepten für lokale Einzelhandelsagglomerationen unter Mitwirkung kommunaler Instanzen. Diese Formen bzw. Potentiale der Standortbeeinflussung bleiben in der Literatur (bei enger Auslegung von extern als „unbeeinflußbar") üblicherweise undiskutiert. Hier wird dagegen explizit der folgende Standpunkt vertreten: *Ein aktives Standortmarketing, das Alternativen der direkten oder indirekten Standort(mit)beeinflussung systematisch entwickelt und umsetzt, stellt für Handelsunternehmen eine erfolgversprechende (Nischen) Strategie dar.*

4 FAZIT

Richtige Standortentscheidungen sind für Handelsunternehmen ein zentraler Erfolgsfaktor. Die Handelswissenschaft bietet methodische Hilfestellungen aber bislang nur für den klassischen Fall der erstmaligen Bewertung eines neuen Filialstandorts an. Lösungsansätze zur laufenden Steuerung bestehender Filialnetze sind demgegenüber (im deutschsprachigen Raum) noch nicht entwickelt worden. Daß eine permanente Überprüfung der Standortqualitäten vor dem Hintergrund der anhaltend starken Handelsdynamik von großer Bedeutung wäre, betonen – einmütig – Handelsforscher und Handelspraktiker. Die Ergebnisse der Unternehmensbefragungen zum Umfang laufender Standortplanungen (*Abbildung 1*) zeigen, daß eine partielle Umsetzung eher in der „Praxis" als in der „Theorie" gelungen ist: Schon heute überprüfen einige vorausdenkende Einzelhandelsunternehmen ihr Standortnetz kontinuierlich und systematisch.

Mit dem Ansatz des Standortcontrolling wurde (einführend) ein Konzept zur laufenden Standortplanung und -kontrolle skizziert, das bewährte betriebswirtschaftliche Methoden/Forschungsansätze (insb. Erfolgsfaktorenforschung, Controlling, Portfolioanalyse) in einer handels- und standortspezifischen Anwendung zusammenführt. Der praktische Einsatz dieses Instruments verspricht zwar keine schnelle, dafür aber eine nachhaltige und vor allem nicht „kopierbare" Stärkung der eigenen Wettbewerbsposition. Mit der Implementierung von Konzepten zur laufenden Standortsteuerung können Handelsunternehmen in Zukunft weitere Profilierungs- und Rentabilitätspotentiale erschließen, zumal die Differenzierung über das traditionelle (interne) Marketing-Mix-Instrumentarium immer schwieriger wird.

LITERATUR

Ahlert, D.; Günther, H.: Strategisches Controlling und experimentelle Optimierung im Handel, Arbeitspapier Nr. 8, Prof. Dr. Dieter Ahlert, Westfälische Wilhelmsuniversität Münster, 3. Auflage, Münster 1992.

Ahlert, D.: Warenwirtschaftsmanagement und Controlling in der Konsumgüterdistribution – Betriebswirtschaftliche Grundlagen und praktische Herausforderungen aus der Perspektive von Handel und Industrie, in: Ahlert/olbrich 1994, S. 3-114.

Barth, K.; Hartmann, R.: Strategische Marketingplanung im Einzelhandel. Möglichkeiten und Grenzen der Anwendung adäquater Planungstechniken. In: Trommsdorff 1992, S. 135-155.

Barth, K.: Betriebswirtschaftslehre des Handels, Wiesbaden 1993. In: Hartmann, R.: Strategische Marketingplanung im Einzelhandel, Wiesbaden 1992.

Behrens, K.-Chr.: Allgemeine Standortbestimmungslehre, Köln und Opladen 1961.

Behrens, K.-Chr.: Der Standort der Handelsbetriebe, Köln und Opladen 1965.

Berekoven, L.: Erfolgreiches Einzelhandelsmarketing, Grundlagen und Entscheidungshilfen, München 1990.

Bienert, M.: Theorie und Methodik der Standortplanung für den Handel, Dissertation i.V., Berlin 1995.

Breheny, M.J.: Practical methods of retail analysis: a review. In: Wrigley 1988, S. 39-86.

Brown, S., Retail Location Theory: The Legacy of Harold Hotelling. In: Journal of Retailing, 65 (1989), S. 450-470.

Craig, C.S.; Ghosh, A.; Mclafferty, S.: Modells of the Retail Location Process: A Review. In: Journal of Retailing, 60 (1984), S. 5-36.

DHI (Hrsg.): Standortpolitik des Einzelhandels, Köln 1991.

Ghosh, A.; Mclafferty, S.: Location Strategies for Retail and Service Firms, Lexington 1987.

Golden, L.G.; Zimmermann, D.A.; Effective Retailing, Chicago 1980.

Heeger, D.: Standortbewertung nicht von der Stange – objektbezogene Praxis der Rewe-Handelsgruppe. In: DHI 1991, S. 92-95.

Heinritz, G.: Fluktuation im Einzelhandelsbetriebsbestand von Mittelzentren. Diskutiert am Beispiel von Dachau, Neuburg/Donau, Pfaffenhofen und Schrobenhausen. In: Trommsdorff 1988, S. 27-47.

Hildebrandt, L.; Trommsdorff, V.: Anwendungen der Erfolgsfaktorenanalyse im Handel. In: Trommsdorff 1989, S. 15-26.

Hildebrandt, L.: Erfolgsfaktorenforschung im Handel. In: Trommsdorff 1986, S. 37-52.

Horvath, P.: Controlling, 5. Auflage, München 1994.

Kube, Chr.: Erfolgsfaktoren in Filialsystemen, Wiesbaden 1991.

Lewison, D.M.: Retailing, vierte, überarb. und erw. Auflage, New York u.a. 1991.

Lücking, J.: Stärken-Schwächen-Analyse. In: Diller, H. (Hrsg.): Vahlens Großes Marketing Lexikon, München 1992.

McGoldrick, P.J.: Retail Marketing, London 1990.

Möhlenbruch, D.; Nickel, S.: Kooperationsstrategien als Element der wettbewerbsstrategischen Konzeption von Einzelhandelsunternehmungen. In: Trommsdorff 1994, S. 3-22.

Oehme, W.: Handels-Marketing, 2. Auflage, München 1992.

Schenk, H.-O.: Der Praxis fehlt die Theorie. In: LZ-Journal, 1992, Nr. 49, J15.

Trommsdorff, V.; Bienert, M.: Handelsforschung an deutschsprachigen Hochschulen -Ergebnisse einer Umfrage. In: Trommsdorff 1993, S. V-VIII.

Trommsdorff, V.: Erfolgsfaktorenforschung, Produktinnovation und Schnittstelle Marketing – F&E, Diskussionspapier 143, Wirtschaftswissenschaftliche Dokumentation, Technische Universität Berlin, Berlin 1990.

Trommsdorff, V.: Konsumentenverhalten, 2. Auflage, Stuttgart u.a. 1993.

Trommsdorff, V. (Hrsg.): Handelsforschung, Jahrbuch der Forschungsstelle für den Handel Berlin (FfH) e.V., Heidelberg 1986-1988, Wiesbaden 1989-1994.

Witt, F.-J.: Handelscontrolling, München 1992.

Wölk, A.: Erfolgsfaktoren kleiner und mittlerer Unternehmen im Einzelhandel. Eine empirische Studie. In: Trommsdorff 1992, S. 47-64.

Wrigley, N. (Hrsg.): Store Choice, Store Location and Market Analysis, London und New York 1988 .

Wurth, R.: Die Bewertung der Filialstandorte von Einzelhandelsfilialunternehmungen, Köln und Opladen 1970.

Zentes, J. (Hrsg.): Strategische Partnerschaften im Handel, Stuttgart 1992.

Erfolgsfaktoren des Warenhaus- und Warengruppen-Managements

Christoph Burmann, Münster

Die seit Jahren zurückgehende reale Flächenproduktivität und das im Wettbewerbsumfeld diffuse Profil der Warenhäuser macht eine grundlegende Überprüfung der Positionierung erforderlich. Vor diesem Hintergrund werden die Erfolgsfaktoren von Warenhäusern sowohl auf der Ebene der Filialen als auch der Ebene einzelner Warengruppen untersucht. Insgesamt werden 6 Erfolgsfaktoren identifiziert, die Personalintensität, die Verkaufsflächengröße, die Standortqualität, die Intensität leistungsorientierter Werbung, die Qualität des persönlichen Verkaufs und die Personalmotivation. Der erfolgreiche „Relaunch" der Betriebsform Warenhaus erscheint somit nur über eine am Fachhandel orientierte, konsequent qualitäts- und erlebnisorientierte Positionierung möglich zu sein. Ferner zeigt sich, daß die Erfolgspotentiale eines differenzierten Warengruppen-Managements zur Erzielung selektiver Sortimentsdominanzen bislang kaum genutzt werden.

1 PROBLEMSTELLUNG

Als Folge veränderter Konsumpräferenzen hat sich die Position des Einzelhandels im Wettstreit um die Kaufkraft des Konsumenten in den vergangenen Jahren kontinuierlich verschlechtert. Während das Bruttosozialprodukt und die Ausgaben für den privaten Verbrauch seit 1980 laufend gestiegen sind, stagniert der gesamte Einzelhandelsumsatz seit 1990. Die Umsätze aller Warenhäuser lagen 1994 trotz eines wesentlich größeren Gesamtmarktes aufgrund der deutschen Wiedervereinigung etwa auf demselben Niveau wie 1980. Demzufolge ist der Marktanteil der Warenhäuser von 7,2 % in 1980 auf nur noch 5 % in 1995 gesunken (Mehler 1995, S. 19). Die Positionierung von Handelsunternehmen in Deutschland anhand der beiden Kriterien Sortiments- und Preiskompetenz zeigt, daß sich die Warenhausunternehmen alle in der „stuck in the middle" Position befinden (Meffert 1985, S. 22). Neben diesem *Positionierungsdilemma* leiden die Warenhäuser vor allem unter einer *zurückgehenden Flächenproduktivität* (*Abbildung 1*). Parallel hierzu haben sich die Mieten für attraktive Innenstadtstandorte in den letzten 20 Jahren deutlich erhöht (*Übersicht 1*). Die sinkende Flächenproduktivität in Verbindung mit der wachsenden Verkaufsfläche je Filiale führt vor dem Hintergrund der steigenden Mieten für die Warenhäuser zu einer prekären Situation.

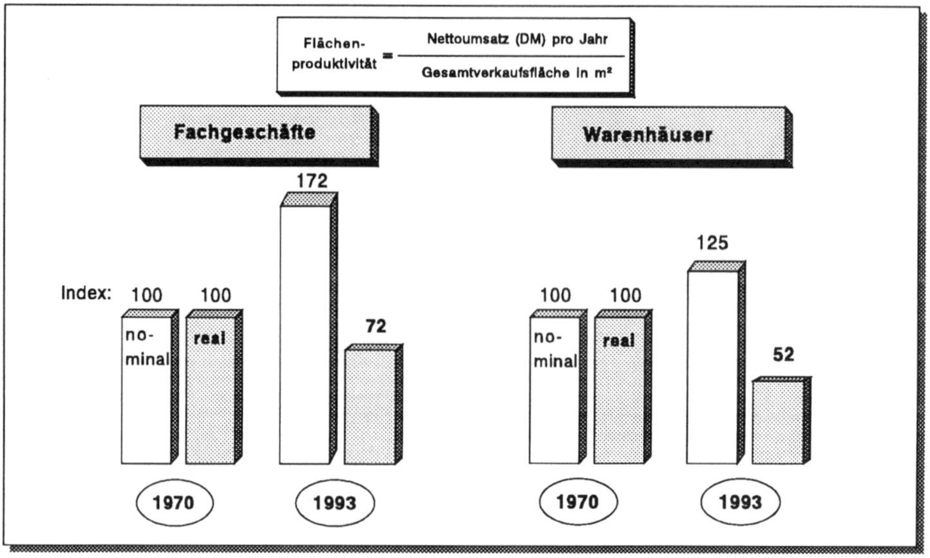

Abbildung 1: **Entwicklung der Flächenproduktivität im deutschen Einzelhandel**

Quelle: Institut für Handelsforschung der Universität Köln
Institut für Marketing der Universität Münster

Übersicht 1: **Entwicklung der Mieten und Verkaufsflächen im deutschen Einzelhandel**

		1972	1992
Mietkosten (absolut pro Jahr)	Kleinstädte [1]	94,90 DM	215,10 DM
	Großstädte [2]	192,00 DM	455,40 DM
Mietkosten (Umsatzanteil)	Kleinstädte	2,6 %	3,8 %
	Großstädte	4,0 %	5,1 %
Durchschnittliche Verkaufsfläche je Betriebsstätte	■ Fachgeschäfte	334 m²	524 m²
	■ Warenhäuser	5.680 m²	9.150 m²

1) Städte mit einer Bevölkerung von unter 100.000
2) Top-Standorte in Städten mit einer Bevölkerung über 100.000
Quelle: Institut für Handelsforschung der Universität Köln,
Institut für Marketing der Universität Münster

Vor diesem Hintergrund beschäftigt sich der vorliegende Beitrag mit der Frage, in welcher Weise sich Warenhäuser neu positionieren müssen, um ihre Flächenproduktivität dauerhaft zu verbessern. Grundsätzlich bieten sich *zwei strategische Stoßrichtungen* an: Eine klare Fokussierung auf Qualitätsvorteile oder auf Kostenvorteile. Eine empirische Untersuchung der zentralen Schlüsselfaktoren der Flächenproduktivität von Warenhaus-Filialen soll Hinweise auf die Vorteilhaftigkeit einer der beiden Stoßrichtungen erbringen. Während die strategische Stoßrichtung unmittelbare Implikationen für den *standortübergreifenden* Standardisierungsgrad der Filialen hat, bleibt offen, ob *warengruppenübergreifend* eine standardisierte oder eine differenzierte Marktbearbeitung im Sinne klarer Sortimentsdominanzen anzustreben ist. Dieses Problem ist unmittelbar mit der Fragestellung verknüpft, ob sich die Konsumenten bei ihrer Einkaufsstättenentscheidung eher von ihrem warengruppenübergreifenden Vorstellungsbild eines Warenhauses oder aber vom Image einzelner Warengruppen leiten lassen. Letzteres spräche tendenziell für eine Sortimentsdifferenzierung im Sinne einer weitgehend autonomen Führung einzelner Warengruppen. Die Untersuchung soll Hinweise darauf geben, ob eine warengruppenübergreifend differenzierte Marktbearbeitung zur Erhöhung der Flächenproduktivität geeignet ist.

2 THEORETISCHE KONZEPTION ZUR UNTERSUCHUNG DER ERFOLGSFAKTOREN VON WARENHÄUSERN

Die Planung, Steuerung und Kontrolle von Maßnahmen zur Steigerung der Flächenproduktivität erfordert die Kenntnis der diesbezüglichen Erfolgswirksamkeit der Aktionsparameter des Handelsmarketing. Erste Anhaltspunkte liefert die handelsspezifische Erfolgsforschung, die sich mit der ganzheitlichen Erfassung exzellenter Handelsbetriebe und handelsbetrieblicher Teilkonzepte sowie der Erforschung von Schlüsselfaktoren zur Unterscheidung von exzellenten und weniger erfolgreichen Handelsbetrieben beschäftigt (Ahlert/Schröder 1992, S. 2-3). Von diesen drei Teilgebieten wurde bislang vor allem der Aufdeckung von Schlüsselfaktoren im Rahmen der sog. Erfolgsfaktorenforschung breiter Raum gewidmet (Kube 1991, S. 13 f.). Die Erfolgsfaktorenforschung beruht auf der Grundannahme, daß es trotz der Mehrdimensionalität und Multikausalität des Unternehmenserfolgs nur wenige Schlüsselfaktoren gibt, auf die sich der Erfolg einer betrieblichen Planungseinheit zurückführen läßt. Neben der durch empirische Studien belegten Erfolgswirksamkeit sind Erfolgsfaktoren durch zwei weitere Merkmale gekennzeichnet (Hildebrandt 1986, S. 39): Sie haben eine strategische Dimension, d.h. sie wirken langfristig über einen Zeitraum mehrerer Jahre, sind jedoch ggf. kurzfristig veränderbar. Darüber hinaus können sie sowohl vom Unternehmen zu kontrollieren sein als auch sich dessen Einflußbereich entziehen. Als nicht direkt kontrollierbare Erfolgsfaktoren ist im Einzelhandel u.a. an Standortcharakteristika, die Wettbewerbsintensität oder das Marktwachstum zu denken.

Die Erfolgsfaktorenforschung ging zunächst von der Existenz allgemeiner, branchenübergreifender Gesetzmäßigkeiten aus. Die Schwierigkeiten, diese auf der Grundlage wissenschaftlicher Erfolgstheorien abgeleiteten „laws of the market place" empirisch zu fundieren, führte zu der allgemeinen Überzeugung, daß es zwar Erfolgsfaktoren mit relativ großer Allgemeingültigkeit gibt, daß jedoch die Richtung und vor allem die Stärke ihrer Erfolgswirkung von den Situations- und Kontextbedingungen der jeweiligen Planungseinheit abhängen (Fritz 1995, S. 20 f.). Der Kausalitätsanspruch der Erfolgsfaktorenforschung im Zusammenhang mit empirisch aufgedeckten Abhängigkeitsbeziehungen erscheint in vielen Studien problematisch, weil die aus theoretischer Perspektive zu erwartenden *time-lags* zwischen Ursache und Wirkung nicht berücksichtigt werden. Das Problem zeitverzögerter Erfolgswirkungen wird vor allem auch im Zusammenhang mit dem Lebenszykluskonzept diskutiert (Simon 1992, S. 241 f.). Gerade in frühen Lebenszyklusphasen kommt es meist zu tiefgreifenden Veränderungen der Wettbewerbsstruktur, der Produkt- und Fertigungstechnologie und des Nachfrageverhaltens. Diese strukturellen Umwälzungen innerhalb eines Marktes lassen das time-lag Problem besonders virulent werden. Im Gegensatz dazu kann bei Erfolgsfaktorstudien, bei denen sich die Untersuchungsobjekte in der Sättigungsphase befinden, dies sei hier für Warenhäuser unterstellt, auf eine explizite Berücksichtigung von time-lag-Strukturen in vielen Fällen verzichtet werden. Die für diese Lebenszyklusphase typische relative Konstanz der unternehmensexternen und -internen Rahmenbedingungen im Sinne einer Zeitstabilitätsprämisse ermöglicht die Verwendung von Querschnitt- statt Längsschnittanalysen.

Zusammenfassend kann festgehalten werden, daß sich auf Basis der vorliegenden Ergebnisse der Erfolgsfaktorenforschung im Handel (Schröder 1994, S. 89 f.) erste Anhaltspunkte hinsichtlich potentieller Flächenproduktivitätsdeterminanten ableiten lassen. Es bleibt jedoch kritisch anzumerken, daß alle Ansätze der handelsspezifischen Erfolgsfaktorenforschung lediglich auf die Untersuchung absoluter Erfolgsmaße abstellen. Inwieweit sich die jeweils identifizierten Erfolgsfaktoren auch positiv auf effizienzorientierte Erfolgsmaße wie die Flächenproduktivität auswirken, bleibt unbeantwortet. Es stellt sich die Frage, inwieweit durch Rückgriff auf Arbeiten zur Produktivitätsforschung Gestaltungsempfehlungen zur Verbesserung der Flächenproduktivität im Warenhaus gewonnen werden können. Die Ansätze der *Produktivitätsforschung* im Einzelhandel beschäftigen sich bisher in erster Linie mit dem Konstrukt der Arbeitsproduktivität (Ingene 1982, S. 75 f.). Zur Aufdeckung der Bestimmungsgrößen für die Ergiebigkeit der menschlichen Arbeitskraft wird dabei fast ausschließlich auf partielle Erklärungsmodelle zurückgegriffen. Die wenigen bislang publizierten Arbeiten, die sich entweder am Rande oder ausschließlich der Flächenproduktivität widmen, sind ebenfalls als Partialmodelle angelegt (Bucklin 1978, S. 15 f.; Ingene 1984, S. 15 f.). Auch die bislang methodisch anspruchsvollste Arbeit von Thurik untersucht lediglich eine begrenzte Zahl von Determinanten der Flächenproduktivität (Thurik 1984, S. 23 f.).

Vor diesem Hintergrund wurde für die vorliegende Untersuchung ein umfassender theoretischer Bezugsrahmen entwickelt (vgl. *Abbildung 2*), dessen Struktur sich aus dem strategischen Planungsprozeß der Warenhäuser und dem kontingenztheoretischen Forschungsansatz ergibt. Die strategische Planung bei Warenhäusern steht vor einem Dilemma. Einerseits sollen die Filialen als strategische Geschäftseinheit (SGE) behandelt werden, um eine standortspezifische Anpassung zu ermöglichen. Andererseits ergibt sich auch aus der Heterogenität des Sortiments die Notwendigkeit, bestimmte Warengruppen im Sinne des *Category Management* als eigenständige SGE zu führen (Bruin 1994, S. 2). Letztlich resultiert hieraus ein duales Planungssystem (Wehrle 1981, S. 76). Der kontingenztheoretische Forschungsansatz ist aus der Kritik an der Einseitigkeit traditioneller organisationstheoretischer Arbeiten und der zu hohen Komplexität und Abstraktion systemtheoretischer Forschungsdesigns entstanden (Lehnert 1983, S. 119 f.). Kontingenzansätze reduzieren diese Komplexität durch bewußte Konzentration auf einzelne Subsysteme. Dementsprechend wurde hier darauf verzichtet, potentielle Erfolgsfaktoren auf der Gesamtunternehmensebene zu erfassen. Nicht berücksichtigt wurden u.a. Entscheidungen über die Unternehmens- und Marketingziele, die Wahl der Betriebsform, die Beschaffungs- und Finanzierungspolitik, die organisatorische Gestaltung und die Logistik der Warenhäuser. Diese Entscheidungen dürften sich auf die Flächenproduktivität aller Filialen eines Warenhauses in ähnlicher Weise auswirken. Kontingenztheoretische Ansätze versuchen ferner, der Situationsgebundenheit des Unternehmensverhaltens Rechnung zu tragen. Es werden insbesondere diejenigen Situationsbedingungen gesucht, die für die Erklärung des Status quo einer bestimmten Entscheidungssituation verantwortlich sind (Staehle 1981, S. 215 f.). Vor diesem Hintergrund ergeben sich für die vorliegende Untersuchung zwei Konsequenzen. Einerseits müssen bei der Analyse potentieller Erfolgsfaktoren auf Filialebene die situativen Rahmenbedingungen des Standorts berücksichtigt werden. Andererseits ist davon auszugehen, daß die Aktivitäten auf Filialebene ihrerseits als situative Einflußfaktoren den Erfolg auf der Ebene einzelner Warengruppen in erheblichem Maße beeinflussen.

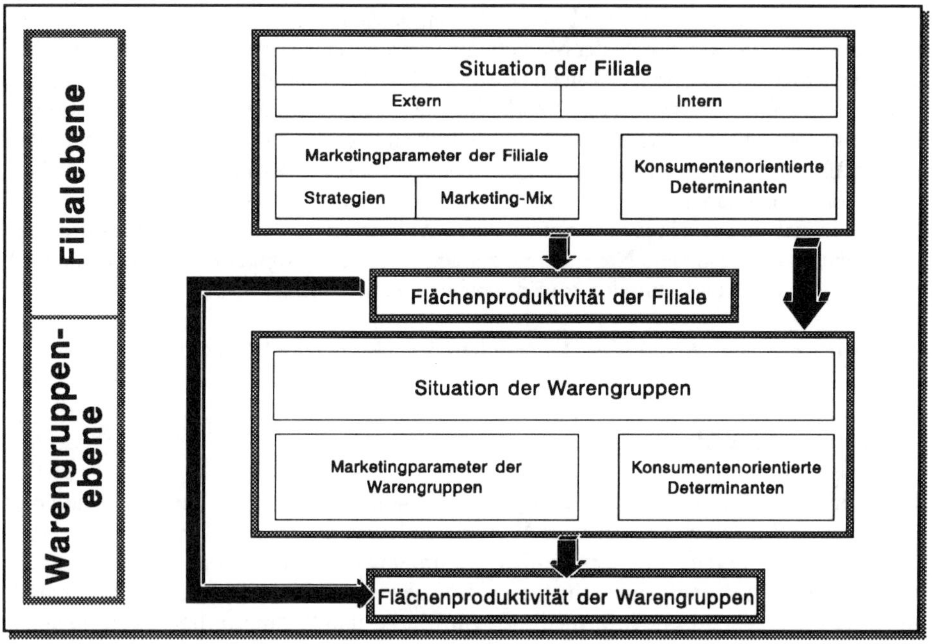

Abbildung 2: Bezugsrahmen zur theoriegestützten Ableitung von Determinanten der Flächenproduktivität

Als wesentlicher Einwand gegenüber kontingenztheoretischen Forschungsdesigns wird auf die *Theorielosigkeit* der aufgestellten Wenn-Dann-Relationen und damit auf die oftmals fehlende Fundierung des pauschalen Kausalitätsanspruchs verwiesen (Lehnert 1983, S. 169). Um dieser Kritik zu begegnen, wurden alle im empirischen Teil der Untersuchung zur Erklärung des endogenen Erfolgsindikators Flächenproduktivität verwendeten exogenen Variablen aus den bisher vorliegenden Erkenntnissen der Erfolgs- und Produktivitätsforschung im Handel abgeleitet. Insoweit kann, zumindest ansatzweise, von einer theoretischen Fundierung der untersuchten Wenn-Dann-Relationen ausgegangen werden. Auf die Generierung der hinsichtlich ihrer Erfolgswirkung zu untersuchenden unabhängigen Variablen soll hier jedoch zugunsten einer ergebnisorientierten Darstellung nicht eingegangen werden (vgl. hierzu Burmann 1995, S. 45 f.). Durch die Verwendung des LISREL-Ansatzes soll der theoretische Kausalitätsanspruch auch empirisch abgesichert und darüber hinaus sichergestellt werden, daß alle wesentlichen Interdependenzen der zu untersuchenden Variablen simultan erfaßt werden. Schließlich wird dem Effizienzproblem als drittem Einwand gegenüber situativen Ansätzen (Lehnert 1983, S.170 f.) dadurch begegnet, daß als abhängiger Erfolgsindikator auf die Flächenproduktivität als klar definiertes Output-Input-Verhältnis zurückgegriffen wird.

Bei der Konzeption des Bezugsrahmens wurden ferner die Erkenntnisse der Industrieorganisationsforschung (Hildebrandt 1986, S. 46) sowie der handelsspezifischen Erfolgsfaktorenforschung integriert. Die Industrieorganisationsforschung findet in der expliziten Berücksichtigung der Wettbewerbsintensität und der lokalen Marktstrukturen ihren Niederschlag. Die Ergebnisse der handelsspezifischen Erfolgsfaktorenforschung machen deutlich, daß die Marketingstrategie sowie der Einsatz der Marketinginstrumente einen erheblichen Einfluß auf den Unternehmenserfolg im Handel ausüben (Kube 1991, S. 162 f.). Entscheidungsparameter des strategischen und operativen Handelsmarketing stehen daher im Mittelpunkt der Untersuchung. Ein wesentliches Defizit der Erfolgsfaktorenforschung im allgemeinen sowie der Handelserfolgsfaktorenforschung im speziellen liegt in der häufig anzutreffenden Vernachlässigung von Kundenurteilen (Hildebrandt 1986, S. 15). Die Erfolgswirkung der meisten Marketingvariablen entsteht jedoch erst bei deren Wahrnehmung und Verarbeitung durch die Konsumenten. Die besondere Nähe des Einzelhandels zum Konsumenten macht gerade hier die Integration von Kundenurteilen bei Erfolgsfaktorstudien erforderlich.

3 EMPIRISCHE ANALYSE DER ERFOLGSFAKTOREN VON WARENHÄUSERN

3.1 Untersuchungsdesign

Zur empirischen Überprüfung des Bezugsrahmens konnte auf drei verschiedene Datenbestände von 70 Filialen eines deutschen Warenhaus-Konzerns aus dem Jahre 1989 zurückgegriffen werden: Erstens eine mündliche Befragung von 5.842 Konsumenten an den Filialstandorten, zweitens eine schriftliche Befragung der 70 Filialgeschäftsführer und drittens sekundärstatistische Informationen zur Markt- und Wettbewerbsstruktur an allen Filialstandorten. Darüber hinaus standen Daten aus dem internen Rechnungswesen zur Verfügung. Diese umfaßten die Verkaufsflächen, Nettoumsätze, Wareneinstands- und Personalkosten sowie Deckungsbeiträge für jede Warengruppe jeder einzelnen Filiale. Der Deckungsbeitrag als Output-Komponente der Flächenproduktivität wurde errechnet, indem vom Nettoumsatz einer Warengruppe die direkt zurechenbaren Wareneinstands- und Personalkosten subtrahiert wurden. Dabei wurde eine Umsatzvariabilität der Personalkosten unterstellt. Raumkosten konnten aufgrund fehlender Angaben nicht berücksichtigt werden. Die Flächenproduktivität berechnet sich im folgenden aus dem Verhältnis von Deckungsbeitrag pro Jahr zu Verkaufsfläche. Mit Ausnahme der objektiven Daten (Markt- und Wettbewerbsstruktur, Verkaufsflächen, Rechnungsweseninformationen) wurden alle Variablen auf einer 5er Rating-Skala erhoben. Bei der LISREL-Analyse ergab sich jedoch ein gravierendes Problem, denn die Konkretisierung des Bezugsrahmens führte zu über 100 Variablen, die nach Auswertung der bislang publizierten Studien als potentielle

Erfolgsfaktoren empirisch zu überprüfen wären. Zur Komplexitätsreduktion wurden daher 9 LISREL-Teilmodelle berechnet. Die Vergleichbarkeit der einzelnen Teilmodelle blieb hierbei gewahrt, weil die zu erklärende endogene Variable in allen Teilmodellen identisch war.

3.2 Erfolgsfaktoren auf Filialebene

Zunächst wurde der Einfluß situativer Variablen überprüft. Dabei wurde zwischen unternehmensexternen und -internen Situationsvariablen unterschieden. Interne Situationsvariablen sind Marketingparameter, die auf der Ebene des Gesamtunternehmens für die einzelnen Filialen variiert werden können, für den Filialgeschäftsführer aufgrund fehlender Entscheidungskompetenz jedoch zu den gegebenen Rahmenbedingungen gehören.

Das LISREL-Teilmodell der *externen Situation* (vgl. *Übersicht 2/3*) zeigt, daß nur vom Marktpotential ein signifikanter Einfluß auf die Flächenproduktivität der Filialen ausgeht: Je größer die Kaufkraft und die Einwohnerzahl an einem Standort ist, desto höher fällt der Deckungsbeitrag pro Quadratmeter Verkaufsfläche aus. Die Betriebsform des Warenhauses ist offenbar vor allem in großen Städten erfolgreich. Dies dürfte eine Folge der in kleineren Filialen abseits der Großstädte stark eingeschränkten Sortimentsbreite und -tiefe sein. Hier verliert das Warenhaus offenbar seinen zentralen Wettbewerbsvorteil, ,,alles unter einem Dach" zu bieten. Ferner zeigen die Vorzeichen der LISREL-Strukturkoeffizienten, die grundsätzlich Werte zwischen –1 und +1 annehmen können, daß Warenhäuser von einem intensiven Qualitätswettbewerb tendenziell profitieren, wohingegen mit zunehmendem Preiswettbewerb die Flächenproduktivität sinkt. Ein wesentlicher Grund hierfür dürfte der hohe Ausschöpfungsgrad des für Warenhäuser relevanten Marktes sein. Bei einer hohen Marktausschöpfung führt ein aggressiver Preiswettbewerb an einem Standort nur in geringem Maße zur Erschließung neuer Käufersegmente. Stattdessen ist zumeist ein Verfall des Preisniveaus zu beobachten. Von der Agglomeration mehrerer konkurrierender Warenhäuser an einem Standort geht kein Einfluß auf die Flächenproduktivität aus. Hier kompensieren sich offenbar positive Effekte der Agglomeration aufgrund einer höheren Attraktivität der Innenstadt und negative Effekte aus einem intensivierten Preiswettbewerb. Das LISREL-Modell der *internen Situation* offenbart, daß der Standortqualität und vor allem der Betriebsgröße eine außerordentlich hohe Bedeutung zukommt. Beide Determinanten zusammen erklären bereits 43 % der Varianz der Flächenproduktivität. Offenbar können Warenhäuser nur auf großen Verkaufsflächen an Top-Standorten in Großstädten dauerhafte Wettbewerbsvorteile gegenüber anderen Betriebsformen aufbauen.

Die geringe Bedeutung der Wettbewerbsposition, erfaßt über den absoluten und relativen Marktanteil, legt die Schlußfolgerung nahe, daß die absolute Betriebsgröße einer Filiale für den Erfolg offenbar wesentlich wichtiger ist, als die relative Größe im Vergleich zu anderen Wettbewerbern.

Die *Marketingstrategie* einer Warenhausfiliale wurde durch die wettbewerbsstrategische Grundhaltung und die Zielgruppenstrategie erfaßt. Nur in diesen beiden Bereichen haben die Filialgeschäftsführer einen eigenen Handlungsspielraum, wohingegen ihnen die Sortimentsstrategie von der Zentrale weitestgehend vorgegeben wird. Von allen untersuchten wettbewerbsstrategischen Grundhaltungen kann nur für eine hohe Service- und Erlebnisorientierung eine signifikant positive Wirkung nachgewiesen werden.

Übersicht 2: LISREL-Strukturkoeffizienten auf Filialebene

LISREL Modell	ξ 1	ξ 2	ξ 3	ξ 4	ξ 5	Gütemaße DTC	AGFi	RMR
Externe Situation	Marktpotential	Allg. Wettbewerbsintensität	Preisliche Wett.intensität	Agglomeration von WH`s				
FP-Filiale (η)	+ 0,32 **	+ 0,12	- 0,15	- 0,03		0,119	0,984	0,030
Interne Situation	Standortqualität	Gebäudezustand	Betriebsgröße	Wettbewerbsposition				
FP-Filiale (η)	+ 0,25 *	+ 0,02	+0,55 **	- 0,01		0,427	0,970	0,059
Wettbewerbsstrat. Grundhaltung	Kundenorientierung	Preisorientierung	Innovations/ Umsetzungsorie.	Service/ Erlebnisorie.	Kostenorientierung			
FP-Filiale (η)	- 0,44	- 0,34	+ 0,35	+ 0,61 **	+ 0,13	0,474	0,904	0,068
Zielgruppenstrategie [1]	Untere Mittel-/ Unterschicht	Altersgruppe 41-65	Obere Mittel-/ Oberschicht	Altersgruppe 26-40	Azubi/Schüler/ Student/Rentner			
FP-Filiale (η)	-0,68 **	+0,05	+ 0,47 **	+ 0,14	- 0,02	0,430	0,874	0,105
Kommunikationspolitik	PR-Intensität	Intensität der Preiswerbung	Intensität der Leistungswerb.	Qualität des pers. Verkaufs	Intensität der Verkaufsförd.			
FP-Filiale (η)	+ 0,11	-0,34 **	+ 0,78 ***	+ 0,38 *	- 0,32	0,472	0,948	0,069
Personalpolitik	Personalmotivation	Personalqualifikation	Arbeitsbedingungen	Personalintensität	Personalflexibilität			
FP-Filiale (η)	+ 0,19 **	+ 0,01	+ 0,05	+ 0,90 ***	+ 0,01	0,838	0,992	0,025

*) Signifikant α <0,05 **) Sig. α <0,01 ***) Sig. α <=,001 1) Fokus der Marktbearbeitung WH = Warenhaus FP = Flächenproduktivität

Übersicht 3: Meßmodelle (Ladungen) der exogenen Konstrukte auf Filialebene

Exogene Konstrukte / LISREL Modell	ξ_1	ξ_2	ξ_3	ξ_4	ξ_5
Externe Situation	Kaufkraft 0,99 Einwohnerzah 0,99	Allg. Wettbewerbsintensität 0,77 Wettbewerb durch FM und FH 0,76	Preisliche Wettbewerbsintensität 1	WH-Gesamtverkaufsfläche pro Einwohner 1	
Interne Situation	Standortlage 1	Fassaden[1] 0,67 Schaufenster 0,83 Leuchtschriften 0,78	Verkaufsfläche in qm. 1	MA Umsatz abs. 0,85 MA Umsatz rel 0,96 MA Fläche abs. 0,87 MA Fläche rel. 0,96	
Wettbewerbsstrategische Grundhaltung	Wir arbeiten kundenorientiert 0,50 Der Kunde ist König 0,79	Wir sind stark preisorientiert 1	Suchen ständig neue Lösungen 0,42 Konsequente Umsetzung v. Entscheidungen 0,63	Personal ist sehr serviceorientiert 0,61 Starke Erlebnisorientierung 0,64	Starke Kostenorientierung 1
Zielgruppenstrategie [2]	Untere Mittelschicht 0,88 Unterschicht 0,85	41 - 50 Jahre 0,63 51 - 65 Jahre 0,95	Oberschicht 0,99 Obere Mittelschicht 0,68	26 - 40 Jahre 1	> 65 Jahre 0,80 < 20 Jahre 0,73 21 - 25 Jahre 0,32
Kommunikationspolitik	Presseberichte * 0,80 Presseveranstaltung * 0,92	Preisbetonte Werbung * 11	Sortimentswerbung * 0,73 Image-/Erlebniswerbung * 0,83	Fachkompetenz 0,85 Kongruenz Verkäufer- zu Kundentyp 0,85	Verkaufsförderungsaktionen 1
Personalpolitik	Motivation 0,90 Engagement 0,97 Identifikation 0.84	Allgemeine Qualifikation des Personals 1	Bedingungen am Arbeitsplatz 1	Personalkosten je qm Verkaufsfläche 0,98 Personal je 100 qm Verkaufsfläche 0,95	Flexibilität des Personals 1

[1] Zustand der...
[2] Priorität der Marktbearbeitung auf...
* Anzahl von ...

MA = Marktanteil
abs. = absolut
rel. = relativ

FM = Fachmärkte
FH = Fachhandel
WH = Warenhaus

Zwar wird auch für alle anderen Grundhaltungen ein relativ hoher Strukturkoeffizient ausgewiesen, aufgrund der mit diesen Parameterschätzungen verbundenen hohen Standardfehler sind die Wirkungen jedoch nicht signifikant. Die untersuchten Filialen sind hinsichtlich der wettbewerbsstrategischen Grundhaltung offenbar durch eine hohe Heterogenität gekennzeichnet. Die Analyse der übrigen wettbewerbsstrategischen Grundhaltungen zeigt, daß eine ausgeprägte innerbetriebliche Kostenorientierung tendenziell zu höheren Deckungsbeiträgen pro Quadratmeter führt, wohingegen von einer starken Preisorientierung ein negativer Einfluß ausgeht. Dieser negative Effekt in Verbindung mit den positiven Wirkungen der Service- und Erlebnisorientierung sowie der Innovations- und Umsetzungsorientierung deutet auf die Vorteilhaftigkeit einer qualitäts- gegenüber einer preisorientierten Positionierung von Warenhäusern hin. Die nicht signifikante, aber dennoch tendenziell negative Wirkung der Kundenorientierung kann nur schwer erklärt werden. Vermutlich handelt es sich bei der bekundeten Kundenorientierung des Geschäftsführers eher um ein ,,Lippenbekenntnis", welches im operativen Tagesgeschäft kaum umgesetzt wird. An dieser Stelle werden die besonderen Schwierigkeiten bei der Operationalisierung der Markt- bzw. Kundenorientierung eines Unternehmens deutlich (Fritz 1995, S. 150 f.).

Im nächsten Schritt wurden die Produktivitätswirkungen verschiedener Zielgruppenstrategien der Filialen analysiert. Aufgrund der traditionell breiten Marktabdeckung und undifferenzierten Marktbearbeitung der Warenhäuser wurde die Zielgruppenstrategie nur anhand der globalen Segmentierungskriterien soziale Schicht und Altersgruppe operationalisiert. Während die Konzentration der Marktbearbeitung auf die Zielgruppe obere Mittel- und Oberschicht eine signifikant positive Wirkung auf die Flächenproduktivität ausübt, zeigt sich hinsichtlich der unteren Mittel- und Unterschicht ein gegenteiliges Bild. Dieses Ergebnis unterstreicht die Erfolgswirkung einer differenzierten Zielgruppenbearbeitung auch für Warenhäuser. Gleichzeitig verdeutlichen die starken Interdependenzen zwischen den einzelnen Zielgruppenkonstrukten aber auch, daß diese Erfolgspotentiale bislang kaum genutzt werden. Auch hinsichtlich der Zielgruppenstrategie kann festgehalten werden, daß Warenhäusern eher ein *Trading-Up* und damit eine Herausstellung ihrer *Qualitätsvorteile* zu empfehlen ist als eine bewußt preisorientierte Wettbewerbspositionierung.

Im Bereich der *Marketinginstrumente* können die Intensität leistungsorientierter Werbung und die Qualität des persönlichen Verkaufs als signifikante Erfolgsfaktoren der Kommunikationspolitik identifiziert werden. Die häufige Schaltung preisbetonter Werbung führt demgegenüber ebenso wie der massive Einsatz von Verkaufsförderungsaktionen zu negativen Deckungsbeitragseffekten. Der häufige Einsatz dieser beiden Instrumente fördert offenbar die Ausrichtung des Kaufverhaltens an Sonderaktionen. Diese Aktionsorientierung der Kunden hat an normalen Tagen, im Sinne eines Gewöhnungseffektes, dann offensichtlich eher enttäuschte Erwartungen und negative Reaktionen zur Folge. Die grundsätzlich hohe Bedeutung des Personals im Einzelhandel legte es nahe, die Produktivitätswirkung personalpolitischer Entscheidungen differenziert zu analysieren. Hierbei zeigte sich, daß der Leistungsbereitschaft des Personals und vor allem der Personalintensität eine hohe Bedeutung zur Erklärung der Flächenproduktivität zukommt. Neben der Kommunikations- und Personalpolitik wurde auch die Produktivitätswirkung verschiedener Führungsstile, unterschiedlicher Formen der Ladengestaltung, der Sonderangebotspolitik sowie der Nutzung von Warenwirtschafts-, Personaleinsatz- und Managementinformationssystemen untersucht. Aufgrund einer in allen diesen Fällen fehlenden

Signifikanz soll hierauf jedoch nicht näher eingegangen werden. Dagegen sollen die Ergebnisse der Konsumentenbefragung wegen ihrer herausgehobenen Stellung im Bezugsrahmen kurz skizziert werden.

Im Rahmen der Einkaufsstättenwahl des Konsumenten wird dem *Image* und der wahrgenommenen *Kompetenz* eines Handelsbetriebes regelmäßig eine hohe Verhaltensrelevanz unterstellt (Heemeyer 1981, S. 87 f.; Berekoven 1995, S. 420). Offen bleibt in diesem Zusammenhang zumeist, in welchem Ausmaß diese psychographischen Variablen auch direkt den ökonomischen Erfolg beeinflussen. Zur Operationalisierung des Einkaufsstättenimages wurden die Einstellungen der Befragten zu 23 Warenhausmerkmalen erhoben. Mittels einer explorativen Faktorenanalyse konnten *fünf Faktoren* identifiziert werden: die Servicekompetenz und Einkaufsatmosphäre, ein umfassendes und qualitativ gutes Sortiment, die Bequemlichkeit beim Einkauf, die Preisgünstigkeit und die Modernität (Burmann 1995, S. 148 f.). Diese 5 Imagefaktoren, die Kompetenz und die sich aus diesen beiden Konstrukten ergebende Kundenbindung im Sinne des Stammkundenanteils wurden hinsichtlich ihrer Produktivitätswirkung untersucht. Entgegen der Erwartung konnte für keinen der 5 Imagefaktoren eine nennenswerte Wirkung ermittelt werden. Der vom Konsumenten wahrgenommenen Kompetenz kommt demgegenüber ein etwas höherer Aussagegehalt zu. Die Kompetenz eines Warenhauses wird dabei ganz wesentlich von der Breite und Tiefe des Sortiments und der stark emotional geprägten Wahrnehmung der Personalqualität geprägt. Die überraschenderweise negative Wirkung des Stammkundenanteils ist vermutlich auf Überlagerungseffekte der Betriebsgröße zurückzuführen, denn hohe Flächenproduktivitäten großer Filialen fallen regelmäßig mit niedrigen Stammkundenanteilen zusammen und vice versa.

Als wichtigstes Ergebnis bleibt festzuhalten, daß das Image, die Kompetenz und der Stammkundenanteil nur einen sehr geringen Einfluß auf die Flächenproduktivität haben, denn zusammen erklären sie lediglich 2 % der Varianz. Hierfür sind drei Erklärungen denkbar: Erstens sind in der Analyse weder situative Einflußfaktoren des Kaufverhaltens noch Wettbewerbsreaktionen berücksichtigt. Zweitens führt die hohe Heterogenität der Images und Kompetenzen der Filialen bei einer standortübergreifenden Analyse offenbar zu kompensatorischen Effekten. Drittens bestehen zwischen Einstellungskonstrukten und ökonomischen Erfolgsgrößen vermutlich nicht-lineare Wirkungsbeziehungen, die mit dem LISREL-Ansatz, der lineare Beziehungen unterstellt, nicht erfaßt werden können. Aufgrund der geringen Erklärungskraft aller Einstellungskonstrukte wurden diese in den weiteren Analysen nicht mehr berücksichtigt.

Obwohl in den LISREL-Teilmodellen einige Determinanten identifiziert werden konnten, die isoliert betrachtet die Flächenproduktivität signifikant beeinflussen, blieb offen, welche Interdependenzen zwischen diesen Determinanten bestehen. Die z.T. hohen erklärten Varianzanteile der Teilmodelle, die sich bezüglich der Flächenproduktivität auf über 100 % erklärte Varianz addieren, untermauern die Vermutung, daß zwischen den Flächenproduktivitätsdeterminanten erhebliche Interdependenzen bestehen. Zur Ermittlung der um Interdependenzen bereinigten Einflußstärke der Determinanten wurde abschließend ein zweiteiliges *LISREL-Gesamtmodell* konzipiert. Während sich die Wirkungsrichtung aller in den Einzelmodellen signifikanten Determinanten im Gesamtmodell bestätigte, veränderte sich die Wirkungsstärke im Vergleich zu den Teilmodellen erheblich (Burmann 1995,

S. 156 f.). Dies ist primär darauf zurückzuführen, daß zwischen der Betriebsgröße und den übrigen Determinanten teilweise starke Interdependenzen bestehen. So ist es offenbar nur in großen Filialen möglich, durch ein umfassendes Sortiment in Verbindung mit einer attraktiven Warenpräsentation eine erlebnisorientierte Profilierung zu realisieren. Auch die Bereitstellung einer breiten Palette von Serviceleistungen sowie die gezielte Ansprache von Kunden aus höheren sozialen Schichten war bislang fast ausschließlich großen Filialen möglich. Zusammenfassend kann festgestellt werden, daß die *Flächenproduktivität einer Warenhausfiliale*, um die genannten Interdependenzen bereinigt, primär *von 6 Erfolgsfaktoren abhängt: der Personalintensität, der Größe der Verkaufsfläche, der Standortqualität, einer hohen Intensität leistungsorientierter Werbung, der Qualität des persönlichen Verkaufs und der Personalmotivation.*

3.3 Erfolgsfaktoren auf Warengruppenebene

Vor dem Hintergrund der Zielsetzung der Arbeit wird in diesem Abschnitt untersucht, inwieweit die für die gesamte Filiale identifizierten Erfolgsfaktoren auch zur Erklärung der Flächenproduktivität einzelner Warengruppen herangezogen werden können. Ferner soll überprüft werden, inwieweit die Erfolgsfaktoren und deren jeweilige Einflußstärke zwischen den verschiedenen Warengruppen signifikant voneinander abweicht. Der Grad der Erfolgsunabhängigkeit zwischen einzelnen Warengruppen und im Verhältnis Warengruppe zu Gesamtfiliale hat wesentliche Implikationen sowohl für die strategische Positionierung als auch für die Sortiments- und Zielgruppenstrategie der Warenhäuser.

3.3.1 Filialerfolgsfaktoren als Determinante der Flächenproduktivität auf Warengruppenebene

Die vor allem im Zusammenhang mit dem Konstrukt des Einkaufsstättenimage diskutierten Irradiationsseffekte zwischen den Images auf Filial- und Warengruppenebene (Heemeyer 1981, S. 28 f.) verdeutlichen das besondere Problem der Erfolgsfaktorenforschung bei den Großbetriebsformen im Einzelhandel. Die Stärke der Ausstrahlungseffekte, die von Aktionsparametern der Filialebene auf einzelne Warengruppen einwirken, beeinflußt einerseits den Handlungsspielraum der für die Warengruppen zuständigen Mitarbeiter und hat andererseits erhebliche Konsequenzen für die Marketing-Strategie sowie die Führung und Organisation einer Filiale. In diesem Zusammenhang ist vor allem die Frage einer warengruppenspezifischen versus warengruppenübergreifenden Profilierung eines Warenhauses zu klären. Darüber hinaus sind hier Entscheidungen über die Zentralisation bzw. Dezentralisation von Planungs-, Führungs- und Organisationsaufgaben angesprochen.

Zur Überprüfung von Ausstrahlungseffekten der Filialebene wurden für jede Warengruppe Regressionsanalysen berechnet, in denen der Einfluß der Flächenproduktivität einer Filiale auf die Flächenproduktivität verschiedener Warengruppen ermittelt wurde. *Übersicht 4* zeigt, daß durchschnittlich 58,3 % der Flächenproduktivität der Warengruppen durch die Produktivität der Filiale erklärt werden können. Die auf der Filialebene identifizierten Erfolgsfaktoren bestimmen somit in erheblichem Ausmaß auch die Flächenproduktivität der einzelnen Warengruppen. Die Filial-Erfolgsfaktoren stellen gleichsam „K.O.-Kriterien" bzw. unabdingbare Voraussetzungen zur Erzielung einer hohen Flächenproduktivität bei einzelnen Warengruppen dar. Die große Bandbreite der Bestimmtheitsmaße von

18,0 % bis 83,2 % signalisiert andererseits, daß die einzelnen Warengruppen offenbar in sehr unterschiedlichem Maße mit dem Erfolg der Filiale verknüpft sind. Diejenigen Warengruppen, deren Produktivität immer dann besonders hoch ausfällt, wenn auch die Flächenproduktivität der Filiale überdurchschnittlich hoch ist, d.h. wenn alle wesentlichen Erfolgsvoraussetzungen einer Warenhausfiliale erfüllt sind, zählen aus Sicht der Konsumenten offensichtlich zu den *klassischen Kompetenzbereichen eines Warenhauses.* Auf der Grundlage der vorliegenden Daten zählen zu diesen klassischen Kompetenzbereichen vor allem die textilen Sortimente sowie die Warengruppen Sport, Spiel-, Haushalts-, Glaswaren, Porzellan und Geschenkartikel, Parfümerie, Uhren/Schmuck, Schreib- und Lederwaren. Demgegenüber kann mit den Warengruppen Möbel, Teppiche, Bürotechnik, Radio/Fernsehen/Video, Schallplatten, Auto- und Heimwerkerartikel, Lebensmittel und Gardinen/Dekostoffe auch in überdurchschnittlich erfolgreich operierenden Filialen zumeist nur eine sehr niedrige Flächenproduktivität erzielt werden. Trotz der insgesamt hohen Bedeutung der Filial-Erfolgsfaktoren für die Produktivität der einzelnen Warengruppen verbleibt hinsichtlich der Flächenproduktivität der Warengruppen eine Restvarianz von durchschnittlich gut 40 %, die durch Aktionsparameter auf Filialebene nicht direkt erklärt werden kann. In welchem Ausmaß warengruppenspezifische Einflußfaktoren diese Restvarianz zu erklären vermögen, soll im folgenden untersucht werden.

3.3.2 Gesamtmodell der Erfolgsfaktoren auf Warengruppenebene

Die Auswahl der auf Warengruppenebene zu untersuchenden Flächenproduktivitätsdeterminanten richtet sich zunächst an den auf Filialebene identifizierten Erfolgsfaktoren aus. Aus diesem Grunde wurde die Personalintensität und die Verkaufsflächengröße in ihrer warengruppenspezifischen Ausprägung hinsichtlich ihres Einflusses auf die Flächenproduktivität einer Warengruppe überprüft. Daneben erfolgte die Variablenauswahl vor dem Hintergrund des spezifischen Warengruppenkontextes im Warenhaus. Die zentralistischen Organisationsstrukturen in Warenhäusern haben zur Folge, daß die Entscheidungskompetenzen auf Warengruppenebene sehr begrenzt sind. Dem jeweiligen Abteilungsleiter ist die eigenständige Anpassung „seiner" Warengruppe an die lokalen Marktgegebenheiten zumeist lediglich durch die Mitwirkung bei der Auswahl des Verkaufspersonals, der Sonderangebotspolitik und bei der Ansprache bestimmter Zielgruppen im Rahmen der Warenpräsentation möglich. Demzufolge werden diese drei Parameter des Warengruppenmarketings hinsichtlich ihrer Wirkung auf die Flächenproduktivität empirisch überprüft. Unter Plausibilitätsüberlegungen erscheint es ferner erforderlich, die auf der Filialebene zweideutige Produktivitätswirkung der Wettbewerbsintensität durch eine erneute Überprüfung auf der Warengruppenebene zu validieren. Darüber hinaus soll auch die Produktivitätswirkung der Wettbewerbsposition, die auf Filialebene durch Überlagerungseffekte der Betriebsgröße verzerrt wurde, unter Verwendung einer alternativen Operationalisierung auf der Warengruppenebene erneut überprüft werden. Ferner wird die nur auf der Warengruppenebene gegebene Möglichkeit genutzt, die Produktivitätswirkung der Unterstützung einer Warengruppe durch den Zentraleinkauf zu analysieren.

Die Operationalisierung der insgesamt 8 auf der Warengruppenebene empirisch zu prüfenden potentiellen Erfolgsfaktoren (vgl. *Übersicht 6*) erfolgte bezüglich der Personalintensität, der Qualität des persönlichen Verkaufs, der Verkaufsflächengröße und der Zielgruppenausrichtung in Analogie zur Filialebene. Die wenig reliable Messung der Sonderange-

Übersicht 4: **Bestimmungskraft der Filial-Erfolgsfaktoren für die Flächenproduktivität der Warengruppen**

Bestimmtheitsmaße zur Regression der Flächenproduktivität der Warengruppe... (abhängige Variable) durch die Flächenproduktivität der Filiale

Warengruppe		R^2
1.	DOB-Großkonfektion	(70,9)
2.	DOB-Chosen	(68,6)
3.	Damenwäsche	(68,6)
4.	HAKA-Großkonfektion	(69,4)
5.	HAKA-Chosen	(68,9)
6.	Alles für's Kind	(83,2)
7.	Schuhe	52,7
8.	Strümpfe, Handschuhe	(80,2)
9.	Kleiderstoffe	27,0
10.	Haushaltswäsche, Bettwaren	(66,1)
11.	Gardinen, Dekostoffe	42,5
12.	Teppiche, Bodenbelag	38,0
13.	Möbel	18,0*
14.	Elektroklein/Großgeräte	50,7
15.	Lampen	56,2
16./17.	Heimwerker, Autozubehör	63,5
18.	Radio, Fernsehen, Video	25,2
19.	Schallplatten, Cass., CD	25,7
20.	Foto	64,9
21.	Bücher	52,3
22./23.	Sportartikel,-bekleidung	(66,7)
24.	Spielwaren	(66,6)
25.	Haushaltswaren	(77,0)
26.	Glas, Porzellan, Geschenke	(66,8)
27.	Parfümerie, Kosmetik	(81,2)
28.	Uhren, Schmuck	(73,6)
29.	Schreibwaren	(75,7)
30.	Bürotechnik	31,1
31.	Lederwaren, Schirme	(79,3)
32.	Lebensmittel	37,8

* Nicht signifikant (α >0,01), alle übrigen R^2 signifikant

(Oval) = R^2>0,66

DOB = Damenoberbekleidung
HAKA = Herrenoberbekleidung

botspolitik auf Filialebene führte auf Warengruppenebene zu der Entscheidung, die Sonderangebotspolitik durch den Umsatzanteil von Sonderpreisaktionen zu erfassen. Die Wettbewerbsintensität wurde auf Warengruppenebene über eine direkte, eindimensionale Messung erhoben. Die Erfassung der warengruppenspezifischen Wettbewerbsposition erfolgte zweidimensional über den Umsatzrangplatz der Warengruppe im relevanten lokalen Konkurrenzumfeld sowie über den prozentualen Anteil der Warengruppen-Verkaufsfläche der betrachteten Filiale an der gesamten Warengruppen-Verkaufsfläche der fünf größten Wettbewerber am Standort. Schließlich wurde auch die Qualität des Zentraleinkaufs über eine direkte, eindimensionale Messung erfaßt. Bei den 8 potentiellen Erfolgsfaktoren auf der Warengruppenebene wurde im ersten Schritt untersucht, inwieweit diese Faktoren tatsächlich warengruppenspezifisch und damit unabhängig von den entsprechenden Parametern der Filiale ausgestaltet werden. In *Übersicht 6* sind die Ergebnisse der zu diesem Zweck durchgeführten Korrelationsanalyse wiedergegeben. Es zeigt sich, daß in fast allen Warengruppen eine sehr enge Beziehung zwischen der Größe einer Filiale und der Größe der einzelnen Warengruppenflächen besteht. Ein selektiver Ausbau der Verkaufsflächen zur Realisierung von *Sortimentsdominanzen* in ausgewählten Warengruppen findet bislang offenbar kaum statt. Auch bezüglich der Personalintensität ist eine sehr enge Beziehung der entsprechenden Variablen auf Filial- und Warengruppenebene zu erkennen. Die beiden wichtigsten *Filial-Erfolgsfaktoren* werden offensichtlich warengruppenübergreifend relativ standardisiert eingesetzt und *nur in geringem Maße an die lokale Markt- und Wettbewerbssituation einzelner Warengruppen angepaßt.* Diese *standardisierte Marktbearbeitung* erscheint unter Berücksichtigung der sehr heterogenen Standortbedingungen überraschend. Es liegt die Vermutung nahe, daß durch die geringe Anpassung des Warengruppenmarketings an die lokalen Standortbedingungen vorhandene Flächenproduktivitätspotentiale nicht ausgeschöpft werden.

Eine warengruppenspezifisch differenzierte Standortanpassung erscheint jedoch in mehrfacher Hinsicht notwendig. Zunächst verdeutlicht *Übersicht 5*, daß sich die relative Wettbewerbsposition der Gesamtfiliale in den meisten Fällen erheblich von derjenigen einzelner Warengruppen unterscheidet. Darüber hinaus signalisieren die teilweise sehr niedrigen Korrelationen zwischen der Zielgruppenausrichtung auf Filial- und auf Warengruppenebene, daß in dieser Hinsicht eine differenzierte Positionierung der einzelnen Warengruppen offenbar bereits realisiert wird, ohne daß sich diese differenzierte Zielgruppenausrichtung in einem selektiven Ausbau einzelner Warengruppenflächen niederschlagen würde.

In diesem Zusammenhang erscheint die bisherige Praxis wenig zweckmäßig, die Personalintensität und Verkaufsflächengröße der Warengruppen standardisiert auszugestalten, während auf der anderen Seite die Zielgruppenausrichtung, die Wettbewerbsposition und die Wettbewerbsintensität warengruppenspezifisch höchst unterschiedlich ausfallen. Für die 8 potentiellen Erfolgsfaktoren wurde im zweiten Schritt die Stärke des Einflusses auf die Flächenproduktivität im Rahmen von 32 warengruppenspezifischen LISREL-Modellen überprüft. Die 8 Faktoren konnten dabei in Verbindung mit den Erfolgsfaktoren auf Filialebene jeweils zwischen 69,6 % und 97,9 % der Varianz der Flächenproduktivität der Warengruppen erklären. Dieser hohe Erklärungsanteil geht in erster Linie auf den Einfluß der Personalintensität zurück. Mit Ausnahme der beiden Warengruppen Schuhe und Möbel war die Personalintensität stets der mit Abstand wichtigste Erfolgsfaktor der Flächenpro-

Übersicht 5: Meßmodell (Ladungen) der exogenen Konstrukte auf Warengruppenebene

Exogene Konstrukte	Meßvariable	LISREL Meßmodelle in den Warengruppen...					
		DOB	HAKA	HHW	Sport	GPG	Teppiche
ξ_1	Wettbewerbsintensität in der Warengruppe	1	1	1	1	1	1
ξ_2	Umsatzrangplatz der Warengruppe	0,37	0,32	0,30	0,48	0,42	0,27
	Relativer flächenbezogener Marktanteil	0,99	0,98	0,99	0,91	0,99	0,93
ξ_3	Qualität der Problemlösungen des Zentraleinkaufs	1	1	1	1	1	1
ξ_4	Warengruppeverkaufsfläche in m^2	1	1	1	1	1	1
ξ_5	Personalkosten je m^2 Verkaufsfläche	0,99	0,99	0,99	0,99	0,99	0,98
	Personal je 100 m^2 Verkaufsfläche	0,98	0,96	0,96	0,99	0,97	0,99
ξ_6	Fachkompetenz des Verkaufspersonals	0,83	0,75	0,97	0,86	0,82	0,99
	Kongruenz zwischen Verkäufertyp und Kundentyp	0,74	0,84	0,56	0,77	0,81	0,71
ξ_7	Priorität der Marktbearbeitung auf obere Mittelschicht	0,84	0,64	0,50	0,97	0,49	0,97
	Priorität der Marktbearbeitung auf Oberschicht	0,42	0,53	0,68	0,43	0,56	0,69
ξ_8	Umsatzanteil von Sonderpreisaktionen	1	1	1	1	1	1

DOB=Damenoberbekleidung; HAKA=Herrenoberbekleidung; HHW=Haushaltswäsche; GPG=Glas-, Porzellan-, Geschenkartikel

Übersicht 6: **Korrelationen zwischen LISREL-Meßindikatoren auf Warengruppenebene und den entsprechenden Indikatoren auf Filialebene**

Warengruppe	Wettbewerbsintensität in der WG	WG-Fläche	Personalintensität der WG	Qualität des persönlichen Verkaufs in d. WG	Ausrichtung Obere Mittel-/Oberschicht	Sonderangebotspolitik	Wettbewerbsposition
1	2	3	4	5	6	7	8
1	0,56	**0,95**	**0,81**	0,49	0,48	0,26*	0,11*
2	0,50	**0,96**	**0,85**	0,53	0,59	0,51	0,03*
3	0,57	**0,95**	**0,77**	0,38	0,43	0,30*	0,09*
4	**0,66**	**0,92**	**0,73**	0,57	0,34	**0,60**	-0,13*
5	**0,68**	**0,88**	**0,82**	0,48	0,26*	0,59	-0,04*
6	**0,76**	**0,95**	**0,82**	0,49	0,32	**0,69**	-0,03*
7	0,58	**0,70**	**0,80**	0,50	0,27*	0,28*	-0,09*
8	**0,67**	**0,92**	**0,81**	0,47	0,32	0,32*	0,03*
9	0,48	**0,78**	0,59	0,52	0,26*	0,39*	0,07*
10	0,59	**0,91**	**0,67**	0,57	0,34	**0,66**	-0,03*
11	0,54	**0,82**	**0,62**	**0,61**	0,29*	-0,05*	-0,07*
12	0,35*	**0,72**	0,29*	**0,61**	0,21*	0,25*	0,01*
13	0,29*	**0,72**	0,29*	**0,62**	0,13*	-0,17*	-0,12*
14	0,56	**0,90**	**0,66**	**0,61**	0,43	0,26*	-0,17*
15	0,59	**0,91**	**0,70**	0,53	0,32	0,08*	-0,21*
16/17	0,52	**0,83**	**0,80**	**0,68**	0,32	0,12*	-0,18*
18	0,47	**0,83**	**0,76**	0,50	0,34	**0,63**	-0,20*
19	**0,60**	0,53	**0,65**	0,54	0,10*	0,11*	0,02*
20	0,47	**0,85**	**0,67**	**0,61**	0,55	0,23*	-0,02*
21	0,58	**0,65**	**0,64**	0,49	0,42	0,01*	0,02*
22/23	0,57	**0,88**	**0,79**	**0,68**	0,32	**0,63**	-0,09*
24	0,58	**0,92**	**0,78**	**0,61**	0,22*	0,33*	-0,06*
25	**0,60**	**0,93**	**0,78**	0,56	0,42	0,59	-0,10*
26	**0,64**	**0,91**	**0,71**	**0,60**	0,45	0,57	-0,16*
27	0,42	**0,93**	**0,70**	**0,60**	0,28	0,37*	0,02*
28	0,51	**0,92**	**0,71**	**0,64**	0,22*	0,47	0,06*
29	**0,68**	**0,91**	**0,82**	**0,67**	0,31	0,29*	-0,01*
30	0,34	**0,86**	0,58	0,46	0,32	0,29*	-0,06*
31	0,51	**0,91**	**0,85**	0,49	0,33	0,45	0,12*
32	0,14*	**0,79**	**0,79**	0,38	0,38	0,27*	-0,15*

* Nicht signifikant (α >0,01), alle anderen Korrelationen signifikant ⬭ = $R^2 \geqq 0,60$
WG= Warengruppe

duktivität einer Warengruppe. Die Größe der Warengruppenverkaufsfläche stellte in 25 von 32 Fällen den zweitwichtigsten Erfolgsfaktor der Flächenproduktivität dar. Die Produktivitätswirkung der übrigen 6 auf der Warengruppenebene überprüften Bestimmungsgrößen fiel zumeist sehr gering und durchweg nicht signifikant aus. Im folgenden werden an ausgewählten Beispielen die Ergebnisse der warengruppenspezifischen LISREL-Modelle kurz skizziert.

Textilien

Stellvertretend für den Bereich der Textilien wurden die Warengruppen Damen-Oberbekleidung, Herren-Oberbekleidung und Haushaltswäsche analysiert. In allen drei Fällen wurde die Personalintensität als wichtigster Erfolgsfaktor identifiziert (vgl. *Übersicht 7*). Die Ausprägung des entsprechenden LISREL-Strukturkoeffizienten streut bei diesen drei Warengruppen wie bei den übrigen textilen Sortimenten nur in einer sehr engen Bandbreite. Dieses Ergebnis verdeutlicht die hohe Bedeutung des Personals für die Flächenproduktivität im Sortimentsbereich Textilien. Die Anforderungen an die Qualität des Personals unterscheiden sich jedoch zwischen den textilen Warengruppen erheblich. Für den Erfolg der Warengruppen Damen- und Herren-Oberbekleidung ist eine relativ hohe fachliche Kompetenz des Personals sowie eine möglichst weitgehende Übereinstimmung zwischen dem Persönlichkeitstyp von Kunde und Verkäufer notwendig. Die Qualität des persönlichen Verkaufs ist neben der Personalintensität der zweite signifikante Erfolgsfaktor bei Damen- und Herrenoberbekleidung. Die modeorientierte Beratungs- und Überzeugungsfunktion des Personals spielt für den Verkaufsabschluß in diesen Warengruppen offenbar eine entscheidende Rolle. Mit steigender Qualifikation des Verkaufspersonals ist ferner eine stärkere Fokussierung auf Zielgruppen der oberen Mittel- und Oberschicht festzustellen, die ihrerseits wiederum positive Produktivitätseffekte zur Folge hat. Vor dem Hintergrund dieser Erfolgsstrukturen sollte der Aus- und Weiterbildung des Personals gerade in diesen Warengruppen besondere Aufmerksamkeit gewidmet werden.

Demgegenüber beschränkt sich die Funktion des Personals bei Haushaltswäsche eher auf eine unterstützende Funktion im Sinne der Information beispielsweise über die noch am Lager verfügbaren Artikel. Diese geringeren Anforderungen an die fachliche Qualifikation des Personals finden in der schwachen Ausprägung des Strukturkoeffizienten von lediglich 0,05 ihren Niederschlag. Hinsichtlich der Bedeutung der Verkaufsflächengröße zur Erzielung einer hohen Flächenproduktivität zeigen sich ebenfalls deutliche Unterschiede zwischen den textilen Warengruppen. Diese unterschiedliche Einflußstärke der Flächengröße bestätigt sich auch bei den LISREL-Analysen aller übrigen Warengruppen. Die entsprechenden Strukturkoeffizienten streuen über alle 32 Warengruppen in einer Bandbreite von –0,25 bei Schallplatten bis zu +0,57 bei Schuhen. Bei der Warengruppe Schallplatten/Tonträger ist eine hohe Flächenproduktivität auch auf kleinen Verkaufsflächen zu realisieren. Im Gegensatz dazu erfordert die Präsentation eines attraktiven Sortimentes bei Schuhen offensichtlich sehr große Verkaufsflächen. Die Notwendigkeit einer großflächigen Warenpräsentation zur Erzielung hoher Flächenproduktivitäten ist insoweit warengruppenspezifisch zu beurteilen.

Die aufgedeckten Wechselwirkungen (in *Übersicht 7* sind nur Wechselwirkungen über 0,4 aufgeführt) zeigen, daß bei Damen- und Herren-Oberbekleidung höhere Personalintensitäten und größere Verkaufsflächen mit einer Tendenz zum Trading-Up, d.h. einer intensiveren Bearbeitung der Zielgruppe obere Mittel- und Oberschicht zusammenfallen. Erst ein relativ hoher Personalbestand ermöglicht es den Warenhaus-Filialen, die besonders anspruchsvollen Beratungswünsche sozial höhergestellter Zielgruppen zu erfüllen. Dabei ist ein erfolgreiches Trading-Up bei den Bekleidungssortimenten in besonderem Maße mit einem hohen Flächenbedarf verbunden. Neben der Personalintensität, der Verkaufsflächengröße und der Qualität des persönlichen Verkaufs kommt allen übrigen empirisch überprüften Bestimmungsfaktoren in den textilen Warengruppen kein signifikanter Einfluß zur Erklärung der Flächenproduktivität zu. Dieses Ergebnis sowie die sehr hohen Varianzerklärungsanteile der drei LISREL-Modelle sind jedoch vor dem Hintergrund der hohen Korrelationen zwischen den Erfolgsfaktoren auf Filial- und Warengruppenebene zu relativieren.

Hartwaren

Im Unterschied zu den textilen Warengruppen weist die Flächenproduktivität bei den Hartwarensortimenten des untersuchten Warenhauses eine hohe Streuung auf. Demzufolge wird zunächst am Beispiel von Sportartikeln sowie Glaswaren, Porzellan und Geschenkartikeln die Situation der Warengruppen mit einer relativ guten Flächenproduktivität analysiert. Anschließend wird am Beispiel der Warengruppe Teppiche untersucht, welche Ursachen für eine in fast allen Filialen unbefriedigende Flächenproduktivität verantwortlich sind.

Die LISREL-Analysen für die Warengruppen Sportartikel und Glaswaren, Porzellan und Geschenkartikel unterstreichen die elementare Rolle der Personalintensität. Daneben kann auch für die Größe der Verkaufsfläche wiederum eine signifikante Produktivitätswirkung nachgewiesen werden. Von einer verstärkten Ausrichtung auf die obere Mittel- und Oberschicht geht im Gegensatz zur Filialebene und den meisten anderen Warengruppen bei Glaswaren, Porzellan und Geschenkartikeln ein tendenziell negativer Einfluß auf die Flächenproduktivität aus. Für sozial höher angesiedelte Zielgruppen stellt das Warenhaus beim Kauf von Glaswaren, Porzellan und Geschenkartikeln offenbar keine hinreichend akzeptierte Einkaufsstätte dar. Insoweit erscheint das ebenfalls in dieser Warengruppe zu beobachtende Trading-Up bei größeren Verkaufsflächen und höherer Personalintensität nur bedingt zweckmäßig. Gleichzeitig ist festzustellen, daß die häufige Durchführung von Sonderpreisaktionen in dieser Warengruppe, anders als bei den meisten übrigen Warengruppen, zu positiven Produktivitätseffekten führt. Trotz dieser positiven Abverkaufseffekte ist die ausgeprägte Preisorientierung bei Glaswaren, Porzellan und Geschenkartikeln vermutlich auch eine Ursache für die eher distanzierte Einstellung der einkommensstärkeren Zielgruppen gegenüber dieser Warengruppe.

Bei Sportartikeln fällt neben der Personalintensität und der Flächengröße der Einfluß aller übrigen Bestimmungsgrößen sehr gering aus. Das LISREL-Modell der Warengruppe Teppiche weist lediglich bezüglich der Wettbewerbsposition gegenüber anderen Sortimentsbereichen abweichende Ergebnisse auf. In Verbindung mit dem Strukturkoeffizienten der Verkaufsfläche wird deutlich, daß bei Teppichen neben der absoluten Größe der Verkaufsfläche auch der relativen Größe der eigenen Verkaufsfläche im Vergleich zum Wettbewerb eine entscheidende Bedeutung für die Flächenproduktivität zukommt. Gerade

Übersicht 7: LISREL-Strukturkoeffizienten auf Warengruppenebene

Exogene Konstrukte	LISREL Strukturkoeffizient bezüglich der WG-Flächenproduktivität in der Warengruppe...					
	DOB	HAKA	HHW	Sport	GPG	Teppiche
ξ_1 Wettbewerbsintensität	-0,01	-0,04	-0,01	-0,08	-0,06	-0,01
ξ_2 Wettbewerbsposition	+0,09	+0,08	+0,06	+0,01	+0,08	+0,55
ξ_3 Unterstützung durch Zentraleinkauf	+0,06	+0,11	+0,02	+0,06	+0,39	+0,10
ξ_4 Größe der Verkaufsfläche	+0,27*	+0,32*	+0,16*	+0,26*	+0,62*	+0,52*
ξ_5 Personalintensität	+0,70**	+0,78**	+0,70**	+0,85**	+0,90**	+0,53*
ξ_6 Qualität des persönlichen Verkaufs	+0,26*	+0,53**	+0,05	+0,10	+0,07	+0,11
ξ_7 Priorität der Marktbearbeitung auf obere Mittel-/Oberschicht	+0,06	+0,25	+0,10	+0,10	-0,72	+0,22
ξ_8 Umsatzanteil von Sonderpreisaktionen	-0,02	-0,06	-0,09	+0,04	+0,25	+0,44
Gütemaße: DTC	0,726	0,670	0,644	0,850	0,723	0,662
AGFI	0,860	0,926	0,916	0,943	0,947	0,907
RMR	0,095	0,067	0,068	0,056	0,057	0,079
Interkorrelation :						
$\xi_2 : \xi_4$	-	-	-	-	-	+0,47
$\xi_2 : \xi_5$	-	-0,43	-	-	-	-
$\xi_3 : \xi_6$	-	-	-	-	-	+0,50
$\xi_4 : \xi_5$	-	-	+0,40	-	+0,45	-
$\xi_4 : \xi_7$	+0,40	-	-	-	+0,54	-
$\xi_5 : \xi_6$	-	-	-	-	-	+0,43
$\xi_5 : \xi_7$	+0,55	+0,49	-	-	+0,75	-
$\xi_6 : \xi_7$	-	+0,58	-	-	-	-

WG=Warengruppe; DOB=Damenoberbekleidung; HAKA=Herrenoberbekleidung; HHW=Haushaltswäsche; GPG=Glas-, Porzellan-, Geschenkartikel; *) Sig. $\alpha<0{,}05$; **) Sig. $\alpha<0{,}01$

in diesem Punkt dürfte auch die Ursache für die schwache Flächenproduktivität dieser Warengruppe zu suchen sein, denn die Mehrzahl der untersuchten Filialen verfügt bei Teppichen insbesondere gegenüber Fachgeschäften und Fachmärkten hinsichtlich der Verkaufsfläche nur über eine sehr schwache Wettbewerbsposition. Obwohl der hohe Strukturkoeffizient der Sonderangebotspolitik grundsätzlich auf die Notwendigkeit zu einer stark preisorientierten Ausrichtung bei Teppichen hinweist, bleibt offen, ob diese Preisorientierung nicht eine zwangsläufige Folge der im Durchschnitt geringen Flächengröße und schwachen Wettbewerbsposition dieser Warengruppe ist.

4 IMPLIKATIONEN FÜR DAS WARENHAUSMANAGEMENT

Hinsichtlich des zu Beginn aufgezeigten Positionierungsproblems der Warenhäuser zeigen die Untersuchungen auf der Filialebene, daß die Warenhäuser im Wettbewerb der Betriebsformen zukünftig einer *konsequent qualitätsorientierten Positionierung* gegenüber einer preisaggressiven Ausrichtung den Vorzug geben sollten. Der wichtigste Qualitätsvorteil liegt dabei in der Beratungskompetenz, d.h. in der Quantität und Qualität des Verkaufspersonals. Ferner kommt einer umfassenden Sortimentsbreite und -tiefe eine hohe Bedeutung zu. Darüber hinaus wurde deutlich, daß es dem Warenhaus nur an erstklassigen Innenstadtstandorten und auf großen Verkaufsflächen gelingen kann, dauerhafte Wettbewerbsvorteile gegenüber anderen Betriebsformen aufzubauen.

Die warengruppenspezifischen Analysen legen die Schlußfolgerung nahe, daß die Konsumenten dem Warenhaus offenbar nur noch bei ausgewählten Warengruppen, insbesondere im textilen Bereich, eine hinreichende Kompetenz zusprechen. Diese Abkehr von einer eher undifferenzierten, sich auf das gesamte Sortiment beziehenden Kompetenzvermutung früherer Tage dürfte nicht zuletzt eine Folge veränderter Wettbewerbsstrukturen sein. Vor allem das massive Vordringen der Fachmärkte sowie diskontierender Betriebsformen hat den Profilierungsspielraum der Warenhäuser in erheblichem Maße eingeschränkt. Vor dem Hintergrund der vorliegenden Ergebnisse ist den Warenhäusern sowohl eine stärkere Standortanpassung als auch eine konsequente Warengruppendifferenzierung zum Aufbau selektiver Sortimentsdominanzen zu empfehlen. Eine standort- und warengruppenübergreifend differenzierte Marktbearbeitung ist dabei jedoch mit einem konsistenten und glaubwürdigen Markenauftritt unter einem Markennamen nur schwer vereinbar. Zur Vermeidung von Erwartungsenttäuschungen des Konsumenten sollte eine stärkere Differenzierung des Warenhausmarketings einhergehen mit der Verwendung unterschiedlicher Marken zur Kennzeichnung der einzelnen Warenhaus-Betriebstypen. Voraussetzung hierfür ist eine umfassende Filialsegmentierung, die u.a. auf den in dieser Untersuchung aufgedeckten Erfolgsfaktoren aufbauen kann. Die Warenhausakquisitionen der vergangenen Jahre bieten in diesem Zusammenhang die Gelegenheit, zur Markierung unterschiedlicher Warenhaus-Betriebstypen auf eingeführte Markennamen zurückgreifen zu können.

LITERATUR

Ahlert, D.; Schröder, H.: Strategische Erfolgsforschung im Handel– ein Forschungsprogramm, Arbeitspapier Nr. 15 des Lehrstuhls für Betriebswirtschaftslehre insbesondere Distribution und Handel der Universität Münster, Ahlert, D. (Hrsg.), Münster 1992.

Berekoven, L.: Erfolgreiches Einzelhandelsmarketing, 2. Aufl., München 1995.

Bruin, F.: Category Management bei Albert Heijn. In: Dynamik im Handel, 38(1994), Heft 4, S. 2-6.

Bucklin, L.P.: Productivity in Marketing, Chicago 1978.

Burmann, Chr.: Fläche und Personalintensität als Erfolgsfaktoren im Einzelhandel, Schriftenreihe Unternehmensführung und Marketing, Meffert, H.; Steffenhagen, H.; Freter, H. (Hrsg,), Bd. 27, Wiesbaden 1995.

Fritz, W.: Marketing-Management und Unternehmenserfolg: Grundlagen und Ergebnisse einer empirischen Untersuchung, 2. Aufl., Stuttgart 1995.

Heemeyer, H.: Psychologische Marktforschung im Einzelhandell. Entwicklung und Test einer operationalen Befragungs- und Auswertungskonzeption, Schriftenreihe Unternehmensführung und Marketing, Meffert, H.; Steffenhagen, H.; Freter, H. (Hrsg.), Bd. 15, Wiesbaden 1981.

Hildebrandt, L.: Erfolgsfaktorenforschung im Handel. In: Handelsforschung 1986, Trommsdorff, V. (Hrsg.), Heidelberg 1986, S.37-52.

Ingene, C.A.: Labor productivity in retailing. In: Journal of Retailing, 46(1982), S. 75-90.

Ingene, C.A.: Productivity and functional shifting in spatial retailing: Private and social perspectives, Journal of Retailing, 5(1984), S. 15-36.

Kube, C.: Erfolgsfaktoren in Filialsystemen, Wiesbaden 1991.

Lehnert, S.: Die Bedeutung von Kontingenzansätzen für das Strategische Management, Frankfurt/Main 1983.

Meffert, H.: Marketingstrategien der Warenhäuser– Wege aus der Krise? In: Harvard Manager, (1985), Heft 2, S. 20-28.

Mehler, K.: Das Universum des Handels. In: Der Handel, (1995), Heft 4, S. 18-22.

Schröder, H.: Erfolgsfaktorenforschung im Handel. Stand der Forschung und kritische Würdigung der Ergebnisse. In: Marketing ZFP, 16(1994), Heft 2, S. 89-105.

Simon, H.: Preismanagement, 2. Aufl., Wiesbaden 1992.

Staehle, W.H.: Deutschsprachige situative Ansätze in der Managementlehre. In: Kieser, A. (Hrsg.): Organisationstheoretische Ansätze, München 1981, S. 215-226.

Thurik, A.R.: A quantitative Analysis of Retail Productivity, Delft 1984.

Wehrle, F.: Strategische Marketingplanung in Warenhäusern, Schriften zum Marketing, Meffert, H.: Steffenhagen, H.: Freter, H. (Hrsg.), Bd. 1, Frankfurt/Main 1981.

Umsetzung erlebnisbetonter Positionierungskonzepte in der Ladengestaltung von Handelsunternehmen

Franz-Rudolf Esch und Susanna Meyer, Saarbrücken

Erlebnisbetonte Ladengestaltung erschöpft sich nicht in der Schaffung angenehmer Ladenatmosphären. Die erlebnisbetonte Ladengestaltung zielt vielmehr auf die Vermittlung spezifischer und positionierungsadäquater Emotionen zum Aufbau von Gedächtnisstrukturen für ein Handelsunternehmen ab. Durch diese unternehmensspezifischen Erlebnisse sollen Präferenzen bei den Kunden aufgebaut und eine Abgrenzung von der Konkurrenz ermöglicht werden. Für den Aufbau solcher Gedächtnisstrukturen spielt die Ladengestaltung eine herausragende Rolle. Um Erlebnisse in der Ladengestaltung auch wahrnehmungsadäquat umsetzen zu können, ist der Rückgriff auf die bei den Konsumenten zu dem Erlebnis gespeicherten Schemavorstellungen erforderlich. Im folgenden Beitrag wird ein solcher Ansatz zur Umsetzung einer erlebnisbetonten Positionierung in der Ladengestaltung vorgestellt.

1 ERLEBNISHANDEL - MEHR ALS EINE WORTHÜLSE?

Es gibt kaum ein Schlagwort, das in den letzten Jahren so strapaziert wurde wie der Begriff „Erlebnishandel“. Der Erlebnishandel ist „in“, er paßt zu vielen Argumentationen, er verpflichtet zu nichts. Betrachtet man die für den Handel geltenden Rahmenbedingungen, so ist nachvollziehbar, warum der Erlebnishandel zum beliebten Modewort avanciert ist.

Die Situation auf der Handelsseite läßt sich durch Schlagworte wie „Angebots- und Sortimentspatt“, „Preisführerschaften“ sowie „mangelnde Profilierung“ von Handelsunternehmen kennzeichnen. In Warenhäusern sind 80 % des Warenangebotes nahezu identisch (Kreft 1993, S. 12). Im Preiswettbewerb behalten nur wenige Unternehmen - vorwiegend Diskonter, Fachmärkte und SB-Warenhäuser – einen langen Atem. Anderen Betriebstypen und Unternehmen attestieren Konsumenten von vorneherein keine Preiswürdigkeit (vgl. Schweiger, Mayerhofer 1990; zu Betriebstypen und zur Klassifikation von Betriebstypen vgl. ausführlich Tietz 1993, S. 1313 ff.; Zentes 1992, S. 50 f.).

Die Betonung des Preises wäre hier die falsche Strategie. Die Suche nach neuen Profilierungsmöglichkeiten, die sich an den Bedürfnissen der Konsumenten orientiert, gewinnt an Bedeutung. Mag in manchen Branchen noch eine einseitige „inside-out“-Profilierung ein zweckmäßiger Weg sein, so bedarf es bei Handelsunternehmen zunehmend einer „outside-in"-Perspektive zur wirksamen Positionierung und Abgrenzung von der Konkurrenz (vgl. Tomczak, Reinecke 1995). Hier bestimmen die Bedürfnisse und Wünsche der Konsumenten die Positionierung.

Bei den Konsumenten selbst hat sich ein dramatischer Wertewandel vollzogen. Die zunehmende Freizeitorientierung führt zu einer Suche nach Erlebnis und Genuß, sensualistische Stimulanzen jedweder Form sind gefragt. Gemäß einer allgegenwärtigen *„Genuß - hier – und – jetzt – Haltung"* (Weinberg 1992, S. 17) streben Konsumenten nach emotionaler Anregung. Dies schlägt sich in der Suche nach emotionalen Konsumerlebnissen nieder (Kroeber-Riel 1986, S. 1139). Schulze (1992 S. 41) betrachtet Erlebnisse gar als hauptsächliches Motiv des Handelns. Konsumenten entscheiden sich in der Freizeit für die Alternativen mit dem größten Erlebniswert (Schulze 1992, S. 13).

Der Einkaufsbummel weist nach Umfragen von Opaschowski (1993, S. 53) einen besonders hohen Erlebniswert auf. Er gilt als bedeutendste und attraktivste Freizeitbeschäftigung der Deutschen außer Haus. Das veränderte Wertesystem der Konsumenten nimmt auch dramatischen Einfluß auf die Einkaufsmotive: Einer amerikanischen Einkaufsstudie zufolge ist *„Looking around and browsing"* ein häufigerer Grund für den Besuch einer Shopping Mall (42 %) als der Kauf eines spezifischen Produktes (27 %) (Bloch/Ridgway/Nelson 1991, S. 446; Dawson/Bloch/Ridgway 1990, S. 411). Dennoch verfallen in Westdeutschland 74 % aller Konsumenten regelmäßig einem Kaufrausch, in Ostdeutschland immerhin noch 60 % (vgl. Nuber 1995; Opaschowski 1993). Ein solcher Kaufrausch kann einerseits eine Ersatzbefriedigung anstelle der Befriedigung grundlegenderer Bedürfnisse sein, andererseits aber auch durch die Ladenatmosphäre und eine erlebnisbetonte Ladengestaltung ausgelöst werden (zum Kaufrausch vgl. ausführlich Scherhorn 1994).

Der Trend zum Erlebnis ist nicht überraschend. In anderen Bereichen spielen Erlebnisse schon lange eine große Rolle. Im Konsumgüterbereich avanciert der fälschlich als Zusatznutzen titulierte Erlebniswert oft zum Hauptnutzen von Produkten und Marken. So werden einer amerikanischen Studie zufolge die größten Unterschiede zwischen Marken einer Produktgruppe dort wahrgenommen, wo diese sich durch Erlebnisse und eben nicht durch austauschbare funktionale Eigenschaften voneinander abgrenzen. Deshalb werden auch besonders große Unterschiede zwischen Zigarettenmarken wahrgenommen (vgl. Biel 1992). Der Geländewagenboom in Deutschland ist nicht durch deren sachliche Produkteigenschaften erklärbar. Die meisten Geländewagen haben nachweislich noch nie Schlamm unter den Rädern gespürt. Es hat etwas mit dem Erlebnisnutzen dieser Produkte zu tun. Erlebnisse dienen zur Befriedigung von Lustbedürfnissen bei ansonsten trivialen sachlichen Wünschen.

Die Vermittlung von Erlebnissen wird künftig auch im Handel an Bedeutung gewinnen. Schon die zu Beginn der 80er Jahre vom Battelle-Institut im Auftrag von Eckes erstellte Studie „Handel 2000" wies auf eine Polarisierung in die Szenarien "Versorgungshandel" (→ Preisführerschaft) und „Erlebnishandel" (→ Profilierung) hin. Gerade für den Erlebnishandel ist unter den genannten Bedingungen die Ladengestaltung neben dem Warenangebot eine erfolgswirksame Größe (Kreft 1993, S. 14). Die Vermittlung von Erlebnissen kommt vor allem in der Ladengestaltung zum Ausdruck. Die Ladengestaltung ist deshalb eine Schlüsselgröße zum Aufbau eines spezifischen Erlebnisprofils zur Positionierung eines Handelsunternehmens.

Unter Erlebnissen verstehen wir im folgenden in Anlehnung an Kroeber-Riel spezifische Emotionen, die ganz bestimmte Emotionsqualitäten und -inhalte bei den Konsumenten auslösen (Kroeber-Riel 1992). Entsprechend kann man unter Erlebnishandel nur solche Handelsunternehmen einordnen, die ganz spezifische Emotionen, d. h. ganz bestimmte Erlebnisinhalte und -qualitäten vermitteln wollen, die in der Gefühls- und Erfahrungswelt der Konsumenten verankert sind. So könnte beispielsweise ein Warenhaus Erlebnisse wie „Geborgenheit" oder „Geselligkeit" vermitteln. Body shop vermittelt hingegen das Erlebnis „Natürlichkeit" durch entsprechende Gestaltung der einzelnen Outlets und durch die Präsentation der Waren.

Viele Handelsunternehmen beschreiten bereits den Weg in Richtung Erlebnishandel. Jedoch resultieren daraus oft nicht die gewünschten klaren Erlebnispositionierungen und Abgrenzungen von der Konkurrenz. Auch sogenannte erlebnisbetonte Ladengestaltungen gleichen einander oft wie ein Ei dem anderen, „Mainstreamgestaltung" ist angesagt. Dies ist nicht weiter verwunderlich, weil die meisten Ladenbauer ihre Kunden mit neuesten Trends im Ladenbau vertraut machen, denen man unbedingt folgen muß, um erfolgreich zu sein. Das Gegenteil ist der Fall: Aus diesen Überlegungen sprießen austauschbare Ladengestaltungen wie Pilze aus dem Boden. Genau dies soll durch eine erlebnisbetonte Positionierung, die langfristig ausgerichtet ist, vermieden werden. Hier will man keine kurzfristigen Trends reflektieren, sondern konkrete Erlebnisinhalte durch die Ladengestaltung vermitteln, die langfristig für vorhandene und potentielle Kunden eines Handelsunternehmens von Bedeutung sind.

Ein möglicher Ansatz zur Umsetzung erlebnisbetonter Positionierungskonzepte in der Ladengestaltung wird im folgenden dargestellt. Bevor wir jedoch auf die erlebnisbetonte Ladengestaltung eingehen, werden vorab Erkenntnisse zur umweltpsychologischen Gestaltung von Läden und zur Schaffung von Ladenatmosphäre dargestellt, um die Unterschiede zwischen Erlebnis und Atmosphäre zu pointieren.

2 ERKENNTNISSE DER UMWELTPSYCHOLOGIE ZUR SCHAFFUNG EINER LADENATMOSPHÄRE

2.1 Umweltpsychologische Grundlagen zur Gestaltung von Läden

In den letzten zehn Jahren der Handels- und Konsumentenforschung wurden erhebliche Erkenntnisfortschritte hinsichtlich einer wirksamen Ladengestaltung und der Erzeugung kaufstimulierender Ladenatmosphären erzielt. Man kann ohne Übertreibung von einem Quantensprung des Wissens bezüglich einer wirksamen Ladengestaltung sprechen (vgl. z.B. die bahnbrechenden Arbeiten von Donovan/Rossiter 1982; Bost 1987; Gröppel 1991).

Den theoretischen Ausgangspunkt für diese Erkenntnisse bildete die Umweltpsychologie, die sich mit den Wechselwirkungen zwischen Mensch und Umwelt auseinandersetzt. In der Umweltpsychologie ist zwischen *kognitiven* und emotionalen *Ansätzen* zu differenzieren. Erstere brachten wesentliche Erkennntnisse für eine übersichtliche Ladengestaltung, die dem Kunden die Orientierung im Laden erleichtert. Ein Schlagwort für diese Forschungsrichtung sind die „*cognitive maps*", d. h. die kognitiven Landkarten, die Konsumenten von Läden besitzen und die ihnen die Orientierung im Laden und das Auffinden von Produkten erleichtern.

Aus den Erkenntnissen dieser Disziplin lassen sich Handlungsempfehlungen für eine orientierungsfreundliche Umweltgestaltung ableiten. So weiß man heute u. a., daß

- Produkte, die an den Wänden von Geschäften plaziert werden, besser ihrem korrekten Standort zugeordnet werden als solche im Mittelteil eines Ladens,
- sich auffällige Markierungspunkte, wie z. B. Treppen, Statuen, Bildhinweise o. ä., besonders gut im Gedächtnis einprägen. Solche „Gedächtnisanker" helfen einem Menschen, sich in einer neuen Umgebung zurecht zu finden (vgl. Sommer/Aitkins 1982),
- abteilungsspezifische Farbgebungen einen Beitrag zur übersichtlichen Ladengestaltung leisten und zur besseren Orientierung zwischen verschiedenen Sortimenten beitragen.

Im Gegensatz zu den kognitiven Ansätzen geht es bei den *emotionspsychologischen Ansätzen* primär um die durch einen Laden ausgelösten Gefühle und Stimmungen und deren Auswirkungen auf das Verhalten. Der emotionspsychologische Ansatz der Umweltpsychologie wurde wesentlich durch das Modell von Mehrabian und Russell geprägt.

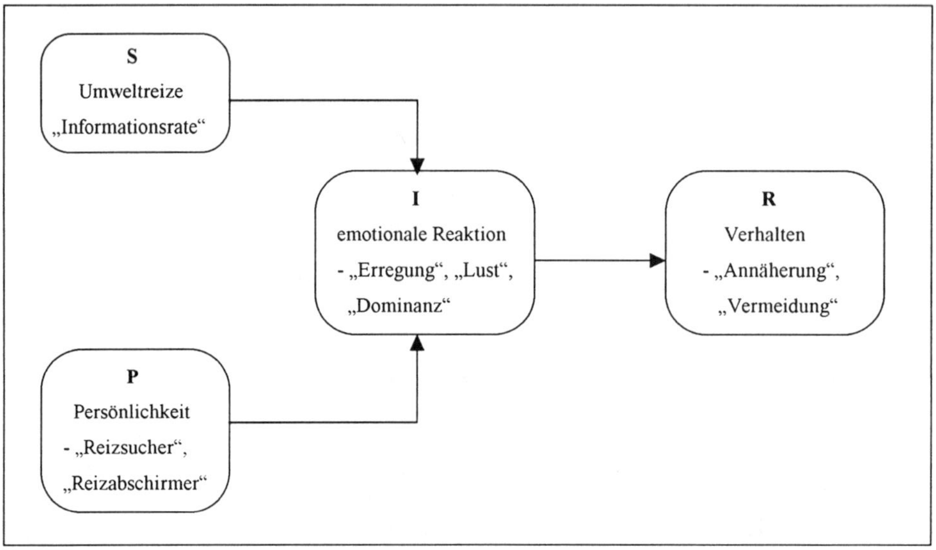

Abbildung 1: Das umweltpsychologische Modell von Mehrabian und Russell

Die Umwelt wird von Mehrabian und Russell durch Umweltreize wie Musik, Düfte, Bilder beschrieben, die synergetisch auf die Konsumenten einwirken. Da es schwierig ist, die Einzelwirkungen dieser Reize exakt zu ermitteln, entwickelten Mehrabian und Russell mit dem Konzept der „Informationsrate“ eine Kategorie, mit der eine eindimensionale Wirkungsbeschreibung von Umwelten möglich sein soll. Unter der Informationsrate wird die „Menge an Informationen, die in einer Zeiteinheit in der Umwelt enthalten sind oder wahrgenommen werden“ verstanden (Mehrabian 1987, S. 16). Informationsreiche Ladengestaltungen zeichnen sich durch Aspekte wie Neuartigkeit, Vielfalt, Überraschungswert usw. aus. Eine hohe Informationsrate kennzeichnet eine reizstarke Umwelt, die auch emotional erregend wirken kann (vgl. Bost 1987; Russell/ Pratt 1980).

Die Ladengestaltung, die durch eine mehr oder weniger große Informationsrate gekennzeichnet werden kann, löst bei den Konsumenten innere Reaktionen aus. Zur Beschreibung dieser inneren Vorgänge entwickeln Mehrabian und Russell die Dimensionen

- Erregung – Nichterregung,
- Lust – Unlust sowie
- Dominanz – Unterwerfung.

Die Erregung gibt die Stärke der emotionalen Reaktion an, während die vom Menschen empfundene Lust bestimmt, ob er die Umwelt eher angenehm oder unangenehm empfindet. Mit Dominanz ist hingegen die gegenüber der Umwelt empfundene Über- oder Unterlegenheit gemeint. Die spezielle Kombination dieser Dimensionen bestimmt, ob ein Individuum sich der Umwelt nähert (Annäherungsverhalten) oder sie meidet (Vermeidungsverhalten) (Mehrabian/Russell 1974, S. 28). Erregung, Lust und Dominanz beschreiben also innere Reaktionen auf die Umwelt, während Annäherungs- oder Vermeidungsverhalten direkt beobachtbare Reaktionen auf die Umwelt darstellen.

Nicht jeder Mensch reagiert gleich auf dieselbe Umwelt. Welche Reaktionen ausgelöst werden, hängt stark von der Persönlichkeit ab. Mehrabian und Russell unterscheiden deswegen in Abhängigkeit persönlicher Prädispositionen Reizabschirmer und Reizsucher. Ein Reizsucher ist lustbetonter und erregenden Reizen gegenüber aufgeschlossener als ein Reizabschirmer.

2.2 Empirische Ergebnisse zur emotionspsychologisch wirksamen Gestaltung von Läden

Das Modell von Mehrabian und Russell war in jüngerer Zeit Ausgangspunkt einer Vielzahl von Untersuchungen. Einige wesentliche Erkenntnisse aus diesen empirischen Studien, bei denen zum Teil auch Modellerweiterungen durch Berücksichtigung der Wirkung emotionaler Reize auf kognitive Vorgänge stattfanden, werden im folgenden kurz dargestellt.

Donovan und Rossiter (1982) konnten einen Zusammenhang zwischen einer als angenehm empfundenen Ladenatmosphäre und der Absicht der Kunden, länger im Laden zu bleiben und mehr ungeplante Käufe zu tätigen, nachweisen. Bei gegebenem Lustniveau stieg mit zunehmender Erregung die Absicht der Kunden, länger im Laden zu bleiben.

Gröppel (1991) stellte fest, daß Reizsucher (Sensualisten) im Vergleich zu Reizabschirmern (Indolenten) beim Einkaufsvorgang mehr Wert auf positiv erregende, originelle und abwechslungsreiche Reize legen (zZu weiteren Einteilungsmöglichkeiten von Konsumenten nach dem Kriterium der persönlichen Prädisposition vgl. Ahlert/Schröder 1990, S. 223).

Sie beurteilten die erlebnisbetonte Einkaufstätte in bezug auf Sortiment, Preisleistungsverhältnis und Ladengestaltung besser als Indolente und empfanden dabei generell eine positivere Stimmung. Dies schlug sich in einem entsprechendem Annäherungsverhalten nieder, operationalisiert durch eine längere Verweildauer und größere Einkaufsbereitschaft (vgl. Weinberg/Gröppel 1988; Gröppel 1991). Allerdings konnte auch bei indolenten Verbrauchern eine positive Wirkung erlebnisbetonter Ladengestaltung nachgewiesen werden (vgl. Gröppel 1991).

Konsumenten beurteilen auch Läden mit kontextbezogener Warenpräsentation funktional positiver und ordnen diesen eine höhere Informationsrate zu als Läden mit herkömmlicher Warenpräsentation (vgl. Gröppel 1991; vgl. auch die Ergebnisse von Diller 1988 zur kontextbezogenen Warenpräsentation).

Außerdem konnte eine positivere Stimmung sowie ein deutlicher Einfluß auf das Verhalten der Konsumenten festgestellt werden: Sie hielten sich länger im Laden auf und gaben mehr Geld aus.

In einer anderen Untersuchung belegte Bost, daß Konsumenten, deren Stimmung durch atmosphärische Ladenreize verbessert wurde, das Sortiment besser beurteilten als Konsumenten, deren Stimmung sich verschlechterte. Die positive Stimmung schlug sich direkt auf das Verhalten nieder: Die Konsumenten waren eher bereit, kleine Kaufrisiken zu akzeptieren, sie entschieden sich schneller zum Kauf, tätigten mehr ungeplante Käufe und kauften mehr neue Produkte. Insgesamt stieg die Geldausgabebereitschaft durch die positive Stimmungsänderung. Auch nach dem Kauf konnte bei diesen Konsumenten eine höhere Kaufzufriedenheit gemessen werden (vgl. Bost 1987).

2.3 Grenzen der Aussagefähigkeit emotionspsychologischer Ansätze in bezug auf erlebnisbetonte Ladengestaltungen

So groß der Erkenntnisfortschritt in bezug auf die Schaffung atmosphärischer Wirkungen im Laden ist, er hat doch wenig mit Erlebnissen zu tun. Die *Ladenatmosphäre beschreibt zunächst etwas unspezifisches*, das man durch Attribute wie „angenehm – unangenehm" oder mit einer allgemeinen Akzeptanz, einer emotionalen Anmutung, umschreiben kann.

Bei der *Erlebnisvermittlung* geht es hingegen um die *Erzeugung ganz spezifischer Eindrücke*, die durch bestimmte Positionierungseigenschaften wie exklusiv, gemütlich, natürlich beschrieben werden können. Die Erlebnisvermittlung setzt demnach eine klare Positionierung des Handelsunternehmens voraus, die in der Ladengestaltung zum Ausdruck kommen soll. Hierzu reicht die Erklärungskraft unspezifischer emotionspsychologischer Ansätze – wie der von Mehrabian und Russell zur Schaffung einer angenehmen Ladenatmosphäre – nicht aus!

Beispiel: Aus den oben gewonnenen Erkenntnissen weiß man, daß in bestimmten Bereichen eines Einzelhandels-Outlets mit einem erhöhtem Erregungspotential der Kunden zu rechnen ist. Dies trifft u. a. auf die Kassenzone zu. Die aus dem Modell von Mehrabian und Russell gewonnene Handlungsempfehlung muß demnach lauten:

„Setze zur Gestaltung der Kassenzone vor allem lustbetonte, aber keine erregungsbetonten Reize ein, um dadurch das ohnehin schon hohe Erregungspotential der Kunden zu senken, es jedoch keinesfalls weiter zu erhöhen."

Diese Empfehlung läßt sich grundsätzlich auf alle Betriebstypen anwenden. Sie gilt für einen Diskonter ebenso wie für ein Warenhaus. Die dadurch erzielten atmosphärischen Wirkungen sind kalkulierbar. Allerdings eignen sich diese Empfehlungen keinesfalls zum Aufbau spezifischer Erlebniswirkungen, da es eine Vielzahl von inhaltlichen Umsetzungen gibt, die man zur Gestaltung einer lustbetonten Kassenzone einsetzen kann. Über Möglichkeiten zur Umsetzung eines positionierungsrelevanten und langfristig gültigen Erlebnisses will und kann das Modell von Mehrabian und Russell keine Auskünfte geben.

Eine gefällige und attraktive Ladengestaltung reicht jedoch nicht aus, um einer Einkaufsstätte ein eigenständiges Profil zu verleihen – ähnlich wie in der Werbung durch den Einsatz schöner Bilder noch keine Positionierung gelingt, sondern lediglich eine positive Wahrnehmungsatmosphäre geschaffen wird. Wir betrachten eine angenehme Ladenatmosphäre deshalb als notwendige (jedoch nicht hinreichende) Bedingung für die Positionierung und damit als Unterziel der emotionalen Positionierung der Einkaufsstätte.

Der Begriff „Erlebnishandel" wird oft mißverständlich genutzt. So beginnen beispielsweise laut Dustmann „Erlebnisse .... schon da, wo Erwartungen erfüllt werden. ... Die Ware selbst, ... attraktiv präsentiert in sympathischer Umgebung ... kann bereits einiges an positivem Erleben bieten" (Dustmann 1993, S. 30). Man meint eigentlich die Schaffung einer unspezifischen Ladenatmosphäre, spricht aber von „Erlebniswirkungen". Aus diesem Begriffsverständnis heraus wird die Flucht in eine als solche bezeichnete „erlebnisbetonte Ladengestaltung" zur Anpassung an die sich wandelnden Bedürfnisse der Konsumenten leicht zur atmosphärischen Sackgasse, einer austauschbaren Mainstreamladengestaltung, sofern keine Brücke zur beabsichtigten Positionierung hergestellt wird. Für diese These sprechen die Vielzahl völlig austauschbarer Ladengestaltungen, bei denen die Waren zwar gefällig präsentiert, jedoch keine unternehmensspezifischen Positionierungen zum Ausdruck gebracht werden.

Enden die Überlegungen zur Ladengestaltung an diesem Punkt, so werden zwar atmosphärische und gefällige Ladenumwelten geschaffen, allerdings sind diese meist

- unspezifisch,
- nicht positionierungsadäquat,
- den herrschenden Trends ausgesetzt sowie oft
- austauschbar mit anderen Ladengestaltungen.

Um geeignete Erlebniskonzepte zu finden, wird häufig auf lebensstilorientierte Segmentierungen zurückgegriffen, die den Bezug zu einer im Lebensgefühl korrespondierenden Zielgruppe erlauben (Hansen 1990, S. 592).

Neben den Lebensstilanalysen kann man ferner auf Werteuntersuchungen, Imageanalysen oder auf Inhaltsanalysen zurückgreifen. Werteuntersuchungen geben Hinweise auf allgemeingültige und künftig bedeutsame Wertvorstellungen, aus denen sich erlebnisbetonte Positionierungen ableiten lassen. Imageanalysen dienen vor allem einer Bestandsaufnahme in bezug auf bislang realisierte Positionierungen und mögliche, noch zu besetzende Positionierungsfelder. Inhaltsanalysen können hingegen branchenbezogen oder branchenübergreifend einen Überblick über bislang realisierte Erlebniskonzepte verschaffen.

Die Literatur dokumentiert diesbezüglich zahlreiche Versuche, die Verbraucher anhand psychographischer Variablen zu kennzeichnen. Verschiedene Konsumententypologien wurden erarbeitet und zahlreiche Lebensstiltypen identifiziert. Das Ziel dieser Bemühungen besteht darin, die Masse der Verbraucher in homogene Zielgruppen aufzuteilen, um sie zielgerichtet ansprechen zu können (vgl. dazu Westbrook/Black 1985; Grossbart et al. 1990; Dawson/Bloch/Ridgway 1990 mit weiteren Literaturhinweisen).

Lebensstilanalysen geben zwar Auskunft über ansprechbare Segmente und deren Potential. Solche Lebensstiltypologien bewegen sich allerdings meist auf hoch aggregiertem Niveau, so daß sich für einzelne Handelsunternehmen lediglich Anregungen zur erlebnisbetonten Positionierung ableiten lassen. Die unmittelbare Ableitung eines Positionierungskonzeptes für ein Handelsunternehmen aus solchen Analysen ist deswegen selten möglich. Lebensstiltypologien bieten demnach einen ersten Ansatz zur Ermittlung potentieller Erlebniskonzepte für Handelsunternehmen, bedürfen aber der näheren Spezifizierung.

Im folgenden wird ein Ansatz zur Umsetzung spezifischer Erlebniskonzepte vorgestellt, der auf schematheoretischen Überlegungen basiert und zur Konkretisierung der oben genannten Ansätze beiträgt. Hier geht es darum, für die Konsumenten wichtige und verhaltenswirksame Erlebnisse und die damit im Gedächtnis gespeicherten Inhalte zur wirksamen Umsetzung einer solchen erlebnisbetonten Positionierung zu nutzen. Der Vorteil dieses schematheoretischen Ansatzes besteht darin, daß mögliche Erlebnisse wesentlich differenzierter und operationaler in entsprechend wahrnehmbaren Umsetzungen realisiert werden können.

3 ANSÄTZE ERLEBNISBETONTER POSITIONIERUNG UND ERLEBNISBETONTER LADENGESTALTUNG VON HANDELSUNTERNEHMEN

3.1 Erlebnispositionierung und Schemata

Durch die Positionierung sollen klare Gedächtnisstrukturen und Vorstellungen von einer Einkaufsstätte in den Köpfen der Konsumenten manifestiert werden (zur Positionierung allgemein vgl. Wind 1982; Kroeber-Riel 1992; Trommsdorff 1992; Brockhoff 1993; Esch 1992). Das Einzelhandels-Outlet soll dadurch

- für die Zielgruppe attraktiv sein und
- sich klar von der Konkurrenz abgrenzen (Kroeber-Riel 1993).

Die Positionierung setzt dabei immer an der subjektiven Wahrnehmung der Konsumenten und nicht an objektiv prüfbaren Eigenschaften einer Einkaufsstätte an (Kroeber-Riel 1992;

Esch/Levermann 1995). Ein Handelsunternehmen mag zwar aufgrund objektiv prüfbarer Kriterien besonders umweltbewußt handeln, es muß allerdings noch lange nicht als umweltfreundliches und naturbewußtes Unternehmen wahrgenommmen werden. Die Positionierung kann also nur unter Berücksichtigung der bei den Konsumenten ablaufenden psychologischen Prozessen erfolgen. Diese emotionalen und kognitiven Prozesse sind der Gradmesser einer erfolgreichen Durchsetzung im Markt.

Die Positionierung spielt sich weitestgehend in den Köpfen der Konsumenten ab. Es geht also weniger um ein Denken in handelsspezifischen Vorteilen, sondern um ein Denken in kundenspezifischen Nutzen, die dem Handelsunternehmen relative Vorteile gegenüber der Konkurrenz einbringen (vgl. Rothschild 1987; Esch, Levermann 1995). Ist die Klaviatur sachlicher Produktnutzen zur Präferenzschaffung und Abgrenzung zur Konkurrenz ausgereizt, müssen kundenrelevante Erlebnisse zur Positionierung herangezogen werden. Erlebnispositionierungen liegen nicht nur im Lebensstiltrend der Kunden, sie tragen durch ihre besondere verhaltenswissenschaftliche Relevanz und ihren psychologischen Tiefgang auch in besonderem Maße zur Abgrenzung bei, weil sie durch andere Handelsunternehmen nicht so schnell imitiert werden können (vgl. Wüthrich 1991).

Wenn es bei der Positionierung im wesentlichen um den Aufbau von für die Konsumenten attraktiven Gedächtnisstrukturen von Handelsunternehmen geht, so sind für die Entwicklung und Durchsetzung von Positionierungen in der Ladengestaltung Kenntnisse über die Wissensrepräsentation in den Köpfen der Konsumenten erforderlich. Damit Erlebnisinhalte mit einem Handelsunternehmen verknüpft werden und spezifische Emotionen zur klaren Position des Handelsunternehmens in den Köpfen der Konsumenten beitragen, müssen durch entsprechende Lernprozesse solche spezifischen Erlebnisstrukturen aufgebaut werden.

Heute geht man allgemein davon aus, daß Wissen in Form von Schemata im Gedächtnis gespeichert wird. Wir gehen deshalb näher auf die Repräsentation des Wissens durch Schemata ein.

Generell kann man bei der Wissensrepräsentation zwischen einer Benutzersprache und einer Maschinensprache unterscheiden. Die Maschinensprache setzt sich mit der physiologischen Funktionsweise des Gedächtnisses auseinander (Grunert 1991, S. 63, 64). Hier geht man von einer Wissensrepräsentation in Form sogenannter neuronaler Netze aus (vgl. Oden 1987). Die Benutzersprache soll hingegen einen Einblick in die Funktionsweise des Gedächtnisses beim Problemlösen vermitteln. Sie geht von festen Zuweisungen einzelner Wissensinhalte im Gedächtnis aus. Diese können nach weit verbreiteter Auffassung in Form semantischer Netze oder in Form von Schemata abgespeichert sein. Schemata kann man als größere, thematisch zusammenhängende Wissensbereiche auffassen, die einen klar abgrenzbaren Teil eines Netzwerkes darstellen (Schermer 1991, S. 152; Anderson 1980). Wie jede Form des Wissens sind auch Schemata in Form semantischer Netze darstellbar (vgl. u. a. Fiske/ Pavelchak 1986; Minsky 1975, S. 212; Kroeber-Riel 1992).

3.2 Schematheoretische Ansatzpunkte für die erlebnisorientierte Positionierung

Schemata umschreiben allgemein das generelle Wissen, das eine Person von bestimmten Sachverhalten besitzt. Schemata kann man als große, komplexe Wissenseinheiten bezeichnen, die die typischen Eigenschaften, also quasi feste, standardisierte Vorstellungen umfassen, die man von bestimmten Objekten, Personen oder Ereignissen hat (vgl. Kroeber-Riel 1992; Rumelhart 1980, S. 34).

So besitzt man beispielsweise Schemavorstellungen über das Aussehen eines typischen Managers (dunkler Anzug, Krawatte, Aktenkoffer, distinguiertes Äußeres usw.). Solche Schemata gibt es auch zu bestimmten Marken und Handelsunternehmen. Bei der Schokoladenmarke „Milka" denkt man unwillkürlich an die Farbe lila, den prägnanten Schriftzug, die „Milka-Kuh", die Alpenwelt, an eine Schokolade aus zartem Schmelz aus Alpenmilch produziert usw. Bei Yves Rocher denkt man hingegen an die Farben grün und weiß, die natürlichen Cremes und Kosmetikartikel, an ein kleines übersichtliches Geschäft usw.

Diese Schemata sind hierarchisch strukturiert. Attribute eines übergeordneten Schemas werden automatisch an untergeordnete (Sub-)Schemata vererbt. Beispiel: Mit der Betriebsform „Warenhaus" verbinden Konsumenten ganz bestimmte Schemaattribute wie „Standort", „Warenangebot", „Preisstruktur", „Beratung und Service" usw. Diese Schemaattribute umfassen wiederum bestimmte Werte. So wird beispielsweise bei einem Warenhaus dem Schemaattribut „Standort" der (voreingestellte) Wert „zentrale Innenstadtlage" zugeordnet. Diese Gedächtnisstruktur wird nun automatisch an einzelne Warenhausunternehmen wie Karstadt und Kaufhof weitergegeben. Diese stellen zwei Subschemata des Schemas „Warenhaus" dar.

Aus der hierarchischen Struktur des Gedächtnisses ergibt sich unmittelbar ein Positionierungsdilemma: Zunächst unterscheiden sich Subschemata nicht oder nur marginal von dem allgemeinen Warenhausschema. Erst durch die Positionierung erhält das jeweilige Subschema eigenständige, von dem Warenhausschema und der Konkurrenz abweichende Attribute mit spezifischen Werten. Da die sachlichen Attribute bereits meist durch alle Warenhausbetreiber gleichermaßen ausgeschöpft sind, müssen den Subschemata vor allem neue Schemaattribute in Form spezifischer Erlebnisse zugeordnet werden.

Schemata repräsentieren keinesfalls nur sachliche und sprachliche Inhalte. Eine Erweiterung dieser ursprünglich kognitiven Perspektive ist deshalb um zwei besonders wichtige Aspekte notwendig:

1) *Kognitive Repräsentationen* wie Schemata *beschränken sich nicht auf verbale*, ikonische, sensorische oder neurale *Sachverhalte*, sondern umfassen alle diese Formen (Marcus/Zajonc 1985, S. 142). Schemata können demnach auch visuelle Reize umfassen; ein Aspekt, der unter den herrschenden Markt- und Kommunikationsbedingungen für die wahrnehmbare Umsetzung der Positionierung in der Ladengestaltung von besonderer Bedeutung ist (vgl. Maas 1994).

2) *Emotionen sind integraler Bestandteil von Schemata* (vgl. Fiske 1982; Garramone 1992; Fiske/Linville 1980; Mandler 1984).

Piaget spricht deshalb auch von „*affektiven Schemata*" als „*Gußformen*" *unterschiedlicher, immer wiederkehrender Gefühle* (Piaget 1945, zit. nach Boesch 1984, S. 179). Er geht davon aus, daß diese das Fühlen in ähnlicher Weise steuern wie die kognitiven Schemata die Wahrnehmung und Informationsverarbeitung. „Welche Gefühlsregung auf ein konkretes Ereignis hin entsteht, hängt davon ab,

1. über welche emotionalen Schemata eine Person verfügt,
2. welche dieser Schemata auch tatsächlich aktiviert werden und
3. wie diese Aktivierung durch die Momentanverfassung der Person und den situativen Kontext mitbeeinflußt wird." (Ulich, Mayring 1992, S. 86).

Somit lenken emotionale Schemata auch wesentlich die Wahrnehmung von Ladengestaltungen. Eine Ladengestaltung wird mit vorhandenen emotionalen Schemata quasi durch eine Form eines *Mustervergleiches* in Beziehung gesetzt. Demnach können erlebnisbetonte Ladengestaltungen nur dann entsprechend dem verfolgten Positionierungsziel identifiziert werden, wenn sie ein bei den Konsumenten gespeichertes Erlebnisschema treffen, mit diesem kongruent sind.

Im folgenden verstehen wir unter einem emotionalem Schema „... *eine Gedächtniseinheit oder ein angeborenes Verhaltensschema, das sich auf Sachverhalte bezieht, die emotional erlebt werden* (Kroeber-Riel 1989, S. 253). Die Ansprache eines emotionalen Schemas in der Ladengestaltung ruft spezifische emotionale Reaktionen beim Konsumenten hervor.

Erlebnisschemata unterscheiden sich sowohl in bezug auf die durch sie vermittelten *Erlebnisinhalte* als auch in bezug auf ihre *Reichweite*. Bestimmte Erlebnisse sind nur für klar abgrenzbare Zielgruppen von Relevanz. Sie lösen nur bei diesen Gruppen ähnliche emotionale Reaktionen aus und werden auch nur von diesen mit ganz bestimmten Erlebnisattributen verbunden. Andere Erlebnisse sind für breite Bevölkerungsschichten von Bedeutung.

Nach einer von Dieterle (1992; Dieterle/Esch 1994) vorgeschlagenen Klassifikation sind Erlebnisse und damit verbundene Schemata auf einem *Kontinuum* von

– *kulturübergreifend* wirkenden Erlebnissen bis hin zu
– *zielgruppenspezifischen Schemata*

einzuordnen

Kulturübergreifende Erlebnisse lösen kulturunabhängig gleiche Emotionen aus, umfassen vergleichbare bzw. ähnliche Schemaattribute und werden auch ähnlich verarbeitet. Zielgruppenspezifische Schemata umfassen hingegen nur bei einer bestimmten, klar abgrenzbaren Gruppe von Personen gleiche emotionale Inhalte und erzielen bei diesen gleiche Wirkungen.

Diese Klassifikation verdeutlicht zweierlei Aspekte:

1. Bei homogenen Wünschen und Bedürfnissen verschiedener Kundengruppen können spezifisch darauf abgestimmte Erlebnisse gesucht werden. Eine solche Konstellation findet man vor allem bei Handelsunternehmen mit spezialisierten Sortimenten, die sich an kleinere, klar definierte Kundenkreise richten, wie dies bei Fach- und Spezialgeschäften oder Boutiquen der Fall ist. Hier können zielgruppenspezifische Erlebnisse wie z. B. Sportlichkeit relativ klar und eindeutig durch Verwendung entsprechender Schemaattribute oder entsprechender Subschemata wie dem Fußballschema zum Ausdruck gebracht werden.

2. Bei heterogenen Kundengruppen bereitet die Suche nach wirksamen Erlebnissen weitaus größere Probleme. Hier muß sichergestellt sein, daß die jeweiligen Erlebnisse über eine *große Reichweite* verfügen, d.h. selbst für diese *heterogenen Kundengruppen* von Relevanz sind und ähnlich erlebt werden können. Typischerweise treten heterogene Kundengruppen bei Handelsunternehmen mit unterschiedlichen Sortimenten und *breiten Warenangeboten* auf, wie dies z.B. bei Warenhäusern der Fall ist. Je größer die Reichweite solcher Erlebnisse sein soll, desto schwieriger ist deren Umsetzung. Wenn beispielsweise das Erlebnis „Geborgenheit" unter den heutigen Bedingungen ein solches Erlebnis wäre, so ist dieses nachvollziehbar schwerer durch die Ladengestaltung realisierbar als beispielsweise das Erlebnis „Sportlichkeit".

Fazit: Will man umweltpsychologische und schematheoretische Erkenntnisse zur erlebnisbetonten Positionierung und Ladengestaltung in Beziehung setzen, kann man folgendes Schema entwickeln (*Abbildung 2*).

Aus der Umweltpsychologie können Gestaltungsempfehlungen zur Schaffung einer Ladenatmosphäre gewonnen werden. Der Einsatz der Gestaltungsmittel und die daraus resultierende Ladenatmosphäre hängen dabei von Rahmenbedingungen wie dem Erregungspotential des Umfeldes (z. B. stark oder schwach frequentierte Ladenbereiche) und den Prädispositionen der Konsumenten ab. Danach richtet sich das Ausmaß der Verwendung erregungs- und lustbetonter Gestaltungsmittel (wie z. B. Lautstärke und Rhythmus der Hintergrundmusik). Zwischen umweltpsychologischen Erkenntnissen und strategischen Überlegungen zur erlebnisbetonten Positionierung bestehen allerdings keine unmittelbaren Beziehungen. Die Gestaltung der Ladenatmosphäre kann unabhängig von der Positionierung vorgenommen werden, allerdings ist die Ladenatmosphäre eine notwendige Bedingung für eine erfolgreiche Positionierung. Konkret: Wird durch die atmosphärische Gestaltung des Ladens keine positive Stimmung ausgelöst, nützt auch die inhaltlich konsistente Umsetzung einer spezifischen Erlebnispositionierung in der Ladengestaltung wenig.

Die spezifische inhaltliche Gestaltung des Ladens wird hingegen durch die Erlebnispositionierung bestimmt. Dazu ist es erforderlich, die mit einem bestimmten Erlebnis gespeicherten Gedächtnisinhalte, die Schemavorstellungen der Konsumenten zu kennen. Diese bilden die Grundlage für die wirksame Umsetzung eines Erlebnisses in der Ladengestaltung.

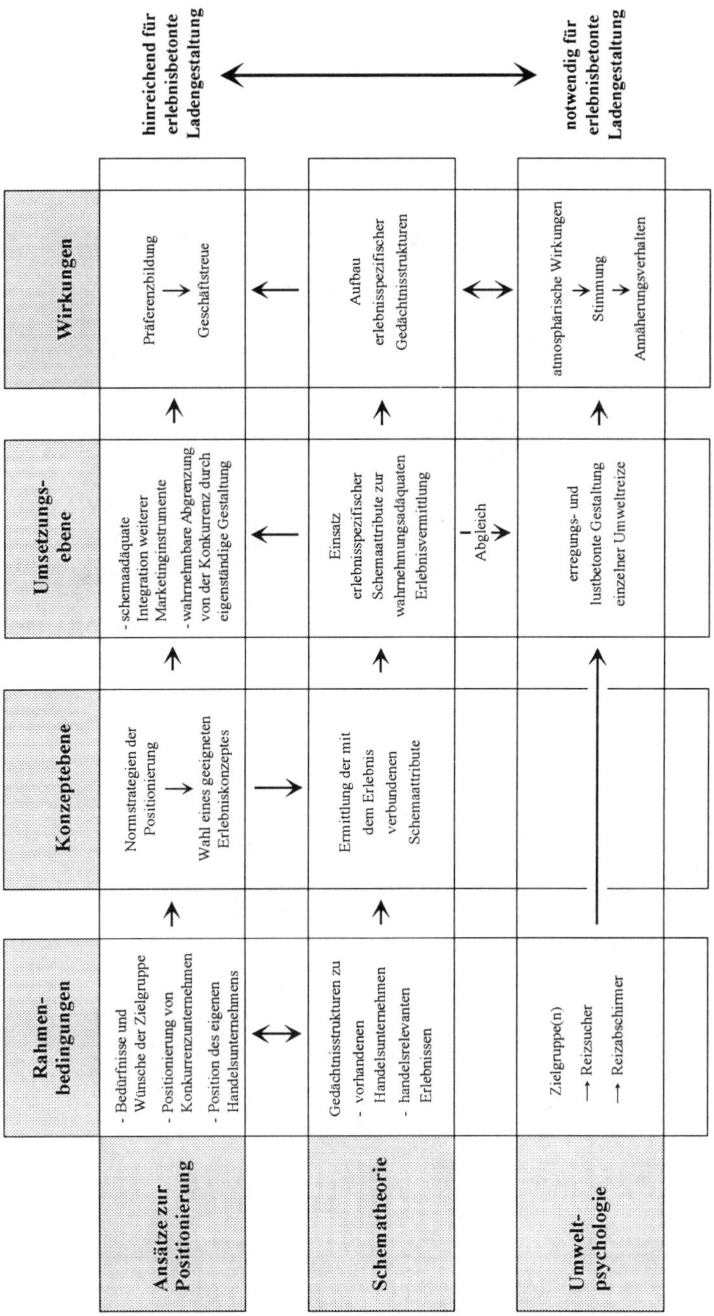

Abbildung 2: **Beiträge von Positionierungsansätzen, Schematheorie und Umweltpsychologie zur Umsetzung erlebnisbetonter Ladengestaltungen**

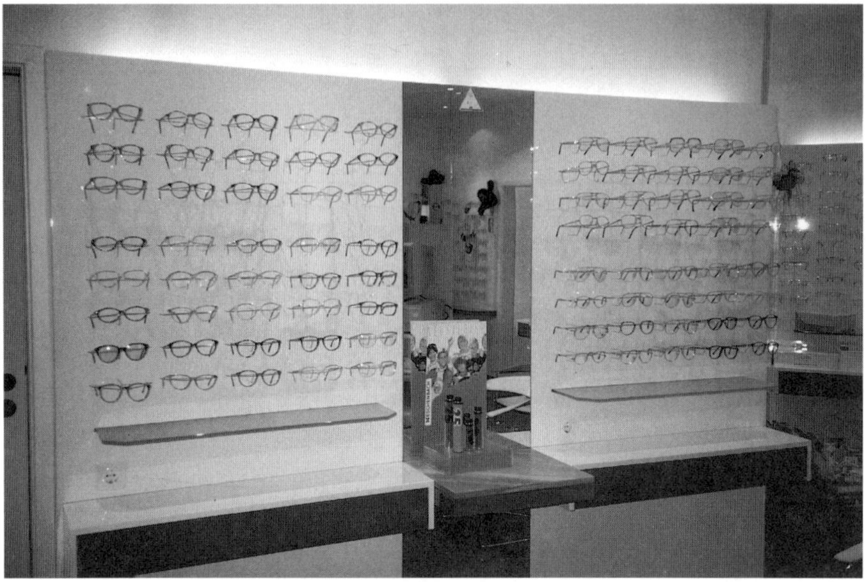

Abbildung 3a: Von der Sach- zur atmosphärischen zur Erlebnispräsentation: das Beispiel Optikergeschäfte
– Sachpräsentation: weder Atmosphäre noch Erlebnis

Abbildung 3b: Von der Sach- zur atmosphärischen zur Erlebnispräsentation: das Beispiel Optikergeschäfte
– Atmosphärische Präsentation: kein Erlebnis

Abbildung 3c: Von der Sach- zur atmosphärischen zur Erlebnispräsentation: das Beispiel Optikergeschäfte
– Atmosphäre und Erlebnis: „Natur“, „Natürlickeit“

3.3 Umsetzungsschritte einer erlebnisbetonten Positionierung in der Ladengestaltung

Folgende wesentliche Schritte sind für die Umsetzung einer spezifischen Erlebnispositionierung in der Ladengestaltung eines Handelsunternehmens erforderlich:

1) Für die potentielle Zielgruppe müssen relevante, langfristig bedeutsame und ansprechbare Erlebnisse ermittelt werden. Diese Erlebnisse müssen zum Handelsunternehmen passen und zur Abgrenzung von der Konkurrenz geeignet sein.

2) Zu diesen Erlebnissen müssen die jeweils damit verbundenen Gedächtnisinhalte erfaßt werden. Diese Gedächtnisinhalte, also bildliche und sprachliche Inhalte, die man mit bestimmten Erlebnissen wie z. B. Natur, Natürlichkeit verbindet, bilden die Grundlage für mögliche Umsetzungen in der Ladengestaltung.

3) Das Handelsunternehmen muß mit dem Erlebnis verknüpft werden, d.h. zu den bisherigen mit dem Unternehmen verbundenen Gedächtnisinhalten müssen neue Inhalte hinzugefügt werden. Die zu dem Handelsunternehmen bestehenden Gedächtnisstrukturen müssen mit den Gedächtnisstrukturen zu dem jeweils anvisierten Erlebnis verknüpft werden. Dies setzt wiederum Kenntnisse voraus, wie sich ein solcher Gedächtnisaufbau möglichst schnell realisieren läßt.

Die in der Ladengestaltung realisierte Erlebnispositionierung bedarf schließlich auch einer Kontrolle. Dazu ist wiederum der Rückgriff auf die damit verbundenen Assoziationen notwendig. Hier geht es um die Frage, ob die Umsetzung des Erlebnisses in der Ladengestaltung auch unmittelbar die gewünschten Assoziationen, das entsprechende Erlebnisschema, bei der Zielgruppe evoziert.

Bei den folgenden Ausführungen konzentrieren wir uns auf die ersten beiden Punkte. Der letztgenannte Punkt, der sich auf den Aufbau von Gedächtnisstrukturen bezieht, setzt voraus, daß

- das Erlebnis über einen langen Zeitraum in der Ladengestaltung vermittelt wird;
- andere Marketinginstrumente (z. B. die Werbung) gleichfalls konsistent und kontinuierlich dieses Erlebnis vermitteln.

Zu 1: Wahl geeigneter Erlebnispositionierungen

Die Wahl geeigneter Erlebnispositionierungen spielt sich in dem strategischen Dreieck (vgl. Ohmae 1982) zwischen dem eigenen Handelsunternehmen, der jeweiligen Zielgruppe(n) und den konkurrierenden Handelsunternehmen ab. Wir konzentrieren uns im folgenden auf Kernaspekte der Beziehung zwischen dem eigenen Handelsunternehmen und dessen Zielgruppe unter Vernachlässigung konkurrierender Handelsunternehmen.

Bei dem Handelsunternehmen selbst muß man zwischen neu zu gründenden sowie schon längere Zeit im Markt bestehenden Unternehmen unterscheiden. Für neu zu gründende Handelsunternehmen gilt aus strategischer Sicht: Zunächst wird das für die Zielgruppe relevante Erlebnis, das zur Abgrenzung von der Konkurrenz geeignet ist, festgelegt. Nach diesem Erlebnis richtet sich entsprechend die Gestaltung des Sortimentes, der Ladengestaltung usw. (vgl. Esch/Levermann 1995).

Je nach verfolgtem Positionierungsziel (erlebnisorientiert, sachorientiert usw.) geht man bei Produkten und Dienstleistungen von unterschiedlichen Beziehungen zwischen der Positionierung und dem Produkt aus, die sich allgemein mit „Positionierung folgt Produkt" (sachorientierte Positionierung) bzw. „Produkt folgt Positionierung" (erlebnisbetonte Positionierung) umschreiben lassen (vgl. Esch/Levermann 1995). Vergleichbare Überlegungen kann man auch bei Handelsunternehmen anstellen.

Mit anderen Worten bestimmt das Erlebnis die Ausgestaltung des Marketing-Mixes eines Handelsunternehmens. Bei etablierten Handelsunternehmen ist ein solches Vorgehen nicht so leicht realisierbar, da man hier vorhandene Strukturen (Sortimente, Standort usw.) berücksichtigen muß. Zudem bestehen zu manchen dieser Handelsunternehmen schon verfestigte Schemavorstellungen bei der(n) Zielgruppe(n).

Bei den folgenden Überlegungen zur Erlebnisauswahl gehen wir von bereits bestehenden Handelsunternehmen aus. Grundsätzlich kann sich hier die Auswahl von Erlebnissen danach richten, ob sie

- eher waren- oder zielgruppenbezogen bzw.
- eher unternehmensübergreifend oder abteilungsspezifisch

vollzogen werden soll. Für die emotionale Positionierung eines Handelsunternehmens kommen dabei vor allem folgende Möglichkeiten in Betracht:

1. Positionierung auf der Basis eines zielgruppenspezifischen, zum Warenangebot passenden Erlebnisses;
2. Positionierung auf der Basis eines in erster Linie am Warenangebot ausgerichteten Dacherlebnisses, mit oder ohne abteilungsbezogene Erlebnisdifferenzierung;
3. Positionierung auf der Basis eines in erster Linie an der Zielgruppe ausgerichteten Dacherlebnisses, mit oder ohne abteilungsbezogene Erlebnisdifferenzierung;
4. abteilungsbezogene Erlebnisdifferenzierung ohne Dacherlebnis.

Unter welchen Bedingungen die erlebnisbetonte Positionierung unternehmens- oder abteilungsbezogen zu erfolgen hat, ist nur im Hinblick auf die Zielgruppe und das Warenangebot des Unternehmens beantwortbar. In vielen Handelsunternehmen setzt sich die Zielgruppe aus Kunden mit heterogener Bedürfnisstruktur zusammen. So bieten Warenhäuser wie Karstadt im Oberbekleidungsbereich Ware für alle Altersgruppen an. Es ist nachvollziehbar, daß es in solchen Fällen schwierig ist, für heterogene Zielgruppen eine gemeinsame Erlebniswelt zu finden und zielgruppenadäquat in der Ladengestaltung umzusetzen. Ähnliche Probleme ergeben sich bei heterogenem Sortimenten: Für Einzelhandelsbetriebe, die Waren verschiedener Branchen führen, ist es schwierig, das gesamte Sortiment unter einem Erlebnisdach anzubieten. Hier ergeben sich meist Abstimmungsprobleme zwischen den einzelnen Abteilungen. Dem stehen allerdings erhebliche Synergieeffekte gegenüber, die aus einem unternehmensübergreifenden emotionalen Auftritt resultieren. Fazit: Bei der

Entscheidung für eine unternehmensübergreifende Erlebnispositionierung oder eine abteilungsbezogene Erlebnisdifferenzierung steht das Unternehmen vor zwei konfliktären Zielen: Einerseits soll das ausgewählte Erlebnis zur Zielgruppe und zum Warenangebot passen, andererseits soll die kommunikative Kraft konzentriert werden, um Synergiewirkungen zu erzielen.

In Abhängigkeit vom Homogenitätsgrad der Zielgruppe und des Warenangebotes kann man folgende Empfehlungen ableiten:

Übersicht 1: Gestaltungsvarianten von Erlebnispositionierungen

	homogene Zielgruppe	**heterogene Zielgruppe**
homogenes Warenangebot	*I. Zielgruppenspezifisches Erlebnis*	*II. Am Warenangebot ausgerichtetes Dacherlebnis* mit oder ohne abteilungsbezogener Erlebnisdifferenzierung
heterogenes Warenangebot	*III. An der Zielgruppe ausgerichtets Dacherlebnis* mit oder ohne abteilungsbezogener Erlebnisdifferenzierung	*IV. Abteilungsbezogene Erlebnisdifferenzierung ohne Dacherlebnis*

Wir konzentrieren uns im folgenden auf die in der Praxis am häufigsten vorkommenden Felder I, II und IV.

I. Zielgruppenspezifisches Erlebnis:

Für Handelsunternehmen mit homogener Zielgruppe und homogenem Sortiment entstehen keine Abstimmungsprobleme. Meistens handelt es sich um kleinere Einzelhandelsstätten, deren Sortiment sich aus Produkten einer Branche zusammensetzt und deren Kundenkreis relativ klein ist. Hier können zielgruppenspezifische und zum Warenangebot passende Erlebnisse vermittelt werden. Es entstehen kaum Streuverluste.

II. Am Warenangebot ausgerichtetes Dacherlebnis:

Bei homogenem Warenangebot und heterogener Zielgruppe ist es sinnvoll, ein Dacherlebnis zu vermitteln, das auf das Sortiment zugeschnitten ist. Dadurch können Synergieeffekte genutzt werden. Es muß nicht auf eine einheitliche Erlebnislinie verzichtet werden. Vielmehr sollten die Streuverluste minimiert werden, die durch die einheitliche Ansprache der heterogenen Zielgruppe entstehen. Dies kann durch die Auswahl solcher Erlebnisse für die Positionierung erreicht werden, die eine große Reichweite aufweisen (s. o.). So sprechen bestimmte Sporterlebnisse einen geringeren Personenkreis emotional an als beispielweise das Erlebnis „Geborgenheit".

III. Abteilungsbezogene Erlebnisdifferenzierung ohne Dacherlebnis:

Bei Unternehmen mit heterogenem Warenangebot und heterogener Zielgruppe ist eine Abstimmung des emotionalen Auftrittes kaum möglich. Die Positionierung kann hier nicht auf einem einheitlichen Dacherlebnis aufgebaut werden, da die Streuverluste zu groß sind. Unter diesen Bedingungen ist eine abteilungsbezogene Erlebnisdifferenzierung sinnvoll, d.h. es müssen für einzelne Abteilungen passend zum Sortiment und zur jeweiligen Zielgruppe eigenständige Erlebniswelten aufgebaut werden. Ein mögliches Realisierungskonzept hierfür bieten Shop-in-the-Shop-Systeme. Durch die Aufteilung des Sortimentes können hier in sich abgegrenzte Räume mit eigener Positionierung geschaffen werden.

Die Suche nach abteilungsspezifischen Erlebniskonzepten bedeutet nicht, daß man für jede Abteilung ein neues Erlebnis finden muß. So werden bei Warenhäusern von manchen Kundegruppen nur ganz bestimmte Abteilungen aufgesucht, andere hingegen nicht. Dies kann als Ansatzpunkt für eine neue Form des space managements und der Anordnung einzelner Abteilungen dienen (vgl. Tietz 1993; zur space utilization vgl. Baumgartner 1981; zur Regalplatzoptimierung Günther/Mattmüller 1993). Konkret: Abteilungen, die ähnliche Zielgruppen ansprechen und bei denen ein ähnliches Erlebnis verwendet werden kann, sollten räumlich nah beieinander liegen und von Abteilungen mit anderen Erlebniswelten getrennt werden. Dieses Konzept gleicht somit einer klassischen Unterteilung der Anfangsära von Warenhäusern, nach der das Basement für preiswerte Ware vorgesehen war, mit steigender Etagenzahl gleichzeitig auch der Preis für die Waren bis hin zur Exklusivetage zunahm. Ein ähnliches Konzept ließe sich durch die erlebnisbezogene Kopplung von Abteilungen realisieren. Dadurch könnten Synergien durch Ansprache des gleichen Erlebnisses zwischen den jeweiligen Abteilungen genutzt werden und gleichzeitig eine Abgrenzung von nicht dazu passenden Abteilungen, die den Erlebniseindruck verringern könnten, vermieden werden.

Solche erlebnisbezogenen Abteilungsgruppierungen können auch zur Elimination solcher Abteilungen bzw. Warengruppen führen, bei denen keine Synergiewirkungen durch Ansprache abteilungsübergreifender Erlebnisse zu realisieren ist. Hier ist es zweckmäßiger, neue erlebnisadäquate Warengruppen zu Lasten dieser Abteilungen aufzunehmen bzw. vorhandene – zu den abteilungsspezifischen Erlebniskonzepten passende – Warengruppen entsprechend auszuweiten und dadurch mehr Kompetenz in solchen Bereichen zu erlangen, bei denen synergetische Erlebniswirkungen erzielt werden können.

Zu 2: Ermittlung der relevanten Erlebnisinhalte

Hier geht es darum, die mit einem bestimmten Erlebnis verbundenen Schemavorstellungen der Konsumenten zu ermitteln. Auf Basis solcher Schemavorstellungen ist dann die wahrnehmungsadäquate Umsetzung des Erlebnisses in der Ladengestaltung möglich. Da ein emotionales Schema mit festen standardisierten Vorstellungen verbunden ist, lassen sich die Schemaattribute durch Befragung, z.B. durch Assoziationstests oder durch Protokolle lauten Denkens, ermitteln (vgl. Grunert 1990; Esch/Andresen 1994). Hierzu kann man auf bereits vorhandene empirische Untersuchungen zurückgreifen (vgl. Petri 1995). So wurden von Petri zu 220 Erlebniseigenschaften die damit verbundenen Assoziationen bei den Konsumenten erfragt. Maas (1994) ermittelte für eine Vielzahl von Erlebniseigenschaften relevante Schemaattribute und deren Bedeutung für ein solches Erlebnisschema. Sie unterscheidet hier zwischen obligatorischen und nicht-obligatorischen Schemavorstellungen. Erstgenannte sind hinreichend, aber nicht notwendig für ein Schema. Solche Befragungen müssen allerdings darauf ausgerichtet sein, daß vor allem bildhafte Schemavorstellungen zu einer Erlebniseigenschaft geäußert werden. Diese Schemavorstellungen lassen sich anschließend dahingehend überprüfen,

- wie oft sie übereinstimmend von der Zielgruppe geäußert und
- an welcher Stelle sie jeweils geäußert wurden.

Schemaattribute, die früh und oft genannt werden, sind für die Wahrnehmung der Ladengestaltung entsprechend dem beabsichtigten Erlebnis besonders wichtig. Mittels spezieller Instruktionen können neben allgemeinen Schemavorstellungen zu bestimmten Erlebnissen auch ganz spezifische damit verbundene Eigenschaften ermittelt werden, z. B. die mit einem bestimmten Erlebnis assoziierten Farben und Materialien, sofern diese nicht schon bei den allgemeinen Assoziationstests und Protokollen lauten Denkens geäußert wurden.

Aus diesen Befragungen kann man demnach ermitteln, welche Gestaltungsmittel für die erlebnisadäquate Umsetzung einer Positionierung in der Ladengestaltung von besonderer Bedeutung sind und welche Aspekte kaum einen Beitrag für eine wahrnehmungsadäquate Umsetzung leisten.

4 AUSBLICK: HERAUSFORDERUNGEN AN EINE ERLEBNISBETONTE LADENGESTALTUNG ZUR POSITIONIERUNG VON HANDELS-UNTERNEHMEN

Für zukunftsorientierte Unternehmen, die durch eine erlebnisorientierte Positionierung Kunden langfristig an sich binden wollen, besteht die Herausforderung darin, den Sprung von der atmosphärischen zur erlebnisbetonten Ladengestaltung zu schaffen. Dies wirft in mehrfacher Hinsicht Probleme auf, die nur durch eine zielgerichtete strategische Planung gelöst werden können.

Im Gegensatz zur unspezifischen atmosphärischen Ladengestaltung bedarf es bei der erlebnisbetonten Ladengestaltung

- einer *langfristigen statt einer kurzfristigen Ausrichtung*: Während atmosphärische Ladengestaltungen immer wieder geändert werden und andere Eindrücke vermitteln können, müssen erlebnisbetonte Ladengestaltungen immer dasselbe Kernerlebnis vermitteln. Variationen der Ladengestaltung sind auch hier erlaubt und gewünscht, allerdings müssen diese nach wie vor das gleiche Erlebnis prägnant vermitteln. Es ist demnach rechtzeitig zu hinterfragen, ob sich ein mögliches – zur Unternehmenspositionierung geeignetes – Erlebnis auch langfristig umsetzen läßt, ohne daß es zu Abnutzungserscheinungen kommt;

- einer *Ausrichtung an wesentlichen Bedürfnissen* der Konsumenten statt an kurzfristigen, unstabilen Wünschen. Das Erlebnis muß langfristig für die Zielgruppe von Relevanz sein;

- einer *erlebnisorientierten Anpassung* an den jeweils vorherrschenden *Zeitgeist statt* einer *„wilden Trendomanie“*. Das Erlebnis muß hinreichend flexibel gestaltbar sein, daß Anpassungen an den Zeitgeist möglich sind, ohne daß dadurch die eigentlichen Erlebnisinhalte verloren gehen oder man gar dazu neigt, auf Trendzüge aufzuspringen und ständig neue Erlebnisse zu belegen;

- einer *wahrnehmbaren Abgrenzung von konkurrierenden Handelsunternehmen statt* einer *stereotypen Mainstreamgestaltung*. Dies setzt allerdings einen umfangreichen Entwicklungsprozeß mit einer Vielzahl potentieller Erlebnisse und deren Evaluation voraus.

Um diese Probleme zu überwinden und den Anforderungen an eine wirksame erlebnisbetonte Ladengestaltung gerecht zu werden, ist der Rückgriff auf Schemavorstellungen der Konsumenten erforderlich. Diese Schemavorstellungen repräsentieren dominant mit bestimmten Erlebnissen verbundene Erlebnisinhalte und können gleichsam zur Umsetzung und zur Kontrolle erlebnisbetonter Ladengestaltungsmaßnahmen eingesetzt werden. Gerade Aspekte der Umsetzung von Maßnahmen stehen zur Zeit im Blickpunkt des Handels. Laut einer im Jahr 1994 durchgeführten Umfrage des Gottlieb Duttweiler Instituts bei Handelsmanagern sind 80 % der befragten Manager der Meinung, die Umsetzung sei wichtiger als die Strategie (Liebmann/Jungwirth 1994, S. 22). Wenngleich wir dieser Auffassung nicht uneingeschränkt folgen, kommt doch eine wichtige Forderung in diesem Befragungsergebnis zum Ausdruck: Positionierungsstrategien, insbesondere erlebnisbetonte Positionierungskonzepte, müssen künftig mehr denn je wahrnehmbar durch Handelsunternehmen umgesetzt werden. Dazu können verhaltenswissenschaftliche Erkenntnisse und schematheoretische Ansätze einen erheblichen Beitrag leisten.

LITERATUR

Ahlert, D.; Schröder, H.: Erlebnisorientierung im stationären Einzelhandel. In: Marketing ZFP, 11 (1990), Heft 4, S. 221-229.

Anderson, J.R.: Concepts, Propositions and Schemata: What are the Cognitive Units? In: Howe, H.E. (Hrsg.): Nebraska Symposium of Motivation, Vol. 28, Lincoln 1980, S. 121-162.

Baumgartner, R.: Ladenerneuerung (Store Modernization), St. Gallen 1981.

Biel, A.L.: How Brand Image Drives Brand Equity. In: Journal of Advertising Research, 32 (1992), November/December, S. RC-6 - RC-12.

Bloch, P.H.; Ridgway, N.M.; Nelson, J.E.: Leisure and the Shopping Mall. In: Holman, R.H.; Solomon, M.R. (Hrsg.): Advances in Consumer Research, 18 (1991), Provo, UT: Association for Consumer Research, S. 445-452.

Boesch, E.E.: The Development of Affective Schemata. In: Human Development, 27 (1984), S. 173-183.

Bost, E.: Ladenatmosphäre und Konsumentenverhalten, Reihe Konsum und Verhalten, Bd. 12, Heidelberg 1987.

Brockhoff, K.: Positionierung, Positionierungsmodelle. In: Diller, H. (Hrsg.) Vahlens Großes Marketinglexikon, München 1992, S. 878-881.

Dawson, S.; Bloch, P.H.; Ridgway, N.M.: Shopping Motives, Emotional States and Retail Outcomes. In: Journal of Retailing, 66 (1990), No. 4, S. 408-427.

Dieterle, G.; Esch, F.-R.: Das Modul zur Suche nach verhaltenswirksamen Bildmotiven. In: Esch, F.-R.; Kroeber-Riel, W. (Hrsg.): Expertensysteme für die Werbung, München 1994, S. 300-318.

Dieterle, G.: Die Suche nach verhaltenswirksamen Bildmotiven für eine erlebnisbetonte Werbung, Reihe Konsum und Verhalten, Bd. 34, Heidelberg 1992.

Diller, H.: Markenpräsentation im Experiment. In: Absatzwirtschaft, 31 (1988), Heft 10, S. 116-121.

Donovan, R.J.; Rossiter, J.G.: Store Atmosphere: An Environmental Psychology Approach, Journal of Retailing, 58 (1982), No. 1, S. 34-57.

Dustmann, H.: Profilierungsinstrument Ladengestaltung. In: Thexis, (10) 1993, Nr. 4, S. 25-31.

Esch, F.-R.: Strategieoperationalisierung in Handelsunternehmen zur effizienten Abgrenzung von Konkurrenzunternehmen – ein verhaltenswissenschaftlicher Ansatz. In: Trommsdorff, V. (Hrsg.): Handelsforschung 1992. Handel im integrierten Europa, Jahrbuch der Forschungsstelle für den Handel Berlin (FfH) e. V., Wiesbaden 1993, S. 299 - 321.

Esch, F.-R.; Andresen, T.: Operationalisierung und Messung des Markenwertes. In: Belz, C., T. Tomczak (Hrsg.): Marktforschung, St. Gallen 1994, S. 212-230.

Esch, F.-R.; Levermann, T.: Handelsunternehmen als Marken. Messung, Aufbau und Stärkung des Markenwertes – ein verhaltenswissenschaftlicher Ansatz. In: Trommsdorff, V. (Hrsg.): Handelsforschung 1994. Systeme im Handel, Jahrbuch der Forschungsstelle für den Handel Berlin (FfH) e. V., Wiesbaden 1994, S. 79-102.

Esch, F.-R.; Levermann, T.: Positionierung als Grundlage des strategischen Kundenmanagements auf Konsumgütermärkten. In: Thexis – Fachzeitschrift für Marketing, 12 (1995), Heft 4.

Fiske, S.T.; Linville, P.W.: What does the Schema Concept buy us? In: Personality and Social Psychology Bulletin, 6 (1980), No. 4, S. 543-557.

Fiske, S.T.: Schema-Triggered Affect: Applications to Social Perception. In: Clark, M.S.; Fiske, S.T. (Hrsg.): Affect and Cognition. The 17th Annual Carnegie Symposium on Cognition, Hillsdale, NJ. 1982, S. 55-78.

Garramone, G.M.: A Broader and „Warmer" Approach to Schema Theory. In: Deetz, S.A. (Hrsg.): Communication Yearbook, Vol. 15, Published Annually for the International Communication Association, Newbury Park, London, New Delhi 1992, S. 146-154.

Gröppel, A.: Die Erfolgswirksamkeit der Preisführerschafts- und Differenzierungsstrategie im Einzelhandel. In: Trommsdorff, V. (Hrsg.): Handelsforschung 1994. Systeme im Handel, Jahrbuch der Forschungsstelle für den Handel Berlin (FfH) e. V., Wiesbaden 1994, S. 165-182.

Gröppel, A.: Erlebnisstrategien im Einzelhandel, Reihe Konsum und Verhalten, Bd. 29, Heidelberg 1991.

Grossbart, S.; Hampton, R.; Rammohan, B.; Lapidus, R.S.: Environmental Dispositions and Customer Response to Store Atmospherics. In: Journal of Business Research, 21 (1990), S. 225-241.

Grunert, K.G.: Kognitive Strukturen in der Konsumforschung. Entwicklung und Erprobung eines Verfahrens zur offenen Erhebung assoziativer Netzwerke, Heidelberg 1990.

Günther, T.; Mattmüller, R.: Möglichkeiten und Grenzen der Regaloptimierung im Handel. In: Marketing ZFP, (15) 1993, Heft 2, S. 77-85.

Hansen, U.: Absatz- und Beschaffungsmarketing des Einzelhandels, Göttingen 1990.

Kreft, W.: Ladenplanung, Leinfelden-Echterdingen 1993.

Kroeber-Riel, W.: Erlebnisbetontes Marketing. Iin: Belz, C. (Hrsg.): Realisierung des Marketing – Marketing in unterschiedlichen Situationen von Märkten und Unternehmen, Savosa und St. Gallen 1986, S. 1137-1151.

Kroeber-Riel, W.: Das Suchen nach Erlebniskonzepten für das Marketing – Grundlagen für den sozialtechnischen Forschungs- und Entwicklungsprozeß. In: Specht G.; Silberer, G.; Engelhardt, W.H. (Hrsg.): Marketing-Schnittstellen, Stuttgart 1989, S. 247-263.

Kroeber-Riel, W.: Konsumentenverhalten, 5. Aufl., München 1992.

Kroeber-Riel, W.: Strategie und Technik der Werbung, 4. Aufl., Stuttgart 1993.

Liebmann, H.-P.; Jungwirth, G.: GDI-Monitor II/94: Mit neuer Unternehmenskultur erfolgreich zur Jahrtausendwende. In: GDI-Handelstrendletter II/94, Gottlieb Duttweiler Institut, Rüschlikon/Zürich 1994, S. 1-37.

Maas, J.: Das Modul zur Suche nach Schemata. In: Esch, F.-R.; Kroeber-Riel, W. (Hrsg.): Expertensysteme für die Werbung, München 1994, S. 319-342.

Mandler, G.: Mind and Body, New York 1984.

Marcus, H.; Zajonc, R.B.: The Cognitive Perspective in Social Psychology. In: Lindzey, G.; Aronson, E. (Hrsg.): Handbook of Social Psychology, 3. Aufl., New York 1985, S. 137-230.

Mehrabian, A.: Räume des Alltags, Frankfurt, New York in verkürzter Fassung als Taschenbuch 1987.

Mehrabian, A.; Russell, J.A.: An Approach to Environmental Psychology, Cambridge, MA. 1974.

Minsky, M.: A Framework for Representing Knowledge. In: Winston, P.H. (Hrsg.): The Psychology of Computer Vision, New York, Düsseldorf, London, Paris, Tokyo 1975, S. 211-280.

Nuber, U.: Die ungeheure Last des Überflüssigen. In: Psychologie Heute, 1995, April, S. 20-26.

Oden, G.C.: Concept, Knowledge, and Thought. In: Annual Review of Psychology, 38 (1987), S. 203-227.

Ohmae, K.: The Mind of the Strategist: The Art of Japanese Business, New York 1982.

Opaschowski, H.W.: Freizeit 2001. In: Marketing Journal, 25 (1992), Heft 1, S.18-21.

Opaschowski, H.W.: Freizeitökonomie: Marketing von Erlebniswelten, Opladen 1993.

Petri, C.: Kreativität auf Knopfdruck. Assoziationen als Quelle kreativer Bildideen, Offenburg 1995.

Rothschild, M.L.: Marketing Communications, Lexington, MA. 1987.

Rumelhart, D.E. (1980): Schemata: The Building Blocks of Cognition. In: Spiro, R.J.; Bruce, B.C.; Brewer, W.F. (Hrsg.): Theoretical Issues in Reading Comprehenson: Perspectives from Cognitive Psychology, Linguistics, Artificial Intelligence, and Education, Hillsdale, NJ. 1980, S. 33-58.

Rumelhart, D.E.: Schemata and the Cognitive System. In: Wyer, R.S.; Srull, T.K. (Hrsg.): Handbook of Social Cognition, Hillsdale, NJ. 1984, S. 161-188.

Russell, J.A.; Pratt, G.A.: A Description of the Affective Quality Attributed to Environments. In: Journal of Personality and Social Psychology, 38 (1980), S. 311-322.

Russell, J.A.; Ward, L.: Environmental Psychology. In: Annual Review of Psychology, 33 (1982), S. 651-688.

Scherhorn, G.; Reisch, L.A.; Raab, G.: Kaufsucht – Bericht über eine empirische Untersuchung, Arbeitspapier 50, Lehrstuhl für Konsumtheorie und Verbraucherpolitik, Universität Hohenheim, Stuttgart 1994.

Schermer, F.J.: Lernen und Gedächtnis, Grundriß der Psychologie, Bd. 10, Stuttgart, Berlin, Köln 1991.

Schulze, G.: Die Erlebnisgesellschaft, Frankfurt 1992.

Schweiger, G.; Mayerhofer, W.: Der Einfluß der Preiswerbung auf das Image von Handelsketten – Ergebnisse einer empirischen Studie in Österreich. In: Trommsdorff, V. (Hrsg.): Handelsforschung 1990. Internationalisierung im Handel, Jahrbuch der Forschungsstelle für den Handel Berlin (FfH) e. V., Wiesbaden 1990, S. 157-170.

Sommer, R.; Aitkens, S.: Mental Mapping of Two Supermarkets, Journal of Consumer Research, 9 (1982), S. 211-216.

Tietz, B.: Konsument und Einzelhandel, 3. Aufl., Frankfurt/Main 1983.

Tietz, B.: Der Handelsbetrieb, 2. Aufl., München 1993.

Tomczak, T.; Reinecke, S.: Die Rolle der Positionierung im strategischen Marketing. In: Thommen, J.-P. (Hrsg.): Management-Kompetenz, Zürich 1995, S. 499-517.

Trommsdorff, V.: Positionierung. In: Tietz, B.; Köhler, R.; Zentes, J. (Hrsg.): Handwörterbuch des Marketing, Stuttgart 1995, S. 2055-2067.

Trommsdorff, V.: Multivariate Imageforschung und strategische Marketingplanung. In: Hermanns, A.; Flegel, V. (Hrsg.): Handbuch des Electronic-Marketing, München 1992, S. 321-337.

Ulich, D.; Mayring, P.: Psychologie der Emotionen, Grundriß der Psychologie, Bd. 5, Stuttgart 1992.

Weinberg, P.; Gröppel, A.: Formen und Wirkungen erlebnisorientierter Kommunikation. In: Marketing ZFP, 10 (1988), Heft 3, S. 190-197.

Weinberg, P.: Erlebnismarketing, München 1992.

Westbrook, R.A.; Black, W.C.: A Motivation-Based Shopper Typology. In: Journal of Retailing, 61 (1985), No. 1, S. 78-103.

Wind, Y. J.: Product Policy. Concepts, Methods and Strategy, Reading, MA. 1982.

Wüthrich, H. A.: Neuland des strategischen Denkens. Von der Strategietechnokratie zum mentalen Management, Wiesbaden 1991.

Zentes, J.: Grundbegriffe des Marketing, 3. Aufl., Stuttgart 1992.

Die Relevanz des Kopplungspotentials für den Einzelhandel

Günter Heinritz und Christiane E. Theiss, München

Unter Kopplungspotential sind Effekte auf den Umsatz eines Einzelhändlers zu verstehen, die nicht auf seine eigene Angebotspolitik zurückzuführen sind, sondern auf den mikrogeographischen Standortfaktor einer Agglomeration anderer Händler. Der Effekt wird zeitökonomisch erklärt und differenziert. Anhand einer ausführlichen empirischen Fallstudie aus dem Bekleidungseinzelhandel wird die globale und segmentspezifische Messung des Kopplungspotentials demonstriert.

1 EINFÜHRUNG UND THEORETISCHER KONTEXT

Über längere Zeit hinweg waren Beiträge zur Geographie des Einzelhandels sowie Erklärungsansätze räumlicher Verteilungsmuster von Einzelhandelsbetrieben und Kundenverhalten bevorzugt von einem einzigen Konzept, der Christallerschen Theorie der Zentralen Orte, geprägt. Nicht zuletzt Nelsons (Nelson 1958) Argumentation, daß das Geschäftsvolumen eines Einzelhandelsbetriebes nicht nur auf dessen Eigenattraktivität, sondern darüber hinaus auf der Attraktivität des Umfeldes basiere, hat dazu beigetragen, daß auch dem geschäftlichen Umfeld von Einzelhandelseinrichtungen und dem hierdurch induzierten Kundenverhalten aus sozialgeographischer Perspektive eine eigene Bedeutung zugemessen wird.

1.1 Kopplungseffekte als Forschungsgegenstand

Aus der Sicht der Anbieter setzt sich nach Nelson (Nelson 1958, S. 53) das Geschäftsvolumen eines Einzelhandelsbetriebes aus drei Umsatzanteilen zusammen: Zu Umsätzen, die ein Betrieb allein seiner eigenen Attraktivität verdankt *(generative business)*, kommen Umsatzanteile, die durch ein attraktives Angebots-Mix, d.h. publikumswirksame Einrichtungen in Nachbarschaftslage erzielt werden *(shared business)* und solche Verkäufe, die weder vom Betrieb selbst noch von Nachbarbetrieben initiiert werden, sondern ausschließlich durch Laufkundschaft getätigt werden (*suscipient business*). Umsätze der ersten Gruppe kommen Magnetbetrieben zugute, welche durch eine hohe Eigenattraktivität große Kundenmassen anziehen. Vertreter der zweiten Gruppe, wie beispielsweise Boutiquen und kleinere spezialisierte Facheinzelhandelsbetriebe, können sowohl zu einer allgemeinen

Standortattraktivität beitragen als auch von ihr profitieren und ermöglichen in Agglomerations-Lagen die Kombination verschiedener Einkäufe sowie Angebots- oder Preisvergleiche. Dem Standortumfeld kommt daher insbesondere aus der Sicht von Betrieben, deren Umsätze hauptsächlich auf 'shared' oder 'suscipient business' zurückgehen, große Bedeutung zu. Die an einem Standort aus der räumlichen Nähe zu anderen Anbietern und Einrichtungen resultierende Möglichkeit, von den auf sie gerichteten Interaktionen verkaufsfördernde externe Effekte zu erreichen, wird als Kopplungspotential bezeichnet.

In Erweiterung der von Nelson benannten Effekte wird das Kopplungspotential – aus Sicht der Anbieter – als kostenminimierender Faktor von weiteren Autoren beschrieben, wie z.B. Lösch (1962), oder McLafferty/Ghosh (1986, S. 225): „because of its higher sales volume, the agglomerated firm would be able to take advantage of economies of scale and offer the product at a lower price than its unagglomerated competitors".

Horton (1968, S. 801) sieht im Vorhandensein von Kopplungsmöglichkeiten sogar *das* Attraktivitätsmaß für Einzelhandelsstandorte. Um verkaufsfördernde positive Effekte durch benachbarte Einrichtungen zu erzielen, ist nach Horton (1968), Blommestein/Nijkamp/Veenendaal (1980), Laulajainen (1988) und Foxall/Hackett (1992) besonders auf eine sinnvolle Plazierung von Mitbewerbern und ergänzendem Angebot im Umfeld zu achten.

Dem geschäftlichen Umfeld respektive Kopplungspotential wird von seiten des Handels je nach Branchenzugehörigkeit unterschiedliche Bedeutung beigemessen. Nicht alle im Umfeld eines Einzelhandelsbetriebes vorhandenen Einrichtungen sind gleichermaßen kopplungsrelevant. Starke Interaktionen bestehen beispielsweise zwischen bestimmten Einzelhandelsbetrieben oder zwischen Einzelhandel und publikumsorientierten Dienstleistern, wie Banken, Sparkassen, Post, Dienstleistungsbetrieben des Handwerks (Friseur, Reparatur), sonstigen Serviceleistungen (Reinigung, Waschsalon, Film-/Fotoentwicklung), Gastronomie, öffentlicher Verwaltung (Rathaus, Meldebehörde, Finanzamt).

Konsumentenorientierte Forschungsansätze sehen allgemein die Bedeutung von Kopplungsmöglichkeiten für Verbraucher eher in der Attraktivitätssteigerung von Zentren oder betrachten, wie McLafferty/Ghosh (1986), ein hohes Kopplungspotential unter dem Aspekt eines kostenminimierenden Effektes für Nachfrager, da durch Konzentration von Einrichtungen gleichzeitig ein hohes Maß an Besorgungszielen erfüllt werden kann. Auf letztgenannten Sachverhalt geht Lange (1972/73) in einem *dynamischen Modell* zur Erläuterung des Zusammenhangs von Zeitbudget, Distanzüberwindung und Kopplung von Versorgungsaktivitäten näher ein. Zur Erklärung von Standortstrukturen und von Veränderungen der räumlichen Verteilung von Geschäftszentren bezieht er in seine Analyse differenzierte Annahmen zum Konsumentenverhalten ein.

Ausgangspunkt seiner Analyse des Konsumentenverhaltens in Raum und Zeit bildet das *Verbrauchsprofil*. Darunter versteht er die Menge der von einem bzw. einer Gruppe von Konsumenten in einer Periode nachgefragten Güter (Waren und Dienstleistungen). Die nachgefragten Güter ordnet er nach ihren *Verbrauchshäufigkeiten*, d.h. der Häufigkeit, mit der bestimmte Güter innerhalb einer Zeiteinheit nachgefragt werden. Neben dem Einkommen kann nach Lange eine Vielzahl von Faktoren das Verbrauchsprofil bestimmen, wie beispielweise Beschäftigung, Alter, Geschlecht, Freizeit, Vermögen, Preis und Qualität der angebotenen Güter, Werbung oder Verkehrsmöglichkeiten. Einen Zusammenhang von Einkommenswachstum und Verbrauchsprofiländerungen stellt er gemäß der Theorie der Engelkurven wie folgt dar: Die Nachfrage nach einem Gut setzt erst bei Erreichen eines bestimmten Mindesteinkommens (Initialeinkommen) ein, nimmt mit steigendem Einkommen bis zu einem Sättigungsniveau zu und kann bei einer weiteren Einkommenssteigerung sogar zurückgehen. Bei kleinem Einkommen werden vorwiegend Güter großer Verbrauchshäufigkeit, dafür um so weniger Güter mittlerer oder kleiner Verbrauchshäufigkeit nachgefragt. Bei steigendem Einkommen steigt hingegen der Konsum von höherwertigen Gütern.

Die an verschiedenen Standorten von Versorgungseinrichtungen tatsächlich wirksam werdende Nachfrage nach Gütern beschreibt das *Besorgungsprofil.* Das Besorgungsprofil setzt sich aus der von einem Konsumenten in einer Periode durchgeführten Besorgung zusammen, wobei Besorgung den von einem Konsumenten mit Raumüberwindung verbundenen durchgeführten oder versuchten Einkauf von Gütern bezeichnet (Lange 1973, S. 29). Mögliche Besorgungen werden von drei Kostenkomponenten begrenzt: den *äußeren Raumüberwindungskosten* (Weg zum Einkaufsort), den *inneren Raumüberwindungskosten* (Wege innerhalb des Geschäftszentrums) und den *Kosten der Informationsbeschaffung* über das Gut und die dieses Gut anbietenden Geschäfte. Da jeder Konsument nur einen beschränkten Handlungsspielraum hat (wie z.B. bestimmtes Zeitbudget, Einkommen, physische Leistungsfähigkeit), „ist der Konsument gezwungen, die Kosten der Raumüberwindung unter einem Höchstwert zu halten [...]. Er wird deswegen Kosten einzusparen versuchen, [...] wenn der Höchstwert überschritten zu werden droht" (Lange 1973, S. 32). So werden Konsumenten durch die Notwendigkeit der Raumüberwindung zur sogenannten *Kopplung* der zu besorgenden Güter gezwungen, um auf diese Weise Raumüberwindungskosten zu sparen. Alle Aktivitäten, die mit der Besorgung von Gütern zusammenhängen, müssen innerhalb eines begrenzten zeitlichen Rahmens abgewickelt werden. Das vorgegebene Zeitbudget limitiert somit den Handlungsspielraum des Konsumenten ebenso wie die Verfügbarkeit von Transportmöglichkeiten.

Die vorgestellten Einflußgrößen auf den Handlungsspielraum von Konsumenten diskutiert Lange unter der Annahme der Existenz nur eines einzigen Geschäftszentrums. Die Entscheidung über das Aufsuchen eines bestimmten Einkaufsziels bei mehreren möglichen Alternativen bezeichnet Lange als *Auswahlkopplung*. Er leitet dieses Phänomen theoretisch her und zeigt, daß es mit steigendem Einkommen an Bedeutung gewinnt: Konsumenten sind bestrebt, bei einem Besorgungsgang möglichst viele Einkäufe zu erledigen. Sie suchen deshalb in der Regel unter den erreichbaren Geschäftszentren jenes mit der besten Ausstattung auf – auch wenn es nicht das nächstgelegene ist. Die Alternative hierzu, nämlich zunächst das nächstgelegene, schlechter ausgestattete Zentrum aufzusuchen, ist unattraktiv, weil sie für den Konsumenten das Risiko birgt, daß er nicht alle gewünschten Güter erhält und (deswegen) ein zweites Zentrum aufsuchen muß. Das aber wäre mit einem erheblichen Zeitaufwand verbunden, den die Konsumenten scheuen. Mit anderen Worten: Standorte mit hohem externen oder internen Kopplungspotential sind für den Konsumenten aus ökonomisch-rationalen Überlegungen attraktiv und werden bevorzugt aufgesucht. Dieses Phänomen gewinnt an Einfluß, je höher das Einkommen der Konsumenten ist, denn mit steigendem Einkommen verringert sich die Notwendigkeit, bei der Einkaufsentscheidung die Wegekosten ins Kalkül zu ziehen.

1.2 Zeitgeographischer Ansatz und Aktionsraumforschung

Seit Mitte der 60er Jahre spielen *zeitgeographische* Überlegungen eine Rolle in der verhaltenswissenschaftlichen Diskussion. Ausgangspunkt der Forschung ist hierbei die Feststellung, daß der Mensch als Individuum unteilbar ist. Die Grundlagen der Zeitgeographie gehen auf einen vielbeachteten Aufsatz Hägerstrands aus dem Jahre 1970 zurück. Danach ist menschliches Verhalten nur mit Hilfe einer Analyse der Handlungsspielräume von Individuen zu beschreiben und zu erklären. Hägestrand geht hierbei nicht von Aktivitäten aus, sondern setzt beim Individuum an und analysiert die zeiträumliche Ausprägung von menschlichen Interaktionen. Nach der Zeitgeographie bewegt sich jedes Individuum auf Raum-Zeit-Pfaden durch das Leben. Diese Pfade werden durch Restriktionen, *constraints*, räumliche und zeitliche Gebundenheiten und Verflechtungen innerhalb der Gesellschaft bestimmt.

Hägerstrand unterscheidet drei solcher Handlungsbegrenzungen. Restriktionen, die sich aus Kapazitätsgrenzen technischer Hilfsmittel – wie Verkehrsmittel oder Infrastruktur – und der Begrenzung körperlicher Leistungsfähigkeit ergeben, bezeichnet er als *capability constraints* oder „physiologische und technische Reichweitenbegrenzung“. *Coupling constraints*, also „Kopplungsbegrenzungen“, beruhen auf Handlungsbeschränkungen, die die Zeiteinteilung aufgrund von Interaktionen mit anderen Individuen oder Institutionen begrenzen. Beispielsweise müssen Kunden die Planung eigener Aktivitäten auf Öffnungszeiten von Geschäften oder auf das Zeitbudget anderer Individuen abstimmen. Das zeiträumliche Zusammentreffen der Pfade verschiedener Individuen bezeichnet Hägerstrand als '*bundle*'. Dieses Zusammentreffen findet an Stationen (Geschäfte, Wohnungen, Arbeitsstätten, Freizeiteinrichtungen) oder durch Verkehrsteilnahme auf den Wegen zu den Stationen statt.

Soziale und gesellschaftliche Restriktionen faßt Hägerstrand unter dem Begriff „authority“ zusammen – ein Begriff, der sich nach Klingbeil (1978, S. 60) mit „territorialherrschaftliche Begrenzungen übersetzen“ läßt. Durch diese Restriktionen sind bestimmte Flächennutzungseinheiten für den einzelnen nur unter bestimmten Bedingungen zugänglich. Derartige räumliche Einheiten werden von Hägerstrand als 'control area' oder 'domains' bezeichnet. Ihr Zugang ist entweder an eine Gruppenmitgliedschaft (Verein) oder an die Errichtung von Eintrittsgeldern gebunden oder gänzlich unmöglich.

Insbesondere dem Zeitbudget kommt innerhalb der „time geography“ eine Schlüsselrolle zu. Jedes Individuum ist den oben beschriebenenen Restriktionen (capability constraints, coupling constraints, authority constraints) unterworfen und lebt daher in einem komplexen System von Zwängen, das sein individuelles Zeitbudget beschränkt und ihn so zur *Kopplung* unterschiedlicher Aktivitäten zwingt (Besorgungskopplung)). Besonders die Koppelung von Versorgungsaktivitäten mit anderen raumrelevanten Aktivitäten, wie etwa Freizeit und Bildung, gewinnt nach Bühler (Bühler 1990) an Bedeutung.

Während die 'time-geography' den Zeit-Raum-Pfad als Ganzes und in seinem Zusammenhang zu erklären versucht, liegt der Schwerpunkt der Aktionsraumforschung weniger in der Betrachtung der zeitlichen Komponente als in der räumlichen. Das Hauptanliegen der Aktionsraumforschung besteht in der Erklärung bestimmter räumlicher Aktivitäten aus dem Zusammenhang des gesamten räumlichen Aktivitätenmuster eines Individuums. Da nach Kreth (1979, S. 268) raumprägende Einflüsse vorrangig von Gruppen ausgehen, werden für die aktionsräumliche Betrachtung aus der Vielzahl individueller Einzelhandlungen herausgelöste, typische gemeinsame Verhaltensmuster bestimmter Gruppen analysiert. Bei der Erfassung von räumlichen Verhaltensmustern wird dem Phänomen der *Kopplung* von Aktivitäten eine besondere Bedeutung beigemessen.

Beim Koppeln von Versorgungsaktivitäten sind nach Heinritz/Kuhn/Meyer/Popp (1979) zu unterscheiden:

- *die sachliche und räumliche Multifinalität des Ausgangs*; während eines Ausgangs werden verschiedene Stationen in kettenartiger Folge aufgesucht. Dabei kann der Besuch von Einzelhandelsbetrieben mit weiterem Einzelhandel oder mit Dienstleistungen gekoppelt werden.

- *die sachliche Multifinalität bei räumlicher Monofinalität des Ausgangs*; der Konsument sucht einen einzigen Standort auf, an dem er durch hohe interne Kopplungsmöglichkeiten verschiedene Tätigkeiten durchführen kann (z.B. Shopping-Center oder Verbrauchermarkt).

Die durchgeführten Kopplungen müssen dabei nicht unbedingt geplant verlaufen, sondern es kann auch zu *zufälligen*, *spontanen* oder *ungeplanten* Kopplungen während des Ausgangs kommen.

2 KOPPLUNGSPOTENTIAL UND EINZELHANDEL

2.1 Fragestellung der Untersuchung

Vorangegangene Untersuchungen zum Kopplungspotential beschäftigen sich vorwiegend mit theoretischen Ansätzen oder als empirische Arbeiten mit dem geschäftlichen Umfeld einzelner Betriebe oder Betriebstypen bzw. mit den Konstellationen in einzelnen Standortlagen. Die im folgenden vorgestellte Untersuchung beschreitet hier einen neuen Weg. Ausgangspunkt ist ein Unternehmen, dessen einzelne Ladengeschäfte in einem für Kopplungen unterschiedlich attraktiven Standortumfeld liegen: in einem gewachsenen Geschäftszentrum, einem geplanten Shopping-Center und einer ungeplanten Gewerbeansiedlung. Wir nehmen an, daß das Geschäftsvolumen im Einzelhandel nicht nur auf der Eigenattraktivität basiert, sondern darüber hinaus auch von dem Angebots-Mix des betrieblichen Umfelds bestimmt wird. Somit ist Ziel dieser Untersuchung, die Relevanz des *Kopplungspotentials* von Standorträumen und das Verhalten von Kunden in einem gegebenen geschäftlichen Umfeld für einen Magnetbetrieb des Textileinzelhandels zu ermitteln.

Nachdem z.B. Brown (1987), Popien (1989) und Sittenauer (1990) in empirischen Arbeiten die Kopplungsaffinität der Textilbranche nachgewiesen haben und zeigen konnten, daß der Textileinzelhandel Kopplungsmöglichkeiten einen hohen Stellenwert beimißt, wurde als Gegenstand der Untersuchung ein namhafter Vertreter des deutschen Textil- und Bekleidungseinzelhandels, die Firma Rudolf WÖHRL GmbH & Co KG, Nürnberg, gewählt. Das Filialnetz der Firma WÖHRL erstreckte sich zum Zeitpunkt der Untersuchung mit 26 Häusern über den gesamten bayerischen Raum und zusätzlich auf die Städte Herford, Ulm, Osnabrück und Schwäbisch Gmünd. Die Firma WÖHRL bot sich deshalb besonders an, weil ihre Filialen in verschiedenen Standortlagen positioniert sind, von denen folgende von uns untersucht worden sind:

Innenstadtlage (Augsburg)

Das in die Untersuchung einbezogene Augsburger WÖHRL-Haus befindet sich in 1a-Lage im Fußgängerbereich der Innenstadt am Moritzplatz 7. Verkehrsmäßig ist dieses Haus sehr gut durch öffentliche Verkehrsmittel (Straßenbahn und Bus) erschlossen. Es verfügt über keine hauseigenen Parkplätze. Parken ist im Umfeld nur in Kurzparkzonen und in Parkhäusern möglich. Das Objekt wurde am 01.09.1988 durch WÖHRL neueröffnet. Auf 6 Etagen und rund 5.900 m^2 Verkaufsfläche wird die gesamte WÖHRL-Sortimentspalette präsentiert.

Einkaufszentrum (PEP)

Der zweite WÖHRL-Standort der Untersuchung ist die erstmals im Herbst 1987 eröffnete Filiale im Einkaufszentrum 'Perlacher Einkaufs Paradies' (PEP) in München-Neuperlach an der Thomas-Dehler-Straße 12. Nach Umbau und Erweiterung um eine Etage präsentiert sich dieses Haus seit Juni 1991 in neuem Outfit auf nunmehr 2.800 m^2 Verkaufsfläche. Besonders gut ist hier die Erreichbarkeit. Direkt vor den Toren des PEP's befinden sich U-Bahn und zahlreiche Buslinien. Im PEP selbst sind zwei Parkhäuser mit insgesamt knapp 3.500 Parkplätzen vorhanden, die während des Einkaufs kostenfrei benutzt werden können.

Ungeplantes Gewerbegebiet mit Fachmarktansiedlung (Unterföhring)

Die im Herbst 1983 eröffnete Filiale wurde zwischenzeitlich renoviert und vergrößert. Seit Oktober 1991 umfaßt der ebenerdige Laden 3.400 m^2 Verkaufsfläche. Auch im WÖHRL-Haus in Unterföhring wird die gesamte Breite des WÖHRL-Sortiments präsentiert. Besonders stark sind hier die Bereiche Damen- und Herren-Oberbekleidung ausgebaut. Die verkehrliche Erreichbarkeit entspricht der eines suburbanen Gewerbegebietes, d.h. eingeschränkte Verkehrserschließung durch ÖPNV, aber sehr gute Anbindung an das Straßennetz. Direkt unter dem Ladengeschäft befindet sich eine kaum frequentierte WÖHRL-Tiefgarage mit rund 150 Stellplätzen, die von Kunden während des Einkaufens gratis benutzt werden kann.

2.2 Zur Ermittlung des Kopplungspotentials

Wie die Arbeiten von Popien (1989) und Klein (1991) zeigen, kann das Kopplungspotential auf verschiedene Weisen ermittelt werden. Popien bemißt das Kopplungspotential nach der *Blockdistanz-Methode*, indem er die Einzelhandelsbetriebe und publikumsorientierten Dienstleistungseinrichtungen in einem Untersuchungsgebiet kartiert und für die Auszählung von Kopplungsmöglichkeiten anstelle eines Kreises (Procedere der Schablonenmethode) mit dem Durchmesser 300 m eine Raute mit dem Innenmaß 300 m verwendet. Auch dem Potentialmodell von Klein liegt die Annahme zugrunde, daß nur Standorte innerhalb einer Blockdistanz von 150 m zur Attraktivität eines zu untersuchenden Standortes beitragen. Des weiteren bestimmen nach Klein die Grunddimensionen *Dichte*, *Interaktion* und *Angebots-Mix* die Attraktivität eines Standortes.

Die im folgenden beschriebene Untersuchung will die tatsächliche Realisierung des Angebotspotentials empirisch ermitteln. Dabei soll das Kopplungspotential für einen Betrieb, der zweifellos als Magnetbetrieb zu werten ist, d.h. der für sich eine hohe Eigenattraktivität (*'generative business'*) verzeichnen kann, in drei verschiedenen Standortlagen ermittelt werden. Bei den drei Standorten handelt es sich um völlig unterschiedliche Lagen: Augsburg als ein über Jahrhunderte gewachsenes innerstädtisches Geschäftszentrum, das seit 1981 bestehende PEP als ein geplantes, kompaktes Shopping-Center und die ab Anfang der 80er Jahre in Unterföhring entstandene ungeplante Ansiedlung großflächiger Einzelhandelsbetriebe in ungeordneter und räumlich relativ weit zerstreuter Lage, in der die Kunden zwischen den am weitesten auseinanderliegenden Einzelhandelsbetrieben insgesamt rund 300 m zurücklegen müssen.

Allerdings zeigte sich eine Blockdistanz von 150 m für die tatsächlich vorgenommenen Kopplungen als nicht realistisch. Während nur rund 50 % der tatsächlich durchgeführten Kopplungen in Augsburg in einem Radius kleiner als 150 m stattfanden – wobei bei der 300-m-Distanz die 75 % Marke erreicht wurde – entsprach an den beiden anderen peripheren Standorten ein Radius von 150 m (PEP) bzw. 300 m (Unterföhring) bereits den maximalen Reichweiten der möglichen Einzelhandelskopplungen. Als kopplungsrelevante Grenzdistanz für Einrichtungen wurde für die Bestandserhebung somit ein Radius von 300 m festgelegt. Dieser Wert liegt über den in der Literatur angenommenen maximalen Fußgängerndistanzen, wie beispielsweise bei Brown (1987b): "[...] that 200 m is the maximum distance over which one establishment can influence the success of another, then this is a compatible with the widely held view that 200 m represents the 'refusal distance' of pedestrians in a shopping environment".

Als Grundlage der Potentialmessung diente eine Totalaufnahme aller potentiellen Kopplungmöglichkeiten an den drei Untersuchungsstandorten innerhalb eines Radius von 300 m. Dabei wurden alle Ladengeschäfte des Einzelhandels, des Ladenhandwerks, publikumswirksame Dienstleistungen und Einrichtungen der öffentlichen Hand sowie Gastronomiebetriebe (mit Tagesbetrieb) aufgenommen. Für jede Einrichtung wurden sodann Betriebsart und -form festgehalten. Ferner wurde bei allen Ladengeschäften die Zusammensetzung des Sortiments und Branchenzugehörigkeit ermittelt, strukturelle Besonderheiten festgehalten und die Verkaufsfläche geschätzt. In Augsburg wurden zusätzlich alle Einzelhandelsbetriebe der engeren Innenstadt (bis zu einer Entfernung von 450 m) und die Läden in der Bahnhofstraße (bis 700 m) aufgenommen.

2.3 Ergebnisse der Potentialmessung

In einem 300 m-Radius um das WÖHRL-Haus in Augsburg wurden 264 Ladengeschäfte des Einzelhandels, mit einer Gesamtverkaufsfläche von 55.600 m^2 gezählt. Im PEP befinden sich Einzelhandelsgeschäfte nur bis zu einer Distanz von 150 m (entspricht in etwa dem Ausmaß des Shopping-Centers). Hier wurden 79 Läden mit einer Verkaufsfläche von 23.900 m^2 erhoben. Die Anzahl der Läden entspricht dabei in etwa der in Augsburg bis zur 150-m-Zone (75 Läden), wobei die Verkaufsfläche in Augsburg bis zu dieser Zone einen wesentlichen höheren Wert aufweist (PEP: 23.900 m^2, Augsburg: 33.600 m^2). Die Fachmarktansiedlung in Unterföhring kann bis zu einer 300-m-Distanz 17 Ladengeschäfte des Einzelhandels mit 19.800 m^2 Verkaufsfläche aufweisen.

An allen drei Standorten sind Textil- und Bekleidungsbetriebe sowohl zahlen- als auch flächenmäßig stark vertreten. So entfällt auf die Textilbranche in Augsburg mit 75 Ladengeschäften bereits 43 % der gesamten Verkaufsfläche, im PEP nehmen 23 Textilgeschäfte immerhin noch 37 % der Verkaufsfläche ein, und in Unterföhring kommen vier Textilbetriebe noch auf ein knappes Viertel (23 %).

Zahlenmäßig an zweiter Stelle stehen in Augsburg die Geschäfte der Branche 'Nahrungsmittel', gefolgt von 'Schreibwaren, Büro- und EDV-Bedarf' (39 bzw. 25 Läden). Beide Branchen nehmen aber wie 'Möbel- und Einrichtungsgegenstände' nur je rund 4 % der Verkaufsflächen ein. Ähnlich gestaltet sich die Verteilung der Ladengeschäfte und Verkaufsflächen im PEP. Läden des Betriebstyps 'Textil' sind am häufigsten vertreten. Darauf folgen zahlenmäßig die Betriebe der 'Lebensmittelbranche' (16 Ladengeschäfte). Nach den Textilverkaufsflächen kommen im PEP die Flächen von Anbietern mit branchenübergreifendem Sortimentsaufbau mit 26,1 % an der Gesamtverkaufsfläche vor den Geschäften der 'Lebensmittelbranche' (14,3 %). An erster Stelle stehen in Unterföhring ebenfalls zahlenmäßig die Betriebe mit Bekleidung und Textilien. Hier verbucht ein einzelner, branchenübergreifender Betrieb den Löwenanteil der Gesamtverkaufsfläche (40,9 %) des Verbrauchermarktstandortes auf sich, gefolgt von 'Textilien' (22,9 %) und 'Heimwerker' (15,7 %).

Die durchschnittliche Verkaufsfläche pro Geschäft erreicht mit 1.165,5 m^2 in Unterföhring den größten Wert (erklärt sich aus der spezifischen Anbieterstruktur des Standortes), weit vor dem PEP mit 302,0 m^2 und Augsburg mit 210,8 m^2. In gleicher absteigender Reihenfolge verhält sich die durchschnittliche Ladengröße der Textilisten: Unterföhring 1135,0 m^2, PEP 389,7 m^2 und Augsburg 320,6 m^2, wobei in Unterföhring die durchschnittliche Textilverkaufsfläche in der Gesamtwertung des Standortes nach den Flächen 'branchenübergreifender (Groß-) Anbieter', 'Heimwerker' und 'Einrichtung' an vierter Stelle liegt. Im PEP erreicht die durchschnittliche Textilverkaufsfläche nach den 'branchenübergreifenden Flächen' und 'Elektro', gleichfalls wie in Augsburg, hier nach der 'Mischbranche' und 'Einrichtung', den dritten Platz.

Das nach Zonen klassifizierte Kopplungspotential im Einzelhandel weist bereits auf einen hohen Anteil von 'shared business' in Augsburg und im PEP hin. Im direkten Umfeld (bis 50 m) dominiert sowohl in Augsburg als auch im PEP die Textilbranche. Im weiteren Umfeld kommt dann, im Sinne eines Angebots-Mix (shared business), das gesamte

Spektrum an komparativen und komplementären Einzelhandelsbetrieben zum Tragen. Am Standort Unterföhring hingegen ist nach dieser Betrachtung hauptsächlich 'generative business' zu erwarten.

3 METHODIK DER EMPRISCHEN UNTERSUCHUNG UND ALLGEMEINE BEFUNDE

3.1 Methodische Konzeption der empirischen Untersuchung

Zur Vorbereitung der quantitativen Befragungsaktion fand im September/Oktober 1992 in Augsburg und im PEP eine verdeckte Beobachtung von rund 20 Kunden während ihres WÖHRL-Besuches statt. Um die grundliegenden Verhaltensstrukturen zu erkennen, wurden die Einkaufsgänge der WÖHRL-Kunden über weitere Stationen nach dem Verlassen des Bekleidungshauses nachgezeichnet.

Der für die empirische Untersuchung (eine standardisierte, mündliche, einmalige Einzelbefragung) entwickelte Fragebogen zur Ermittlung des Kundenverhaltens erfaßt neben Besuchs- und Kaufintentionen, Kaufverhalten, Kopplungsverhalten und Zeitbudget (d.h. ,,constraints") auch sozioökonomische Variablen und wurde an allen drei Untersuchungsstandorten einem Pretest unterzogen. In einem zusätzlichen Feldversuch wurden des weiteren differenziertere Fragestellungen zur Informationsverarbeitung während des Einkaufsgangs und zum Ablauf von Kaufentscheidungen (Ziel-/Spontan-/Impulskauf) ausgetestet. Die komplexen Abläufe erwiesen sich allerdings als zu aufwendig, um in der Befragungssituation in einem vertretbaren Zeitrahmen ermittelt zu werden.

Für die Befragung wurden drei verschiedene Wochentage gewählt: Dienstag, 10.11.1992, Donnerstag, 12.11.1992, und Samstag, 07.11.1992. Der Dienstag steht dabei für die eher ruhigen Einkaufstage Montag bis Mittwoch. Erfahrungsgemäß nehmen die Besucherzahlen erst gegen Ende der Woche wieder zu. Der Donnerstag wurde aufgrund der verlängerten Abendverkaufszeiten bis 20.30 Uhr aufgenommen. Die langen Samstage gelten als Familieneinkaufstage, an denen neben den 'normalen Samstagseinkäufern' auch Personengruppen zu erwarten sind, die aufgrund von weiteren Distanzen WÖHRL seltener aufsuchen. Der Befragungszeitraum lag in der zweiten Hälfte der Herbst- und Wintersaison, wobei die Verkaufsspitzen zum Saisonbeginn für Winterware mit September und Oktober bereits überschritten waren. Gleichzeitig lagen die Termine noch knapp vor dem eigentlichen Weihnachtsgeschäft. Da zu diesem Zeitpunkt auch keine Sonderaktionen durchgeführt wurden, ist von einer durchschnittlichen Einkaufssituation und entsprechendem Kundenverhalten auszugehen.

An jedem Erhebungstag wurden pro Standort zwei Interviewer eingesetzt. Die Interviewer waren angewiesen worden, jeweils die nächste die WÖHRL-Häuser verlassende erwachsene Person anzusprechen, wenn diese eine gedachte Linie am Ausgang überschritten hatte. Gleichzeitig hatten die Interviewer stündlich, zur vollen Stunde, eine 10-minütige Zählung der Kunden vorzunehmen, die WÖHRL verlassen. Diese Methode konnte angewandt werden, weil Meyer/Monheim (1988, S. 125) nachgewiesen haben, daß gezielt über den Tag verteilte stichprobenartige Zählungen bei anschließender Hochrechnung die gleichen Ergebnisse erbringen wie ganztägige Zählungen. Bei der Zählung hatte je ein Interviewer einen Eingangsbereich abzudecken. Kinder bis unter ca. 12 Jahre wurden in der Zählung nicht berücksichtigt, da diese nicht als eigenständige Kunden auftreten.

Die durchgeführten Interviews dauerten zwischen 3 und 5 Minuten, so daß in den 50 Minuten, die zwischen zwei Zählungen zur Verfügung standen 6 bis 8 Kunden befragt werden konnten. Von den an allen drei Tagen und Standorten durchgeführten 1064 Interviews, gingen 1032 verwertbare Fragebögen in die Auswertung ein.

Die empirisch ermittelten Kundenfrequenzen an den drei Standorten sind in der nachfolgenden *Übersicht 1* zusammengestellt. Die höchste Frequenz wurde dabei für das WÖHRL-Haus Augsburg und die geringsten Kundenzahlen für WÖHRL in Unterföhring ermittelt.

Übersicht 1: Verteilung der durchgeführten Interviews nach Standorten und Terminen

	Anzahl der durchgeführten Interviews			
Anzahl absolut	WÖHRL Augsburg	WÖHRL PEP	WÖHRL Unterföhring	Reihe Gesamt
Samstag, 07.11.	102	131	86	319
Dienstag, 10.11.	88	116	72	276
Donnerstag,12.11	145	175	117	437
Spalte	335	422	275	
Gesamt				1032

3.2 Allgemeine Kopplungsmuster und kopplungsaffine Branchen

Da jeder Befragte gebeten wurde, anzugeben welche zwei Stationen er *vor* und welche zwei Stationen er *nach* dem Besuch bei Wöhrl aufgesucht hatte, konnte ein Einkaufsweg von maximal fünf Stationen nachgezeichnet werden (der Standort Wöhrl wurde mitgezählt). Von diesen fünf möglichen Stationen steuerten die Kunden in Augsburg im Durchschnitt 2,79 an (ohne dort notwendigerweise tatsächlich etwas zu kaufen). Im PEP lag der Wert ähnlich hoch, bei 2,72, in Unterföhring dagegen deutlich niedriger, nämlich bei 1,57. Das bedeutet für WÖHRL in Unterföhring, daß nur jeder zweite Kunde den Besuch des Hauses mit dem Aufsuchen weiterer Geschäfte oder publikumsorientierter Dienstleistungseinrichtungen am Fachmarktstandort Feringastraße verbindet.

In Augsburg wird auf einem Einkaufsgang das Gros der Stationen vor dem Besuch von WÖHRL (57,7 %), in Unterföhring hingegen nach dem WÖHRL-Besuch (62,7 %) aufgesucht. Für die Bedeutung und Funktion des Bekleidungshauses WÖHRL als Magnetbetrieb im Shopping-Center spricht das annähernd gleiche Verhältnis von Stationen, die im PEP vor bzw. nach WÖHRL besucht werden. Das zahlenmäßig hohe Auftreten von Mehrstationengängen in Augsburg und im PEP, also die Nutzung der durch einen attraktiven Geschäftsbesatz bestehenden Kopplungsmöglichkeiten an diesen beiden Standorten, weist auf hohe Anteile von shared und suscipient business hin, welche im geschäftlichen

Umfeld dieses Textilmagneten erzielt werden können. In Unterföhrung wird hauptsächlich nur eine einzige Station vor bzw. nach WÖHRL angesteuert.

In Augsburg betreffen durchschnittlich ein gutes Drittel der Kopplungen die Distanzzone bis 100 m, die Hälfte der gekoppelten Einzelhandels- und Dienstleistungsbetriebe liegen zwischen einer 100 m- und 150 m-Entfernung, bei einer Distanzzone von 200 m werden erst zwei Drittel und bei 300 m immer noch nur drei Viertel der Kopplungen realisiert. Im PEP und in Unterföhring liegen die maximalen Kopplungsreichweiten standortbedingt bei 200 bzw. 300 m. Diese Ergebnisse bestätigen die aus einer Kundenbeobachtung gezogene Annahme, daß sich Kopplungen bei größeren Geschäftszentren bei weitem nicht nur, wie in den Potentialmessungen nach Popien (1989) und Klein (1991) angenommen, auf eine Blockdistanz von nur 150 m beschränken. Je größer die Ausdehnung des Standortes, desto weiter reichen die Kopplungen. So werden in Unterföhring weitere Distanzen zwischen den einzelnen Geschäftsstandorten – obwohl diese räumlich weit auseinander gezogen sind – in Kauf genommen als im dicht besetzten Zentrum von Augsburg.

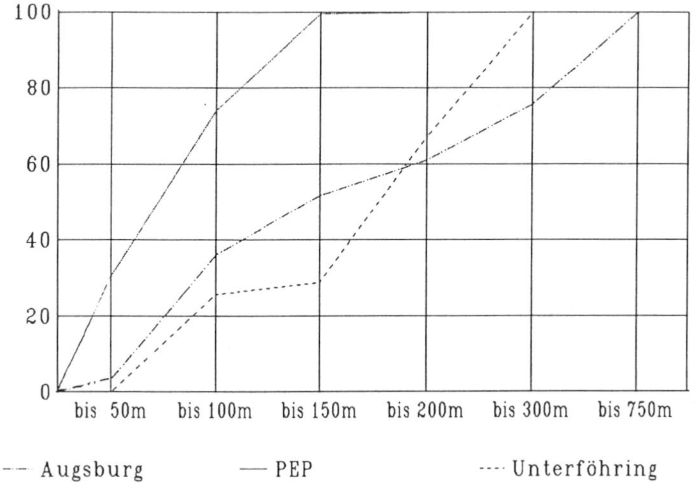

Abbildung 1: Realisierte Kopplungen an den einzelnen Standorten nach Distanzzonen

An allen drei Standorten zeigt sich für die untersuchten Häuser des Textilfilialisten WÖHRL die überragende Kopplungsrelevanz der Betriebe des Einzelhandels (Augsburg: 91,5 %; PEP: 94,1 %; Unterföhring: 98,7 %) gegenüber den Einrichtungen der Dienstleistungsbranche. Als besonders kopplungsaffine Branche erweist sich, gemessen an den tatsächlich realisierten Kopplungen, in allen Standortlagen der Textileinzelhandel. Sowohl in der Innenstadt (Augsburg) als auch im Shopping-Center (PEP) basieren rund die Hälfte der Kopplungen auf Angebots- und/oder Preisvergleichen der Kunden (*'Auswahl-'* oder *Komparativkopplung'*) bei weiteren Textilanbietern. Die den WÖHRL-Besuch ergänzende Branche (*'Ergänzungs-'* oder *'Komplementärkopplung'*) stellt in Augsburg, mit 29,3 % der Gesamtkopplungen, vorwiegend die 'Mischbranche' dar. Im PEP fallen etwa gleich viele Komplementärkopplungen auf die 'Lebensmittelbranche' wie auf die 'Mischbranche' (9,5 bzw. 9,3 %). Die Kopplungen in Unterföhring rekrutieren sich mit 13,5 % aus dem komparativen und mit den Branchen 'Heimwerkerbedarf' (17,3 %), 'Schuhe' (25,0 %) und 'Mischbranche' (34,6 %) aus dem komplementären Angebot.

4 KOPPLUNGSVERHALTEN AM BEISPIEL EINES MAGNET-BETRIEBES DES TEXTILEINZELHANDELS

4.1 Komplementär- und Komparativkoppler

Anknüpfend an das beschriebene Verhalten bei Auswahl- bzw. Ergänzungskopplungen liegt im folgenden das Hauptaugenmerk auf dem Kaufverhalten bei komparativem und komplementärem Angebot. In Frage kommen hier nur die WÖHRL-Kunden, welche vor dem Besuch des Bekleidungshauses auf demselben Einkaufsgang bereits mindestens eine andere Einrichtung aufgesucht haben (Augsburg: 96 %; PEP: 68 %; Unterföhring: 21 %). Hierbei wurden in Augsburg von 39 % dieser Kunden, in Unterföhring von 42 % und im PEP von 53 % tatsächlich Einkäufe getätigt. Aus der *Abbildung 2* ist ersichtlich, daß die geplanten Käufe an allen drei Standorten größere Bedeutung haben als die ungeplanten: In Augsburg ist nur jeder vierte Einkauf ein ungeplanter, im PEP nur jeder fünfte und in Unterföhring sogar nur jeder zehnte.

Während in Augsburg mehr Anlaufpunkte vorhanden sind, werden im PEP etwas mehr Käufe realisiert als in Augsburg. Ungeplante Käufe sind hingegen in Augsburg etwas häufiger als im Shopping-Center. Dieser Unterschied kann damit erklärt werden, daß Kunden das PEP mit dem Ziel 'Einkaufen' ansteuern, die Augsburger Innenstadt hingegen ohne klaren Zweck und Einkaufsziel aufgesucht wird, ungeplantes Handeln daher hier häufiger anzutreffen ist. In Unterföhring sind nur wenige Zielpunkte vorhanden und kaum suscipient business zu beobachten. Kommt hier ein Einkauf nicht zustande, so wird ein anderes Zentrum angefahren.

Im Mittel gehört knapp ein Drittel der Artikel, die vor dem Besuch des Bekleidungshauses WÖHRL in Augsburg (30,0 %) und im PEP (32,5 %) gekauft werden, bekleidungsergänzenden Bereichen an, d.h. die Kunden hatten bereits Bekleidung und Zubehör („komparative Waren") bzw. Schuhe oder Schmuck erworben. In Unterföhring stellen nur 14 % der dort vor dem WÖHRL-Besuch erworbenen Artikel Ergänzungen zum WÖHRL-Sortiment dar. Der überwiegende Anteil der Käufe aber geht an allen Standorten zugunsten von komplementären Angebotssegmenten, die standortbezogen variieren. Artikel des täglichen Bedarfs wie Nahrungsmittel und Körperpflege/Kosmetik sind am häufigsten. Zudem zeigt sich in Unterföhring eine klare Priorität für den täglichen Bedarf („food").

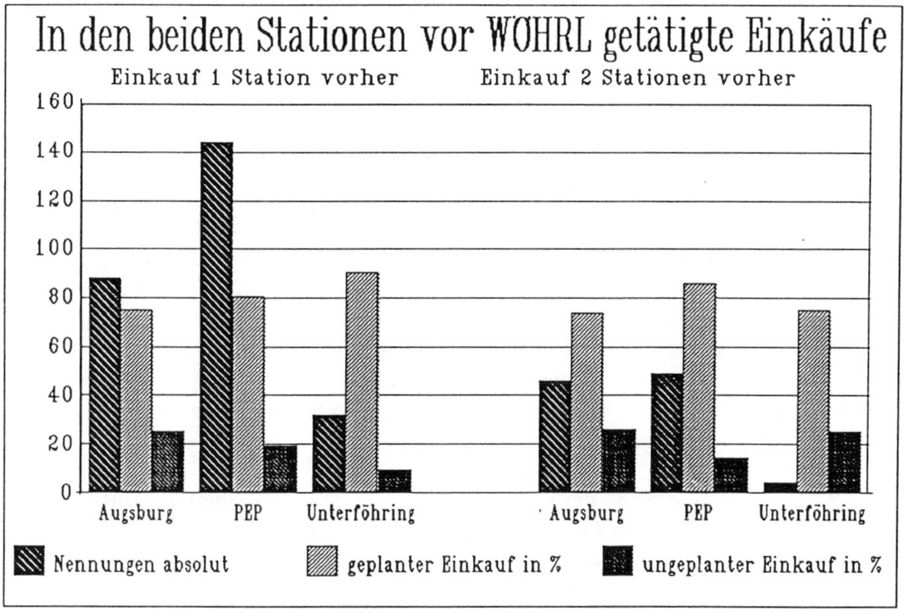

Abbildung 2: Durch die WÖHRL-Kunden in den beiden Stationen vor dem Besuch von WÖHRL getätigten Einkäufe

In Augsburg wurden in 95,0 % , im PEP in 95,1 % der Fälle und in Unterföhring in allen Fällen in den mit dem WÖHRL-Besuch gekoppelten Betrieben jeweils nur Artikel einer Warengruppe eingekauft, also das Angebot branchenübergreifender Betriebe nicht in Wert gesetzt. Die durchschnittliche Einkaufsumme in den Stationen vor WÖHRL liegt dabei in Augsburg mit DM 80,64, im PEP mit DM 69,21 und in Unterföhring mit DM 117,82 deutlich unter den Werten, die durchschnittlich in den einzelnen WÖHRL-Filialen ausgegeben wurden (Augsburg: DM 218,89; PEP: DM 189,22; Unterföhring DM 242,59).

4.2 Kopplungsverhalten bei verschiedenen Kaufintentionen

Bevor ein Konsument eine Kaufentscheidung trifft, laufen komplexe psychologische Prozesse ab. Die endgültige Entscheidung, einen bestimmten Artikel zu erstehen, wird durch das *Informationsverhalten* und durch *Einstellungen* des einzelnen Verbrauchers determiniert. Je nach Intensität der Entscheidungs- und Informationsprozesse vor einem Einkauf spricht man vom 'geplanten' oder 'ungeplanten' Kauf. Ungeplante Kaufhandlungen (Stern 1962) werden differenziert in solche, die ohne nennenswerte Informationsverarbeitung direkt auf eine Angebotswahrnehmung folgen (*Impulskauf*), und in Käufe, bei denen im Vorfeld bereits positive Einstellungen vorhanden sind und die auf einen Reiz hin, ohne vollkommen bewußte Entscheidung und Steuerung zustande kommen (*Spontankauf*).

Nachdem sich das Geschäftsvolumen im Einzelhandel nicht nur aus den Umsätzen durch die 'geplanten Einkäufe der Stammkundschaft' – aufgrund von Eigenattraktivität – zusammensetzt, gebührt einerseits dem durch ein attraktives Umfeld initiierten ungeplanten

Aufsuchen der WÖHRL-Filialen und den damit verbundenen Spontan- und Impulskäufen (shared/suscipient business) besondere Beachtung. Zum anderen gilt den ungeplanten Käufen Aufmerksamkeit, die auf die aktuelle Wahrnehmung und Realisierung eines attraktiven Angebots beim Durchstreifen des betreffenden Bekleidungshauses zurückzuführen sind.

In der Filiale Unterföhring stellen 3/4 aller Ereignisse geplante Besuche dar, wobei zufällige oder durch den Besorgungsgang ausgelöste Besuche hier eine untergeordnete Bedeutung haben. In Augsburg und im PEP ist die Zahl der Zielkunden mit rund der Hälfte aller Kunden (47,8 bzw. 50,5 %) annähernd gleich. Die meisten der WÖHRL-Kunden haben von vornherein bestimmte Artikel im Auge, die sie sich ansehen oder probieren möchten (Augsburg: 57, 6 %; PEP: 57,8 %; Unterföhring: 62,9 %). Die zweitwichtigste Kundengruppe stellt in Augsburg und Unterföhring jener Personenkreis dar, der sich einfach nur informieren und inspirieren lassen will, und an dritter Stelle stehen die Kunden, „die einfach mal so hereingegangen" sind.

Übersicht 2: Die verschiedenen Intentionen für das Aufsuchen der untersuchten Häuser der Firma WÖHRL in Prozent aller Kunden und in Prozent der Kunden, die sich hauptsächlich zum Textilkauf im Zentrum aufhalten

	Intentionen für den WÖHRL-Besuch					
Nennungen in %	Augsburg		PEP		Unterföhring	
	alle	Textilkunden	alle	Textilkunden	alle	Textilkunden
gezielte Suche	57.6	72.3	57.8	71.3	62.9	73.7
Information	26.6	17.9	19.0	15.3	20.4	15.8
ungeplant	15.8	9.8	23.2	13.4	16.7	10.5

In 42,2 % aller Fälle, in denen Kunden zur ganz gezielten Suche oder zur Information in die Bekleidungshäuser WÖHRL kamen, wurde Damen-Oberbekleidung nachgefragt, gefolgt von Herren-Oberbekleidung (25,4 %). Während in Augsburg jeder zehnte Besucher und in Unterföhring jeder siebte keinen eindeutigen Artikel benennen konnte, hatte im PEP nur jeder fünfundzwanzigste Kunde keine genaue Vorstellung darüber, was er eigentlich bei WÖHRL ansehen wollte.

Von den 335 in Augsburg befragten Personen haben 110 (d.h. 32,8 %) im Bekleidungshaus WÖHRL eingekauft. Im PEP wurden von nur 27,8 % und in Unterföhring von mehr als der Hälfte (52,7%) der Probanden bei WÖHRL Einkäufe getätigt. Der Anteil derer, die ungeplant eingekauft haben, ist mit 12,1 % (spontan: 6,8 %; impulsiv: 5,3 %) in Unterföhring am höchsten, gefolgt vom PEP mit 5,0 % (spontan: 2,5 %; impulsiv: 2,5 %) und Augsburg mit 4,6 % (spontan: 0,6 %; impulsiv: 4,0 %).

Der Verbraucher, unterwegs mit einer gezielten Einkaufsabsicht, ist um die Erfüllung seiner Wünsche bemüht und möchte als Erfolgserlebnis „etwas nach Hause mitnehmen". Sind – wie im Falle des suburbanen Standortes Unterföhring – hohe äußere Raumüberwindungskosten entstanden, bei geringem Potential an Vergleichsangebot (Kopplungsmöglichkeiten) vor Ort, werden diese Kosten durch eine höhere Kaufbereitschaft kompensiert. So erklären sich die hohen Prozentwerte der Kaufabschlüsse insgesamt und insbesondere der Impuls- und Spontankäufe in Unterföhring.

Aus der Sicht von WÖHRL sind die Kunden von besonderem Interesse, die zum Kauf von Textilien im Zentrum unterwegs sind, WÖHRL spontan oder ungeplant aufsuchen und dort einen Kauf tätigen. Die Prozentanteile dieser Kunden in Augsburg mit 16,2 % und im PEP mit 9,8 % sprechen sowohl für die Attraktivität der WÖHRL-Filialen als auch für die des geschäftlichen Umfeldes im Sinne von shared business an diesen beiden Standorten. Den Stellenwert der genannten Kundschaft beleuchteten auch die durchschnittlichen Einkaufssummen, welche mit DM 210,81 die durchschnittliche Summe der Spontan- und Impulskunden, die sich nicht hauptsächlich zu Textilkäufen im Zentrum aufhalten, von DM 137,04 bei weitem übersteigen.

4.3 Kopplungsverhalten ausgewählter Kundengruppen

Gruppenspezifisch unterschiedliches Verhalten einzelner Kundentypen und deren raumprägende Einflüsse wurden in den letzten Jahren immer wieder diskutiert. Gängige Klassifizierungen unterscheiden dabei Kunden nach Alter, Geschlecht, Lebenszyklen oder sozioökonomischen Merkmalen. Im folgenden soll nun das Auftreten einzelner Kundengruppen an den Untersuchungsstandorten beschrieben und ausgewählte typische Verhaltensweisen bzw. gruppenspezifische Besonderheiten beim Koppeln von Aktivitäten und Einrichtungen skizziert werden. Ein wichtiges Ergebnis der folgenden Ausführungen kann hier schon vorweg genommen werden: An verschiedenen Standorten treten verschiedene Kundengruppen auf, welche über die Inwertsetzung des standortspezifischen Kopplungspotentials zu den beobachteten Unterschieden im Kopplungsverhalten beitragen.

4.3.1 Geschlechtsspezifisches Kopplungsverhalten

Während der drei Erhebungstage wurden insgesamt 377 männliche und 655 weibliche Probanden interviewt. Das entspricht einem Verhältnis von 35,5 zu 63,5 %. Der Überhang an weiblichen Personen rührt aus einer tradierten Rollenverteilung in den Familien her, nach welcher Frauen – nach wie vor – die Personen sind, die hauptsächlich Einkäufe versehen. In unserer Stichprobe zeigten sich, was das geschlechtsspezifische Einkaufsverhalten angeht, keine gravierenden Unterschiede zwischen den Standorten. Überall sind Frauen vor allem zum Einkauf von Textilwaren und Bekleidung unterwegs (Mittelwert für alle Standorte: 65,4 %). Bei den Männern ist der Textilkauf ebenfalls die bedeutendste Einkaufsart, aber er dominiert mit 36,6 % längst nicht so stark.

Sowohl die männlichen als auch die weiblichen WÖHRL-Kunden haben sich zum Besuch der Zentren hauptsächlich von zu Hause auf den Weg gemacht. Darüber hinaus stellen aber eher Männer als Frauen (25,5 bzw. 18,0 %) Arbeitsplatzkoppler dar. Konform mit den Feststellungen von Sommer et al. (1992) verfügen die befragten weiblichen Kunden in der Tat über ein tendenziell größeres Zeitbudget. Der Anteil derer, die keine Vorstellung haben, wie lange sie sich am Standort aufhalten werden, ist unter den Männern größer. Frauen benutzen häufiger öffentliche Verkehrsmittel und seltener den PKW als die männlichen

Probanden. Während die befragten Frauen WÖHRL eher gezielt oder zur Information aufgesucht haben, ist jeder vierte Mann, aber nur jede sechste Frau ganz zufällig und spontan in die WÖHRL-Filialen hereingekommen. Zu einem ebenfalls höheren Prozentsatz war bei Männern der Besuch der Stationen vor und nach dem WÖHRL-Besuch ungeplant, bzw. erst auf dem aktuellen Einkaufsgang geplant worden, wobei von Frauen durchschnittlich mehr Stationen aufgesucht werden. Während Männer nur für sich selbst einkaufen, fragen Frauen neben Damenoberbekleidung auch Kinderbekleidung und Herrenbekleidung (hier vorwiegend HAKA einfach) nach und holen verstärkt Angebotsvergleiche ein. Daß Männer beim Einkaufen anscheinend weniger geplant vorgehen, zeigt sich auch in ihrer größeren Bereitschaft zum Impuls- oder Spontankauf. Gleichzeitig geben Männer sowohl in den Stationen vor als auch bei WÖHRL mit DM 99,06 (Frauen DM 75,41) bzw. DM 250,34 (Frauen DM 197,65) durchschnittlich mehr aus.

4.3.2 Altersspezifisches Kopplungsverhalten

Sowohl die WÖHRL-Filiale Augsburg und als auch die Filiale im Neuperlacher Shopping-Center zeichnen sich durch ein relativ junges Publikum (bis 30 Jahre) aus, während Augsburg zusätzlich einen nennenswerten Anteil älterer Kundschaft (über 60 Jahre) verbuchen kann. In Unterföhring sind eher die mittleren Altersgruppen vertreten.

Jüngere und ältere Kunden sind „kopplungsfreudiger" als Personen mittleren Alters. Während 57,5 % der jüngeren und älteren Kunden schon zwei Stationen aufgesucht haben, bevor sie zu WÖHRL kommen, liegt der entsprechende Wert für die Gruppe der 30 - 60jährigen nur bei 37,5 %. Ein ähnliches Bild ergibt sich im Hinblick auf die Stationen, die nach dem WÖHRL-Besuch angesteuert werden: 40,8 % der jüngeren und älteren Kunden bringen es auf zwei Folgestationen, aber nur 22,4 % der Kunden mittleren Alters.

4.3.3 Kopplungsverhalten nach soziökonomischen Merkmalen

Eine sozioökonomische Schichtung wurde anhand des durchschnittlichen Haushaltsnettoeinkommens durchgeführt. Die vorgenommene Grobeinteilung in *'Grundschicht'*, *'Mittelschicht'*, *'Oberschicht'*, entspricht dabei der in westlichen Industriegesellschaften typischen Hierarchie einer 'Mittelklassengesellschaft'.

Übersicht 3: Die Schichtung der Probanden nach sozioökonomischen Merkmalen

sozioökonomische Schichtung							
Nennungen absolut in %	Augsburg		PEP		Unterföhring		gesamt in %
Grundschicht	76	27.2	63	16.2	37	21.0	19.3
Mittelschicht	173	62.0	262	67.4	147	60.0	63.7
Oberschicht	30	10.8	64	16.5	61	24.9	17.0

Ist in Augsburg die Grundschicht am stärksten vertreten, im PEP die Mittelschicht, so ist die Oberschicht am häufigsten in Unterföhring anzutreffen. Die starke Position der Oberschicht in Unterföhring läßt sich mit dem hohen Modal-Split zugunsten des Individualverkehrs in Zusammenhang bringen. Wie Bobinger (1992) mit einer Untersuchung von Parkhauskunden in der Münchener Innenstadt nachweist, gehört ein überproportionaler Anteil der PKW-Kunden zu den finanzkräftigeren Schichten. Nachdem der Filialstandort Unterföhring von den WÖHRL-Kunden als Alternative zur Innenstadt gesehen wird, dürften in Unterföhring genau die Kunden anzutreffen sein, die mittlerweile Innenstadtstandorte aufgrund der prekären Parkplatzsituation meiden.

5 BEDEUTUNG DES KOPPLUNGSPOTENTIALS FÜR DEN TEXTIL-EINZELHANDEL

Die Bedeutung des Kopplungspotentials, gemessen in Umsatzanteilen aus shared und suscipient business, wurde bereits dargelegt. Hier wird nun ergänzend ein weiterer Aspekt der Relevanz von Kopplungsmöglichkeiten speziell für den Textil- und Bekleidungseinzelhandel angeführt. Die meisten WÖHRL-Kunden, die an den drei Filialstandorten während der Befragungstage angetroffen wurden, waren zum Einkaufen bzw. Aussuchen von Bekleidung unterwegs. Wie gezeigt wurde, macht sich je nach Standortausstattung ein mehr oder minder großer Prozentsatz dieser Kunden anschließend zu Angebotsvergleichen bei Mitbewerbern oder -konkurrenten auf oder hat diese bereits vor WÖHRL aufgesucht. Der Kunde sucht dabei Angebotsvergleichsmöglichkeiten sowohl *horizontaler* als auch *vertikaler* Art. Hierunter sind zum einen Betriebe zu verstehen, die auf der gleichen Angebotsstufe bezüglich Qualität, Ausstattung und Preisniveau der Waren angesiedelt sind (horizontale Anbieter) und zum anderen Anbieter höherer oder niedriger Angebotsschienen (vertikale Anbieter).

Der Verbraucher möchte gerne unter einer Vielzahl von Alternativen wählen. Je breiter die Streuung von Alternativen, im Sinne von vertikalem und horizontalem Angebot, desto interessanter wird ein Geschäftszentrum für Kunden. Dies läßt sich an einem konkreten Fall verdeutlichen: Ein Kunde sieht in einem Bekleidungsbetrieb einen Artikel, der seiner Wunschvorstellung nahekommt, aber entweder bezüglich Ausstattung (Schnitt, Farbe, Muster, Marke, Größe etc.), Qualität (Verarbeitung, Material) oder Preis noch nicht „das ganz Optimale“ darstellt. Sind nun im Umfeld des aufgesuchten Betriebes weitere Textilanbieter unterschiedlicher Angebotsschienen wie Boutiquen, Facheinzelhandel, Großfilialisten, Billigpreisanbieter vorhanden, wird der o.g. Kunde bei diesen nach seinem „Wunschartikel“ weitersuchen, nun aber z.B. in einer höheren Preislage und qualitativ besseren Ausstattung, in einer modisch aktuelleren Form oder einfacheren Verarbeitung und somit preisgünstigeren Ausführung. Ein interessantes Standortumfeld ist demzufolge mit Betrieben verschiedener Qualitäts- und Preisniveaus besetzt, also mit den Angebotsschienen billig, mittel- bis höherwertig und hochwertig/höchstpreisig. Daß Kunden tatsächlich ein derartiges Verhalten an den Tag legen, zeigen die bereits vorgestellten Ergebnisse der Kundenbefragung:

Die zahlenmäßig häufigsten Kopplungen mit weiteren Textilanbietern fanden in Augsburg mit dem Kaufhaus Karstadt und Kaufhaus Zentral statt, gefolgt von den Textilgroßfilialisten K + L Ruppert und C & A, also Betrieben, die unterhalb des WÖHRL-Angebots anzusiedeln sind. Weitere starke Kopplungen beziehen sich in Augsburg auf Betriebe des Facheinzelhandels, die das WÖHRL-Angebot vertikal nach oben ergänzen. Horizontales, also qualitativ und preislich vergleichbares Angebot wird mit dem WÖHRL-Besuch in Augsburg kaum verbunden.

Hohe Kopplungsquoten im PEP mit C&A (niedere Stufe) und Beck (hochwertig/hochpreisig) erklären sich aus dem oben dargestellten Sachverhalt. Der Angebotsmix im PEP ist nach dieser Sichtweise optimal geplant, da dieses Shopping-Center, abgesehen von Boutiquen, immer nur mit einem Betrieb der Bekleidungsbranche pro Angebotsschiene besetzt ist.

In Unterföhring hingegen koppeln die Kunden von WÖHRL ihren Besuch fast nie mit dem auf einer tieferen vertikalen Stufe angesiedelten Fachdiscounter MacFash. Das belegt, daß WÖHRL in Unterföhring eine durchaus standortspezifische Klientel anzieht, für die WÖHRL bereits auf der untersten für sie in Frage kommenden vertikalen Stufe liegt (s. Pkt. 4.3.3).

6 ZUSAMMENFASSUNG DER UNTERSUCHUNGSERGEBNISSE

Das Umfeld der untersuchten WÖHRL-Filialen gestaltet sich standortspezifisch unterschiedlich. Das gewachsene Umfeld im 300 m-Radius der WÖHRL-Filiale in Augsburg ist sowohl flächen- als auch einrichtungsbezogen (mit 264 Einzelhandels- und 318 Dienstleistungsbetrieben und einer Gesamtverkaufsfläche von 55.700 m^2) am stärksten besetzt, gefolgt vom Shopping-Center PEP (79 Einzelhandels-, 41 Dienstleistungsbetriebe; Gesamtverkaufsfläche: 23.900 m^2) und der ungeplanten Fachmarktansiedlung in Unterföhring (17 Einzelhandels-, 18 Dienstleistungsbetriebe; Gesamtverkaufsfläche: 19.900 m^2). Während in Augsburg und im PEP – incl. des WÖHRL-Besuches – von jedem Kunden rund 2,8 Stationen aufgesucht wurden, liegt die Anzahl der Kopplungen in Unterföhring bei 1,6.

In Augsburg werden insgesamt die weitesten Distanzen zurückgelegt, in Unterföhring hingegen die größten Entfernungen zwischen den einzelnen Stationen.

An den einzelnen Untersuchungsstandorten sind verschiedene Kundengruppen, differenziert nach Alter, Geschlecht, sozioökonomischen Merkmalen, Zeitbudget und Familienzyklen anzutreffen. Das an den Standorten verschiedene Kopplungspotential wird dabei durch einzelne Kundengruppen unterschiedlich realisiert. In Augsburg werden Alternativen zum Angebot der WÖHRL-Filiale hauptsächlich im Umfeld gesehen, im PEP neben dem standortspezifischen Angebot auch in der Münchener Innenstadt und hier besonders Kaufhäuser. Für die WÖHRL-Kunden in Unterföhring stellen vor allem höherpreisige Bekleidungsbetriebe eine Alternative dar. Die Hälfte der WÖHRL-Kunden in Augsburg und im PEP sucht das Bekleidungshaus gezielt auf, in Unterföhring drei Viertel der Kunden. Den größten Stellenwert haben ungeplante Käufe, also Impuls- oder Spontankäufe, mit 24 % an allen Einkäufen in Augsburg, gefolgt vom PEP mit 18 % und Unterföhring mit 10 %.

Sowohl das Shopping-Center PEP als auch die City von Augsburg bieten den Rahmen für Erlebniseinkäufe. Dabei ist weniger die Vielfältigkeit des Angebots ausschlaggebend, sondern vielmehr die Dichte der Betriebe. Nicht nur die historisch gewachsene Innenstadt Augsburgs, sondern auch das im Shopping-Center als Einheit wirkende Geschäftsensemble laden durch ihre Atmosphäre zum Bummeln und Verweilen ein. Im PEP tragen darüber hinaus kleinere Betriebe im hier gegebenen engeren Standortverbund ebenfalls zur Attraktivität bei, weil von den Konsumenten zur „inneren Raumüberwindung“ nur kurze Distanzen zurückzulegen sind.

LITERATUR

Blommestein, H.; Nijkamp, P.; Veenendaal, W. van: Shopping Perceptions and Preferences: A Multidimensional Attraktiveness Analysis of Consumer and Entrepreneurial Attitudes. In: Economic Geography, 56 (1980), S. 153-174.

Bobinger, St.: Auswirkungen einer autofreien Innenstadt in München auf den Einzelhandel. Diplomarbeit am Geographischen Institut der Technischen Universität München 1992.

Bökemann, D.: Einzelhandelsmodelle; Seminarbericht 1970, Rahmenthema: Modelle zur Stadtplanung, Institut für Städtebau und Landesplanung Universität Karlsruhe 1970.

Brown, St.: The Microlocational Perceptions of City Centre Retailers. In: Transactions of the Institut of British Geographers, New Series 12 (1987,1), S. 337-344.

Brown, St.: A Perceptual Approach to Retail Agglomeration. In: Area 19.2 (1987,2), S. 131-140.

Bühler, Th.: City-Center. Erfolgsfaktoren innerstädtischer Einkaufszentren. Wiesbaden 1990.

Foxall, G.P.; Hacket, P.M.W.: Consumers' Perceptions of Micro-Retail Location: Wayfinding and Cognitive Mapping in Planned and Organic Shopping Environment. In: The Interactional Review of Retail. Distribution and Consumer Research, Vol. 2, 3 (1992), S. 309-328.

Heinritz, G.: Die aktionsräumliche Relevanz der Verhaltensdimension „Besucherfrequenz". In: Geographische Zeitschrift, 67 (1979), S. 314-323.

Heinritz, G.; Kuhn, W.; Meyer, G.; Popp, H.: Verbrauchermärkte im ländlichen Raum. Die Auswirkungen des Einzelhandels auf das Einkaufsverhalten, Münchner Geographische Hefte, 44, Kallmünz 1979.

Heinritz, G.; Popien, R.; Holfeld, H.; Becker, A.; Schneider, A.: Geographische Untersuchungen zum Strukturwandel im Einzelhandel, Münchner Geographische Hefte, 63, Kallmünz 1989.

Heinritz, G. (Hrsg.): The Attraction of Retail Locations, Münchner Geographische Hefte, 69 + Sonderheft, Kallmünz 1992.

Horton, F.E.: Location Factors as Determinants of Consumer Attraction of Retail Firms. In: Annals of the Assoziation of American Geographers 58, 4 (1968), S. 787-801.

Klein, K.E.: Das Potential von Einzelhandelsstandorten. Theoretische Berechnungen und Empirische Befunde. Vortrag, gehalten in der IGU-Kommissionssitzung „Geography of Commercial Activities", München, 06.08.1991.

Klingbeil, D.: Aktionsräume im Verdichtungsraum, Münchner Geographische Hefte, 41, Kallmünz 1978.

Kreth, R.: Raumzeitliche Aspekte des Einkaufsverhalten. In: Geographische Zeitschrift 67, 4 (1979), S. 266-281.

Kroeber-Riel, W.: Konsumentenverhalten. München 1992.

Lange, S.: Die Verteilung von Geschäftszentren im Verdichtungsraum. Ein Beitrag zur Dynamisierung der Theorie der zentralen Orte. In: Veröffentlichungen der Akademie für Raumforschung und Landesplanung. Forschungs- und Sitzungsberichte 72 (1972), S. 7-48.

Lange, S.: Wachstumstheorie zentralörtlicher Systeme. Eine Analyse der räumlichen Verteilung von Geschäftszentren, Beiträge zum Siedlungs- und Wohnungswesen und zur Raumplanung, 5, Münster 1973.

Laulajainen, R.: The Spatial Dimension of an Acquisition. In: Economic Geography, 64 (1988), S. 171-187.

Lösch, A.: Die räumliche Ordnung der Wirtschaft, Stuttgart 1962.

McLafferty, S.; Ghosh, A.: Multipurpose Shopping and the Location of Retail Firms. In: Geographical Analysis, 18 (1986), S. 215-226.

Meyer, G.; Monheim, R.: Erfordernisse und Probleme einer regelmäßigen Erfassung der Entwicklung von Einkaufsstraßen, Bundesforschungsanstalt für Landeskunde und Raumordnung. Materialien zur Diskussion 33, Bonn 1988.

Nelson, R.L.: The Selection of Retail Locations. New York 1958.

Popien, R.: Die Bedeutung der Kopplungsmöglichkeiten für den Einzelhandel. In: Münchner Geographische Hefte, 63 (1989), S. 129-157.

Sittenauer, R.: Branchen-Mix-Analyse in Shopping-Centern, am Beispiel des Perlacher Einkaufs Paradies in München Neuperlach. Diplomarbeit am Geographischen Institut der Technischen Universität München 1990.

Sommer, R.; Wynes, M.; Brinkley, G.: Social Facilitation Effects in Shopping Behavior. In: Environement and Behavior 24, 3 (1992), S. 285-297.

Stern, H.: The Significance of Impulse Buying Today. In: Journal of Marketing 26, (1962), 2, S. 59-62.

Die Fortentwicklung des Betriebsvergleichs zum Controlling-Tool

Lothar Müller-Hagedorn, Köln

Betriebsvergleiche gehören zu den traditionellen Instrumenten, mit denen die Aktivitäten eines Handelsbetriebes kontrolliert werden. Gegenüber der häufig verwendeten Form, nach der ausgewählte Daten aus dem betrieblichen Rechnungswesen dem jeweiligen Durchschnittswert anderer Betriebe gegenübergestellt werden, lassen sich verbesserte Formen entwickeln. Diese zeichnen sich u.a. dadurch aus, daß nicht nur Durchschnitte, sondern die gesamte Variationsbreite eines Merkmals analysiert wird, daß nur geeignete Betriebe zum Vergleich herangezogen werden, daß die Aufmerksamkeit auf einzelne Handlungsfelder ausgerichtet wird, kurzum, daß der Betriebsvergleich in noch höherem Maß als Planungs- und Kontrollinstrument genutzt werden kann. Im Institut für Handelsforschung ist deswegen auf der Grundlage von Daten aus dem Betriebsvergleich der sog. Unternehmenskompaß entwickelt worden.

Betriebsvergleiche und die dabei verwendeten Kennzahlen stellen seit langem ein in vielen Teilen des Handels genutztes und in der Theorie immer wieder behandeltes Instrument zur Planung, Steuerung und Kontrolle betrieblicher Prozesse dar (Schnettler 1961; Kalussis 1949; Vodrazka 1967; Graurock 1975; Klein-Blenkers 1991). Tietz schreibt dazu: „Messen und Vergleichen wird auch in Zukunft die Basis für die Abstützung ökonomischer Urteile bleiben. Der Betriebsvergleich ist dabei ein vielseitig einsetzbares Hilfsmittel" (Tietz 1974). Betriebsvergleiche werden von zahlreichen Trägern angeboten, von den Zentralen der Filialbetriebe, von Verbundgruppen, von Franchiseorganisationen, von Verbänden, von Erfa-Gruppen, von einzelnen Banken, von Organisationen der steuerberatenden Berufe, von Instituten, wie insbesondere der Forschungsstelle für den Handel, FfH Berlin, und dem Institut für Handelsforschung an der Universität zu Köln. Im folgenden geht es darum, Hinweise zur Fortentwicklung dieses Instrumentes zu geben. Dabei wird auch gezeigt, wie Daten aus dem Betriebsvergleich in den vom Institut für Handelsforschung entwickelten Unternehmenskompaß eingebracht werden.

1 ARTEN DES BETRIEBSVERGLEICHS

Der Betriebsvergleich läßt sich in unterschiedlichen Varianten durchführen. Es kommt deswegen darauf an, näher darzulegen, was unter einem Betriebsvergleich verstanden werden soll. Sicherlich findet es breite Zustimmung, wenn die folgende Form des Vergleichs als die Hauptform des Betriebsvergleichs dargestellt wird: Danach werden

- Daten (Merkmale) aus dem betrieblichen Rechnungswesen (Personalkosten, Mietkosten) oder aus ihnen abgeleitete Kennzahlen,
- die als in der Vergangenheit realisierte Werte vorliegen
- und die sich auf einzelne Betriebe (i.S. von Verkaufsstellen) beziehen,
- systematisch von dem Träger des Betriebsvergleichs
- den realisierten Ist-Werten anderer Betriebe (den Vergleichsbetrieben)

gegenübergestellt.

Diese auf insgesamt fünf Merkmalen gründende Definition öffnet gleichzeitig den Blick auf Varianten des Betriebsvergleichs, die sich ergeben, wenn in den einzelnen Dimensionen nach Alternativen Ausschau gehalten wird.

1) Die zu vergleichenden Daten (Merkmale): Zwar kommen für einen Vergleich in erster Linie die aus dem betrieblichen Rechnungswesen (Kosten- und Leistungsrechnung, Bilanz und Erfolgsrechnung) stammenden Zahlen in Frage, darüber hinaus können aber alle für die Planung, Steuerung und Kontrolle hilfreichen Informationen in den Vergleich einbezogen werden. Dies können Angaben über Maßnahmen, über Zielsysteme und über Situationen sein. So könnte es z.B. aufschlußreich sein gegenüberzustellen, in welchem Ausmaß die am Vergleich teilnehmenden Betriebe von Anzeigen- oder Prospektwerbung Gebrauch gemacht haben, es könnte versucht werden, die lokalen Konkurrenzverhältnisse zu erfassen, und es könnte schließlich zusammengestellt werden, welche Ziele die an einem Betriebsvergleich teilnehmenden Betriebe als vorrangig ansehen (z.B. Ansprache einzelner Nachfragersegmente).

2) Der Realisierungsgrad der zu vergleichenden Merkmale: Grundsätzlich ist es möglich, realisierte, geplante und erwartete Werte des ausgewählten Merkmalsträgers für den Vergleich heranzuziehen (Corsten/Reiß 1989), beim zwischenbetrieblichen Vergleich dominieren jedoch die realisierten Werte.

3) Die Wahl des Merkmalsträgers: Als Merkmalsträger kann der gesamte Betrieb oder eines seiner Teile (z.B. eine Arbeitsstätte, eine Kostenstelle, ein Funktionsbereich, ein einzelner Prozeß, eine strategische Geschäftseinheit) bestimmt werden; in den Betriebsvergleichen der Praxis beziehen sich die Angaben häufig auf eine räumlich selbständige Einheit (im Handel auf eine Verkaufsstelle). Hierin kann ein Unterschied zwischen dem traditionellen Betriebsvergleich und dem Benchmarking gesehen werden. Während beim Betriebsvergleich der gesamte Betrieb als Input-Output-Einheit gesehen wird, werden im Rahmen von Benchmarking oft einzelne Arbeitsprozesse überbetrieblich verglichen, z.B. die Abwicklung von Bestellvorgängen, die Einlagerung von Ware, die Auslieferung verkaufter Ware.

4) Die Systematik des Vergleichs: Wie schon A. Schnettler (1961) hervorgehoben hat, handelt es sich bei jedem vernunftgemäßen Wirtschaften um ein dauerndes Vergleichen. Mit dem Terminus „Betriebsvergleich" sollen nur jene Vergleiche belegt werden,

die systematisch nach bestimmten Zwecksetzungen durchgeführt werden und sich so von dem auf eine einzelne Beobachtung gründenden Vergleich abheben.

5) Die Wahl der Vergleichsbetriebe: Im Prinzip könnte man auch von einem Betriebsvergleich sprechen, wenn ein Betrieb seine Daten in Form eines War-Ist-Vergleichs, eines Wird-Ist-Vergleichs, eines Soll-Ist-Vergleichs oder eines Soll-Wird-Vergleichs vergleicht, häufig wird jedoch nur dann von einem Betriebsvergleich gesprochen, wenn es sich um einen zwischenbetrieblichen Vergleich handelt, d.h. um einen Vergleich von Betrieb zu Betrieb (Seyffert 1972). Diesem Sprachgebrauch soll auch hier gefolgt werden. Von einem Betriebsvergleich wird mithin nicht gesprochen, wenn die Merkmale eines Merkmalsträgers im Zeitablauf oder wenn für ihn realisierte, erwartete oder geplante Werte verglichen werden. Wenn die Werte mehrerer Betriebe miteinander verglichen werden, kommt der Auswahl der zum Vergleich herangezogenen Betriebe große Bedeutung zu. Auf jeden Fall ist die formelle Vergleichbarkeit zu sichern. Sie bedeutet, daß die notwendigen rechnungsmäßigen, statistischen und sonstigen technischen Voraussetzungen gegeben sein müssen (Buddeberg 1955). Darüber hinaus muß die Vergleichbarkeit in materieller Hinsicht gewährleistet sein. Die Diskussion um Benchmarking hat die Aufmerksamkeit darauf gelenkt, daß insbesondere der Vergleich mit besseren Betrieben sinnvoll sein kann.

Die Güte eines Betriebsvergleichs wird vor allem auch dadurch bestimmt, inwieweit die Form, in der die Ergebnisse eines Betriebsvergleichs dargestellt werden, den Informationsbedürfnissen der Nutzer und ihren Informationsverarbeitungsfähigkeiten entspricht. Dabei werden sich im Regelfall sowohl die reine Auflistung von Einzelwerten wie auch der ausschließliche Ausweis von Durchschnittswerten als wenig zweckdienlich erweisen. Betriebsvergleichssysteme lassen sich in weiteren Dimensionen kennzeichnen, wie u.a. nach der Periodizität (z.B. einmalig, in loser Folge, monatliche, Quartals-, Tertials-, Halbjahres- und Jahresvergleiche) oder nach der therapeutischen Ausgestaltungsform in Betriebsvergleiche mit und ohne Entscheidungsvorschläge (Tietz 1974).

Die Vielgestaltigkeit der möglichen Formen eines Betriebsvergleiches kommt zum Ausdruck, wenn zusammenfassend definiert wird: Bei einem Betriebsvergleich werden systematisch Daten aus dem betrieblichen Rechnungswesen oder weitere Informationen über Zielsysteme, Situationen und Maßnahmen von Merkmalsträgern, wozu z.B. Produktgruppen, Verkaufsstellen, Filialen, Prozesse, Verkaufsgebiete zählen können, verglichen; bei den Daten kann es sich um realisierte Werte (Ist-Werte), prognostizierte Werte oder Soll-Werte handeln; es ist üblich, nur den Vergleich der Daten eines Merkmalsträgers mit den Daten eines oder mehrerer anderer Merkmalsträger als Betriebsvergleich zu bezeichnen, um diesen so von dem Zeitvergleich und dem Soll-Ist-Vergleich abzugrenzen.

2 DIE AUFGABEN DES BETRIEBSVERGLEICHS

Als primäres oder originäres Ziel eines Betriebsvergleiches wird häufig die Leistungssteigerung bei den Teilnehmerbetrieben genannt. Durch die Teilnahme an einem Betriebsvergleich soll der Betrieb Informationen über seinen eigenen Leistungsstand im Vergleich zu anderen Betrieben erhalten, um so Stärken und Schwächen in der eigenen Unternehmung identifizieren zu können. Zudem soll der Betriebsvergleich Ansatzstellen für den Ausbau der identifizierten Stärken und die Behebung der Schwächen aufzeigen. Diese allgemeine Aufgabenstellung kann konkretisiert werden, indem Planung und Kontrolle als zentrale Führungsaufgaben in ihre Bestandteile aufgelöst werden. Mit den folgenden Ausführungen soll zunächst kurz daran erinnert werden, was „Planung und Kontrolle" im einzelnen bedeuten, anschließend soll der Beitrag des Betriebsvergleichs in dem Regelkreis von Planung und Kontrolle detailliert dargestellt werden.

2.1 Die Aufgaben des Managements

Die Unternehmensführung umfaßt

- die Organisation,
- die Planung und Kontrolle sowie
- die Mitarbeiterführung.

Unternehmungsplanung läßt sich als systematische und vorausschauende, d.h. gedankliche Festlegung der Unternehmung definieren. Sie umfaßt

- die Prognose und
- das Setzen von Führungsgrößen, so der Ziele, der Maßnahmen und der Ressourcen.

Die von der Planung vorgegebenen (Soll-) Werte bilden die Bezugsgröße für den Vergleich mit den tatsächlich realisierten Ist- oder anderen Kontroll-Werten. In der Überprüfung der Soll-Wert-Einhaltung besteht im Kern die Aufgabe der Kontrolle. So läßt sich die Kontrolle unter Bezug zur Planung als laufender Vergleich von Plan- und Realisationsgrößen unter Einbeziehung der Abweichungsanalyse definieren. Die Kontrolle soll Fehler in der Planung oder in der Realisation aufdecken. Damit lassen sich Planung und Kontrolle nicht mehr begrifflich scharf trennen (Delfmann 1993).

Um die formal-logische Struktur des Planungs- und Kontrollprozesses (Management-Zyklus) verdeutlichen zu können, sind idealisierte Phasenschemata entwickelt worden. Als Phasen seien genannt:

- Zielbildung,
- Problemstellung,
- Planung i.e.S. (Lösungsfindung),
- Entscheidung (Optimierung),
- Durchsetzung (Implementierung),
- Messung der Realisation,
- Kontrolle i.e.S.,
- Abweichungsanalyse.

Die Vor- und Rückkopplungen zwischen allen Phasen zeigen die Notwendigkeit, den Management-Zyklus als ein vernetztes Phasenschema zu verstehen. Mit jedem einzelnen Element in diesem „Management-Zyklus" sind zahlreiche Probleme verbunden, die hier nicht zur Sprache gebracht werden können. Das Schema soll aber den Hintergrund abgeben, um die Antworten auf die Frage, an welchen Stellen der Betriebsvergleich die Unternehmensführung unterstützen kann, zu konkretisieren.

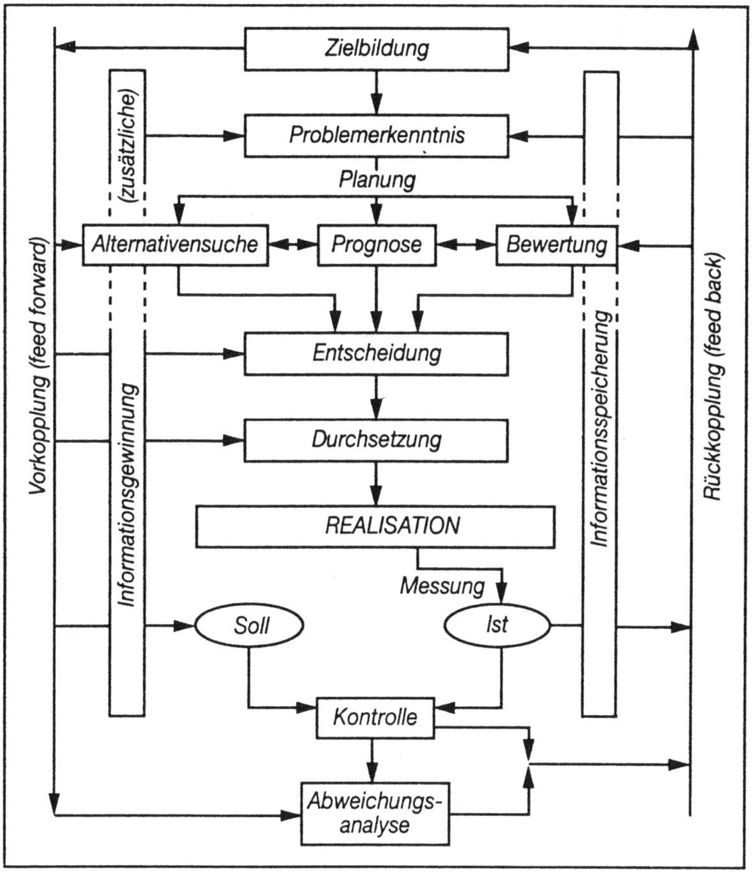

Abbildung 1: Der Management-Zyklus

Quelle: Delfmann 1993, Sp. 3237

2.2 Der Nutzen des Betriebsvergleichs in einzelnen Phasen des Management-Zyklus

Vor dem Hintergrund des in dem vorhergehenden Abschnitt dargestellten Management-Zyklus können Betriebsvergleiche in folgenden Bereichen nützlich sein:

1) Hilfe beim Auffinden von Schwachstellen: In der Analysephase helfen sie, Probleme rechtzeitig zu erkennen, indem sie Hinweise auf vergleichsweise schlechte Zielerreichungsgrade im Betrieb insgesamt oder in einzelnen Bereichen (z.B. Personalkosten in

Prozent vom Umsatz, durchschnittlicher Umsatz pro Kunde in DM) geben und so einen Handlungsbedarf signalisieren (Anstoßfunktion).

Dies soll an zwei Beispielen verdeutlicht werden.

Im ersten Beispiel (vgl. *Abbildung 2*) ist die Umsatzentwicklung mehrerer Handelsbetriebe über die Monate eines Jahres dargestellt. Die Betriebe unterscheiden sich in ihrer Größenordnung deutlich. Überraschenderweise stimmen sie in ihrer Umsatzenentwicklung trotzdem weitgehend überein. Nur bei zwei Betrieben ist erkennbar, daß sie im Gegensatz zu den anderen Betrieben von dem Weihnachtsgeschäft nicht profitieren konnten. Wäre die Umsatzentwicklung der Vergleichsbetriebe nicht bekannt, wäre nicht deutlich geworden, daß das Weihnachtsgeschäft bei allen anderen Betrieben deutlicher zu Buche geschlagen ist.

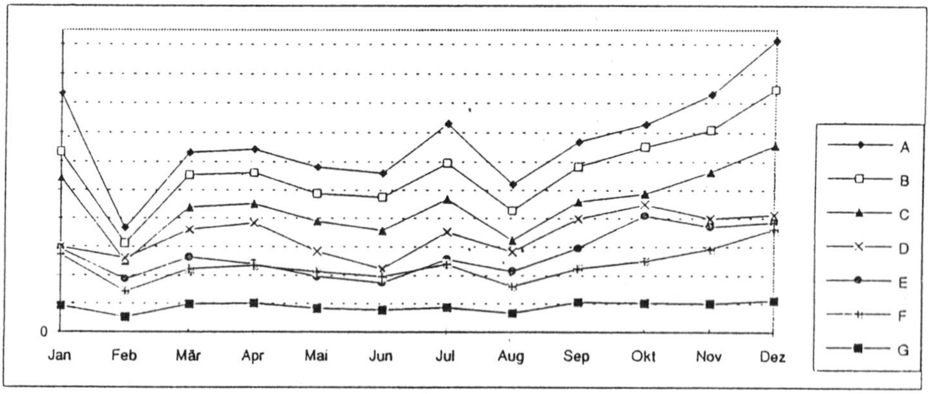

Abbildung 2: Umsatzentwicklung verschiedener Betriebe im Vergleich

Während im ersten Beispiel die Umsatzentwicklung Anlaß gab, die Situation des jeweiligen Betriebes näher zu analysieren, soll im zweiten Beispiel die Höhe des Betriebsergebnisses den Ausgangspunkt darstellen. Wenn ein Betrieb ein negatives Betriebsergebnis erzielt, ist es offensichtlich, daß ein Problem vorliegt; aber auch bei Betrieben mit positivem Betriebsergebnis kann ein Blick auf die Gewinnentwicklung bei anderen Betrieben den Anstoß geben, nach den Ursachen für unterschiedliche Entwicklungen zu suchen.

2) Hilfe bei der Ursachenanalyse: Wenn in einem Betrieb das Bewußtsein geweckt worden ist, daß sich einzelne Größen vergleichsweise schlecht entwickelt haben, hat eine Ursachenanalyse einzusetzen. Hierbei wird die Logik zu beachten sein, mit der einzelne betriebliche Größen verknüpft sind. Es empfiehlt sich dabei, von dem Betriebsergebnis auszugehen. Als Beispiele seien angeführt:

- Betriebsergebnis = Bruttoumsatz – Mehrwertsteuer – Wareneinsatz – Handlungskosten,
- Betriebsergebnis = Betriebshandelsspanne – Handlungskosten,

- Betriebshandelsspanne = Netto-Umsatz – Wareneinsatz,
- Handlungkosten = Personalkosten + Mietkosten + Sachkosten für Geschäftsräume + Kapitalkosten + Abschreibungen + sonstige Kosten,
- Personalkosten = Zahl der beschäftigten Personen · durchschnittliche Kosten pro Person.

So kann z.B. das Betriebsergebnis in seine verschiedenen Ertrags- und Aufwandsarten aufgespalten werden, um so die Ursachen für einen besonders guten oder besonders schlechten Gesamterfolg zu lokalisieren (Müller-Hagedorn/Bekker 1994). In dem unten näher dargestellten Unternehmenskompaß werden die Daten entsprechend den hierarchisch angeordneten Definitionsgleichungen angeordnet. Außerdem wird das in Abschnitt 2.3 dargestellte Beispiel deutlich machen, wie mit Hilfe von Daten aus dem Betriebsvergleich Ursachen für schlechte Zielerreichungsgrade lokalisiert werden können.

3) Hilfe bei Wirkungsprognosen: Wie auch in dem Diagramm zum Management-Zyklus vermerkt worden ist, muß im Rahmen der Planung die Wirkung einzelner Maßnahmen auf die interessierenden Zielgrößen prognostiziert werden. Dabei geht es insbesondere um die Wirkungen, die vom Einsatz der absatzpolitischen Instrumente ausgehen (z.B. Veränderungen des Personaleinsatzes, Veränderung der Größe des Verkaufsraumes, Umstrukturierung der Sortimente usw.). Solche Prognosen sind außerordentlich problematisch. Wie soll ein einzelner Betrieb abschätzen, wie sich seine Situation ändern würde, wenn er beispielsweise das Werbebudget ändern würde, das Bedienungssystem änderte usw.? Dagegen kann die Prognose erleichtert werden, wenn die Situation jener Betriebe studiert wird, die bereits die ins Auge gefaßte Maßnahme realisiert haben. *Abbildung 3* verdeutlicht diesen Sachverhalt. In das Diagramm ist eingetragen, welchen Umsatz Betriebe mit unterschiedlich großer Verkaufsfläche erzielt haben. Diese Zusammenstellung erlaubt, Fragen der folgenden Art zu analysieren:

   - Gibt es eine Mindestgröße, über die ein Geschäft verfügen muß, um Umsätze erzielen zu können?
   - Gibt es einen Schwellenwert, ab dem der Umsatz deutlich ansteigt?
   - Wächst der Umsatz mit der Größe der Verkaufsfläche überproportional?
   - Um wieviel steigt bzw. fällt der Umsatz durchschnittlich, wenn die Verkaufsfläche ausgedehnt oder verkleinert wird?

   Aber auch Entwicklungsprognosen können unterstützt werden (z. B. wie entwickelte sich die Attraktivität einzelner Standortlagen?).

4) Hilfe bei der Formulierung von Zielvorgaben: Im Rahmen der Unternehmensplanung müssen Ziele aus unterschiedlichen Gründen formuliert werden. Zum einen dienen sie der Abstimmung der einzelnen Teilbereiche der Unternehmensplanung, zum anderen stellen sie ein wichtiges Motivationsinstrumentarium dar. Zielvereinbarungen können sich auf das Betriebsergebnis insgesamt oder auf einzelne Komponenten (z.B. Umsatz, Umsatz pro beschäftigte Person, Personalkosten pro DM 1000 Umsatz) beziehen. Solche Fixierungen müssen aber realistisch sein, was erleichtert wird, wenn Informa-

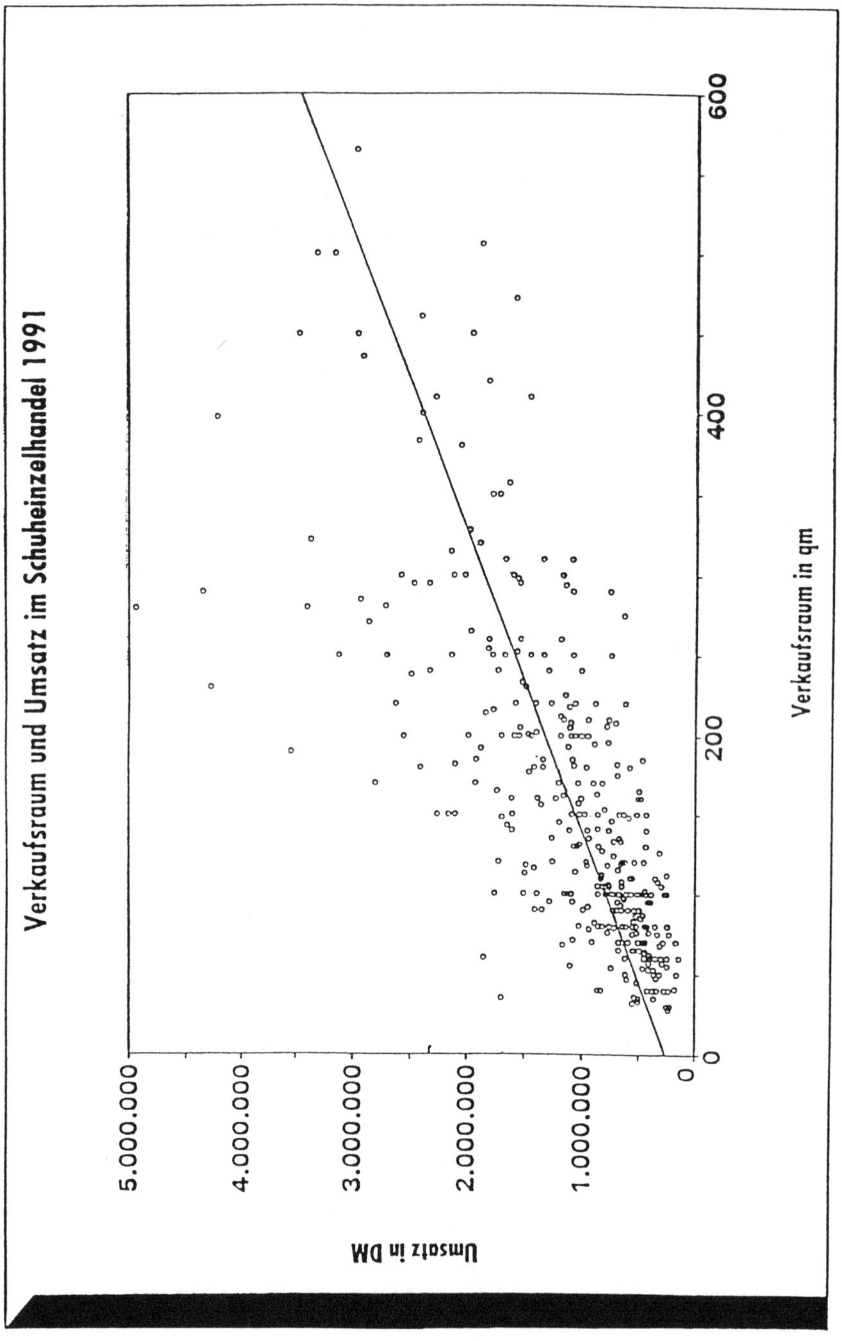

Abbildung 3: **Zum Zusammenhang von Umsatz und Verkaufsfläche (Basis: 355 Betriebe mit einem Umsatz unter 5 Mio. DM)**

tionen über das Ausmaß, in dem andere Anbieter einzelne Ziele erreicht haben, genutzt werden.

5) Hilfe bei der Kontrolle: Betriebsvergleiche unterstützen nicht nur die Planung, sondern dienen vor allem auch der Kontrolle. Kontrolle sei definiert als „ein systematischer Prozeß, in dem eine zu prüfende Größe durch Vergleich mit einer Maßstabs- oder Normgröße beurteilt wird" (Küpper 1990, S. 869). Die hierfür benötigten Normgrößen können auch aus Betriebsvergleichen abgeleitet werden, z. B. Durchschnittswerte, die Werte der jeweils Besten in ihrer Klasse.

2.3 Ein Beispiel

Die in Abschnitt 2.2 vorgestellten Funktionen eines Betriebsvergleichs im Rahmen der Planung und Kontrolle in einer Unternehmung werden im folgenden an einem Beispiel illustriert. *Übersicht 1* gibt die Situation eines realen Betriebes aus dem Schuheinzelhandel wider. Schnell ist zu erkennen, daß dieser Betrieb zwar Umsatz und Betriebshandelsspanne im vergangenen Jahr erhöhen konnte, jedoch weist er ein negatives Betriebsergebnis von immerhin 2 % auf. Damit erscheint es offensichtlich, daß der Betrieb seine Situation eingehend analysieren muß. Trotzdem ist nicht ausgeschlossen, daß in entsprechenden Fällen der Handlungsbedarf bestritten wird, indem als Abwehrargument auf die insgesamt schlechte Konjunktur oder ähnliches verwiesen wird. Betriebsvergleiche können hier Aufschluß geben, inwieweit solche Einwände berechtigt sind.

Betriebsvergleiche erweisen sich insbesondere dann als hilfreich, wenn die Gründe für das schlechte Ergebnis aufgedeckt werden sollen. Im Vorhinein ist alles denkbar, eine zu geringe Werbung, falsch zusammengestellte Sortimente, ein zu hohes Preisniveau, zu hohe Personalkosten usw. Der zweite Schritt muß also aus einer Ursachenanalyse bestehen.

Übersicht 1: Die betriebswirtschaftliche Situation des Beispielsbetriebes B (Schuheinzelhandel)

Beschäftigte:	2
Geschäftsraum:	326 m^2
Verkaufsraum:	200 m^2
Umsatz:	1.472 Mio DM + 29.000 DM gegenüber dem Vorjahr
Betriebshandelsspanne:	38,4 % + 0,4 % gegenüber dem Vorjahr
Gesamte Handlungskosten:	40,4 % + 1,6 % gegenüber dem Vorjahr
Umsatz je beschäftigte Person:	210.240 DM
Umsatz je m^2 Verkaufsraum:	7.358 DM
Betriebswirtschaftliches Ergebnis	– 2,0

Übersicht 2 folgt der Definition des Betriebsergebnisses als Differenz von Handelsspanne und Handlungskosten. Der Vergleich der Werte des Betriebes B mit den Werten anderer

Betriebe macht deutlich, daß Betrieb B deutlich höhere Handlungskosten ausweist als die Vergleichsbetriebe.

Übersicht 2: Vergleich von Handelsspanne und Handlungskosten im ersten Analyseschritt

Betriebsergebnis		=	(Handelsspanne in % vom Umsatz)	–	(Handlungskosten in % vom Umsatz)
B	– 1,0	=	38,4 (38,0 + 0,4)[1)]	–	40,4 (38,8 + 1,6)[1)]
Gruppe:	+ 0,6	=	38,3	–	37,7
Differenz zur Gruppe			0,1		2,7

1) = (Vorjahr/Differenz)

Während in der Gruppe der Vergleichsbetriebe die Differenz von Handelsspanne und Handlungkosten positiv ist, sind beim Betrieb B die Handlungskosten im Vergleich zur Handelsspanne zu hoch. Die Ergebnissituation könnte verbessert werden, wenn es gelänge, bei gleichbleibender Handelsspanne die Handlungskosten zu senken. Es ist mithin zu prüfen, ob sich solches realisieren läßt. Bekanntlich ergeben sich die Handlungskosten qua definitione aus der Summe der einzelnen Kostenarten. Wie *Übersicht 3* zeigt, unterscheidet sich der Betrieb B in mehreren Kostenarten von anderen Betrieben. Besonders kraß sind die Abweichungen jedoch bei der Miete und den Personalkosten.

Beide Kostenarten lassen sich in eine Mengen- und in eine Wertkomponente zerlegen. Eine solche Aufspaltung macht deutlich, daß im Betrieb B durchschnittliche Personalkosten pro beschäftigte Person von DM 50.258, in den Vergleichsbetrieben von nur DM 44.989 anfallen. Die Miete pro Quadratmeter liegt mit DM 31,23 deutlich über den Werten der Vergleichsbetriebe (DM 17,10).

In einer mehrstufigen Analyse wurden so die Höhe der Mietkosten und der Personalkosten als wichtigste Ursachen für das vergleichsweise schlechte Abschneiden des Betriebes B ausgemacht. Auf der Basis einer solchen Diagnose wird man sich auf die Suche nach Maßnahmen machen, die eine Verbesserung des Ergebnisses in Aussicht stellen. Unter anderem wird man prüfen, ob der bisherige Umsatz auch mit geringerem Personaleinsatz realisiert werden kann (beispielsweise durch ein besseres Anpassen des Personaleinsatzes an Nachfragespitzen) und ob es möglich sein könnte, den gleichen Umsatz auch auf verkleinerter Verkaufsfläche zu erzielen. Beide Fragen erfordern es, die Wirkung eines unterschiedlichen Faktoreinsatzes zu prognostizieren. Dabei können Funktionen, wie sie beispielhaft in *Abbildung 3* vorgestellt worden sind, helfen. Zwei Probleme erscheinen dabei als besonders wichtig:

- Inwieweit ist es zulässig, die abhängige Größe (hier den Umsatz) nur einem Bestimmungsfaktor gegenüberzustellen (hier der Verkaufsfläche oder dem Personaleinsatz)?
- Inwieweit sind die Betriebe, deren Werte zur Darstellung des funktionalen Zusammenhanges verwendet wurden, als Vergleichsbetriebe geeignet (Müller-Hagedorn 1994)?

Übersicht 3: Die Analyse der Kostenstruktur im zweiten Analyseschritt

a)	Miete (Z. 32)	B:	8,3
		Gruppe:	4,7
	Mehrbelastung		*3,6*
b)	Personalkosten (Z. 31)	B:	23,9
		Gruppe:	21,3
	Mehrbelastung		*2,6*
c)	Werbung (Z. 34)	B:	1,4
		Gruppe:	1,8
			- 0,4
d)	Zinsen für Fremdkapital (Z. 37)	B:	0,5
		Gruppe:	2
			- 1,5

Mit dem Beispiel sollte verdeutlicht werden, daß bei der Problemerkenntnis der Ursachenforschung, der Prognose der Wirkung von ins Auge gefaßten Maßnahmen mit Vorteil auf Angaben aus dem Betriebsvergleich zurückgegriffen werden kann. Es scheint sogar richtig zu sein, daß eine Betriebsberatung ohne geeignete Vergleichszahlen überhaupt nicht durchzuführen ist. Um die Nutzung von Betriebsvergleichsdaten zu erleichtern, hat das Institut für Handelsforschung an der Universität zu Köln den sog. Unternehmenskompaß entwickelt. Er wird im nächsten Abschnitt vorgestellt, wobei auch auf das im vorhergehenden behandelte Fallbeispiel Bezug genommen wird.

3 AUFBEREITUNG UND DARSTELLUNG VON DATEN AUS DEM BETRIEBSVERGLEICH FÜR ZWECKE DES MANAGEMENTS

Bislang werden im Rahmen von Betriebsvergleichen den Teilnehmerbetrieben im wesentlichen drei Auswertungsformen angeboten,

- synoptische Tabellen,
- Einzelauswertungen als Zahlenauswertung,
- Einzelauswertungen als textlich kommentierte Zahlenauswertung und Schaubilder.

In synoptischen Tabellen werden die Betriebsvergleichsergebnisse aller Teilnehmerbetriebe einer Branche ausgewiesen. Meistens entspricht in synoptischen Tabellen jede Zeile einem Teilnehmerbetrieb. In den Spalten werden die verschiedenen Auswertungspositionen (Merkmale) dargestellt. Die Betriebe werden nach bestimmten Kriterien sortiert und/oder in Klassen eingeteilt (z.B. Betriebsgrößenklassen). Der Ausweis der Betriebe erfolgt anonym unter einer Kennummer.

Die Interpretation der Betriebsvergleichsergebnisse anhand der synoptischen Tabellen wird jedoch von Betriebsvergleichsteilnehmern oft als mühsam empfunden, da die Tabellen bei einer größeren Teilnehmerzahl schnell unübersichtlich werden und ihre Auswertung spezieller Techniken bedarf.

KENNUMMER	STRUKTUR (Schlüssel: siehe Rückseite Blatt 1): Strukturänderung	Gebiet	Ortsgröße	Geschäftslage	Eigentumsverhältnisse	Sortiment: Warengruppen in % des Warenabsatzes: Alles für die Gesundheitspflege	Depot-Kosmetika u. Depot-Parfums	Sonst. Kosmetika, Pflegem., Parfümer.	Boutique-Artikel (einschl. Kerzen)	Alles für das Kind	Photo-, Phono-Artikel und Optik	Farben, Lacke, Chemikalien, techn. Bed.	Alles für Haus und Garten	Alles für das Tier	Sonstige Waren	RAUM: Gesamtzahl der qm Geschäftsraum	Davon: Verkaufs- und Ausstellungsraum in %	PERSONAL: Gesamtzahl der Beschäftigten	Davon: Im Labor und Atelier Beschäftigte	ABSATZ (einschließlich Mehrwertsteuer): Absatz in Tausend DM	Absatzentwicklung (Vorjahr = 100)	Absatz je beschäftigte Person in DM	Absatz je qm Geschäftsraum in DM	Absatz je qm Verkaufsraum in DM	Absatz je Einzelverkauf (Kunde) in DM	Absatz an Letztverbraucher in %	Absatz an gewerbliche u. Groß-Verbraucher in %	Absatz an Wiederverkäufer in %	Erlöse aus eigenen Photoarbeiten in %	Erlöse aus fremden Photoarbeiten in %	Gesamte Kreditverkäufe in % des Absatzes
	1	2	3	4	5	6a	6b	6c	6d	6e	6f	6g	6h	6i	6k	7	8	9a	9b	10	11	12	13	14	15	16a	16b	16c	16d	16e	17
Betriebe mit 1 Person																															
14/10036	-	4	1	9	1	*	*	*	*	*	*	*	*	*	*	60	47	1,4	-	239	106	170609	3981	8530	*	95	-	-	-	5	*
14/10128	*	4	3	*	3	*	*	*	*	*	*	*	*	*	*	76	79	1,1	-	158	88	144064	2085	2641	*	*	*	*	*	*	*
14/10583	-	4	*	5	3	15	17	18	6	4	7	4	12	4	13	62	44	1,4	-	379	103	270683	6112	14035	15,20	97	1	-	-	2	*
Betriebe mit 2 - 3 Personen																															
14/10027	7	4	7	*	3	50	10	25	-	-	5	-	10	-	-	140	29	3,4	-	470	*	138179	3356	11745	*	98	2	-	-	-	*
14/10044	5	4	3	7	1	9	9	32	17	-	26	1	2	4	-	130	77	2,8	-	439	101	156630	3374	4386	12,60	100	*	*	*	*	-
14/10063	*	4	8	4	3	20	8	-	12	5	15	10	10	10	10	85	53	2,5	-	343	86	137008	4030	7612	*	89	1	-	-	10	-
14/10075	*	4	3	*	3	*	*	*	*	*	*	*	*	*	*	167	48	3,1	-	386	82	124486	2311	4824	*	*	*	*	*	*	*
14/10084	*	4	4	7	3	*	*	*	*	*	*	*	*	*	*	300	29	3,0	-	495	86	165133	1651	5630	*	*	*	*	*	*	*
14/10098	*	4	2	*	3	*	*	*	*	*	*	*	*	*	*	207	40	3,2	-	512	117	159915	2472	6241	*	*	*	*	*	*	*
14/10106	5	4	7	4	3	12	20	20	5	5	20	10	6	2	-	153	42	2,7	-	303	77	112300	1982	4665	*	92	1	-	-	7	*
14/10134	5	4	7	2	1	15	15	5	20	1	5	20	15	2	2	95	68	2,0	-	309	93	154488	3252	4753	*	99	-	-	-	1	-
14/10140	-	4	5	1	3	30	10	60	-	-	-	-	-	-	-	100	60	3,0	-	627	65	209011	6270	10451	8,70	100	-	-	-	-	-
14/10159	7	4	2	7	3	10	2	40	1	1	5	-	20	10	11	110	27	2,0	-	243	87	121312	2206	8087	*	100	-	-	-	-	*

Abbildung 4 : Beispiel einer synoptischen Tabelle (Ausschnitt)

Dem Ausweis aller Einzelwerte steht die Zusammenfassung dieser Einzeldaten gegenüber. In den meisten Betriebsvergleichen wird auf den Ausweis von Einzeldaten verzichtet, und es werden lediglich die Daten des jeweiligen Teilnehmerbetriebes den Durchschnittsergebnissen (Größenklassendurchschnitt, Branchendurchschnitt) gegenübergestellt. Mit dem ausschließlichen Ausweis von Durchschnittswerten kann jedoch ein erheblicher Informationsverlust verbunden sein. Der Nutzen eines solchen Betriebsvergleichs ist in Frage gestellt, wenn sich – wie dies häufig zu beobachten ist – die Merkmalswerte einzelner Betriebe beträchtlich unterscheiden. Nicht nur der Umsatz, sondern auch das Betriebsergebnis, absolut oder in Prozenten des Umsatzes, der Lagerumschlag, der Umsatz pro beschäftigte Person streuen häufig in einem breiten Bereich. Wird eine solche Häufigkeitsverteilung auf ihren Durchschnittswert zurückgeführt, gehen Informationen verloren.

Wie deutlich geworden ist, haben sowohl die synoptische Tabelle mit ihren Einzeldaten wie auch der Ausweis von Durchschnittszahlen im Hinblick auf Planung und Kontrolle im Betrieb ihre Nachteile. Die Daten aus dem Betriebsvergleich können von dem am Betriebsvergleich teilnehmenden Betrieb noch besser genutzt werden, wenn die Einzeldaten im Hinblick auf bestimmte Fragestellungen aufbereitet werden.

Eine solche Analyse verbleibt also wie in der synoptischen Tabelle auf der Einzeldatenebene, unterstützt den Nutzer jedoch in der Analyse dieser Daten.

Für die Aufbereitung der Daen sind nach diesem Konzept folgende Richtlinien wichtig:

1) Ausrichtung auf Handlungsfelder der Geschäftspolitik,
2) hierarchische Anordnung der Informationen,
3) Erkennen von Zusammenhängen.

Um zu veranschaulichen, wie so Zahlen, textliche und grafische Elemente kombiniert werden, um die Informationsaufnahme und Informationsverarbeitung zu erleichtern, ist in *Abbildung 5* eine nach diesem Konzept gestaltete Seite wiedergegeben. Sie zeigt an dem aus Abschnitt 2.3 bekannten Beispielbetrieb, wie schnell sich erkennen läßt, daß dieser Betrieb sowohl in den Personal- wie den Mietkosten deutlich über den Werten der Vergleichsbetriebe liegt.

4 ZUSAMMENFASSUNG

Zwar wird der Nutzen des Betriebsvergleichs oft hervorgehoben, sein Ziel wird jedoch oft sehr allgemein mit „Leistungssteigerung" oder „Informationen über den Leistungsstand" umschrieben. Die Ausführungen sollten deutlich machen, welche einzelnen Funktionen der Betriebsvergleich im Rahmen der Planung und Kontrolle übernehmen kann. Als solche wurden die Anstoßfunktion, die Ursachenanalyse, die Ableitung von Wirkungsfunktionen, die Formulierung von realistischen Zielvorgaben und die Kontrolle allgemein erläutert und an einem Beispiel veranschaulicht. Des weiteren wurde gezeigt, daß Informationen aus dem Betriebsvergleich aufbereitet werden müssen. Einige der hierfür nützlichen Gestaltungsprinzipien wurden vorgestellt.

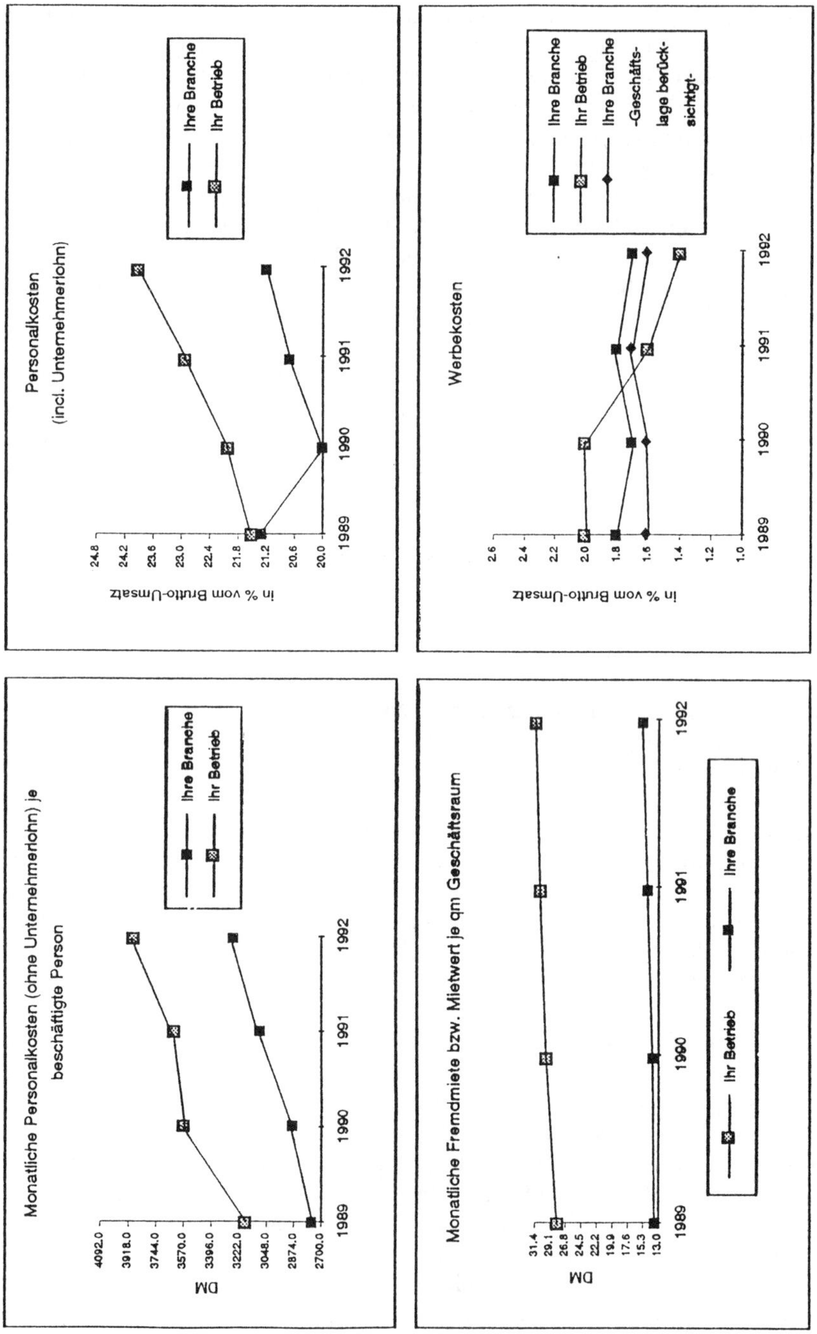

Abbildung 5: **Die Darstellung der Entwicklung wichtiger Kostenarten im neuen Konzept**

LITERATUR

Buddeberg, H.: Über die Vergleichbarkeit der Handelsbetriebe, Köln und Opladen 1955.

Corsten, H.; Reiß, M.: Betriebswirtschaftliche Vergleichsformen. In: WISU 1989, S. 615-620.

Delfmann, W.: Planung- und Kontrollprozesse. In: Wittmann, W. u.a. (Hrsg.): HWB, 5. A. Stuttgart 1993, Sp. 3222-3251.

Endres, W.: Theorie und Technik des betriebswirtschaftlichen Vergleichs, Berlin 1980.

Graurock, W.: Betriebswirtschaftliche Vergleiche als wissenschaftliches Erkenntnismittel, Berlin 1975.

Gritzmann, K: Kennzahlensysteme als entscheidungsorientierte Informationsinstrumente der Unternehmensführung in Handelsunternehmen, Göttingen 1991.

Klein-Blenkers, F.: Ausgewählte Aufsätze zur Betriebswirtschaftslehre, Göttingen 1991.

Müller-Hagedorn, L.; Bekker, Th.: Der Betriebsvergleich als Controllinginstrument in Handelsbetrieben. In: WiSt 1994, S. 231-236.

Müller-Hagedorn, L.: Die Wahl von Vergleichsbetrieben – Teil I. In: Mitteilungen des Instituts für Handelsforschung, 46. Jg., 1994, S. 125-134.

Schnettler, A.: Betriebsvergleich, 3. A. Stuttgart 1961.

Schott, G.: Grundlagen des Betriebsvergleichs, Frankfurt 1950.

Schott, G.: Kennzahlen, Kompaß des Unternehmens, Stuttgart 1965.

Seyffert, R.: Wirtschaftslehre des Handels, 5. A., Opladen 1972.

Tietz, B.: Betriebsvergleich im Handel. In: HWA, Tietz, B. (Hrsg.), Stuttgart 1974, Sp. 394-405.

Vodrazka, K.: Betriebsvergleich, Stuttgart 1967.

Literaturdienst

Literaturdienst zur Handelsforschung 1995/96

1 STRATEGISCHES HANDELSMANAGEMENT

1.1 Strategische Wettbewerbsvorteile

BURMANN, C., **Fläche und Personalintensität als Erfolgsfaktoren im Einzelhandel, Wiesbaden 1995 (413 Seiten)** ist die Buchveröffentlichung der Dissertation des Autors. Vor dem Hintergrund der stürmischen Expansion der Großbetriebsformen im Handel in Verbindung mit abnehmender Flächenproduktivität verfolgt die Arbeit drei Ziele: Zunächst werden die Erfolgsfaktoren von Großbetriebsformen auf der Basis eines Mehr-Ebenen-Ansatzes identifiziert. Im zweiten Schritt werden Interdependenzen zwischen der Filial- und der Warengruppenebene sowie Unterschiede bei den Erfolgsfaktoren unterschiedlicher Warengruppen erarbeitet. Schließlich werden Marktreaktionsfunktionen der bedeutendsten Erfolgsfaktoren abgeleitet und empirisch fundiert. Dabei werden bundesweit fast 6.000 Endverbraucher und 70 Filialgeschäftsführer befragt und die Ergebnisse kausalanalytisch ausgewertet. Für die ermittelten Schlüsselfaktoren Personalintensität und Verkaufsfläche prüft der Autor die Nachfrageelastizität bei Variation der Einsatzmengen beider Faktoren. Es gelingt ihm, konkrete Anhaltspunkte über die Produktivitätswirkung unterschiedlich großer Filial- und Warengruppenflächen abzuleiten. Daraus leitet er klare Empfehlungen für die Standortpolitik ab, die gegenüber der herkömmlichen Kennziffernanalyse im Handel aufgrund der stringenten Argumentation und der gründlichen empirischen und methodischen Fundierung der Untersuchung eine wesentliche Bereicherung darstellen. (Ulrich Koppelt)

CAPPEL, S.D.; WRIGHT, P.; WYLD, D.C.; MILLER, J.H., **Evaluating Strategic Effectiveness in the Retail Sector: A Conceptual Approach, Journal of Business Research, 31 (1994), S. 209-212** baut auf Porters Aussagen zur Strategie der Kostenführerschaft und der Differenzierung. Ansätze, die die Möglichkeiten einer Kombination von Kostenführerschaft und Differenzierung (out pacing strategy) zur Erzielung strategischer Wettbewerbsvorteile herausstellen, wurden bisher oft vernachlässigt. Die Autoren untersuchen nun die Bedeutung aller drei Stratgieoptionen für den Handel. Sie stellen folgende drei Hypothesen auf: (1) Solche Händler, die im wesentlichen auf der Basis niedriger Kosten konkurrieren, werden besser abschneiden als jene Händler, die versuchen, gleichzeitig geringe Kosten und Differenzierung zu vereinen. (2) Solche Händler, die im wesentlichen durch Differenzierung konkurrieren, werden besser abschneiden, als jene Händler, die gleichzeitig versuchen, geringe Kosten und Differenzierung zu vereinen. (3) Solche Händler, die gleichzeitig auf der Basis geringer Kosten und über Differenzierung konkurrieren, werden besser abschneiden als jene Händler, die sich entweder auf Kostenführerschaft oder auf Differenzierung stützen. Die Überprüfung der out-pacing-Hypothese (3) steht noch aus. Mögliche, die Hypothese bestätigende, Ergebnisse werden mit großer Wahrscheinlichkeit nach Aussagen der Autoren nicht auf die kleinen Unternehmen des Handels oder andere Dienstleistungsbereiche übertragbar sein. (Andrea Bookhagen)

OLBRICH, R., **Erfolgspositionen im Lebensmittelhandel, Zeitschrift für Betriebswirtschaft, 64 (1994), S. 425-439** trifft auf Grundlage einer repräsentativen Umfrage im Lebensmittelhandel Aussagen über die Erfolgswirksamkeit ausgewählter Merkmale der in dieser Branche vertretenen Handelssysteme, wobei Filialsysteme (Vertrieb ausschließlich oder überwiegend durch Filialen) und kooperierende Handelssysteme (Vertrieb ausschließlich oder überwiegend über selbstständige Einzelhändler) im Mittelpunkt stehen. Die Untersuchung ergab, daß kooperierende Gruppen stärkere Umsatzzuwächse verzeichnen können, während filialisierende Systeme gegenüber kooperierenden weitaus größere Betriebszuwächse erzielen, welche fast ausschließlich aus dem Verbrauchermarktbereich stammen. Überdurchschnittlich erfolgswirksam ist laut Olbrich eine möglichst hohe Anzahl großflächiger Outlets. Lesenswert sind schließlich die konkreten Strategieempfehlungen, die der Autor aus seiner Untersuchung ableitet, etwa: (1) Substitution kleinflächiger duch großflächige Outlets innerhalb bestehender rechtlicher Restriktionen, (2) Hinzukauf großflächiger Outlets, (3) Schließung defizitärer, quersubventionierter Geschäftsstätten auf Kosten der Marktpräsenz, um das Betriebsergebnis zu steigern oder (4) Intensivierung der Kooperationen in den Vertriebslinien der derzeit schwächer kooperierenden Handelssysteme. (Margit Binsack)

ROSENBLOOM, B.; DUPUIS, M., **Low price, low cost, high service: a new paradigm for global retailing?, The International Review of Retail, Distribution and Consumer Research, 4 (1994), S. 149-158.** Sind Einzelhandelsunternehmen in der Lage, trotz einer Strategie der niedrigen Preise und Kosten sehr hohe Servicequalität anzubieten? Mehr und mehr erfolgreiche Handelsunternehmen aus USA, Westeuropa und dem fernen Osten bejahen laut Rosenbloom und Dupuis diese Frage. Anhand von Beispielen diskutieren die Autoren diese neue, scheinbar widersprüchliche Strategiekombination, wonach Billiganbieter einen Service bieten, der weit über Standardleistungen wie Produktsortiment oder Variantenvielfalt hinausgeht: Sie offerieren Spezialleistungen im Umwelt- und Gesundheitsbereich, bieten Extra-Service zur Reduktion von Einkaufszeiten und zur Minimierung der Unsicherheit und Komplexität beim Kauf. Diese low-price-, low-cost- und high-service-Strategie ist nach Ansicht der Autoren richtungsweisend für den Einzelhandel der 90er Jahre und Beginn des 20. Jahrhunderts. Laut Roosenbloom und Dupuis sind die gezeigten Beispiele kein Beweis, wohl aber ein deutlicher Hinweis für die künftige Dominanz dieser Strategiekombination, was in weiterer empirischer Forschung nachzuprüfen sei. (Margit Binsack)

SCHRÖDER, H., **Erfolgsfaktorenforschung im Handel. Stand der Forschung und kritische Würdigung der Ergebnisse, Marketing Zeitschrift für Forschung und Praxis, 16 (1994), S. 89-104** ist eine Synopse ausgewählter Erfolgsfaktorenstudien der Handelsforschung, die Schröder anhand der Kriterien Spezifität, Reichweite sowie hinsichtlich der angewandten Methoden und Erfolgsfaktorenindikatoren beurteilt. Zentrale Frage ist, inwieweit den Studien Aussagekraft bezüglich konkreter Handlungsempfehlungen zugeschrieben werden kann. Schröder kritisiert die geringe Spezifität und damit hohe Reichweite vieler Erfolgsfaktoren, die nur relativ allgemeine Aussagen erlauben und sich deshalb nicht ohne weiteres umsetzen lassen. Er kritisiert weiterhin Untersuchungsdesign und -methoden vieler Studien, deren Schwächen hinsichtlich Datenmaterial und theoretischer Basis sowie die mangelnde Einbeziehung kausaler Zusammenhänge und spezifischer Rahmenbedingungen. Außerdem eigneten sich die Erfolgsindikatoren größtenteils nicht, den strategischen Unternehmenserfolg zu operationalisieren. Zusammenfassend stuft er die Relevanz der Erfolgsfaktoren für die strategische Planung als gering ein und postuliert die Erweiterung der Erfolgsfaktorenforschung u.a. um standortspezifische Einzelfallstudien, um Kriterien, die die Vorraussetzung für Anwendung der Erfolgskonzepte auf den Einzelfall bestimmen, und um eine Ex-post-Untersuchung, um überprüfen zu können, ob die in der Praxis umgesetzten Konzepte tatsächlich zum Erfolg geführt haben. (Margit Binsack)

ZENTES, J., ANDERER, M., **Intrapreneurship als strategischer Wettbewerbsfaktor im europäischen Einzelhandel, Thexis, 11 (1994), 4, S. 27-32** zeigt aktuelle Trends bezüglich der organisatorischen Verankerung im Rahmen von Internationalisierungsstrategien des Handels. Die Autoren diskutieren, ausgehend von der Systemtheorie und Selbstorganisationstheorie, Fragen der Zentralisierung und Dezentralisierung von Entscheidungskompetenzen. Ihnen zufolge steige die Bedeutung des Intrapreneurship bereits durch zunehmende Umweltdynamik, es sei mehr und mehr autonome Selbstbestimmung innerhalb der Filialen erforderlich, um lokale Potentiale ausschöpfen zu können. Darüber hinaus müssen um so mehr dispositive Aufgaben auf die Filialen verlagert werden, je höher der Koordinationsaufwand der Zentrale infolge wachsender Anzahl der Filialen ist. Laut einer im Rahmen des GDI-Handels-Monitoring durchgeführten Befragung europäischer Top-Manager wird der Handel künftig durch Dezentralisierungsmaßnahmen versuchen, sich strukturell neu zu positionieren und interne Effizienz- und Rationalisierungspotentiale freizusetzen. Die Autoren empfehlen ein hohes Maß an Dezentralisierung bei der Etablierung eines Ladennetzes im jeweiligen Gastland, um Flexibilität der Betriebstypen wahren und länderspezifische Modifikationen durchführen zu können, wobei sie gleichzeitig zentrale Steuerungsimpulse für unverzichtbar halten, um eine Verwässerung eines erfolgreich etablierten Betriebstypenkonzeptes zu vermeiden. In diesem Zusammenhang verweisen die Autoren auf Implementierungsprobleme von Dezentralisierungskonzepten und zeigen schließlich mögliche Koordinationsinstrumente innerhalb des Netzwerkes von Mutter- und Tochtergesellschaften auf. (Margit Binsack)

1.2 Betriebsformen, Betriebstypen

BURT, S.; SPARKS, L., **Structural change in grocery retailing in Great Britain: a discount reorientation?, The International Review of Retail, Distribution and Consumer Research, 4 (1994), S. 195-217.** Die Autoren fokussieren strukturelle Veränderungen des britischen Lebensmitteleinzelhandels von der Nachkriegsära bis Anfgang der Neunziger Jahre. Sie suchen nach Ursachen für den Erfolgsrückgang der einst sehr erfolgreichen britischen Lebensmittelketten. Nach Burt und Sparks ist der Wendepunkt für die Briten Ende der 80er bzw. Anfang der 90er Jahre eingetreten, als ausländische Discounter mit Hilfe innovativer Handelsstrategien und Niedrigpreisen erfolgreich in den Markt eintreten konnten. In diesem Zusammenhang analysieren die Autoren sehr differenziert Preis- und Wettbewerbsstrategien vor dem Hintergrund der Entwicklung des Kaufverhaltens und der Einkommensverhältnisse. Sie beschreiben Veränderungen der Wettbewerbsverhältnisse lokaler und internationaler Geschäfte und gehen insbesondere auf die Betriebstypen Discounter und Supermarkt ein. Die künftige Situation des britischen Lebensmittelhandels, vor allem im Discountbereich, wird nach Ansicht der Autoren unter dem Zeichen eines noch härter werdenden Konkurrenzkampfes stehen, mit der Folge, daß nur wenige starke Haupthandelsketten überleben werden. (Margit Binsack)

HALLSWORTH, A.G.; MCCLATCHEY, J., **Interpreting the growth of superstore retailing in Britain, The International Review of Retail, Distribution and Consumer Research, 4 (1994), S. 315-328.** Innerhalb der 80er Jahre fand bei den Marktführern des Lebensmitteleinzelhandels (Sainsbury, Safeway, Tesco) in Großbritannien gleichzeitig ein hohes Umsatzwachstum und ein Umstrukturierungsprozeß statt. Eine Verlagerung der Aktivitäten, hin zu neuen Einkaufszentren abseits der städtischen Zentren war bei diesen Unternehmen zu beobachten. Diese Entwicklung wurde von einem stetigen Gewinnwachstum begleitet. Die Expansion der „großen Drei" war dabei trotz Rezession in hohem Maße fremdfinanziert. Die Autoren argumentieren, daß neben Marktgegebenheiten auch finanzwirtschaftliche Erwägungen für diese exzessive Expansion verantwortlich sind. Eine für ihre Aktionäre zufriedenstellende Dividendenentwicklung konnte nur durch weitere Expansion sichergestellt werden. Die Strategie, mit teuren Einkaufszentren die wohlhabenden Konsumenten der Vororte zu umwerben, war also in hohem Maße durch die Ansprüche der Aktionäre determiniert. In dieser einseitigen strategischen Ausrichtung besteht bei fallenden Immobilienpreisen und hohen Belastungen durch den Fremdkapitaldienst eine große Gefahr für die Unternehmen. Wettbewerber mit einer günstigeren Kostenstruktur und entsprechend niedrigeren Preisen (ASDA, Gateway) gewinnen bei den rezessionsgeschädigten Konsumenten bereits Marktanteile. (Marcel Paulssen)

KYSELA, K.D., **Großhandelsmarketing, Bergisch Gladbach, Köln 1994 (412 Seiten)** versucht ein strukturiertes großhandelsspezifisches System der Marketing-Instrumente („Aktionsbereich") zu entwickeln. Ein Aktionsbereich wird als ein Bündel von Handlungsmöglichkeiten verstanden, im wesentlichen die Gestaltung von Sortiment, Preis und Konditionen, Marktwege, Standort und Logistik, Serviceprogramm und Kommunikation. Einzelne Aktionen eines Bereichs können sowohl auf die Beschaffungs- als auch auf die Absatzseite des Großhandels gerichtet sein. Eine marktseitenspezifische Betrachtung der Aktionsbereiche erfolgt nicht, da nach Definition des Autors grundsätzlich für beide Marktseiten des Großhandels die gleichen Handlungsalternativen zur Verfügung stehen. Die theoretischen Ausführungen werden mit Beispielen der Aktivitäten ausgewählter Unternehmen oder Branchen illustriert. Der Autor verzichtet dabei auf eine Zustandsbeschreibung, gibt auch keine normativen Handlungsanweisungen oder „Rezepte" zum optimalen Agieren im Markt, sondern zeigt je Aktionsbereich die grundlegenden Handlungsmöglichkeiten auf, aus denen dann unternehmensindividuell eine Auswahl zu treffen ist. Die die Marktpolitik des Großhandels beeinflussenden externen und internen Rahmenbedingungen sowie die warenspezifischen Rahmenbedingungen läßt der Autor nicht außer acht. Auch auf die wirtschaftliche Bedeutung des Großhandels geht er ein. Kysela schließt mit der Darstellung verschiedener Marketingstrategien im Großhandel. Dabei stützt er sich ausschließlich auf die vier grundlegenden Marktbearbeitungssstrategien nach Becker – Marktfeldstrategien, Marktstimulierungsstrategien, Marktparzellierungsstrategien und Marktarealstrategien – und paßt diese an die Problematik des Großhandels an. (Andrea Bookhagen)

LAFONTAINE, F.; KAUFMANN, P.J., **The Evolution of Ownership Patterns in Franchise Systems, Journal of Retailing, 70 (1994), S. 97-113.** Die Autoren beziehen sich auf einen Artikel von Oxenfeldt und Kelly (1969), wo Franchisesysteme als Zwischenstation auf dem Weg zu unternehmenseigenen Vertriebsniederlassungen angesehen werden. Für die Existenz von Franchisesystemen gibt es zwei Theorien: (1) Der ressourcenorientierte Ansatz erklärt Franchising mit der Intention des Franchisegebers, Kapital und/oder Know-how des Franchisenehmers zu nutzen. Prinzipiell besteht dabei der Wunsch nach unternehmenseigenen Niederlassungen. Franchising ermöglicht die schnelle Expansion junger Unternehmen und ist nur ein Übergangsinstrument. Demgegenüber versteht (2) der transaktionstheoretisch gestützte anreizorientierte Ansatz Franchising als Motivationsinstrument für den Franchisenehmer, das diesen zu effektivem Wirtschaften anhält. Diese Ansätze implizieren unterschiedliche Entwicklungsmuster von Franchisesystemen. Die Autoren leiten eine Reihe von Hypothesen ab, die sie durch die empirische Befragung von 130 US-amerikanischen Franchisegebern überprüfen. Die Ergebnisse stützen beide Erklärungsansätze für Franchising sowie die Mischform. Die Oxenfeldt/Kelly-These kann jedoch nicht voll bestätigt werden. (Ulrich Koppelt)

VON MOELLER, K., **Marktprozesse in der Distributionswirtschaft, Wiesbaden 1995 (345 Seiten)** ist eine als Buch im DeutscheUniversitätsVerlag veröffentlichte Dissertation über den Strukturwandel in der deutschen Konsumgüter-Distributionswirtschaft. Dieser Wandel wird auf technologische und sozioökonomische Veränderungen zurückgeführt und in die Zukunft projiziert. Zunächst werden gesamtwirtschaftliche Grundlagen zum Einzelhandel als Teilsystem der Distributionswirtschaft dargelegt (40 Seiten). Dann folgt als institutionenökonomisches Theoriefundament ein Kapitel, in der die Theorie des Konsums der Privathaushalte, die Theorie der Unternehmung und die Theorie des Marktes dargestellt werden (35 Seiten). Dann kommen zwei Hauptkapitel über die Ursachen des Strukturwandels im Handel (110 Seiten) und über deren Auswirkungen auf den Handel (40 Seiten). Das abschließende Kapitel über die Entwicklungsperspektiven des Einzelhandels umfaßt 20 Seiten. Die große Ursachenanalyse befaßt sich zunächst kurz mit den relevanten Aspekten des Wirtschafts- und Rechtssystems in Deutschland. Die wesentlichen technologischen Einflüsse werden dann ausführlich dargestellt, zunächst allgemein (F&E-Politik und Distributionswirtschaft), dann nach gebäudetechnischen, informationstechnologischen und logistiktechnischen Entwicklungen. Die technologischen Einflüsse werden zusammenfassend projiziert. Die relevanten sozioökonomischen Einflüsse werden getrennt nach Demographie, Ökonomie und Konsumverhalten untersucht und dann wieder in ihren Implikationen für den Handel zusammenfassend projiziert. Das Kapitel über die Auswirkungen auf den Einzelhandel greift die Faktoren und deren bereits auf den Einzelhandel bezogenen Projektionen auf und strukturiert sie neu unter den Aspekten der Markteinbindung des Handels, der Marktstrukturen, des Marktverhaltens und des Marktergebnisses. Dabei werden zunächst besonders die Schnittstellen des Einzelhandels zu den Märkten und die derzeitigen und künftigen Marktstrukturen beschrieben und quantifiziert. Die technologisch und sozioökonomisch bedingten Marktstrukturtendenzen werden herausgearbeitet. Unter „Marktverhalten" werden dann zunächst die Marketing-, Kooperations- und Konzentrations- und die Beschaffungsstrategien des Handels untersucht. Wiederum werden die technologischen und sozioökonomischen Einflüsse auf das Marktverhalten analysiert. Unter „Marktergebnis" werden betriebswirtschaftliche Kennwerte des Einzelhandels, insbesondere seiner Ertragssituation, dargestellt und im Hinblick auf die Marktstruktur beurteilt. Das abschließende Kapitel über die Entwicklungsperspektiven des Einzelhandels faßt die zuvor gegebenen technologischen und sozioökonomischen Projektionen zusammen und entwirft ein plausibles Szenario, wonach das Informationsmanagement eine überragende Rolle spielt und eine Polarisierung zwischen Versorgungshandel und Erlebnishandel stattfindet. Nach einem kurzen Überblick über betriebswirtschaftliche

Strategieoptionen schließt die Arbeit mit einer Diskussion der binnenhandelspolitischen Optionen (Arbeitsmarkt-, Raumordnungs- und Verkehrs-, Verbraucher- und Versorgungs- sowie Wettbewerbspolitik). Das Buch ist insgesamt durch die kompetente, aktuelle und gut strukturierte Darstellung als Input für strategische und wirtschaftspolitische Diskussionen sehr gut geeignet. (Volker Trommsdorff)

TIETZ, B., **Der Lebensmittelhandel von morgen, Zeitschrift für Markt-, Meinungs- und Zukunftsforschung, 37 (1994), S. 7583-7599** weist auf einen sich langsam vollziehenden Strukturwandel im Einzelhandel hin, der sich aber erst nach dem Jahr 2000 wirklich bemerkbar machen wird. Wertedynamik und technischer Fortschritt werden als wesentliche qualitative Einflußgrößen angesehen. Nicht allein die allgemeinen gesellschaftlichen Werte wandeln sich, sondern auch die konsumbezogenen Werte. An verschiedenen Beispielen zeigt der Autor die Konsequenzen dieses Wandels für die Nachfrage und dementsprechend die Struktur von Handel und Industrie. Besondere Bedeutung in Zusammenhang mit dem Strukturwandel kommt, neben dem Wertewandel, den sogenannten neuen Medien zu. Auch hier geht Tietz auf die Konsequenzen für den Einzelhandel, speziell den Lebensmitteleinzelhandel ein. (Andrea Bookhagen)

ZANDERIGHI, L.; ZANINOTTO, E., **Property rights distribution in European retailing, The International Review of Retail, Distribution and Consumer Research, 4 (1994), S. 393-409,** vergleichen die Organisationsstruktur von Einzelhandelsgeschäften in vier europäischen Ländern: Deutschland, Frankreich, Großbritannien und Italien. Es zeigt sich, daß die europäische Einzelhandelsbranche sich neben ihrer Organisationsstruktur insbesondere hinsichtlich der Struktur ihrer Verfügungs- bzw. Eigentumsrechte unterscheidet. Die länderspezifischen Unterschiede von Organisationsstrukturen werden dabei als noch bedeutsamer eingeschätzt als die strukturellen Unterschiede in Europa. Um die Unterschiede in den Organisationsstrukturen erklären zu können, definieren die Autoren zunächst, durch welche Komponenten Einzelhandelssysteme beschrieben werden können, um darauf die Theorie der property rights anzuwenden. (Günter Weber)

1.3 Kooperationen und vertikales Marketing

IRRGANG, W., **Auf dem Weg zu mehr Partnerschaft? – Neue Chancen für das Verhältnis Hersteller / Handel, Marktforschung & Management, 38 (1994), S. 3-6.** Vor dem Hintergrund systemimmanenter Zielkonflikte zwischen Hersteller und Handel, die aus beiderseitigem Unabhängigkeits- und Machtbestreben resultieren, beschreibt Irrgang die sich weiter zuspitzende Vertrauenskrise als Folge von zu nachlässiger Kommunikation und nicht handelsadäquaten Herstellerinformationen. Da sich der Handel als Gatekeeper zum Engpaß Verbraucher in einer stärkeren Ausgangsposition befindet, sieht der Autor Handlungsbedarf seitens der Hersteller im Sinne von vertikalem Marketing, um jene Vertrauenskrise abzubauen. Er nennt zwei wichtige Ansatzpunkte im vertikalen Marketing: (1) bewußtere Partnerwahl, um die Vorraussetzungen für eine bessere Zusammenarbeit zu schaffen sowie (2) eine fundierte Motivationsstrategie, das heißt dem Handel sollten Anreize geben werden, um die Kooperation zu verbessern. Als weitere Möglichkeit der Konfliktlösung schlägt Irrgang eine stärkere Arbeitsteilung zwischen Hersteller und Handel, speziell in der Markenpolitik, vor. Tendenzen zu stärkerer Kooperation seien derzeit etwa durch Instrumente wie kooperative Marketingfonds an Stelle von Werbekostenzuschüssen, Coaching anstatt bloßes Controlling etc., zu beobachten. (Margit Binsack)

KLEINALTENKAMP, M.; SCHMÄH, M., **Be- und Verarbeitungsleistungen des Technischen Handels – Ergebnisse einer empirischen Untersuchung, Business to Business Marketing Arbeitspapier Nr. 5, FU Berlin 1995.** Der Untersuchungsbericht soll trotz seiner bislang nur „grauen Publikation" in diesen Literaturreport aufgenommen werden, weil er eine Fülle an empirischen Daten zur offenbar deutlich zunehmenden Übernahme von Be- und Verarbeitungsleistungen durch den Technischen Handel kompakt, übersichtlich und nachvollziehbar zugänglich macht. In diesem industriellen Handelsbereich scheinen die Grenzen zwischen Produktion und Handel zu verfließen, und der Handel kann Wettbewerbsvorteile durch Rückwärtsintegration von Herstellerfunktionen erlangen. (Volker Trommsdorff)

GASSENHEIMER, J.B.; RAMSEY, R., **The Impact of Dependence on Dealer Satisfaction: A Comparison of Reseller-Supplier Relationships, Journal of Retailing, 70 (1994), S. 253-266.** Die Autoren untersuchen Geschäftsbeziehungen zwischen Lieferanten und Wiederverkäufern unter dem Gesichtspunkt des Grades wechselseitiger Abhängigkeit und bestehender Ungleichgewichte in den Einflußmöglichkeiten. Sie bestätigen die Hypothese, daß der vom Lieferant ausgeübte Einfluß um so größer ist, je bedeutsamer dieser Lieferant für den Wiederverkäufer ist. Allerdings führt eine durch viele Serviceleistungen des Lieferanten hervorgerufene hohe Abhängigkeit auch zu einer hohen Zufriedenheit des Wiederverkäufers. Die Hypothese, daß mit zunehmender hoher wechselseitiger Abhängigkeit auch die Toleranz des Wiederverkäufers für den durch den Lieferanten ausgeübten Druck steigt, konnte dagegen nicht bestätigt werden. (Harald Rüggeberg)

KIRKUP, M.; RAFIQ, M., **Tenancy development in new shopping centres: implications for developers and retailers, The International Review of Retail, Distribution and Consumer Research, 4 (1994), S. 345-360.** Der Beitrag beschäftigt sich mit dem Management und Marketing von neuen Einkaufszentren. Der richtige Mix von Einzelhändlern ist eine zentrale Bestimmungsgröße des Image eines Einkaufszentrums und hat damit unmittelbaren Einfluß auf die Kundenakzeptanz. Für den Entwickler/Eigentümer von Einkaufszentren hängt der Erfolg somit wesentlich von der richtigen Mieterstruktur ab. Insbesondere der Bauboom zwischen 1986 und 1991 und die anschließende Rezession ab 1989 haben den Wettbewerb zwischen den Einkaufszentren wesentlich verschärft und zu einem Überangebot an Verkaufsfläche geführt. Für den Entwickler/Eigentümer bedeutet dies, daß lediglich Einkaufszentren mit einem differenzierten Angebot erfolgreich um Mieter konkurrieren können. Mieter sollten mit finanziellen Angeboten wie mietfreien Belegungszeiten, Leasing-optionen etc. angelockt werden. Dabei sollte der Schwerpunkt der Marketinganstrengungen den kleinen, spezialisierten Einzelhändlern gelten und nicht den großen Ketten. Eine darauf aufbauende Mieterstruktur ermöglicht eine Differenzierung gegenüber dem Wettbewerb und sichert eine ausreichende Angebotsvielfalt für den Kunden. (Marcel Paulssen)

MENKE, A., **Ansätze eines evolutionären Management für Kooperationen in Handelssystemen, Stuttgart 1994, zugleich Diss. Universität Stuttgart 1993 (315 Seiten).** Ausgangspunkt der Arbeit sind die starken Veränderungen der Distributionswirtschaft, wobei die großen integrierten Handelssysteme auf dem Vormarsch sind. Der Autor leitet daraus die Frage ab, ob freie, nicht integrierte Handelssysteme dieser Entwicklung entgegenwirken können. Zunächst wird theoretisch die Rolle der Marktinformation als wesentlicher Ansatzpunkt herausgestellt und herangezogen, um Vor- und Nachteilspositionen für unterschiedliche Handelssysteme nachzuweisen. Ein theoretischer Bezugsrahmen für die Marktinformation des Handels fokussiert die intrasystemische und die marktgerichtete Information, wobei die Organisationsstruktur des Systems dominiert. Aus der Feststellung von informationskoordinatorischen Vor- und Nachteilen für unterschiedliche Handelssysteme ergibt sich die Frage nach einem systemspezifischen Handelsmanagement, das die Vorteile nutzt und die Nachteile mindert. Als theoretische Basis zur Beantwortung dieser Frage verwirft der Autor die volkswirtschaftliche Totalanalyse, die Informationsökonomik und den Transaktionskostenansatz, er favorisiert die Evolutionstheorie. Diese wird ausführlich dargestellt und als Managementansatz für Handelssysteme als geeignet befunden. Aus einer institutionellen Perspektive auf dieser theoretischen Basis werden Fragen des Zustandekommens, der Funktionsübertragung, der Trägerschaft und der institutionellen Vernetzung diskutiert. An die Funktionsmechanismen der Evolutionstheorie (Variation, Selektion und Retention) knüpfen sich Aspekte der Anpassung des Systems an die Umwelt an. Der Autor meint, hiermit zu belegen, daß nichtintegrierte Handelssysteme durch Informationskoordination einen Wettbewerbsvorteil gegenüber den großen integrierten Systemen erlangen können. Abgesehen davon, daß diese Aussage eher trivial ist, liefert die Arbeit keinerlei empirisches Fundament und daher auch kaum konkrete Anhaltspunkte für ein erfolgversprechendes Handelsmanagement freier Handelsunternehmen. Fraglos ist der evolutionäre Managementansatz heuristisch interessant, auch für die künftige Entwicklung von Handelssystemen, aber die theoretische Ausschließlichkeit, deren sich Menke befleißigt, degradiert die Arbeit zu einer intellektuellen Spielwiese. Das Literaturverzeichnis ist eine Fundgrube. (Volker Trommsdorff)

1.4 Informationsmanagement

DAWSON, J.A., **Applications of information management in European retailing, The International Review of Retail, Distribution and Consumer Research, 4 (1994), S. 219-238** dokumentiert die Ergebnisse einer fünfjährigen Studie über die Verwendung und Implementierung der Informations-Technologie (IT) im Einzelhandel. Basis sind persönliche Experteninterviews von Managern aus mehr als einhundert europäischen Unternehmen. Insgesamt identifiziert der Autor eine sehr langsame technologische Diffusion. Innerhalb der befragten Unternehmen wurden Informationstechnologien viel mehr im taktischen als im strategischen Management angewandt, eher in isolierten statt integrierten Bereichen. Die Investitionsbereitschaft in Informationstechnologien war gering, nur wenige Manager waren der Meinung, Vorteile durch den Einsatz von IT zu erzielen. Wesentliche technologiebedingte Ursachen der zögerlichen Entwicklung im Informationsmanagement aus Sicht des Autors sind: Fehlende Standards bzw. langsame Diffusion der Standards im Bereich der Kerntechnologien, hohe Fehlinvestitionsrisiken, mangelnde Fähigkeit in der Anwendung und Implementierung der Technologie. Handelsimmanente Gründe sind: Konservative Kräfte im Einzelhandel, deren vorwiegend operative statt strategische Ausrichtung, die räumliche Disaggregation der Handelshäuser sowie die im Vergleich zur Industrie geringe Größe und Komplexität einzelner Geschäfte. Weitere Ursache ist die sektorale Umstrukturierung, denn insbesondere durch Fusionen und Übernahmen werden Ansätze, Informationstechnologie-Strategien zu implementieren, wieder zerstört. Der Autor verweist schließlich auf potentielle Veränderungen für den Handel durch IT, er zeigt Kosten- und Erlöseffekte sowie mögliche Auswirkungen auf interne und externe Beziehungen der Handelsunternehmen. (Margit Binsack)

DECKER, R., WARTENBERG, F., **Neue Wege der Wettbewerbsanalyse im Einzelhandel, Markenartikel, 56 (1994), S. 46-51.** Die problemorientierte Auswertung von Scannerdaten ermöglicht Handel und Hersteller die Formulierung und Absicherung erfolgversprechender Marketing-Mix-Konzepte. Der Beitrag skizziert ein innovatives Vorgehen unter Verwendung neuronaler Netze und veranschaulicht die sich daraus ergebenden Nutzenpotentiale anhand von Abverkaufsdaten aus dem Produktbereich Haarwaschmittel. Das Konzept der neuronalen Netze stellt eine interessante Alternative zu den bisher für die Durchführung von Absatz- und Konkurrenzanalysen vorgeschlagenen Instrumentarien dar. Die Methodik ermöglicht es, Fragestellungen der markenbezogenen Kaufverhaltensforschung sowohl auf markt- als auch auf laden-, sogar auf konsumentenspezifischer Ebene zu behandeln. Damit ist eine nutzbringende Verwertung der häufig zu Unrecht auf dem „Datenfriedhof" landenden Scannerdaten verbunden. Einen aus Anwendersicht wichtigen Vorteil stellt in diesem Zusammenhang die Tatsache dar, daß das für die konkrete Durchführung der Untersuchungen benötigte neuronale Netz-Instrumentarium bereits in Form kommerzieller Software-Produkte einem weiten Kreis von Anwendern zur Verfügung steht. (Günter Weber)

HOGARTH-SCOTT, S.; PARKINSON, S., **Barriers and stimuli to the use of information technology in retailing, The International Review of Retail, Distribution and Consumer Research, 4 (1994), S. 257-275.** Der Beitrag untersucht Barrieren und Einflußgrößen der Adoption von Innovationen aus dem Bereich der Informationstechnologie in Handelsunternehmen. Ziel der Autoren ist es zu zeigen, wie Manager Probleme, die sich durch Veränderungen der Unternehmensumwelt ergeben, antizipieren und Strategien zu ihrer Bewältigung entwickeln. Entgegen bestehenden Untersuchungen zu diesem Thema, die sich auf eine Auskunftsperson pro Unternehmen beschränken, wurden in dieser Untersuchung 106 Manager eines großen Handelsunternehmens befragt. In einem Fragebogen wurden Einstellungen zu Problemstellungen erhoben, die sich aus der Adoption und der Benutzung moderner Informationstechnologie ergeben. Einflußfaktoren auf die Akzeptanz neuer Informationstechnologien durch Entscheidungsträger wurden identifiziert. Daraus wurden 6 Handlungsempfehlungen zur Erhöhung der Akzeptanz von neuen Informationstechnologien abgeleitet. (Marcel Paulssen)

SCHNEDLITZ, P.; KLEINBERG, M., **Einsatzmöglichkeiten der Verbundanalyse im Lebensmittelhandel, der markt, 33 (1994), 128, S. 31-39.** Der Beitrag untersucht die Verbundproblematik als Beispiel für Wechselwirkungen im Marketing-Mix. Innovationen im technologischen Bereich wie Scanner und geschlossene Warenwirtschaftssysteme eröffnen diesem Forschungsfeld neue Möglichkeiten. Anders als traditionelle Studien zu diesem Thema, die hypothetische Zahlenbeispiele oder Simulationsmodelle verwenden, liegt dieser Untersuchung ein realer Datensatz von 15000 Warenkörben zugrunde. In einem ersten Schritt entwickeln die Autoren einen Verbundkoeffizienten, der eine angemessenere Operationalisierung der Verbundintensität darstellt als herkömmliche Koeffizienten. Daraufhin werden bestehende Verbundbeziehungen, deren Änderung im Zeitablauf und die

Wirkung absatzpolitischer Instrumente auf das Verbundverhalten untersucht. Als Ergebnis läßt sich festhalten, daß die bestehenden Verbundstrukturen nur einer beschränkten Dynamik unterliegen. Gleichzeitig wird ein wesentliches Defizit von Verbundanalysen deutlich. Die Beschreibung der Koinzidenz von Kaufakten liefert noch keine Erklärung für das Gleichzeitigkeitsphänomen. Kausalinterpretationen von Austrahlungseffekten zu anderen Warengruppen sind nach dem Meßkriterium „Koinzidenz" nicht statthaft, da hinter dem Konstrukt „Kaufverbund" die intervenierenden Variablen „Kauffrequenz" und „Kaufreichweite" stehen. Artikel, die häufig gekauft werden, erhalten somit automatisch einen höheren Verbundwert. (Marcel Paulssen)

1.5 Standort und Internationalisierung

DREZNER, T., **Optimal Continous Location of a Retail Facility, Facility Attractiveness, and Market Share: An Interactive Model, Journal of Retailing, 70 (1994), S. 49-64** stellt ein Modell zur Bestimmung des optimalen Standortes von neu zu errichtenden Einzelhandelsgeschäften vor. Die vorliegende Literatur geht davon aus, daß Entscheider in der Lage sind, eine Menge potentieller Standorte anhand einzelner Kriterien zu bewerten, wobei der Standort, der den höchsten Marktanteil erwarten läßt, ausgewählt wird. Trotzdem kann der beste Standort in der von den Entscheidern zur Verfügung stehenden Menge potentieller Standorte nicht enthalten sein. Deshalb ist für das Erkennen des besten Standortes eine Analyse mit Hilfe einer Marktanteilsfunktion notwendig, wobei zusätzlich Sensitivitätsanalysen durchgeführt wurden. Die Sensitivitätsanalysen zeigen, daß der Marktanteil von bestehenden oder neu zu erstellenden Einzelhandelsgeschäften sowohl von dessen Standort als auch von dessen Attraktivität abhängt. (Günter Weber)

PELLEGRINI, L., **Alternatives for growth and internationalization in retailing, The International Review of Retail, Distribution and Consumer Research, 4 (1994), S. 121-148.** Der Artikel beschreibt handelstypische alternative Wachstumsstrategien, greift darunter vornehmlich die an Bedeutung gewinnende Internationalisierungsstrategie heraus. Pellegrini beleuchtet diese Ausdehnung ausführlich unter dem Aspekt der Konzentration auf Kerngeschäfte versus produktbezogener bzw. geographischer Diversifikation. Die Autorin thematisiert Kosten- und Erlöseffekte, die im Zuge der Diversifikation durch Abkehr vom Kerngeschäft entstehen. Sie zeigt ferner zentrale Probleme der Handelshäuser bezüglich Produktinnovationen, insbesondere der ungeschützten und leicht zu imitierenden Verkaufskonzepte, was Optionen wie Lizensierung oder Kooperationen erschwert. Pellegrini diskutiert schließlich die Rolle handelseigener Produkte, die sie einerseits als erfolgsbestimmender, andererseits als bremsender Faktor im internationalen Geschäft beschreibt. Anhand des Verhaltens ausgewählter europäischer Großunternehmen überprüft sie schließlich ihre Aussagen, identifiziert aktuelle Trends verschiedener Betriebstypen und weist auf verbleibende Lücken der Handelsforschung hinsichtlich der aktuellen Internationalisierungsambitionen des Handels hin. (Margit Binsack)

RUDOLPH, T., **Zentralisierung oder Dezentralisierung für den Einzelhandel in Europa?, Thexis, 11 (1994), 4, S. 45-55** sucht Antworten auf die Frage nach dem optimalen Zentralisierungsgrad, die sich im Zuge der Europäisierungsbestrebungen für Handelsunternehmen stellt. Angesichts der Komplexität dieser Frage lehnt der Autor eine Ableitung pauschaler Normstrategien bewußt ab. Er stellt vielmehr das Geflecht von Bestimmungsfaktoren für eine zentrale oder dezentrale Marktbearbeitung heraus: Rudolph beschreibt zunächst Ausgangsbedingungen als treibende Kräfte der Zentralisierungsfrage, untersucht vertiefend mögliche Zentralisierungsreserven im System-, Beschaffungs- und Absatzbereich, vor allem Zentralisierungpotentiale einzelner Profilierungsinstrumente und Betriebsformen. Schließlich geht er auf situative Komponenten der Organisationsgestaltung ein. Während der Autor für die Betriebsformen Fach- und Verbrauchermärkte sowie für Aufgaben des Systembereiches und der Beschaffung große Zentralisierungsreserven identifiziert, postuliert er für die Absatzinstrumente Preis, Personal und Standort – je nach der Wettbewerbssituation – lokale und flexible Anpassung. (Margit Binsack)

2 OPERATIVES HANDELSMANAGEMENT

HEDDERICH, R., **Die Grundlagen operativen und strategischen Verhaltens im Handelsbetrieb, Zeitschrift für Betriebswirtschaft, 64 (1994), S. 407-424.** Der Aufsatz schildert Marktseitenverhältnisse und Marktformen (u.a. Monopol-, Oligopol- und Polypolarten) für Absatz- und Beschaffungsmärkte von Handelsbetrieben. Beschrieben werden die denkbaren Verhaltensweisen von Handelsunternehmen unter verschiedenen Marktkonstellationen. Hedderich geht davon aus, daß eine detaillierte Absatz- und Beschaffungsplanung aufgrund von Marktdynamik unmöglich ist, so daß der Händler eine Vielzahl von Innovationen bzw. Imitationen ausprobieren muß (Marktexperiment), um diejenigen herauszufinden, die Wettbewerbsvorteile erzielen. Zur Absicherung der Entscheidungen stehen ihm Wirtschaftlichkeitsanalysen mit Hilfe kritischer Werte zur Verfügung. (Harald Rüggeberg)

2.1 Sortimentspolitik

DR'EZE, X.; HOCH, S.J.; PURK, M.E., **Shelf Management and Space Elasticity, Journal of Retailing, 70 (1994), S. 301-326** untersuchen in 60 Geschäften einer Supermarktkette in den USA zwei unterschiedliche Möglichkeiten, Regalflächen effizienter zu nutzen: 1) Änderungen der für die einzelnen Produktkategorien zur Verfügung stehenden Regalfläche in Abhängigkeit von ihren filialspezifischen Umschlagsgeschwindigkeiten und Verkaufszahlen. 2) Änderungen von Produkt- bzw. Produktkategorieplazierungen mit dem Ziel, a) Verbundkäufe anzuregen (z.B. durch Plazierung der komplementären Produktkategorien Zahnpasta und Zahncreme in unmittelbarer Nähe) oder b) den Auswahlprozeß für den Kunden zu vereinfachen (z.B. durch Plazierung von Dosensuppen nach alphabetischer Reihenfolge der Geschmacksrichtungen) bzw. zu erschweren (z.B. durch Plazierung von Toilettenpapier nach Packungsgrößen statt nach Herstellern, um Preisvergleiche zwischen unterschiedlichen Packungsgrößen eines Herstellers schwieriger zu machen). Die als „Space-to-Movement" bezeichnete erste Methode erbrachte einen durchschnittlichen Umsatz- und Gewinnanstieg von 4 %, die als „Produkt Reorganization" bezeichnete zweite einen Umsatz- und Gewinnanstieg von 5-6 %. In einem zweiten Schritt wurden der Einfluß 1) der Plazierung eine Produktes im Regal und 2) der für ein Produkt zur Verfügung stehenden Regalfläche auf die Verkaufszahlen eines Produktes untersucht. Während die (1) vertikale Plazierung im Regal die Verkaufszahlen generell stark beeinflußt (eine Plazierung in Augenhöhe ist einer Plazierung unter- bzw. oberhalb Augenhöhe vorzuziehen), ist der Einfluß der horizontalen Plazierung (Plazierung eines Produktes in der Mitte oder an den Seiten eines Regalganges) abhängig von der Produktkategorie.

Hingegen hat (2) zusätzlich für ein Produkt zur Verfügung stehende Regalfläche nach Überschreiten eines produktkategoriespezifischen Schwellenwertes keine nennenswerten Auswirkungen auf die Verkaufszahlen. Abschließend räumen die Autoren ein, daß in der Handelspraxis personelle Restriktionen, die die Optimierung sämtlicher Produktkategorien unmöglich machen, nicht sofort berücksichtigte Neuprodukteinführungen und Nachfrageveränderungen und vergleichsweise geringere Verkaufsflächen die befundene Erhöhung der Verkaufszahlen verringern können. (Claudia Zellerhoff)

GORDON, W., **Retailer Brands – the value equation for success in the 90s, Journal of the Market Research Society, 36 (1994) S. 165-181** beschreibt Einflußfaktoren im Beziehungsgeflecht zwischen Handels- und Herstellermarken aus konsumentenverhaltensorientierter Sicht. Der Autorin zufolge stehe der Handel durch stärkere Kundenorientierung, Service, agressivere Werbung und nicht zuletzt durch Innovationen beinahe auf der gleichen Stufe wie Markenartikelhersteller. Selbst im Qualitätssegment habe sich eine Koexistenz von Handels- und Herstellerware etabliert. Auf Basis einer fünfjährigen britischen Studie wurden sehr detaillierte Einflußfaktoren auf Einstellungen, Motive und Bedürfnisse der Konsumenten innerhalb der Konkurrenzbeziehung von Handels- und Herstellermarken exploriert. Schlüsselfaktoren für die Kaufentscheidung sei das Preis-Nutzenverhältnis, das je nach Produktkategorie variiere, der Preis, die Produktverpackung und das Design sowie die Art der Verwendung. Hersteller- und Handelsmarken derselben Produktkategorie erfüllen laut Gordon unterschiedliche Bedürfnisse, wobei Bedürfnisse, Motive, Einstellungen und Werte des Verbrauchers (und nicht des Käufers) ausschlaggebend für die Kaufentscheidung sei. (Margit Binsack)

Möhlenbruch, D., **Sortimentspolitik im Einzelhandel – Planung und Steuerung, Wiesbaden 1994 (388 Seiten)** ist die Buchveröffentlichung einer Habilitationsschrift, mit der dieses (neben der Preispolitik) dominierende und wissenschaftlich bisher erstaunlich vernachlässigte Marketinginstrument des Handels umfassend aufgearbeitet wird. Nach einer gründlichen Darstellung und Belegung dieser Situation werden die zahlreichen quantitativen und qualitativen Einflußfaktoren auf die Sortimentspolitik erörtert, einschließlich der ökologischen und beschaffungspolitischen Aspekte. Dabei wird bereits deutlich, daß eine strenge Trennung zwischen strategischen und operativen Aspekten der Sortimentspolitik im Handel nicht sinnvoll ist und daß der Glaube an quantitative längerfristige Marktprognosen für die Sortimentspolitik illusionär ist, denn die üblichen Prognoseverfahren genügen nicht der Komplexität und Dynamik im Handel. Dennoch ist der Verfasser von der Notwendigkeit einer systematischen – strategischen und operativen – Sortimentsplanung überzeugt und wendet sich der schwierigen wissenschaftlichen Fundierung dieser Aufgabe zu. Die bisherigen Ansätze dazu im Rahmen einer handelsspezifischen strategischen Planung gehen entweder von dafür untauglichen Konzepten aus (so das Betriebstypenkonzept) oder vernachlässigen im Zusammenhang der Handelsstrategie die Beschaffungsseite. Ausführlich befaßt sich Möhlenbruch mit der Vielzahl von Portfoliokonzepten für die strategische Sortimentsplanung im Handel. Deren Stellenwert („Trivialitäten auf hohem Abstraktionsgrad") wird auf den einer Beratungsheuristik reduziert, die keinen wissenschaftlichen Anspruch erheben kann. Der Autor konzentriert sich daher auf neue Möglichkeiten der Strategieentwicklung unter dem Primat von Sortimenten, und dabei auf existenzentscheidende Entscheidungen über Sortimentsinnovation und -kontraktion, auf die Integration der Beschaffungsseite in die Planung sowie auf die Verflechtungen der Sortimentsstrategien mit anderen Strategiebereichen. Möhlenbruchs zentrales Modell zur Entwicklung von Sortimentsstrategien geht von den Einflußfaktoren der Sortimentsgestaltung und einer Situationsanalyse aus. Daraus werden Sortimentsprinzipien, Sortimentsziele und Marketingziele abgeleitet. Die entsprechenden Ausgangssortimente und Marktbearbeitungsstrategien führen in dem Modell zu Alternativen der Entwicklung von Sortimentsstrategien und deren Einfluß auf andere Strategiebereiche. Das Modell ist bewußt reduziert auf die dominanten, erfolgskritischen Merkmale des Systems. Es ist die Grundlage für ein System zur Grobauswahl und Feinbeurteilung der Sortimentsalternativen. Die folgende ausführliche Auseinandersetzung mit operativen Sortimentsentscheidungen führt zu deren Integration mit der strategischen Seite in Form eines Entscheidungsmodells für die systematische Artikelauswahl. Die Möglichkeiten zur Verbesserung dieser Hauptaufgabe der Sortimentspolitik durch geschlossene Warenwirtschaftssysteme werden ebenso berücksichtigt wie die klassischen Kennzahlensysteme und die modernen Formen der kostenbasierten Produktrentabilitätsrechnung (DPP/DPR), wobei die Grenzen dieser Quantifizierungen deutlich gemacht werden. Sonderfragen wie das Verhältnis Markenartikel / Handels- und Gattungsmarken werden beachtet, und schließlich wird ausführlich auf das noch defizitäre Instrumentarium der Verbund(kauf)analyse eingegangen. Abschließend werden Anregungen zur Erforschung offener Fragen gegeben. Das Buch ist insgesamt als aktuelles Standardwerk der praxisorientierten und wissenschaftlich fundierten Sortimentspolitik zu werten. (Volker Trommsdorff)

SCHNEIDER, D., **Steuerung modischer Sortimente im filialisierten Einzelhandel, Zeitschrift für Betriebswirtschaft, 64 (1994), S. 1351-1371** zeigt auf, wie Unternehmen im filialisierten Einzelhandel durch eine optimale Gestaltung des Sortimentssteuerungsprozesses modische Sortimente besser beherrschen können. Je höher 1) die Unsicherheit des Marktumfeldes (zunehmende Marktdynamik, geringe Rationalität des Kundenverhaltens), 2) die Komplexität des Sortiments und 3) die Heterogenität der Filialstruktur, desto eher sind Probleme bei der Sortimentssteuerung zu erwarten. Der Prozeß der Sortimentssteuerung wird in folgende fünf Schritte zerlegt: 1) Festlegung der Sortimentsstrategie, 2) Einkaufsplanung, 3) Filialallokation, 4) Absatzsteuerung, d.h. Nachbestellung erfolgreicher und bestmögliche Vermarktung erfolgloser Sortimente, und 5) Bestandsverwertung, d.h. spezielle Vermarktung der Restbestände. Im folgenden werden die in jeder Phase häufig zu beobachtenden konkreten Auslöser für Probleme bei der Sortimentssteuerung dargestellt. Darauf aufbauend wird, orientiert an der 5-Phasen-Unterteilung, ein idealtypischer Steuerungsprozeß für modische Sortimente im filialisierten Einzelhandel vorgestellt. Dieser ist gekennzeichnet durch Vorgabe strategischer und quantifizierter Sortimentsziele, Anpassung der Einkaufsorganisation an die Sortimentsstruktur, Unterstützung durch ein detailliertes Warenwirtschaftssystem sowie Ausgewogenheit zwischen filialorientierter und standardisierter Sortimentspolitik. Die detaillierten, checklistenartig dargestellten Empfehlungen innerhalb jeder Stufe des Sortimentssteuerungsprozesses, die an einem Fallbeispiel aus dem Textileinzelhandel veranschaulicht werden, scheinen dem Händler tatsächlich Entscheidungsunterstützung bei der Sortimentssteuerung geben zu können. Dies um so mehr, als die Ergebnisse nach Meinung des Autors teilweise auch auf filialisierte Einzelhandelsunternehmen übertragbar sind, die *keine* modischen Sortimente anbieten. (Claudia Zellerhoff)

2.2 Kommunikation

THEIS, H.-J., **Werbestrategien internationaler Handelsunternehmen, Jahrbuch der Absatz- und Verbrauchsforschung, 40 (1994), S. 391-414 bzw. Marktforschung & Management, 38 (1994), S. 88-95** diskutiert die Frage, inwieweit ein internationaler Werbeauftritt im Interesse einer globalen Corporate Identity und eines realisierbaren Kostensenkungspotientials standardisierungsfähig ist. Theis vertritt keine der Extremstrategien „Differenzierung" und „Standardisierung", sondern diskutiert Möglichkeiten, vor allem aber Grenzen der Standardisierung einzelner Werbeelemente: Werbeziele, -subjekte, -objekte, -botschaft, -mittel und -träger. Er leitet angesichts unterschiedlicher länderspezifischer Bedingungen, die er mit Beispielen konkretisiert, drei alternative Werbestrategien ab (PMS-Modell): (1) polyzentrische Werbestrategie, die ausschließlich landesspezifische Werbeprogramme verwendet, (2) multinationale Werbestrategie, die von einem standardisierten Basiskonzept ausgeht, das nationalspezifisch angepaßt werden muß, (3) partielle Globalisierungsstrategie, als Kombination aus globaler Dachkampagne und nationaler Differenzierungskonzepte. Dem Postulat des „global advertising" im internationalen Handel gesteht Theis keine allgemeine Berechtigung zu, Differenzierungen seien vor allem in der Werbung notwendig. Werbevereinheitlichung impliziere zunächst allgemeine Gültigkeit der Werbeziele für die bearbeitenden Märkte, die sich jedoch an landesspezifischen Faktoren orientieren, wie Bekanntheitsgrad, Lebenszyklus des Betriebes oder der jeweiligen Wettbewerbssituation. Zudem setze standardisierte Marktsegmentbearbeitung einheitliche Betriebstypenpräferenzen voraus, wovon nicht ausgegangen werden kann. Theis propagiert ein situationsbedingtes, abgestuftes Vorgehen, wobei er letztlich die kulturelle Sensibilität als maßgeblichen Erfolgsfaktor bezeichnet. (Margit Binsack)

2.3 Preis- und Konditionenpolitik

DICKSON, P.R.; URBANY, J.E., **Retailer Reactions to Competitive Price Changes, Journal of Retailing, 70 (1994), S. 1-21.** Obwohl die Bedeutung der Vorhersage von Wettbewerberreaktionen auf Preisveränderungen durch die Wettbewerbstheorie längst erkannt ist, sind die Fortschritte in der empirischen Forschung nur rudimentär ausgeprägt. Dickson und Urbany untersuchen deshalb, ob die geknickte, asymmetrische Nachfragekurve für Preisreaktionen im Einzelhandel herangezogen werden kann, wonach Einzelhändler auf Preissenkungen der Konkurrenz ebenfalls mit Preissenkungen reagieren, jedoch Preissteigerungen nicht bzw. nur sehr zögerlich nachvollziehen. Die Ergebnisse der Studie untermauern diesen Zusammenhang über Preisreaktionen, wobei Preisreaktionen eines Wettbewerbers vom Produkt, von der Preisreagibilität der Konsumenten und vom Verhalten der übrigen Wettbewerber abhängen. Danach werden Preissenkungen von der Konkurrenz häufig sofort beantwortet, während Preissteigerungen nur dann nachvollzogen werden, wenn andere Wettbewerber dem Initiator folgen. (Günter Weber)

GREWAL, D.; BAKER, J., **Do retail store environmental factors affect consumers' price acceptability? An empirical examination, International Journal of Research in Marketing, 11 (1994), S. 107-114.** Der Beitrag untersucht den Einfluß von Umweltfaktoren auf die Preisakzeptanz von Konsumenten in Einzelhandelsgeschäften. In einer empirischen Untersuchung wird der Einfluß von drei Umweltfaktoren untersucht. Der soziale Umweltfaktor wurde durch das Auftreten und die Zahl der Mitarbeiter im Geschäft operationalisiert. Der Umgebungsfaktor enthält potentiell unterschwellig wirkende Größen wie Heizung, Beleuchtung und Musik. Der dritte untersuchte Faktor war die Geschäftsausstattung. Die unterstellten Einflußbeziehungen der drei Umweltfaktoren wurden in einer dreifaktoriellen Varianzanalyse überprüft, wobei jeder Faktor zwei Ausprägungen hat. In einem Laborexperiment, wurde dazu die Preisakzeptanz eines Bilderrahmens von 297 Probanden beurteilt. Nur der Einfluß des sozialen Faktors war signifikant. Bei den Faktoren Geschäftsausstattung und Umgebung war lediglich die Interaktionsbeziehung zwischen beiden signifikant. Weiterhin wurde nachgewiesen, daß die Preisakzeptanz maßgeblich die Kaufabsicht beeinflußt. (Marcel Paulssen)

KAUFMANN, P.J.; SMITH, N.C.; ORTMEYER, G.K., **Deception in Retailer High-Low Pricing: A „Rule of Reason" Approach, Journal of Retailing, 70 (1994), S. 115-138.** Die Praxis, Preise kurzfristig zu überhöhen und Sonderangebote in der Handelswerbung daran zu relativieren, („High-low-pricing"), ist in der wettbewerbsintensiven Handelslandschaft weit verbreitet. Da der Preis bei Konsumenten Rückschlüsse auf den Wert eines Produkts auslöst, kann High-low-pricing verbrauchertäuschend wirken. Die Autoren untersuchen die Intentionen der Händler, mögliche Verhaltensreaktionen der Konsumenten und rechtliche Aspekte. Ein Fallbeispiel illustriert die Ausführungen. Da dem Artikel US-amerikanische Daten zugrundeliegen, sind die Ergebnisse vor allem für die rechtlichen Gesichtspunkte nur bedingt verallgemeinerbar. (Ulrich Koppelt)

WEBER, I., **Der Konsumentenkredit als absatzpolitisches Instrument des Einzelhandels, Frankfurt/M. u.a. 1994 (180 Seiten).** Die Dissertation untersucht den als „Preisstundungskredit" verstandenen Konsumentenkredit als absatzpolitisches Instrument innerhalb der Entgeltpolitik des Einzelhandels. Es werden finanzielle, gesellschaftliche und konsumbedingte Einflußfaktoren auf die Nachfrage nach Konsumentenkredit identifiziert. Das zweite Kapitel beschreibt Arten der Konsumentenkreditierung, wobei der unorganisierte (z.B. Anschreibekredit) und der organisierte Konsumentenkredit (in Teil- bzw. Gesamtbeträgen) unterschieden werden. Dieser Teil endet mit der Darstellung der wirtschaftlichen Entwicklung der Kreditverkäufe im Einzelhandel. Kapitel 3 beurteilt die Konsumentenkreditierung unter Rentabilitätsaspekten und ermittelt Aufwand und Ertrag der Kreditgewährung. In Kapitel 4 wird ausführlich auf Liquiditäts- und Sicherheitsgesichtspunkte (z.B. Maßnahmen zur Kreditwürdigkeitsprüfung und Risikostreuung) eingegangen. Der letzte Teil der Arbeit stellt die Kreditgewährung als systematischen Entscheidungsprozeß dar, der zielorientiert geplant, durchgeführt und kontrolliert werden sollte. Die Erfolgskontrolle sollte sowohl ökonomische als auch außerökonomische Erfolgsgrößen der Kreditgewährung erfassen. (Harald Rüggeberg)

3 VERHALTENSWISSENSCHAFTLICHE HANDELSFORSCHUNG

ARENI, C.S.; KIM, D., **The influence of in-store lighting on consumers' examination of merchandise in a wine store, International Journal of Research in Marketing, 11 (1994), S. 117-124** untersuchen, wie sich die Beleuchtung in einem Weingeschäft auf unterschiedliche Aspekte des Käuferverhaltens auswirkt. Im Rahmen eines zweimonatigen Feldexperiments in einem Weinladen in einer Großstadt in den USA wurden mittels direkter Beobachtung Daten erhoben und folgende, theoretisch begründete, Hypothesen getestet: 1) die Ware wird bei heller Beleuchtung eingehender untersucht und öfters in die

Hand genommen als bei geringer Beleuchtung (bestätigt), 2) dieser verstärkende Einfluß ist abhängig von der Regalposition (bestätigt) – Flaschen, die sich in Regalen unter oder über Augenhöhe befinden, werden eingehender untersucht und öfters in die Hand genommen als Flaschen in Regalen in Augenhöhe (verworfen), 3) die Verweildauer wird durch gedämpfte Beleuchtung erhöht (verworfen) und 4) Paare verbringen bei gedämpfter Beleuchtung mehr Zeit im Geschäft und verkosten öfters Wein (verworfen). Somit ist der Aussagegehalt der Untersuchung eher gering: Zum einen handelt es sich bei dem Weingeschäft um einen an ein Restaurant angeschlossenen, wenig frequentierten Weinkeller, womit nicht unbedingt übertragbare Einkaufsbedingungen vorliegen. Zum anderen beeinflußt die Beleuchtung zwar die Intensität der Beschäftigung mit der Ware, allerdings konnte kein Einfluß der Beleuchtung auf die Umsatzzahlen nachgewiesen werden. Die Autoren fordern abschließend, daß bei der Geschäftsbeleuchtung ein Mittelweg gefunden werden muß zwischen funktionaler Geschäftsausleuchtung (d.h. hell genug, um Informationen zu erkennen) und der Erzeugung einer angenehmen Ladenatmosphäre durch gedämpfte Beleuchtung. Aber auch hier können keine weitergehenden Empfehlungen gegeben werden, da nicht erhoben wurde, wie die Ladenatmosphäre von den Kunden in Abhängigkeit von der Beleuchtung wahrgenommen wird. (Claudia Zellerhoff)

BURNETT, J.J.; MCCOLLOUGH, M., **Assessing the characteristics of the non-store shopper, The International Review of Retail, Distribution and Consumer Research, 4 (1994), S. 443-463.** Non-store shopping (TV-, Katalogeinkäufe etc.) ist ein stark wachsendes Phänomen. Aufgrund ihrer relativen Neuheit ist jedoch bisher nur sehr wenig über die Charakteristika der Non-store-shopper bekannt. Zu erforschen ist noch, wie non-store- von store-shoppern unterschieden werden können. Darüber hinaus wurden die Unterschiede zwischen einzelnen non-store-shopper-Typen noch nicht ausreichend herausgearbeitet. Deshalb wurden im Rahmen einer Studie 1983 Konsumenten befragt, die sich dazu äußern sollten, in welchem Umfang sie non-store-Alternativen für ihre Einkäufe heranziehen. Die Ergebnisse der Studie zeigen, daß non-store shopper in vier Cluster unterteilt werden können, wobei z. B. die ,,fanatischen" non-store shopper 12 % der Stichprobe ausmachen. Zur Unterteilung der einzelnen Cluster wurden demografische und psychografische Variablen herangezogen. So zeigt eine im Anschluß durchgeführte Diskriminanzanalyse, daß die ,,fanatischen" non-store shopper durch ihr Selbstkonzept, ihre Impulskaufneigung das Geschlecht beschrieben werden können. (Günter Weber)

BURTON, S.; LICHTENSTEIN, D.R.; BISWAS, A.; FRACCASTORO, K., **The Role of Attributions in Consumer Perceptions of Retail Advertisements Promoting Price Discounts, Marketing Letters, 5 (1994), S. 131-140** untersuchen, inwieweit 1) das Preisimage eines Händlers (hoch vs. niedrigpreisig) und 2) die Auslobung der Preissenkung (exakte Prozentangabe vs. Angabe von Bandbreiten) die Art der Ursachenzuschreibung der Konsumenten (Attribution) für diese Preissenkung beeinflussen und, im zweiten Schritt, ob diese Attributionen Einfluß haben auf die Wahrnehmung des Warenwertes, die Einstellung gegenüber der Werbung und die Kaufabsicht. Grundsätzlich kann die Preissenkung dem Händler, dem beworbenen Produkt oder der Situation zugeschrieben werden. Theoretisch belegt ist, daß sich Händlerattributionen (Händler will wettbewerbsfähig bleiben etc.) positiv, Produktattributionen (minderwertige Qualität etc.) hingegen negativ auf die genannten Kaufverhaltensvariablen auswirken. Die Daten wurden am Beispiel von Farbfernsehern bei 368 Studenten erhoben. Im Ergebnis hat das Preisimage des Händlers einen hochsignifikanten Einfluß auf die Händlerattribution (bei Händlern mit Niedrigpreisimage kommt es öfters zu einer – positiven – Händlerattribution) sowie einen gering signifikanten Einfluß auf die Produktattribution (bei Händlern mit Niedrigpreisimage kommt es geringfügig öfters zu einer Produktattribution). Die Auslobung der Preissenkung hat einen gering signifikanten Einfluß auf die Händlerattribution, hingegen keinen signifikanten Einfluß auf die Produktattribution. Weiterhin haben die Händlerattribution positive, die Produktattribution negative Auswirkungen auf die drei Kaufverhaltensvariablen. Durch Hinzuziehen der Attributionen als weitere unabhängige Variable wird (neben dem Preisimage des Händlers und der Auslobung der Preissenkung) ein beträchtlich höherer Anteil der Varianz in der Wahrnehmung des Warenwertes, der Einstellung gegenüber der Werbung sowie der Kaufabsicht der Konsumenten erklärt. Als Empfehlung folgt daraus, daß Händler bei der Werbegestaltung für Preissenkungen darauf abzielen sollen, die Entstehung negativer Produktattributionen zu vermeiden und positiver Händlerattributionen zu fördern. Wie dies praktisch umgesetzt werden soll, bleibt allerdings offen. (Claudia Zellerhoff)

DARDEN, W.R.; BABIN, B.J., **Exploring the Concept of Affective Quality: Expanding the Concept of Retail Personality, Journal of Business Research, 29 (1994), S. 101-109.** Bereits 1958 hat Martineau das Konzept der „retail personality" formuliert. Er erläuterte, wie die funktionalen und psychologischen Charakteristika eines Geschäfts dazu beitragen, den Einkauf zu einem Abenteuer werden zu lassen. Die Annahme, daß spezifische funktionale Charakteristika der Umgebung im Handel in Zusammenhang stehen mit spezifischen gefühlsmäßigen Reaktionen der Konsumenten, ist inzwischen anerkannt. Während sich aber frühere Studien zum Geschäftsimage im wesentlichen auf kognitive und funktionale Aussagen stützen, legen die Autoren in ihrer Studie mehr Wert auf die affektive Komponente – die gefühlsmäßige Qualität eines Geschäfts. Ihrer Studie liegen drei Hypothesen zugrunde: (1) Verschiedene Umgebungen im Handel werden mit unterschiedlicher gefühlsmäßiger Qualität assoziiert. (2) Nachdem alle funktionalen Attribute kontrolliert wurden, steht die vom Konsumenten wahrgenommene gefühlsmäßige Qualität eines Geschäfts in signifikantem Zusammenhang zum Gesamtimage vom Geschäft. (3) Die vom Konsumenten wahrgenommenen funktionalen Charakteristika eines Geschäfts (Höhe des Preises, freundliches Personal usw.) stehen in einem Zusammenhang mit der wahrgenommenen gefühlsmäßigen Qualität. Die Hypothesen wurden überprüft und konnten im wesentlichen bestätigt werden. Erste Handlungsempfehlungen für den Handel werden abgeleitet. So sollten beispielsweise für unterschiedliche Geschäfte oder Geschäftstypen je Zielgruppe unterschiedliche gefühlsmäßige Profile herangezogen werden. Weiterer Forschungsbedarf auf diesem Gebiet besteht. Die Autoren geben dazu Anregungen. (Andrea Bookhagen)

DAWAR, N.; PARKER, P., **Marketing Universals: Consumers' Use of Brand Name, Price, Physical Appearance, and retailer Reputation as Signals of Product Quality, Journal of Marketing, 58 (1994), 2, S. 81-93.** Im Zuge der Standardisierungs- und Differenzierungsdebatte im internationalen Marketing fokussieren die Autoren die Frage, ob standardisierte Marktbearbeitung auf Grundlage universeller Verhaltensweisen vergleichbarer Konsumentensegmente möglich ist. Auf Basis einer Befragung repräsentativer Kundengruppen aus 38 Nationen identifizieren die Autoren sowohl Gemeinsamkeiten als auch kulturell bedingte Unterschiede des Stellenwertes der Qualitätssignale Marke, Preis,

Händlerreputation und Produktdesign bei der Kaufentscheidung. Die Erhebung, die sich beispielhaft auf Produkte der Elektronikbranche beschränkt, analysiert die Universalität dieser vier Qualitätssignale nach 1) ihrer Existenz, 2) ihrem relativen Stellenwert zueinander und 3) ihrem absoluten Stellenwert in einzelnen Kulturen. Darüber hinaus werden kulturunabhängige, individuelle Faktoren der Verwendung der Signale gegenübergestellt. Ergebnis: Die vier Signale werden in allen Kulturen zur Qualitätsbeurteilung herangezogen, ihr Verhältnis zueinander variiert. Während der Markenname in den meisten Kulturen dominiert, die Händlerreputation dagegen am wenigsten zur Einschätzung der Qualität beiträgt, finden sich in einigen Kulturen gegenteilige Relationen. Der absolute Stellenwert der Signale für die Einschätzung der Produktqualität wird laut Untersuchung in erster Linie durch individuelle Faktoren, weniger durch kulturelle Faktoren, beeinflußt, so daß Standardisierung auch nach individuellen Faktoren, wie Mediengewohnheiten oder Informationsverhalten, erfolgen kann. (Margit Binsack)

DONOVAN, R.J.; ROSSITER, J.R.; MARCOOLYN, G.; NESDALE, A., **Store Atmosphere and Purchasing Behavior, Journal of Retailing, 70 (1994), S. 283-294.** Die Studie untersucht die Beziehung zwischen Ladenathmosphäre und Einkaufsverhalten bei sechzig Konsumenten. Sie kommt zu dem Ergebnis, daß das wahrgenommene Vergnügen am Einkauf positiv mit der ungeplant im Laden verbrachten Zeit und den ungeplant vorgenommenen Einkäufen korreliert. Allerdings ergibt die Untersuchung, daß Personen, die durch die Einkaufsatmosphäre stärker angeregt werden, weniger Einkäufe tätigen. Letzterer Befund steht im Widerspruch zu den Ergebnissen der 1982 vorgenommenen Untersuchung derselben Autoren. Hinweise, wie das wahrgenommene Einkaufsvergnügen oder das Erregungsniveau der Ladenbesucher beeinflußt werden kann, werden nicht gegeben. (Harald Rüggeberg)

GREENLAND, S.J.; MCGOLDRICK, P.J., **Atmospherics, attitudes and behaviour: modelling the impact of designed space, The International Review of Retail, Distribution and Consumer Research, 4 (1994), S. 1-16** diskutiert die Bedeutung von Stimmungen und Atmosphäre in den Geschäftsräumen von Dienstleistungs- und Produktanbietern auf das Verhalten von Kunden. Die Umgebung, in der Dienstleistungen oder Produkte angeboten werden, richtig zu gestalten, ist ein wichtiger Aspekt innerhalb der Marketing-Strategie. Die Autoren stellen ein Modell (indirect effect model) vor, das die genannten Zusammenhänge abzubilden versucht. Dem Modell liegen Techniken, die das Design beurteilen, emotionale Zustände messen und den Service beurteilen zugrunde und bietet eine grundlegende Struktur, um die Einflüsse des Ladens oder der Filialumwelt gegenüber ihren Nutzern zu beurteilen. Um den Ansatz und seine Praktikabilität zu illustrieren, wird das Modell angewandt auf den Finanzdienstleistungs- bzw. Bankenbereich. Die Analyse einer Befragung von über 2000 Kunden von 18 modernen und traditionellen Filialen fünf großer Banken in Großbritannien läßt vermuten, daß sich eine moderne Ausstattung vorteilhaft auf das Verhalten der Kunden auswirkt. Modernes Filialdesign wirkt sich beispielsweise positiv auf die Beurteilung der Bank und deren Servicequalität aus. Die Autoren bieten auch einige Erklärungen für dieses Ergebnis an. Außerdem werden Wert und Nutzen der gewonnen Informationen diskutiert. Ob das Modell übertragbar ist auf die Gestaltung von Verkaufsräumen anderer Dienstleistungsanbieter oder allgemein auf Einzelhändler, wird nicht problematisiert. (Andrea Bookhagen)

MACHLEIT, K.A.; KELLARIS, J.J.; EROGLU, S.A., **Human versus spatial Dimensions of Crowding Perceptions in Retail Environments: A Note on their Measurement and Effect on Shopper Satisfaction, Marketing Letters, 5 (1994), S. 183-194** untersuchen, inwiefern das wahrgenommene Gedränge in Einzelhandelsgeschäften das Kaufverhalten der Konsumenten beeinflußt. Empirische Forschung am Konstrukt „wahrgenommenes Gedränge" wird deshalb als notwendig angesehen, da hiervon ein Einfluß auf die Verweilzeit im Einzelhandelsgeschäft, die Einkaufsmenge und die Zufriedenheit der Konsumenten vermutet wird. Zur Messung wurden zwei unterschiedliche Vorgehensweisen gewählt. Eine explorative Faktorenanalyse lieferte die Grundlage für eine später durchzuführende konfirmatorische Faktorenanalyse. Die Ergebnisse zeigen, daß das wahrgenommene Gedränge in Einzelhandelsgeschäften durch zwei Dimensionen erklärt werden kann: menschliche und räumliche Merkmale. (Günter Weber)

MCDONALD, W.J., **Time Use in Shopping: The Role of Personal Characteristics, Journal of Retailing, 70 (1994), S. 345-365** untersucht, inwieweit neben den Variablen Geschlecht, Alter, Familienstand, Haushaltseinkommen, Beruf, Gesundheitszustand, Marken- und Ladentreue die subjektive Wahrnehmung des Konsumenten in seinem Umgang mit Zeit einen Einfluß auf dessen durchschnittliche wöchentliche Einkaufszeit hat. Die Einkaufszeit setzt sich aus Aktivitäten der Vor-, der Kauf- und der Nachkaufphase zusammen. Die Variable „Umgang mit Zeit" wurde durch den „Time Structure Questionnaire" ermittelt, der mißt, wie strukturiert und zielgerichtet Konsumenten ihren Umgang mit Zeit empfinden. Die Untersuchung basiert auf der schriftlichen Befragung von 940 (448 ausgewerteten) Haushalten, deren Haushaltsvorstand mindestens 45 Jahre oder älter ist. Bereits die soziodemographischen Variablen erklären einen signifikanten Anteil an der Varianz aller drei abhängigen Variablen, nämlich der für Vor-, Kauf- bzw. Nachkaufaktivitäten verwendeten Zeit; durch zusätzliche Berücksichtigung von „Umgang mit Zeit" wird ein noch höherer Varianzanteil erklärt. „Umgang mit Zeit" liefert Anhaltspunkte für eine zielgruppenspezifische Ansprache. Die drei identifizierten Konsumentengruppen unterscheiden sich signifikant hinsichtlich der für Vorkauf-, Kauf- und Nachkaufaktivitäten verwendeten Zeit und weisen auch signifikante Unterschiede in ihrer soziodemographischen Zusammensetzung auf. Die „Zielstrebigen Organisatoren" und die „Routine-Manager", die ihren Umgang mit Zeit als organisiert und/oder zielgerichtet einschätzen, sollten durch den Händler mit Hinweisen auf Zeitersparnis und Bequemlichkeit beim Einkaufen angesprochen werden. Bei den „Ziellosen Umherschlenderern", die ihren Umgang mit Zeit als wenig organisiert und zielgerichtet empfinden, sollte stärker auf Informationsaspekte eingegangen werden. Eine mögliche Einschränkung der Ergebnisse sieht der Autor darin, daß die von den Konsumenten für Einkäufe verwendete Zeit durch (subjektive) Selbsteinschätzung erhoben wurde. Die praktische Relevanz wird darüber hinaus durch die Erhebung eines psychographischen Segmentierungskriteriums „Umgang mit Zeit" stärker eingeschränkt werden. (Claudia Zellerhoff)

MORGAN, M.S.; DEV, C.S., **An Empirical Study of Brand Switching for a Retail Service, Journal of Retailing, 70 (1994), S. 267-282.** Die Autoren untersuchen Einflußfaktoren auf die Markentreue von Konsumenten bei der Wahrnehmung von Übernachtungsangeboten großer Hotelketten. Als relevante Einflußbereiche identifizieren sie situative Änderungen (örtliche Repräsentanz, Transferart, Stadtlage u.a.), Marketing-Mix-Variablen (z.B. Sonderangebote, Zimmerpreise) und kundenspezifische Variablen (Markenbindung, Privat- oder Geschäftsreisender). Das Wechselverhalten wird in ihrem PROBIT-Modell besonders durch die situative Variable „Örtliche Repräsentanz von Hotelketten" erklärt, gefolgt von Sonderangeboten und der Markenbindung des Kunden. (Harald Rüggeberg)

RICHARDSON, P.S.; DICK, A.S.; JAIN, A.K., **Extrinsic and Intrinsic Cue Effects on Perceptions of Store Brand Quality, Journal of Marketing, 58 (1994), 4, S. 28-36.** Die Autoren präsentieren die Ergebnisse eines in Amerika durchgeführten Experiments an 1564 Personen zur Qualitätswahrnehmung von regionalen Handelsmarken im Vergleich zu national vertriebenen Markenartikeln. Eigenschaften von Produkten, die nicht physischer Produktbestandteil sind, werden als extrinsische Merkmale definiert (z.B. Preis, Markenname, Verpackung). „Objektive" Produkteigenschaften (z.B. Zutaten, Konstruktionsbestandteile) werden als intrinsisch bezeichnet. Sie kommen zu dem Ergebnis, daß national vertriebene Markenartikel unabhängig von ihren objektiven Produkteigenschaften als qualitätsmäßig überlegen gegenüber Handelsmarken wahrgenommen werden. Obwohl extrinsische Eigenschaften einen höheren Beitrag zur Erklärung des Kaufverhaltens liefern, sind die objektiven Produkteigenschaften immer dann von Bedeutung, wenn eine Differenzierung aufgrund der extrinsischen Eigenschaften unmöglich ist. Dieses Ergebnis deutet daraufhin, daß die Qualitätseinstufung einer Marke zuerst aufgrund extrinsischer Eigenschaften erfolgt und erst im Vergleich von Handelsmarken bzw. national vertriebenen Markenartikeln untereinander objektive Produkteigenschaften herangezogen werden. (Harald Rüggeberg)

SWINYARD, W.R.; WHITLARK, D.B., **The effect of customer dissatisfaction on store repurchase intentions: a little goes a long way, The International Review of Retail, Distribution and Consumer Research, 4 (1994), S. 329-344.** In dem Beitrag wird die Hypothese untersucht, daß der Einfluß von Zufriedenheit und Unzufriedenheit auf das Verhalten des Konsumenten asymmetrisch ist. Der negative Effekt von Unzufriedenheit der Kunden ist wesentlich stärker als der positive Effekt von Zufriedenheit der Kunden. Diese Hypothese wird in einem kontrollierten Experiment getestet. Die obengenannte Hypothese wird bestätigt. Der negative Einfuß von Unzufriedenheit bei Kunden eines Einzelhandelsgeschäftes wirkt dabei doppelt so stark wie der positive Einfluß von Zufriedenheit auf die Absicht der Kunden, das Geschäft erneut zu besuchen. (Marcel Paulssen)

TAYLOR, S.A.; BAKER, T.L., **An Assessment of the Relationship Between Service Quality and Customers' Purchase Intentions, Journal of Retailing, 70 (1994), S. 163-178.** Kundenzufriedenheit und Servicequalität sind im Dienstleistungsbereich weithin als Schlüsselfaktoren für das Kaufverhalten anerkannt. Allerdings wurde das Zusammenwirken dieser Konstrukte noch nicht im Hinblick auf die Vorhersage von Kaufintentionen bei Konsumenten untersucht. Die Autoren überprüfen empirisch für die Bereiche Kommunikations-, Transport-, Erholungs- und Gesundheitsdienstleistungen die Hypothese, daß das Zusammenspiel von Servicequalität und Kundenzufriedenheit besser zur Erklärung von Kaufabsichten geeignet ist als die Konstrukte einzeln. Für die untersuchten Dienstleistungsbereiche ergeben sich unterschiedliche Ergebnisse, aus denen Managementempfehlungen abgeleitet werden. (Ulrich Koppelt)

HOPFENBECK, W.; TEITSCHEID, P., **Öko-Strategien im Handel, Landsberg/Lech 1994 (381 Seiten).** Das praxisorientierte Buch untersucht, inwieweit der Handel die Rolle als ökologischer Mittler zwischen Industrie und Verbraucher erfüllt. Nach einem Überblick über die ökologische Unternehmenspolitik des Handels (Risiken/Chancen, Handels als Gate-keeper, ökologieorientierte Basisstrategien, ökologische Unternehmensleitlinien) werden folgende Themen behandelt: Interne Kommunikation (ökologisches Marketing nach innen), externe Kommunikation (Werbung, Gütezeichen und Öko-Label, PR, Öko-Sponsoring u.a.), Organisation des Umweltschutzes, Sortimentspolitik (mit Beispielen aus den Bereichen Bekleidung und Weiße Ware), Verpackungspolitik (insbesondere zum Dualen System DSD), Distributionslogistik (insbesondere zur Einweg-/Mehrwegproblematik), innerbetrieblicher Umweltschutz sowie Öko-Controlling (Öko-Kennzahlung und Öko-Audit). Auf 90 Seiten werden schließlich 18 „Fallstudien" (Fallbeispiele) aus dem deutschsprachigen und englischsprachigen Raum dargestellt (Migros, Tengelmann, OBI, Karstadt, Hertie, Neckermann, Kaufhof, Hess-Natur, real, Otto Versand, Quelle / B&Q, The Body Shop, Boots The Chemist (BTC), Safeway, Wal-Mart, Sainsbury, Tesco). Dabei wird auf das Nischensegment der Ökoläden und auf den individuellen Fachhandel verzichtet. Das leicht verständliche Buch bietet viele Anregungen für Handelsunternehmen, die sich stärker ökologisch positionieren wollen. (Volker Trommsdorff)

PFUHL, H., **Einzelhandel und Versorgungsfunktion, Göttingen (Göttinger Handelswissenschaftliche Schriften Band 28) 1994.** Die Bestrebungen, Entwicklungen im stationären Einzelhandel mit raumplanerischen Mitteln zu steuern, haben sich auf kommunaler Ebene seit den 70er Jahren intensiviert. Zur Koordinierung der Planung bedienen sich seither insbesondere Großstädte in zunehmendem Maße Stadtentwicklungskonzepten, die auf der Theorie der zentralen Orte von W. Christaller basieren. Ziel ist eine „optimale" Versorgung, die sich der Theorie zufolge mit zentralörtlichen Strukturen einstellt und zu deren Erreichung den Planungsbehörden eine Vielzahl überwiegend restriktiv wirkender Instrumente zur Verfügung steht. Derartige Eingriffe in die Handlungsautonomie privater Einzelhandelsunternehmer bedürfen in einer Marktwirtschaft der Legitimation. Dieses Spannungsfeld zwischen Stadtentwicklung, optimaler Versorgung und Wettbewerbsreglementierung greift H. Pfuhl mit der Absicht auf, den Belangen der Dynamik der Betriebsformen des Einzelhandels und des Wettbewerbs in dieser Diskussion, die eindeutig von Juristen, Politikern und Planern beherrscht wird, eine stärkere Beachtung aus handelswissenschaftlicher Sicht zukommen zu lassen. H. Pfuhl stellt zunächst die Frage, ob die Theorie der zentralen Orte als Planungsprinzip auf den innerstädtischen Raum übertragbar ist. Als Ergebnis wird herausgearbeitet, daß eine Übertragung modelltheoretisch nur widerspruchslos möglich ist, wenn bestimmte Voraussetzungen gegeben sind. Liegen diese nicht vor, so seine zentrale Forderung, kann eine Berufung auf die Modellaussagen der Theorie der zentralen Orte nicht als ausreichende Legitimation für derart gravierende Eingriffe in die Unternehmenspolitik von Einzelhandelsbetrieben angesehen werden. Denn es ist zu befürchten, daß bestimmte Einzelhandelsbetriebe einseitig begünstigt werden, der Wettbewerb unter den Einzelhandelsunternehmen in einem abgegrenzten Raum nachhaltig beeinträchtigt und schließlich das Ziel der „optimalen Versorgung" deutlich verfehlt wird. Im Ergebnis plädiert H. Pfuhl für eine auf den örtlichen Gegebenheiten basierende, pragmatische – und nicht einseitig ideologische – duale Planungsstrategie, die eine den wachsenden Bedürfnissen angepaßte Verkaufsflächenerweiterung, vor allem in den Subzentren und neu zu entwickelnden, dezentral in Wohnortnähe gelegenen Gebieten, beinhaltet. Nur unter diesen Voraussetzungen kann sich Wettbewerb – insbesondere unter Einbezug neuer Betriebsformen – wirksam entfalten, der letztlich als langfristiger Garant für eine optimale Versorgung, d.h. ein der dynamischen Entwicklung angepaßtes, preisgünstiges Angebot großer Vielfalt, angesehen wird. (Bartho Treis, Vorwort zu dieser Buchpublikation)

Autorenverzeichnis

BARTH, Klaus, Prof. Dr., Lehrstuhl für Allgemeine Betriebswirtschaftslehre, insbesondere Absatz und Handel, Fachbereich Wirtschaftswissenschaft, Gerhard Mercator Universität-Gesamthochschule-Duisburg

BIENERT, Michael, Dipl.-Kfm., Berater, Diebold Deutschland GmbH, Management- und Technologieberatung, Eschborn bei Frankfurt am Main

BÖHLER, Joachim, Dr., Wissenschaftlicher Mitarbeiter, Institut für Betriebswirtschaftslehre, Seminar für Handelsbetriebslehre, Johann Wolfgang Goethe-Universität, Frankfurt am Main

BURMANN, Christoph, Dr., Wissenschaftlicher Mitarbeiter, Institut für Marketing, Westfälische Wilhelms-Universität Münster

ENGELHARDT, Werner H., Prof. Dr., Fakultät für Wirtschaftswissenschaft, Angewandte Betriebswirtschaftslehre III (Marketing), Ruhr-Universität Bochum

ESCH, Franz-Rudolf, Dr., Dozent für Marketing an der Universität des Saarlandes und an der Hochschule St. Gallen, Vertreter einer Marketingprofessur an der Universität Trier, Saarlouis

FROBÖSE, Michael, Dr., Wissenschaftlicher Mitarbeiter, Institut für Betriebswirtschaftslehre, Lehrstuhl für Absatzwirtschaft, Universität Hohenheim

GERSCH, Martin, Dipl.-Ök.,Wissenschaftlicher Mitarbeiter, Fakultät für Wirtschaftswissenschaft, Angewandte Betriebswirtschaftslehre III (Marketing), Ruhr-Universität Bochum

HALLIER, Bernd, Dr., Geschäftsführer des EuroHandelsinstituts EHI e.V., Köln

HEINRITZ, Günter, Prof. Dr., Geographisches Institut, Technische Universität München

HILDEBRANDT, Lutz, Prof. Dr., Wirtschaftswissenschaftliche Fakultät, Institut für Marketing II, Humboldt-Universität zu Berlin

KAMLAGE, Kerstin, Dipl.-Kffr., Wissenschaftliche Mitarbeiterin, Wirtschaftswissenschaftliche Fakultät, Institut für Marketing II, Humboldt-Universität zu Berlin

MARSCHNER, Hubert F., Prof. Dr., Institut für Handel, Absatz und Marketing, Universität Innsbruck

MEYER, Susanna, Dipl.-Kffr., Wissenschaftliche Mitarbeiterin, Institut für Konsum- und Verhaltensforschung der Universität des Saarlandes, Saarbrücken

MÖHLENBRUCH, Dirk, Prof. Dr., Wirtschaftswissenschaftliche Fakultät, Lehrstuhl für Betriebswirtschaftslehre – Marketing und Handel, Martin-Luther-Universität Halle-Wittenberg

MÜLLER-HAGEDORN, Lothar, Prof. Dr., Seminar für Allgemeine Betriebswirtschaftslehre, Handel und Distribution, Universität zu Köln

NICKEL, Sylvia, Dipl.-Ök., Wissenschaftliche Mitarbeiterin, Wirtschaftswissenschaftliche Fakultät, Lehrstuhl für Betriebswirtschaftslehre – Marketing und Handel, Martin-Luther-Universität Halle-Wittenberg

OLBRICH, Rainer, Dr., Wissenschaftlicher Hochschulassistent, Lehrstuhl für Betriebswirtschaftslehre, insbesondere Distribution und Handel, Westfälische Wilhelms-Universität Münster

SCHOLZ, Christian, Prof. Dr., Lehrstuhl für Betriebswirtschaftslehre, insbesondere Organisation, Personal- und Informationsmanagement, Universität des Saarlandes

STOFFL, Michaela, Dipl.-Kffr., Wissenschaftliche Mitarbeiterin, Lehrstuhl für Allgemeine Betriebswirtschaftslehre, insbesondere Absatz und Handel, Fachbereich Wirtschaftswissenschaft, Universität-Gesamthochschule-Duisburg

TER HASEBORG, Fokko, Prof. Dr., Geschäftsführender Direktor, Seminar für allgemeine Betriebswirtschaftslehre, Seminar für Handel und Marktwesen, Universität Hamburg

THEISS, Christiane E., Dipl.-Geogr., Beraterin, Frankfurt am Main

TIETZ, Bruno, Prof. Dr., Direktor des Handelsinstituts im Institut für empirische Wirtschaftsforschung an der Universität des Saarlandes (verstorben im Sommer 1995, siehe Vorwort des Herausgebers)

TÖPFER, Armin, Prof. Dr., Lehrstuhl für Marktorientierte Unternehmensführung, Fakultät Wirtschaftswissenschaften, Technische Universität Dresden

WORATSCHEK, Herbert, Dr., Wissenschaftlicher Mitarbeiter, Institut für Betriebswirtschaftslehre, Seminar für Handelsbetriebslehre, Johann Wolfgang Goethe-Universität, Frankfurt am Main